FRAND 公共政策

马一德 / 主编

Fair
公平

Reasonable
合理

Non-discriminatory
无歧视

知识产权出版社
全国百佳图书出版单位
—北京—

图书在版编目（CIP）数据

FRAND公共政策 / 马一德主编 . —北京：知识产权出版社，2021.7
ISBN 978-7-5130-7318-9

Ⅰ. ①F… Ⅱ. ①马… Ⅲ. ①专利权法—研究—世界 Ⅳ. ①D913.04

中国版本图书馆CIP数据核字（2020）第228970号

责任编辑：黄清明　王小玲　　　　　　责任校对：王　岩
封面设计：博华创意·张　冀　　　　　　责任印制：刘译文

FRAND公共政策
马一德　主编

出版发行：知识产权出版社有限责任公司	网　　址：http://www.ipph.cn
社　　址：北京市海淀区气象路50号院	邮　　编：100081
责编电话：010-82000860转8252	责编邮箱：shdwxl2010@163.com
发行电话：010-82000860转8101/8102	发行传真：010-82000893/82005070/82000270
印　　刷：天津嘉恒印务有限公司	经　　销：各大网上书店、新华书店及相关专业书店
开　　本：787mm×1092mm　1/16	印　　张：25.25
版　　次：2021年7月第1版	印　　次：2021年7月第1次印刷
字　　数：490千字	定　　价：136.00元
ISBN 978-7-5130-7318-9	

出版权专有　侵权必究
如有印装质量问题，本社负责调换。

本书编译者

主　　编 马一德

编委会成员（按姓氏笔画排序）

　　　　　　刘　蕾　刘自钦　刘劭君　余　俊

　　　　　　张浩然　黎华献

译校组成员（按姓氏笔画排序）

　　　　　　任新鑫　刘自钦　刘阳明珠　刘劭君

　　　　　　刘晓芬　李艾真　李钰龄　　汪　婷

　　　　　　张雨桐　张浩然　陈秋怡　　柳岸青

前 言

2016年9月,我作为中国司法代表团成员,先后访问德国杜塞尔多夫高等法院、英国高等法院、美国联邦巡回上诉法院,了解发达国家的知识产权制度,学习和借鉴其知识产权审判经验。其中,标准必要专利案件审判给我留下了深刻的印象,在杜塞尔多夫高等法院学习了华为诉中兴等经典案例。对标准必要专利,我有三点感受。第一,重要性。标准必要专利许可的达成关乎技术更迭、产业创新进程,成为企业参与市场竞争的兵家必争之地。第二,复杂性。关于标准必要专利组合价值的确定、计费依据,涉及法律、技术、财会各种因素;关于标准必要专利的许可谈判规则,涉及侵权、合同、反垄断各个方面。第三,不成熟性。案件裁判规则和经验缺失,在全球范围内标准必要专利禁令之诉、许可费之诉等裁判规则均尚未成熟,鲜有可资借鉴的案例,业界、司法界、学术界对此莫衷一是。这一知识产权的新生事物不仅已在国外引起重大关切,在国内知识产权审判中亦蓄势待发。

深圳市中级人民法院审理的华为诉美国交互数字公司标准必要专利许可费、反垄断两案受到了全球知识产权界的高度关注,《最高人民法院关于审理侵犯专利权纠纷案件应用法律若干问题的解释(二)》率先对此制定成文规则,但整体对于标准必要专利问题仍处于摸索之中。

中国是制造业大国、科技大国。我认为,大量的标准必要专利诉讼将在中国发生,从华为诉三星案件、高通诉苹果案件、西电捷通诉索尼案件可见一斑。中国法院有望以此为契机,成为全球知识产权审判的高地。我们有必要熟悉标准必要专利的全球审判规则经验,并在此基础上主导规则创制,为这一全球性问题的解决提供中国经验和中国方案。特别值得指出的是,标准必要专利审判是知识产权审判中最前沿和具有代表性的领域,其裁判规则的成熟,对于国内知识产权审判中损害赔偿、许可、反垄断等疑难问题的审理和规则完善将起到很好的示范作用,对于确定知识产权的商业价值、促进知识产权的商业化运作起到实质性推动作用,并以点带面进而盘活当前整个知识产权发展的局面。

几年来,我一直希望能系统、全面地整理当前标准必要专利的全球审判规则、行业惯例、公共政策和各家学说,为完善当前制度、与国际水平接轨做一点实事。为此,我申请到了中央马克思主义理论研究和建设工程重大项目兼国家社会科学基金重大项目"知识产权保护与创新发展研究"(2016MZD022),支持我完成这一心愿。经各方奔走,邀请到了一批在标准必要专利领域有丰富经验的国内外学者和司法从业者组成了项目团队,在全世界范围内选取整理相关案例、文献、公共政策,围绕禁令救济、许可费率计算、反垄断规则等知识产权审判中的热点和难点问题展开论述,编纂了"标准必要专利研究丛书"。本书为其中一卷,收集整理了相关文献。希望这些案例、学说的分享能够跨越地域的局限,帮助我们厘清公平、合理、无歧视(FRAND)原则下的复杂事实和法律问题,为法律共同体研究标准必要专利问题提供参考。

感谢刘春田教授在项目启动时给予我的强大支持,鼓励我将这一想法付诸实施;感谢 Randall Rader 法官给予我的全球化视野和专业指导;感谢吴汉东教授一直以来对我的包容和支持;感谢项目组成员不离不弃地坚持和付出,使本书最终得以出版。

书中错误与疏漏之处,欢迎读者指正。

马一德

2021 年 6 月 16 日

目　录

欧盟部分

欧盟信息通信技术标准化的现代化:前进的方向 ······ 3
对欧洲标准的战略性观点:2020 年之前继续提高和加快欧洲经济的持续性增长
（与 EEA 相关的文件） ······ 12
专利及标准:以知识产权为基础的标准化现代框架 ······ 30
专利与标准
　　——关于知识产权标准化的现代框架公众咨询总结报告 ······ 187
关于欧洲单一数字市场信息和通信技术标准化优先事项的通讯 ······ 198
标准必要专利的欧盟方案 ······ 212
SSO 标准化工作和 SEP 许可的透明度、可预测性和效率 ······ 225

美国部分

SDO 与专利池行为的客观标准及反垄断分析 ······ 313
信息时代的反垄断政策:保护创新与竞争 ······ 321
标准在当前专利战争中的作用 ······ 327
美国司法部和专利商标局对自愿服从 F/RAND 承诺的标准必要专利的
　　救济的政策声明 ······ 333
竞争机构在专利标准化中的作用之思考 ······ 338
有关创新激励在反垄断法中的应用 ······ 344
美国联邦贸易委员会就"标准必要专利相关排除令对市场竞争影响的监管"
　　的事先声明 ······ 352
标准制定组织、FRAND 原则和反垄断:从不完全合约经济学中得到的教训 ······ 361
标准必要专利和许可:反垄断执法的视角 ······ 378
标准必要专利的反垄断监管:禁令扮演的角色 ······ 385

欧盟部分

欧盟信息通信技术标准化的
现代化：前进的方向[*]

1 制定现代信息通信技术标准化政策

信息和通信技术（ICT）作为竞争的主要推动力，是21世纪的关键工业部门之一。2007年，欧洲ICT产业的营业额为6700亿欧元，从业人员占欧盟总就业人数的5%以上。欧洲的信息和通信技术工业需要健全的框架条件，以充分促进经济增长和就业，在这种背景下，标准化起着重要的作用。此外，随着ICT产品在各个经济领域中的使用，有效的欧盟ICT标准化政策有利于加快新技术的吸收和应用，从而有助于提升整个欧洲经济的竞争力。

标准化是企业、消费者、公共当局和其他相关方为促进技术规范的形成而进行自愿合作的结果。行业通过使用标准来满足市场需求——以维持其竞争力，确保吸纳创新方案或提高互操作性。公共当局在立法、政策和采购等领域中参照标准，以实现安全性、互操作性、可及性、环境绩效等公共政策目标。尽管行业可以使用任意标准，但是公共当局有意向，甚至有义务使用经开放、透明和包容的过程制定的标准。通过标准的参照和使用，公共当局得以帮助推动行业的竞争力，同时促进竞争，以实现消费者利益。

当前欧盟标准化政策[①]是基于欧洲标准化组织（ESO）的工作及其与国际标准化组织的合作实施的。这一政策允许欧盟委员会邀请欧洲标准化组织提出具体标准化制定的倡议，并规定欧盟及成员国参照适用由这些组织在立法和政策中制定的欧洲标准。此外，现行的ICT标准化的法律基础肯定了某些信息和通信技术的特殊性，例如需要互操作性，在公共采购中参照ICT标准时具有一定的灵活性等。[②]

---

[*] 本文为欧盟委员于2009年7月3日在其总部布鲁塞尔发布的白皮书。
[①] 欧盟委员会98/34/EC指令强化了对1983年3月28日83/189/EEC指令的修改，并被98/48/EC指令进一步修正，以覆盖信息社会服务（OJ L 204, 21.7.1998, p. 37.）。
[②] 欧洲理事会87/95/EC决议（OJ L 36, 7.2.1987, p. 31.）。

在过去的十年中,ICT 标准化局面发生了巨大的变化。与传统的标准制定组织一样,专业化的全球性论坛和联盟已经变得更加活跃,其中一些已经成为世界领先的 ICT 标准制定主体,例如制定互联网和万维网的标准的主体。这一发展并没有体现在欧盟的标准化政策中。即便论坛和联盟的标准可能有助于实现公共政策目标,目前仍不能被参照适用。如果没有采取果断性的举措,欧盟将可能会在 ICT 标准制定中变得无关紧要,因为 ICT 标准的制定几乎完全发生在欧洲之外,进而不会考虑欧洲的需求。

上述分析获得了成员国之间的广泛讨论,欧洲理事会强调有必要进一步推动诸如 ICT 等技术的标准化应用,同时强调当前的欧洲标准化体系必须适应高速变化的市场需求,尤其是在服务和高科技产品方面。③

实现欧盟 ICT 标准化政策的现代化和充分发挥制定标准的作用确是当务之急。否则,欧盟将无法掌握信息社会,无法实现一系列需要各国协作达成的重要政策目标,如电子健康、可访问性、安全性、电子商务、电子政务、交通运输等,并将难以推动《斯德哥尔摩计划》讨论中有关个人数据保护的国际标准的制定和推广。④

需要在更广泛的层面上达成以下政策目标:

- 调整 ICT 标准化政策与市场和政策发展相适应,以推动创新和提高竞争力;
- 及时向产业界包括中小企业提供高质量的 ICT 标准,以确保在全球市场的竞争力,同时满足社会期望;
- 在全球范围内提升欧洲 ICT 标准化体系的地位;
- 通过促进欧洲和国际 ICT 市场的竞争,维护消费者利益;
- 通过制定在欧洲立法、政策和公共采购中参照 ICT 标准的统一标准和程序,加强欧洲内部市场;
- 提高 ICT 标准的质量、连贯性和一致性;
- 积极为 ICT 标准的实施提供支持。

为了更新欧洲 ICT 标准化政策,欧盟委员会开展了一项研究,对当前欧盟 ICT 标准化政策进行分析,并就其未来发展提出建议。该研究报告发表于 2007 年 7 月⑤,随后在网络上公开征求意见。收到的评论发布在欧盟网页⑥上,并于 2008 年 2 月⑦举行了一次

---

③ http://www.eu2006.fi/news_and_documents/conclusions/vko50/en_GB/1165932111543/_files/76410530393686600/default/92107.pdf.

④ 参见 COM(2009)262。["通讯(Communication)"是欧盟委员会为起草的法案征求意见的一种形式。——编者注]

⑤ http://ec.europa.eu/enterprise/ict/policy/standards/piper/full_report.pdf.

⑥ http://ec.europa.eu/enterprise/ict/policy/standards/piper_en.htm.

⑦ http://ec.europa.eu/enterprise/ict/policy/standards/cf2008_en.htm.

公开会议,审查研究建议和有关评论。

因此,欧盟委员会决定提交一份白皮书,以确定政策选择和具体措施的共识程度,这将有助于使欧洲 ICT 标准化政策更好地应对行业和社会需求。

欧洲 ICT 标准化政策应继续以自愿和市场主导、技术中立及利益平衡为原则,以下是改进现行制度的要点:

- 适应 ICT 领域的全球动态和需求,建立反映基础设施和应用领域的不同需求的政策;
- 考虑在 ICT 标准化建立、使用和解释方面采取协调一致的举措;
- 通过推动标准的实施和解释,提高产业竞争力,促进公平竞争;
- 加强在欧洲和全球范围内建立 ICT 标准的合作。

2 欧盟建立现代化 ICT 标准的关键方面

2.1 与欧盟法规和政策相关的 ICT 标准的属性

在欧洲的法律与政策框架下,为了推动最佳标准的使用,有必要对有关标准及其标准化过程制定一定的要求,对其属性加以规范。这些属性确保了公共政策目标和社会需求得以满足。有关属性或将需要进一步解释和明确,尤其是知识产权政策,以适应如开源模型等新兴的软件开发方法。

有建议指出,应将世界贸易组织(WTO)为国际标准化组织制定的标准作为确定上述属性的依据。WTO 标准与支持欧洲 ICT 标准化政策的属性之间的密切联系将有利于推动符合标准的产品、服务和应用的自由贸易,我们的贸易伙伴也应在其标准化进程中适用类似的标准。

有建议指出,在标准化进程中应始终遵循已被欧洲标准化组织及某些论坛和联盟所遵循的如下属性:

(1)开放:标准化的形成发生在非营利机构内部,以开放性的决策为基础,所有的利益相关人士都可以参与决策制定。开放式的标准化进程由利益相关者主导,同时反映用户需求。

(2)共识:标准化进程是在协作和共识的基础上发展的。该过程不应当偏向任何特定的利益主体。

(3)平衡:利益相关者在标准化进程中发展和决策的任一阶段均可参与。我们意在寻求各方利益相关者的参与,以期实现平衡。

(4)透明:标准化进程中的信息可供所有有关各方查阅,有关技术讨论和决策制定的所有信息都将进行存档和标记。我们将通过适当和易获取的方式广泛宣布(新的)标准化活动的信息。针对有关各方的评论将给予审议和答复。

此外,标准本身应当反映以下属性:

(1)持续性:对已发布的标准进行持续性的支持和维护,包括使其快速适应新的发展,以保证其在较长时间内的必要性、高效性和互用性。

(2)可用性:制定的标准应当以合理的条件(包括合理的使用费或免费)供公众使用。

(3)知识产权:对于实施标准而言所必要的知识产权应当在(公平)合理和非歧视[(F)RAND][8]的基础上许可给申请人,其中包括知识产权人同意免费许可的情形。

(4)相关性:标准应当具有有效性和相关性。标准需要满足市场需求和监管要求,尤其是当这些需求在标准化进程中得到体现时。

(5)中立性和稳定性:标准应尽可能以性能为导向,而不是基于设计或描述性特征。标准不应扭曲(全球)市场,而应维持实施者基于标准推动竞争和创新的能力。此外,为了提高其稳定性,标准的制定应以先进的科技发展为基础。

(6)高质量:细节的质量和水平足以实现互用性产品和服务的多样化竞争。只有标准制定机构得以隐藏或控制标准化界面。

(a)欧盟委员会指出,上述属性应当被纳入未来的ICT标准化政策中。

2.2 ICT标准在公共采购中的应用

在公共采购中引用标准是促进创新的重要手段,同时也可以为公共部门履行任务提供必要的帮助,尤其是在电子健康等主要市场。[9]

公共采购必须遵循2004/18/EC指令[10],该指令区分了正式标准和其他技术说明,后者额外要求了针对功能要求的描述。此外,为了使招标反映技术多样性,指令要求使用技术中立的说明。当公共部门在技术说明中引用技术标准时,他们还应说明是否允许投标人证明其报价虽不符合所引用的技术标准,但符合规范。

然而,当获取ICT服务和产品时,附加的要求可能占据主导。公共部门需要明确规定其ICT战略和结构,包括组织间的互操作性,从而获得满足要求的ICT系统/服务和产品或组件。

欧洲理事会87/95 EEC指令规定了目前ICT领域的欧盟标准化政策,承认了ICT领域的特殊性,旨在为ICT系统的公共采购提供指导。87/95 EEC指令强调互操作性的

---

⑧ FRAND原则,是指各方都同意将各自的知识产权以公平、合理和非歧视的条件许可给每个希望实施该标准的人。实际的许可协议是在知识产权的各方所有者和希望实施该标准的人之间订立的。

⑨ Communication: A lead market initiative for Europe-COM(2007)860.

⑩ OJ L 134, 30.4.2004, p.114.

重要性,并鼓励参考功能性标准以实现这一目标。该指令还包括在合理情况下可以不适用有关规定的条款。然而,欧洲理事会 87/95 EEC 指令是过时的,因为其关注的是产品,而不是当今使用的服务和应用的概念。因此,这一指令将不得不加以修改,以向公共部门提供符合当今公共采购 ICT 服务和应用方面需要的标准和规范。

涉及各组织之间或 ICT 系统与服务之间分界的标准和规范,将是首要目标,同时需要满足公共部门的具体业务需要,从而实施其 ICT 战略和结构。在适当的情况下,考虑到需要灵活性来满足这些需求,如通过技术的引用来明确上述分界,即不同的供应商实施的产品和厂商中立标准和规范。这确保了投标人之间的有效竞争,从而降低价格,同时也使得由此形成的 ICT 系统更有可能与其他公共机构或私人和公司使用的现有系统与未来系统协调工作。

> (b)欧盟委员会建议修改欧盟 87/95 EEC 指令中有关公共采购的条款,以便公共部门能够更容易地获得满足其具体要求的 ICT 服务、应用和产品,尤其是有关互操作性的要求。
>
> (c)欧盟委员会建议澄清,当其在 ICT 战略、结构和互用性框架范围内进行界定时,可将标准化接口作为公共采购程序的一项要求,但必须遵守公开、公平、客观和非歧视原则,并适用公共采购指令。

2.3　提高 ICT 研发、创新和标准化之间的协同作用

许多 ICT 研发项目都取得了具有高度相关性的研究成果。然而,它们往往不足以转化为可以在后期阶段商业化的具体应用。而标准则是促进研究成果转化为实际应用的重要手段之一。

强化 ICT 标准和 ICT 研发之间的联系最为有效的阶段,是在研究规划阶段,而非仅在具体项目的实施阶段。因此,需要在研发周期的早期阶段便具有标准化意识,同时标准化意识也是欧洲技术平台(ETP)进行的战略研究议程的必要组成部分。

> (d)欧盟委员会建议定期询问标准化和研究活动的利益相关者,特别是 ETP,以确保欧洲的有关研究倡议能够最有效地推动 ICT 标准化活动。
>
> (e)欧盟委员会建议标准制定者在必要时调整其规程,以确保有助于研究机构、联盟和项目及时进行符合 ICT 标准的生产活动。
>
> (f)欧盟委员会建议成员国考虑在国家层面提出类似的 ICT 研发倡议。

2.4　ICT 标准中的知识产权

在全球联系日益紧密的情况下,ICT 的互操作性,特别是软件的互操作性变得至关

重要。因此,为保护实现互操作性所需的技术解决方案的专有权利[11],知识产权在标准化进程中将发挥重要作用。

概言之,欧洲标准化政策允许在标准中纳入受知识产权保护的专有技术。然而,欧盟竞争法规定,标准的制定不应导致对竞争的限制,同时应以非歧视、公开和透明的程序为基础。[12] 所有有利害关系的各方可以无条件地接触并实施标准,以便进行有效的竞争。

在标准制定组织中,许多不同的知识产权政策可以根据具体情况进行调整。尤其是软件的标准制定,似乎有其特有的规则,以满足互用性要求。如果在政策制定过程中适当考虑与标准相关的知识产权,同时使政策符合竞争法规则,那么这些差异本身并不构成问题。同时,标准制定政策应当稳定、可预测、透明和有效,并有助于竞争和产品创新。开放性、标准化进程中的易参与性以及标准对各方利益主体的可用性,是实施有效的知识产权政策的重要先决条件。

ICT 分支行业的利益相关者似乎普遍同意以(F)RAND 原则作为许可标准必要专利的方法。然而,即使在这方面,创新服务和应用日益增加的复杂性,也将导致大量的必要专利的产生,从而造成更为复杂的情况,并使标准中的知识产权负担增加。

虽然(F)RAND 原则可作为实现许可人和被许可人之间利益平衡的一种手段,但许多利益相关者认为,仍可以进一步降低许可程序的复杂性并提高可预测性。事前声明最具限制性的许可条款,其中可能包括在被纳入标准之前的(最高)许可费率,或许是提高(F)RAND 许可效力的一种手段,因为这同时考虑到技术和价格两方面的竞争。

另外,大多数 IT 利益相关者,特别是软件行业及其用户,认为与(F)RAND 许可不同的知识产权政策可以实现更佳的互操作性水平。因此,与软件标准化相关的部分论坛和联盟采用了不同的知识产权政策。例如,有些要求被纳入标准的知识产权以免费的方式进行许可。

最后,许多中小企业利益相关者和消费者组织支持免费许可的方式,在涉及立法和政策中要引用的标准时,这种主张尤为强烈。

虽然知识产权保护的许多方面能够被其他领域政策涵盖,但 ICT 标准化的某些方面侧重于功能标准和互操作性,这使得知识产权的保护在这一领域变得重要和微妙。但是灵活性应加以保留,以维持不同的商业模式之间的有序竞争,包括越来越流行的开源代码模型,其使用和实施的情况可能与(F)RAND 条件下的许可费率有很大不同。

---

[11] Industrial Property Rights Communication-COM(2008)465, 16.7.2008.
[12] 见《关于横向合作协适用〈欧共体条约〉第 81 条的指南》(OJ C 3, 6.1.2001, p. 2.)。任何标准制定组织都需要遵守这些准则。这份白皮书并不会偏向适用竞争法规则和同级准则的任何一方。

(g)欧盟委员会建议，ICT 标准制定组织应在遵守竞争法并尊重所有者的知识产权的前提下：

- 实施明确、透明和平衡的知识产权政策，消除歧视，并允许不同商业模式之间的竞争；
- 确保知识产权披露程序的有效性；
- 应当考虑最具限制性许可条款的声明，其中可能包括被纳入标准之前的最高许可费率，以提高可预测性和透明度。

2.5 在 ICT 标准化过程中论坛和联盟的一体化

目前，欧洲标准化政策限制了欧盟立法和政策中对欧洲标准化组织制定标准的引用。然而，欧洲标准化组织需要制订计划和执行工作任务，这使得它难以适应高速发展的 ICT 领域应对标准及时变化的需求。这项研究和随后的调查过程表明，产业界倾向于将许多复杂的 ICT 领域标准化所需的稀缺的高科技能力引入到论坛和联盟中，从而更及时地对诸如互操作性等市场需求作出反应。

一些论坛和联盟已经制定了许多相关的 ICT 标准，主要是在专门技术与特定的领域，而非与欧洲标准化组织相关的领域，例如由国际互联网工程任务组（The Internet Engineering Task Force，IETF）建立的互联网协议和万维网联盟（W3C）制定的网络可及性准则的相关标准。市场对于上述标准的接纳是毋庸置疑的。能够直接获取所需技术资源的行业论坛和联盟所建立的标准数量稳步增长，并常常在创新产品和服务中得以实施。欧洲的标准化政策也应当建立在由论坛和联盟提供的潜在标准之上，并从中获益。

加强与 ICT 领域的论坛和联盟之间的合作，特别是加强二者与正式标准制定组织之间的协作，将降低 ICT 领域内的标准分散、重复和冲突的风险。其中，电子政务、电子学习和电子保健等有关重大社会公益的服务，被采纳较慢且解决方式分散，因此我们应当特别关注这些服务领域。加强合作协调将会提高互用性，从而提高创新解决方案的市场比重。

为了更好地利用论坛和联盟的工作成果，我们应当考虑到，除了标准本身纯粹的自愿性质外，标准与欧盟立法和政策之间的联系还具有公共政策层面的性质。这便说明了上文所述的属性在立法参考方面的重要性。

鉴于这一事实，除了正式和非正式的标准制定机构之间更为密切的合作外，在确定不会与欧洲标准化组织或正式的国际标准化组织的工作范围产生交叠的情况下，直接适用论坛或联盟的标准将是欧盟填补具体标准化缺口的最有效途径。

承认由 IETF、W3C 和结构化信息标准促进组织（OASIS）等论坛和联盟制定的标准的效力，将在整体上促进与美国等主要贸易伙伴在 ICT 标准化领域内的合作，此类合作也可在跨大西洋经济理事会框架下进行。

当重申在适用新方法的领域中适用统一标准的合理性时,如果满足一定条件,公共当局应该有权利拒绝引用正式的欧洲标准化组织标准的一般规则。为此,欧盟委员会可以制定一个适当的程序,以便在立法和政策中引用具体的论坛和联盟标准。

> (h)欧盟委员会建议在相关的欧盟立法和政策中引用具体的论坛和联盟标准,但须对标准和论坛或联盟的制定过程进行积极评估,如2.1节所列的属性。
>
> (i)欧盟委员会建议在欧洲标准化组织的标准制定过程中,进一步加强论坛和联盟与欧洲标准化组织之间的合作。

2.6 加强利益相关者之间的沟通与合作

欧洲理事会87/95 EEC指令曾建设性地提出,建立一个委员会,即信息技术领域标准化高级官员小组(SOGITS),以协助欧盟委员会进行决策。该小组的组成人员仅限于成员国,但欧洲标准化组织的代表可以以观察员的身份参加,SOGITS也可以邀请专家讨论具体问题。但是,ICT标准化政策许多其他方面的内容,包括确定优先次序、使用其他来源的标准化成果以及ICT标准化政策与使用ICT标准的其他政策之间的一致性等,在很大程度上都超出SOGITS的管辖范围。因此,SOGITS在过去仅起到了有限的作用。

欧盟委员会认为,SOGITS应当被一个代表所有利益相关者的平台取代。这一平台应当确保更为一致和透明的ICT标准化政策的建立,从而促进高质量ICT标准的制定。该平台还应向委员会和成员国提供有关ICT标准化政策及其实施事项的专业性建议,例如:

- 提供关于委员会年度ICT标准化工作计划及其优先事项的建议;
- 尽早确定ICT标准化需求,以支持欧盟新的法律和政策框架;
- 讨论欧洲标准化组织和其他参与制定ICT规范的组织的可能担任的任务;
- 审查和监管ICT标准化事项,以便在标准实施过程中支持欧盟新的法律和政策框架;
- 审查论坛和联盟的标准及其制定过程中上述属性的应用;
- 确定有关的论坛和联盟,并明确其在推动自身工作成果与欧洲ICT标准一体化过程中的作用;
- 收集参与组织的工作方案及国内ICT相关标准化活动的有关信息。

这一对话应使成员国和委员会能够在其具体的职责范围内讨论事项,同时也使得来自标准化组织的更多利益相关者得以参与讨论,包括论坛和联盟、行业、中小企业、消费者等。

此外,利益相关者的平台应辅以现有的ICT标准委员会(ICTSB)为基础的结构建设,以根据政策方向协调欧洲标准化组织与论坛和联盟的标准制定活动。ICT 标准委员会的主要任务将是根据利益相关者平台制定的政策准则,监督和协调有关标准制定机构的标准制定活动。

> (j)欧盟委员会建议建立一个常设的、多方的 ICT 标准化政策平台(成员组成比以前根据欧盟委员会 87/95 EEC 指令设立的仅由成员国参与的 SOGITS 委员会更加广泛),以就欧洲 ICT 标准化政策及其有效实施的全部事项向委员会提供咨询意见。
>
> (k)欧盟委员会建议邀请欧洲标准化组织和其他 ICT 标准制定组织审查现行 ICTSB 的职能和组成,以提高其效率。

3 下一步的举措

公布本白皮书时,欧盟委员会正在向有关各方寻求建议,特别是有关下一步举措的建议。如以上章节所述,这些建议侧重于可能的非立法措施和可通过修改欧洲理事会 87/95 EEC 指令而实施的措施。

同时,欧盟委员会近期启动了一项对欧洲标准化体系的大范围审查。欧盟委员会已委托一个独立专家小组,为 2009 年年底前全面审查欧洲标准化体系提供战略建议。本白皮书中提及的有关 ICT 标准化政策的建议也将在专家小组的工作中纳入考量。

根据正在进行的总体政策审查以及随后此白皮书将进行的社会调查的结果,欧盟委员会计划在 2010 年提出必要的政策和立法支持。

对欧洲标准的战略性观点:2020年之前继续提高和加快欧洲经济的持续性增长[*]

(与 EEA[**] 相关的文件)

1 关于欧洲标准的战略性观点

1.1 欧洲标准

标准属于自愿性文件,用以确定现有的或未来的产品、生产流程、服务或研究方法所应遵守的技术或者质量要求。标准的产生是行业、政府机构和其他利益相关方在开放、透明及共识的体系中进行自愿合作的结果。

标准的建立对贸易有促进作用,因为其有助于降低成本和减少买卖双方信息不对称,尤其是在跨境交易中。一些经济学研究从宏观的角度在经济标准化、生产力增长、贸易和全面经济增长之间建立起了清晰的联系。标准化所带来的经济利益在不同的欧盟成员国内差异巨大。研究表明,标准化对年均GDP增长的影响范围在0.3个至1个百分点。对于德国来说,大概为国民生产总值的1%,法国为0.8%,而英国仅为0.3%。

欧盟内部行业、政府机构和其他利益相关方的自愿合作的一个独特方面在于欧洲标准数量的增长,且这些欧洲标准被欧洲标准化组织(ESO)[①]采用,在整个欧盟范围内加以适用。欧洲标准化组织是由私法所规制的独立组织。对于行业来说,欧洲标准总结了特定领域内的优秀实践经验,因为这些标准囊括了行业参与者共同的专业技能。绝大部分欧洲标准停留在产业初步建立的阶段,这意味着这些标准主要是用来满足企业需求的,并且主要由私人行使。

---

[*] 本文为欧盟委员会于2011年6月1日向欧洲议会、欧洲理事会和欧洲经济与社会所作的通报。
[**] EEA 指 European Economic Area,即欧洲经济区。——编者注
[①] 欧洲标准化组织包括欧洲标准委员会(CEN)、欧洲电工技术标准化委员会(CENELEC)和欧洲电信标准化协会(ETSI)。

欧洲标准化这一制度非常成功,该制度还是欧洲内部货物市场产生的驱动因素。欧洲标准代替了国家标准和相互冲突的标准,后者往往会对国内市场造成技术性阻碍。许多欧洲标准都由欧洲标准化组织根据欧盟委员会的要求制定。大多由欧洲标准化组织根据委员会的要求制定的标准被称为"协调标准",用以确保产品符合欧盟统一立法规定的基本要求。遵循欧盟协调标准可以确保与相关欧盟立法规定的适用要求一致,其中包括安全要求。然而,采用协调标准仍然采取自愿的方式,制造商也可以采用其他技术性方案,只要证明其产品符合基本要求即可。欧洲标准中协调标准的比例在过去20年内从3.55%增长到2009年的20%。

对欧盟来说,欧洲标准和标准化是非常有效的政策工具。尽管标准和标准化对欧洲经济具有巨大的好处,但它们仍然被当作政策工具来使用,以确保网络及其系统的协同能力、单一市场的功能、高水平的消费者保护和环境保护、更多的创新以及社会包容。

消费者安全是许多欧洲标准中十分重要的因素。在起草和采用某项欧洲标准时,保障消费者安全通常是首要考虑事项。相对的,当某个产品在市场上流通时出现了安全问题(比如说在市场监管中发现的),在准备制定新的标准或者对现有的标准进行修正时就应当考虑这一问题。因此,标准化、产品安全和市场监管之间存在着密切联系,而这种关系将在未来修订市场监管的立法框架时得到进一步强化。

在数字化时代,欧洲标准和其他标准对于实现网络及系统的互操作性[尤其是在信息及通信技术(ICT)领域中]是必不可少的。在数字化驱动的社会,ICT技术通常用于各类经济部门和人们的日常生活中。ICT技术方案、适用要件和服务必须相互关联、协同合作,而互操作性的实现则需要借助标准。

1.2 处于快速发展的全球范围内的欧洲标准

世界已经改变。曾经仅适用于产品的标准正在转变为应用广泛的工艺和生产标准。在未来,欧洲标准化将在比今天更广泛的领域中发挥重要作用,从提高欧洲的竞争力、保护消费者、改善残疾人和老年人的无障碍环境,到应对气候变化和资源利用率的挑战。为了应对各个领域不断变化的需要,需要建立一个全面、包容、高效和技术上最新的欧洲标准化体系。这一体系将以现有体系的优势为基础,同时也需具备灵活且反应迅速的特质以应对今后出现的挑战。

在欧洲发展新型贸易产品、服务和技术的创新驱动力的领域,如电动车辆、安全、能源效率和智能电网等领域,上述标准化体系尤为重要,需要迅速建立欧洲标准,以便将其确立为国际标准。这种做法将使先发优势最大化,同时提高欧洲工业的竞争力。在这种情况下,欧洲标准化组织的作用非常重要,任何在制定标准上的延误都将使欧盟委员会迅速采取立法行动。

欧洲理事会于 2011 年 2 月 4 日指出,标准化是促进在创新产品和服务上进行私人投资的关键性框架条件,应加快、简化和更新标准化进程。对于欧洲经济而言,使欧洲标准化进一步适应快速变化的全球格局和经济环境是非常重要的。创新周期的迅速缩短、技术的融合、激烈的全球竞争以及新的全球参与者的出现,都可能引发人们对欧洲标准化体系的可持续性是否可以应对这些挑战的担忧。在新的全球化时代下,标准化进程的政策作用不能仅限于支持欧洲立法。现今,许多领域内标准化已上升至全球性水平,比如在信息和通信技术领域内通过动态和快节奏的论坛和联盟等方式形成相关标准。在此环境下,战略性地使用标准和欧洲标准化将成为提高欧盟竞争力的战略性资产,同时也是实现知识传播、互操作性、验证创新思想和促进创新的关键方式。但是,欧洲标准可以完善,无法完全取代欧盟立法,也不会阻碍欧盟立法者解决欧盟的重大问题。

欧洲标准将会扩展到新的领域并且会涵盖新的主题。在快速变化和全球化的经济环境下,标准对国际贸易而言比以往任何时候都更为重要。然而,欧洲标准的成功实施依赖于其制定过程的合法性和高效性。如果我们想让欧洲标准在全球范围内发挥作用,就需要迅速提升制定过程的包容度和速度。

正如多项重大倡议中指出的,标准化将会在"欧盟 2020 战略"中为明智、可持续和包容性的增长做出重要贡献。"创新联盟倡议"[②]强调,欧盟标准化体系需要不断变化并且反应迅速以便支持创新。"工业政策计划"[③]在关键文件中强调,在迅速变化的当今世界,欧洲标准化体系需要作出迅速反应,以维持欧洲在全球市场上的竞争力并满足工业和公共当局的需要。《欧洲数字化议程》[④]强调了 ICT 标准在对于实现设备、应用程序、数据库、服务和网络之间互操作性的重要性。而"欧盟资源效能战略"[⑤]强调了标准在鼓励生态创新方面的重要作用。标准化还在诸如《单一市场法案》[⑥]《有关贸易、增长和世界事务的通报》[⑦]和《2010—2020 残疾人战略》[⑧]等政策措施中也发挥了作用。欧洲标准同样在欧盟的《小企业法案》[⑨]审查中扮演了重要角色。在欧盟委员会关于"对不断变化的邻国采取新的对策"的通报[⑩]中也提到,伙伴国家需要在《深度和全面自由贸易协定》

---

② COM(2010)546.
③ COM(2010)614.
④ COM(2010)245.
⑤ COM(2011)21.
⑥ COM(2011)206.
⑦ COM(2010)612.
⑧ COM(2010)636.
⑨ COM(2011)78.
⑩ COM(2011)303.

(DCFTA)的谈判框架内履行关于接受欧洲标准的承诺。

支撑"欧盟2020战略"的智能、可持续和包容性的增长的欧洲标准化体系需要实现以下战略目标：

(1)特别但不仅仅是需要迅速提供标准以确保信息和通信技术领域的服务和应用之间的互操作性，以便欧盟能够从信息和通信技术中充分获益。由欧洲标准化组织或全球ICT论坛及联盟制定最相关的ICT标准，如果这些标准符合一系列质量要求，便将在实现公共政策目标和社会需求方面发挥更突出的作用。这些标准应当得以适用于公共采购或者用于促进政策制定和立法。

(2)欧盟内部的标准化将继续为欧洲经济做出重大贡献。欧洲标准是企业提高竞争力的有力战略手段。由于欧洲标准首先被企业用作提高创新产品市场渗透率和降低生产成本的工具，因此标准必须与越来越短的产品开发周期保持同步。

(3)欧洲标准化组织制定的欧洲标准需要满足日益增长的需求，并需要成为支持欧洲政策和立法的工具。欧洲标准化在支撑统一的商品和服务市场以及防止在欧盟内部产生贸易壁垒等方面一直发挥着重要作用。将标准作为一种政策工具，是因为各组织中的专家们有着自愿建立强有力的伙伴关系的长期传统，这些组织包括了工业界、欧盟公共部门、欧洲标准化组织、各成国员的国家标准化组织(National Standardisation Bodies, NSB)和其他标准制定组织。其中欧洲标准化组织负责与其成员进行协商，管理制定和采用欧盟标准方面的行为。[11]

(4)欧洲标准将会影响越来越多的欧洲社会群体，包括企业和公民个人。标准是参与制定标准的各方达成共识的结果。足够广泛的参与者是建立一个企业和消费者都能接受的标准的必要条件。因此，欧洲标准化体系必须具有足够的包容性，所有合作伙伴都致力于建立一个以开放、透明和科学稳固为核心价值的体系。为持续改善标准化架构和管理，需要在所有伙伴之间，尤其是欧洲标准化组织与国内标准化组织之间，公共机构与立法机构之间，进行有效和密切的合作。

(5)标准对于维持欧洲企业在全球市场上的竞争力具有重要作用，使企业得以进入国外市场并在全球建立商业伙伴关系。

这一战略提出了一揽子措施，包括立法措施和非立法措施。其中立法措施载于所附的标准化条例提案中，其更新并结合了现有的欧盟立法，并附有影响评估[12]。非立法

---

[11] CEN和CENELEC的成员由各成员国的国家标准化组织组成，而ETSI则采用"混合"模式，其中产业界成员直接参与标准制定，国家标准化组织参与商定欧洲标准的最后阶段。

[12] 根据欧洲议会第1673/2006/EC号决定第6条第2款规定的欧盟政策和立法的要求，影响评估还要根据欧盟政策和立法的要求，评估接受欧盟资助的标准化活动的相关性。

措施则包括了委员会将采取的行动和向欧盟标准化体系的其他参与者提出的一系列建议。

这些措施均借鉴了 2008—2010 年对欧洲标准化体系进行广泛审查的结果,其中包括专家小组提供的报告[13]、两次公众咨询、《欧盟信息通信技术标准化的现代化白皮书》[14]以及一系列深入研究。欧洲议会在 2010 年 10 月所作的关于欧盟标准化未来的报告[15]还强调,要在现有体系的优势和核心价值的基础上,改善其缺陷,并在欧洲、国内和国际层面之间取得适当平衡。

欧洲标准化对于欧洲经济和欧洲企业竞争力的重要性意味着,从较长远的角度来看,有必要定期评估欧洲标准化体系是否足以适应迅速变化的环境并促进欧洲内部和外部的战略目标的达成,特别是在工业政策、创新和技术发展领域。第一次评估最迟将于 2013 年启动。

2 欧洲标准化在产业政策支持和创新上的作用

在全球竞争日益加剧、欧洲人口老龄化和财政紧缩的当前,欧洲的竞争力依赖于我们在产品、服务以及工艺流程等方面加速创新的能力。因此,创新已经成为"欧盟 2020 战略"和欧盟委员会关于"工业政策"[16]和"创新联盟"[17]的重大倡议的核心主题。

标准对欧洲工业的好处是巨大的。通过降低规模经济的成本,预测技术要求,降低交易成本,以及增加获得标准化组件的可能性,标准可以降低交易成本。世界银行指出,标准最重要的经济效益之一就是提高生产效率和创新效率。[18] 这使得供应商能够大批量生产同类产品,从而降低产品的单位成本。此外,生产者集中于降低产品变化从而获得技能和经验。另一个好处是,由于效率提高、交易成本降低、合同协议简化(由于使用标准,产品的特点和功能更加明显)和质量提高,从而提高市场准入能力。出于上述原因,标准还使供应商和客户的关系得到改善,这是由于消费者的安全得以保障,信任增强,责任风险降低和选择供应商的范围更广。用来解决不完善信息问题的最低安全标准便是最直接的例子。因此,欧洲标准对于提高运输、机械、电子技术产品和其他制造业以

---

[13] http://ec.europa.eu/enterprise/policies/europeanstandards/files/express/exp_384_express_report_final_distrib_en.pdf.

[14] COM(2009)324 of 3.7.2009.

[15] A7 - 0276/2010.

[16] COM(2010)614.

[17] COM(2010)546.

[18] 参见世界银行 2007 年发布的报告:《具有竞争优势的质量体系和标准》,由 J. Luis Guasch, Jean-Louis Racine, Isabel Sánchez 和 Makhtar Diop 起草。

及电信领域的企业的竞争力具有重要作用。

精心设计、及时更新的欧洲标准可以从多个方面促进创新。现有的标准可以规范和传播各种技术形态。通过在新型和现有的产品、服务和工艺流程之间增强互操作性(例如在生态设计、智能电网、建筑物能源效率、纳米技术、安全和电动汽车领域),可以促进创新产品的引进。在某些情况下,如果创新符合现有的安全、质量和性能标准,就更容易获得市场认可。互操作性标准可以提供技术平台,以便在此基础上进行其他创新,特别是服务方面的创新(例如,LTE 移动服务可以为电子政务应用提供移动商务解决方案或公共云计算的平台)。

最后,标准有助于缩小研究与市场产品或服务之间的差距。一个标准可以规范受公共资助所产生的研究成果,从而使其成为进一步创新的基础。其也可以作为一个高效的知识和技术转让机制。遗憾的是,标准化在支持创新方面的潜力还尚未完全发挥。我们仍然需要进一步了解标准如何通过不同渠道来促进创新互动。

科学研究为标准化进程做出了重要贡献。形成标准的方法、过程和资料均部分或全部来自现有的科学知识。事实上,预规范研究是许多有前景的工业应用的先决条件,可以为工业合作建立公平的竞争环境,并为未来市场发展创造可预测的政策环境。

应在欧洲和国家层面采取系统的研究、创新和标准化方法,以便推动研究成果的开发利用,帮助最佳理念进入市场并使其被市场广泛接受。

在将具有科学元素的标准纳入欧盟政策时,需要相关程序确保这些标准的公正、健全,基于周全的科学证据,还需考虑到标准对产品和服务整个生命周期的影响。除了考虑与欧盟资助的研究项目和其他来源的标准化有关的成果外,欧盟委员会联合研究中心还将在其专门知识领域提供科研投入,以确保标准考虑到经济生产和社会需要,例如环境可持续性、安全和安保问题。同时还需要通过改进有关标准的教育和培训方式,提高对研究、创新和标准化之间潜在的协同作用的认识。此外,在创新领域,标准还可能包括专有技术。因此,欧洲标准化组织的知识产权政策应当在技术所有者与技术实施者的利益之间保持合理平衡,以避免限制市场竞争。

欧洲标准化是将研究成果引入市场和检验技术有效性的重要步骤。而这种关键作用只有当标准能够与技术发展和更快的产品研发周期保持同步时才能发挥出来。过去标准化工作开始前的准备时间加上之前制定欧洲标准所需要 3~5 年,意味着标准的制定速度远落后于迅速发展的技术,这使得标准经常在最终被采用时便已经过时。如果要将标准作为激励创新和提高创新产品互操作性的一种战略性手段,标准的制定时间就变成了关键问题。因此,某些部门一直不愿参与标准化或无法从互操作性等标准化的积极影响中受益。

为了改善这种情况,需要关注两个重要因素:第一,有效地预测和规划标准化进程;第二,注意标准制定的速度。通过将新兴技术、对未来产品和工艺的研究需要与政策规定相联系,预测和前瞻性研究可以帮助预测标准制定的必要性。在不违背标准化体系核心价值的前提下,在这些领域可以作出许多改进,如包容性、共识和标准的自愿性质等。

为改善有关标准化活动的规划工作,欧盟委员会将按照所附的拟议条例,通过一项年度标准化工作计划。该工作计划将确定欧洲标准化的战略优先事项、任务[19]和其他必要行动。在创新领域内会优先采用一流创新联盟的机制,如利用创新伙伴关系和欧盟委员会对创新发展领域进行监测等机制。拟议的条例还将简化对欧盟立法拟采用的协调标准提出异议时的程序。委员会为欧洲标准化提供的资金将以年度工作方案中所确定的优先事项为确定依据。

大多数利益相关者认为,欧洲标准化进程应该加快、简化和现代化。因此,欧盟对欧洲标准化组织的财政支持将被用来推动欧洲标准化组织业绩的持续改善。委员会将在标准和供资请求中规定最后期限,这个最后期限取决于是否满足欧洲标准化组织的相关条件,特别是在标准制定的速度,利益相关者的充分代表性以及所制定标准的质量、相关性和制定标准的及时性等方面。欧盟委员会的目标是在2020年之前,将欧洲标准或欧洲标准化成果制定的平均时间缩短为50%。[20]

财政支持首先取决于欧洲标准化组织提高欧洲标准化体系的效率及中央秘书处确定的目标。为提高效率,这些组织已经采取了一些步骤,例如在共同总干事领导下建立一个CEN和CENELEC联合管理中心。然而,欧洲标准化组织现在必须对其内部流程进行现代化改造,例如探索和采用其他标准制定组织的最佳做法,并且促进彼此之间以及与其他组织的合作。欧洲标准化组织还应提高对现有冲突解决机制的认识,并确保这些机制在适当的时间范围内达成共识。

支持强制标准化活动的资金仍将是促进制定标准的主要动力,而标准的主要作用便是支持欧盟的公共政策和立法。欧盟委员会还将继续推动将标准转化为欧盟正式文件。

---

[19] 任务是要求欧洲标准化组织开展与规划或制定与标准有关的工作。
[20] 即到2020年,将标准平均制定时间从36个月减少到18个月。

> 针对性举措
>
> (1) 根据所附的拟议条例,欧盟委员会将制定一项年度工作方案,确定欧洲标准化的优先事项和在相应期限内所需完成的任务。欧盟委员会将在与相关利益相关者进行广泛协商后制定工作方案。
>
> (2) 欧盟委员会将要求迅速制定和通过欧盟创新产品和服务标准,包括生态设计、智能电网、建筑物能源效率、纳米技术、安全和电动汽车领域。
>
> (3) 欧盟委员会将为欧洲标准化组织提供资金,条件是其满足业绩标准并达到既定目标,尤其是要明确说明欧洲标准化组织需要优化标准制定的速度,并使其工作流程更加现代化。欧洲标准化组织应按照欧盟委员会要求,在2020年之前,将欧洲标准或欧洲标准化成果制定的平均时间缩短到50%。此外,条例也将简化及缩短对协调标准提出异议的程序。
>
> (4) 当具有科学要素的标准被纳入欧盟政策时,欧盟委员会将采取一切必要步骤,确保将公正、合理和均衡的科学证据作为欧洲标准化进程的基础。除了与欧盟资助的研究项目和其他来源的有关标准化的成果外,欧盟委员会联合研究中心将在其专门知识领域提供科研投入,以确保在制定标准时考虑到经济竞争力、社会需求、安全/安保问题以及整个运行周期对环境的影响。
>
> (5) 欧洲标准化组织、欧盟成员国和其他标准化组织有望提高对标准化及其与研究项目之间潜在联系的认识和教育。应通过培训、提高认识的活动和有针对性的讲习班等方式来提高公众对标准化的认识。

3 通过标准应对重大社会挑战

在具有高度政治和经济重要性的领域,可以战略性地利用标准来加速创新技术的开发,包括通过发展ICT的方式进行。在21世纪,欧洲面临许多战略挑战,特别是在标准对于支撑欧盟政策具有重大潜力的领域,例如消费者保护、无障碍环境、气候变化、资源效率、安全和公民保护、个人数据和个人隐私的保护[21],以及ICT在数字化单一市场中的互操作性等。

标准在消费者保护方面发挥着重要作用,特别是通过提供标准中的安全参数来推定符合《通用产品安全指令》[22](GPSD)的方式来保护。因此,欧盟委员会正在拟订一项提

---

[21] COM(2010)609.
[22] 欧盟 2001/95/EC 指令。

案,旨在加快通过欧盟标准中的任务规定,并加强其在指令中的作用。

标准化已经成为改善残疾人和老年人无障碍环境的一个重要手段。大约十分之一的欧洲公民有某种形式的残疾,而且随着欧洲人口的老龄化,这一数字还将继续增加。考虑到无障碍因素并遵循"为所有人设计"原则[23]而制定的标准,标准化在消除障碍和提高残疾人在各个领域内的社会参与度方面具有巨大潜力。"为所有人设计"有助于所有人得到平等机会,特别是在就业、建筑环境、交通运输、医疗设施、信息和通信、教育、休闲和文化等领域。根据这一原则制定的标准还可以推动创新,并在为残疾人和老年人提供无障碍产品和服务方面建立真正的欧洲单一市场。应用于社会服务的欧洲标准化进程很可能是在大量实体中传播社会创新的一种方式,并将给予提供者明显的激励,使其朝着正确的方向前进。因此,所有相关的标准化活动都需要考虑无障碍要求,代表残疾人的组织、无障碍专家和其他相关专业人员广泛参与了相关活动。联合国《残疾人权利公约》于2011年1月22日对欧盟生效,已经有17个成员国批准了该公约,其他成员国仍在履行相关程序。联合国《残疾人权利公约》要求缔约国在制定标准时发展通用设计,并制定、颁布和监测公开的或向公众提供的无障碍设施和服务的最低标准的实施情况。欧洲标准化工作有利于欧洲履行联合国《残疾人权利公约》下的义务。

欧洲标准化可以作为有关气候变化、绿色增长的立法和政策支撑,并能促进各国向低碳和资源节约型经济转型。通过整合与终端废弃物标准、耐久性和可回收性有关的要求,标准得以促进资源利用效率的提高。测量标准在评估排放量和环境影响时十分重要,这将有助于改善产品和生产过程的环境绩效。在这方面,我们鼓励使用在欧盟层面[24]开发的生命周期分析工具,这对于开发更加环保的产品和服务的新市场以及方便新的参与者进入市场至关重要。未来在制定其他领域的标准时,应当考虑环境因素,这一过程被称为"环境要求的主流化"[25]。委员会认识到,欧洲标准委员会在帮助标准制定者确定和理解环境的基础性影响,以及确定在制定标准时是否有可能解决这些问题等方面取得了进展。尽管如此,各国标准化组织在有效解决的环境问题方面所作出的努力仍然是分散的。因此,将环境要求纳入主流考虑因素应当作为欧洲标准化组织和国家标准化组织的高度优先事项。国家标准化组织尤其需要提高非政府环保组织(NGO)在标准制定过程中的参与度。

---

[23] M473 "为所有人设计"要求。

[24] 国际生命周期数据库手册(http://lct.jrc.ec.europa.eu/);正在进行的关于产品和企业环境足迹的工作(http://ec.europa.eu/environment/eussd/corporate_footprint.htm,http://ec.europa.eu/environment/eussd/product_footprint.htm)。

[25] 一些生态友好设计要求已经发布给一些生产商,如M/439、M/450、M/451、M/469、M/470。

加快标准化进程是建立欧洲范围内安全产品市场的关键,并且已经成为欧盟委员会的一个优先事项。[26] 在安全领域中,标准化速度对于应对新兴威胁至关重要,因此需要充分利用标准化的快速通道程序。此外,某些安全应用的标准,例如机场扫描仪或印钞机,应当仅向具有所需安全许可的实体提供。

> 针对性举措
>
> (6)欧盟委员会将修订《通用产品安全指令》,其中特别设想了加强欧洲标准的作用,同时缩短采用标准的程序。
>
> (7)欧盟委员会将在公民安全和保护领域扩大标准战略性应用,作为环境保护和无障碍相关的立法和政策支持。
>
> (8)欧盟成员国应确保利益相关者、环保非政府组织以及残疾人和老年人代表有效参与国家层面的标准化工作。
>
> (9)欧洲标准化组织和国家标准化组织应确保各项标准充分考虑消费者、环境和无障碍因素,并保障利益相关者代表的充分参与。

4 包容性标准的制定程序

自愿性标准的力度取决于制定自愿标准时达成的共识的力度。一个强有力的共识对于标准被行业接受和使用至关重要。在用标准支持公共政策和立法的领域,其他利益相关者对标准的认可和接纳十分重要。然而,目前在标准化过程中,并没有充分地体现利益相关者的利益。虽然中小企业是欧洲经济的支柱,但在欧洲标准化的各种技术机构中,大型公司仍然具有更多的话语权。这是因为中小企业雇员很少,很少能够为一名雇员分配足够时间以参与标准制定工作,且时间、差旅和会员费等方面的成本过高。

此外,标准化正在进入新的领域。传统上,标准的制定是为了满足技术协调的需要。目前,标准还广泛用于各组织内部,例如为它们提供有关管理系统、服务或环境和社会问题的指导。此外,虽然标准是由私人参与者制定的,但较传统的标准而言,目前的标准往往对社会产生更广泛的影响,影响到公民的安全和福祉、网络效率、环境和其他公共政策领域。

因此,代表这些范围较广的群体的中小企业及社会利益相关者(例如消费者、工会、环保非政府组织、残疾人组织),必须密切参与标准化进程。欧洲标准化组织实现这一目

---

[26] COM(2009)691.

标的可能方法之一,是在制定关于社会责任的 ISO 指导标准[27]时所采用的模式当中寻求灵感,即所谓的"替代生产线"。这种模式特别适用于非常敏感或具有特定公共利益的工作项目。

目前,ETSI 的成员模式已向中小企业直接开放。就 CEN 和 CENELEC 而言,中小企业和社会利益相关者参与欧洲标准制定工作的渠道是通过国家标准化组织提供的。这是"国家代表团原则"的结果,即在 CEN 和 CENELEC 之内,所有的国内利益相关者的利益通过国家标准化组织派代表参加来保障。这一原则的好处是,大部分工作是在国家层面完成的,因此可以降低参与成本,特别是旅行成本,并可以考虑到诸如语言之类的各国的具体情况。由于这项原则将继续巩固 CEN 和 CENELEC 的标准化体系,国家标准化组织必须能够为建立共识提供一个强有力的平台。虽然一些国家标准化组织在这一领域取得了良好进展,但其他国家需要更积极地鼓励以往未参与标准化进程的利益相关者参与此类活动。在某些情况下,标准的价格仍然是中小企业和社会利益相关者参与的障碍。最佳的做法(如特别费率或以较低价格捆绑参与等),可以在消除这些障碍的同时,维持甚至改善系统的财务能力。

在所有的活动中,CEN、CENELEC 和 ETSI 遵循标准化原则的核心原则[28],这一原则是在世界贸易组织《技术性贸易壁垒协议》[29]的背景下制定的。以世界贸易组织的标准为基础,欧洲标准化组织和国家标准化组织应自愿制定一项包含可测量参数的计划,以证明国家标准化组织符合其标准,并确保欧洲标准化体系的持续改进。

上述计划应作为今后对国家标准化组织进行业内审查的基础,其中还应包括审查成本结构、透明度和效率等其他要素。加强国家标准化组织之间的合作,包括交流优良经验和结对项目,也有助于提高国家标准化组织的业绩。

尽管时间和成本的相关问题形成了较大障碍,但中小企业和社会利益相关者参与欧洲标准化委员的影响范围仍在扩大。虽然欧洲标准化组织已开始努力改善中小企业在标准化进程中的参与和受益情况,但仍需采取进一步行动。因此,欧盟委员会将继续为中小企业和社会利益相关者加入欧洲标准化委员会提供财政支持[30]。欧盟委员会也将继续支持代表中小企业和社会利益相关者的欧洲组织,并为其秘书处的活动提供资金。此外,CEN 和 CENELEC 应全面落实《中小企业参与欧洲标准化工作报告》的建议。它

---

[27] ISO 26000.
[28] 核心原则为透明度、开放性、公正性和一致性、有效性和相关性、连贯性。
[29] 世界贸易组织技术性贸易壁垒:关于3C标准编写、采纳和应用的良好做法的附件,参见http://www.wto.org/english/docs_e/legal_e/17 - tbt_e.htm。
[30] 例如通过中小型企业标准化工具包(SMEST 1 & 2)。

们还应调整其内部规则,以加强欧洲中小企业协会和社会利益相关者的地位。

针对性举措

(10)欧盟委员会将要求欧洲标准化组织对采用替代性和更具包容性的工作流程("替代生产线")进行评估,特别是对于非常敏感或具有特定公共利益的工作项目。

(11)欧盟委员会将要求欧洲标准化组织和国家标准化组织实施自愿方案,以表明国家标准化组织符合基于WTO《技术性贸易壁垒协议》(TBT)原则的成员资格标准,由欧洲标准化组织定期监督此类合规情况。欧盟委员会进一步要求欧洲标准化组织每年向委员会报告监督工作的结果。

(12)欧盟委员会还将要求欧洲标准化组织及国家标准化组织建立业内审查制度,以便积极监督标准化进程,尤其是广泛参与的程度。

(13)欧盟成员国应支持国内中小企业代表组织和国内社会利益相关者参与标准组织,包括提供适当的财政支持。

(14)鼓励国内标准化组织以特别费率提供标准,或以较低的价格向中小企业和社会利益相关者捆绑销售。

(15)应加强代表中小企业和社会利益相关者的欧洲协会的地位,尤其是通过欧盟委员会继续提供财政支持。

---

5 标准化和欧洲单一市场服务

正如《单一市场法案》[31]中的重大倡议所述,一个蓬勃发展且功能完备的欧洲单一市场是实现"欧洲2020战略"的关键。单一市场的基础是四种要素的自由流动:人员、货物、服务和资本。其中在货物领域,欧洲标准化体系已经做出了重要贡献,主要是通过立法的"新方法",防止产生技术性贸易壁垒。

虽然欧洲标准已经广泛用于运输和物流、邮政服务和电子通信网络和服务,但自愿性欧洲标准在推动实现服务领域的单一市场,以及提升欧洲经济在这一关键领域的竞争力方面发挥的作用并不大。服务业是当前欧盟经济的主要驱动力之一,占欧盟GDP的三分之二以上,是近年来所有净就业机会的来源。然而,只要仍存在大量的法律和行政障碍阻碍服务存在于单一市场,服务领域的单一市场就无法充分发挥其潜力。在这方面,标准具有巨大的潜力,可以通过提高服务的互用性和质量,推动建立一个更具欧洲特

---

[31] COM(2010)608.

色的繁荣发展的服务部门,进而促进创新,提高经济竞争力。

然而,制定欧盟服务标准的进展缓慢,近年来,国家一级而非欧盟一级的服务标准迅速增长(2005—2009年新增国家标准为453项,而新增欧盟标准仅为24项)。这种国家标准的增长将对欧盟内部的服务贸易造成障碍,因为这要求企业在单一市场上要适应越来越多不同的国家标准。

这就是为什么欧盟委员会在《单一市场法案:促进增长和信心的十二个杠杆》的文件中,在欧盟各机构采取的12项关键优先行动规定,在2012年年底之前,将欧洲标准化体系推广至服务业。因此,拟议的欧洲标准化条例包括其范围内的自愿性服务标准,以减少出现相互冲突和多重国家标准的可能性,同时也使委员会能够在审慎考虑之后,授权制定欧洲服务标准。对有关改革标准化体系的公众咨询结果显示,各界普遍支持这项提议。但是,拟议的条例不会将强制性产品规则草案的通知扩大到服务部门,因为它不是主要事项。这一制度规定,产品和信息社会服务的技术条例草案必须通报欧盟委员会和其他成员国,该提案将保持不变。将标准化体系延伸至服务领域,或将在审查98/34/EC指令时加以审议。

欧洲的服务标准必须考虑公共利益,并以共识和市场驱动为基础,着重考虑经济运营者和直接或间接受到标准影响的利益相关者的需求。因此,委员会计划征询服务业利益相关者的意见,以确保未来的标准符合市场的相关性检验标准。《单一市场法案》[32]的文件中提出的商业服务高级别小组也应当作为讨论问题的平台,用于讨论与服务标准化有关的问题。应当注意的是,服务部门的绝大多数企业都是小企业。因此,中小企业和社会利益相关者的参与对标准化进程至关重要。

针对性举措

(16)服务标准将被纳入新《标准化条例》。

(17)在确定市场需求,并经咨询利益相关者的意见之后,欧盟委员会将要求制订以市场为导向、以共识为基础并兼顾公共利益的服务业自愿性标准。

(18)欧盟委员会将成立一个有关商业服务的高级别小组,用以审查各行业的标准问题。

6 标准化、信息和通讯技术(ICT)以及互操作性

信息和通信技术(ICT)的增长占欧洲GDP的5%,年均市值达6600亿欧元。然而,

---

[32] COM(2010)608.

ICT对其他商业部门的生产力增长发挥的促进作用影响更加深远。信息和通信技术直接影响到每日2.5亿个欧盟互联网用户和几乎所有拥有移动电话的欧洲公民的生活。这已经在许多方面深刻地改变了商业和社会,这些变化还将进一步加快:在高效的互联网环境中提供有吸引力的内容和服务,刺激了对更高速度和容量的需求,这反过来又将创造新的商业模式并引发更具创新性的服务。

需要由标准来确保设备、应用程序、数据库、服务和网络之间的互操作性,以便欧洲充分利用ICT技术。此外,还需要通过公共采购和欧盟相关政策和立法等措施推广标准的使用。

ICT领域的格局发生巨大变化时,ICT标准化领域也发生了巨大变化。除了传统的标准制定组织以外,专门的、大多数全球的ICT论坛和联盟也变得更加活跃,其中一些已成为领先的ICT标准制定组织。这些领导组织通常实施的规则、流程和程序,与世界贸易组织为国际标准组织制定的相关内容大致相符。虽然欧洲标准化组织已经作出了相当大的努力来与论坛和联盟进行更密切的合作,但后者制定的标准仍未纳入到欧洲标准当中。

有必要至少达到足够的互操作性水平,以确保公共采购者能够获得可互操作的ICT服务和应用程序。应该考虑通过当今的技术来实现这一点,在互联网和万维网等领域,标准化领域被论坛和联盟所占据,而非欧洲标准化组织。欧盟委员会因此举行了公众咨询,以白皮书的形式提出了对欧洲ICT标准化进行现代化改造的详细建议[33]。鉴于公众对白皮书的积极反应,委员会将进一步实施这些提案。

正如《欧洲数字化议程》[34]所预见的那样,该法规将建立一个体系,使全球主要的ICT论坛和联盟制定的最相关的ICT标准可用于公共采购,以避免锁定效应,并鼓励在供应具有互操作的ICT服务、应用程序和产品的领域内开展良性竞争。在某些情况下,如果根据ICT政策和战略举措、架构和互操作性框架,可能需要在公共采购程序中实施全球通用的标准化接口,但必须遵守公开、公平、客观和非歧视的原则,适用公共采购的指令。

选定的ICT标准将作为欧洲标准的补充,并且必须符合质量标准。这些质量标准既涉及制定标准的过程,也涉及标准本身,涵盖了开放性、透明度和中立性等问题,并强调了与欧洲标准化组织相同的解决知识产权问题的最低要求。

如果标准符合上述质量标准,尤其是在设备、应用程序、数据库、服务和网络之间的

---

[33] COM(2009)324, 3.7.2009.
[34] COM(2010)245.

互操作性需要进一步加强的情况下,委员会为满足欧洲政策的需要,将会更多地使用其他标准制定组织制定的ICT标准,而不是欧洲标准化组织制定的标准。例如,在快速发展的云计算领域,标准化工作和标准的制定是众多且分散的。因此需要通过互操作性和数据可移植性,确保这些标准能够用来解决欧洲的用户选择问题。

如果欧洲希望及时获得所需的ICT标准,那么公共部门和利益相关者之间的长期对话,以及包括论坛和联盟在内的标准制定组织之间的长期对话,都是必不可少的。委员会还将继续与利益相关者探讨,如何在ICT标准化中,进一步提高处理知识产权问题的透明度和可预测性。与此同时,委员会将帮助和鼓励欧洲标准化组织进一步加强与论坛和联盟的合作,尤其是通过快速程序等方式,将论坛或联盟的规范纳入欧洲标准化体系。

> **针对性举措**
>
> (19)所附的拟议条例将允许在公共采购文件中引用市场广泛接受的ICT标准,并遵守一套基于WTO国际标准化程序原则的质量标准,而在这些领域,欧洲标准化组织所起到的作用并不大,欧洲标准化组织制定的标准要么没有得到市场采纳,要么已经过时。
>
> (20)在欧盟政策中,尤其是在必须进一步加强设备、应用程序、数据库、服务和网络之间的互操作性时,委员会将更多地使用符合相同质量标准的ICT标准。
>
> (21)2011年,欧盟委员会将创建并主持一个专门的多方利益相关者平台,就有关ICT领域标准化政策的实施情况向欧盟委员会提供咨询意见,包括ICT标准化工作计划、支持立法和政策的优先事项,以及全球ICT论坛和联盟制定的技术规范的确定。
>
> (22)成员国应在进行ICT领域的公共采购中更多地使用标准(包括已选定的ICT标准),以促进互操作性和创新,避免锁定效应。
>
> (23)预计欧洲标准化组织将通过快速程序等方式,继续推动将其他标准制定组织制定的ICT标准纳入欧洲标准化体系的进程。

7 提升欧盟在全球市场竞争力的标准

通过欧洲国家标准化组织,欧洲已经在国际标准化进程中发挥了主导作用,这些国家都是国际标准化组织(ISO)和电际电工委员会(IEC)的成员。标准在提高欧洲企业在全球市场上的竞争力方面发挥着重要作用,使企业能够进入国外市场并在全球建立业务伙伴关系㉟。

因此,欧洲标准化体系承认国际标准的首要地位,通过《维也纳协定》和《德累斯顿协定》,制定了欧洲标准化组织与国际标准化组织之间的合作框架。尤其是国际标准,有助于消除因各国技术法规差异而产生的贸易壁垒,是促进监管趋同的有力推手。因此,欧洲标准应尽可能以国际公认的 ISO、IEC 和国际电信联盟(ITU)标准为基础。同时,应当探索进一步的机会,以加强与国际标准的融合。在没有国际标准或国际标准不能充分满足合法监管和政策目标的情况下,应当采用欧洲标准。

在欧洲标准偏离现有国际标准的情况下,应该解释出现偏离的原因。

虽然欧盟和欧洲自由贸易联盟(EFTA)致力于通过撤销相冲突的欧洲标准实施所有符合欧洲标准化价值的国际标准,但其并未全面承诺将使用来自其他国家或地区组织的国际标准。因此,欧盟将继续推广国际标准的使用,积极主动地避免保护主义,并期望其合作伙伴采取类似的态度。

欧洲往往是贸易商品、服务和技术的创新者,例如在电动汽车、安全、能源效率和智能电网等领域。通过在这些领域推动欧洲或国际标准的制定,欧洲可以最大限度地发挥先发优势,提高欧洲工业的竞争力。因此,欧盟的标准化组织应继续在欧洲于全球领先的这些领域,就国际标准提出建议,以最大限度地扩大欧洲的竞争优势。国际标准化进程对于应对气候变化、无障碍环境以及老龄人口生活条件保障等社会挑战也将发挥重要作用。需要在标准制定的筹备阶段采取有效行动,加强欧洲标准化组织与国际伙伴之间的合作。

欧洲标准化进程可以激励周边国家和全球其他地区。应通过进一步协调清晰度和技术援助举措来推动欧洲标准化体系的完善,例如提高发展中国家和最不发达国家对参与国际标准制定工作的程度,或在第三市场引入标准化体系和内部市场监管专家。

由于欧盟的贸易政策特别关注美国、中国、俄罗斯、日本、印度和巴西等国,因此为强化与这些国家的经济联系,加强与其在标准化方面的合作是十分重要的。在此背景下,欧盟委员会十分愿意采纳跨大西洋经济委员会(TEC)和高级别监管合作论坛(HLRCF)的成果,以促使欧盟和美国在能源效率、电动汽车、无障碍环境和智能电网等领域的标准化进程加强上游合作。欧盟委员会与中国之间的合作也取得了可喜的成果,欧盟也应该与印度等其他合作伙伴采取类似的举措。

在欧洲睦邻政策框架内,欧盟监管模式得以推广,同时鼓励合作伙伴利用这种可能性,通过共享监管环境来提高吸引力。一些伙伴国家正在尽可能地与欧盟标准趋同,并

㉟ 有关贸易、增长和世界事务的"欧洲2020"重大倡议,COM(2010)612。

正在努力履行使用这些欧洲标准的承诺,以期与欧盟达成《深度和全面自由贸易协定》。

在监管方面,更广泛地采用自愿性国际标准,也是在不同国家和贸易区之间实现监管趋同的有力手段,以确保包括金融市场在内的全球市场的正常运作。因此,在贸易谈判和监管对话期间,欧盟委员会和成员国应继续推动监管趋同,并利用包括标准化组成部分在内的现有部门举措。欧盟还应与国际伙伴合作,鼓励在监管中使用自愿性国际标准,并提高各自进程的公开性、透明度、质量和有效性。

欧洲标准化组织已经在与国际伙伴进行合作与协调。他们应该与第三方国家和地区承认的标准制定组织共同签署进一步的协议。

>针对性举措
>
>(24)欧盟委员会将继续加强与国际标准的衔接,使用自愿性标准进行监管,并在监管对话和贸易谈判中采用现有的部门监管融合举措。欧盟委员会将支持和加强目前的监管对话,尤其是那些明确包含标准化的监管对话,同时研究与新的合作伙伴进行进一步对话的可能性。
>
>(25)欧盟委员会将向不同国家和地区提供技术援助,以鼓励其参与国际标准制定工作。
>
>(26)欧盟委员会将通过支持具有欧盟战略贸易规模的欧洲国家的标准化专家,加强与标准化组织之间的合作。
>
>(27)欧盟委员会期望在全球范围内欧洲处于领先地位的领域,欧洲标准化组织和国家标准化组织可以提出更多的国际标准建议。欧盟委员会还要求欧洲标准化组织积极监督欧洲在国际标准化进程中的表现,并每年向欧盟委员会报告这方面的情况。
>
>(28)欧洲标准化组织预计将在国际事务中采取共同行动,进一步加强其与国际伙伴的现有合作。此类合作应将标准制定的创新领域纳入进来,并进一步推动联合标准制定机制的建立。

8 监测进展和制定"后2020"战略

欧盟委员会将立即采取行动,而一些可能需要随附条例生效的行动最好能在2013年1月1日之前开始。

欧盟委员会至迟在2013年启动独立审查,以衡量和评估是否实现了本通报规定的战略目标。审查的主要目标是从长远角度来评估欧洲标准化体系是否能够适应迅速变化的环境,并为欧盟的内外战略目标做出贡献,特别是在工业政策、创新和技术发展领域。同时还将审查欧洲标准化体系是否足以满足市场对于包容性和代表性的需要。在此背景下,欧盟委员会还将审查是否应给予欧洲标准化组织中代表中小企业和社会利益相关者的欧洲组织以投票权。此外,它还应评估欧洲标准化体系如何能够在全球化经济的单一市场以外支持欧洲标准。欧盟委员会还将确保与2013年后的多年度财务框架和有关金融监管的规定完全一致。独立审查还将为确定2020年以后标准化的战略优先事项奠定有益的基础。这些优先事项将为欧洲标准化政策提供良好的基础,以确保标准化将继续为推动欧洲的未来发展发挥重要作用。

针对性举措

(29)独立审查最迟将于2013年启动,该审查将以评估战略目标的进展情况和欧洲标准化体系当前的治理绩效为内容。并将考虑采取措施,在维持欧盟对主要贸易伙伴的战略地位的同时,使标准的制定速度更快、内容更具包容性及更加高效。欧盟委员会还将确保其与2013年后的多年度财务框架和相关金融监管的规定保持一致。

专利及标准:以知识产权为基础的标准化现代框架^{* **}

1 导 论

1.1 研究背景及目标

1.1.1 研究背景

高效的知识产权许可对创新成果的大范围迅速传播至关重要。并且,创新是经济增长、生产力提高的必要因素。

为了确保欧洲在当今世界竞争中处于有利地位,需扫除知识产权许可市场中不应有的障碍。这既要求保护知识产权,允许权利人取得合理回报。也需要为市场主体提供一个知识得以广泛传播的营商环境。

在这个大背景下,被纳入标准的专利技术许可问题备受关注,尤其是与电信、能源等基础建设相关的标准。当然,这个问题的重要性对(信息)通信技术领域的标准而言更是前所未有。(信息)通信技术几乎已成为所有经济分支必不可少的一部分。随着(信息)通信企业间在不同领域抢占市场主导地位的竞争进入白热化,智能手机操作系统、相配套的软件应用等市场领域,其标准专利技术许可问题的重要性也日益显著。

当专利被纳入标准,成为标准实施者必须使用的"标准必要专利(SEP)"之后,一旦标准获得成功将赋予 SEP 专利权人相当大的市场支配力。而且,知识产权市场失灵频发,存在外部效应(包括积极的和消极的)、信息不对称、信息不充分、非竞争性与非排他性等一系列问题。鉴于此,知识产权(特别是 SEP)市场值得特别关注,相应机构应当引入或改进必要的规章制度,以支持知识产权市场(持续地)良性运转。

1.1.2 研究目标

本研究旨在收集基于知识产权标准化活动相关的定量及定性数据,并着重研究影响

---

* 本文为欧盟委员会企业与产业总司委托欧洲竞争力与可持续产业政策联盟(简称 ECSIP 联盟)编制的报告,该报告由欧盟委员会企业与产业总司作出,本中文译文已获得版权方授权。译文有删减。

** 该报告中列出的信息和观点来源于作者,并不反映欧盟委员会的官方意见。欧盟委员会不保证本报告所含数据的准确性。欧盟委员会或任何代表欧盟委员会的个人对所包含的信息使用均不承担责任。

SEP 高效许可的障碍以及可行的解决办法。当知识产权许可存在障碍时,往往会导致标准制定的进程变慢,从而影响标准的采纳,最终导致整个产业以及经济的创新变得迟缓。本报告分析了四个依赖于标准的产业领域,即通信技术、消费电子、汽车及智能电网中存在的许可障碍。

接下来,本报告将提供一系列可减轻 SEP 许可障碍的方案,并对各种方案的实施成本、优势以及效益进行全方位评估。最终的研究成果将有助于欧盟改善 SEP 许可管理,并服务于专利权人和标准实施者,保障双方的利益。

1.2 研究采用的理论框架

1.2.1 交易成本及市场失灵

本研究重点关注 SEP 许可以及专利权人与实施者由此产生的交易。交易成本理论是该研究的理论框架之一。其考察的核心要素是交易、交易参与者、成文的或不成文的协作规则。

交易成本可以分为四大类:①检索及信息成本,比如收集下列信息所花费的成本,某个技术是否受专利保护、专利权人的身份、能否通过专利池获得许可以及许可费率等;②议价及合约成本,比如为了准备许可报价、评估对方支付意愿、真实的谈判、起草合同等所花费的成本;③监管及实施成本,比如为了保证许可协议条款的履行并按时获得支付款项、跟踪专利侵权、向法院提起诉讼以解决纠纷等所花费的成本。[①]

交易成本理论是关于市场如何选择最适合该市场中资产交易特性的管理架构的理论。[②] 双边市场交易是默认的最有效率且成本最低的管理架构。但交易成本的经济学理论认为,资产特性、交易频率,以及其中的不确定性可能会促成其他成本更低的管理架构的出现。其可能导致从市场制度到层级制度(企业间的纵向一体化)和多种管理模式的混合制度的转变。就本研究情况而言,专利池的出现就可以被认为是 Williamson 所述的混合制度,或者是 Ménard 所述的微型机构。[③]

本研究的第二个理论框架就是市场失灵理论。本研究涉及的市场失灵是指阻碍市

[①] 关于"交易成本"方面文献的全面介绍,可见 Allen, Douglas W. , 1999, "Transaction Costs", Encyclopedia of Law and Economics, http://users.ugent.be/~gdegeest/0740book.pdf.

[②] Williamson, O. E. (1998). "Transaction cost economics: How it works; where it is headed." De Economist 146 (1): 23 – 58; Williamson, O. E. (1981). "The economics of organization: The transaction cost approach." The American Journal of Sociology, 87(3), pp. 548 – 77; Williamson, O. E. (1985). The economic institutions of capitalism, firms, markets and relational contracting. London: Macmillan; Williamson, O. E. (1996). The mechanisms of governance. Oxford: Oxford University Press.

[③] Ménard C. , (2009). "Water Regulation: the Key Role of Micro-Institutions.", 1st International Forum on Regulation of Water Services and Sustainability, Rome.

场提供高效交易的信息不对称问题。而为了缓解信息不对称而获取信息的过程又会增加交易成本。④

1.2.2 社会技术系统分析框架

与上述的经济学理论一致，由 Koppenjan 和 Groenewegen⑤ 提出的社会技术系统的分析框架，也是建立于 Williamson 提出的交易成本理论⑥基础上的。该框架有助于业界对产业动力学的研究和理解，同时促进了对拟议解决方案的评估。其理论框架分别讨论了标准化及许可中私人参与者的活动及方案，以及政府运用法律法规促进标准化及许可的职能，见图1.1。

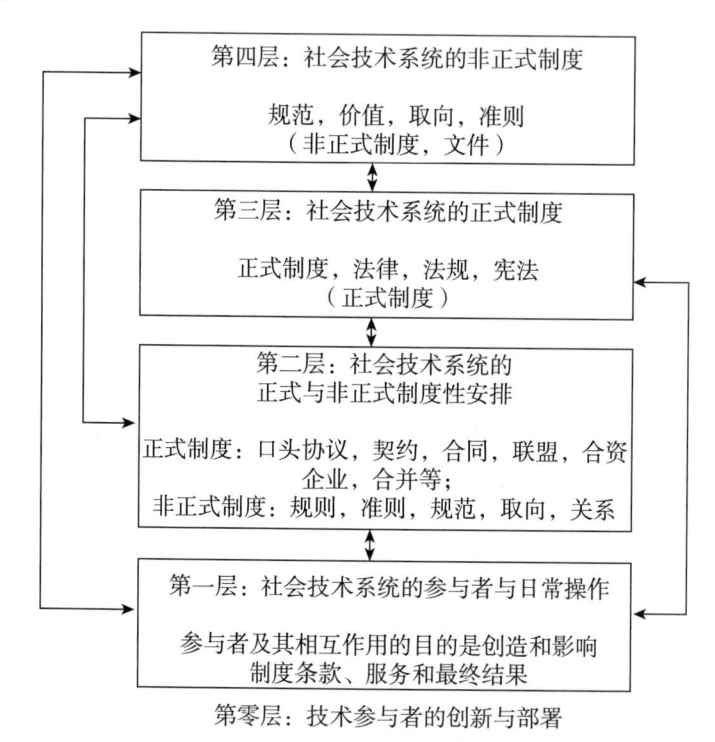

```
第四层：社会技术系统的非正式制度
   规范，价值，取向，准则
     （非正式制度，文件）

第三层：社会技术系统的正式制度
   正式制度，法律，法规，宪法
        （正式制度）

第二层：社会技术系统的
    正式与非正式制度性安排
正式制度：口头协议，契约，合同，联盟，合资
         企业，合并等；
非正式制度：规则，准则，规范，取向，关系

第一层：社会技术系统的参与者与日常操作
  参与者及其相互作用的目的是创造和影响
       制度条款、服务和最终结果

第零层：技术参与者的创新与部署

技术运用渗透第一层至第四层并发生影响
```

图1.1 社会技术系统的分析框架

对标准化及许可的研究分析涉及诸多因素，比如技术、法律法规、企业战略、价值取向与行为规范等。一方面，参与者的行为很大程度上取决于其所处环境的制度架构，比

---

④ 有关消息不对称的内容，详见文献 Akerlof, G. A. (1970). "The market for 'lemons': Quality uncertainty and the market mechanism." The quarterly Journal of Economics. 84 (3), pp. 448 – 500.

⑤ Koppenjan, J. F. M. and J. P. M. Groenewegen (2005). "Institutional design for complex technological systems." Int. Journal Technology, Policy and Management. 5 (3): 240 – 257.

⑥ 见注释2。

如法律法规。另一方面,参与者也会发挥一定程度的自主权来服务其自身目标,并探索新的途径改变制度架构。另外,参与者不仅与其所处的制度架构产生联系,也和其他参与者相互影响。因此,主体间能够分享观点,相互学习,相互竞争,并尝试对他人的行为进行控制。为研究分析许可市场的动力因素(the dynamics of the licensing market),就需要理解其中不同参与者的行为。图 1.1 表示了参与者所处的制度环境的各个层面,箭头表示的是不同层面之间的相互关联。在对制度进行抽象化时,我们遵循 North 对制度的定义,即"为政治、经济和社会的交互而人为创设的限制",以及"是由一整套道德、伦理及行为规范组成的,它界定了社会轮廓,并限定了法律法规的制定以及实施的方向"[7]。本研究讨论的制度是指包括标准制定组织、专利池在内的由相关参与者创设并发展的制度。

图 1.1 最上方的是制度体系的第四层,即非正式制度,它潜移默化地影响参与者的行为。它是核心参与者进行创新、许可及标准化活动的文化根基,能够影响他们的动机以及其对他人(包括私人个体和公共)行为的预期。我们对人权以及平等权的观点就属于这一层。虽然欧洲范围内在社会规范与价值观上有诸多共同点,但也存在文化上的差异,这些差异会在低层制度上呈现。

制度体系的第三层是正式制度,它更直接地对参与者的行为产生影响。这包括法律,例如,竞争法和公司法,再如与专利、标准化以及专利局相关的欧盟条款。上述法律都是能够直接影响产业参与者行为的制度范例。第三层是典型的公共参与者如议会、政府部门(内阁)和公共机构的工作范畴。

制度体系的第二层,即(正式与非正式)制度性安排,是指私人参与者制定的用以调整私人交易的制度。它可以进一步区分为私人参与者有意创设的制度,比如契约、组织,以及非正式创设的由相关参与者共同遵循的规范。

制度体系的第一层是企业参与者和他们的日常操作,在此处是指企业在知识产权竞争市场中的运营活动。扮演不同角色、拥有不同能力的企业参与者们创设并修改上层制度架构,同时也受制度架构的约束。由于上层制度会约束下层活动,以这种交互关系为特点的制度形成机制,是解释知识产权市场动力因素(the dynamics of the IPR market)的重要方面。在下层,这些关系可能更加有迹可循,而在上层时,它们会更加分散而不易察觉。

技术对创新起到重要作用。因此,该模型进一步延伸至反映技术的第零层,以此作为其他层的基石,这反映出技术渗透到方方面面。一般认为技术的发展由第一层的参与

---

[7] North, D. C. (1990). Institutions, institutional change and economic performances. Cambridge, UK: Cambridge University Press.

者/机构负责,换言之,是人为成果。技术的运用将影响到第二层至第四层。然后各层之间的交互影响又会反过来形成技术。

1.3 顺畅达成 SEP 许可的益处

顺畅的 SEP 许可所蕴含的经济潜能虽然难以具体分析,但潜力巨大。这一节依据先前的研究成果,简要分析了其好处。在部分例证中,为了更好地解释,我们给出了具体利益的数量级。

1.3.1 许可协议对商业交易的直接益处

许可协议能给专利权人和专利实施者都带来益处。它为专利权人带来收入,同时赋予实施者将专利技术商品化的法律权利。它能够使双方关注于各自的经营,即专利权人致力于研发出可专利的创新技术,而专利实施者则致力于产品的生产和销售。

和任何其他商业交易一样,达成许可协议不可避免地发生部分交易成本,包括用于检索、信息获取、谈判和争议解决的成本。而一个现代化的高效许可框架能够显著降低交易成本。

这一点尤其适用于 SEP 许可,因为 SEP 许可的诸多内容会事先在标准化过程中予以确定,这个过程中存在能显著降低交易成本的工具。

1.3.2 以专利技术为基础标准化的优势依赖于高效 SEP 许可

在标准中采用专利技术,有时是有益的,有时则是必需的,比如产品间的互操作性只能通过具体技术标准实现。

在标准包含专利技术的情况下,标准化的优势依赖于高效的 SEP 许可。创新主体只有在能确定其投资能够以许可费的形式得到回报的情况下,才会贡献其最优的技术标准。而实施者只有在能确保其能够以合理的成本支出获得专利许可时,才会使用标准。然而在现有的商业模式下,许可合同的达成发生在技术被纳入标准之后,这时产业已经被标准锁定,因此,双方的利益都容易受损。

1.3.3 高效 SEP 许可通过减少不确定性促进创新

高效 SEP 许可促进创新的一个非常重要的方式就是降低不确定性。通过清晰的条款和确定的惯例,具体要素的不确定性得以最小化,从而不至于阻碍创新:当一个企业面临的不确定性超出了其创新成果受保护的程度、其维权成本(比如诉讼)、其产品上市所需的时间等,就会削弱企业投入创新的动力。这种不确定性的成因,一是缺乏有关专利状态(有效性、必要性、可实施性)的信息公开,二是相关规则不够明确。上述两个成因,就是本研究的关注重点。

1.3.4 高效 SEP 许可对于竞争环境至关重要

有序的竞争环境是创新的核心驱动力,而高效的 SEP 许可,对于维系技术市场以及标准实施市场的良好竞争环境,起到关键的作用。当 SEP 许可过程中存在不必要的困难和/或成本时,经济实力较弱的创新主体可能无法获得足够的许可收入,从而阻碍了他们为市场提供技术的能力。部分实施者以故意拖延或回避支付许可费的手段,获取相对于已获得许可的实施者的不恰当竞争优势,而高效 SEP 许可不会任凭这类行为发生从而破坏市场竞争。

1.3.5 SEP 许可与创新技术的快速普及

知识产权许可和标准化活动对创新技术的快速普及至关重要,因此 SEP 许可的关键性亦不言而喻。虽然创新技术快速普及能够带来的利益很难从大体上进行量化,但其在具体实例中的利益已经过量化,比如 ICT(信息与通讯技术)溢出效应与全要素生产率(TFP,total factor productivity)增长之间的关系。考虑到以专利技术为基础的标准化活动在 ICT 领域中发挥着重要作用,这个量化结果可能意义深远。

一项荷兰的研究(建立于 Griliches 指导的研究之上)[8]结果显示,对于应用 ICT 的产业而言,ICT 技术的溢出效应是全要素生产率提高的重要来源。结果还显示,荷兰服务业的劳动生产率提升,其中大约三分之一可以归功于 ICT 资本深化。而且,考虑溢出效应的间接影响,累积的生产率甚至会更高。[9]麦肯锡全球研究所从更宏观的角度分析认为,先进的机器人技术足以影响到全球共计 6.3 万亿美元的劳动力成本,而云技术有可能为全球企业的 IT 支出带来超过 3 万亿美元的增长。[10]麦肯锡全球研究所在其报告中还涉及技术普及所带来的一些其他的好处。

1.3.6 高效 SEP 许可的好处是国际性的

高效的 SEP 许可促进以知识产权为基础的标准化的成功,这使得 SEP 许可的双方在国际贸易中获得丰厚的回报,而那些为产业提供高效标准化服务的经济体,也可以从中获得巨大的先发优势。

在贸易中,非关税措施(NTM)是最持久和成本最高的贸易壁垒之一,而标准化则是消除该壁垒的一种有效途径。Ecorys 咨询公司在其报告中充分研究了非关税措施,特别是在贸易及投资谈判中的非关税措施。研究显示,研发过程中的生产准备、详细的技术规格,以及标准协议,是欧洲及美国在诸如航空航天领域的技术研发上更具竞争力的原因。这是因为生产效率的提高会增加投资和贸易的机会。这个规律也适用于汽车等其他行业,因为在贸易中主要的非关税措施就是各地区不同的安全标准和环境标准。报告还指出,当存在于美欧之间的非关税壁垒减少 25% 时,欧盟将获得 194 亿欧元的短期经济福利以及 536 亿欧元的长期经济福利。虽然并非所有的非关税壁垒都与标准制定相

---

[8] 参见 http://www-siepr.stanford.edu/RePEc/sip/09-016.pdf.
[9] http://www.cpb.nl/publicatie/do-ict-spillovers-matter-evidence-dutch-firm-level-data.
[10] http://www.mckinsey.com/insights/high_tech_telecoms_internet/disruptive_technologies.

关,但在某些产业领域,标准的不统一是最关键的非关税壁垒。这些潜在的收益表明,只要欧洲通力协作,其他类型的收益也将(大幅度)实现。

至于标准化成功所带来的先发优势,在 GSM 标准制定中有所体现。在欧洲,所有的移动服务供应商均采纳了 GSM 标准,而当时的美国市场却存在三个相互竞争的标准。从移动电话的普及率可以明显地看到,美国自 1995 年起一直落后于欧洲。并且,我们分析了欧盟凭借统一标准而非多个标准所获得的收益,由此发现,标准的统一使得欧洲每年比美国多出大约 350 亿欧元的收益。⑪

1.4 研究方法及其价值

1.4.1 背景介绍

本研究从高层次的信息和创新经济学开始讨论,主要探讨了市场失灵的发生、知识产权转让的需求以及促进创新协作的因素。其中,知识产权(比如专利技术)转让和技术之间的互补性与标准制定息息相关。这部分的背景介绍将成为后文分析的基础,因此我们还补充讨论了管理标准化进程的制度性安排,包括利益相关者和组织机构(比如标准制定组织 SSO、专利权人、欧盟委员会以及专利局)之间的关系,而且讨论了专利权人与标准实施者之间(以及专利权人之间)典型的许可动机与许可实践。

1.4.2 标准依赖型产业

本项研究对四个标准依赖型产业现有的体制框架进行了详细独特的描述,涉及标准中专利的纳入以及后续发生的专利许可。这四个产业包括:通信技术、消费电子、汽车,以及智能电网。然而,这项研究并没有完结。我们考察了标准化及知识产权许可(尤其是 SEP 许可)的战略性作用,包括对产业结构——形成行业普遍实践的基础,以及市场动力因素新近变化的讨论。有关产业结构和市场动力因素的描述主要基于文献研究,并辅以与行业专家的访谈。这使我们能够对影响标准化和许可的趋势进行跨行业总结。

1.4.3 高效 SEP 许可存在的障碍

本研究通过总结学术文献观点、利益相关方访谈、定量分析 SEP 数据,发现阻碍许可双方达成高效许可协议的因素。其中的两个障碍是:缺乏信息透明度导致的障碍和针对 SEP 的商业行为导致的障碍。

通过最新的数据分析,我们重点关注 OEIDD 数据库在 2011 年至 2013 年间收集的数据。OEIDD 数据库旨在提供最完整的 SEP 的披露信息,其数据是基于 SSO 对外公开的 SEP 披露记录所产生,为保证数据信息相互吻合,我们投入了大量的精力将数据信息整理、匹配,并辅以其他数据相补充,以确保使用的数据与公开披露的信息相一致。

---

⑪ https://ec.europa.eu/digital-agenda/sites/digital-agenda/files/final_report_internal_market_ecom.pdf.

1.4.4　问题的提出以及解决的方案

近年来,利益相关者为解决现存的问题,在 SSO 会议、公共领域等不同场合,提出了一些相应的对策和措施。然而,某个特定解决方案背后,是为了解决哪个具体问题却不太明确,这些对策似乎和多个问题相关,相反,某些问题也可能通过多个对策解决。因此,本研究的价值在于通过结构化的方式清楚地梳理一系列的问题和对策。我们探讨了许可流程中的实际情况,并从结构上梳理了 SEP 许可过程中发生的交易成本,这其中包括在标准中纳入专利技术所导致的风险成本,以及该些风险现在和未来发生的概率。

1.4.5　打破陈规/不落窠臼的研究方法

我们尝试使用非常规的研究方法寻找可行的政策方案,即参考学习其他(非标准依赖型)产业领域在应对类似信息不透明问题和许可费堆叠问题上的经验教训。这些产业在高效技术转让和顺利达成许可协议上形成了值得关注的制度安排。因此,我们研究这些制度安排,并分析它们如何减少信息不透明以及费率堆积所产生的交易成本。随后,我们还将分析这些制度安排能够在多大程度上移植到 SEP 许可管理中。

针对上述问题,我们分析了四个非标准依赖型产业,包括化工、诊断、机械工程和纳米技术。其中对每一个产业的研究遵循了以下几个步骤:

- 通过浏览文献,找出一些产业中值得关注的许可制度安排;
- 通过与具体行业的许可专家进行半结构式的深度访谈,大致了解该行业的许可实践,尤其是成功及失败案例,进一步获取许可制度安排的相关信息;
- 描述在成功案例中发挥作用的产业架构和制度安排;
- 换位分析,确定取得成功的核心要素(以及它们是否存在于标准相关产业中),将这些产业的经验移植到目前的制度中来。

1.5　研究大纲

首先,本研究的第一步在于确定研究的具体框架,包括研究采用的方法论、技术/标准开发者和技术/标准采纳者所处的制度框架等内容,其结论详见第 2 章。另外,第 2 章也展示了专利局以及专利池这两个现有研究成果的概要。

其次,我们将研究目标与 Thietart, Miles 和 Huberman 等人的现有研究成果[12]相结合,将在后续研究中对四个选定的标准依赖型产业的产业动态,展开深入的学术文献研究。这四个产业中,其中两个是 ICT 技术高度活跃的通信技术产业和消费者电子产业,另外两个仍处于 ICT 技术应用的初级阶段——以"智能出行"和"互联汽车"为特点的汽

---

[12] Thietart et. al., R. – A. (2001). Doing management research-a comprehensive guide. London: SAGE Publications Ltd.; Miles, M. B. & A. M. Huberman (1994). Qualitative data analysis-An expanded sourcebook. Thousand Oaks, CA: Sage.

车行业,以及以"智能电网""智慧家庭"为重点的电力产业。除文献研究外,我们还与行业专家进行了半结构式的访谈。这两种方法的结合有助于我们深入理解产业结构、游戏规则、标准的作用以及行业发展趋势。相关的研究结果详见第 3 章。

另外,为深入理解行业动态,我们组织产业中的许可专家进行了第二轮结构性访谈。其目的在于:

- 进一步探索四个产业中标准和专利能发挥的战略性作用,以及对许可实践产生的影响(作为第 3 章分析的补充);
- 参与者在达成许可协议过程中面临的障碍(见第 4 章)。

第 4 章基于前述章节从产业参与者处获得的经验观点,以及对 SEP 数据全面的量化分析,列举了一系列影响 SEP 许可高效实施的障碍。

随后的第 5 章,我们针对上述障碍提出了可行的对策,旨在能够降低或扫除上述障碍。同时,我们基于现有的学术文献,与首席技术官(CTO)和许可专家开展了两轮访谈,并向利益相关者分发调查问卷,以便于着重分析这些对策在实施成本、具体收益和实施条件方面的影响。

最后,第 6 章简要介绍了四个非标准依赖型产业的产业结构、专利的战略性使用,以及常见的许可安排。本章将文献研究的结果以及机制"经营者"的访谈结果相结合,简要探讨这些产业中与专利许可相关的风险,并对这些许可风险的应对机制进行了换位分析。

图 1.2 就是本报告所有章节的研究内容及结果的概况。

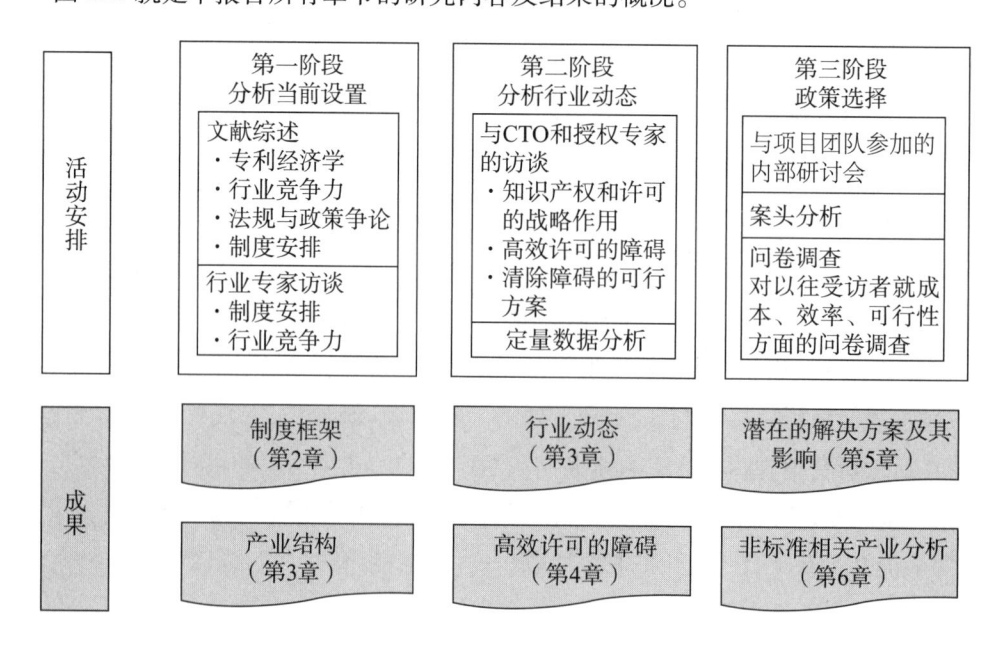

活动安排	第一阶段 分析当前设置	第二阶段 分析行业动态	第三阶段 政策选择
	文献综述 ·专利经济学 ·行业竞争力 ·法规与政策争论 ·制度安排 行业专家访谈 ·制度安排 ·行业竞争力	与CTO和授权专家的访谈 ·知识产权和许可的战略作用 ·高效许可的障碍 ·清除障碍的可行方案 定量数据分析	与项目团队参加的内部研讨会 案头分析 问卷调查 对以往受访者就成本、效率、可行性方面的问卷调查
成果	制度框架 (第2章) 产业结构 (第3章)	行业动态 (第3章) 高效许可的障碍 (第4章)	潜在的解决方案及其影响(第5章) 非标准相关产业分析(第6章)

图 1.2 研究内容及结果概况

2 创新、IPR 和标准化

本章将详细地阐述该研究的具体框架范式。首先,2.1 节将从信息和创新经济学的视角进行高质量的分析,着重探讨为何在没有政策措施的情况下,市场失灵会妨碍信息和技术的有效分配。同时,也分析了分配知识产权利益来维持创新激励需求的重要性,以及技术互补性对技术创新过程中合作的激励(和障碍)。只要标准是以(专利)技术为基础,知识产权(如专利)的权利转让和技术之间的互补性就是标准设定中尤为相关的问题,随着时间的推移,越来越多的技术实现了相互的联通,标准化让互操作性的实现方式从支持相互联通的接口规范发展为联合开发包含关键技术在内的大型技术平台。[13]

因此,本研究的余下部分,将会结合现有的标准化制度安排展开详细讨论。在 2.2 节,我们会介绍该研究框架中,利益相关者和相关机构(标准设定组织 SSO、专利权人、欧盟委员会及专利局)之间的关系。而在接下来的 2.3 节,为了进一步完善该制度性框架,我们将对许可动机和实践的关系进行剖析,从而反映专利权人和标准实施者之间以及专利权人之间的特有关系。

2.1 信息和创新的经济学

本节将介绍该研究的主要原理:高效的市场成果界定(2.1.1 节);(激励)创新和知识产权之间的关系(2.1.2 节);以及创新和标准化中合作的动机(2.1.3 节)。

2.1.1 高效的市场成果和市场失灵

福利一词的含义其实包含不同的维度。首先,它是指以最有效的方式运用生产要素(生产效率),以便生产要素的替代使用产生较低的附加价值。其次,福利指的是将商品、服务和资源分配给对其价值最高的用户(配置效率),然后替代分配方式将降低附加效用/价值。在短期内,在该市场井然有序的情况下,市场将实现对资源、商品和服务的高效配置。这时,市场中不存在外部性。市场信息通常对称透明,商品或服务相互有序竞争,且不存在显著的市场支配力。然而,效率必须将时间因素也考虑在内。(例如以接受市场支配力和更高的价格为代价)可以牺牲短期效率来获取长期福利(例如通过创新)。

信息技术市场失灵

由于信息和技术市场通常会受到市场失灵的影响,因此,就这些市场而言,最大限度

---

[13] 具有 GSM 和 LTE 标准的移动蜂窝行业是一个典型的例子。

地提高短期和长期效率的总和是一种相当微妙的平衡。首先,信息商品往往不存在竞争性和排他性,且(信息的)交易本身就具有信息不对称[14]和信息短缺[15]的特点。而妨碍市场竞争和信息不对称是严重阻碍信息技术营销的因素,这些负面因素会降低创新的积极性。其次,调整这些市场失灵,恢复创新激励[16]又可能会产生市场支配力,从而导致产品的价格更高、数量更少。最后,信息和技术的传播涉及大量(正)外部性,以网络效应和经济溢出效应的形式产生外部影响。

信息不对称问题(与缺乏竞争者的境况相结合)

信息不对称意味着双方在信息获取时,其中一方将具有优势地位。因此,消息灵通的一方在谈判中更加强势。简单地说,消息灵通的一方之所以能够吸引更多的资源(金钱),仅仅是因为其更了解情况,而不是因为其可以通过这些资源创造更多的价值。

信息不对称问题,其中可能存在信息短缺的情况,该情况将会阻碍有效的资源分配。信息短缺随着信息或技术的数量(专利数量)和所有者(许可人)数量的增加而增加。此外,供应商(许可人)和买方(被许可人)为此都增加了搜索成本,而这些搜索成本本可运用在其他地方。同时,信息的短缺还将延误谈判,从而使得谈判双方错失良机,因此,这无疑对许可人和被许可人都产生了不利影响。进一步而言,这类情形尤其常见于知识产权领域,如果技术所有者没有完全了解技术采用者的身份,则知识产权权利人无法确定其是否获得适当对价。值得注意的是,在没有竞争者的情况下,信息的短缺更是一个严重的问题,因为它会造成搭便车、回报降低的现象,从而减少对创新的激励。

市场支配力(结合外部性)

鉴于卖方可能会在没有竞争者的情况下要求价格垄断,因此,由专利授予的市场支配力将导致供应不足。外部效应可能导致供应不足,也可能引起供应过剩,这取决于经历外部性的主体是买方还是卖方,以及该效应是积极的外部效应还是消极的外部效应。并且,市场支配力和积极的外部效应相结合,可能比单纯的市场支配力更为严重。一般情况下,信息和技术都是如此情形,但外部性对于标准(以网络效应的形式)的影响更为重要。

当互补产品(如 SEP)由不同的当事方出售时,也可能存在外部效应。如果供应商 A 对 A 产品收取一定费用,那么终端用户购买其他产品的能力就会降低。因此,供应商 B 被迫降低其价格。换句话说,一方供应商的价格机制将对另一方的价格制度施

---

[14] 购买商品的亲身体验:在购买之前,你不知道它的质量信息,而一旦买了它,你就不能归还它。
[15] 当有大量的信息和技术来源时,就很难识别所有相关部分。
[16] 通过授予知识产权并同时要求披露信息,给予专利权人收取技术使用费的合法权利。

加(负)外部性。⑰ 如果市场中存在许多互补性产品,终端用户将承担累积的价格,最终结果可能是其所需支付的总金额,甚至超过单个垄断者对所有补充产品单件售价的总金额。

然而,每个卖家最终得到的收益却并不可观。在假设的极端情况下,个别卖家无法收回他们的固定成本,而处在交易终端的用户却支付极高的价格。

交易成本

上述所有市场失灵的现象都会增加以下交易成本:
- 信息短缺导致搜索成本增加;
- 信息不对称导致谈判成本增加;
- 市场上缺乏竞争对手与信息短缺相结合,导致实施成本增加;
- 市场支配力(及其滥用)可能产生争端解决成本;
- 其他。

交易成本越高(顾名思义)使得交易发生的费用激增,交易过程也会更加"烦琐"。因此,不管是静态还是动态层面,交易成本会从生产效率和分配效率方面阻碍有效的资源分配。

高效许可

最后,在标准依附产业的背景下,有效的分配意味着:
- 标准中采用最优的技术;
- 标准采用(由此产生的SEP许可)的交易成本较低;
- 累计支付的许可费公平合理;
- 没有滥用市场支配力的风险。

从广义上讲,本节有待解决的问题将涉及两个方面。其一,市场信息不公开透明;其二,企业某些特定的行为(例如战略性使用市场支配力或故意忽视支付许可费的义务),具体讨论详见下文。

2.1.2 创新和知识产权

如上所述,(在没有任何进一步的制度措施的情况下)搭便车行为因信息的非竞争性和非排他性等公共商品性质而变得畅通无阻,这无疑会削弱投资者以及研发者对投资/创新的动力。为了确保企业有机会获得适当的投资回报,法律对研究和开发所产生的知识产权提供了保护。其中,保护类型包括:(发明)专利、外观设计、版权和可以归类

---

⑰ 如果这两种产品是相互替代品,我们也观察到供应商之间的价格制度是相互依存的,但这种影响会通过竞争而产生,从而使终端用户的购买价格降低。如果产品是互补的,供应商之间就不存在竞争。

到商标和服务标记以及注册设计中的掩膜作品(mask work)。[18] 这些权利类型的保护期限在 10 年至 20 年不等,而商标/服务标志则只要持续使用就会受到保护。依据被授予的 IPR,企业可以选择将这些权利许可给其他各方。

本研究重点关注(发明)专利。该专利旨在保护产品、设备、工艺以及部分法域下的计算机程序和商业方法。专利的申请将会被提交至专利局,而后者则审查专利申请的新颖性并授予专利权。申请流程如图 2.1 所示(由飞利浦公司提供)。

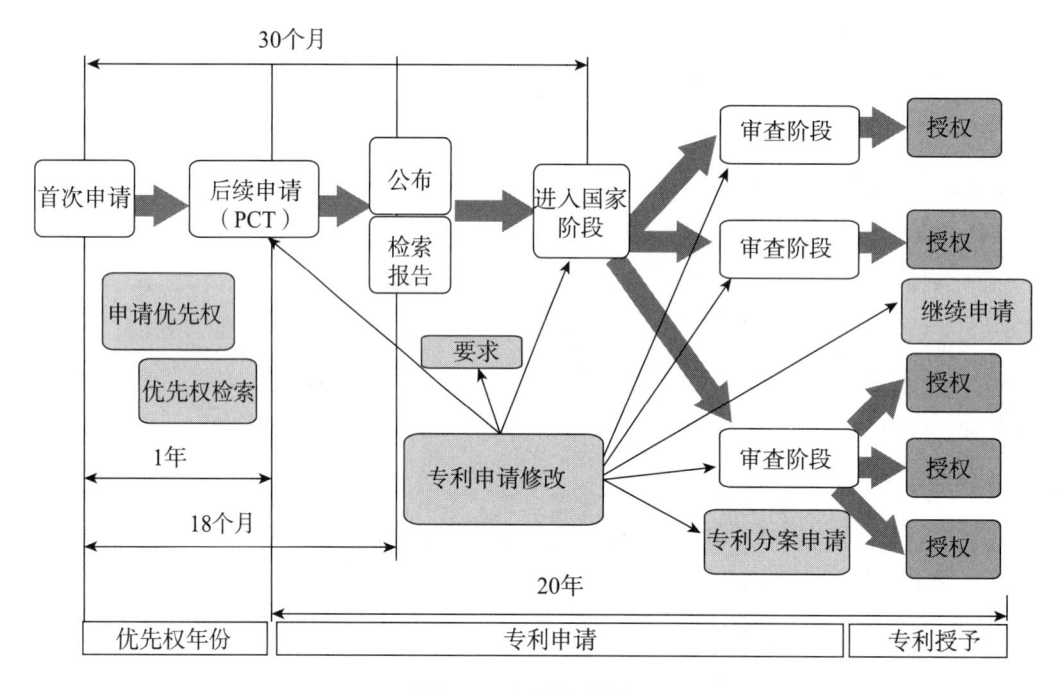

图 2.1 专利申请流程

希望获取专利和实施专利的理由不胜枚举,其中包括:①获得"经营自由";②(通过许可)创造收入来源;③作为知识产权谈判中的一种筹码,例如交叉许可;④作为进入新市场的手段。

需注意,专利申请流程和标准化进程相互独立但又密切相关。某项技术有可能被纳入标准的同时,也在进行其技术的专利申请,上述两程序的关系将具有不确定性,在专利申请程序结束时,该技术并不一定能够被授予专利。

在 2.2.5 节中,我们进一步阐述了专利局在专利登记、审查和授予方面发挥的作用。

---

[18] 例如参考 Poltorak, A. I. & P. J. Lerner (2004). Essentials of licensing intellectual property. Hoboken, NJ: Wiley.; Palfrey, J. G. (2012). Intellectual property strategy. Cambridge, MA: The MIT Press.

2.1.3 创新与合作

信息作为创新的一个重要源泉(或用于产生信息),使得信息商品之间互为补充,从而产生(正)外部性或溢出效应。[19] 信息的这一特征体现在企业创新的方式上。企业通常在内部进行创新活动(有助于形成其 IPR 资产基础),而与其他公司合作进行的研究和开发是对这些创新活动的进一步完善。在前序竞争研究中,诸如 EC FP6 和 FP7 等项目,一些企业可能会选择与竞争对手合作;以及在企业联盟中,与大学合作进行更基本的研究与开发。此外,在标准制定方面的协作也可以被认为是"协同创新"。

由于信息市场存在大量市场失灵的现象,信息生产中的合作也有其消极的一面。为了给这种合作提供一个参考背景,表 2.1 中总结了这种合作形式的利与弊。

表 2.1 合作的优点和缺点

	优点	缺点
技术开发者	• 受益于范围经济和网络效应(例如通过协调互补产品的生产); • 风险分担(例如分摊成本和开发风险); • 合并溢出效应(例如知识共享); • 实现规模经济(例如通过确保较大的体量;降低实施和搜索成本); • 内化双重边缘化问题	• 协调费用; • 机会成本:企业能否自行制定一种事实上的标准(或一种在市场中占主导地位的技术)? • 道德风险; • 搭便车行为; • 受到合作伙伴战略性拖延的影响(过度使用旧技术,推迟引进新技术的单方行动); • 单个合作方策略性使用 IPR 的灵活性降低
技术采纳者和消费者	• 增强网络效应的价值; • 降低搜索成本; • 降低成本/价格(更多的供应商、更多的竞争、更少的捆绑、没有双重利润等); • 确保产品之间的兼容性	• 由于市场支配力,价格较高/品种较少; • 可能存在多方合谋拖延引进新技术的情形

资料来源:http://www.wipo.int/wipo_magazine/en/2012/06/article_0008.html.

各种利弊之间还存在着直接且紧张的关系:协调将产生协调费用,经验共享可能导致搭便车行为,分散成本和风险则可能诱发道德危机。我们必须认识到,各象限内的效

---

[19] 将溢出效应纳入人类经济行为可以(除其他外)通过分配产权来实现(科斯,1959)。因此,这也是引入知识产权的另一个原因。

应大小和它们之间的相互作用取决于产业结构和生产函数的技术特征。

例如,网络效应和互操作性具有生产功能职能(函数)的特征,该特征将会鼓励企业为了设定标准而开展技术合作(左上象限)。由此,也将增加合作风险(右上象限)。此外,在这种情况下,当技术开发者之间的合作取得成功(生成了标准),技术采纳者和消费者(左下象限)的收益也将增加。

另一种情形则是,合作者之间的不对等性(行业的一个结构性特征)可能诱发欺诈行为(例如单方面推迟引进新技术——右上象限),而合作者之间更多的均等性可能会促使他们在技术营销中串通合谋(右下象限)。

标准制定方面的合作

只要标准是以(专利)技术为基础,如何实现不同技术之间的互补性将是标准制定中的一个显著问题。随着时间的推移,标准化对互操作性的实现方式已从规定界面规格发展为联合开发包含关键技术在内的大型技术平台。[20] 正式标准的制定可能会被认为是一种散漫化的合作创新。某些情况下,标准化是一个前置程序,而技术则在标准化过程中得以发展。

在其他情况下,标准化是一个后置程序,企业首先开发竞争性的技术,其中部分技术最终将被纳入标准。通常,标准化过程将会涉及前述两种情形。与事后标准化的情形相反,将标准化作为前置程序的企业在正式的标准化程序之前,通常通过非正式联盟制定更清晰、更易于管理的技术路线图。下面将引用 Baron 等人(2012 年)的一篇论文,全面描述这一过程是如何运作的。

ICT 标准的联合创新[21]

正式的 ICT 标准是由标准制定组织(SSO)制定——例如对广泛的利益相关者所开放的 ETSI(电信)或 IEEE(电子产品)。除了参与人数众多外,这个过程的独创性在于,准备制定标准的企业之间没有任何事前约定(Ganglmair & Tarentino,2011)。标准技术规范通常是在标准化后置程序中,由特设工作小组综合确定。特设工作小组会依据这些相互竞争的技术,分析它们各自的优点然后确立标准技术规范,而这些技术一般是用来解决某一类特定的技术问题。因此,在工作组会议之前,企业在研发方面相互竞争,从而产生了大量专利创新,但(对标准而言)只有其中一小部分技术最终能够成为标准必要专利。

---

[20] 具有 GSM 和 LTE 标准的移动蜂窝行业是一个典型的例子。

[21] 文字引用 Baron, Meniere, and Pohlman (2012)"Joint innovation in ICT standards: how consortia drive the volume of patent filings", Working paper, June 11.

考虑到既得利益的存在,这一正式程序将产生巨额的研发成本,从而导致重复支出、制定过程复杂缓慢的情形(Farrell 和 Simcoe, 2012;Simcoe,2012)。因此,各企业愈发依赖于非正式企业联盟,使得非正式企业联盟在制定标准过程中起到了带头作用(Cargill,2001;Lerner 和 Tiroll,2006)。这类企业联盟通常以论坛的形式,联合部分企业就某一项通用设计达成一致,并共同推动这项通用设计成为统一的标准。由于缺乏正式的 SDO,因此只能由企业联盟取而代之,然后发布自己的标准(例如 Blu-Ray 联盟或 W3C 网络协议),但大多数企业联盟的活动实际上是与正式标准化并存的。并且,企业联盟是促进成员们通力合作的绝佳手段,能够将研发投资集中在共同方向(DelAMP 和 Leiponen,2012);从而节省无用的开发成本,同时增加获得必要专利的机会(Pohlmann 和 Blind,2012)。Leiponen(2008)曾表明,当企业参与到企业联盟中,可以加强该企业对正式 SSO 所作技术决策的影响。

一般而言,标准合作工作将会在正式的标准制定组织中进行(如 ETSI、CEN／CEN-ELEC),这些组织对包括用户和政府在内的所有的利益相关者开放。电信标准和所有相关受管制的行业标准(例如能源这类网络型产业)尤其如此。这些组织的正式工作往往得到联盟非正式工作的补充,以便在正式的 SSO 会议之前解决问题并作出选择。两者最重要的区别是,联盟可能不会向所有参与者开放。目前,新晋的标准制定平台已经出现,并得到了与正式 SSO 相当的认可,例如电气与电子工程师协会标准开发部门(IEEE SD)和国际互联网工程任务组(IETF)。

对于其他领域的标准化设定工作,例如消费电子行业,鉴于没有专门的正式标准制定机构,企业通常通过联盟方式来制定标准。在此背景之下,经常会出现"标准之间的战争",这些标准由不同的企业联盟制定和支持,以期实现市场支配地位。

2.2 标准化:制度与规则

本节将对标准化(标准相关的专利)的制度背景、监管体系进行总体概述。该监管体系重点聚焦欧洲标准化进程,以及专利相关的问题,图 2.2 反映的是标准化制度背景和监管体系的总体情况。在 2.2 节中,我们将首先讨论标准制定组织的制度设计(2.2.1 节),继而研究标准化过程中相关方之间重要的关系,即欧盟与 SSO 之间的关系(2.2.2 节),SSO 与专利权人之间的关系(2.2.3 节),以及欧盟与专利持有人之间的关系(2.2.4 节)。尽管上述关系都是双边关系,但图中的箭头主要表示影响力施加的方向。随后,本节还将考察专利局(2.2.5 节)这个相关机构。

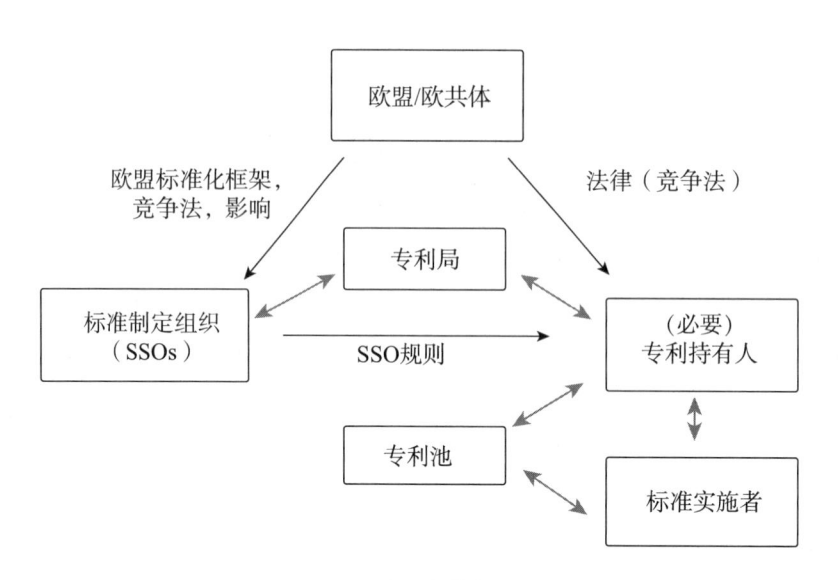

图 2.2　制度和监管框架概述

2.2.1　标准制定组织的制度背景

标准化活动贯穿古今,在中国古代乃至美索不达米亚平原的历史文化中都能探寻到标准化活动的踪迹。并且,罗马帝国时期的标准化更是屡见不鲜,这其中就包括具有统一尺寸的车轮标准。而在工业革命时期,标准化得到了进一步发展,步枪标准化则是该时期最有影响力的代表之一。随后,"泰勒制"科学管理的实行,又极大地推进了标准化运动。多年以来,人们一直致力于标准化制定,并构建了多样化的制度体系,那些制定标准的组织通常被称为标准制定组织(SSO)或标准开发组织(SDO)。[22] 这些机构有多种分类方法,我们将其分为以下三类:①正式认可的标准机构;②准正式标准机构;③标准化企业联盟。无论是哪一类,通常都是在自愿的基础之上,由利益相关者共同致力于标准制定工作。SSO 自身并不制定标准,标准制定工作由其成员或参与者完成。

正式认可的标准机构

第一类是经监管机构认可的(通常是成立已久的)标准制定组织(在 2.2.2 节会再提到这种认可[23])。根据不同情况,正式认可的标准机构又可被分为不同的认可形式。一般而言,根据地理范围大小,这些机构可以分为三个地理层级:全球标准制定机构、地区标准制定机构和国家标准制定机构。表 2.2 列举了一些例子。虽然该表侧重于欧洲

---

[22]　关于这两个术语之间是否存在差异的学术讨论已超出本报告的研究重点,在本报告中,我们仅使用 SSO 这一术语。

[23]　"法定标准"和"法定 SSO"在标准文献中已被广泛使用,鉴于立法者所指的标准通常不涵盖实施者必须强制执行的标准(另见本章对新的解决路径的讨论)。因此,我们倾向不使用上述术语,避免困惑。

地区的情况,但在其他国家,比如美国,也有类似的架构,即以 ANSI(译者注:美国国家标准学会)为首,委托授权其他标准组织制定的美国国家标准。

表 2.2 受认可的正式标准机构示例

适用范围	一般领域	电气工程领域	电信领域
全球	国际标准化组织(ISO)	国际电工技术委员会(IEC)[24]	国际电信企业联盟(ITU)
欧洲地区	欧洲标准化委员会(CEN)	欧洲电工电子标准化委员会(CENELEC)	欧洲电信标准协会(ETSI)
国家(举例)	德国(DIN),法国(AFNOR),荷兰(NNI)[25]	荷兰(NEC)[26]	无

同时,受认可的正式标准机构通常关注以下领域:一般领域、电气工程领域(尤其)或电信领域。这些机构通常采取合作或协调的方式解决领域重叠的问题,譬如通过全球标准协作组织(GSC)或通过签订谅解备忘录(MOU)等双边协议,共同协商、区分可能存在重叠或冲突的领域矛盾。有时,这些机构也会组织联合的标准化制定活动,这其中包括:ISO 和 IEC 共同发起的 JTC 1,即第一联合技术委员会*,以及由 ITU 和 ISO 共同发起的 H.264,即通行的视频压缩标准(该标准适用于蓝光播放器,以及其他众多应用中)。尽管如此,在各标准制定组织(包括准正式标准组织和标准化企业联盟/论坛)之间也存在越来越强烈的竞争意识,因为这些机构都希望为崭新且极具潜力的应用领域提供服务,如机器对机器通讯(M2M)、次世代网络(NGN)、智能电网等先进领域。在某些情况下,两个或多个标准制定组织之间存在合作或"分工"(通常在谅解备忘录中正式确定),而在其他时候,它们通过制定自己的标准开展竞争,希望其制定的标准获得市场的认可(例如,3G 标准的竞争、家庭网络标准的竞争,再如 HIPERLAN**)。

准正式标准机构

第二类涵盖了所有准正式标准机构,它们已经取得了与正式认可机构相当的身份与地位,但未能得到监管机构的正式认可。这些机构向所有利益相关方开放,制定公开可

---

[24] IEC:国际电工技术委员会。
[25] DIN:德国标准协会;AFNOR:法国正常化协会;NNI:荷兰标准协会。
[26] NEC:荷兰电气技术委员会。
* ISO/IEC JTC 1,国际标准化组织/国际电工委员会的第一联合技术委员会——译者。
** 超级无线局域网标准与 IEEE 802.11 标准之间的竞争——译者。

用的标准,拥有公平公开的知识产权规则。因此,在许多方面都能与获得正式认可的机构相媲美。

例如由 IEEE 标准协会(IEEE SA),互联网工程任务组(IETF)和万维网企业联盟(W3C)所构建的标准已经具有了广泛的影响力,并且得到了行业内的普遍认可。

标准化企业联盟

第三类是被称为标准化企业联盟[有时被称为"标准化论坛"或特殊兴趣小组(SIG)]的组织。尽管该类联盟的成立旨在规范某一具体、单一的目的或技术标准("单一主题"),但它们通常具有更广泛的吸引力。虽然公司或其他各方在前述的 SSO 中新发起符合他们要求的标准化活动相对容易,但基于多重考虑,成立一个新的企业联盟更受业界青睐。其一,企业联盟可以限制参与受邀方。显然,在业界找寻志同道合的伙伴并达成商业共识的概率,比在所有利益相关者出席的环境之下形成一致意见更为容易。其二,标准制定活动更加便利、保密,IPR 规则更加灵活自由。[27] 全世界拥有大量的标准化企业联盟,依据范围划分,其中一些是国家性或地区性联盟,另一些则是全球性联盟。事实上,由 Andrew Updegrove[28] 汇编的 SSO 现有名录中就记载了 800 多个标准组织,其中数量最多的就是标准化企业联盟。另外,CEN(译者注:欧洲标准化委员会)也公布了类似的一份清单,尽管该清单所列举的组织较少。[29]

尽管上述分类能够帮助我们深度理解和分析该领域,但是在实践中,这种划分较为模糊。一项活动最开始作为一个私人企业联盟启动,但后来则可能被纳入一个准正式,甚至正式的公认标准组织(例如:蓝牙、CD 规范、DVB)。[30] 此外,受认可的正式标准组织经常与标准化企业联盟合作,有时也为企业联盟的标准制定活动提供一整套必要的设施,以作为一种商业服务(例如:ETSI 为开放移动企业联盟 OMA 提供的此类设施)。

2.2.2 欧盟与 SSO 之间的关系

如表 2.3 所述,标准化对社会发展的深远影响既有积极的一面,也有消极的一面。另外,标准化过程本身就较为特殊。参与标准制定活动的各方(SSO 成员),通常在 SSO 外彼此竞争,或者经常在特定的产业价值链中存在复杂的关系。毫无疑问,许多监管机构认为,这些企业意识到标准化对社会产生的巨大利益,一方面想促进标准化构建,另一

---

[27] 参见 Hesser, W. (Ed.). (2012). Standardization in Companies and Markets (Vol. 3rd edition). Pro Norm, p. 18。
[28] http://www.consortiuminfo.org/links/.
[29] http://www.cen.eu/cen/Sectors/Sectors/ISSS/Consortia/Pages/default.aspx.
[30] DVB 的前身由欧盟 HDTV 发展规定正式通过,其试图借鉴 GSM 标准的成功,参见 De Bruin, R and Smits, J. M. (1999) Digital Video Broadcasting: Technology, Standards and Regulations, Boston, MA, Artech House, pp. 93 – 111。

方面又试图在标准制定中掺杂不良影响,比如说标准化过程中为潜在的反竞争行为或者其他不当行为提供保障措施。这就解释了监管机构与 SSO 之间存在复杂关系的原因。

表 2.3　用户/公众视角下标准的利与弊[31]

标准的优势[32]	标准的弊端[33]
• 增加用户网络价值; • 降低转换成本; • 提供更多供应商; • 在产品生命周期后期有更多市场竞争; • 降低成本; • 为互补产品提供更多优惠和更低价格; • 减少搭售的风险; • 便于产品报价评估; • 允许认证; • 促进市场自由化; • 增强产品或服务的可替换性; • 促进参与者之间的沟通; • 减少重复费率; • 促进产品或服务的整合; • 降低所选技术在未来失败的风险; • 降低单一供应商主导市场的风险	• 限制标准的更新、发展; • 丧失多样性; • 使产品在生命周期的早期竞争较少; • 市场保护;进入壁垒; • 偏向大型供应商; • 偏向大型买方; • 增加供应商竞争的成本; • 标准赞助商获得强势地位; • 过多标准导致更高成本; • 标准准入导致更高成本; • 制定标准的成本; • 阻塞成本; • 性能或功能受限

　　欧盟在技术标准的制定方面历史悠久。自从 20 世纪 50 年代 ECSC(译者注:欧洲煤钢联营)和 EEC(译者注:欧洲经济共同体)成立以来,技术标准的重要性受到了重视。起初,欧洲共同体在其立法中包含了许多具体的技术规范,以协调欧洲市场的产品和服务。渐渐地,人们意识到如此详细的规则并不可取且极耗资源。同时,不同的国家标准和不同的成员国关于标准的法律法规愈发成为跨境货物贸易的障碍,[34]阻碍了欧洲共同体创建共同市场这一宗旨的实现。因此,在 20 世纪 80 年代中期,欧盟引入了所谓的"标准新路径"来解决这些问题。[35] 简而言之,该路径包含四项基本原则:[36]

　　(1)立法统一应限于基础安全规范的采用(或者公共利益方面的其他规范),市场上

---

[31]　依据 Bekkers, R. N. A. (2001). Mobile Telecommunications Standards: GSM, UMTS, TETRA and ERMES. Boston, MA: Artech House。

[32]　详细内容请参见原文第 214—217 页。

[33]　同上。

[34]　参见 Hesser, W. (Ed.). (2012). Standardization in Companies and Markets (Vol. 3rd edition). Pro Norm, pp. 813 - 870。

[35]　有关新方法的详细描述,请参阅 Farr, S. (1996). Harmonization of technical standards in the EC (Second edition). Chichester, UK etc.: John Wiley & Sons。

[36]　同上,第 24 页。

的产品必须符合这些基础安全规范,符合规范的产品就能够在共同体内自由流通;

(2)欧洲标准化组织受委托为符合这些基础安全规范的产品制定统一标准;

(3)统一标准不具有强制性,而取决于自愿性;

(4)国家政府必须承认,按照这些统一标准生产的产品应视为符合基本要求。

欧盟委员会(European Commission)在标准化问题上采取了较为务实的法律方法,并指出其对共同市场的重要性。虽然可以使用竞争法对标准化引发的相关问题予以规制,但欧盟委员会认为,使用"(国际)条约"作为统一化立法的法律依据可以避免大量竞争案件的产生。[37]

为了保护消费者权益,欧盟委员会通过了若干指令,其中包含了对特定产品类别的基础安全规范(通常简称为基本要求),该范围从玩具、电气设备等一般类别,到压力容器、电梯和高速列车等特定类别。原则上,任何进入欧洲市场的产品都必须遵守相关指令。制造商可以根据相关要求测试产品(自我认证),然后在其产品上标记"CE"标志。

因此,对于如何理解该"路径"对标准化机构产生的重要意义,我们认为其核心在于欧盟委员会从此可以要求("授权")认可的标准组织来制定统一的欧洲标准(European Norms,简称EN)。这就意味着符合 EN 标准将被视为符合所有相关的基本要求,且标准实施者将不承担额外的证明义务。如果某公司想实施一项没有被该标准所涵盖的技术,则其在实施该技术时需提供额外证明,用以证实其产品仍然符合基本要求。

《EC 98/34 指令》作为欧盟标准监管制度框架中的第一要令,就完全符合欧盟所提出的"新路径"总体政策。该指令详细阐述了标准在欧盟发挥的重要作用,并确立了三个欧洲标准化组织,即 CEN(译者注:欧洲标准化委员会),CENELEC* 和 ETSI**,上述欧洲标准化组织是欧盟内部公认的标准制定机构,并获得欧盟的资金支持。[38]虽然其他 SSO 对欧洲市场和欧洲公司也至关重要(如 ISO,IEEE,IETF,OMA 等),[39]但它们不属于本指令中"公认的标准组织"。

标准化的快速发展,促使欧盟委员会下令相关机构开展了多项研究。据了解,DLA Piper[40]曾对该领域进行过深入调查,欧盟也曾于 2005 年发布了定期更新的《2010—2013

---

[37] Guidelines on the application of EEC competition rules in the telecommunications sector (1991/C 233/02). OJ C 233,6.9.1991, p. 2-26.

* 欧洲电工标准化委员会——译者。

** 欧洲电信标准协会——译者。

[38] 这是在 EC 第 1673/2006/号决定中制定的。秘书处既有结构性基金,也有欧洲共同体要求其中一个机构制定具体标准的特定资金("授权")。

[39] 参见 http://www.consortiuminfo.org/links/, Andrew Updegrove 所列的 800 个 SSO 和企业联盟。

[40] DLA Piper, Delft, T. U., & Uninova. (2007). EU Study on the specific policy needs for ICT standardization. European Commission.

欧洲标准行动计划书》㊶,并在 2010 年就欧洲标准化体系的审查征求广大民众意见。㊷ 在此之前,欧盟发布了专门针对信息通信技术领域的白皮书。㊸㊹ 此后 2011 年,又采取了一系列重要举措,其中包括发布战略愿景㊺,更新标准化框架(包括《EC 98/34 指令》)提案㊻等措施,并附有相应的影响力评估报告。㊼

本次提议的重大变化在于,除了正式认可的标准机构,(符合某些条件下的)企业联盟组织和论坛所制定的标准也将被考虑在内。这一转变为研究传统或公认 SSO 之外的专利乃至标准提供了重要原因,所以该变化对于此次研究至关重要。

此外,欧盟还以特殊的成员身份(例如 ETSI 的顾问身份)与(至少)三个公认的欧洲标准机构建立了直接关系。这种密切联系将会对这些组织产生直接或间接的影响,可以用来影响组织决策。㊽

为了在标准制定中避免反不正当竞争行为,并提供相应的保障措施,欧盟委员会在其《关于横向合作协议的指南》中提供了一些基本原则,㊾然后,根据最近调查考虑以下情况㊿:

(1)如果公司在标准制定的背景下参与反竞争的讨论,可能会减少或消除相关市场的价格竞争,从而促成市场上的共谋结果;

㊶ The most recent version is European Commission. (2011). 2010 – 2013 Action Plan for European Standardization. Ref. Ares(2011)754197 – 11/07/2011. Brussels:European Commission.

㊷ 参见 http://ec. europa. eu/enterprise/policies/european-standards/standardization-policy/policy-review/public-consultation – 2010/index_en. htm。

㊸ European Commission. (2009). WHITE PAPER Modernising ICT Standardization in the EU-The Way Forward COM(2009) 324 final (European2 Commission2 ed.). Brussels:Author.

㊹ 白皮书强调的可行方法是引入最严格许可费用的事先声明,但是这种方法不仅遭到各相关方的抵制,而且还未被广泛接受。

㊺ European Commission. (2011). Communication COM(2011) 311/2 from the Commission to the European Parliament, the Council and the European Economic And Social Committee:strategic vision for European standards:Moving forward to enhance and accelerate the sustainable growth of the European economy by 2020. Brussels:European Commission.

㊻ European Commission. (2011). Proposal COM(2011) 315/2 for a Regulation of the European Parliament and of the Council on European Standardization and amending Council Directives 89/686/EEC and 93/15/EEC and Directives 94/9/EC, 94/25/EC, 95/16/EC, 97/23/EC, 98/34/EC, 2004/22/EC, 2007/23/EC, 2009/105/EC and 2009/23/EC of the European Parliament and of the Council. Brussels:European Commission.

㊼ European Commission. (2011). SEC(2011) 671:Impact Assessment:Accompanying document to the Proposal for a REGULATION OF THE EUROPEAN PARLIAMENT AND OF THE COUNCIL on European Standardization and amending Council Directives 89/686/EEC and 93/15/EEC and Directives 94/9/EC, 94/25/EC, 95/16/EC, 97/23/EC, 98/34/EC, 2004/22/EC, 2007/23/EC, 2009/105/EC and 2009/23/EC.

㊽ 作为例证,我们参考 ETSI 知识产权指南第 4.6 节,其中见证了欧洲共同体为了公共利益而在 ETSI 知识产权政策中采取特殊保障措施。

㊾ European Commission (2011). Communication from the Commission (2011/C 11/01) on Guidelines on the Applicability of Article 101 of the Treaty on the Functioning of the EU to Horizontal Co-operation Agreements.

㊿ Barazza, S. (2013). Hold-up and standard essential patents:leading economists weigh in. *The IPKat weblog*, *Monday*, *11 March 2013*. Retrieved from http://ipkitten. blogspot. nl/2013/03/hold-up-and-standard-essential-patents. html.

(2)为产品或服务设定详细技术规格的标准可能会限制技术开发和创新进程……一旦选定技术并制定标准,竞争技术和竞争公司就可能面临标准的准入障碍,最终可能被排除于市场之外……此外,要求特定技术专用于某一标准或强制标准制定组织的成员排他性地使用特定标准来阻止其他技术发展,则可能导致相同影响;

(3)标准化还可以通过阻止某些公司有效获得标准制定的成果导致反竞争的后果……如果完全阻止某个公司获得标准制定的成果,或者以禁止或歧视性条款许可其使用,则存在反竞争的风险。

2.2.3　SSO 与专利权人之间的关系

几乎所有的 SSO 都为其成员或参与者制定了一套有迹可循的规则,这些规则还会涉及 SSO 与专利权人的关系。虽然 SSO 也可能会主动联系第三方专利权人,并提出相应要求,但这些第三方不受任何 SSO 规则的约束。SSO 规则及其制度化方式颇具多元化。[51] 无论实施情况如何,几乎所有的 SSO 都试图制定规则以约束其参与者,并在必要时予以强制执行。

在本研究中,我们特别关注 SSO 的知识产权政策。大多数 SSO 都有类似的规则,它们通常分为两类:①与实际制定标准的书面内容相关的知识产权规则(IPR 规则);②与对标准实施确有必要而受保护技术相关的 IPR 规则。

第一类规则通常关于版权,而且这类规则通常认定 SSO 是其发布的所有标准文本的版权所有者,而不管内容提供者是谁。在这份报告中,我们不再进一步关注这一类规则。相比之下,第二类 IPR 规则是本研究的核心。尽管这类规则也可能会涉及对标准实施确有必要的版权或其他知识产权,但通常涉及专利技术(一些 SSO 实际上以专利政策命名而非知识产权政策)。因此,其他形式的必要知识产权较为罕见。此外,因为它们的用语往往专门针对专利所设计,而不适用于其他知识产权,以至于大多数涵盖非专利的必要知识产权政策似乎并不十分有效,因此,在这份报告接下来的内容中,当知识产权政策涉及 SSO 的 IPR 规则时,其仅指第二类涉及专利的规则,即使我们知道部分政策也涉及其他形式的知识产权。

有关标准实施需要纳入专利技术的想法并不新颖。早在 1932 年,ANSI 的程序委员会就提出了以下建议:"虽然一贯主张不将专利设计或方法纳入标准之中,但是,我们应该根据个案本身的价值加以考虑。如果专利权人为避免垄断倾向而同意授权,那么就可

---

[51]　例如,在一个国际条约组织(由成员组成的私人组织)中,情况将完全不同。

以考虑将此类专利设计或方法纳入标准。"[52]该建议得到一致通过,标志着与标准相关的第一部正式知识产权政策的创建。该建议涉及若干主题,这些主题仍然是当前标准知识产权的关键争议点。

1932 年以来,我们已经走过漫长的道路。然而,直到 20 世纪 80 年代后期,专利技术与标准的结合才开始引起广泛关注。GSM 作为一项获得巨大成功的移动通信技术,其暴露出的知识产权政策问题,使得在 GSM 领域进行了更为广泛的审查。[53]不幸的是,当时制定 GSM 标准的主办单位尚未采用有效的 IPR 政策。[54]上述情形并不罕见,因为在 20 世纪 80 年代,许多 SSO 缺乏既定的 IPR 政策。即使在那些制定了政策的 SSO 中,大部分政策都是总结性政策,因此许多政策在若干年后都进行了修订和更新。过去三十年来,SSO 越发关注知识产权政策制定。目前为止,绝大多数成立已久的大规模 SSO 都已拥有不同复杂程度的知识产权政策。在本节的其余部分,我们将讨论 SSO 知识产权政策中的一些关键要素。鉴于这些政策涵盖了许多不同的方面和规定,我们需要将讨论限定于一些基础性内容之上。

本节内容重点依托于最近由美国国家科学院委托完成的一项关于政策要素研究的结论。[55]

SSO 知识产权政策的目标

不论是研究何种政策,首要解决的问题就是政策旨在实现什么目标。也许,令人惊讶的是明确规定其知识产权政策目标的 SSO 鲜少,最多是在门户网站或常见问题解答中简单提及,但政策内容较为宽泛,且可被评估的"官方"政策目标并不总是明确。会有琐碎的信息经常隐藏在政策之中,暗示 SSO 的政策目标或者表明 SSO 对专利技术的态度。[56]虽然稍作简化,但仍可以将 IPR 政策的目标概括如下:

(1)在标准制定阶段,围绕技术内容、替代方案或设计做出明智的决策;

(2)确保标准必要专利(SEP)许可可被获取;

(3)防止专利劫持;

---

[52] ANSI Minutes of Meeting of Standards Council, November 30, 1932. Item 2564: Relation of Patented Designs or Methods to Standards.

[53] For early issues on IPR in standards including GSM, 参见 Bekkers, R. N. A. (2001). Mobile Telecommunications Standards: GSM, UMTS, TETRA and ERMES. Boston, MA: Artech House。

[54] GSM 标准化始于欧洲组织称为 CEPT 的 PTT,并于 1988 年在成立该组织时转移到 ETSI。

[55] Bekkers, R., & Updegrove, A. (2012). A study of IPR policies and practices of a representative group of Standards Setting Organizations worldwide. Washington, DC: National Academies of Science. http://sites.nationalacademies.org/xpedio/groups/pgasite/documents/webpage/pga_072197.pdf.

[56] 例如,OASIS 政策包括明确鼓励提交现有专利技术工作的文本。相比之下,ANSI 注意到,如果"技术原因证明了这种方法的合理性",那么包含专利技术则可能是合理的。

(4) 防止专利伏击或专利封锁(patent blocking);

(5) 防止累积许可费过高("许可费堆叠");

(6) 防止歧视不同实施者;

(7) 确保必要专利的信息透明度。

现在,我们将具体阐述上述七个政策目标。

目标1:在标准制定阶段,围绕技术内容、替代方案或设计做出明智的决策。知识产权政策的目标是帮助达成明智的决策。事实上,这就是许多知识产权政策指定"事前"或"及时"披露的理由。如果此信息仅在标准完成后被提供,则在技术纳入、替代方案或规避设计方面作出其他选择的机会将会丧失。譬如,IETF 的工作组倾向于选择免费提供的专利技术或者还未申请专利的技术。为帮助参与者在这方面取得进展,IETF 知识产权政策要求技术提供者进行事前披露,并且要求对专利的技术许可条件作出声明。

目标2:确保 SEP 许可可被获取。该目标试图避免标准必要专利的持有者不愿意提供任何专利许可的情形。如果没有其他义务,专利权人可以自由选择不许可其专利。一些公司可能不愿意将其专利进行许可,而是希望凭借该专利获得相对于市场对手的竞争优势。因此,SSO 可能想提前知晓公司对其专利的授权态度,以便判断是否应当将该技术纳入标准之中。

目标3:防止专利劫持。专利劫持是指一旦专利被纳入标准并且实施者被锁定,专利权人就会收取更高的许可费用。该许可费将比技术被纳入标准之前所能协商的(例如事前[57])许可费更高。最近,曾分别任职于欧盟委员会、美国司法部和美国联邦贸易委员会的三位非常有影响力的人物就"专利劫持"的概念,提供了一个非常符合实际的定义:

"当标准实施公司已经依赖标准进行投资开发,而 SEP 持有者却联系实施标准的公司要求过高的许可费率时,就会发生专利劫持的情形。如果该专利对标准实施确有必要且颇具成效,那么该公司产品必须实施该标准必要专利以实现技术兼容性,这将使得实施公司处于不利的谈判地位。"[58]在这种情况下,专利持有人不仅可以获取与专利技术价值相当的许可费用,也能够从实施者的(高)转换成本中获得额外收益。因此,专利劫持可能会过度补偿专利权人。在失去技术竞争的情况之下,专利劫持迫使消费者支付更高的产品价格,并使创新活动因制造商面临劫持风险而受到阻碍。标准化背景下,关于劫

---

[57] 与"最严格许可条款中的事前许可"是两个不同概念。

[58] Kühn, K. -U., Scott Morton, F., & Shelanski, H. (2013). Standard Setting Organizations Can Help Solve the Standard Essential Patents Licensing Problem. CPI Antitrust Chronicle, March 2013 (Special Issue).

持的清晰定义可参见 2007 年美国司法部/联邦贸易委员会的报告[59]，以及 ABA 的《关于标准制定的反垄断法问题》手册[60]。

目标 4：防止专利伏击或专利封锁。专利封锁与目标 2 存在联系，是指一方专利持有人故意隐瞒他人自己持有某项专利。一旦产品中大量实施专利，专利持有人就会提起专利诉讼，意图获得巨大的利益。该情形与目标 2 的不同点在于，目标 2 中专利权利人没有试图保留其专利秘密。而在专利伏击的情况下，专利权人通常设法确保他们在该政策下不负任何许可义务，而在目标 2 的专利权人通常确实负有这样的许可义务并且予以承认。

目标 5：防止累积许可费过高（"许可费堆叠"）。即使单个必要专利的许可费率较低，一个涵盖（非常）大量必要专利的标准仍可能会面临高额累积许可费。[61] 累积费用甚至可能达到阻止实际实施的程度（例如，当许可费总额超过产品的市场价值）。有少数 SSO 的知识产权政策对此确定了明确的目标，或者在其政策中提及有关解决高额累积许可费的内容。

目标 6：防止歧视不同实施者。该目标关注的问题是如果没有其他义务，专利权人可以肆意地区别对待被许可人。如果在标准背景下存在类别歧视，比如区分老牌制造商与新晋实施者，或区分具有纵向一体化商业模式（vertical integrated business models）的企业与未持有必要专利的企业，这可能会扭曲行业市场。

目标 7：确保必要专利的信息透明度。SSO 希望通过传播必要专利的声明人情况，为 SEP 许可市场和交易提供便利。虽然如前所述，少有 SSO 将其作为一个明确的目标提出，但事实上许多 SSO 在其网站上向公众公开提供披露记录，该迹象表明 SSO 试图提高专利信息透明度。

主要途径

无论这些目标是否被明确指出，在实践中 SSO 都采取不同的方法来实现其目标，并且实施办法往往是其成员之间达成共识的结果，但目标的实现也可能受到其他因素的影响，例如文化、特定技术背景、具有投票权或能以其他方式影响决策过程的成员。粗略而言，我们可以分为以下两种方法：

（1）参与型知识产权政策。成员或参与者承诺制定一项政策，要求在特定条件下，授权许可任何最终被纳入标准的知识产权。该条件通常被明确为公平合理无歧

---

[59] U. S. Department of Justice, Federal Trade Commission. (2007). Antitrust Enforcement And Intellectual Property Rights: Promoting Innovation And Competition 35. U. S. Department of Justice & Federal Trade Commission.

[60] ABA Section of Antitrust Law. (2011). Handbook on the Antitrust Aspects of Standards Setting (Second Edition). Chicago (IL): American Bar Association.

[61] 参见 Lemley, M. A., & Shapiro, C. (2006). Patent holdup and royalty stacking. *Texas Law Review*, 85, 1991–2049。

视(FRAND)[62]条款或免费许可条件[63]。一般而言,这种政策会设置"自愿退出"机制,供持有知识产权的企业在意识到其高价值专利可能被纳入标准时选择。在这种情况下,政策可以规定,例如,该专利权人可以在标准草案公布后30天内通知SSO它将不会授权许可其专利(并且政策可以要求该企业退出制定相关标准的工作组)。但是,如果企业自己向SSO提交了一项专利覆盖的技术,则企业往往无法再选择退出该标准。此外,参与型知识产权政策还可能包括披露规则。

(2)承诺型知识产权政策。该政策旨在确定哪些专利对标准(草案)具有必要性。大多数情况下,这是通过披露政策实现的,该政策为持有的专利成员/参与者设定了披露义务。有时,会员或参与者在其所知的范围内,也有义务披露第三方拥有的专利。在确定了(潜在的)必要专利之后——不管它是由成员、参与者还是第三方拥有——专利权人都会被要求提交许可承诺。一些SSO止于FRAND承诺,另一些则试图获得免许可费承诺。当事方可以自由选择是否提交许可承诺。虽然拒绝提交的情况比较罕见,但该情况并不被禁止。在这种情况下,SSO规则通常规定它应该寻找替代解决方案(从而不使用专利技术),或者替代方案不可行则全面撤销标准(的制定)。

参与型知识产权政策在规模较小的SSO[特别是标准化企业联盟和SIG(译者注:special-interest group,特殊利益集团)]中更为常见,它侧重于相对较窄的技术领域,其中的参与者可以较为容易地追踪必要知识产权的所有权,并且参与者事先已同意就该(较窄)领域履行此类许可义务。而承诺型知识产权政策在大型SSO中更为常见,通常存在数百个工作组,其中的成员或参与者如果想跟进所有正在制定的标准往往要付出更多的精力和时间,而且他们不会轻易同意在各种技术领域中均承担一定的许可义务。

必要专利的定义

无论SSO采取何种方式,其核心问题总会涉及究竟什么是必要专利。简单来说,必要专利的含义是指,如果某项专利对任何希望实施某一项技术标准的企业来讲不可或缺,则该项专利即为标准必要专利。换句话说,如果不使用该项受专利保护的技术,就无法根据规范实施标准,即没有不侵犯相关专利的技术替代方案可供实施。

几乎所有的知识产权政策都规定了必要专利的具体含义,虽然绝大多数定义都与上述概念相一致,但更为详细的定义却不尽相同。例如,必要专利的定义在以下几个方面可能会有所不同:

---

[62] 在美国经常使用术语RAND(没有"F")。这似乎仅是一种惯例,并不反映任何意义或意图上的区别。
[63] FRAND-RF强调即使免除专利许可费,也可能没有任何其他许可条款的限制,否则将违反公平合理无歧视原则。

- 是否包含实施所必要的版权；
- 是否包含专利或版权以外的其他知识产权；
- 是否包含商业必要性；[64]
- 是否包括关于标准的可选部分的相关知识产权；
- 是否包括规范引用的外部制定标准的相关知识产权；
- 是否排除使能技术；
- 是否排除同一专利中非必要的部分权利要求；
- 是否包括未决申请；
- 是否排除过期专利、撤回申请以及法院宣告无效的专利；
- 是否包括存在替代技术（虽然替代技术也由专利覆盖）的专利；
- 是否参照最终标准确定必要性；
- 必要性检查的时机。

披露和许可承诺

披露

许多知识产权政策包含两个关键要素，其中之一就是专利披露（另一个是许可承诺，这是下一段的主题）。披露规则基本上规定了在何种条件下，SSO 的成员或参与者需要告知 SSO，其认为自己拥有标准实施所必要的知识产权，或者在最终标准文本被采用时可能确有必要的知识产权。

在 SSO 知识产权政策中，披露规则占据了显著篇幅（通常占整个政策文本的一半），表明这些政策起到了重要作用。然而，令人出乎意料的是，很少有政策明确表示其旨在实现的目标。知识产权政策的制定者可能认为某些目标不言而喻（例如，确保所有必要知识产权都可以按照 FRAND 条款获得），但是从实际的细则和实施来看，具体目标并不总是清楚详细。虽然这些详细的规则和实施当然暗示了预设实现的作用，但粗略的分析通常难以解决所有不明确的事情。上述迹象表明，许多披露政策可能旨在实现多个目标，不同目标的需要可能截然不同，有时甚至是相互冲突的政策要素（例如披露时间）——这些事实也会增加规则的模糊性。

Bekkers 和 Updegrove（2012）[65]的研究表明，披露规则至少可以服务于以下四个不同

---

[64] 在前面引用的 Bekkers／Updegrove 报告调查的 14 个 SSO 知识产权政策中，两个机构（IEEE 和 VITA）的政策包括商业必要专利，其他的不包括。更多详细信息，请参阅本报告（参见脚注65）。

[65] Bekkers, R., & Updegrove, A. (2012). A study of IPR policies and practices of a representative group of Standards Setting Organizations worldwide. Washington, DC: National Academies of Science. http://sites.nationalacademies.org/xpedio/groups/pgasite/documents/webpage/pga_072197.pdf.

目标中的一个或多个目标。

（1）允许工作组成员就技术纳入（价值与成本，许可可得性等）作出适当明智的选择。例如，ANSI 专利政策规定，"如果原则上是出于技术因素考虑，则不反对在起草建议的美国国家标准中纳入受专利保护的技术"（ANSI，2008 年，重点标记）。该规定表明，专利技术的纳入应该基于一个明智的决定，这就要求标准制定者应当了解潜在的必要专利技术。同时，工作组也可以利用披露信息来选择不同的技术替代方案，或者围绕某种专利技术努力进行规避设计（通过寻找新的选项）。众所周知，在 IETF 中，工作组成员经常在这方面参考披露信息。

（2）记录哪些成员和参与者受直接政策授权义务的约束（例如参与型知识产权政策）。

（3）作为要求专利权人作出相关许可承诺的契机。

（4）向潜在的实施者提供信息。其中包括：实施者可以向哪些公司寻求专利许可、谁会向他们寻求专利许可，并且允许这些实施者评估所主张专利的范围和价值。

SSO 之间知识产权政策的具体规则大相径庭。其中，较为常见的不同关键点包括：

- 引起披露义务的原因；
- 强制披露的专利权属情况；
- 强制披露的内容；
- 专利必要性定义（另见上文）；
- 披露时间；
- 向谁披露信息（以及哪些信息）。

在后文讨论信息透明度时，我们将回顾分析其中几点。

许可承诺

许多知识产权政策的目的是确保所有实施者能够获得包含标准必要权利要求的专利的许可，或者确保这些专利不会被用于向生产标准符合产品的实施者提起诉讼。[66] 已有很多术语被用来指代许可承诺，包括许可声明、承诺、保证书和许可立场声明（这些都是在签署文件时产生的承诺的范例）。如上所述，也有一些标准组织规定在成为其成员或参与者时，就视为作出许可承诺，而无须签署任何与采标相关的具体文件，后一种政策通常为不希望作出许可承诺的企业提供退出条款（无论是退出特定工作组还是退出组织）。

对于绝大多数的 SSO 而言，其最低限度目标就是确保所有已知的必要知识产权都可以根据 FRAND 许可条款获得。某些 SSO 或 SSO 内的个别工作组可能有更高的要

---

[66] 必要权利要求的主张者不会起诉合规产品的实施者，该声明通常被称为"不起诉承诺"（covenant not to assert，或写作 non-assertion covenant）。简单起见，当我们提到"许可承诺"，我们也包括不遵守的承诺，同时认识到这些承诺严格来说不是许可承诺。

求,并力求确保所有必要专利均可免费获得许可。

大多数的 SSO 都认为一旦专利权人作出 FRAND 承诺(或寻求的其他承诺),意味着自己的任务从此完成,其他事项取决于知识产权权利人和实施者对许可协议的谈判。如果谈判未能顺利进行,潜在的被许可人有理由认为该 FRAND 承诺没有被如期遵守,则相关方可以诉至法院。[67] 同样,如果竞争管理机构发现专利权人存在权利滥用的情形,也会判断该行为是否违反 FRAND 承诺。

重要的是,鲜有 SSO 对 FRAND 进行明确的定义,而将该问题留给当事人以及法院和竞争管理机构来处理。此处的定义不仅涉及许可费用,还涉及其他几个方面,如表 2.4 所列。

表 2.4 与 FRAND 相关的各个方面

具体方面	讨论的问题
许可费	是否存在用以确定合理/公平许可费的原则?目前,部分法院和竞争管理机构持的观点是,FRAND 费用应与知识产权被纳入标准之前的经济价值存在合理关系。[68] 然而,竞争管理机构只能处理其权限范围内的案件(例如需要证明滥用市场支配力的存在),而且 SSO 尚未采用这种定义
许可计费基础	各行业之间存在各种各样的实践经历(预付款、单元计费或百分比计费),随着市场变化而引发各种不同境况。虽然基于百分比收费通常不会阻碍终端产品价格的下降趋势,但它们可能会阻碍更集成的设备的出现,例如内置 3G 或 4G 通信单元笔记本电脑。而按单元收费可能会产生相反的效果。实践中,一些许可方会调整许可费上限或折扣。因此,有人建议将许可基础与最小可识别单元(例如上述例子中的通信单元)联系起来
许可条件	有各种各样的许可条件(除了许可费以外)可能符合或不符合 FRAND 承诺,例如互惠性、防御性中止、地理限制、遵守标准等
(临时)禁令救济/排除令	虽然有些人认为禁令/排除令是专利权和专利诉讼的基石,但也有观点认为这些补救措施在 FRAND 背景下并不恰当,因为知识产权权利人已经明显愿意以专利许可获得金钱。因此,一些人主张有条件地适用禁令
程序	许可方的初始报价是否需要符合 FRAND 承诺,或者仅限于谈判的结果?以及初始报价是否负有诚信义务?

---

[67] 虽然还有一些法律在讨论谁是 FRAND 承诺的受益人。

[68] 参见:European Commission (2011). Communication from the Commission (2011/C 11/01) on Guidelines on the Applicability of Article 101 of the Treaty on the Functioning of the EU to Horizontal Co-operation Agreements(尤其是第 289 段)and FTC (2011). The Evolving IP Marketplace: Aligning Patent Notice And Remedies With Competition. Federal Trade Commission(第 191 - 194 页、第 234 - 245 页)。

12 个选定 SSO 的披露和承诺规则的总结

为了说明 SSO 政策的多样性,我们对 Bekkers 和 Updegrove(2012)[69]在其报告中深入研究的 12 个 SSO 的披露和许可承诺规则进行总结。我们重点关注了与本研究有特定关系的规则——特别是关于信息透明度的章节。请注意,本节仅提供非常简要的概述。详细信息请参阅原始报告。

表 2.5 总结了 12 个选定的 SSO。SSO 的选择基于几个因素,包括希望涵盖一些全球最重要的 SSO,以及收入一些中小型 SSO 或企业联盟的"典型"例子。由于 ISO、IEC 和 ITU 共享一套知识产权政策,它们被归为一个类别(虽然在这些组织的规则之间有一些例外)。

表 2.5　12 个选定 SSO 的总体概述

组织	特征描述	规模大小	范围	会员集中分布地	技术领域(大致)
ITU/ISO/IEC	正式 SSO	大	广	全球	ITU:通讯; IEC:电工技术; ISO:上述领域之外的所有领域(1)
IEEE	标准化企业联盟	大	广	全球	ICT,电力,能源,纳米技术(更多)
ETSI	正式 SSO	大	适中	欧洲/全球	电信
ANSI	认证机构;不制定标准	大	广	美国	任何技术或服务
IETF	标准化企业联盟	大	窄	全球	因特网标准
OASIS(译者注 1)	标准化企业联盟	适中	适中	全球	电子商务 web 服务标准
VITA(译者注 2)	标准化企业联盟	适中	窄	全球	高需求的电子产品和连接器
W3C(译者注 3)	标准化企业联盟	大	窄	全球	万维网
HDMI 论坛	标准化企业联盟	小	窄	全球	特殊视频标准

---

[69] Bekkers, R., & Updegrove, A. (2012). A study of IPR policies and practices of a representative group of Standards Setting Organizations worldwide. Washington, DC: National Academies of Science. http://sites.nationalacademies.org/xpedio/groups/pgasite/documents/webpage/pga_072197.pdf.

续表

组织	特征描述	规模大小	范围	会员集中分布地	技术领域(大致)
NFC论坛（译者注4）	标准化企业联盟	适中	窄	全球	近场(无线)通信标准

注:(1)ISO和IEC共享JTC-1,重点关注IT标准化。

译者注:1. OASIS即推进信息社会的开放标准企业联盟;2. VITA是一家由供应商和用户组成的非营利性组织,对实时模块化嵌入式计算系统具有共同的市场兴趣,VITA标准组织(VSO)是VITA的标准开发部门,被认为是美国国家标准协会(ANSI)的开发者和IEC《工业贸易协议》的提交者,VITA为会员提供开发和推广开放技术标准的能力,参见:https://www.vita.com/;3. W3C即万维网企业联盟;4. NFC论坛即近距离无线通信论坛。

表2.6总结了这些组织中与披露规则最为相关的一些方面。从表中可以看出,这些组织之间差异较大,其中一些区别由背景环境所造成(私营组织中的成员规则会与国际条约组织中的成员规则不同)。组织规模大小、技术范围的宽窄都会影响政策选择。不过,绝大多数SSO的政策采纳是由成员投票决定的,因此这些政策区别也是成员们(或最强大成员)达成共识的结果。

最后,表2.7总结了这些组织中与许可承诺规则最为相关的一些方面。我们再次注意其中的区别,其中有六个组织规定,如果成员或参与者认为其拥有必要专利,则负有提交许可声明的义务(尽管允许在该声明中拒绝许可,但这种情况不经常发生);至少有两个机构要求所有认为其拥有必要知识产权的当事方(无论是否为成员)提供许可承诺。在另外三个机构中,许可义务来自参与和/或贡献程度(尽管通常有选择退出选项)。此外,表2.7还总结了一些针对之前所列FRAND承诺的具体方面。

SEP的信息透明度

如上所述,知识产权政策的一个重要作用,是促进SEP所有权的信息透明度。即使这种作用未被明确阐述,但从SSO的行为(可公开获得的公开信息)中可以明显看出这是知识产权政策的目标之一。我们的分析将从相关公众的构成这一问题开始——哪些不同的利益相关方可能对披露信息享有合法利益?我们认为利益相关方的范围相当宽泛。

• 工作组及其参与者。为了开展工作并追求其集体和个人目标,工作组及其参与者可能正是最需要获得披露信息的主体。如上所述,这些工作组试图作出关于技术,尤其是关于专利技术纳入(尤其是如果这些技术属于专利所有人实质性书面技术贡献的一部分)的明智决定。但在其他情况下,参与者可能会出于实际和法律方面的原因,设法避免审查其他公司的专利信息和任何拟议的许可安排。同时,它也可能取决于潜在的必要专利的数量。

表2.6 12个选定SSO的披露规则

	ITU/ISO/IEC	IEEE	ETSI	ANSI	IETF	OASIS	VITA	W3C	HDMI论坛	NFC论坛
由提交者/WP参与者/任何成员/标准草案的接受者作出的披露(1)	强制/强制/自愿/强制(2)	未规定/强制/自愿/未规定	强制/强制/强制/未规定	留给认可的SSO	强制/强制/强制/强制	强制/强制/自愿/请求	强制/强制/未规定	未规定/未规定/未规定/强制	无披露政策	无披露政策
第三方持有专利的披露规则的性质	WG参与者必须遵守	自愿(鼓励)	强制性	留给认可的SSO	自愿(鼓励)	WG参与者必须遵守	视情况而定(3)	有限义务(4)	无披露政策	无披露政策
专利检索	未要求	未要求	未要求	未要求	未要求	未要求	未要求	未要求	无披露政策	无披露政策
允许一揽子披露	允许(ITU:除非不愿意许可)	允许	不允许(5)	不适用(6)	仅适用于RF	不允许	不允许	(7)	无披露政策	无披露政策
披露更新的规定	未规定	未规定	鼓励更新	未规定	更新请求可能由IETF(或自愿)提供	未规定	未规定	未规定	无披露政策	无披露政策

专利及标准：以知识产权为基础的标准化现代框架

续表

	ITU/ISO/IEC	IEEE	ETSI	ANSI	IETF	OASIS	VITA	W3C	HDMI论坛	NFC论坛
是否公开专利权	是	是	是（更新）	未规定（可能每个SSO都公开）	是	是	否（对ANS来说是）(8)	是	无披露政策	无披露政策

注：(1)分为强制、自愿、请求、未规定；(2)仅限于ISO/IEC的义务；(3)许可第三方专利的披露义务。对于所有其他第三方的专利，VITA政策的措辞表明，该义务并不是强制性义务（约定当事人"应当履行"而不是"必须履行"，可被解释为"鼓励"；(4)只有"咨询委员会代表或工作组参与者知道到第三方专利持有人或申请人声称其专利包含有必要专利要求"时才需要披露第三方。(5)ETSI有一个新的早期申报表格（GL），但该表格并未披露信息（并不意味着提交者认为其拥有SEP）；(6)在ANSI基线政策中并未要求强制披露，但是ANSI认证的SSO可能会将其纳入他们的程序中；(7)在W3C，参与者要么"默认"（依据RF条款授予许可证），要么将其专利从RF条款中（遵循适当的程序）排除，然后不需要披露。要么将其专利从RF条款中（遵循适当的程序）排除，然后需要做出具体的披露；(8) ANSI已经公布了有关VITA标准的披露信息，这些标准已经提交给ANSI，作为美国国家标准采用。

译者注：(1) WG，即Working Group的简称，指代工作组；(2) RF，即Reasonable and Fair的缩写，指代公平合理原则。

— 63 —

表 2.7 12 个选定 SSO 的承诺规则

	ITU/ISO/IEC	IEEE	ETSI	ANSI	IETF	OASIS	VITA	W3C	HDMI 论坛	NFC 论坛
提交许可声明的一般义务	是		是	—			是			是
假定知识产权持有人收到声明提交许可声明的具体要求		是		—	是					
来自参与和/或贡献的许可义务				—		是		是	是	
承诺的地理范围	全球	全球	[全球](1)	未规定	未规定	全球	全球	全球	全球	全球
防御性中止条件	未规定	未规定	未规定	未规定	未规定	允许	允许	允许	未规定	未规定
互惠条件	双边 FRAND 互惠允许双边 FRAND-RF 互惠(2)	未规定	[双边] FRAND 互惠允许	未规定	[允许]	普遍互惠允许	双边 FRAND 互惠允许	普遍互惠允许	自动双边互惠	互惠允许双边 FRAND-RF 互惠允许(2)

续表

	ITU/ISO/IEC	IEEE	ETSI	ANSI	IETF	OASIS	VITA	W3C	HDMI论坛	NFC论坛
是否公开所有承诺	是	是	是（更新）	是（ANSI是，SSO可能也是）	是	不适用	否（对ANS来说是）(3)	不适用(4)	不适用	否

注：(1) 除非提交者明确排除某一专利族成员；(2) 那些选择了对FRAND进行承诺的人，可以要求双边互惠，那些致力于FRAND-RF的人可以自由选择向被许可人收取FRAND许可费，这些被许可人承诺自己"只"承担FRAND费用；(3) ANSI已经公布了有关VITA标准的承诺信息，这些标准已经提交给ANSI作为美国国家标准采用；(4) 由于工作组的当事方参与、承担有许可义务，可以获得承诺的公开信息，其他成员（不参与提交或提交）以及邀请的专家提交出的许可承诺信息也可获得，非成员所做的许可承诺尚未公开，因此无法获得。

• 实际和潜在的实施者。(产品)供应商或其他实施者需要知道哪些当事方声称拥有必要知识产权,哪些具体专利他们认为可能包含必要权利要求,以及 IPR 权利人是否会要求实施者获得许可。如果知识产权持有人允许授权,知识产权实施者是否需要支付专利费或其他费用? 不同的回答会使得实施者做出相应的决定,包括是否联系知识产权权利人(但是请注意,基于多种原因,许多人并不会主动联系作出披露的专利权人),或者评估哪些公司将来可能会联系他们并请求他们获得(有偿)许可。充分具体的披露信息还允许实施者审查公开的必要专利的数量、性质和“价值”,以及是否认同所述专利确实有效、必要和/或被其特定产品侵权。最后,披露信息可以让人了解给定标准的整体知识产权覆盖范围以及各 IPR 权利人的相对地位。

• IPR 权利人。作出必要性主张的权利人可能希望基于其他权利人的主张来评估自己的权利要求,并根据其所处的行业规范、标准下必要权利要求所有者的数量以及其他公司的惯例,对具体许可费水平是否合理且符合 FRAND 承诺范围形成大致的概念。

• 决策者和公共当局。该类别中,首要的信息使用人可能是竞争监管机构,他们希望能够监测标准化进程以确保不会对市场竞争造成任何损害。当存在反竞争行为的风险时——无论接受非正式还是正式的投诉——竞争监管机构可能希望咨询相关的专利公开数据库。这些数据库会显示某些当事方是否遵守其义务和承诺(例如披露义务),并且可以帮助竞争监管机构评估实践中可能存在权利滥用情况的案例,例如,考虑所有其他披露的专利(比较一个给定公司的 SEP 投资组合与所有其他披露 SEP 的公司的投资组合)。一般而言,政策制定者为了解相关行业对 SEP 的依赖程度,可能会对 SEP 披露数据库有所关注。

• 法官和陪审团。信息披露一旦作出就成为记录事项,无法在之后进行修改或补充以确保遵守知识产权政策规则。因此,信息披露可以在标准制定过程中提供关键的行为基准,从而成为确定哪些当事方必须遵守必要专利具体承诺的关键。

此外,由于多个法院和竞争监管机构都认为 FRAND 费用在纳入标准之前,应与知识产权的经济价值有合理的关系。因此披露信息已成为各当事方以及法院保留的独立专家或其他利益相关者制定适当基准的重要投入。

• 学者。为更好地理解标准化流程及其结果,披露数据库提供了一个关键的、经验性的理解工具。学者们获得并分享的见解反过来可以更好地为政策制定者、反垄断/竞争监管机构和法官的工作提供信息和支持。

2.2.4 欧盟与专利持有人之间的关系

在欧洲运营的任何公司都必须遵守欧洲立法。在这种情况下,欧洲竞争规则(现行“TFEU 条约”第 101 条和第 102 条)尤为重要。(70) 除此之外,欧洲竞争规则还禁止公司滥

(70) 此外,在下文中我们还将考虑美国的反垄断法,原因将在下文陈述。

用市场优势地位。这些规则在多大程度上适用于知识产权的问题也引发了一场有趣的辩论,其中包括 Magill 案件[71](关于著作权)和必要设施原则(曾一度被欧洲共同体委员会的竞争理事会的前董事 Temple Lang 所倡导)。[72] 近年来,与此相关更明确的指导规则通过颁布《技术转让集体豁免条例》[73]得以确立,其中技术转让协议包括专利许可协议以及欧盟委员会进一步于 2011 年发布的关于横向合作协议的通信文。[74](在这一通信中,第 7 章的核心在于标准制定环境。关于 FRAND 费用,第 289 段尤其相关)。

而竞争监管机构也开始更加关注标准中的知识产权滥用问题。欧盟委员会负责竞争政策的副总裁 Joaquín Almunia 在 2012 年 2 月 10 日的讲话中表示,EC 决心使用反垄断执法措施来防止标准必要专利(SEP)的权利滥用。[75] 自那时以来,欧盟竞争总署已正式对涉嫌滥用的当事方开展调查,美国司法部代理助理总检察长、反垄断司司长 Joseph F. Wayland 也于 2012 年 9 月 21 日发表了演讲,他不仅表达了类似的担忧,而且还向标准制定组织提出了若干具体建议。[76]

2012 年年末,美国联邦贸易委员会公布了其对 Google[77] 调查的同意令以及针对德国罗伯特博世公司[78]的诉状和行政命令,其中两起案件涉及标准必要专利。

在最近的几次场合中,欧洲竞争总署、美国联邦贸易委员会和美国司法部均表示他

---

[71] 爱尔兰的 Telefis Eireann 广播公司(RTE)和独立电视出版有限公司(ITP)Vs. 欧洲共同体委员会。竞争——滥用支配地位——版权。合并案件 C-241/91 P 和 C-242/91 P. 欧洲法院 1995 年报告第 I-00743 页。

[72] 参见 Temple Lang, J. (1995). Defining legitimate competition: Companies' duties to supply competitors, and access to essential facilities. In B. Hawk (Ed.), Annual proceedings of the Fordham corporate law institute: International antitrust law & policy (pp. 245-313). New York: Juris Publishing and Temple Lang, J. (1996). European community antitrust lawinnovation markets and high technology industries. New York: Fordham Corporate Law Institute。

[73] European Commission. (2004). Commission Regulation (EC) No 772/2004 of 7 April 2004 on the application of Article 81(3) of the Treaty to categories of technology transfer agreements. OJ L 123 of 27.4.2004. Brussels: European Commission.

[74] European Commission. (2011). Communications from the Commission (2011/C 11/01): Guidelines on the applicability of Article 101 of the Treaty on the Functioning of the European Union to horizontal co-operation agreements. European Commission.

[75] Joaquín Almunia Vice President of the European Commission responsible for Competition Policy Industrial policy and Competition policy: Quo vadis Europa? New Frontiers of Antitrust 2012 - Revue Concurrences Paris, 10 February 2012. Reference: SPEECH/12/83. 参见 http://europa.eu/rapid/press-release_SPEECH-12-83_en.htm。

[76] US Department of Justice (DOJ). (2012). Antitrust Policy in the Information Age: Protecting Innovation and Competition. Antitrust Policy in the Information Age: Protecting Innovation and Competition. Talk delivered by Joseph F. Wayland, Acting Assistant Attorney General Antitrust Division, at the Fordham Competition Law Institute, 21-9-2012. 参见 http://www.justice.gov/atr/public/speeches/287215.pdf。

[77] FTC. (2013). Agreement containing Consent Order in the matter of Google Inc., File no. 102 3136. http://www.ftc.gov/os/caselist/1023136/110330googlebuzzagreeorder.pdf.

[78] FTC. (2012). Decision and Order in the matter of Robert Bosch GmbH, a corporation. [Public Record Version]. http://www.ftc.gov/os/caselist/1210081/121126boschdo.pdf. 还可参见 FTC. (2012). FTC Order Restores Competition in U.S. Market for Equipment Used to Recharge Vehicle Air Conditioning Systems (press release, 26-11-2012),参见 http://www.ftc.gov/opa/2012/11/bosch.shtm。

们正在就此事密切合作,并采取类似的手段和严格的方式处理标准必要专利的滥用。[79]然后,在 2013 年 3 月,三名曾分别任职于欧盟委员会、美国司法部和美国联邦贸易委员会的关键人物重申了他们的观点,并认为 SSO 应采取更多措施以减少与专利劫持行为相关的问题。[80]

2.2.5 专利局

长期以来,专利的授予在欧洲以及世界其他地方一直都是国家的专有权力。在几百年的历程中,各国的专利制度有着独特且引人入胜的历史,[81]并逐渐趋同但又不完全相同。造成这种趋同的一个关键因素是一系列国际协议,如《保护工业产权巴黎公约》(订立于 1883 年,后来多次更新),1970 年《专利合作条约》(PCT),单一国际申请,以及规定了每个成员国专利保护水平最低标准的《与贸易有关的知识产权协定》(TRIPs)。

虽然到目前为止专利制度基本上被看作一项国家授权制度,但是一个重要的发展是 1973 年由所有欧洲共同体成员国(以及其他国家)签署的《欧洲专利公约》(EPC)。根据该公约的结果,欧盟构建了欧洲专利局(EPO)并授权其接收和审查专利申请。如果 EPO 认为申请符合新颖性、非显著性和工业应用性这些申请要件,那么将在申请人寻求保护的 EPO 所有成员国中授予专利。然而,重要的是,欧洲专利并不是一项单一的权利,而是能够在各个国家独立地执行、撤销的一组专利。虽然 EPC 和 EPO 确实取得了很大成绩,但目前仍然面临着"竞择法院"的问题,即各方在战略上从众多有管辖权的法院中选择最能满足自己诉讼请求的法院,并知道该选择会给他们带来比竞争对手更多的优势。这也关系到标准和专利领域,比如德国体系采用的二元制[82](专利的有效性只能在侵权诉讼程序之外单独提起)强烈地吸引着标准必要专利的持有者。[83]但必须强调的是,"竞择法院"并不是欧洲独有的现象。美国的专利权人似乎同样也会战略性地选择向地区法院提起诉讼,或向 ITC 提起诉讼,以期获得禁止令。

作为一个重要的发展,"真正"的欧洲专利(亦称共同体专利、欧盟专利、欧共体专利[84])在所有参与国都具有直接效力。同时,法院的司法程序也适用于所有国家,并且翻

---

[79] 例如,2012 年 10 月 2 日至 3 日,在华盛顿特区举行的国家科学院会议和 2012 年 10 月 10 日在日内瓦举行的国际电联专利圆桌会议。

[80] Kühn, K. -U., Scott Morton, F., & Shelanski, H. (2013). Standard Setting Organizations Can Help Solve the Standard Essential Patents Licensing Problem. CPI Antitrust Chronicle, March 2013 (Special Issue).

[81] Machlup, F., & Penrose, E. (1950). The patent controversy in the nineteenth century. The Journal of Economic History, 10(1), 1-29.

[82] Katrin Cremers, Dietmar Harhoff (2012). Invalid but Infringed?! The Impact of the German Patent Enforcement System on Innovation. 7th Annual Conference of the EPIP Association, Leuven, Belgium, September 27-28, 2012.

[83] Florian Müller(fosspatents.com)的公开博客,详细介绍了德国法院的 SEP 案件。

[84] 这与"欧洲专利"形成鲜明对比,这是欧洲专利局自 1978 年以来授予的专利的通用名称。

译和维护费用的要求较低。虽然对欧洲专利已有十余载的深入探讨,但直到 2012 年 6 月 28 日至 29 日召开的欧洲理事会上,统一专利制度才得以确立。在本次会议中,有 27 个成员国对该项提案进行表决,最终获得 25 个成员国的同意并投票通过。2012 年 12 月 11 日,欧洲议会就欧盟理事会两项 EU 草案的折中提案进行投票表决:第一份草案涉及统一专利保护;第二份草案列出了具体的翻译安排。该法规于 2013 年 1 月 20 日生效。[85] 但仅适用于 2014 年 1 月 1 日或《统一专利法院协议》生效以后的专利(以较晚的日期为准)。[86]

专利局和标准化

专利局作为代表政府授予专利权的官方机构,与专利权人的关系显而易见。但是长期以来,技术标准化并未被专利局列上议程。近年来,这种情况发生了变化,标准与经济的相关性不仅得到了广泛的认可,两者引发的一系列问题也受到了诸多关注。首先,公司在标准制定的背景下(例如在技术委员会中)对许多技术内容进行详细探讨,但是这些信息却难以被负责评估专利申请新颖性的专利审查员所知,专利审查员更无法访问这些文件,而且这些信息是否落入现有技术范围也尚不清楚。在欧洲专利局内,有关该文件是否属于现有技术在上诉案件 202/97 中得到了很好的回应,为我们提供了一个明确的先例,即上述文件确实落入现有技术范畴。[87] 随着这一问题的解决,EPO 与 ETSI、IEEE 和 ITU 签署了相关协议,以期提供及时获取所有文件的途径。此外,EPO 和 ETSI 开始了广泛的合作,以提高 ETSI 专利公开数据库的质量。

2.3 许可:动机和实践

必要专利权人与标准实施者之间的关系,实质上是一种许可关系。本节将从总体上论述许可制度,有关标准必要专利的许可制度将在最后加以讨论。

与标准或专利相比,在许可领域并不存在约定俗成的许可制度框架。专利一旦被授予,权利人从此会获得相对强大的财产权,并且在权利使用方面享受高度意思自治。原则上,专利权人根本没有义务向第三方授权许可其专利(除非有某些例外情况[88])。事

---

[85] Regulation (EC) 1215/2012 [Regulation (EU) No 1215/2012 of the European Parliament and of the Council of 20.12.2012 on jurisdiction and the recognition and enforcement of judgments in civil and commercial matters (OJEU L351/1 of 20.12.2010), including any subsequent amendments].

[86] 定期更新 EPO 网站:http://www.epo.org/law-practice/unitary/unitary-patent.html,2013 年 3 月 13 日咨询。根据欧盟"强化合作"的立法程序,法规草案被接受,除意大利和西班牙外,欧盟 25 个成员国已开始加强合作,以期在该领域建立统一专利保护制度。

[87] George T. Willingmyre (2012),公司与专利局、标准制定组织之间。参见 http://sites.nationalacademies.org/xpedio/groups/pgasite/documents/webpage/pga_072715.pdf.

[88] 这些例外情况包括:①法官颁发强制许可;②专利所有人选择了"当然许可"选项,这在某些专利法中是可行的;③竞争监管机构命令专利所有者发放许可,作为对其确定的滥用市场支配地位行为的补救办法。目前所有这些例外情况都是非常特殊的,只有一小部分专利受到这种义务的约束。当然,专利所有者可以自愿决定是否作出许可承诺(如 FRAND 承诺),但这仍然是一个自由的选择。

实上,当初引入专利制度,主要是为了给予专利权人生产和出售其发明的排他性权利。

随着时间的推移,对许多专利权人来说,授权许可第三方使用其发明是一个不错的选择,但也不仅于此。一方面,如果被许可人实施该专利能够比专利权人本身使用更具经济效益,那么许可将更具意义。另一方面,如果该发明需要众多参与者广泛采用,从而形成强大的网络效应获取成功,许可将是一种有效的扩散途径。但即使授权许可专利,专利权人也享有高度意思自治。专利权人可以自由决定许可给谁,以什么样的条件达成许可。权利人可以只授权一个(独占)被许可人,也可以许可给多个被许可人。在后一种情况下,权利人没有义务为不同的被许可人规定相同的条款和条件;也允许在被许可人之间进行区别对待(同样也有例外情况[89])。

2.3.1 专利申请动机和策略视野下的许可

为了深入了解许可的作用,我们应当退一步思考公司申请专利的最初目的。许多公司都有着复杂的专利战略,因而存在多种多样的申请目的。在本节中,我们将以一种更加定式化的方式总结专利申请的动机。

(1)防止抄袭,保持排他性。这是专利制度存在的最初原因,使发明人成为所涉发明的唯一实施者。譬如,荷兰飞利浦公司开发的旋转剃须刀技术,该公司认为这种技术可以将其产品与竞争对手的产品区分开来,并决定不向第三方许可该项技术。在制药行业,专利权的排他性是专利申请的主要驱动力。

(2)许可收入。在这种情况下,专利申请的动机和目的是向第三方提供许可,使其能实施本发明。事实上,许可他人使用自己的专利,可能会使专利实施更为高效,而且当技术需要被许多利益相关者广泛实施才能占领广大市场时,授权许可也是一种重要的扩散途径。例如,为了使光盘(CD)技术广泛应用,光盘技术开发者将该技术许可给内容所有者(唱片公司,光盘销售商)以及一系列潜在的 CD 播放机制造商从而确立一套新的行业规格。在下一节中,我们将更详细地介绍各种许可实践。但是在卡内基梅隆大学的调查[90]中,只有 28% 的公司表示将许可收入作为申请专利的目的。

(3)预防诉讼。拥有专利组合可能会使他人放弃对该公司提起侵权诉讼,因为他们意识到可能会引发专利权人的反击[只要提起诉讼的公司不是非实施实体(NPE)]。这种情形下是出于防御的目的。专利技术既不需要由权利人自己实施("运用"),也不需要授权许可,只用发挥这一防御作用。

---

[89] 同样在这里,(自愿的)FRAND 承诺将产生例外,在此之后,专利权人不能再有歧视情形。
[90] Cohen, W. M., Nelson, R. R., & Walsh, J. P. (2000). Protecting Their Intellectual Assets: Appropriability Conditions and Why US Manufacturing Firms Patent (or Not). NBER Working Paper 7552.

(4)交叉许可中的谈判筹码。在"专利丛林"的情况下(patent thickets,大量重叠的专利权),尽管很多公司已经拥有了自己研发的大量专利,但也需运用到许多其他专利权人所持有的专利。在这种情况下,专利权人通常基于交叉许可协议,将自己拥有的专利作为使用他人专利的谈判筹码。

虽然交叉许可可以通过互不付费的方式进行,但他们也可以指定其中一家公司向另一家支付许可费用,以防专利组合的价值和/或实施的体量不同。

(5)提高信誉,创造无形资产,获得融资和联盟伙伴。专利通常被股东乃至外界视为有价值的资产,从而时常被当作一种信号,表明该创新公司在市场竞争中更具优势。除此之外,初创公司发现实施专利布局更容易吸引风险投资,并且拥有专利的公司在股票市场上的评级也会高于同类公司。

(6)封锁其他技术路线,阻止进入该领域。申请专利也可以作为影响实际或潜在竞争对手的一种手段。经过精心整合的专利能够封锁竞争对手,使其无法沿着自己的技术路线进一步改进相关产品。[91] 因此,即便公司并没有使用该专利发明的打算,也不存在授权许可第三方的目的,出于上述考虑,也可能申请专利。但是,大量的高强度专利组合可能也会打消某一技术领域新晋者的积极性。

尽管1994年卡内基梅隆大学关于美国制造业中产业研发的调查[92]已经年代久远,但是其仍被视为探究企业申请专利动机的主要调查。该调查结果如表2.8所示,其中包含上文讨论的数种情况。

表2.8 美国制造公司认为在决定申请专利时较为重要的动机之比例

动机	比例
防止复制	95.7%
封锁	81.8%
预防诉讼	58.7%
提高声誉	47.9%
用于谈判	47.3%
许可收入	28.2%
衡量绩效	5.7%

---

[91] 参见,例如 Granstred, O. (1999). The Economics and Management of Intellectual Property: Towards Intellectual Capitalism. Edward Elgar。

[92] Cohen, W. M., Nelson, R. R., & Walsh, J. P. (2000). Protecting Their Intellectual Assets: Appropriability Conditions and Why US Manufacturing Firms Patent (or Not). NBER Working Paper 7552.

2.3.2 许可实践

专利许可是一项普遍而复杂的活动,与其密切相关的是公司最重要的资产:知识技术。许可条款和条件的多样性也反映了缔结许可协议组织的多样性。公司出于不同的动机和策略来利用他们的专利。而对于大学、研究机构或个人等其他类型的专利权人,其动机可能会截然不同。

原则上,许可条款和条件应由许可方和被许可方共同商定,其中许可方往往具有更佳的谈判地位(除非其受某些义务的约束,例如在技术标准方面的 FRAND 承诺)。表 2.9 中,我们提供了一份关于许可合同中重要条款和条件的总结。

表 2.9 许可合同中重要条款和条件的总结

许可期限	在一段时间内许可是有效的。在这一期限届满后,被许可人将需要重新谈判新的许可协议(或不可能获得新的协议)
排他性	许可人可以承诺不将该发明许可其他方,这从被许可人的角度来看提高了许可的价值。许可人也可以承诺积极地追查和起诉侵权人。在独占许可中,许可方可能保留或不保留自身实施该发明的权利
地域范围	地域范围是指被许可方可以实施本发明的专利法域(迄今为止专利权人确实在有关管辖范围内拥有专利权)
技术范围	通常,许可协议涵盖多项专利。技术范围决定被许可人可获得许可的专利,例如列出所有相关的专利,或确定一个技术领域
报酬、许可费的确定	许可人通常会要求补偿,补偿可能是金钱性质的,也可能是其他(例如交叉许可)。在金钱补偿的情况下,有很多种方法来指明许可费用("特许权使用费")。除其他事项外,缔约方可商定固定一次性费用、年费、每项实施费用或根据包含该发明的产品价值百分比来计算费用
其他条款和条件(可选)	• 专利捕获期:其含义是在协议达成后的某一时期内授予的新专利也包括在协议范围内; • 互惠:如果被许可方拥有就某一特定技术领域内现有或新的专利,这意味着被许可方有义务向原许可人回馈许可; • 回授:被许可人同意就其对该专利所作的任何改进授予许可人使用; • 延展权型:例如,允许公司通过许可他人使用有专利权的研究工具,并从这些工具创造的发明中获利; • 防御性中止:其含义是如果被许可人以任何理由对许可人提起诉讼,则许可终止

2.3.3 标准必要专利的许可

当专利权人通过作出许可承诺(也称为许可声明、许诺、保证函或许可地位声明),或通过参加规定 FRAND 条件的 SSO,使自己受 FRAND 约束时,作为参与的结果[93],其

---

[93] 见 2.2.3 节。

关于许可的选择比前面章节所描述的要有限得多。

最重要的是,权利人不得拒绝许可自身专利,且不得只对专利进行独占许可。而且,它承诺自身将按照特定条款和条件进行许可,例如依据FRAND条款的含义进行许可。

正如2.2.3节所述,很少有SSO提供FRAND的精确含义。大多数情况下,这会留给参与的当事方在必要专利许可谈判时进行解释,若他们谈判失败,则可诉至法院。

2.3.4 专利池

现代化[94]的专利池具有良好的组织性,使得两个或两个以上的专利权人能够将自己的专利作为一个专利束以事先规定(并公开)的价格提供给任何对其专利感兴趣的人。目前,大多数专利池都以技术标准为基础。虽然这类专利池可以促进行业竞争从而造福社会和消费者,但在一些特定情况下,也可能阻碍市场的合理竞争。这取决于专利池的实际规则和其成员的具体行为,详见表2.10。

表2.10 专利池促进和阻碍竞争的影响概述[95]

潜在的促进竞争效应[96]	潜在的消除竞争效应[97]
• 使所有潜在的被许可人平等地获得许可; • 快速获得技术; • 互补技术的整合; • 降低许可人和被许可人的交易成本; • 解除封锁地位; • 避免代价高昂的侵权诉讼; • 降低累积许可费[98]; • 免受专利权人某些策略的影响(例如将必要的IPR与非必要的IPR捆绑在一起); • 保证对所有潜在的被许可人提供非歧视和平等的途径; • 向潜在的被许可人提供有价值的信息来源(例如,关于标准专利的必要之处)	• 限制参与专利池的许可人之间的竞争,并作为价格垄断的机制; • (专利池垄断的情况下)迫使被许可人购买他们通常不会许可的专利; • 对拥有可替代(更优)专利而没有参与的公司造成影响; • 限制下游包含池中专利产品的竞争; • 影响其他标准或技术的发展; • 打击对进一步创新行为的积极性

---

[94] 这是为了区别于"旧"专利池,其大部分是在第二次世界大战之前产生的,它不会授权给第三方,而且常常被视为其创始人反竞争的工具。Merges, R. P. (1999). Institutions for intellectual property transactions: the case of patent pools. University of California at Berkeley Working Paper。

[95] 基于Bekkers, R. N. A. (2001). Mobile Telecommunications Standards: GSM, UMTS, TETRA and ERMES. Boston, MA: Artech House。

[96] 对于这些问题的阐述,请参阅原文,第250至255页。

[97] 同上。

[98] 事实上,UMTS知识产权工作组已经将专利池描述为"……具有最高许可费上限的一站式交易所"。其背景是,所有标准所需的IPR累积许可费被认为是既定的,而专利池可以作为一项协调机制,使总体费用降至准生产者可以接受的水平。

竞争监管机构审查了一些专利池实际提案的预期效果(见下文),并得出以下结论,只要遵守某些保障措施和规则设计,专利池的竞争效应利大于弊。这些保障措施/规则设计包含以下两个方面:①专利池只纳入互补专利(在标准背景下,可通过只将必要专利纳入专利池实现,并且需有一个独立的机制来确定);②确保专利池成员被纳入的 SEP 有独立于专利池之外的许可权利。[99]

1997 年至 1999 年,MPEG 视频编码技术专利池,以及两个 DVD 标准的专利池被认为是最早的现代专利池。尽管截至那时,竞争监管机构对专利池仍持消极态度,上述专利池组建人请求美国司法部出具商业评论函。最后,竞争监管机构认为,专利池具有促进竞争的效果,其存在利大于弊,而且只要专利池具有相应的保障措施,[100]竞争监管部门并不打算禁止这类专利池。与此同时,尽管当时欧洲竞争监管机构对专利池提议的审查程序并未能和美国竞争监管机构那样广泛而公开,但是欧洲竞争监管机构似乎也采纳了类似的观点。

从那时起,基于标准所建立的数十个专利池,通常都取得了成功。专门的专利池监管机构,包括 MPEG LA、Vialic Granting 和 Sisvel,已经尝试为广泛的标准建立专利池,特别是在消费电子领域。[101] 这些专利池与从竞争监管机构获得批准的专利池在设置上非常相似。事实证明,这些专利池是一种成功的机制。只要专利池可以吸引众多的必要专利权利人,就能够促进标准范围内的许可授予。

20 世纪 90 年代中期,人们试图使一种新型的 3G 技术专利池获得批准。组建人认为,该专利池可以涵盖市场上相互竞争的多种标准。该提议的审查被竞争监管机构几经拖延,最终竞争监管机构在提出修改意见后,使其获得通过。[102] 专利池的最新发展是涵盖几代技术的"池中池",飞利浦、索尼和其他 SEP 专利权人为 Blu-Ray 和 DVD 标准创建的 One-blue 专利池就是很好的例证。[103]

---

[99] 这份列举并非穷尽式的。

[100] 见司法部(DoI)反垄断局.(1997).[关于 MPEG 2 压缩技术拟议安排的商业评论函],日期:1997 年 6 月 26 日;司法部(DoI)反垄断局.(1998).[飞利浦、索尼及先锋公司就 DVD-ROM 及 DVD-录像带拟议安排的商业评论函],日期:1998 年 12 月 16 日;司法部(DoI)反垄断局.(1999).[日立、松下、三菱及其他公司就 DVD-ROM 及 DVD-录影带拟议安排的商业评论函],日期:1999 年 6 月 10 日。

[101] Bekkers, R., Iversen, E., & Blind, K. (2012). Emerging ways to address the reemerging conflict between patenting and technological standardization. Industrial and Corporate Change, 21(4), 901-931.

[102] 参见 Choumelova, D. (2003). Competition law analysis of patent licensing arrangements — the particular case of 3G3P. Competition Policy Newsletter, 1, 41-43。也是有关这一专利池的拓展书籍,Goldstein, L. M., & Kearsey, B. N. (2004). Technology Patent Licensing: An International Reference on 21st Century Patent Licensing, Patent Pools and Patent Platforms. Aspatore。

[103] Peters, R. (2011). One-Blue: a blueprint for patent pools in high-tech. Intellectual Asset Management, 9/10 2011, 38-41.

按照惯例,专利池活动与标准制定工作各执其事。因此,DVD 项目是最早将专利池的创建纳入标准化工作的项目之一。[104] 2012 年夏天,IEEE 聘请 DVB 过程的负责人(Carter Eltzroth)共同推动 IEEE 标准中的专利池构建。毫无疑问,该提议对市场有着重大影响。

此外,竞争监管机构与专利池之间存在着重要的监管关系,随着时间的推移,这种关系发生了显著变化。通过密切关注欧盟专利池的立法框架,我们发现,直到 20 世纪 90 年代中期,欧盟委员会还拥有着与美国相似的机制,即当事人可以要求竞争监管机构审查某项提议是否符合欧盟竞争法。近年来,"技术转让集体豁免条例"[Technology Transfer Block Exemption Regulations(TTBER)]所附的《指南 109》(目前所适用的版本为 2004 年版)对规范专利池的相关行为起到了良好的指引。

虽然 TTBER 本身没有涵盖专利池,但该《指南》[105]中的全面观点,能够用来说明欧洲竞争监管机构将如何根据竞争规则判断专利池的合法性。2013 年 2 月 20 日,欧盟委员会就修订技术转让集体豁免协议和指南的提案进行公开磋商,并于 2013 年 5 月 17 日结束。在条例草案[106]中,再次强调专利池不属于其适用范围,但相关的指南草案[107]就欧洲竞争监管机构如何根据竞争规则对专利池进行评判提供了全面的意见。

3 标准依赖型行业的标准化与许可

本章我们将探讨知识产权标准化和知识产权许可(尤其是标准必要专利 SEP)的战略意义,并围绕以下四个基于标准的行业展开:第一,通信行业(着重关注手机设备);第二,消费电子行业(着重关注智能设备);第三,汽车行业(重点是"联网汽车"和"智能出行");第四,电网行业(重点是"智能电网"和"智能家居")。

出于专利在这些行业标准中的重要性,我们选择通信行业和消费电子行业作为研究对象。虽然在这些行业中标准专利的使用已经很成熟,但处理专利的方法却是不同的。

---

[104] Eltzroth, C. (2008). IPR Policy of the DVB Project: Negative Disclosure, FR&ND arbitration Unless Pool rules OK Part 1. J. of IT Standards & Standardization Research, 6(2), 18–39.

[105] European Commission. (2004). Commission Regulation(EC) No 772/2004 of 7 April 2004 on the application of Article 81(3) of the Treaty to categories of technology transfer agreements. OJ L 123 of 27.4.2004. Brussels: European Commission.

[106] Commission, E. (2013). Draft Commission Regulation(EU) on the application of Article 101(3) of the Treaty on the Functioning of the European Union to categories of technology transfer agreements C(2013) 921 draft. European Commission.

[107] Commission, E. (2013). Draft Guidelines on the application of Article 101 of the Treaty on the Functioning of the European Union to technology transfer agreements C(2013) 924 draft. European Commission.

这些行业中出现的标准必要专利(SEP)相关的显著问题以及在通信行业和消费电子行业之间,基于ICT技术而发生的高度融合,更加强化了选择这两个行业的理由。而选择汽车行业和电网行业作为研究对象,则是出于前瞻性考虑,在这两个行业中,ICT发挥着越来越重要的作用,因此目前ICT行业标准专利所面临的问题,很可能在不久的将来就会成为这些以标准为基础的行业最有可能遇到的问题。综上,为实现许可程序的顺利进行而对前两个行业所作的潜在改进,可以积极地运用到后两个行业中。

对四个行业的分析遵循相同的程序步骤。本项研究一开始是展开了对行业结构以及该行业普遍做法的基础的讨论(遵循波特的五力分析模型[108])。随后展开有关市场最新动态的探讨(特别是ICT引发的行业变化),包括行业之间的融合。对产业结构和市场动态的描述以文献研究为基础,并以业内专家访谈为补充。在此背景下,可以对以下三个方面进行观察:一是知识创造的作用;二是与专利和许可问题相关资本流动;三是标准与前两者的关系。之后,我们将上述观点与企业的战略和行动结合起来。这些观察结果代表的是一种立场或假设,并从文献研究或者业内专家访谈中得到佐证,在必要时将对这两者进行交叉核对。

本章对影响标准化和许可的趋势进行了跨行业的总结。

3.1 (移动)电信

专利在电信行业发展中起着至关重要的作用。早年授予亚历山大·格拉汉姆·贝尔(Alexander Graham Bell)的专利使贝尔系统获得了垄断地位,之后又轮到了AT&T。专利期满时造成了一连串的竞争活动,由此需要政府干预以确保竞争网络之间进行互连互通。

随后在运营商和网络设备供应商的共同努力下,界面之间的互连性和互操作性已成为规范和标准化。因而行业中普遍以交叉许可的方式来解决相对较小企业之间的相互依存问题。

在过去的二十年里,随着使用移动网络的智能手机的发展,通信技术(CT)和消费电子产品(CE)两大行业已经紧密融合。在这个时点上,分别讨论这两个行业是非常困难的,特别是在标准的制定和许可问题上。智能手机逐步取代功能手机,正是这一发展的印证,智能手机将传统电话转换成一个集通信和娱乐于一体的集成系统。智能电视也是一个印证。本节将重点探讨移动电信,其中最重要的内容是标准的制定和专利的使

---

[108] Porter, M. E. (1980). Competitive strategy – Techniques for Analysing Industries and Competitors. New York: The Free Press.

用,并且移动通信领域是观察通信业和消费电子业日渐趋同的最佳领域。因此,本节的许多发现和结论都适用于通信业(CT)和消费电子业(CE)也就不足为奇了。

我们首先介绍行业定义和我们侧重关注该行业手机板块的依据,然后用广义术语介绍行业动态及标准和专利的作用,对行业发展进行了简要的历史回顾,概括地总结了产业价值链(分别在 3.1.1 节和 3.1.2 节讨论)。3.1.3 节详细阐述了关注企业进入和退出的话题。3.1.4 节探讨了标准、专利和许可的战略作用问题,并讨论了标准必要专利许可的障碍(以及标准实施的障碍)。最后 3.1.5 节通过文献研究和行业访谈总结了本行业特点。

3.1.1　行业定义和重点

在本研究中,电信行业包括网络设备、终端设备以及以家用和商用终端用户为基础的通信服务。这些设备包括硬件、软件和相关的支持服务。基础设施包括交换和传输设备以及相关的规划、操作、维护和管理系统。交换包括电路交换、分组交换以及路由。传输包括所有类型的介质:双绞线铜、同轴电缆、光纤和无线电波。服务包括客户服务和计费系统。终端设备包括网络的固定和移动附件。

本研究侧重行业中的移动(蜂窝)通信。选择这一细分领域的原因是在该领域中标准专利问题最受争议。此外,它充分体现了通信和消费电子行业在设备(手机)开发中的趋同性,这些设备已从单纯的语音设备发展为支持语音、数据和图像通信以及一系列其他功能的智能计算平台,这也是移动操作系统供应商发挥至关重要作用的领域。

关于本节提到的标准制定组织的具体情况,参考第 2 章提到的标准化制度规章框架。

3.1.2　产业结构与发展

行业发展沿革:综述

移动通信业通过一代代技术的继承与革新为终端用户提供了越来越多的服务功能。

1G - 国内市场

长期以来,电信业一直实行国家方针,遵循国家产业政策。许多欧洲国家都可以看到一个国家/一个运营商/一个供应商的典型模式。电信运营商属于政府实体,合约具有政治性、长久性(常常是几十年)、稳定性等特点。[109] 一般是在供应商和运营商密切协作的基础上制定国家标准。通常,电信运营商和供应商都会从事大规模研发活动。

因此,第一批(模拟)移动技术是在国策驱使下开发的:运营商只服务国内市场;运

---

[109] 该模型尤其适用交换设备,对于传输设备的适用程度较低,因而后者研发水平要求较低。

营商和供应商在国家层面上进行合作,制定网络和手机的技术规格。这导致欧洲各国适用不同的标准,相互之间没有互操作性。⑩ 所有这些不同的技术同时使用,阻碍了供应商实现规模化经济,也导致欧洲的移动通信价格居高不下,而且仅有少数人可以享受这种技术带来的服务。

2G – 效率优先

20世纪80年代中期发起的自由化进程导致当时的运营商私有化,并使其他成员国的竞争运营商得以进入市场。运营商逐渐减少了研发活动,而供应商则在欧洲乃至全球范围内不断扩大运营。虽然标准化最初是由运营商提出的,但现在更多重心已经转移到争取规模经济的供应商身上。

因此,随着人们意识到移动电话大规模占有市场将使运营商、供应商和整个社会三方受益,第二代移动技术开始发展起来。基于对这一点的考量,在欧洲委员会的支持下,在CEPT协调委员会下设立了GSM工作组。在这一工作组中,众多欧洲运营商与供应商密切合作制定了GSM标准。为了将该技术推向市场(许可标准必要专利),一些缔约方赞成设立一个专利池。这将降低技术使用者的(交易)成本,从而有助于快速使该技术在大众市场(全球范围内的潜在市场)广泛使用。然而,并非所有知识产权持有者都有类似的目标。特别是摩托罗拉公司,作为GSM标准开发中唯一重要的非欧洲缔约方,其始终坚持双边谈判。通过与利益相关者的访谈,部分人认为,摩托罗拉公司的动机就是阻碍GSM标准进入美国市场,而摩托罗拉公司自身在使用不同的标准争夺美国市场。

然而,专利池的建立失败并不妨碍GSM标准成为欧洲移动电话领域的新标准,后来又成为世界大部分地区的标准。但在美国,运营商仍采用三种不同的标准来争夺市场份额。

3G – 认识全球化

移动数据通信的需求推动了第三代移动通信技术的发展。最初是在已安装的基础(GSM)上制定了数据通信标准(GPRS和EDGE),但结果表明,其以多Mbit/s的数据速率传输"真实"的宽带通信的能力是有限的。1997年,朗讯科技公司、摩托罗拉公司、北电公司和高通公司开始为美国开发下一代标准,即CDMA2000。要实现全球部署,新

---

⑩ 欧洲移动通信可以追溯至20世纪50年代。第一代移动设备于1981年推出,以北欧电信管理局NMT – 450开放标准为基础,该标准对设备供应商是免费开放的。这一平台目的是广泛应用与部署第一代1G移动手机系统。荷兰、比利时和卢森堡的运营商都采用了北欧NMT – 450标准,而德国使用国家蜂窝标准Netz-C(1986年开始使用);法国使用Radiocomm 2000标准(1986年);英国和爱尔兰使用TACS(1983年);意大利先使用RTMI/RTMS(1985年),后使用TACS。参见:Meurling and Jeans, 1994年; Botto, 2002年;Manninen,2002年;全球移动通信系统协会, 2004年。

的 3G 设备必须与现有的 2G 设备(主要是 GSM、D-AMPS 和 CDMA)相互兼容。1999 年,爱立信公司和高通公司之间始于 1995 年的知识产权纠纷得以解决,与此同时有三种操作模式的 3G 标准可以得到支持,每一种模式适用于一种主要的 2G 标准变体。[⑪]

需要注意的是,网络运营商对制定 3G 标准已经丧失支配作用,而在很大程度上,3G 标准的制定是设备供应商之间进行合作的过程。

4G - 市场竞争

随着互联网的不断增长,对更高数据速度的移动数据通信的需求也在不断增长,并且推动第四代移动技术的发展,即被公众误称的长期演变(LTE)。然而对支持旧标准的手机的需求也依然存在。此外,为了缓解移动网络的拥堵,需要尽快处理固定网络上终端用户的数据请求。解决方法可以是,减少移动网络的单元格大小或/且通过使用诸如 Wi-Fi 的短距离移动连接标准,使家用场所通过固定调制解调器传送数据请求。

智能手机可以被视为微型计算机,集合了传统语音电话功能与一系列通信和娱乐功能。市场上为这些微型计算机开发出了多种相互竞争的操作系统。而能提供具体新功能形式的应用程序,则成为决定每种操作系统市场占有率的重要因素。

在过去是由网络运营商负责向用户提供服务,而如今操作系统接管了这项工作。这一转变促进了 OTT 通信服务的发展,OTT 是独立于网络技术和类型的服务(例如 Skype、What's App、Twitter、Facebook 等),通过互联网向用户提供各种应用服务的通信服务。然而,这些 OTT 服务还远不能脱离目前有竞争市场的操作系统而独立存在。

价值链

图 3.1 描述了移动通信行业中增值活动的主要步骤。价值链描述了一个行业内的主要增值步骤。下文提供了一个覆盖图,指出各种标准在价值链中对增值活动的影响,并明确指出标准的类型以及其所应用的行业领域。覆盖图需要简单明了地显示出标准的主要类别,而非具体的标准类型。

价值链的核心是提供移动通信服务,包括:①移动网络基础结构(图的中心);②移动设备(图的右侧);③提供可以利用操作系统启动的通信服务(OTT)(图的左侧)。

该图还展示了适用于移动通信行业的互操作性标准类别,使通信技术与消费电子相互融合(CS - 通信行业标准;CE - 消费电子行业标准;ITS - 信息技术行业标准)。一方面反映在智能设备上两个行业的功能整合,另一方面反映在通过使用 CE 信息格式来提供 OTT 服务。在提供 OTT 服务的过程中,信息技术以及相关标准发挥着不可或缺的作用。

---

⑪ Mock, D. (2005). The Qualcomm equation. New York: AMACOM.

价值链的构成要素是以增值活动为基础的,这一活动在欧盟统计局收集数据的 NACE 系统修订版Ⅱ中十分显著。

市场规模

2011 年,欧盟的电信服务收入达 4400 亿美元,同年通信设备出口量达 830 亿美元,进口量达 1070 亿美元。[12] 每个网络访问路径的投资额从 1995 年的 200 美元左右减少到 2003 年的 100 美元左右。设备供应商的研发支出通常占到收入的 10%—15%,而同期电信运营商的研发支出在收入中的占比从 0.9%—3.5% 下降至 0.2%—3.2%。[13]

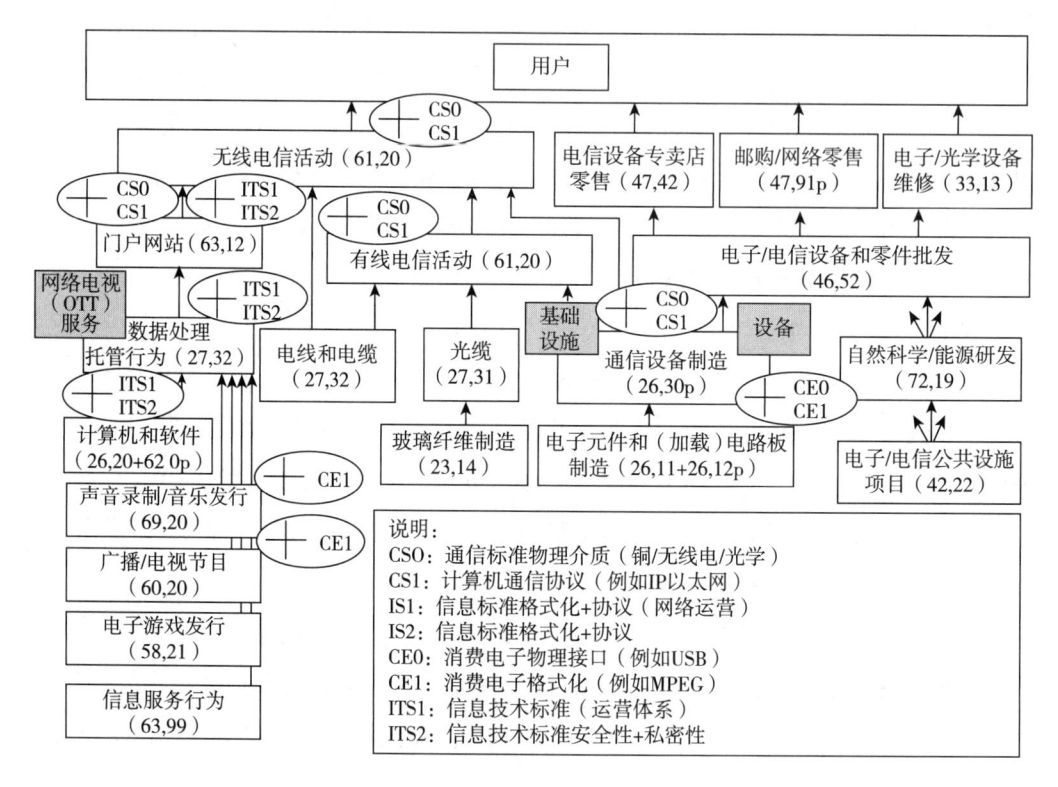

说明:
CS0: 通信标准物理介质(铜/无线电/光学)
CS1: 计算机通信协议(例如IP/以太网)
IS1: 信息标准格式化+协议(网络运营)
IS2: 信息标准格式化+协议
CE0: 消费电子物理接口(例如USB)
CE1: 消费电子格式化(例如MPEG)
ITS1: 信息技术标准(运营体系)
ITS2: 信息技术标准安全性+私密性

图 3.1 移动通信价值链

3.1.3 市场动态:企业进入和退出

下文将更详细地阐述当前角力场,即因传统供应商和新兴企业的角色转变而产生的新的"游戏规则"。本节将探讨价值链主要节点的主要参与者。

网络设备提供商

网络基础设施设备的开发和生产,主要掌握在大型企业特别是欧洲企业(比如爱立

---

[12] OECD(2013). Communications Outlook 2011. Paris: OECD Publishing.
[13] Lemstra, W. (2006). Dissertation: The Internet bubble and the impact on the development path of the telecommunication sector. Department Technology, Policy and Management. Delft, The Netherlands: TUDelft. p 460.

信公司、诺基亚公司、西门子公司和阿尔卡特公司)手里,由此能够产生大型的规模化经济,并通过从事高额研发投资来获取(和巩固)其技术的领导地位。因而,该行业的准入门槛十分高。

网络基础设施行业的相对成熟和行业高度开放的标准化,使得华为和中兴等中国制造商能够获得知识产权,从而进入市场并在基础设施供应领域占据越来越高的份额。这些公司发展的主要驱动力,是其在国内市场实现的规模经济和随之产生的研发空间。

随着2000年互联网/电信泡沫的破裂,设备市场相继崩溃,加之向All-IP网络的转型,导致阿尔卡特－朗讯公司和诺基亚西门子网络公司的大规模合并以及北电公司的破产。

设备

功能手机时代

传统上,网络设备和通信设备的开发和生产之间是有联系的。这个联系几乎是自然而然产生的,因为它们都必须基于相同的技术标准,以实现互操作性。因此,爱立信公司、诺基亚公司、西门子公司和阿尔卡特公司都选择作为手机供应商。但是,像总部位于美国的摩托罗拉这样的公司也被定位为GSM功能手机的供应商,则是因为其作为GSM标准必要专利的权利人,可以(通过交叉许可协议)相对容易地获得所有其他的SEP。SEP的所有权是保持低生产成本的先决条件。毕竟,这种SEP的组合可以作为双边交叉许可谈判的货币,从而避免用现金支付许可费。

由于不同网络技术(2G和3G)的并行使用,设备必须支持多种标准。与此同时,手机成为设计对象,甚至成为一种时尚配件。这为差异化开辟了许多机会,从而使供应商的数量扩大(而传统供应商也保留了重要的市场地位)。而这一阶段的新入企业通常是先前的原始设备制造商(OEM),如LG、HTC和三星。韩国当局采用的积极产业政策极大地推动了这些企业的发展,使三星得以迎头赶上,并成为技术领先者。

移动设备需要几个关键的组件(所谓的基带芯片集,也包括应用程序处理器、大型高分辨率显示器和高容量内存芯片),但这些组件的供应商却非常少。这为这些供应商创造了相当大的话语权。例如,据报道,高通公司在基带芯片市场的收入份额超过50%,[114]这个市场的年销售额超过80亿美元。在应用处理器、显示器、内存方面,另一个重要的供应商则是三星。

智能手机时代

随着互联网的普及和数据使用的增加,终端设备从单一功能手机转变为多功能微型

---

[114] http://blogs.strategyanalytics.com/HCT/post/2012/11/16/Cellular-Baseband-Market－3G-Smartphones-Boost-MediaTek-to-Number-Two-Spot-in－1H－2012.aspx.

计算机。最初智能手机的功能受到显示器尺寸和键盘大小的限制,但随着技术和设计的进步,这些限制很快就得到了解决。很明显,安装在操作系统中的设计功能和应用程序是销售设备的新市场驱动力。

新入企业基于不同的策略参与到这个市场。行动研究公司(RIM)(黑莓™)、苹果公司和谷歌公司进入市场的基础是移动操作系统和专门为智能手机开发的各种应用程序。为了保证整个系统的质量,行动研究公司(RIM)和苹果公司非常重视控制硬件质量。因此,为了保持低成本,这些公司需要获得SEP。[115] 起初谷歌公司好像回避了SEP的讨论,将问题留给了获得其操作系统许可的供应商(如三星、HTC、LG、中兴和华为)。然而,最终谷歌公司收购了摩托罗拉公司(包括其包含了17000个SEP的专利组合),作为支持其供应商的谈判筹码,甚至是作为在法庭上的有利抗辩。但是在美国联邦贸易委员会针对谷歌公司进行的反垄断案,一定程度上限制了谷歌公司这么做的能力,从而迫使其接受摩托罗拉公司在专利许可中所作的承诺,即承认FRAND条款。[116]

尽管拥有大量的SEP,许多传统的供应商已经意识到他们无法仅仅依赖自身移动操作系统来抢占市场。因此,部分供应商(例如爱立信公司和诺基亚公司)将赌注押在了塞班操作系统的联合开发上。在市场仍然很小的时候,塞班公司的市场份额就已经相当可观。然而随着市场的增长,塞班公司的市场份额却下降了,而采用这个标准的供应商的市场份额也都在下降。

虽然移动标准加剧了厂商之间的竞争,但向智能手机平台的转变增加了这种竞争的"网络效应",从而创造了一个"赢家通吃"的市场,一个例证就是苹果公司和谷歌公司及苹果公司和三星为了在既能在智能手机中应用又能通过网络商店访问手机应用程序的操作系统平台产品上占得领先地位而展开的激烈竞争。这场竞争在包括专利在内的各个方面拉开了战线。许多企业通过收购进而强化其专利组合(比如谷歌公司收购摩托罗拉公司专利;苹果公司收购北电公司专利;微软公司收购诺基亚公司的设备业务和相关专利)。[117] 另外,一些企业则通过外观设计专利来强化自身的专利组合,而竞争对手则称这些专利是所谓的市场必要专利[118](例如苹果公司的屏幕截图专利)。这些专利之所以被视作市场的必需品,是因为消费者对这些专利高度关注,进而竞争对手认为他

---

[115] 行动研究公司(RIM)于2001年从爱立信公司手中收购了SEP的专利组合,并于2011年收购了北电公司SEP。同样,苹果公司在2011年从北电公司破产中也购买了大量的SEP。

[116] www.nytimes.com/2013/01/05/technology/in-google-patent-case-ftc-set-rules-of-war – over – patents.

[117] 2013年9月,诺基亚公司将其设备及服务业务卖给微软公司并授予其专利许可证,费用为16.5亿欧元。http://www.microsoft.com/en-us/news/press/2013/sep13/09 – 02announcementpr. aspx。

[118] 这提及的专利不是SEP,因为它们对实施行业标准不具有必要性,但是涵盖了既定市场中大多数终端用户期望手机应该具备的功能。

们有提供此类专利的必要性,要么通过授予许可提供,要么通过开发替代方案提供。

与消费电子产品的融合

虽然提供 OTT 服务是替代传统的音乐和视频公司行业的营销渠道(如 CD、DVD、电影、广播),但是技术趋同表明,该内容"只是另一个编码和格式化的数据文件",同时也只是一个通用(手持)计算机上的另一个数据应用程序处理。作为一种能够存储和显示所有这些内容的多功能设备,智能手机不仅需要与网络进行通信,还需要与房屋内外的其他消费电子设备进行通信,特别是用来显示内容的设备:台式机、笔记本电脑、音响系统和电视屏幕。

出于连接的便利性考虑,智能设备集合了多个无线和有线的短距连接标准,比如 Wi-Fi、蓝牙、(迷你)USB。智能手机还支持音频标准(MP3、ACC、GSM 语音编解码器)、图片标准(JPEG、PNG、TIFF)、视频标准(MPEG)和硬件标准(SD 卡、智能卡、NFC)。而通常这些标准是通过专利池的形式进行授权许可。

随着这些消费电子标准的融合从语音和文字消息转向操作系统平台以提供广泛的信息和通信技术应用,电信设备供应商在设备部门不再具有天然的优势地位,而转移给了操作系统平台供应商以及在其智能设备中采用领先操作系统平台的公司。

要识别所有主要的知识产权所有者和被许可人是不切实际的,但是当 3G 和 LTE 标准广泛运用时,可以识别主要(网络)所有者和(网络)被许可人,如表 3.1 所示。

表 3.1　3G 和 LTE 主要(网络)许可人和(网络)被许可人

主要(网络)知识产权所有者	主要(网络)知识产权被许可人
爱立信	苹果
英特数字	LG
LG(仅 LTE)	诺基亚
摩托罗拉(谷歌)	三星
诺基亚	中兴
飞利浦(仅 3G)	HTC
高通	行动研究(RIM)
三星(仅 LTE)	华为
西门子(仅 3G)	+
松下	+

资料来源:访谈

3.1.4 标准和专利的战略作用

本节将根据文献研究和与业界和许可专家的互补访谈讨论标准、专利和许可的作用。

标准化安排

在考虑移动通信时,标准主要由一些公认或正式的标准制定组织确立。单个标准与系统级标准相结合,如 2G-GSM 和 3G-UMTS。这些标准涵盖了无线接口和与地面网络(PSTN/ISDN/Internet)的互通。其中所覆盖的无线电技术包括:CDMA/FDD、MIMO、OFDMA、SC-FDMA、SOFDMA。

按照不同的侧重领域划分,移动通信行业中最重要的标准制定组织[⑲]包括:ETSI(基础设施 2G-GSM、3G-UMTS、HSPA、4G)、3GPP(基础设施 3G)、IEEE(短距离设备 Wi-Fi、WiMAX)和 IETF(互联网协议 IPv4、IPv6;安全协议)。有些情形下,各方会组建联合体来支持标准制定组织的标准制定过程,如 3GPP 和 WiMAX 峰会。与此同时,现代化多功能设备也在内置越来越多通过其他安排方式制定的标准。

参与标准制定的不同动机包括:

- 为与用户开展技术对接(运营商);
- 确保公司技术知识产权与他人的技术知识产权的互操作性;
- 促进自主知识产权的运用;
- 指导技术开发,使其与其自身已适用的知识产权基础互补;
- 掌握最新的技术发展动态(知识管理)。

知识产权的作用

对于移动通信产业大多数企业来说,知识产权的战略目的是保证运营的自由度。这对于行业内运营来说是一项必要资产,移动通信产业的"新入"企业尤其是苹果公司、谷歌公司和微软公司等不断收购知识产权组合正是体现了这一点。企业可以把知识产权当作一种货币去交易以获取其他公司的知识产权,否则,取得知识产权的成本将会使企业利润大幅缩水。通常,生产实体产品的通信企业不会将知识产权作为企业的主要收益来源,但是这只对经营比较成功的实体生产企业适用。如果企业的市场份额和现金流出现压力,那么该企业就会改变其战略重点,知识产权将会是一种更直接的收益来源(比如诺基亚公司的案例)。总体而言,一个 SEP 不会有助于实现终端产品的多样性,这通常是由非 SEP 实现的。无论如何,专利一直以来就是特定商业运营模式的护航者。

[⑲] 列举中的标准对欧洲部署非常重要。

一些小规模或者新兴的通信公司在进入市场时不容易被专利权人察觉,并且避免获得知识产权许可。当取得成功和(或)产品可以售出时,这些新兴企业要么可以获得许可,要么被其他较大的企业收购,之后将由收购方决定许可战略。(相邻或与标准相关的)专利并不一定会成为创业公司创新的阻碍,因为将侵权诉讼案件诉至法院存在高额费用。

初创企业和小规模企业申请专利的原因有很多。对于初创企业来说,知识产权在保证获取风险投资以及在 IPO 上市过程中起到了关键的作用。专利可以代表初创企业的有形价值,这对风险投资提供者的退出战略非常重要。更大规模的相关企业不能回避知识产权问题,但是他们愿意花更多的精力进行谈判,因为他们预期知识产权所有者会降低许可费来规避高额诉讼费用。对于这些企业,在合并和(或)并购环节中,其知识产权定位和策略发挥着至关重要的作用。

知识产权的研发和收购

主要的移动通信设备供应商通常在内部进行知识产权研发。大多数(移动)运营商已经不再进行研发活动,转而内包(和许可)所需要的知识产权。收购知识产权的原因通常涉及市场准入的问题,和(或是)为了响应不断变化的知识产权格局。后者意味着竞争对手的知识产权组合相对于企业自身的知识产权组合已发生了变化,因此导致企业谈判地位变弱,并由此触发了收购行为。而通过合作的方式获得知识产权的路径相对不是那么重要,因为合作常伴随着知识产权权属问题而变得复杂化。如果要开展合作,知识产权通常由双方共同研发并享有。并且通常是在公共财政方案的支持下,比如欧盟 FP6 或者 FP7,企业与公共机构或(半)公共机构之间才会开展合作。

知识产权的申请

专利合作条约(PCT)申请的费用在 10000—40000 欧元(通常 15000 欧元),申请后会提供一份评估报告,该报告非常重要,是决定改进申请、申请专利或者因为过于薄弱而撤回申请的依据。小型企业需要针对专利申请制定策略,在保护知识产权的同时将(初始)成本降到最低,因为获得专利的整个过程通常要花费 100000 欧元。如果充分运用 PCT 的申请期限(30 个月),那么专利维持费将纳入未来开支。提交 PCT 申请相比于保密协议(NDAs)而言,能使其在市场互动中拥有更多的保护和自由。

知识产权的对外许可和销售

由于互通性是通信行业的关键,且标准是在共同努力下制定出来的,(移动)通信公司是用来对外授予知识产权许可的。直接出售知识产权的原因是(专利组合中部分)知识产权的战略重要性已经开始下降(退出市场),又或者是因为知识产权格局发生了变化。后者指的是需要加强自己或盟友的谈判地位(例如,谷歌公司向 HTC 授予专利权)。但这也可能意味着,企业持有的专利组合非常有竞争力,将专利组合的一部分(非战略性知识产权)变现并不会真正影响到其在市场中的整体谈判地位。如果由于上述原因,知识产权的战略目的是产生收入,那么出售知识产权确实可以作为对外许可之外的另一种选择。而在通常情况下,企业会向专门负责变现知识产权价值的非执业实体(NPE)出售自己的知识产权。

通常,公司之间的许可协议会涵盖多个标准,通常包括 SEP 和非 SEP。这些协议往往会形成交叉许可安排,进而导致许可双方需要支付相当的许可费。这些安排的范围很大程度上受限于"采纳标准的公司的界限",而不是"标准"的界限。电信行业 SEP 披露的数量已经达到 965 次。[20]

在机器对机器通信(M2M)以及多项"智能"技术(智能电网,智能交通)中使用移动通信技术,可吸引更多的通信标准实施者,因此会使专利池的使用更具吸引力(因为专利池可以减少交易成本和交易时间)。

知识产权的实施

对于知识产权侵权案件,如果坚持提交法院进行诉讼,那通过许可可得利益至少需达到 50 万—100 万美元。此外,侵权案件将自上而下地进行,这意味着,销量高且具有战略重要性的公司将首先遭到起诉。

许多初创公司在最初几年就失败了,因此,只有当它们取得成功,又或是成为潜在的威胁时,侵权诉讼才具有意义。由于诉讼成本过高,小公司缺乏足够的经济实力在应对侵权的同时实施专利技术,实际上,专利制度是具有经济实力较强企业的保护伞。不过在美国,小公司可以利用"风险代理"制度,低成本地寻求律师事务所的帮助。而就欧洲(至少是部分)地区而言,则没有这种类型的法律支持(因为风险代理制度被视作违反法律职业规则)。

知识产权许可策略

电信技术的开发和利用曾经仅是供应商之间以及供应商和运营商之间的博弈,现在这场博弈的双方已经变成供应商和操作系统开发商。它导致基础设施供应和设备供应的分离,并且使得市场份额发生翻天覆地的变化。

长期以来,标准必要技术主要由供应商和网络运营商开发并最终安装到他们销售的手机和网络设备中。换句话说,标准必要专利(SEP)的开发商同时也是 SEP 的使用者。因此,标准必要专利赋予了供应商自由运营的空间。供应商们都有资格在标准化进程中

---

[20] 数据源于本研究中部分量化分析结果。

分一杯羹,即通过和其他供应商之间的交叉许可切实取得收益。

如果没有 SEP,进入市场就相当困难,需要花费高额资金获取所有 SEP 的许可。尽管 FRAND 承诺将或多或少地限制单个 SEP 的许可费,但由于涉及大量 SEP,就会导致许可费堆叠,从而生产成本将变得十分高昂。因此,早期的智能手机生产商为了能有自由的运营环境,都会选择快速收购一系列 SEP 权利[例如,行动研究公司(RIM)从爱立信公司(Ericsson)收购了一揽子 SEP,谷歌公司收购了摩托罗拉公司,苹果公司收购了北电公司专利,微软公司取得诺基亚公司专利的使用权]。

随着操作系统成为接触终端用户的新接口,所谓的市场必要专利也变得越来越重要,而这些专利对于标准适用来说却不是必要的,但它们切实是销售产品不可或缺的技术。如果不考虑任何 FRAND 的限制,市场必要专利将给予企业相当大的议价或竞争能力。

智能手机的崛起和操作系统的广泛普及,大幅扭转了功能手机的市场份额,传统手机开发商(如诺基亚公司、西门子公司、索尼公司/爱立信公司和摩托罗拉公司)的市场份额大幅下降,而新兴竞争者(如苹果和安卓手机生产商三星、HTC、华为等)的市场份额大幅上升。一些传统供应商因市场份额的变化,自身现金储备倍感压力,迫使他们进一步反省自己的许可策略。一方面,有些企业试图以授予 SEP 许可的代价来换取非 SEP(或市场必要专利)的使用权,从而夺回市场份额。另一方面,一些企业则试图通过 SEP 变现来创造全新的收入来源。后一种情况通常表现为以支付现金为基础授予 SEP 许可或出售 SEP,大多数情况下是向非执业实体授予许可和出售。而这些非执业实体随后又以支付现金为基础对外授予 SEP 许可,其中一些非执业实体对于许可 SEP 采用更为直截了当的策略,即要么立即付款要么诉至法院。

有趣的是,我们的数据分析显示,2005 年之前几乎不存在转让 SEP 的情形,但在此后该现象却迅速增加。[22] 几乎在多功能设备崛起的同时,行动研究公司(RIM)、微软公司、苹果公司和安卓等新厂商进入市场,这或多或少是种巧合。由于不断变化的市场地位,非执业实体掌握越来越多的知识产权,这可以从过去几年主要 SEP 转让方的发展概览中得到解释,以下结合出售 SEP 的考量因素来一览行业中近些年 SEP 的转移情况:

- 北电公司拍卖其专利组合(现已破产);
- 谷歌公司收购摩托罗拉公司(市场份额和现金流问题:其股东希望将知识产权变现,谷歌公司寻求增强自己的市场谈判地位);
- 柯达公司寻求对其专利感兴趣的收购方(市场份额和现金流问题:其股东希望将

㉒ 大部分已转让的 SEP 都已向 ETSI 做了电信标准申报,JTC 1 紧随其后。然而,这两种情况加起来,不足向 SSO 申报的所有 SEP 数量的 10%。迄今为止,ETSI 拥有的受 SEP 转让限制的标准数量是最多的。

知识产权变现);
- 爱立信公司向行动研究公司(RIM)出售 SEP;
- 诺基亚公司向莫赛德(MOSAID)、赛斯威尔(Sisvel)和威林奥(Vringo)出售 SEP(通过向 NPE 出售知识产权而变现);
- IP-com 购买罗伯特·博世的 SPE(通过向 NPE 出售知识产权而变现);
- 海波因特(Highpoint)收购 A&T 的 SEP(通过向 NPE 出售非战略性知识产权方式变现);
- HTC 收购谷歌公司和惠普的 SEP(HTC 市场议价能力上升);
- 阿卡西亚(Acacia)收购阿黛普斯(Adaptix)的 SEP(通过向 NPE 出售知识产权而变现);
- 英特尔收购英特数字公司(InterDigital)的 SEP(通过向合作方销售知识产权而变现);
- 苹果公司收购诺威尔公司(Novell)的 SEP;
- 爱立信公司出售 2185 个 SEP 给无线星球(Unwired Planet)(通过向 NPE 出售知识产权而变现)。

3.1.5 行业的类型化特征

本节从价值链发展、专利申请/许可以及标准化三个方面,总结行业发展的类型化特点。

价值链发展

- 过去由运营商和设备供应商共同从事研发活动,现在更多由网络设备供应商负责研发,知识产权权属也相应由前者转移至后者;
- 作为基础结构行业,需要网络组件之间具有互操作性,因而在制定标准和实施产品方面,移动网络设备供应商之间也相互依存,同样也在联网设备领域保持沟通;
- 仅有少数企业参与网络标准的制定,因而它们既是许可人又是被许可人,这些企业之间通常采用交叉许可的方式;
- 因为新一代网络标准是建立在之前标准的基础之上,所以同一代网络标准间很少出现竞争;
- 随着电信行业从电路交换到分组交换的转变,以及一系列知识产权协议的陆续签订,网络层已经独立于服务层和应用层,因而使服务和应用层的创新能独立于网络层;
- 从 3G 到现在的 4G,移动网络技术不断革新发展的同时,(智能)设备和应用的创新已经成为一个新的战场,由底层网络支持,但在其他方面消解;

- 对价值链的控制受到分层和转移的约束,价值链分裂成网络层和服务/应用层,网络层的话语权已从(移动)电信服务提供商转移到网络设备提供商,以及从网络设备制造商转移到支持智能设备和应用的移动设备操作系统的提供商;
- 移动设备操作系统供应商及其网络设备制造商逐步取代了移动网络设备和设备供应商的传统领导地位,这同样意味着行业的领导地位从欧洲转移到美国;
- 扎根于信息技术行业的企业现已高姿态进入市场。

专利申请/许可
- 在移动网络设备行业,交叉许可是普遍的做法;
- 在移动服务或应用行业,专利在市场竞争中的重要性日益增强;
- 专利投资组合由"传统"行业领导者转移到"新型"行业领导者;
- 基础设备层面的设备供应商之间存在相互依存关系,而同时服务或应用程序层面的独立平台供应商之间又存在着激烈竞争。

标准化
- 对整个移动通信行业最重要的标准制定组织(SSO)的数量从一个增加到了三个。最开始只有推动2G-GSM发展的ETSI,后来出现了规定知识产权协议的IETF及为短距离设备和作为4G技术的WiMAX提供标准化平台的IEEE。下一步我们还应该继续增加参与制定适用于移动设备的消费电子标准的标准制定组织。
- 为了支持行业标准化活动,已经成立了3GPP和WiMAX论坛等联合体。

4 标准相关专利有效许可的障碍

知识产权为激励创新而赋予发明者市场支配力。如果有关技术没有替代技术,发明者则享有巨大的市场支配力。SEP通常关注的是,如果有人想实施某一特定标准就无法找到其他替代技术可用的技术(尽管可能存在替代标准)。因此,SEP赋予其所有者一定程度的市场支配力,从而使其权利人能够从其上游或下游产业同行中收取"垄断租金"(如果是纵向一体化的产业),又或是排除竞争者于下游市场之外(也称为封锁)。

大多数SSO采用的知识产权政策恰恰旨在缓解SEP对垄断权力滥用的风险。这些政策通常要求SEP专利权人承诺及时披露其SEP,以及遵守FRAND条款进行许可。这样的承诺是为了建立一种平衡机制,一方面,作为将高投入高风险开发的专有技术予以公开的一方,SEP专利权人享有合法报酬权利,另一方面,需要给所有的技术实施者提供可预见性,使其知道自身在合理的(许可费)成本和公平的竞争环境下是否有能力实施标准。如前几章所述,在这方面披露和FRAND已成为许多行业标准制定过程中的基石制度。

然而,目前大多数SSO的知识产权政策,可能不足以消除阻碍标准必要专利有效许可的所有障碍。通过披露所传达信息的时间和质量往往是备受争议的,从而导致 SEP 缺乏信息透明度。FRAND 的定义仍然含糊不清,当涉及具体问题时,可能会引起争议(例如计算合理许可费的可能性,或使 FRAND 与互惠条款结合),因此 SEP 专利权人做出的承诺并不总是那么明确清晰(有关此内容的详细阐述请参见 2.2.3 节)。在该背景下,本章的目的是强调和分析仍然在阻碍 SEP 有效许可的障碍,在第 5 章中考虑扫除这些障碍的政策选择。本章任何内容都不应被理解为是对当下在 SSO 的知识产权策略中安全措施的抨击。本研究旨在发现是否存在不足,以及如何加强和补充这些安全措施。

在第 3 章分析的基础上,在与利害相关者的访谈以及对 SEP 数据的定量分析的基础上,我们确定了若干障碍,即阻碍许可方和被许可方以有效方式达成许可协议的障碍。在 4.1 节中,对这些障碍作了总体说明和解释。之后,将更详尽地探讨两个往往会扩大这些障碍的具体问题,即关于 SEP 信息透明度的缺乏问题(4.2 节)和导致 SEP 诉讼频发的投机性商业行为的发展进程(4.3 节)。

4.1 有待解决的主要问题

4.1.1 标准必要专利数量的增长

早在 20 世纪 30 年代,人们已经开始讨论第一批标准专利[12]。正如前几章所强调的,许多标准的本质都是技术中立,因此本不包括专利技术。如果标准本质上应包括技术,则这些技术的选择应以现有最佳选择为基础,同时考虑到技术的成本和在性能方面的附加值。此外 SSO 知识产权策略还要求持有可能涵盖未来标准规范专利的权利人,在标准制定过程中及时披露这些专利。

20 世纪 80 年代和 20 世纪 90 年代,我们引入了第一批规范 SEP 披露的专利政策。披露数据通常由 SSO 记录,并可以在其专利数据库中找到相关数据。作为专利申请过程的一部分,记录之下的披露和声明,其累计数目清楚地表明,在过去几十年中,专利披露现象不断增长(图 4.1)。虽然并非所有申请的专利最终都会成为必要专利,但这表明在这段时间内 SEP 的数量也会相应增加。

然而,考虑到逐年汇总数量,可以看到增长率并非平稳,而是起伏变化的(图 4.2)。这很可能是标准化进程的周期性特征所致:在某些年份,SSO 致力于制定"大型"标准,并引起了大量的披露行为,而在其他年份则活跃度较低。无论如何,这一数额总体呈增长趋势。

---

[12] 参见 Bekkers, R., & Updegrove, A. (2012). A study of IPR policies and practices of a representative group of Standards Setting Organizations worldwide. Washington, DC: National Academies of Science。来源于 http://sites.nationalacademies.org/xpedio/groups/pgasite/documents/webpage/pga_072197.pdf。

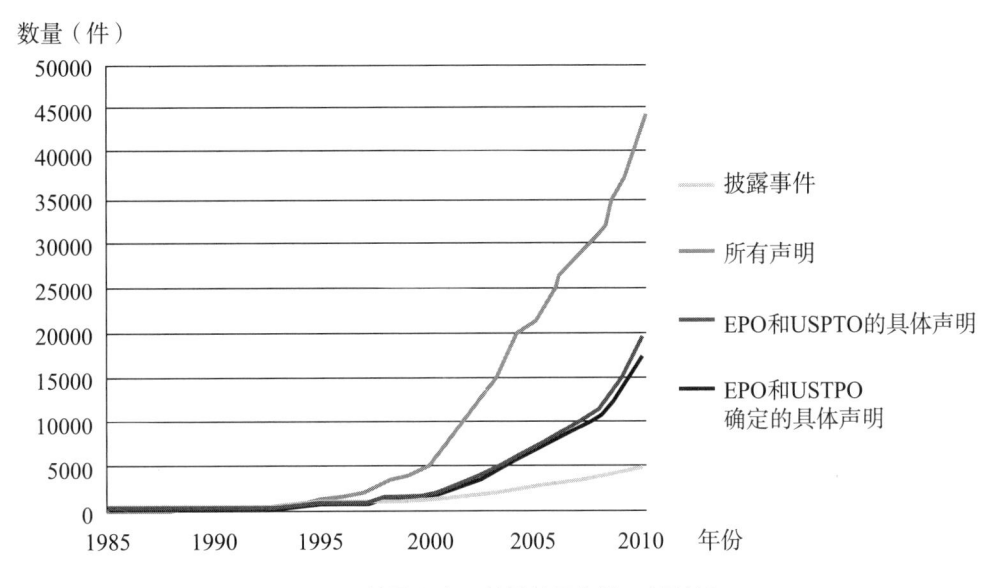

图4.1 披露和声明数量的历年情况（累计）

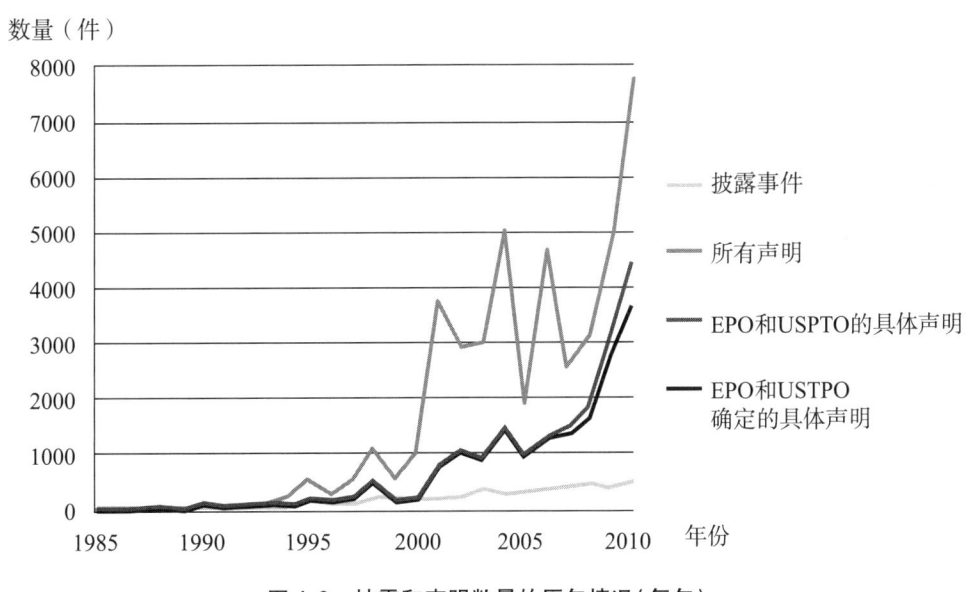

图4.2 披露和声明数量的历年情况（每年）

这两个数据表明声明数量的增长速度超过了披露的数量。正如图4.3所示，其原因在于每个披露行为所包含的声明/专利数量增加。

这些图反映出SEP数量的增加情况与两个不同的因素有关：（1）标准中包括的专利技术越来越多；（2）越来越多的专利被声明为SSO的SEP。这涉及不同的问题。第一个问题是由于技术发展和SSO在进行标准制定时选择不规避专利技术。第二个问题则是出于战略性激励，IPR权利人希望在其专利组合中拥有尽可能多的SEP专利。此外，第二个问题导致了专利技术在标准中的过度披露和过度纳入。因此,关于如何管理 SEP 专利权人与专利嵌入标准实施者间的许可市场的问题,困难进一步加剧。

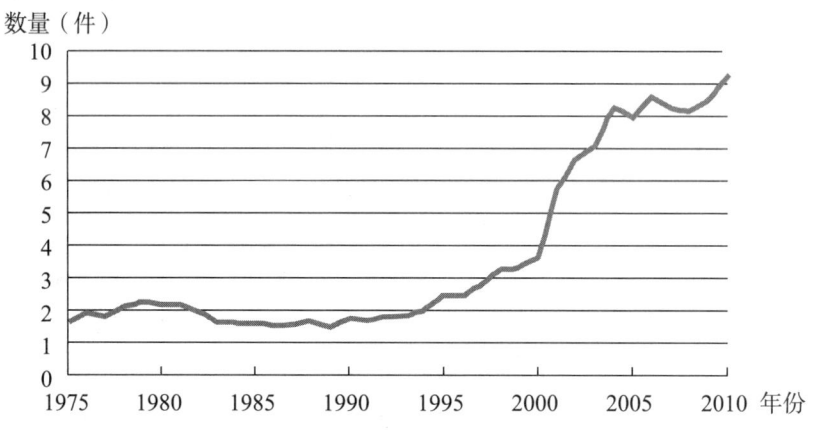

图 4.3 每个披露行为所包含的声明数量

4.1.2 交易成本和市场失灵

我们审查了下列阻碍标准必要专利许可的各类障碍。我们注意到有几类障碍直接源自标准中包含专利元素,从而损害 SEP 专利权人和/或其被许可方的利益。之后我们将特别注意 SEP 缺乏信息透明度所带来的问题和其他扩大化的影响(4.2 节),以及 SEP 专利权人和标准实施者的蓄意行为(4.3 节)所引起的问题。

交易成本

当标准的实施者需要与众多的 SEP 专利权人同时进行交易时,他们面临着巨大的交易成本。由于存在相当多的主流标准,交易者可能会面对数十个甚至上百个不同的专利权人。与这么多专利权人进行许可谈判需要花费大量的资金和时间,例如收集关于专利组合的规模和权利人的信息,既用于评估专利组合中专利的有效性和重要性,又用于实际谈判和事后监督。此外,当下实践中,许多 SEP 许可合同都存在限制期限,因此,在合同期满时需要重新协商,这还将导致额外的成本。

当然,如果标准采纳者的数量增加,SEP 专利权人也会面临巨大的交易成本。建立一个许可方案并积极地识别侵权行为每年可能需要花费 20 到 30 个 FTE(full time equivalent,相当于全部时间)(约 200 万—300 万欧元)。这还并不包括一旦确认侵权后的执行成本。在发现侵权人后,侵权人可能会愿意就未来几年的生产接受许可,但对于已经发货的产品的许可费支付,谈判仍然举步维艰。此外,由于某些法域的执行机制较弱,起诉的救济能力可能会受到阻碍。

专利权人授权 SEP 于专利实施者时的困难

在目前的实践中,某些行业的专利权利人(例如 ICT)允许实施者在许可协议生效之前实施专利。无论这是否被允许,专利权人通常会将创新的"技术细节"公开,以作为标准化过程的一部分。这本身就已经使标准采纳者在获得许可之前能够执行标准。虽然这缓解了标准的进入市场问题,但通常会导致 SEP 专利权人损失许可费,包括:

- 许可协议延迟导致的现金流问题;
- 许可协议通常具有前瞻性,因而往往不能完全补偿协议达成前发生的损失。

如果专利权人不能发现谁侵犯了他们的知识产权和/或侵权的严重程度(包含该知识产权的不同产品数量及每个产品的销售数量),专利权人也可能会受到损害(损失的许可费)。此外,事实上只有部分采用者获得了知识产权许可,而另一些人没有(他们借助侵权),这将导致下游市场存在不公平竞争。由于有时并非所有法域均具备有效的强制执行机制,这一问题还会更加恶化。因此,在这些法域内经营的公司更加没有动力去寻求许可,甚至在他们向其他具有较强执行机制的法域出口的情况下,由于缺乏信息透明度,这些交易往往会被专利权人忽视。在这些执行力较弱的法域中经营的公司,还可以利用地方强制执行制度的缺陷来使得许可费大幅降低。这些情况不仅给 SEP 专利权人带来了直接损失,而且还带来了间接的压力,因为来自强制力薄弱法域的实施者的不公平竞争,使得向其他实施者收取正常的 FRAND 许可费也变得更加困难。

许可费堆叠和类别歧视

如果技术是互补的,技术的采纳者(以及终端用户)将受制于多个垄断者,每个垄断者都渴望获取租金(许可费)。即使这些个别的许可费是受 FRAND 条件限制的,但累计应付的许可费可能仍然过高。虽然有人认为,在正式的标准制定的背景下,许可费堆叠仍是可能存在的[参见例如,Lemley 等(2006)][123],但其他人如 Geradin 等(2008)[124]认为没有直接证据表明这种情况正在发生。

需要特别关注的问题是,许可方是否会根据能否进行交叉许可(因为被许可方也可能拥有 SEP),而在被许可方之间进行分类歧视。当所有的 SEP 专利权人彼此积极进行交叉许可(例如没有任何净货币补偿),同时向其他所有被许可方(无法进行交叉许可或是没有其他相关专利)收取高额的许可费用时,这一担忧就会发生。如果这种高昂的费用反映的不是交叉许可方所实际支出的研发费用和其他投资,那么人们就可以认为这是分类歧视。

尽管方向相反,但许可费堆叠问题和分类歧视问题都受到纵向一体化程度的影响。

---

[123] Lemley, M. A.; Shapiro, C. (2006): Patent holdup and royalty stacking. In: Texas Law Review, 85, pp. 1991–2049.

[124] Geradin, D.; Layne-Farrar, A.; Padilla, A. J. (2008): The complements problem within standard setting: assessing the evidence on royalty stacking.

如果许可协议是基于现金的,通常会发生许可费堆叠。在高度纵向一体化的行业中,大部分的许可都是基于交叉许可协议。当只有 SEP 专利权人是纵向一体化时,才可能发生分类歧视。

4.1.3 市场投放

在第 3 章中几次提及,标准的主要好处是它减少了技术的投放市场时间。然而很明显的是,建立一个标准并不意味着标准在市场上会自动地被实施。如果交易成本和市场失灵阻碍了标准的实施,就会出现更严重的问题。

对于技术实施者来说,快速投放市场的价值可能因行业而异。一个关键的决定因素是是否有另一标准与该标准争夺市场。这在第 3 章中有说明。例如,虽然一些 GSM 标准的 SEP 专利权人担心其标准的普及(以及此后的市场投放)会因为实施者的交易成本问题受到阻碍,且试图形成专利池来处理上述风险也宣告失败[125],但并没有真正地阻碍技术在市场上的推广,这主要是因为欧洲市场上没有相竞争的其他标准(见 3.1.2 节)。另一个例子是 JVC 的 VHS 标准的成功案例,该标准赢得了 VCR 领域的标准竞争,因为它的积极许可方案降低了实施者的交易成本,从而减少了其投放市场的时间(见 3.2.2 节)。同样,One-Blue Pool 之所以能取得成功,是因为其成员认识到,如果没有形成专利池,将会造成交易成本的提高并导致许可费堆叠,使标准相对于 HD-DVD 标准处于劣势地位。

Ecorys 等人(2011)[126]将欧洲的 GSM 标准的转出和采用率与美国其他第二代移动通信标准的转出和采用率进行了比较,说明了快速投放市场对经济的价值。Ecorys 等人注意到 GSM 标准所带来的益处主要是由于网络设备和手机的生产而带来的规模经济效应。这导致了价格的下降和移动通信的迅速普及(在欧洲),[127]也带来额外福利收益,使 GDP 每年增长 0.3% 到 0.46%。

在某些行业(例如信息通信技术)中,市场投放的问题得到了缓解,因为在目前的实践中,专利权人允许实施行为发生在许可协议最终确定之前。

4.2 SEP 信息透明度的缺失

虽然许多标准制定机构(SSO)提供了其成员或其他方披露的标准必要专利相关的

---

[125] 虽然有一些 SEP 专利权人对此感兴趣,但是由于不是所有 SEP 专利权人有同样兴致,因此专利池的尝试失败了。

[126] 参见 Ecorys, TUDelft and TNO (2011) "Steps towards a truly internal market for e-communications" commissioned by DG Connect (European Commission)。

[127] 到 2000 年,大多数欧盟国家的手机普及率在 60% 到 90% 之间,而只有 40% 的美国人有手机。只有在 2008 年,美国的普及率才达到 80% 左右。在那时,欧洲的普及率已经(远)超过 100%。

公开信息,但是这些信息难以被利用和理解,而且这些公开信息不足以提供全部所需的信息。其中,专利披露是以自主声明的方式为基础,虽然许多 SSO 对必须披露的内容都有规定,但这些规则无法保证完全地列举所有实际的必要专利信息,或者被列出的专利不一定都是实际必要的。[128] 同时,数据库也未能提供有关专利有效性、专利范围或专利所有权的信息。因此,对于标准采用者来说,评估自身是否侵犯了专利和(或)该专利是否具有现实意义的可实施性困难重重。

下面我们将就这些问题进行阐述。但是,我们要强调的是,SSO 数据库本身并不是问题的根源。问题在于 SEP 和 SEP 专利权人如此之多,以至于没有一家公司能够轻松地处理所有需要处理的信息,除非企业投资建立一个大型的知识产权专家部门,专门负责鉴定专利并评估其有效性、必要性、范围和可实施性等。SSO 数据库无疑是解决信息透明度缺失问题的主要工具,但在目前的情况下,它们也存在一些不足。

模糊的必要性定义和不确定的 SEP 专利权人身份,就是两个最显著的问题,除了导致 SEP 数量不断增加外,也造成了 SEP 信息透明度的缺失。在下一节中,我们将依次介绍每一不足之处,并进行简要总结,着重讨论 SEP 许可中缺乏信息透明度的严重后果。

4.2.1 必要性定义的不确定性

必要性、有效性和范围

SSO 公共信息来源的数据和该数据信息的透明度都是非常有限的,关于这一事实已有若干解释。其中,我们已经提过过度披露和概括披露这两种常见的情形。如果 SSO 能够适时地制定信息更新的规则,过度披露和概括披露的问题将会得到缓解。但与此同时,更新信息的需求并不能完全解决过度披露和概括披露的问题。有许多原因都会导致专利(或专利申请)在某一时间点对于标准的建立极为重要,但之后其必要性却微乎其微。

简要而言,其主要原因可能是:①该标准的最新版本不再涵盖该专利技术;②已授权的专利保护范围被限缩或修改,不再包含对标准必要的权利要求;③专利申请被驳回、提出异议或者被放弃;④拥有必要权利要求的专利在法庭上被成功驳回或被相关专利机关在复审时撤销。

第 1 类和第 2 类情形的出现必须根据 SSO 规定的披露时间来判断。如果 SSO 要求尽早进行披露(使其更早地了解情况,有更好的机会寻求 FRAND 承诺,并在适当的情况下有更好的机会围绕这项发明进行规避设计),无论是第 1 类还是第 2 类发生的风险都

---

[128] 第 2 章详细讨论了这些规则及其对披露数据准确性的影响。

高于 SSO 指定较晚的披露时间点,此时标准和专利都更加成熟。这就要求在多个事项中及时进行更新。

强制性

另外,并非所有披露的发明都具有法律上的强制力。这其中,某些专利可能仍在申请中,而部分专利的保护期限可能已经届满,又或者权利人可能没有为其续费。我们使用所谓的 Inpadoc 法律数据库检索了 13 个大型 SSO 中所有可识别的已披露专利,发现其中只有 50% 左右的发明披露具有强制力。虽然剩下有相当数量的专利是在申请中(而且可能不会被授权),但剩余部分中仍有较高的比例(约 30%)涉及已授权的专利,因其权利人没有续费而失效。

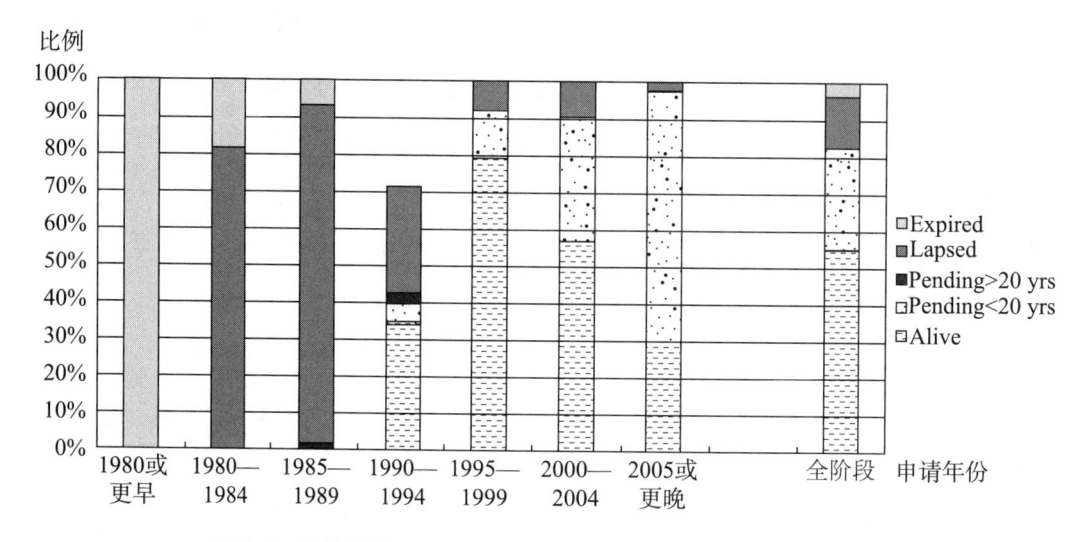

图 4.4 所披露的 EPO 专利的法律状态——基于总共 2351 项专利

注:"Alive":该专利权已被授予并具有强制力;"Pending < 20 yrs":已提交专利申请,但还没有授予专利权;"Pending > 20 yrs":已提交专利申请,但经过了 20 年,未来将不可能获得授权;"Lapsed":专利已被授权,但权利人没有支付费用,致使专利权不具有强制力;"Expired":专利权已达到其最大寿命,不再具有强制力。

侵权行为何时发生?

并非基于某一标准生产的所有设备都必然侵犯该标准中的每一个 SEP。例如,移动电话不会侵犯移动基础设施特有的标准技术元素(例如网络中的路由),而移动基础设施不会侵犯与移动设备相关的技术元素(例如 SIM 卡)。[129]

一些产品可能不会实施标准中某些可选的特征;若该 SEP 仅对这些可选的特定特

---

[129] 3G3P 专利池中用于移动基础设施和移动终端的不同种类专利说明了这一点。

征是必要的,其专利权将不会受到侵犯。最后,SEP 是否遭受侵犯可能还取决于在实施中标准是否被明确公布——许多标准在完善过程中,需要吸收、增加新的技术特征,由此可能纳入新的 SEP。

总结而言,我们区分了以下三类情形:

(1)所披露的 SEP 不再具有必要性(或有效性,或其范围受限);

(2)所披露的 SEP 不具有强制力;

(3)所披露的 SEP 在特定的标准实施中没有受到侵犯。

上述情形是基于"真实"声明而言(至少在作出声明时如此),而不真实的声明也同样值得关注。在虚假声明的情形下,当事方进行 SEP 声明时如果尽到合理的注意义务,则知道或应该知道这些专利不具有必要性(该问题将在 5.2 节中进一步讨论)。此外,也能知晓进行披露的当事方是否是实际的专利权人(该转让的相关问题将在 5.6 节中进一步探讨)。

即使不存在虚假的声明和专利权转让,在我们假定数据库应该展示真实的 SEP 存在和其权属的情况下,上文提到的三类缺陷也会严重导致数据库数据缺失。尽管利害关系方可通过查询公共信息的方法,在一定程度上缓解第 2 类(SEP 缺乏合法权利)信息不足的问题,但该方法并不是一蹴而就的,并且需要投入巨大的成本,尤其当该信息涉及完整系列的 SEP,并在标准中具有重要意义时,该问题将尤为严重。不仅如此,妥善解决第 1 类和第 3 类中的信息问题更为困难,因为无论是在标准还是在相关产品的语境下,为了获得可靠的权利要求解释,都需要对每项专利进行深入的分析。若存在多项专利时,当事方将面临向第三方支付巨额的费用来获取这些信息的尴尬情形[130],但巨额的费用通常令人望而却步,从而使得当事方无法获得专利权人拥有的保密信息,这无疑造成了严重的信息不对称。

在过去,许多研究都致力于确定披露声明中被认为是必要专利的实际必要性程度。其中一项研究在分析了三组专利族的披露声明后发现,披露方所声称的"必要"专利族中,分别只有 20%、27% 和 28% 的专利确实是必要的。[131] 虽然该研究的具体细节可能存

---

[130] 专利权人在最初披露时,理应审查了专利(申请)中的相关权利要求和标准的相关要素,再结合与专利或标准的变化相关的信息,他/她可以比第三方更低的成本得出新的结论,而第三方则需要从头开始。

[131] 这些数字分别出现在以下文章中:Goodman, D. J., & Myers, R. A. (2005). 3G Cellular standards and patents. Proceedings from 2005 IEEE Wireless Communications and Networking Conference. Fairfield Resources Intl. (2007), Analysis of Patents Declared as Essential to GSM as of June 6, 2007; Fairfield Resources Intl. (2008) Review of Patents Declared as Essential to WDCMA Through December, 2008. 其他研究还包括 Fairfield Resources International. (2010). Review of Patents Declared as Essential to LTE and SAE (4G Wireless Standards) Through June 30, 2009.

在争议⑬,但通过与领域内专家交谈以及分析法院案件的结果,我们发现,在案件中,产品标准的实施往往不会侵犯 SEP(即使人们可能预计原告会为侵权案件选择其"最佳"的专利)——以此可见,许多被披露的 SEP 实际上并不具备必要性。并且,经过与许多内部人士的非正式会谈,我们了解到这一比例实际上可能在 50% 左右。因此,对 SEP 的过度声明似乎是与此高度相关的一种现象。

4.2.2 SEP 权属的不确定性

目前,人们通常会认为 SEP 披露是一个相当普遍的现象,这将导致标准相关的专利权属信息更为不透明。尽管如此,我们也应当意识到,信息透明度与 SEP 和 SEP 专利权人这两者的数量密切相关。从这个意义上讲,如果一个标准包含了数百个 SEP,则这数百个 SEP 归属于同一个专利权人时的权属信息,将比这些 SEP 归属于不同专利权人更加透明。

在此背景下,有两个与确定相关 SEP 专利权人联系更为紧密的具体问题值得重点关注:概括披露和 SEP 专利权转让。

概括披露

"概括披露"是一种特殊但又极为普遍的现象。根据声明,一方当事人表示其拥有某一特定标准中一项或多项专利,却并不透露这些专利的具体信息。因此,与切实提供了相关专利详尽信息的"具体披露"相比,概括披露所披露的信息透明度较低。

概括披露产生的信息透明度问题

2011—2013 年的 Motorola(之后被 Google 收购)和 Microsoft 在美国和欧洲法院的案例,很好地反映出概括披露妨碍人们正确理解 SEP 存在和权利归属的严重程度,以及如果产生专利冲突将会导致的后果。这些案例密切关注了 ITU H.264 高级视频编码标准和 IEEE 802.11 关于无线局域网的系列标准。美国一地区法院认定,92 家公司认为其专利对于 802.11("Wi-Fi")无线局域网的标准族具有必要性,但有 59 家公司提交了概括声明,没有明确指出具体的专利。法院接受了这一证词,认为可能有数千项专利被声明为 802.11 标准族中的必要专利。⑬ 同一法院还认定,大约 33 家美国公司声明了 H.264 高级视频编码标准的必要专利,另外 19 家公司向 ITU(标准的制定者之一)提供了概括声明,没有明确指出具体的专利。⑭ 这在很大程度上妨碍了法院对争议标准中

---

⑫ 有关的批判性讨论,请参阅 Mallinson, K. (2011). Valuing IP in Smartphones and LTE. WiseHarbor。来源:https://sites.google.com/site/ipfinanceweblog/wiseharbor/WiseHarborvaluingIP7Nov11pdf.pdf? attredirects=0&d=1。

⑬ Microsoft Corp. v. Motorola, Inc., Findings of Fact and Conclusions of Law, 2013 U.S. Dist. LEXIS 60233 第 335 段(W.D. Wash., Apr. 25, 2013)。

⑭ 同上,第 157 段。

SEP 的总体存在和其权属的正确理解。

此外,概括披露将会助长过度披露,从而进一步加剧被披露的信息不透明度的问题。过度披露的问题集中于标准涵盖专利技术的程度不断增长。如果这些技术确实有助于提高标准的价值(如性能、成本效益、能源或其他投入消耗减少等),并且它们的贡献超过了采纳的成本(包括许可费、交易费用、市场准入等),那么较高程度的纳入可能会符合公众利益。然而,如果这些专利只是给它们的权利人带来好处而不为标准增加价值,甚至使得标准复杂化,那么我们则认为该标准过度纳入了不必要的专利。同时,公司以强有力的激励措施来确保其专利技术成为标准的一部分,为此制定的战略可能反过来导致相当程度的过度纳入。该问题将在 5.7 节进一步探讨。

导致概括披露和过度披露的主要原因如下(另见 2.3 节)。

披露方通过概括披露从而避免信息披露不足的问题。一些法律案例[133]表明,某些公司被发现(故意)不披露专利相关的信息,将有可能无法以商业方式利用其必要专利。因此,为了避免上述情形,这些企业认为过度披露比披露不足更为保险。

鉴于上述原因,相较于以具体披露的方式披露标准中每一件必要专利,概括披露只需花费较少的时间和精力;尤其是如果该披露不仅涉及数百项专利,还涉及专利组合中数千项专利中的一项时更为明显。第二个论点表明,概括披露有利有弊。毕竟,概括披露为 IP 权利人减轻了标准制定活动的复杂程度。

为了评估概括披露的重要性,我们对来自 15 个 SSO[134] 的数据进行了分析,其中有 8 家[135]公司涉及准许概括披露的 IP 政策。[136] 另有 6 家[137] SSO 的政策中虽然没有正式准许,但实践中允许进行概括披露。[140][141] 上述 8 家 SSO 所允许的概括披露声明约占我们此次审查的所有披露声明的三分之一(图 4.5a)。从该角度分析不一定准确,因为单一的概括声明可能代表许多不同的专利。因此,最好是在披露行为的层面进行这样的比较。毕竟,公司可以选择用单一的概括声明进行披露,也可以选择使用(一份或多份)具体的专

---

[133] 包括 the Dell "VESA Local Bus" 案 和 the RAMBUS JEDEC 案。
[134] ANSI, ATIS, BBF, CEN, CENELEC, ETSI, IEC, IEC-JTC1, IEEE, IETF, ISO, ISO-JTC1, ITU, OMA 和 TIA。
[135] ATIS, IEC, IEC-JTC1, IEEE, ISO, ISO-JTC1, ITU 和 TIA。
[136] 关于 SSO 的 IPR 政策和特别是概括披露规则的深入讨论,请参阅以下报告:Bekkers, R., & Updegrove, A. (2012). A study of IPR policies and practices of a representative group of Standards Setting Organizations worldwide. Washington, DC: National Academies of Science。来源: http://sites. nationalacademies. org/xpedio/groups/pgasite/documents/webpage/pga_072197. pdf。
[139] BBF, CEN, CENELEC, ETSI, IETF 和 OMA。
[140] 在这种情况下,一家公司不管实际规则如何,都会提出概括披露,显然这种行为是"被容忍的"。
[141] 对于 ANSI,我们不能说明其是否允许概括披露,因为 ANSI 实际上是一个认证机构,其相关的 SSO 可能对概括披露有不同的规则。

FRAND 公共政策

利声明进行披露。以这种角度来看,概括披露的比例不会低于所有披露行为的60%(图4.5b)。本章余下部分的大多数分析都将针对披露行为,因为披露行为是最合适的分析点。

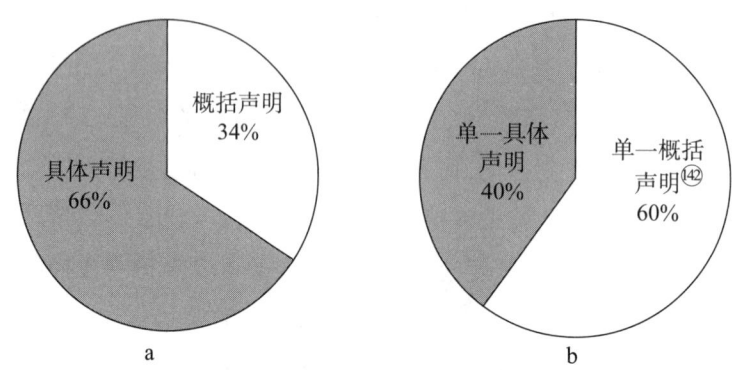

图4.5 在8个允许使用概括披露的SSO中,概括披露的发生情况

当涉及概括披露现象时,不同技术领域之间会存在一些显著差异。表4.1显示在电信、局域网和视听领域,概括披露发生频率较高。信息技术领域在这里是一个例外,其中具体披露显然更为常见。"较小的"技术领域呈现出参差不齐的情形。然而,考虑到这些领域的声明总数往往很低,我们将不做任何结论。

表4.1 不同技术领域中的披露行为——概括披露及具体披露行为(仅限选定的SSO)

技术领域	具体披露活动		概括披露活动		总计
	频率	比例	频率	比例	
电信(Tele)	359	31.7%	773	68.3%	1132
局域网(LAN)	82	29.0%	201	71.0%	283
信息技术(IT)	165	65.5%	87	34.5%	252
视听(AV)	137	33.9%	267	66.1%	404
安全(Secu)	88	56.1%	69	43.9%	157
运输(Trans)	4	33.3%	8	66.7%	12
能源(Energ)	5	55.6%	4	44.4%	9
工业(Ind)	29	54.7%	24	45.3%	53
移动电话服务(MTS)	11	78.6%	3	21.4%	14

---

[142] 从理论上讲,披露活动也可能是概括声明和具体声明的混合(这是很奇怪的,但一家公司可以在同一天的同一个SSO中,为标准A作出一项概括声明,为标准B作出三项具体声明)。我们的数据集没有这种情形。

续表

技术领域	具体披露活动		概括披露活动		总计
	频率	比例	频率	比例	
其他	22	53.7%	19	46.3%	41
总计	902	38.3%	1455	61.7%	2357

注:本表中省略了"缺失原始声明"类别。

谈到具体的标准,我们调查了其中概括披露行为发生的频率。表4.2显示了重要技术标准中的披露行为,其中概括披露(同样)非常常见。除JTC 1 ISO/IEC 18000 标准外,所有重要技术标准中的概括披露行为远比具体披露行为更多。因此,这些标准中的实际IPR 权属严重缺乏信息透明度。

表4.2 重要技术标准中的披露行为——概括披露及具体披露行为(仅限选定的SSO)

重要技术标准	具体披露活动		概括披露活动		总计
	频率	比例	频率	比例	
JTC1 ISO/IEC 14496 incl. ITU H.264	66	37.7%	109	62.3%	175
IEEE 802.11	30	23.4%	98	76.6%	128
JTC1 ISO/IEC 18000	65	73.0%	24	27.0%	89
JTC1 ISO/IEC 13818 和 H.222 和 H.626	24	36.9%	41	63.1%	65
IEEE 802.16	28	45.2%	34	54.8%	62
IEEE 802.3	27	43.5%	35	56.5%	62
IEEE 802.1	19	39.6%	29	60.4%	48
ITU G.992	15	37.5%	25	62.5%	40
ITU G.729	13	34.2%	25	65.8%	38
ITU M.1225	9	28.1%	23	71.9%	32

SEP 转让

SEP 专利权人的数量不仅与 SEP 数量呈正相关,而且也会受知识产权转让的影响。第3章介绍了卖方在零售层丧失市场份额时,通常会调整其知识产权战略,而知识产权转让往往发生在知识产权战略性作用发生变化之时。在这种情况下,卖方通常更愿意将知识产权组合卖给出价最高的人,而出价高的往往是非执业实体(NPE)[143]。因此,SEP权属趋于分散化,进而增加了交易成本并引起许可费的堆叠。相反,如果 SEP 专利权人的数量减少,则他们也可能会致力于降低实施和交易成本,并改善许可费堆叠的情况。[144]

鉴于在公共信息领域难以获悉 SEP 转让的具体时间和新专利权人的具体身份,所以 SEP 的转让使得 SEP 所有权信息更加的不公开透明。同时,专利局提供的知识产权转让记录并不全面,SSO 也未在数据库中更新专利的必要性和有效性的信息,这些问题共同导致了信息透明度的缺乏。

最近有研究统计,近 13% 的美国授权专利和 5% 的欧洲授权专利至少转让过一次[145][146]。为了评估专利转让因素的重要性,我们专门分析了欧洲声明 SEP 的转让数量[147]。我们以转让年份作为 SEP 转让的时间,统计了从 1997 年到 2009 年每年 SEP 转让的数量变化,见图 4.6。

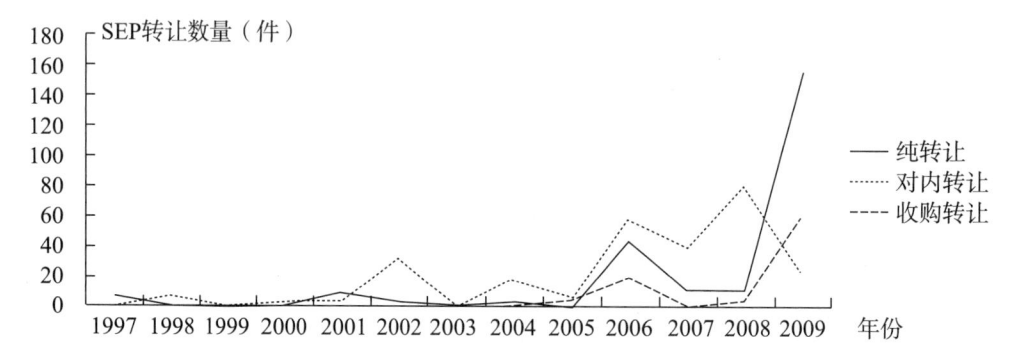

图 4.6 不同转让类型下的 SEP 转让

注:我们查询了申请人以及 SEP 转让后新权利人的身份,并将转让分为三类。在一些情况下,原专利权人与新专利权人都是同一母公司下的子公司。这类转让情形可能是基于集团层面的财务优化和战略目标的考虑。据此,我们将同一集团下不同现存企业之间的转让称为"对内"SEP 转让,而"收购"是指集团收购原 SEP 专利权人的企业后发生的权利转让。最后,不能认定为"对内转让"或"收购转让"的 SEP 转让,是两个独立法律主体间的"纯"转让,被称为"纯"转让。鉴于"纯"转让和"收购"转让是市场作用下的转让,因此值得我们特别关注。

---

[143] 近期 SEP 转让,包括对 NPE 的转让的清单见报告下一章的表 5.15。具体包括了以下交易:Bosch 与 IPcom 交易(2007 年)、Nokia 与 Mozaid 交易(2011 年)、Kodak、IV 与 RPX 交易(2012 年),以及 Nokia 与 Sisvel 交易(2012 年)。

[144] Shapiro, C. (2001) "Navigating the Patent Thicket: Cross Licenses, Patent Pools, and Standard-Setting". In Jaffe, Adam B. et al. Innovation Policy and the Economy. I. Cambridge: MIT Press, 119 – 150.

[145] Serrano, C. (2010) "The Dynamics of the Transfer and Renewal of Patents", RAND Journal of Economics, Vol. 41.

[146] Ménière, Y., Dechezleprêtre, A., Delcamp, H. (2012) "Le marché des brevets français, 1997 – 2009" Rapport d'étude pour l'INPI.

[147] 数据涵盖了由欧洲专利局以及法国专利局(译者注:INPI, Institut National de la PropriétéIndustrielle 国家工业产权研究院)申请或获得授权的专利。

图4.7显示,绝大多数SEP转让都和ETSI以及电信技术领域相关,其他SSO和技术领域的转让数量相对较少。JTC1统计了大约50件SEP的转让,而ITU-T、IEEE和ISO的转让数量则非常少。并且,ITU-R、CEN或IEC标准并不受已声明SEP的转让限制。虽然ETSI和电信领域中对内转让的数量非常大,但其他类SEP转让的数量可能也说明绝大多数的SEP声明都集中于ETSI领域。

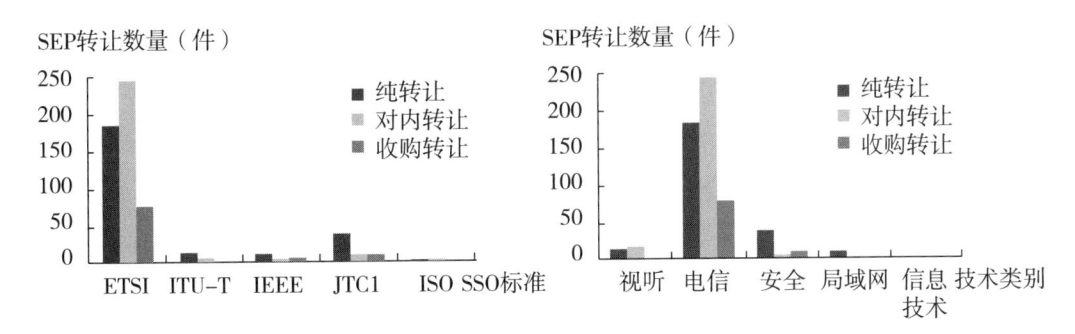

图4.7　SSO标准及技术类别中SEP的转让数量及转让类型

4.2.3　信息不足引发的弊病

信息不足和信息不对称将阻碍高效的SEP许可实施,这可能导致以下四个问题:

- 交易成本的增加;
- 上市时间的延长;
- 过高的许可费率或不公平的交叉许可协议;
- 专利伏击和/或劫持的风险升高(见4.3节)。

交易成本的增加

一般而言,交易成本与SEP数量、SEP专利权人数量以及专利实施者的数量呈正相关。交易成本会给被许可人造成巨大的经济负担,而且在某些情况下,对许可人也是如此。目前,缺乏完善的SEP专利组合信息是一个普遍存在的问题,这导致了交易成本的激增,其中涉及检索相关SEP和专利权人信息的成本,以及许可协议谈判的成本(比如针对SEP组合的经济价值和专利强度作的尽职调查)。不仅如此,信息不对称问题还会使得谈判双方对专利或专利组合的必要性产生分歧,从而催生专利诉讼。[⑱]

上市时间的延长

第3章中,我们了解到在某些产业(比如消费者电子)中,市场参与者设立了一定的

[⑱] Schankerman, M. and Lanjouw, J. (2001) Characteristics of patent litigation: a window on competition RAND journal of economics, 32 (1). 129–151.

机制(比如专利池)来管理上述信息问题。但在其他产业(比如通信技术),市场的供需结构使得这类机制更难以实现。我们发现后者中的纵向一体化公司,通常运用交叉许可的形式来最小化交易成本。然而,当标准被完全不同的产业所采用时,譬如将通信技术标准适用于汽车产业和智能电网产业,则交叉许可并非总是可行选项。

如果未能妥善处理信息不足的问题,最终会拖慢标准的采纳进程(标准采纳率变低),并使终端用户支付更高的价格,下一步则将减缓创新的速度(尤其是基于这些标准的创新)。比如,在智能手机领域,已有的电信技术(CT)标准,激发了消费者电子(CE)市场的创新活力,反过来又促进了电信标准的采纳和创新。同样,从第 3 章的内容也能看出,如果汽车产业和智能电网产业采纳了电信和消费者电子领域的标准,创新速度也能从中获得显著的增长。

过高的许可费率或不公平的交叉许可协议

消息不对称不仅会对 SEP 许可市场造成严重的障碍,还会对适用该标准的产品市场带来负面影响。首先,被许可方若对 SEP 专利组合的价值和范围等相关信息不甚了解,其将会被置于许可谈判中的不利地位,由此所导致的风险就是,被许可方将会支付与被许可实际经济价值并不相称的许可费用,以及较那些掌握了更多信息的被许可人而言,与许可方达成费率较高的许可交易(或者接受不公平的交叉许可)。

4.3 SEP 具体商业行为的相关问题

上一节我们已经讨论了信息透明度问题,本节将讨论为何企业的具体商业行为,会导致譬如诉讼风险等一系列的商业不确定性问题。

4.3.1 具体问题

SEP 商业行为发生转变

根据第 3 章可知,知识产权战略性作用的转变与 SEP 商业行为的变化相一致。许多公司的知识产权实施政策从原来的"防御型"变为"进攻型",而另外一些公司则选择向他人出售其(部分)知识产权组合。后者在出售其知识产权组合时,可能会选择与 NPE 进行交易,而 NPE 的商业模式往往是利益导向,旨在(利用知识产权)产生现金流。因此,这些 NPE 要么通过谈判,要么通过直接向法院提起诉讼的方式,来试探公平合理许可费率的界限。通常,这些行为会被定性为专利伏击或专利劫持。

第 3 章还探究了 SEP 以及对于最终产品销售所必要的非 SEP,在战略性作用上的转变。这种转变的诱因来自下游市场。在下游市场中,许多企业为了能够抢占市场,将

SEP 作为谈判的利器,从而在谈判中获得非 SEP 的许可,或者将非 SEP 与 SEP 捆绑交易,来试探 FRAND 的界限。

一言蔽之,SEP 战略性作用的转变会导致商业行为的转变。某些行为(或不同主体的行为的结合),例如强制捆绑 SEP 和非 SEP 或者简单地拒绝对内许可,会为标准采纳和标准制定带来更多风险。这其中最显要的风险就是诉讼风险。如此一来,实施者会对标准采纳犹豫不决。一件侵权案件的法律费用轻易就超过百万欧元,正如 3.1.4 节所述,(加之有关专利所有权和必要性的信息不足——见 4.2 节内容),该风险可能会让公司(尤其是小公司)被专利流氓敲诈勒索。但是,即便是大公司,如果其所处的产业陷入激烈的市场竞争,则诉讼风险也是需要考虑的因素。如 3.1.3 节的案例,Google 通过购买 SEP 等方式,在议价谈判中,甚至在法庭中为其供应商提供支持。最终,这些风险和成本(以某种方式)转移到更高的最终产品价格和/或更长的上市时间上。如前所述,紧接着产生的影响就是妨碍创新速度(尤其是在这些标准之上的)。

专利伏击和专利劫持

学术文献中主要讨论的两种战略性行为是专利伏击和专利劫持。专利伏击,是指标准制定者在不知情的情况下采纳了某个专利技术,由于存在该技术可能无法(或不能达成可接受的条款)获得授权的风险,因此威胁到标准的实施。但请注意,这些行为虽有可能是专利权人故意为之,也有可能是无意为之,即专利权人仅仅是不知道这一技术已被纳入到某一个标准中。而专利劫持是指专利被纳入标准且标准一旦被确立,实施者能够使用的技术将被锁定于确定的范围之内,专利权人进而可以在谈判中要求超额的许可费。该许可费将比标准确立前(事前)凭借该技术所能够主张的许可费(事后)高出许多。Kobayashi 和 Wright[49] 的论文,以及 2011 年 FTC 的报告[50]已经从法律/经济的角度,充分讨论过专利劫持这一现象。

显然,当标准采纳者对 SEP 的权利归属及必要性情况不甚了解时,出现专利伏击和专利劫持的风险将会增加。而且,如果标准实施者对专利组合以及必要性缺乏认知,也可能为所谓的专利鲨鱼或专利流氓留下可乘之机。其通常会以主张专利侵权赔偿或禁令的方式,大肆敲诈 SEP 实施者。法院的诉讼费用往往比这些专利流氓所主张的许可

---

[49] Kobayashi, B. H., & Wright, J. D. (2010). Intellectual property and standard setting. In ABA Handbook on the Antitrust Aspects of Standards Setting. American Bar Association.

[50] FTC. (2011). The Evolving IP Marketplace: Aligning Patent Notice And Remedies With Competition. Federal Trade Commission.

费高出更多,因此,即便实施者并不确定索赔方是否真的持有 SEP,高昂的诉讼费也让其望而却步。

反向劫持

当然,另有学术文献[151]就专利劫持和专利伏击在实践中对标准实施者的严峻性提出了质疑。其观点认为,SEP 专利权人才是面临反向劫持的一方,因为他们可能会"被迫接受低于他们技术贡献的许可费"[152]。这将削弱研发公司向标准贡献其专利技术的动力,继而剥夺了消费者在未来使用这些专利技术的机会。

鉴于(已申请专利的)创新成果已经被纳入标准,SEP 专利权人相对于实施者就拥有了不可争议的市场支配力。因此,上述情况看似并不符合常理。但是,在特定情况下,SEP 专利权人相对于实施者拥有的议价能力也是有限的:①专利权人已经为创新成果投入了大量的研发成本;②他们已经作出 FRAND 承诺。在此情况下,实施者也许能够利用诉讼,威胁专利权人的许可要约不符合 FRAND 原则,从而获得更低的许可费率。当 SEP 专利权人相比实施者有较少的资源来承担(可能高的)诉讼成本时,这种策略卓有成效。因此,财务紧张的小型创新主体,以及不能发挥"声誉效应"的产业新晋者,是 SEP 专利权人中(受到反向劫持)的高危群体。最近的案例也表明,即使面对实力雄厚的大公司,许多实施者也能够利用竞争法(通过反对 SEP 专利权人提起禁令救济的权利)来获取有利的调解方案。

4.3.2 导致诉讼风险增加的因素

诉讼风险是否增加?

近年来,包含标准必要专利的诉讼案件受到广泛关注。但很难轻易断言该现象是否只是在过去几年才逐渐进入公众视野。此外,必要专利是否比非必要专利更容易引起诉讼以及必要专利诉讼是否更集中于某一个产业。上述问题都将在本节予以讨论。

通过我们的分析,可以得出以下结论。

相比非必要专利,必要专利确实更容易身陷诉讼:一件必要专利在有效期内发生诉讼的概率大约是 16%,而具备相似技术特征的其他专利的概率大约是 3%。换句话说,必要专利发生诉讼的概率是其他专利发生诉讼概率的 5 倍多。并且绝大多数诉讼都是在专利被披露为必要专利之后发生的。

---

[151] 参见 Mariniello, M. (2013) European Antitrust Controk and Standard Setting. Bruegel Working Papers 2013/01。
[152] Geradin, D. (2010). Reverse Hold-ups: The (Often Ignored) Risks Faced by Innovators in Standardization Areas. Paper prepared for the Swedish Competition Authority on the Pros and Cons of Standard-Setting. Stockholm, 2010 年 11 月 12 日。

知识产权的诉讼率在过去 30 年间急剧增长,其中,SEP 的诉讼增长速度远快于非 SEP 诉讼。

虽然在绝对值上,涉及电信标准的诉讼比我们所研究的其他任一技术领域都要多,但在相对诉讼率上,电信技术(所有专利的 6%)实际低于局域网技术(所有专利的 14%),也低于视听标准(所有专利的 14%)和安全技术(所有专利的 12%)。

并且,下游市场参与者相比于上游参与者更不愿意提起诉讼。例如,虽然数据显示由大学披露的 SEP 经常发生诉讼(概率高达 23%),但分析发现,这些诉讼通常发生于大学将专利转让给其他主体之后。

SEP 和诉讼

鉴于 SEP 一般都具有战略性价值,因此其相较于其他专利(非 SEP,或者称为基准专利)更容易涉及诉讼,这一点通过数据分析,也得到了很好的印证。如图 4.8 显示,我们统计的必要专利中,6.8% 的标准必要专利(5768 件中的 393 件)有诉讼历史(至今),而其他专利的概率仅为 1.5%(5768 件中的 89 件)。

图 4.8 SEP 与基准专利(非 SEP)的诉讼对比

专利处在有效期内的不同阶段,发生诉讼的概率可能截然不同。通过期限分析我们能够计算这个概率,并将其与基准专利进行比较。图 4.9 显示的就是在 20 年有效期内,必要专利及基准专利各自的累积诉讼风险。如果之前没有经历诉讼,在到达一定年份时专利诉讼概率会如图所示逐年增长。结果显示,两组专利在诉讼概率上差别巨大。[53] 必要专利相比基准专利更容易被提起诉讼,必要专利在有效期内的平均诉讼概率大约是 16%,而具备相似技术特征的其他专利的概率大约是 3%。换句话说,必要专利发生诉讼的概率是其他专利概率的 5 倍多。另外,图 4.10 显示,涉及 SEP 的诉讼在过去 30 年间诉讼发生的频率显著增长。

---

[53] 事实上,对于具有 1% 显著性的残存函数的相等性,我们拒绝零假设。

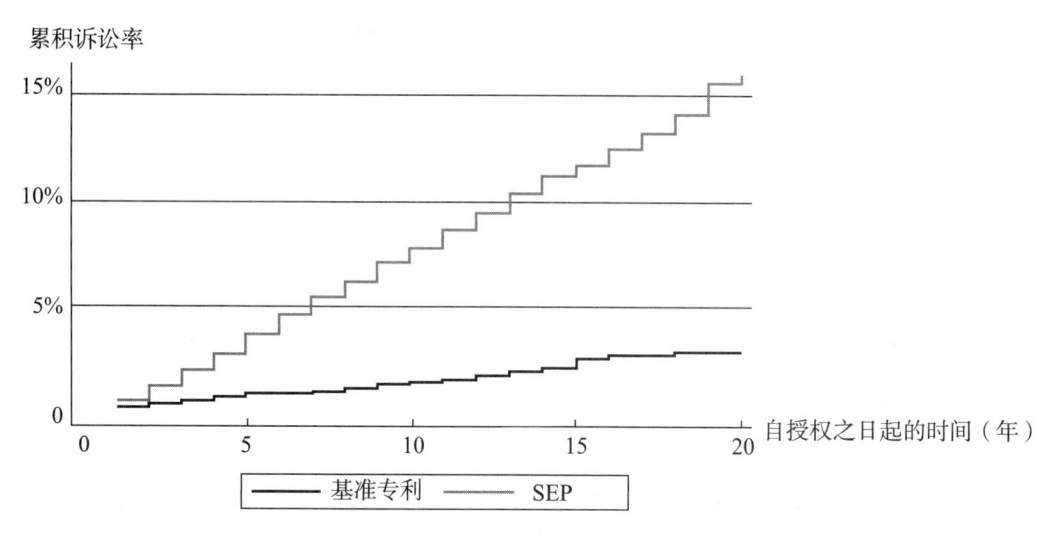

图 4.9 专利有效期内的诉讼概率（20 年累积诉讼风险）[154]

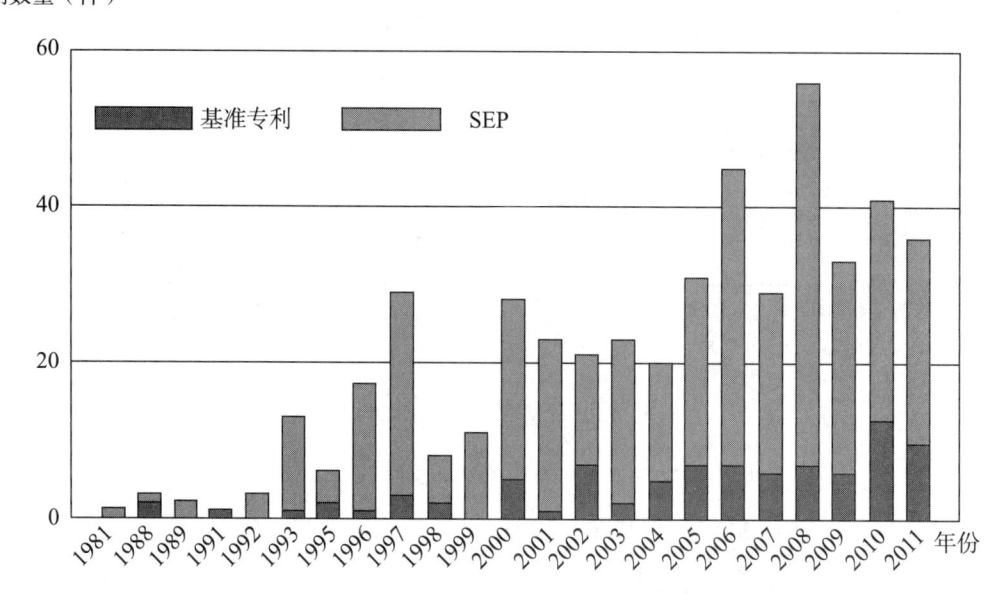

图 4.10 根据诉讼发生年份统计的 SEP 和基准专利诉讼案件的数量

诉讼和技术领域

我们的数据显示，不同技术领域之间的诉讼频率存在显著差异。尽管电信领域在总数方面领先，但其相对诉讼率（6%）低于局域网技术（14%），视听（14%）和安全技术（12%）。表 4.3 显示了这些结果。

---

[154] 该图绘制了 Nelson-Aalen 累积风险函数。

表 4.3 不同技术领域 SEP 诉讼案件发生数量及频率

类型	技术领域	SEP	被诉 SEP	百分比
电信	通过公共网络电信	4284	244	6%
局域网	LAN／PAN／BAN 网络,有线和无线	236	32	14%
信息技术	信息技术和互联网	534	23	4%
视听	音频/视频系统,编码和压缩,广播,家庭系统,家庭娱乐	221	32	14%
安全	安全性,识别,密码学,生物识别	182	21	12%
运输	运输,物流,航空航天,智能交通系统	3	0	0
能源	能源生产、分配和储存,燃料电池,电力电子	6	0	0
工业	工业设备,制造,生产	41	2	5%
移动电话服务	测量,测试,安全标准,语言标准	22	1	5%
总计		5529	355	

我们还调查了专利有效期内诉讼概率的发展趋势,就每个所选的技术领域分别追踪了 20 多件诉讼案件,最终结果如图 4.11 所示。

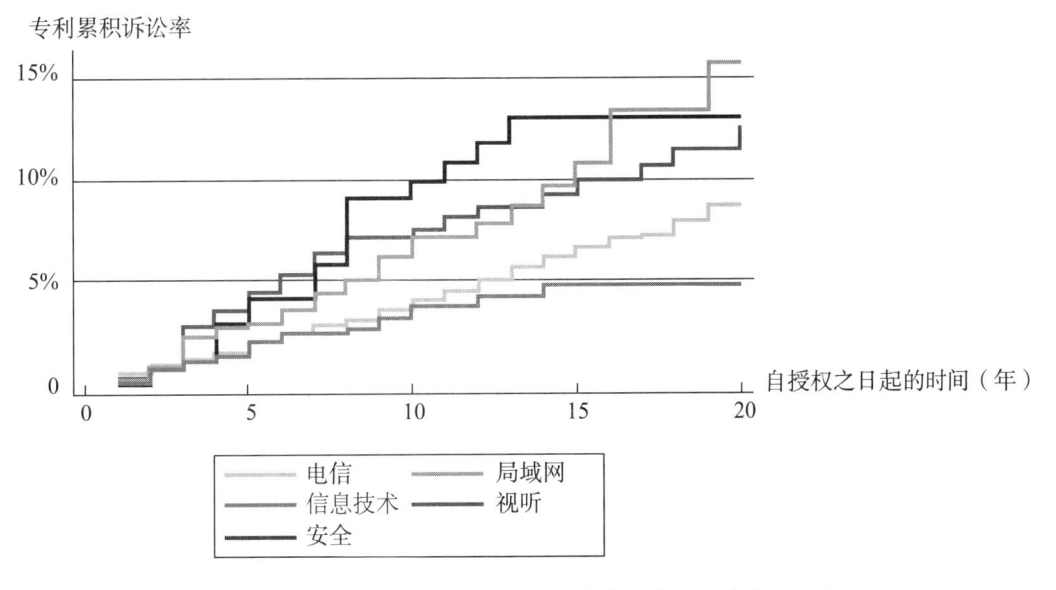

图 4.11 所选技术领域专利有效期内的诉讼概率(仅限 SEP)

安全专利只在其有效期前 12 年被诉。同样地,信息技术专利在接近其有效期届满时不再被诉。相比之下,对于局域网专利而言,在有效期 15 年往后其被诉可能性就会增加。电信和视听专利的情况介于两者之间:多年来其被诉可能性稳步增长,没有增长高峰或低谷。

风险原因分析

之前,我们就诉讼风险增加的原因进行了广泛的讨论,即所有权和必要性信息透明度的缺乏。

部分非执业实体(NPE)的行为

3.1.4 节中提到了诉讼风险增加的另一个原因,即一些 NPE 采取态度强硬的策略,不接受任何协商:"除非缴纳许可费用,否则诉至法院"。因此,诉讼和/或敲诈勒索的可能性随着持有 SEP 专利组合的 NPE 的数量正向增加。相反,纵向一体化的公司之间往往依赖于相互取得 SEP。它们通常为获得运营自由而对 SEP 赋予战略价值。因此,他们更愿意交叉许可(而不是诉讼)。

事实上,许多纵向一体化的公司将 SEP 视为许可货币(参见第 3 章)。然而,正如 3.1 节所阐释的那样,当新的商业模式进入这个行业并激烈地争夺市场时,一些成立已久的公司在零售领域失去了相当大的市场份额。因此,这些公司的 SEP 的战略性作用就发生了变化。产生现金流的需求迫使他们将其高价值专利出售给出价最高的人,而在很多情况下出价人正是 NPE。

FRAND 许可条件模糊

造成诉讼风险较高的第三个原因是,FRAND 许可条件并不总是清楚明确,并且为公平合理的专利费水平留下分歧。另一种可能性是,就交叉许可协议而言,分歧可能在于一方是否可能要求另一方(a)对外授权许可或(b)接受非 SEP 以换取 SEP 的问题。

情形(a):对 FRAND 承诺的一种解释是,专利权人必须同意授权许可他们的 SEP 以获得货币补偿。虽然他们可以针对被许可人所拥有的 SEP,基于互惠原则制定许可协议,但专利权人不可以要求被许可人许可其拥有的非 SEP 作为许可条件。通常认为上述做法将区别对待那些确实拥有专利(非必要)技术(但不希望将该知识产权对外许可)的主体,以及那些不拥有任何知识产权的主体。无论如何,SEP 专利权人进一步获得被许可人所拥有的非 SEP 方面确实存在隐患。在智能手机等领域,一些非 SEP(例如手机用户界面中非常明显的特征)被认为具有一定市场竞争力,而 SEP 专利权人可能试图利用他们的 SEP 获得这样的非 SEP 的许可。然而,非 SEP 专利权人可能不愿意对外许可其差异化专利。在这种情况下,存在两个问题:①SEP 专利权人以获得被许可人的非 SEP 为条件授予其许可;②SEP 专利权人既提供一份金钱补偿的许可又提供一份包括非

SEP 交叉许可的许可,但如果被许可人没有持有上述所述的非 SEP 技术,则前者的定价会比本来的(或可能)费率更高。⑮

情形(b):虽然 FRAND 承诺要求 SEP 专利权人仅许可其 SEP,并且以符合 FRAND 原则的费率许可,但一些 SEP 专利权人更愿意许可其全部相关的专利组合(包括他们拥有的非 SEP)。在这种情况下我们所讨论的是一种未经要求的捆绑形式。这种做法可能会给被许可人造成不利影响,这既取决于被许可人是否实际上想要许可非 SEP,当然也取决于捆绑要求的费用。

FRAND 许可条件的移转

最后还有一个风险是在 SEP 被转让之后,新的专利权人不再遵守 FRAND 许可条件。这其中一个重要的问题将是,原 SEP 专利权人所做的 FRAND 承诺是否(打包)转移给了新的专利权人。如果不转移给新的专利权人,许可证的可用性将不再得到保证,并且诸如专利劫持等现象发生的风险可能会显著增加。在这种情况下,实施者没有办法保护自己免受这种做法的侵害。特别复杂的情况可能出现在当发生多个、连续的所有权变更("级联转让")或原 SEP 专利权人做出的是概括披露时(当部分转让其专利组合时,很难确定新专利权人是否是新的 SEP 专利权人)。这个问题将在 5.6 节进一步探讨。此外,较为特殊的情况是在破产中发生的转让。在这种情况下,破产托管人通常会出售公司的资产,包括其专利。那么,任何新的 SEP 专利权人是否仍受最初 FRAND 承诺的约束。尤其是托管人为了增加专利组合的价值并没有任何动力将这种条件作为专利销售的一部分。因此,产生专利劫持和专利伏击的风险可能会增加。

诉讼与专利权人的商业模式之间的关系

拥有不同商业模式的公司是否在主张必要专利的可能性上有所不同,也是值得我们关注的方面。通过考虑披露这些必要专利的公司的商业模式,我们对此进行了调查。

需要注意的是,所有权变更可能会影响我们的结果。尽管我们的数据考虑了披露方的商业模式(因此确实"更正"了那些在最初专利授权之后,但在专利权人进行 SEP 专利披露之前发生的转让),但我们无法知悉在披露后该专利是否已经发生了所有权变更,并且随后是否受到诉讼。由于此类转让没有强制性注册,所以我们无法观察此类所有权的变更。

表 4.4 显示了按照披露方商业模式分别统计的 SEP 诉讼案件。首先,我们观察到对于所有的商业模式而言,SEP 的平均水平远高于非 SEP 的平均水平,非 SEP 的平均水平为 1.5%(见上文)。例外情况是,在"个体专利权人"和"其他商业模式"这些小类中,几

---

⑮ 我们想强调的是,如果被许可人和许可人都希望针对非 SEP 签署 SEP 的交叉许可证,则根本没有问题。只有非 SEP 专利权人不希望达成这样的协议时,问题才存在。

乎不存在诉讼案件的情况。我们也看到一些有趣的差异,下游参与者比上游参与者更不愿意提起诉讼。如果我们比较这两组中的一些较大类别:设备供应商(平均5.3%)和纯粹上游公司(平均8.5%),就会发现情况更是如此。

表4.4 展示披露方商业模式的诉讼案件

商业模式	SEP	被诉SEP	比例
上游商业模式	1847	139	7.5%
包括:			
纯粹的上游知识开发者或专利持有公司(不包括大学)	638	54	8.5%
大学/公共研究机构/政府	42	10	23.8%
组件(包括半导体)	885	66	7.5%
软件和软件型服务	230	9	3.9%
单独专利权人	52	0	0
下游商业模式	3575	194	5.4%
包括:			
设备供应商,产品销售商,系统集成商	3235	170	5.3%
测量和仪器,测试系统	10	1	10.0%
服务提供商(电信,广播,电视等)	330	23	7.0%
其他商业模式	24	0	0
总计	5446	333	6.1%

注:"其他商业模式"包括SSO、论坛和企业联盟(在某些情况下是专利权人)、技术促进协会以及少数实体,由于类别太多而无法将其归类于上游或下游。

大学、公共研究机构和政府披露的高专利诉讼率(平均23.8%)引起我们的密切关注,因此我们更详细地审查了这10个案件。

• 三项专利最初由韩国政府资助的研究机构拥有,并向SSOs披露。但是,虽然IN-PADOC(译者注:国际专利文献中心)的法律状态文件没有披露所有权变更,但有商业公司最终在美国诉讼案件中使用了该文件。

• 另外两项专利最初由加拿大一所大学拥有。虽然我们没有追踪到INPADOC法律状态文件中的所有权变更,但是一家欧洲供应商随后向一个SSO披露了这些专利。后来,这家供应商以这些专利提起了诉讼。

- 一个由加拿大发明人发明的专利,最初转让给了加拿大的一家企业。随后,所有权又被正式转让给了一个据报道居住在加州的发明人。加利福尼亚大学随后将其作为 SEP 进行了披露。后来,一家加利福尼亚公司以这些专利起诉另一家公司。

尽管每个案例本身都是一个故事,但进入司法程序前它们往往涉及所有权变更。

我们还调查了不同的商业模式之间,诉讼的可能性是否会随着时间的推移发生变化。如图 4.12 所示,这些差异非常小。上文阐释道,上游专利权人有更高的诉讼倾向,但这种模式随着时间的推移是相同的。[134]

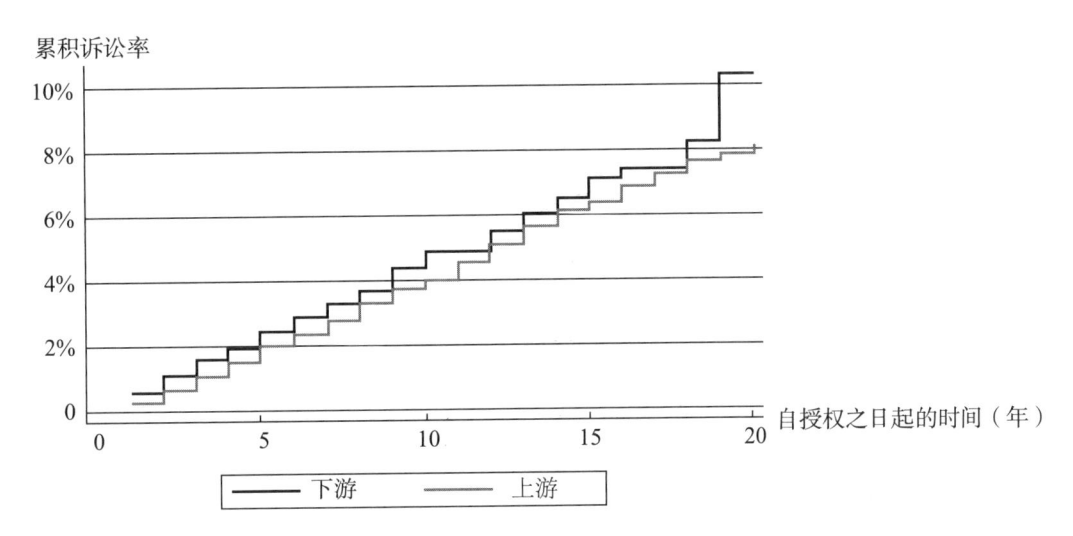

图 4.12 商业模式下专利有效期内的诉讼概率(仅限 SEP)

4.4 总结

我们的结论是标准必要专利的数量在增多,此外(部分与此相关),专利必要性和专利所有权的信息透明度日益缺乏。而且,FRAND 的实际含义(就无歧视性和公平合理而言)缺乏明确性。

专利数量的增多使专利费堆叠问题更加突出,同时也突出了在拥有 SEP 的许可人与无 SEP 的许可人之间发生类别歧视的风险。如果缺乏信息透明度和 FRAND 含义的

---

[134] 我们不能否认这两个估计函数的无效假设是相同的:幸存函数的等级测试等式中的 chi(2) 值等于 2.28。[无效假设和替代假设是统计测试中使用的猜想类型,这些是依据数据得出结论或作出决定的正式方法。这两种假设是基于人口样本作出的关于人口统计模型的猜想。这些测试是统计推断的核心要素,大量用于解释科学实验数据,将科学声明与统计噪声分开。在统计显著性检验中,通常称被检验的陈述为无效假设(或零假设),显著性检验旨在对零假设的证据强度进行评估。零假设通常被陈述为"无效"或"无区别",用 H0 表示。正在针对零假设进行测试的陈述为替代假设,用 H1 和 Ha 表示。统计显著性检验:"简而言之,决策程序是这样的:从总体中抽取一个随机样本,如果样本数据与零假设一致,则不反对零假设;如果样本数据不同于零假设,则反对零假设,并认为替代假设是真实的。"——译者注]

明确性,可能会导致过高的专利费率,或由于信息不对称而出现不公平的交叉许可协议。SEP 数量的激增与缺乏信息透明度这两个情况相结合会抬高交易成本,从而阻碍许可进程,这是因为:①许可人发现更难以行使其 IP 权利;②被许可人发现更难以明确要获得许可的 IP 权利及其权属情况。这就增加了发生专利伏击和/或专利劫持的风险。因此,这些问题随着上市时间的增加和诉讼风险的增加而累积。

一言蔽之,我们发现了以下风险的存在:
- 标准中存在过度纳入专利技术的情况,这是因为参与者青睐使用概括披露将这些促进其有利发展的技术包含其中;
- 标准实施者和 SEP 专利权人都面临着巨大的交易成本;
- 累积的 SEP 专利费高于合理水平("许可费堆叠"),甚至可能导致产品无法实施的风险;
- 针对不持有 SEP 的当事方施以非有意的或有意的歧视的风险;
- 在 SEP 转让之后,新专利权人不受早期许可承诺的约束的风险;
- 在专利权人经过破产程序后,SEP 原持有人的许可承诺不再有效;
- 标准实施者有可能成为专利劫持和专利伏击的受害者,随着专利流氓数量的增加,问题愈发严重;另外,许可人也可能是反向劫持的受害者,该情况频发于规模较小的专利权人,其持有的用以维持(可能较高的)诉讼成本的资源与规模较大的实施者相比相对贫乏;
- 由于许可人的 SEP 专利组合的范围和价值方面的信息不对称,实施者在许可谈判方面处于不利地位(支付超额许可费或达成不公平的交叉倾斜许可);
- 将 SEP 与非 SEP 捆绑许可而不提供非捆绑定价的风险;
- 要求获得 SEP 许可必须以非 SEP 交换许可为条件的风险。

5 潜在的解决方案及其影响

5.1 建议解决方案概述

下面,我们将简要介绍所有的建议解决方案。在后面的章节中,我们会对这些建议解决方案进行更为详尽的阐述,我们在此仅限于提供简短的概述以及章节参考,旨在帮助读者找到相应章节。

S1.专利许可费率和专利许可费基本原则。该建议解决方案需进一步确立专利许可费率和专利许可费的基本原则,使其符合 FRAND(公平、合理、非歧视)承诺。此外,这些基本原则能够帮助各方(包括法官和仲裁员等第三方)判断许可人发出的要约是否符合 FRAND 承诺,详见 5.5 节。

S2. 引入争端解决机制。该建议解决方案将制定一个争议解决或仲裁机制,为 SEP 争议提供省钱且高效的解决途径。因此,争端解决机制应当能够解决 FRAND 费率、有效性、必要性和侵权等相关问题,详见 5.4 节。

S3. 增强 SEP 的信息透明度。该建议解决方案旨在提供一系列措施,使得 SEP 所有权归属更为公开透明,其中包括:降低搜索成本并促进如合理费用基准的构建,详见 5.2 节。

S4. 明确 SSO 目标。该建议解决方案能够帮助 SSO 明确其知识产权政策的实际目标。目前,有观点认为 SSO 对其政策所确立的目标一直保持沉默,导致许可方案的事后评估以及 SSO 制度构建(例如,专利是否公开,在何时公开等)常常存在阻碍,关于这个话题的广泛讨论可以在 Bekkers and Updegrove(2012)[157]的研究中找到。

S5. SEP 布局。该建议解决方案将进行专利布局的研究,以便更好地了解企业在某个特定的技术领域的技术定位,而且也能结合标准制定开始时设定的要求,判断这些公司是否拥有对标准至关重要的专利技术。该研究使得相关专利尽早被挖掘,且对于标准的形成(对于存在哪些不确定性和/或担心问题)以及将特定技术提案建议列入标准具有重要的价值。在最为典型的情况下,该研究结果将在特定标准工作组被组建时或计划新标准发布时实施。所公布的结果范围可能仍然取决于 SSO 的选择。

例如,结果可能会向公众免费提供或仅向(付费)SSO 会员提供。专利布局对于鉴别没有披露义务的非 SSO 成员是否可能成为潜在的 SEP 所有权人非常奏效,能够允许各方就各自的许可意愿进行了解。专利布局也可以对不愿承诺 FRAND 条件的专利所有人进行早期阶段的识别(包括"专利流氓")。在这种情况下,SSO 能够尽早决定"回避设计"(不纳入)特定的专利技术。此外,对于专利持有人(SSO 成员与否)而言,专利布局的优势在于它可以在 FRAND 条件下更早获得许可请求。在 SSO 的环境中进行选定的专业布局可以让受益的各方分担该布局的成本(费用通常较高),而避免让某一方独自承担这些费用,或者因成本过高而导致无法进行专利布局(以及在较低质量水平上进行)的困境。SSO 参与者可能对(中心化的)专利布局活动存在特别的担忧,即如果某项专利在他们收到的专利布局研究文件中被提及,其担心可能会被指控故意侵犯该专利。因此,这也是部分契约方希望在 SSO 之外进行此类活动的

---

[157] Bekkers, R., & Updegrove, A. (2012). A study of IPR policies and practices of a representative group of Standards Setting Organizations worldwide. Washington, DC: National Academies of Science. http://sites.nationalacademies.org/xpedio/groups/pgasite/documents/webpage/pga_072197.pdf.

原因之一。

S6. 禁令救济规则。该建议解决方案将拟定与禁止令有关的规则(或原则)。禁止令救济,即专利权人可以寻求(初步)禁令救济或侵犯 SEP 的排除令——有效地迫使潜在的被许可人撤回市场上所有以其标准为基础的产品。而限制禁令救济的基本论点在于 SEP 所有人已经愿意将其 SEP 承诺授权并以此获得货币补偿。然而,在许可谈判期间,专利权人却可以使用禁令救济的威胁,以获得比用其他方式能够谈判得到的更高专利使用费。在标准实施后,给予专利持有人额外的禁令威胁能让其榨取额外的许可费。在美国,eBay 诉 MercExchange 案(2006 年)重新确立了传统的"公平"四要素测试法。只有满足以下条件,禁令才被认为具有正当性:①专利权人已遭受不可挽回的损害;②金钱损害赔偿不足以弥补其损失;③权衡专利权人与侵权人双方的利害得失;④发布长期禁令不会致损公众利益。四要素测试法的确立,是考虑到专利权人已经承诺将许可作为第一要务,并且损害赔偿金应该足够作为补救措施。因此,该举措使得 SEP 所有人获得禁令救济的难度增大。但是,"公平"四要素测试仅适用于美国法院,而不适用于美国国际贸易委员会(ITC)[158]的排除令,也不适用于其他国家的法院(包括欧洲国家的法院)。虽然已有专利权人向欧洲法院寻求有关 SEP 的禁令,欧盟委员会(Directorate-General for Competition,竞争总司)于 2012 年,针对涉嫌滥用其市场支配地位以禁止令排挤竞争者公司的情况,开展了两项正式调查:一个是针对三星,另一个是针对谷歌/摩托罗拉移动。在 2012 年年底和 2013 年中,欧盟委员会发布了针对三星和谷歌/摩托罗拉移动因其滥用 SEP 的异议声明。随后三星决定,在标准实施公司的法律案件中妥协;并且放弃寻求初步禁令救济。[159] 在 2013 年 5 月针对谷歌/摩托罗拉移动的初步结论中,欧盟委员会认定该公司通过寻求和执行针对 Apple 的禁令,违反欧洲竞争法。[160] 2013 年 10 月,欧盟委员会在上述竞争案例发生后,就三星的承诺进行了公众咨询,对该问题的潜在解决方案进行解释。[161]

在美国,奥巴马总统随后否决了 ITC 于 2013 年 6 月 4 日作出的针对 Apple 的排除令。[162] 在华为和中兴的德国案件中,德国法院决定向欧盟法院(CJEU)提出有关 SEP 持

---

[158] 尽管 ITC 确实进行了"公共利益测试",但它在 2013 年 6 月 4 日基于侵犯 SEPs 针对 Apple 发布了排除令(见 http://www.fosspatents.com/2013/07/itc-ruling-on-samsung-complaint-puts-up.html;http://www.mwe.com/Obama-Administration-Disapproves-ITCs-Exclusion-Order-on-Apple-Products-08-07-2013/)。

[159] 参见 FOSSPatents,2012 年 12 月 21 日,欧盟委员会发布针对三星滥用 SEP 的异议声明:www.fosspatents.com/2012/12/european-commission-issues-statement-of.html。

[160] 参见 The New York Times,Business Day Technology,2013 年 5 月 6 日,E. U. Rules Against Patent Move by Google's Motorola Unit。

[161] European Commission(2013). Press release IP/13/971 of 7/10/2013:Antitrust: Commission consults on commitments offered by Samsung Electronics regarding use of standard essential patents.

[162] 见上注 158。

有人可获得补救措施的五个基本问题。这些主要补救措施(不仅限于禁止令)在专利侵权诉讼中占主导地位。[163]

S7. 仅限现金选项。该建议解决方案将规定 SEP 持有人为被许可人提供专利许可费或专利许可费计划("仅限现金选项")。其特别适用于潜在被许可人持有高价值的非 SEP,而许可人希望获得该使用权限的情况。正如一些发起人所说的:"F/RAND 争议解决流程应要求许可人为其 SEPs 明确一个具体现金金额,作为其他定价安排的替代方案,有助于第三方评估拟议的许可条款。对于第三方来说,确定一个复杂的交叉许可组合是否满足 F/RAND 承诺较为困难。如果被许可人在有权选择 F/RAND 现金价格的情况下,反而选择了交叉许可的方式,那么显然交叉许可的方式更为有利。"而另一位发起者却认为:"被许可人应当有权选择仅以现金方式被许可使用个别的 SEP。该规则能有效防止 SEP 的所有人通过强制手段要求非 SEP 专利的交叉许可。……如果被许可人没有仅限现金专利许可费这一可选项,SEP 的所有人可以规避 RAND 承诺原则的目的,低于市场价格获取非 SEP 交叉许可,行使垄断权力。但是,公司希望作为非 SEP 一部分加入交叉许可协议不应被禁止。"此外,当许可人主动与非 SEP 相捆绑时,仅限现金选项也会有所帮助。在这种情况下,仅限现金选项使被许可人更容易获得他所需要的 SEP 权限。"仅限现金"选项于 2012 年 9 月由美国司法部[164]提出,并于 2012 年年底的国际电联专利活动[165]中由该方案的代表重申。作为欧洲和美国的竞争监管机构[166]的关键人物——Kai-Uwe Kühn、Fiona Scott Morton 和 Howard Shelanski[167]将该提议作为理想的解决方案,并在美国反垄断研究所(AAI)的请愿书中提出了相关建议。[168]

一些专家认为,仅限现金的要求与允许 FRAND 许可具有互惠条件的 SSO 并不兼容。[169]但我们不支持这种观点,因为许可人有同样的权利要求另一方提供仅限现金选择。因

---

[163] 见 http://www.fosspatents.com/2013/03/german-court-refers-huawei-zte-standard.html。

[164] US Department of Justice(DOJ). (2012). Antitrust Policy in the Information Age:Protecting Innovation and Competition. Antitrust Policy in the Information Age:Protecting Innovation and Competition. 发言人:Joseph F. Wayland,美国反垄断局代理助理检察长,2012 年 9 月 21 日于福特汉姆竞争法研究所。

[165] Hesse, Renata(Deputy Assistant Attorney General Antitrust Division, & U. S. Department of Justice). Six "Small" Proposals for SSOs. 于会议茶歇前。备注:2012 年 10 月 10 日日内瓦,为 ITU-T 专利圆桌会议准备发言稿。

[166] 该文件补充说,文章中表达的观点仅代表他们的个人观点,并不一定反映其雇主的观点。三位作者分别是欧盟委员会 DG 竞争的首席经济学家;美国司法部反垄断部前首席经济学家,联邦贸易委员会经济局长。

[167] Kühn, K. -U., Scott Morton, F., & Shelanski, H. (2013). Standard Setting Organizations Can Help Solve the Standard Essential Patents Licensing Problem. CPI Antitrust Chronicle, March 2013(Special Issue).

[168] American Antitrust Institute. (2013). Request For Joint Enforcement Guidelines On The Patent Policies Of Standard Setting Organizations:Petition to the Department of Justice and Federal Trade Commission,2013 年 5 月发布。

[169] Teece, D. J., Egan, E., Grindley, P., & Sherry, E. (Undated). Reasoning about Reasonable royalties:Evaluating Patent Licensing in Platform Based Industries. http://businessinnovation.berkeley.edu/WilliamsonSeminar/teece012413.pdf.

此,双方都需要指定现金价格才能获得其 SEP 的许可。

S8. 专利许可费数据库[170]。该建议解决方案需要建立一个数据库,用以说明(匿名) SEP 所有人在双边合同中收取的实际专利许可费率。这样的数据库有助于标准基准开发,促进标准实施者就新的许可协议进行谈判。此外,这样的数据库可以帮助实施者和相关人士(法官、仲裁员、反垄断局、研究人员等)更好地理解已实施的合同,并创建一个基准来评估具体案例(例如,一些提议费用被认为不符合 FRAND 承诺)。如果将该想法予以实践,可能会面临一些待为解决的难题。首先,我们需要鼓励 SEP 所有人向这样的数据库提供数据,但实施存在一定困难,他们可能会强调此类协议的机密性。其次,需要提供关于(匿名)交易上下文的一组程式化信息,以允许解释特定(匿名)许可交易的条件和多个(匿名)交易的平均值。该上下文信息可包括:是否存在交叉许可交易,其他条款和相关条件内容,被许可人和许可人的商业模式,其服务产品的市场、数量、国家/地区。

S9. 促进专利池的使用。专利池汇集了所有 SEP 所有人的必要专利,并通过简单的一站式许可流程将其提供给任何感兴趣的标准实施者。与所有专利持有人提出的双边许可替代方案相比,专利池不仅可以显著降低交易成本,而且还可以提高专利信息透明度,减少不确定性并创造公平的竞争环境。[171] 最后,专利池或许能够使总费用低于单独双边专利许可费用的总和。该解决方案将在 5.3 节中进一步探讨。

S10. 澄清互惠因素。被许可人是否有义务将自己的专利交叉许可给许可人是许可条件中更为复杂的要素之一。如果被许可人负有该义务,则专利以及合理的费率该如何设定?这些条件通常被称为互惠条件,由于一般认为许可人不能要求获得被许可人的非 SEPs,因此互惠应通常仅限于 SEP。但是,这仍然存在许多不同的情况:这是指相同标准的 SEP 还是任何标准的 SEP? 这是否意味着如果许可人在 RF(Royalty Free,免专利许可费)条件下使其 SEP 可用,它还是否可以要求被许可人提供 RF 条件作为回报? 如果是这样,许可人只能要求双边互惠(被许可人必须在 RF 条件下向被许可人提供自己的 SEP),还是也可以要求第三方从中受益(被许可人必须在 RF 条件下,向请求许可以实施标准的任何一方,提供自己的 SEP)? SSO 在互惠规则方面存在很大差异,很多人对互惠保持沉默(或者在此的某些方面保持沉默)。在 Bekkers 和 Updegrove(2012)的研究中提供了更详细的讨论。[172]

---

[170] SSO 层面持有类似观点,请参阅 5.2.4 节。
[171] 专利池相较于单独的许可项目,便于向更多的被许可人推广。事实上,许多潜在的被许可人通过专利池获得授权许可,并按照相同的费用结构支付许可费。
[172] Bekkers, R., & Updegrove, A. (2012). A study of IPR policies and practices of a representative group of Standards Setting Organizations worldwide. Washington, DC: National Academies of Science. http://sites.nationalacademies.org/xpedio/groups/pgasite/documents/webpage/pga_072197.pdf.

S11. 促进协调机制。出于对专利劫持和专利许可费堆叠的担忧,不少机制被用以协调个别权利所有者提出的专利许可费用。下面简要总结一下这些机制。

(1)专利池机制,详见5.3节。

(2)最严格许可条款中的自愿事先披露条款机制。根据该机制,SEP所有人可以公开发布(最严格的)专利许可费用,将其技术纳入标准。尽管该机制具有一定吸引力,并且已经在多个SSO(包括IEEE、ETSI)中得以实施,但自愿的事前披露并不受到专利权人的青睐,基于自愿的事前披露较为少见。SEP持有人普遍表达的担忧包括:①该机制可能仅在一个部门/SSO/文化领域中起到作用,但在另一个部门/SSO/文化领域中却另当别论;②如果尚未准确获悉标准的有关信息,即在尚未知晓最终标准是否具有吸引力、经济性以及持有的专利在整套专利中的地位的情况下,则很难在早期阶段设定适当的费用。还有人认为,事前披露很容易导致其不再提供信息:如果被要求说明"限制性最强"的条款,知识产权权利人可能会变得保守、谨慎,并且公布的费率可能远高于他们实际收取的费用。

(3)SSO用于事先披露最严格许可条款的强制性披露机制。尽管该机制饱受争议,但SSO[VITA(VMEBus International Trade Association,VMEBus国际贸易协会)]还是引入了该项政策。美国国家标准研究所(NIST)发表的一项研究结论表明,该机制的引入并没有造成许多负面影响(比如参与者退出SSO),并且据调查,SSO的成员们对该政策作出了正面的反馈。[173]

(4)以多边倡导的自愿方式减少专利许可费。随着时间的推移,许多公司采取了共同举措以减轻其拟加入标准的累积专利许可费,它们通常承诺更低的费用并呼吁其他专利权人采取相同的做法。[174]其中,被大众熟知的是针对3G W-CDMA移动电信采取的多边倡导措施。2002年,"行业领导者NTT DoCoMo,爱立信,诺基亚,西门子和日本制造商"达成了合意,即"使W-CDMA的累积专利许可费率达到适度的个位数水平"[175]。诺基亚新闻稿明确指出:"在这个提案下,任何制造商都不应向所有专利持有人支付超过5%的专利使用费。"[176]然而,这种尝试似乎没有太大成效,一些参与其中的公司还是非常积极地将其SEPs货币化,并且收取的费用未能反映该提案的初衷。尽管如此,4G LTE标准也采取了类似的举措。2008年4月,电信行业中的领头企业承诺建立一个有关

---

[173] Contreras, J. (2011). An Empirical Study of the Effects of Ex Ante Licensing Disclosure Policies on the Development of Voluntary Technical Standards. National Institute of Standards and Technology(NIST).

[174] 对于这些尝试,也参见Stasik (2010), op cit.

[175] NTT DoCoMo et al. (2002年)行业领导者NTT DoCoMo,爱立信,诺基亚和西门子以及日本制造商达成共识,以支持全球W-CDMA技术的适度专利费率(新闻稿发布于2002年9月1日)。

[176] 诺基亚新闻稿,(2002年5月8日),诺基亚提倡全行业承诺为W-CDMA提供5%的累积知识产权使用费。

LTE/ SAE 标准的申请许可的框架,以期能够获得一个可预测且更透明的专利许可最大总成本。这些公司表示,它们希望手机中有关 LTE 必要知识产权的总许可费/销售价格的最高比例不超过 10%。[177]

下一代移动网络联盟(NGMN)尝试使用保密流程,该流程中每个 SEP 所有人将披露其最高费用,但该尝试未能到达预期的结果,因为其数据存在偏差,具有一定误导性。[178] SEP 所有人自愿发布最高费率也存在同样的问题;[179]即"公布的"专利许可费率可能与双边协商产生的"实际"特许权使用费率显著不同(解读:更高)。

设置 Pseudo pool 总费用上限。Jorge Contreras 在 ITU 的圆桌会议上作出了一份原始但颇具前景的提议,[180]该提议为 SSO 提供了可行的思路,使得其包含一些专利池的特征的同时,保留了在 SSO 设置中所需的灵活性和广泛的活动范围,简而言之,Jorge Contreras 认为:在双边许可过程中,如果在技术纳入标准之前谈判,则达成 FRAND 条款的可能性最高;然而在实践中,由于各种原因,此类许可几乎总是在纳入后才进行协商;这会催生专利劫持和专利许可费堆叠的风险;因此,他提出了一个能够减轻这些风险的流程。在他的提案中,要求参与 SSO 的各方首先就客观合理的最高费用水平和个别专利权人的分配机制达成一致。随后提出了若干调整机制,以便随着时间的推移而改变,其中包括一种阻止缔约方过度披露其基本知识产权的机制。虽然在机制实施之前还需进一步思考和发展,竞争监管机构也必须权衡竞争与反垄断的问题,但不可否认的是,Jorge Contreras 的提议具有建设性,其确实有可能同时解决专利劫持和专利许可费堆叠问题。

S12. 强化转让规则。该建议解决方案需要明确定义或强化 SSO 规则,这些规则将 SEP 的未来所有者与转让前的承诺联系在一起。在 SSO 知识产权政策层面,直接实施该方案将比竞争主管机构目前提供的保障措施更加灵活和有效。该解决方案将在 5.6 节中进一步探讨。

S13. 当然许可制度的采用。当然许可条款是若干国家专利制度(包括德国、英国和法国)的一部分。它允许专利权人自愿承诺以合理的价格向任何有关的被许可人许可其专利。值得注意的是,无论专利权人的所有权变更或破产,该当然许可在其整个生命周

---

[177] 爱立信新闻稿,(2008 年 4 月 14 日),无线行业领导者承诺 LTE 技术知识产权许可框架,由爱立信、阿尔卡特朗讯、NEC 公司、NextWave Wireless、诺基亚、诺基亚西门子通信和索尼爱立信签署。

[178] Mallinson, K. (2011). Patent Licensing Fees Modest in Total Cost of Ownership for Cellular. IP finance (weblog). http://ipfinance.blogspot.nl/2011/06/patent-licensing-fees-modest-in-total.html.

[179] Stasik, E. (2010). Royalty Rates and Licensing Strategies For Essential Patents on LTE(4G) Telecommunication Standards. Les Nouvelles, September 2010.

[180] Contreras, J. (2013). Rethinking Rand: SDO-Based Approaches To Patent Licensing Commitments. Submission to the ITU Patent Roundtable. http://digitalcommons.wcl.american.edu/fac_works_papers.

期内都与相关专利不可分割地联系在一起。正是当然许可条款的这一特征引起了人们的注意,这些人正在寻找一种可靠的方法来确保(FRAND)承诺与SEP密不可分。(在5.6节中,我们将再次讨论当然许可制度)。

S14. SEP所有权转让的备案。该建议解决方案需要制定SEP转让备案的相关规则,使得每次SEP所有权的转让,都应当通知给官方机构(例如做出披露的SSO)备案,并将此信息公之于众。详见5.6节。

S15. 纳入专利技术的指南。该建议解决方案介绍、引入专利技术指南或/和规则,用以判断是否该将某项专利技术纳入标准,详见5.7节。

5.2 增强信息透明度

为了提高必要专利信息透明度,该建议解决方案提供了一系列措施。具体来说,我们所指的信息透明度是指必要专利在专利存在、(当前)专利所有权归属、专利状态、(对于最终标准)事实上的必要性以及许可条件等方面的信息透明度。同时,因为专利标识能够让利益相关方确认专利各方面信息,并且促进(价值)基准等的构建,所以也应囊括专利基本标识信息方面的透明度。

本节将要讨论的信息透明度措施包括:

(1)确定SEP披露的更新要求和披露范围;

(2)提供准确的信息来证实必要性;

(3)定期必要性审查;

(4)在SSO数据库中录入许可信息;

(5)限制使用概括披露;

(6)采用更严格的披露制度;

(7)通过备案通知SEP专利权的转让;

(8)加强SSO和专利局之间的合作。

上述措施都涉及必要专利的披露机制,根据第2章的内容,我们了解到大多数SSO都具有这些披露机制。因此,在我们所列的措施中,部分措施旨在提高标准化工作的信息透明度,而其他措施将有助于提高标准采纳和许可谈判的信息透明度,但大多数措施同时服务于两者。下面将对每一项具体措施展开详细的讨论。

5.2.1 确定SEP披露的更新要求和披露范围

建议解决方案的介绍和概要

正如第4章(第4.2.1节)所述,许多原因都会导致专利(或专利申请)在具体时间节点后对某一标准来说丧失其必要性。此外,我们也解释过,并非披露的所有发明都具有法律强制效力,也并非实施某一项标准都必然侵犯该标准中的每个 SEP。

除了披露方所做的"真实"声明(至少在披露时符合实际情况)外,还存在一些虚假的声明。然而,即使我们不考虑这些虚假声明和所有权变更的情形,第 4.2.1 节中提到的三类必要性定义不确定的情形[①所披露的 SEP 不再具有必要性;②所披露的 SEP 不具有强制力;③所披露的 SEP 在特定的标准实施中没有受到侵犯]同样也导致了数据库中信息的不准确。

在前一章中,我们提到 SSO 数据库的质量良莠不齐,阻碍了市场参与者获得参与许可谈判所需必要信息的机会(或者只有在支付价格不菲的专利布局成本时才能获得这些信息)。

(因此)为了解决这些棘手的问题,SSO 需制定专利披露的具体更新要求。

优势与成本

制定专利披露更新要求的优势在于,SSO 数据库中的信息越准确,利益相关者、实施者(专利使用者)和专利权人所花费的搜索成本就越低。并且,在许可谈判过程中,高质量的信息,不仅有利于专利实施者,也有利于专利权人获得公平的价格谈判(防止定价过高),从而使 SEP 整体价值不会虚增。鉴于恶意的专利权人通常会过度披露并未落实到实际专利中的专利申请,因此,这一提议还能够使善意的专利权人可以更好地免受恶意专利权人的负面影响。最后,该提议有助于建立更好的基准,以便在发生争端时使用。

而实施更新要求的成本主要由 SEP 专利权人承担(参与 SSO 会产生披露要求)。虽然早期披露类似于现行规则下的披露,但后期披露将产生额外成本。尽管在某种程度上,这种额外费用的具体数额取决于更新要求的确切实施情况(见下文),但我们仍区分以下几种情况:

(1)标准的最终版本发布。此时,早先披露的所有各方必须审查该标准的最终版本,并将其与之前披露的专利进行比较。假设专利权人在第一次披露时保留了先前有关特定专利权利要求以及(旧/草案)标准特定部分之间关系的说明,则 SEP 披露的更新要求应该是标准的适度实施。如果我们预计每件专利将会花费 1 到 3 天工作时间(大约 600—1800 欧元)完成必要性初审,则这种情况会使得熟练的技术人员在每件专利上花费近半天时间,每件专利由此产生的成本预计近 300 欧元,大约占每件专利完成必要性初审总成本的四分之一。

(2)之前披露的特定专利的状态发生变化(例如专利被授予、被驳回等)。在这种情况下,专利权人需要重新审查相关专利,特别是在专利权利要求变化方面,并将其与最新版本的标准进行比较。同样,假设专利权人保留其早期记录,那么更新要求应该是适度的实施,这种实施如果让一个熟练的技术人员在每件专利上花费近半天时间,则由此产生的成本就相当于每件专利花费近 300 欧元,大约占每件专利总成本的近四分之一。

如果我们现在假设所有披露的专利中有 75% 触发了事件(1),[181]并且所有披露的专利中有 50% 触发了事件(2),[182]则每个披露专利的平均总成本为 375 欧元,披露费用总额将会增加 25%。

虽然 SEP 专利权人面临着额外费用,但他们也因此受益。因为他们将获得有关其他 SEP 专利权人更为准确的信息,有助于专利权人对自己的专利进行合理评估,从而促进各方就交叉许可进行谈判。

实施

更新披露或许能够解决目前的既存问题,许多 SSO 已经在其政策中对信息更新的披露做出了具体要求。

例如,在 IETF,执行董事可以要求先前披露的一方提供最新信息,包括发布申请专利,公布先前未公布的专利申请或已放弃的专利的最新信息。然而,请注意,更新要求是由 IETF 提出的,其披露者不负责主动提供此类更新信息(尽管可能会随时提交修订后的披露信息)。同时,ETSI 基于自愿原则"鼓励"当事方更新披露信息,但我们无法得知各方数据更新的具体频率。[183]

据了解,SSO 目前并未制定相应的更新规则来要求所有的 SEP 专利权人在特定事件中更新其披露的信息,即 SSO 无强制更新要求。因此,加入强制更新要求将是有益的尝试,信息更新的实施细节则需要进一步讨论和分析。在设计该制度和实施的过程中,既要实现总体目标(增加信息透明度和缩短产品上市时间),也要兼顾开支问题。

尽管对早期披露的专利施加强制披露更新义务有助于防止披露过度,但并不能很好地解决披露不足。考虑到时间的推移,新专利可能变成必要专利。更新要求可能会在一定程度上缓解披露不足的问题,但该做法需要对所有潜在的 SEP 专利权人进行专利检索,必然会产生高昂的成本。

而何时需要信息更新是寻求这种平衡时所需考虑的设计要素之一。我们认为可以在以下情况要求 SEP 披露信息更新:①标准的最终版本发布时;②专利申请被授予、被驳回或专利权人放弃专利、专利无效、专利失效(续展费未付)或专利有效期终止时。如此一来,就有了明确的更新披露理由。并且在前一种情况下,只要当事方被要求通知

---

[181] 不幸的是,在标准已经完成之后,第一次专利披露通常仍然存在。
[182] 这里我们做一个(保守的)假设,即首次披露中 50% 是专利申请,50% 是授予专利。
[183] 参见 Bekkers/Updegrove (2012) op cit。特别是第 5.4.4 部分。

SSO,无论最终标准是否对早期披露带来任何变化,SSO 均可以检查所有已知的 SEP 专利权人是否就该情况做出了适当的反应。

对于不愿将其专利货币化的 SEP 专利权人而言,也可不必要求更新披露(这种例外情况将在下面的第 5.2.5 节中讨论)。然而,该例外也存在相应缺点。SSO 数据库中将包括更新要求下的信息和未在更新要求下的信息。因此我们认为,即使数据库会显示每项专利是否存在更新要求,但这种方案并不理想。

总结

表 5.1 总结了本节观点。

表 5.1 "确定 SEP 披露的更新要求和披露范围"方案的总结

方　面	评　价
潜在优势	• SSO 数据库中的信息越准确,利益相关者的搜索成本就越低,并且能在达成许可协议时提供高质量信息,缩短上市时间,有助于构建更好的基准以用于纠纷解决; • 专利实施者将通过公平的价格谈判获益;而专利权人也将免受专利通货膨胀的影响(特别是当更新要求被恶意专利权人用作策略时)
潜在成本	• 一些利用当前信息不对称的 SEP 专利权人可能会发现很难从许可协商之外的途径获得同样的优势
实施措施直接产生的支出	• 对于已披露的每件专利而言,与(具体)披露相关的成本将增加近 375 欧元,这将导致披露成本总额增加 32%; • SSO 需要启动成本来调整其数据库和支持前端开发,而(在资源方面)对 IPR 政策进行适当更改也需要一定成本
不利之处、可能的风险或后果	• 严格的披露要求可能会阻碍相关方参与 SSO 或工作组; • SEP 专利权人可能不会遵守更新要求; • 以及更新披露的溯及力问题
必要或理想的条件/与其他提议的关系	• 这种变化应该与概括披露规则的变化相一致,否则 SEP 专利权人可能会试图通过申请概括披露来规避这些更新成本

通过利益相关方的反馈,我们对"不利之处、可能的风险或后果"作出了相应的确认和补充。对此,作出以下总结:

• 专利权人承担的额外成本可能过高,并且难以带来任何可观的收益;
• 即使在重新声明之后,仍然存在公司将不认可专利是否真正必要或专利是否有效的风险;
• 任何依赖参与者自我报告其知识产权和必要性的制度并不可靠;

- 实施方面存在问题,因为在某个时间点发现某个条目过期时,并没有真正的"惩罚"措施。

5.2.2 提供准确的信息来证实专利的必要性

建议解决方案的介绍和概要

现代标准涉猎非常广泛,有的标准甚至包含成千上百页的技术规范。并且,标准的文本可能存在多种版本(各种草案版本,以及对采用标准的不同修订版)。因此,所有利益相关者(除专利权人本身之外)面临着一个特殊难题:在参照标准规范(说明书)的某一确切部分时,如果难以区分这些专利权利要求是否具有必要性,则很难对必要专利声明进行验证和评估。

虽然某些SSO信息披露数据库提供的信息比其他数据库更为全面,但所需信息仍不完整。即使有的专利已经被认定是标准必要专利,且在该标准(版本)中已经提供了部分信息,但这些信息存在前后不一,甚至让人产生混淆的尴尬境况。

因此,我们将提供相应的解决方案,促使各方能够提供高质量的信息作为专利披露的一部分,以便利益相关方都能验证或评估声明专利是否具有必要性。

优势与成本

如上所述,该解决方案的主要优势在于,任何利益相关者都可以对声明专利的必要性进行验证或评估,从而防止过度披露。同时,通过规范专利权人的信息披露,能够促使专利权人在披露之前就其专利的必要性进行仔细审查,各方因此能够得到更为公正的SEP披露。

实施者(专利使用者)也能够准确评估专利权人SEP真实的持有情况以及SEP专利组合的范围和价值。而对专利权人本身而言,准确的信息披露使得SEP的整体价值不会虚增。因为恶意的专利权人往往通过过度披露向实施者索要(巨额的)费用,导致真正的SEP专利权人难以获得公平的谈判价格。所以该措施能够改善上述情况,减少恶意专利权人对善意的专利权人的侵害。

专利权人生成并提供附加信息所产生的支出,是实施该措施的主要成本。但是,如果专利权人对专利必要性已经使用合规(适当且善意)的内部程序进行必要性评估,那么这些信息应该可以被直接采纳,从而减少其额外成本。如上所述,审查每件专利的日薪大约为600欧元。假定当事方的额外行政成本为该审查费用的二分之一(约300欧元),那么,对于尚未按照合规的内部程序来评估专利必要性的一方而言,其额外成本可能会更高。

而在SSO方面,信息提交机制的调整(现在主要通过结构化Web表单)会使得成本增加,具体费用将取决于实际实施情况(见下文)。现目前,我们认为最具效益的实施方案是对标准文件进行统一和分类认定,并且基于网络提交机制要求专利权人从预定义列表中选择文件。

实施

本次提议中的一个重要内容是提交者需表明:

(1)相关专利的确切权利要求或一系列权利要求具有必要性(以最准确的修订版为依据,例如专利申请或专利授予);

(2)专利被认为是标准必要的准确文本(确切的标题,日期);

(3)专利被认为是标准必要的确切部分(小节,文本短语)(确切的页码和文本标识)。

我们推荐 SSO 对(2)使用预定义分类标准,这样可以很好地与上述更新解决方案相结合并相互促进,不仅使得在不同时间点披露的信息更为丰富,而且还降低了实施任一解决方案的相对成本。[184]

总结

表5.2 总结了本节观点。

表5.2 "提供准确的信息来证实专利的必要性"方案的总结

方　面	评　价
潜在优势	• SSO 数据库中的信息越准确,所有利益相关者的搜索成本将会降低,并且能为达成许可协议时提供高质量信息,缩短上市时间,有助于构建更好的基准以用于纠纷解决; • 促进实施者(专利使用者)准确评估专利权人 SEP 真实的持有情况以及 SEP 专利组合的范围和价值; • 对专利权人本身而言,准确的信息披露使得 SEP 的整体价值不会虚增; • 鉴于恶意的专利权人往往通过过度披露向实施者索要(巨额的)费用,导致真正的 SEP 专利权人难以获得公平的谈判价格,所以该措施能够改善上述情况,减少恶意专利权人对善意的专利权人的侵害
潜在成本	• 一些利用当前信息不对称的 SEP 专利权人可能会发现很难从许可协商之外的途径获得同样的优势
实施措施直接产生的支出	• 对于已披露的每件专利而言,与(具体)披露相关的成本将增加近300欧元。但是如果上述"披露更新"方案得到了落实,则整体成本将下降; • SSO 需要启动成本来调整其数据库和支持前端开发,而(在资源方面)对 IPR 政策进行适当更改也需要一定成本

---

[184] 当系统地记录本提议的索赔/标准数据时,满足更新要求的努力将会减少。

续表

方　面	评　价
不利之处、可能的风险或后果	• 更严格的披露要求可能会阻止相关方参与 SSO 或工作组； • SEP 专利权人可能不会遵守这种更新要求； • 存在是否/如何利用溯及力来实现这一点的问题
必要或理想的条件/与其他提议的关系	• 这种变化应该与概括披露规则的变化相一致，否则 SEP 专利权人可能会试图通过申请概括披露来规避这些更新成本

利益相关者对此未作回应。

5.2.3　定期必要性审查

建议解决方案的介绍和概要

几乎所有 SSO 的 SEP 披露均以自我评估为基础，但是目前很少有 SSO 对该评估的质量进行定期审查。[185]

当一家公司知道或者应当知道其专利并不具有必要性，却仍然声明其专利为标准必要专利时，将存在过度披露的风险。

尽管过度披露可能是故意为之，但必须强调，专利权人过度披露往往是出于其他原因。一方面，专利权人必须遵守 SSO 的知识产权规则。并且，为了成功专利资本化、免遭专利诉讼，专利权人需要避免信息披露不足的发生；另一方面，知识产权规则中所规定的非公开披露例外较少。因此，公司在披露时，倾向于将无法确定必要性的专利信息作为必要信息披露。与此同时，多数知识产权政策中的披露规定较为模糊——披露范围通常包含"可能是或可能成为"必要的（ETSI）、"覆盖或可能覆盖"（IETF）、"可能包含"、"可能成为"（OASIS）、"潜在必要"（IEEE）[186]的相关专利——似乎表明过度披露与披露不足相比，前者违反政策的程度较轻。

在第 5 章中，我们提到几项研究得出的结论是，只有 20%、27% 和 28% 的专利族所声明的"必要"是实际上的必要，并且这一结果在访谈中得到了普遍证实。根据与很多内部人士的非正式会谈，这个比例实际上可能接近 50%。过度声明似乎是一个非常相关的现象。

如果每个 SEP 专利权人的过度披露率相同，那么对市场的实际影响可能会很小。然而，情况并非总是如此，因为信息偏向（或不对称）可能会产生负面影响。在以下情况下尤其如此：

---

[185] 虽然目前许多 SSO 会对专利进行形式审查（通过咨询专利注册），但没有对实际必要性进行审查。
[186] 参见 Bekkers & Updegrove（2012），同上，第 5.2.1 节详细讨论了这些义务的工作。

特定的专利权人比其他人拥有更高的过度声明权,如果专利权人的许可费大部分是基于(声明的)必要专利的数量,那么其收取的许可费用就会高于他们应得的价值。(读者可以参考英国的诺基亚/ Interdigital 案例,法官发现 Interdigital 声明的绝大多数必要专利并非是必要的。)

SEP 新晋参与者披露了实际上并不必要的专利,从而不必要地破坏了专利布局。

此外,SEP 侵权的法庭案件显示,在某些情况下,法庭认为必要专利并未受到侵犯,这表明有不少被披露声明的 SEP 实际上并非具有必要性。[187] 如果假定法庭案件中的专利权人将不仅选择平均水平的 SEP,而且会选择其"最佳"的 SEP(其认为必要/侵权,而且专利的有效性不存在风险),则这一信号更令人担忧。

为提高 SEP 数据库的准确性,该提议旨在对提交的披露内容定期进行实施的必要性审查。

这种制度将平衡过度披露,同时在信息披露程度上有较少的副作用。

本节的其余部分,上述观点现在表述如下:"SSO 对收到的 SEP 披露内容定期进行实施的必要性审查。"

优势与成本

和上述两种解决方案类似,必要性审查能够帮助标准实施人在谈判中获得公允的价格。鉴于许多恶意专利权人往往利用过度披露谋求利益,导致了众多不利后果,因此,就专利权人而言,必要性审查也使得善意的专利权人能够避免因 SEP 通货膨胀而产生的负面影响。

标准中特定专利的必要性审查成本,取决于期望的置信水平(confidence level)和先前信息的可获得性(比如从专利权人处获得的)。其中,置信水平与评估的"质量",即评估结果与假设"理想"评估结果的具体偏差有关。随着置信水平的不断提高,必要性审查的成本也快速上涨。尽管"最佳"置信水平并不一定代表最佳结果,但是合理的置信水平可以推算出较为合理的审查成本。本解决方案旨在防止过度披露行为的大量发生,而不要求每一个专利审查都得到最理想的结果。

按照置信水平的不同,必要性审查成本的范围大致如下:

(1)由 SSO 内部开展必要性初审工作。每件专利的审查费用大约为 600—1800 欧元(1—3 日工作量)。其中,置信水平与 SSO 所要求的专利披露义务相适应。(审查同族专

---

[187] 一般来说,在这种情况下,法官只会确定某一特定产品是否侵犯了某项专利。作为这个问题答案的一部分,他可能会考虑专利是否对标准至关重要的问题,但是他还需要评估被控侵权产品是否确实实施了该标准的特定部分。

利所需的时间较短,而且企业也许持有其专利的先前信息,因此置信水平通常较低)[188]。

(2)由第三方在专利池中进行必要性审查。每件专利的审查费用大概在5000—15000欧元。其中以专利权人提供可用的先前信息,并且对三项专利权利要求以下(由所有者选择)进行审查的情况作为为最低费用情形。

(3)法院诉讼中的全面必要性审查费用和/或侵权审查费用。每件专利的审查费用超过20000欧元,其中包括了对可能构成替代性技术方案的全面审查。

SSO开展必要性审查工作需在目标和成本二者之间寻求合理平衡。SSO审查的目标是减少SEP的过度声明,而不是获得每个专利的完美评估。出于上述考虑,我们认为置信水平在(1)和(2)之间较为合适,由此产生的费用大致是每件专利3000—4000欧元。相较当前自主报告机制的置信水平,改进后的置信水平效益更优(并且确保每件专利均对照着相同的标准进行审查,不受专利权人或其所采取的策略的影响),且不会产生过高的成本。(类似于DVB平台向其会员提供的初步必要性审查服务。[189])

实施

常规的专利必要性审查已在专利池中得以运用。[189] SSO如何推行必要性审查可以参考专利池在这方面的经验。譬如,如果专利权人已经指出专利对标准的某部分具有必要性以及涉案专利的具体权利要求,则必要性审查的费用更能被大众所接受,结果也会更加准确。事实上,许多专利池中就有这样相应的要求。[190] 在此还需强调,所提议的措施和专利池中现存的必要性审查存在一定差异。其中最重要的不同点是,这里要求的置信水平低于专利池中要求的置信水平。因此,按每件专利计算的所需资源(以及成本)会低于目前专利池成员所负担的水平。

我们重点关注必要性审查的介入点,其中较为可行的方案是在提交(披露声明)时开展该审查,此时进行必要性审查的优势在于可尽早排除不当披露,而劣势则在于标准以及专利(申请)的内容在之后可能发生变化,从而需要进行第二次审查(如果实施,可

---

[188] 某些发明人申请专利的目的就在于将其专利纳入标准成为必要专利。见Kang, B., & Bekkers, R. (2013). Just-in-time inventions and the development of standards: How firms use opportunistic strategies to obtain standard-essential patents (SEPs). ECIS working paper 13.1. 可在 http://papers.ssrn.com/sol3/papers.cfm? abstract_id = 2284024 下载。

[189] 见 http://www.dvb.org/members/iprpolicy,E部分。

[190] 其原因是竞争/反垄断主管机构明确要求在专利池中只能包括互补专利,而不能包括替代专利。如果能确保专利池中所有专利的必要性,从本质上就满足了这个要求。

[191] 如欲深入了解如何组织专利池中必要性评估的流程,包括所述的具体要求,可见Goldstein, L. M., & Kearsey, B. N. (2004). Technology Patent Licensing: An International Reference on 21st Century Patent Licensing, Patent Pools and Patent Platforms. Aspatore. 尤其是其中第2章("The determination of essentiality")以及附录1("Application Form: A request for essentiality evaluation of a granted 3G patent"),其中包括了所有供专利权人提供必要信息的表格。

能与信息更新要求相关联),成本随之增加。而另一种可行的方案是在标准获得采纳时进行必要性审查。

审查制度设计过程中还会涉及审查费用的支付问题。由此可考虑如下不同情形:

(1)由提交(SEP披露声明)的企业承担。该做法可以促使企业更加谨慎地对待其披露的内容,但也可能适得其反,使得企业不愿意披露那些实际上必要的专利,从而导致披露不充分。此外,如果将成本转嫁给专利权人,也可能导致企业参与SSO或工作组的意愿降低(为了"逃避"披露所引发的成本),致使专利权人不再披露SEP的相关信息。

(2)由数据库用户承担。在此情形下,数据库用户(包括实施人、潜在实施人、法官、竞争监管机构、咨询顾问、研究员以及其他公众)是为了解决信息不对称问题而支付审查费用。但必要性审查的最终目标是尽可能以最低的门槛向公众公开专利信息,从而推广标准采用并扶持"弱势"团体。因此,这种解决方案显然与该目标相悖。

(3)由SSO从总体预算中支付,或者由参加具体工作组的SSO成员承担。

(4)由公共基金资助。该方案适合于公共合资设立的SSO(或者获得政府授权的SSO),对于其他SSO则实施较为困难。

同时,政策制定时需考虑不同方案对不同规模企业的影响。如果支付方案使得大型企业与中小型企业在该问题上的应对确有不同,那么就需要对不同的企业规模实施相应的政策措施。

此外,由谁来实施必要性审查以及必要性审查是否应包含有效性审查等问题也值得探讨。前一问题可以借鉴专利池的相关经验,聘用包含可靠专家的外部团体按照市场收费标准进行高质量的审查。若专利权人不认可必要性审查的结果,也可参照专利池中相应的异议机制,允许专利权人对(负面的)必要性的审查结果提出质疑。[192] 而后一问题应当属于专利局的职责范畴。因为,在SSO中进行重复的审查工作并不明智,且评估某件专利是否符合必要性标准(包括新颖性和非显而易见性)需要非常专业的知识和培训。如果专利局授权的某件专利被SSO宣告为"无效",必然产生一系列棘手的问题。所以,将专利有效性判断留给专利局或者法院更为合理。在专利获得授权的情况下,SSO可直接认可专利有效性。

总结

表5.3总结了本节的观点。

---

[192] 参见 Goldstein, L. M., & Kearsey, B. N. (2004), op cit., 特别是第118—119页以及附录1。

表 5.3　"定期必要性审查"方案的总结

方　　面	评　　价
潜在优势	• SSO 数据库的信息越准确,越有助于利益相关者减少检索成本,为许可协议谈判以及纠纷发生时构建更好的确定基准,提供更高质量的信息; • 同时也能够帮助专利权人在谈判中获得合理对价,避免恶意专利权人利用过度披露策略而导致 SEP 通货膨胀的不利影响; • 间接优势:企业在主张"是否构成必要专利"时,更具选择权,特别是在企业需要自己承担审查的相关费用的情况之下
潜在成本	• 部分利用现存信息不对称而占据优势地位的 SEP 专利权人,难以获得以往的谈判优势
实施措施直接产生的支出	• 估算每件专利大约 3000—4000 欧元(注:披露专利的总量可能由于方案的实施而有所下降)
不利之处、可能的风险或后果	• 如果必要性审查的费用由提交声明的公司承担,可能会降低 SEP 专利权人披露的积极性,即便专利确实具备必要性(导致披露不足); • 如果必要性审查的费用由提交声明的公司承担,可能会降低 SEP 专利权人参与 SSO 或工作组的积极性; • 中小型企业受上述因素的影响可能更大
必要或理想的条件/与其他提议的关系	• 建议 EP 专利权人在评估中也能提供标准中相关的段落/具体的版本,以使得必要性审查更加高效且质量更高; • 建议禁止使用概括披露(见 5.2.4 节),因为概括披露下的专利可以规避必要性审查

利益相关者对此未作回应。

5.2.4　在 SSO 数据库中录入许可信息

建议解决方案的介绍及概要

在 5.1 节的方案 S11,我们已经讨论了最为严格的自愿事先披露条款,以及其他有助于 SEP 专利权人提出最高费率的有益尝试,但这些措施似乎都收效甚微。

本节的核心内容是考察能否通过在 SSO 数据库中增加其他类型的许可信息来帮助潜在的被许可人,保障他们获得符合 FRAND 原则的报价。虽然被许可人获得非歧视待遇的权利已经通过 FRAND 原则中的"非歧视"部分予以保障,但是,被许可人很难知晓其他被许可人支付的费用,其达成的具体条款更无从得知。事实上,FRAND 原则中的"非歧视"部分与国际经济关系和国际政策中的最惠国概念(MFN)有些类似。两个制度的不同点在于,最惠国中其他国家接受的待遇是可知的,这就是主张采用最惠国而不是 FRAND 原则的理由。在 FRAND 案件中,法官可能会要求 SEP 专利权人提供与其他被许可人的许可合同信息。但是,案件中的信息通常会成为保密内容仅限于案件审理,而不会向外界公开。

理想方案是将 SSO 的 IPR 数据库补充 5—15 项有意义的 SEP 许可声明信息(可匿名),以确保这些数据能被准确地解读比较。

如何在 SSO 数据库中增加许可信息,我们提供了三个(概念上的)建议以供参考:

(1)采取"被许可人互助"形式,与 SEP 专利权人达成(非交叉)许可协议的一方可以匿名将支付的许可费(现金)价格列出。所列信息可直接或以集合的形式,被纳入 SSO 的 IPR 数据库。该模式成功的前提条件包括:①SEP 专利权人允许被许可人公开许可协议中关键的内容(折中方案:只要这些内容是被匿名公开[09],专利权人则不得反对报价公开);②公开的信息足以揭示其他关键的要素,以确保可以作为其他许可的参照。

(2)该方案源于事先披露机制且与最惠国待遇同理。在该模式下,可要求 SEP 专利权人在 SSO 的 IPR 数据库上发布"最优现金对价"。与常规的自愿实现披露相比,该方案的主要区别在于:①该要求仅在标准最终确定时生效(换言之,该方案将不同于早期的事先披露,相较于为技术纳入提供决策信息的事先披露方案,本方案主要解决 SEP 专利权人因不清楚其专利如何与标准相对应,而无法报价的问题);②一旦 SEP 专利权人向后续被许可人收取更优惠的许可费,需及时更新信息;③发布的信息还应包括其他相关内容,比如该价格是否也包括非 SEP 或其他 SEP 的价格;④强制发布价格信息。

(3)通过次级信息来源(比如税收机构获得的数据)收集许可费信息,然后按照各个标准进行信息处理。显然,该过程颇具挑战性——如果该公司规模较小,并且只持有一件 SEP,则该过程相对简单。但如果该专利权人是活跃于多个产品领域的跨国企业,处理流程则截然不同。

优势与成本

上述建议的实施可以帮助(潜在的)被许可人获得全方位的许可信息,落实 FRAND 原则中的无歧视承诺。当前,潜在的被许可人往往难以知悉其他与其情况类似的被许可人在许可谈判中的交易条件,即便专利权人声称将会给予被许可人公平的待遇,但真实情况却无从考证。尤其 SEP 权利人进行商业转型的特别时期,譬如其将许可费调整为主要盈利模式等情况,潜在许可人确有必要在达成许可协议前对此有所了解。

相反,该方案也拓宽了专利权人的信息收集渠道,使其更好地了解其他专利权人对其知识产权的需求情况。这对中小型企业的 SEP 权利人尤为有利,它们能够通过该渠道获悉市场情况,从而制定合理报价。

---

[09] 虽然这里是说不披露被许可人的姓名,但显然,许可人的姓名是需要披露的,否则整个建议就无法发挥作用。

该方案的行政成本相对合理,既适用于 SEP 权利人,也适用于 SSO。而对 SEP 权利人而言,其议价能力必然受到影响,SEP 权利人难以再像此前一样随意定价。

当然,方案(1)和(2)也存在相应的风险,致使部分 SEP 权利人获得强势地位。因为 SEP 权利人可能会主张,已有部分被许可人同意该费率,从而证明其费率符合 FRAND 承诺规定。这无疑会纵容已收取"高于 FRAND"费率的 SEP 权利人,继续向后续被许可人收取不合理的许可费用。

实施

上述方案仍然处于概念层面,因此,我们将不讨论具体的实施问题。尽管 VITA 已经在其知识产权政策中规定了强制性的事先披露程序,但据了解,还未有 SSO 采取上述建议规定。

总结

表 5.4 总结了本节的观点。

表 5.4 "在 SSO 数据库中录入许可信息"方案的总结

方　面	评　价
潜在优势	• 被许可人能够对歧视性许可要约进行异议; • 相反,该方案也拓宽了专利权人的信息收集渠道,使其更好地了解其他专利权人对其知识产权的需求情况。这对中小型企业的 SEP 权利人尤为有利,它们能够通过该渠道获悉市场情况,从而制定合理报价; • 许可费率信息更加透明公开,专利实施人、专利权人、法官以及竞争主管机构因此受益
潜在成本	• SEP 权利人的议价能力必然受到影响,SEP 权利人难以再像此前一样随意定价(虽然被许可人可能会主张随意定价本身就违反了 FRAND 原则)
实施措施直接产生的支出	• 适中
不利之处、可能的风险或后果	• 这些方案可能会纵容某些已收取"高于 FRAND"费率的 SEP 专利权人,使其获得强势的许可地位; • 如果许可协议非标准化,则其他当事方难以对许可费率进行比较,且实施失败,会引发更多诉讼
必要或理想的条件/与其他提议的关系	• 【无】

我们向利益相关方征得反馈,证实了上述有关"不利之处、可能的风险或后果"的结论:

理论上,该方案有助于标准制定者和实施者深入理解潜在的许可条款,并且在制定标准时,协助 SSO 成员在获悉许可条件的情况下针对可替代技术作出决策。此外,它还为许可人和被许可人提供了一个基准,帮助他们达成符合 FRAND 原则的许可条款。

但在实践层面,该方案忽视了复杂的市场环境以及现实的许可协商过程。许可协议间的差异可能使得其他当事方难以对具体的许可条件进行相互比较,导致公众对信息公示的"错误印象",从而引发更多诉讼。

在电信领域,上述建议只会对 NPE 有利。因为实施主体间绝大多数的许可都是交叉许可。【作者注:该主张存在争议,并不是所有的交叉许可都能够在许可交易中完全配平,因此在交易中也保留了现金支付选项,但该选项因为缺乏信息透明度而受到影响。】

鉴于获取的准确信息有限,第三个建议难以实施。[194]

5.2.5 限制使用概括披露

建议解决方案的介绍和概要

概括披露(blanket disclosure)是信息披露的一种具体形式,是指披露提交人宣告认为其持有的一个或多个专利可能对于特定标准的实施具有必要性,但无法提供具体专利的相关信息。因此,该公司实际需要被纳入标准的专利件数难以获悉,可能是一件也可能是整个专利组合。如表 5.5 所示,SSO 对是否允许概括披露不尽相同。允许概括披露的 SSO,通常将选择权留给提交人,由其决定是否进行概括披露或具体披露(明确具体专利的披露)。同时,也有 SSO 要求概括披露必须满足一定条件方可适用。[195]

表 5.5 允许或禁止概括披露的 SSO(举例)[196]

允许概括披露的 SSO	ATIS, IEC, IEEE, ISO, ITU, TIA
禁止概括披露的 SSO	ETSI, OASIS, VITA, IETF[197]

正如第 4.2.2 节所述,概括披露频繁发生。我们认为概括披露的比例不会少于披露总数的 60%(图 4.5b)。此外,虽然不同技术领域发生概括披露的概率有所不同,但 SSO 之间所规范的技术领域却多有重合。因此,绝大多数技术领域都会受到概括披露权利要

---

[194] 通常不会在年报等报告之外,单独针对许可费出具报告;另外,很难确认交叉许可价值和计算个别费率相关的其他事实。

[195] 比如在 IETF,规定只有当专利权人在相关许可声明中,未拒绝以 FRAND 或 FRAND-RF 条件许可最终确认为必要的专利的情况下[对 ITU-T(译者注:电信标准)或者 ITU-R Recommendation(译者注:无线电通信标准)的 Patent Statement and Licensing Declaration,选项 3 规定如下:"The Patent Holder is unwilling togrant licenses inaccordance with provisions of either 1 or 2 above. In this case, the following information must be provided to ITU (...) as part of this declaration: granted patent number or patent application number (if pending); an indication of which portions of the above document are affected; and a description of the Patents covering the above document."],才可以适用概括披露。

[196] 根据 Bekkers, R., & Updegrove, A. (2012). Op cit.,特别是第 5.4.1 节内容。

[197] 除非 SEP 专利权人作出许可费承诺,在这种情况下方可允许概括披露。

求的影响,如表4.1所示。

概括披露使得公众难以确定专利权人所宣称的 SEP 是否真实存在,对其权属消息也不甚了解。我们可以认为概括披露是阻碍当事方获取 SEP 具体状况以及权属信息的主要原因。

相反,专利权人却能够因此而受益。相较于具体披露的高额支出,概括披露为公司降低了披露成本。尤其是对于拥有大型知识产权组合的企业而言,具体披露费用居高不下且反复发生,是企业选择不做具体披露的主要原因。

并且,这些企业通常不会主动寻求将其标准必要专利货币化,因为它们进行具体信息披露则可能面临沉没成本的风险。而对于那些愿意将自己的标准必要专利货币化的公司来说,其 SEP 可以被认为是一种投资。有人担心强迫前者承担费用,可能会促使他们主动寻求许可收入来抵消与具体披露相关的成本。考虑到 SEP 专利权人可能从必要专利中获得巨大利益,无论他们是否制定与许可收入相关的策略,都必须进一步评估上述成本[198]。

与此同时,概括披露还有一些其他的缺点。首先,概括披露可能会导致企业将检索成本转移给其他当事方,例如未来的实施者、工作组成员(如果他们需要这些信息用于规避设计)或其他利益相关者(在 SEP 专利权人可能主动向实施者授予包含许可费的许可的情况下)。而对专利权人而言,概括披露可降低未适当履行披露义务的法律风险(见上文)。此外,检索成本的转移以及信息的不对称,使得他人难以知晓关于其必要知识产权组合的确切规模和内容,这将为专利权人带来其他不正当优势。例如,当双方寻求许可或交叉许可时,相较于具体披露,概括披露增加了专利以及专利组合信息的不确定性,使得一方专利权人在谈判中利用模糊的专利信息占据谈判优势,这种情况在对方拥有较少市场资源或难以评估专利组合实际价值的情况之下尤为可见(见表5.6)。

表 5.6 概括披露的利弊

	概括披露的优点	概括披露的缺点
知识产权权利人	• 降低与披露程序相关的成本,尤其是拥有较大专利组合和/或参与多种标准的公司; • 从信息不对称中获益,尤其是与小规模的知识产权权利人进行交叉许可时; • (对他人来说)更难建立 FRAND 争端所需的基准	• 使采纳方难以设定自己最理想的价格; • 降低了对其他专利权人 SEP 权属的了解

---

[198] 关于此类优势的说明,请参阅本文以上相关内容。

续表

	概括披露的优点	概括披露的缺点
工作小组、标准化参与者	• 理论上会使知识产权权利人更愿意参与并做出贡献,从而形成一个更好的标准(=1)	• 检索成本转移到其他群体(=2); • 降低了对 SEP 权属的了解(=3); • 制定决策或规避设计更为困难
实际或潜在实施者	• 同(1) 理论上,可能会阻止不愿专利货币化的专利权人觉醒:现在未使自身 SEP 货币化的公司,在面对具体披露相关的成本时,将开始使其 SEP 货币化	• 同(2, 3) • 信息不对称,可能导致获取技术的价格更高、法律和商业的不确定性更高,以及挑战被认为不合理的许可要求的可能性更低; • 更难建立 FRAND 争端中所需要的基准
决策者、公共主管机构	• 同(1)	• 同(2, 3) • 更难评估和修正反竞争行为
法官和陪审团	• 同(1)	• 同(2, 3) • 更难评估和修正反竞争行为

由于检索成本问题被视为支持概括披露的核心观点,我们进而对概括披露有关数据进行调查,以确定检索成本是否阻碍了公司的具体披露。尽管有公司认为检索成本会阻碍他们进行具体披露,但我们的数据却显示,即使公司有自由选择的机会,对于特定的标准而言,公司专利组合的规模越大,提交概括披露的可能性就越小。但是,在其他所有条件都是平等的情况下,那些同时活跃于许多不同标准的公司确实更倾向于提交概括披露。那么,促使专利权人选择概括披露而非具体披露的根本原因值得一探。假设信息不对称有益于专利权人,我们随之对 SEP 专利权人相关的专利组合就特定标准的总体价值进行考量,发现相关专利组合或组织对于标准的价值越高,该组织提交概括披露的可能性越小。总而言之,进行概括披露似乎更像是为了掩盖低质量的专利组合,而非早前所认为的检索成本问题。并且本节只对研究结果进行概括总结。

优势与成本

放弃概括披露确实会带来相应的麻烦:目前使用概括披露的知识产权权利人将不得不花费更多的精力来确定、指明其必要专利。鉴于检索专利组合并确定特定标准或标准提案的必要性审查成本因评估质量而异,因此,正如第 5.2.3 节中所讨论,对于概括披露而言,类别(1)将是最为可行的成本结算方案。SEP 专利权利人预计会对每项专利支付大约为 600—1800 欧元的费用(必要性审查需 1—3 天)。

如果概括披露无法适用,则很难估计有多少额外的专利需要分析。其主要原因在于

我们难以了解当前概括披露背后的实际专利组合。但是通过一些合理的假设,可进行以下的预估:

- 假设1:在基础专利方面,概括披露与具体披露情况类似,这意味着多数信息披露将涉及一项或几项专利;而有些则包含数百项专利。
- 假设2:若进行概括披露的专利权人都适当履行了知识产权规则的披露义务,则表明专利权人已经对其专利组合进行检索,并且至少确定他们的部分专利对标准具有必要性(尽管可能存在在某一时刻停止进一步检索的情况)。
- 假设3:最终,无论是决定许可第三方或者进行交叉许可的公司,都需要在第一次许可程序展开之前对其SEP的价值进行评估。

鉴于上述因素,并考虑到目前主要的SSO中概括披露约占总披露数量的60%,我们估计引入强制性具体披露义务将增加所有SEP专利权人四分之一(25%)[⑩]的总体披露成本。但这些额外成本分担给不同SEP专利权人的份额并不相同,那些目前使用概括披露较多的公司可能会比已经做出具体披露的公司支付更高的成本。因此,这两类公司各自所占的比例值得关注。我们对允许概括披露的8个SSO进行了详细分析,如表5.7所示,其中大约26%的公司主要进行概括披露(概括声明占公司披露总量的80%以上)。剩下74%的公司通常会选择具体披露或者两者兼有之。

此外,几乎没有公司明确反对具体披露。据统计,本次调查中有66%的公司定期进行具体披露,并且有8%的公司几乎仅选择具体披露。考虑到这8个SSO的知识产权政策对公司并没有强制具体披露的要求,具体披露是基于公司自愿的选择,由此可见该比例相当高。

表5.7 所选定的8个SSO中的三类企业披露行为(仅针对选定SSO)

SSO	主要是具体披露的公司		主要是概括披露的公司		混合型公司		总频率
	频率	占比	频率	占比	频率	占比	
ATIS 美国信息标准	7	11.3%	14	22.6%	41	66.1%	62

[⑩] 假设我们现在总共有100个信息披露行为。正如我们所知,其中40%的披露行为列出了具体专利,那么我们将有40个具体的披露行为和60个概括的披露行为。假设进行一次具体披露的成本是x,那么这个组的总成本是$40x$。假设在包含60个概括披露的小组中,权利人将在之后就其中30个披露行为所披露的专利主张许可。然后,假设这个权利人所需支付的检索成本与之后的一样多(文中假设3),因此这个组的总成本将是$30x$。对于剩下的30个披露行为,提交概括披露的公司最终不会将他们的专利许可出去。这些公司会也需支出一些检索成本(因为这些公司需要遵守政策,它们必须确定至少拥有部分必要专利,文中假设2)但根据披露行为的平均规模,需要确定至少一项SEP,我们假设这些检索成本为$0.3x$,所以共$0.3x \times 30 = 9x$。所以所有这些小组的累计检索成本是$40x + 30x + 9x = 79x$。现在,如果不再允许概括披露,那么总检索成本就会是$100 \times x = 100x$。这增加了约26%。

续表

SSO	主要是具体披露的公司		主要是概括披露的公司		混合型公司		总频率
	频率	占比	频率	占比	频率	占比	
IEC 国际电工委员会标准	14	14.4%	28	28.9%	55	56.7%	97
IEC-JTC1 国际电工委员会标准－信息安全分技术委员会	27	16.1%	53	31.5%	88	52.4%	168
LEEE 美国电气与电子工程师协会标准	23	4.9%	139	29.6%	307	65.5%	469
IETF 国际互联网工程任务组标准	20	10.4%	18	9.3%	155	80.3%	193
ISO 国际标准化组织标准	10	20.4%	17	34.7%	22	44.9%	49
ISO-JTC1 国际标准化组织标准－信息安全分技术委员会	32	14.2%	64	28.3%	130	57.5%	226
ITU 国际电信联盟标准	48	5.5%	212	24.5%	606	70.0%	866
TIA 电信基础设施标准	0	0.0%	78	34.2%	150	65.8%	228
合计	181	7.7%	623	26.4%	1554	65.9%	2358

尽管公司进行强制性具体披露确实会产生额外成本,但在评估成本时也应该考虑到这些公司通过必要专利而享有的巨大回报。无论其是否拥有许可收入策略,这种收益都会存在。更具体地说,企业一旦拥有 SEP,将享有一系列的市场优势,例如,良好的创收机会(未被授权的标准实施者都存在侵权行为,其可被视为潜在的被许可人)、许可谈判中

强势的谈判地位。而综合性公司还可能在其他方面受益,譬如某一具体标准纳入了综合公司的必要专利,包含该必要专利的标准将与这家公司的其他专有技术(特定解决方案或设计相关的全系列 SEP)、现有产品、产品平台乃至客户市场更为贴合。这种情况之下,SEP 给专利持有人带来了产品市场上的竞争优势,使其占得先机,且产品兼容性更强。同时,那些并未打算运营其专利的公司也仍然能够从"休眠"的 SEP 中受益。几乎没有其他 SEP 权利人会要求上述公司接受其专利许可,因为其他 SEP 权利人深知如果上述公司开始进行标准必要专利的运营,其最终可能成为上述公司的被许可方,从而支付额外的专利许可费。一言蔽之,SEP 为企业带来的总体优势体现为交易中的高利益回报。[20]

限制概括披露的适用也会使得无意专利运营的 SEP 专利权人(如大学、非营利组织等),投入更多的披露成本。那么,当专利权人承诺免除许可费时,可以考虑给予其适用概括披露的例外。

有人认为限制概括披露可能会降低企业参与到工作组以及 SSO 的积极性。该观点在理论层面有一定道理,但目前没有任何迹象表明,专利权人参与到限制概括披露的SSO(如 ETSI、OASIS、VITA 和 IETF;见表 5.5)的意愿有所降低。

SSO 方面就专利披露的实施成本相对较低;几乎所有的 SSO 都制定了有关专利权人提交具体声明的披露机制,其实施成本仅在其知识产权政策变更的情况之下产生。

实施

许多 SSO 已经明确要求专利权人对其必要专利进行具体披露,其他拟制定类似披露政策的 SSO,可将前者知识产权政策中有关具体披露的部分作为有益的参考。因此,在这方面并没有太多有关具体实施的迫切问题。

然而,限制概括披露是本章其他措施能够顺利实施的重要保障乃至前提条件。如果限制概括披露无法落实,任何试图提高专利信息透明度的措施都可能会促使人们通过概括披露来规避。

总结

以下通过表 5.8 进行总结。

---

[20] SEP 的许多价值基础都反映在较高的交易价值上。举两个例子:2010 年,包括 Apple、Microsoft 和 RIM 在内的一个企业联盟以 45 亿美元的价格收购了加拿大 Nortel 公司的专利组合重要部分。这一专利组合包含了大量 4G 技术及其他标准的必要专利。2011 年,谷歌以 125 亿美元收购了摩托罗拉移动技术公司,其中包括谷歌估值 55 亿美元的专利组合。[该数字是基于谷歌的证券交易委员会(SEC)备案。参见 CNET, July 25, 2012, "Google: Motorola's patents, tech are worth ＄5.5 billion"。]这些交易可能是必要专利对公司具有重要价值的最好例证,尽管必须注意到的是,在这两个例子中,专利组合显然也包括非必要的专利。

FRAND 公共政策

表 5.8 "限制使用概括披露"方案的总结

方　面	评　价
潜在优势	• SSO 数据库中更准确的信息将降低所有利益相关者的检索成本，为许可协议谈判提供更高质量的信息，缩短上市时间，并更好地促进基准的构建，以便在发生纠纷时使用； • 支持善意专利权人应取得其必要专利的公平对价，并更好地保护专利权人，以防止其他专利权人使用概括声明（blanket claims）来隐藏较低质量的专利组合； • 减少 SEP 专利权人和被许可方之间的信息不对称，从而使许可谈判更顺畅和耗时更短（降低交易成本），以及使结果更为公平； • 减少成本方面的不平等（已经自愿做出具体声明的和尚未做出相关声明的主体之间）（请参见表 5.6）
潜在成本	• 与所有 SEP 专利权人的披露相关的平均总成本增加约 1/4（25%）。目前不使用概括披露的相关方将不会看到其成本上涨，而那些概括披露使用者的平均增幅将大于 25%； • 一些已利用当前信息不对称的 SEP 专利权人可能会发现，在许可谈判中获得相同的优势更为困难（另请参见表 5.6）
实施措施直接产生的支出	• 拥有专利组合的 SSO 参与者，相比概括披露，将需要更广泛地筛选这些对象。据估计，与所有 SEP 专利权人的披露有关的总费用估计将增加约 1/4
不利之处、可能的风险或后果	• 可能导致（某些）公司不愿参与工作组或 SSO； • 制定标准时，不能得知所有的必要专利
必要或理想的条件/与其他提议的关系	• 需要 SSO 及其成员的配合来改变披露方式

利益相关者对建议政策方案的回应存在许多不同的观点，但这些观点都证实了上述分析中提出的论点：

• 概括披露的主要价值在于特定公司的任何贡献都将受到 FRAND 承诺的保护。为了提高专利信息透明度，无论专利权利人是否已作出了概括披露，SSO 都可进一步要求专利权人提供更为详细的专利信息披露。尽管实施具体披露通常会产生额外的成本，但我们仍然支持该解决方案，并认为该方案的收益（见上文）可以覆盖投入成本。

• 公司披露的信息将减少，实施者实际上基于 FRAND 条款获得 SEP 的确定性会因此而降低。

• 收支不成比例，披露所有 SEP 的相关信息难以实现。

• 该项建议方案的前提是所有标准必要专利在纳入标准时都已明确。但事实并非如此，公司通常是在标准设立后才发现其持有的专利对于该标准具有实际的必要性。概括披露则允许这些专利也受到 FRAND 承诺的约束。

● 禁止所有的概括披露政策并不具有可行性,但要求权利人尽快提供(或改进)详细的披露信息可能会有效果。

5.2.6 采用更严格的披露制度

建议解决方案的介绍和概要

大多数 SSO 都拥有广泛的制度来管理、规范专利的披露机制,该机制对标准的制定至关重要。然而,正如 Bekkers 和 Updegrove(2012)[201]的 SSO 政策审查所言,不同组织规定的披露义务不尽相同,更具体地说:

(1)虽然参与工作组(或类似机构)以及提交技术提案的组织通常都负有披露义务,但对于某些不满足条件要求的 SSO 成员而言,则无须披露。[202]与此同时,ISO 和 IEC 也规定,披露义务通常由参与国家标准化制定的组织来承担。但该披露规定相当模糊,以至于无法明确当事方是否一开始就能受到 ISO 或 IEC 专利政策的约束。[203]

(2)同时,披露义务通常取决于工作组参与者的"个人知识"水平。[204]如果工作组参与者对特定的专利不甚了解,那么其通常不负有披露义务。大多数知识产权政策并未明确规定企业是否必须确保他们的派出者具有足够的专业知识。虽然有些(并非所有)知识产权政策规定了"诚信"或"正当程序"的义务,但这些义务是如何在个人知识方面影响披露义务还无从得知。

(3)也有许多 SSO 规定其参与者应当披露第三方拥有的必要专利,[205]但该规定受到众多参与者的诟病。

(4)还有部分 SSO 规定,如果权利人承诺免除许可费,则可不要求披露必要专利,例如 W3C。

以上情形表明,SSO 数据库披露的信息并不完整、全面,甚至比该信息使用者所预料的情况更为糟糕。如果信息披露规则能够适当收紧且尽可能做到协调一致,数据库信息必然更加全面、完整。但在规则制定过程中,利益相关者曾主张(或争论)绝对披露规则需要太多的资源,认为该做法并不合理。因此,现行规则往往是反复商讨妥协的结果。

---

[201] Bekkers, R., & Updegrove, A. (2012). Op cit.

[202] 审查的 SSO(引自 Bekkers & Updegrove,第 50—52 页)中,只有 ETSI 和 IETF 规定了不参加工作组的成员也负有披露义务。

[203] Bekkers & Updegrove(引 52 页),另请参阅 Bekkers, R., & Updegrove, A. (2012). Background studies for the NAS report, Washington, DC: National Academies of Science, Supplement background report 1 on ITU, ISO, and IEC, http://home.tm.tue.nl/rbekkers/nas/Bekkers_Updegrove_NAS2012—S01—IEC_ISO_ITU.pdf,具体为 6—7 页。

[204] 进一步讨论,请参阅 Bekkers & Updegrove(引尤其 56—58 页)。

[205] 进一步讨论,请参阅 Bekkers & Updegrove(引尤其 53—54 页)。

FRAND 公共政策

该观点主要关注上面列出的问题(1)和(2)。在本节的剩余部分中,上述观点可以被重新表述为一项建议:"收紧 SSO 信息披露规则,以便成员或 SSO 参与者必须公开所有必要专利,而不考虑参与标准化程序个人的知识以及是否实际参与工作组的情况。"

与此同时,我们建议撤销披露第三方专利的强制性规则:这似乎并不起作用,只会造成虚假的确定性。

优势与成本

上述措施有助于 SSO 数据库披露的专利信息变得更加完整、全面,信息透明度也因此得到提高。对标准实施者而言,全面、完整的专利数据信息有助于实施者获得高效、合理的许可授权,以防专利权人借助不完整的信息而提出不合常理的许可要求。而对专利权人而言,完整的信息披露能够使得专利权人知晓其他 SEP 权利人的专利相关信息,从而在具有经济利益(许可费用或交叉许可)的标准采用过程中,更好地避免被限制(甚至封锁)的风险。

制定独立于参与者个人知识的披露规则[问题(1)],其成本将会影响公司的费用支出。如果在严格遵守这一规则的情况下,公司必须执行内部程序,以确保它们能够识别潜在的必要专利。VITA 作为一个已经开始推行该披露规则的 SSO,我们将在下文中提供 VITA 实施该程序的详细描述。毫无疑问,制定该披露规则确实会产生额外的成本,但与公司已投入的资源以及维护专利组合投入的资金相比,额外的成本投入仍然可以被上述公司所接受。因为这些公司已经拥有相应的内部部门以及专业技能。在这个领域之中,几乎所有具有影响力的公司都已经设立了独立的专利部门,甚至大多数公司还为此设立了专门的标准化部门。

不可否认,在 SSO 覆盖广泛的技术领域情况下,无论披露人是否实际参与工作组[问题(2)],其相关披露成本都相当高昂。特别是对于那些活跃在许多产品市场的公司而言,为了能够恰当地向同样涉猎广泛的 SSO(例如 ISO 或 IEC)披露其所有的必要专利,需要投入大量成本。因为这些公司将进行较大规模的专利检索活动,以确保它们就算在不活跃的领域中,也能够做到毫无遗漏地审查。

实施

如上所述,设置独立于参与者个人知识[问题(1)]的披露规则并不困难,但各个 SSO 的披露规则截然不同。ETSI 已经要求以"合理的努力"取代较弱的"个人意识"条件,使其比许多其他 SSO 要求更高。VITA 专利政策甚至更进一步[206],规定其披露不依赖参与者个人的知识,但要求成员对其拥有的专利进行"诚信合理调查"。VITA 认为工作

---

[206] 有关详细信息,请参阅 Bekkers & Updegrove(尤其参见第 57 页)。

组成员必须作出合理的努力,并同相关组织中本领域专家以及企业中负责相关领域专利工作的律师进行确认、联系,然后再讨论标准问题。请注意,该程序并不等同于专利检索。尽管目前的政策实际上并未能将两者进行很好的区分,但与原先依靠参与者个人知识的政策相比,这都是一个重要的进步。

此外,无论是否实际参与工作组[问题(2)],当事方都负有强制性的披露义务。譬如,ETSI 已规定,无论 SEP 专利权人是否实际参与工作组都需要进行披露。因此,问题(1)也能够得到较好的解决。然而,需要指出的是,ETSI 有相当集中的技术概况,这可能会使这一规则比诸如 ISO 等组织规则更易被专利权人所接受(见上)。

总结

表5.9 总结了上述(本节)观点。对于成本部分,我们将上面讨论的两种不同情形分开进行陈述。

表5.9 "采用更严格的披露制度"方案的总结

方　面	评　价
潜在优势	• SSO 披露数据库将变得更加完整; • 对实施者的益处:通过使其获知更多的 SEP 相关信息从而避免不可用或预期之外的许可要求; • 对专利权人的益处:避免对与其经济利益相关标准的采用进行限制(或甚至封锁)的风险(从许可费或交叉许可的角度)
潜在成本	情形1(成员或 SSO 参与者必须公开所有必要的专利,而不论参与该过程的个人知识程度): • 成本较低,仅与成员/参加者有关,确保他们派遣适当的工作人员和/或确保参与工作的人员消息灵通,并/或工作人员与专利部门沟通,以确保充分披露; 情形2(成员或 SSO 参与者必须公开所有必要的专利,而不实际参与工作小组): • 成本较高,尤其是对于拥有广泛活动范围的 SSO 的参与组织而言
实施措施直接产生的支出	• 无(只需要政策更改)
不利之处、可能的风险或后果	• 这可能会给公司参与标准化过程造成障碍; • 关于权利人认为必要的专利,其信息更加透明,但这一观点可能仍然受到挑战
必要或理想的条件/与其他提议的关系	限制概括披露是上述措施得以顺利进行的前提,因为如果制定更为严格的其他有关披露规则,参与方可能会转向上述的概括披露

利益相关者对所建议的政策措施的反馈证实了上述"不利之处、可能的风险或后果"：

- 这个建议实际上意味着公司要对其所参与的每一个 SSO 中的每一个标准进行完整的专利组合检索。因此，在涉及大量标准的标准化过程中，进行多项专利检索需要大量的成本和资源，而且可能很快就会因价格过高变得令人望而却步。
- 必要性审查始终是一项主观的任务。任何声明都只反映出专利权人在作出专利是或将是必要的声明时是善意的。因此对实施者来说，巨细无遗地确定必要专利几乎是没有价值的，因为该过程中的错误和遗漏是不可避免的。
- 当前的 ETSI 规则是合适的。

5.2.7 通过备案通知 SEP 专利权的转让

建议解决方案的介绍和概要

本报告将以较大的篇幅来探讨专利转让引发的广泛话题（见 5.6 节），而本节主要就专利转让发生后，其专利权属的信息公开问题进行专项讨论。

实际上，几乎所有国家或地区的专利局都要求专利申请中包括专利受让人的信息，即有权使用专利的主体。然而，必要专利权属变更的数量巨大（见 5.6 节），因此当事方不仅需要知道该专利的最初申请人，还需要知道目前的专利权属状况。不幸的是，很少有专利局要求专利权人通知权属变更情况。虽然存在一些例外情形，[207]但专利局文件和数据库中关于权属变更的信息却相当粗略。

当前，专利权属信息的缺失存在众多隐患。这不仅仅针对专利和标准，2013 年 6 月，时任美国总统巴拉克·奥巴马（Barack Obama）还表达了对"专利流氓"的担忧，并建议国会采取立法措施，要求"任何一方发出请求书，提起侵权诉讼，或要求 PTO 对专利进行复审，都需提交最新的权属信息，并允许 PTO 或地区法院对不遵守规定的行为实施制裁"。[208]

鉴于标准必要专利的重要性及其对市场的影响，提供最新、准确的必要专利权属公共信息十分关键。如上所述，专利局（通常）不提供这类信息，虽然目前大多数 SSO 允许参与者更新专利权属信息（通常是由新的权利人提交新的专利披露），但该规定缺乏强制性。除非标准实施者偶然通过媒体、谣言或其他途径发现 SEP 已被转让，否则他们很难知晓披露人已不再拥有所披露的 SEP。

---

[207] 一些专利局要求相关方应当报告专利诉讼程序中的权属变更。一些专利局（特别是法国）不要求必须进行权属变更登记，但在没有登记的情况下会限制新专利权人的权利，从而促使其在权属变更时通知专利局。

[208] White House. (2013). Fact sheet: White House task force on high-tech patent issues: Legislative priorities & executive actions, Issued June 04, 2013.

因此，本措施提议 SSO 可颁布规定，要求 SEP 权利人应当在转让必要专利时及时更新披露最新权属信息。本节其余部分，上述观点将表述为："SSO 可规定 SEP 权利人负有及时更新权属变更的强制义务。"

优势与成本

及时更新 SEP 的转让信息，不仅使得利益相关人能够及时获知 SEP 的现有权属情况，此外，在下列情况中也能发挥重要作用：

● 评估特定标准中的专利状况［专利权的分散程度（fragmentation）、潜在的成本、风险、SEP 权利人的概况等］。

● 当一方当事人收到许可费通知书或被指控侵犯专利权时，该当事人能够准确获取 SEP 的实际权属情况。这不仅是用来判断是否潜在侵权的重要依据，也是便于当事人了解专利权人是否受限的重要信息来源（如因 FRAND 承诺而受限的专利）。

对标准实施者而言，及时获知最新的 SEP 权属消息，能够更好地了解哪些当事方拥有合法的 SEP 权利要求、权利要求相关的专利组合范围（假设概括披露没有隐藏这一点）以及主张者的真实身份。对潜在的实施者而言，该措施也可以更好地评估其考虑采用的标准，乃至专利涵盖的具体情况。在订立许可协议时，这一信息还有助于他们了解最初由特定当事方拥有的专利是否囊括在该许可协议的范围内（帮助实施方商定一个更公平的价格，并估计所转让专利的成本和风险）。

与此同时，专利权人可通过该信息获悉市场分散程度（fragmentation in the market），从而分析专利在符合其既得利益的标准下专利权分散化（fragmentation of patents）的风险。

显然，该措施的实施成本将由转让其专利的 SEP 权利人承担。如果当事人定期进行专利的具体信息披露，该实施费用不会太高。即使专利权人最初选择进行概括披露，实施成本也将取决于规则的确切执行情况，以及是否存有必要专利的内部记录。投入最多的情况，则是在出售任意专利时，为确定已转让的必要专利范围，而对所有提交概括披露的标准进行必要性审查的费用。

实施

该方案的实现需以 SSO 改变其知识产权政策为基础，对于已经考虑将转让规定纳入其政策的 SSO 组织（见 5.6 节）而言，现行政策中可能包括此类备案措施。然而，数个 SSO 最近更新的专利转让规则，其中并不包括通知或备案义务。

同时，SSO 无须投入太多实施成本；绝大多数 IPR 数据库和前端的数据库将不需过多修改就能记录转让后的权属信息。不过我们建议该记录还要包括变更日期在内的权属历史信息，以便追踪权属问题。

该实施过程中的一个关键点在于,在发生级联转让(cascaded transferred)时当事人也负有备案义务。换句话说,每当转让必要专利时,新的权利人也负有同样的更新披露义务,如果它决定在将来某一时刻再次出售该专利,则需向 SSO 通报新的权利人。

虽然专利局也可以对所有权权属变更(所有专利,不仅仅是 SEP)进行登记,但专利局的登记备案对标准专利来说存在缺陷:只要 SEP 专利权人进行概括披露,那么专利局此类登记的价值就十分有限,没有相关公开信息可以表明 SSO 组织所拥有的专利对特定标准具有必要性(并可能被转让)。

总 结

表 5.10 对上述观点进行了总结。

表 5.10 "通过备案通知 SEP 专利权的转让"方案的总结

方 面	评 价
潜在优势	• 提高公众对 SEP 权属的了解; • 实施者更好地了解 SEP 权利人享有的合法权利、专利组合的范围以及前任专利权人专利组合的剩余范围; • 专利权人可以更好地了解市场分散程度,也可以更好地了解包含其既得利益的标准范围内的专利权分散化所带来的风险,并因此受益
潜在成本	• 对做出具体披露的当事人来说成本相对较低; • 对那些进行概括披露的当事人来说成本可能非常高昂,这取决于实施的具体情况,他们可能需要解决之前通过概括披露来规避的问题
实施措施直接产生的支出	• SSO 无须投入过高实施成本;绝大多数 IPR 数据库和前端的数据库将不需要任何修改就能记录转让后的权属信息
不利之处、可能的风险或后果	• 可能有助于提高信息透明度,但并不能解决以下问题:权利转让中与 FRAND 承诺转移有关的问题
必要或理想的条件/与其他提议的关系	• 如果允许限制概括披露(5.2.4 节中的观点),那么该实施方案更具有可行性

利益相关者对所建议的政策措施的反馈证实了上述"不利之处、可能的风险或后果":

• 对标准必要专利的许可承诺应理解为附随于专利本身,并约束任何之后获取该专利的权利人。如果必要专利的权利人能够通过简单的专利转让来逃避其许可承诺,那么所有这种许可承诺都将变得毫无意义。即使在专利权属发生变化时要求对 SEP 披露进行更新,也不能恰当地解决这一问题。

• SSO 可以要求其成员在出售或购买 SEP 时更新其披露信息,这是保证数据库及时更新的好方法,但 SSO 无权要求非成员的买方承担同样的责任。

• 人们需要概括的 FRAND 声明,以减少查明每项 SEP 所需的费用和时间,权属备案也是如此。在标准必要专利的转移中,可能无法完全列举出每个 SEP,因此,在与新受让人进行交易时,向 SSO 或者 PTO 通报其中每一项专利难以实现。

5.2.8 加强 SSO 与专利局之间的合作

建议解决方案的介绍和概要

虽然 SSO 和专利局是完全不同的两个组织,它们服务于不同目标并承担着不同的责任,但在某些领域,两者均可从相互合作中受益。

早前,专利局和 SSO 多次携手合作,并得到广泛认可。[209]

专利局进行现有技术检索时,非专利文件扮演着愈发关键的角色。随着时间的推移,电信和信息技术领域的专利审查员认识到,在确定新专利申请的现有技术时,将标准化文件纳入考虑范围具有重要意义。因为标准化平台是第一个可以公开和分享新想法的场所,最重要的文件往往形成于工作组会议的早期草案和会议记录,而非事实上最终的公开标准(通常会出现在较晚的阶段)。在过去,标准文件是否符合"公开的"现有技术还存有疑惑,致使专利局并未考虑把标准化文件纳入现有技术范围。然而,欧洲发生的两件事情却对标准文件作为现有技术起到了推动作用。首先,EPO 上诉委员会在审理两宗案件的过程中[210]为该问题提供了法律依据和指引。其次,EPO 曾与 ETSI、IEEE 和 ITU 进行了合作。[211] 在合作期间,SSO 就其工作组文件(早期草稿、会议记录等)的法律地位与状态,对相关政策进行了详细解释。总体而言,这些说明指出,提交工作组的任何文件都被假定为非机密文件,除非另有明确说明(在这种情况下,SSO 可以考虑是否愿意接受这种技术贡献)。因此,这两起事件为标准相关文件被认定为现有技术打开了一扇大门。

除上述活动外,EPO 和 ETSI 还通力合作,将 ETSI 专利披露信息与 EPO Espacenet 数据库共享,由此提高 ETSI 的 IPR 数据库质量。同时,信息透明度也得到了提升。

尽管 EPO 和 ETSI 之间以及 IEEE 与 ITU 之间的合作卓有成效,但是普遍看来,专利局与 SSO 并未就此开展更多合作。建立合作关系必然会产生相应的实施成本,如果更多当事方能够积极参与到合作进程中,则可以有效减少实施成本。本节的观点表述如

---

[209] 本节以 EPO 的经验为基础,以下报告反映了这一情形:Goudelis, M. (2012). EPO cooperation with Standards Developing Organisations. Presentation delivered at the National Academies of Science, Washington DC, October 3 – 4, 2012. 来源:http://sites.nationalacademies.org/PGA/step/IPManagement/PGA_072825。

[210] 它们是 EPO 上诉决定 T 273/02 和 T 738/04。

[211] 与 ETSI 和 EEEI 合作时,签订了谅解备忘录,而在与 ITU 合作时,签订了合作协议。

下:"在专利审查中进行现有技术检索时使用标准化文件,需要专利局和所有重要的 SSO 进行广泛的协调与合作。"

因此,本节仅讨论专利局最为关心的话题:SSO 与专利局就现有技术领域的合作。

优势与成本

在专利审查阶段,审议标准化文件有助于提高专利的质量:不符合新颖性标准的专利申请获得批准的概率会更低。这不仅提高了专利质量,形成了一个更加公平的知识市场,而且还调节了标准化密集型领域的专利总数,从而缓和与标准专利(堆叠、劫持、权利分散化等)有关的各种问题和风险。此外,它还能够阻止参与者采取机会主义策略(比如申请一项竞争对手在标准化会议上实际披露的发明)。

我们从与 EPO 的讨论中了解到,现在 EPO 审查电信等特定领域的新专利申请时,通常会高频率使用与标准有关的文件,因此在这方面的合作可以被视为一个巨大的成功。

对实施者而言,专利局与 SSO 的合作有利于减少实施者的专利实施成本。因为专利局可结合标准文件,将不符合条件的专利申请排除在外,查明那些本不该被授予的专利。

善意的专利权人,特别是高质量专利的权利人,也能够从这项提议中受益,因为他们能够获得与其技术贡献和研发相适应的回报,而避免将许可费支付给未做出任何重大贡献的其他专利权人。

此外,根据 EPO 的数据,专利局每年的实施成本约为 50 万欧元,主要由获得标准相关文件的费用以及向审查员提供该资料的内部费用构成。SSO 则需要收集所有标准相关文件,并确保文件符合必要的使用要求,具体包括明确该信息披露的日期、确定技术领域/工作组等。虽然 SSO 的具体实施成本我们不得而知,但预计该费用将远低于专利局所需的费用。

实施

虽然 EPO 与 ETSI、IEEE 和 ITU 之间已经建立了有效的合作,但不仅于此,我们希望更多组织参与到合作之中。首先,应将合作推广至其他专利局:只要美国专利商标局(USPTO)、日本专利局等主要专利局不将标准化文件纳入现有技术范畴,许多不符合新颖性要求的申请仍然会被授予专利。例如,由于一些专利组合具有全球性,这些专利在很大程度上将影响欧洲的商业市场。其次,还应将合作规模扩大至其他 SSO。事实上,EPO 表示,如果这种合作扩展到新的领域,如能源和新汽车技术,这将是很有意义的。[212] 事实上,全球标准合作会议(GSC)通过了一项决议,鼓励 SDO"与相关的专利和商标局

---

[212] 参见 Goudelis (2012),同上注 209。

合作,提供技术信息供此类机构使用,从而帮助它们提高所授予专利的质量"。[213]

然而,上述合作的推广将取决于其他 SSO 和专利局的意愿。专利局需面临的困境在于它们缺少类似 EPO 中推动该过程的法律基础——正如上文所解释,EPO 上诉委员会的两个具体案例有助于说明,标准化文件确实需要作为现有技术来考虑,但在其他专利局可能不存在这样类似的案例。但是,如果 SSO 明确规定工作组会议(WG meetings)上的文件能够被视为公开信息,并将这些文件以适当的识别方式(如日期等)放置于公共领域,上述问题可能会得到缓解。如果该规定得以适用,任何人都能够轻易识别作为现有技术的标准文件。

同时,如果采取以下措施,可为 SSO 和专利局节省大量潜在费用:达成协调一致的举措;所有组织都认可标准化文件的地位;使用标准化的格式发放文件。如果所有的 SSO 和专利局能够协商建立单一、通用的数据库,那么成本会进一步降低。

总结

表 5.11 总结了上述观点。

表 5.11 "加强 SSO 与专利局之间的合作"方案的总结

方　面	评　价
潜在优势	• 提高标准相关专利的质量; • 为知识创造更公平的市场,使真正的创新者获得回报; • 减少标准密集领域中的专利数量,规范标准专利中的其他问题; • 对实施者而言,专利局与 SSO 的合作有利于减少实施者的专利实施成本,因为专利局可结合标准文件,将不符合条件的专利申请排除在外,查明那些本不该被授予的专利; • 善意的专利权人,特别是高质量专利的权利人,也能够从这项提议中受益,因为他们能够获得与其技术贡献和研发相适应的回报,而避免将许可费支付给未做出任何重大贡献的其他专利权人
潜在成本	• 投机主义的公司申请低质量专利的空间更小,同时也减少了将这些专利作为 SEP 披露的可能性
实施措施直接产生的支出	• 专利局获取标准化文件并在内部进行处理的费用(在 EPO 中目前约为 50 万欧元); • SSO 采取变更措施、说明文件的法律地位、收集相关文件并添加必要信息的费用; • 如果能达成协调一致的方案,SSO 和专利局的成本会进一步降低

---

[213] 直至 GSC 16,GSC 12 重申了这一观点,参见 Goudelis (2012),同上注 209。

续表

方　面	评　价
不利之处、可能的风险或后果	• 合作的推广取决于其他 SSO 和专利局是否愿意合作；对于专利局而言，它们缺少类似 EPO 中推动该过程的法律基础
必要或理想的条件/与其他提议的关系	• 无

利益相关者对所建议的政策方案的反馈证实，他们中的大多数人认为该方案有诸多优点且成本合理。

• 原则上该举措值得肯定。

• 假设 SSO 的实施成本较低，则专利局所支出的费用应该不会相差甚远，因为后者"只"需要建立相应的数据库并定期维护。

作为审查必要性和有效性的官方组织，PTO 可以将 ISO、IEC 和 ITU 公开的技术规范作为现有技术或纳入参考。但某些 SSO 受保密义务的规制（例如，涉及加密标准）。因此，在这些情况下，必须有其他可行的制度安排。

• 专利局与 SSO 的合作是一种典型的双赢局面。

5.3 促进专利池的建立

建议解决方案的介绍和概要

专利池为不同实体所拥有的标准必要专利进行打包式许可授权提供了一站式解决方案，从而降低交易成本并避免许可费堆叠的困境。来自竞争法方面的担忧限制了 20 世纪下半叶专利池的创建实践。然而，自 20 世纪 90 年代后期以来，出现了一种与技术标准密切相关的新型专利池，这种专利池还提供了若干能排除反竞争效益的保障措施。这其中有两个 DVD 专利池和一个 MPEG 视频编码专利池，作为该新型专利池的先驱，它们要求美国司法部（DoJ）发布关于其组建专利池活动的商业评论函。于是，DoJ 对这些提案所带来的促进或消除竞争的影响进行了深入分析。最终，该机构对组建活动予以认可并给予正面的响应，指出他们认为能确保新型专利池不会违反竞争/反垄断规则的必要条件。[214] 这些重要的条件包括，专利池只应包括互补型专利，而不应包括可替代专利（只将必要专利纳

---

[214] 关于这三封函件，参见 Department of Justice (DoJ), Antitrust Division. (1998). [Business Review Letter of proposed arrangements between Philips, Sony and Pioneer concerning DVD-ROM and DVD-Video], dated December 16, 1998; Department of Justice (DoJ), Antitrust Division. (1999). [Business Review Letter of proposed arrangements between Hitachi, Matsushita, Mitsubishi and others concerning DVD-ROM and DVD-Video], dated June 10, 1999; 以及 Department of Justice (DoJ), Antitrust Division. (1997). [Business Review Letter of proposed arrangements concerning the MPEG 2 compression technology], dated June 26, 1997.

入专利池可以满足这一条件,因为这些专利本身具有互补性),并且专利池拥有检验专利必要性的良好机制,且所有专利权人都可以自由地直接授权其专利,而非必须通过专利池。实际上,在上述专利池之后设立的所有专利池都采用了这些基本原则。

由于有上述 DVD 专利池和 MPEG 专利池作为先驱,现在人们很清楚,在什么条件下,美国竞争/反垄断监管机构会允许这样的专利池进行运作。

在过去几十年中,有 40 多个专利池被组建,并授权签订了 8000 多份许可合同。然而,在标准必要专利发挥重要作用的大多数领域,专利池还未得到广泛实施。此外,虽然一些著名的专利池聚集了大量的成员和专利,但并非所有的专利池都能迅速吸引到大量相关专利权人的参与,有的领域曾数次组建专利池却从未成功。

专利池由许可管理员发起并进行管理,在一些最早组建的专利池(DVD6C、DAB、mp3)中,该管理员往往是从成员中挑选出的专利持有公司。然而,较新的专利池通常由独立的第三方管理。目前,有五家专门管理专利池的公司,它们对大多数专利池负责并推动了专利池的创立,包括 MPEGLA、Via Licensing、Sisvel、SiproLab 和 VoiceAge(分布见图 5.1)。在其他情况下(例如 One-Blue、One-Red),专利池成员则创建了一个特设的实体来管理特定的专利池。

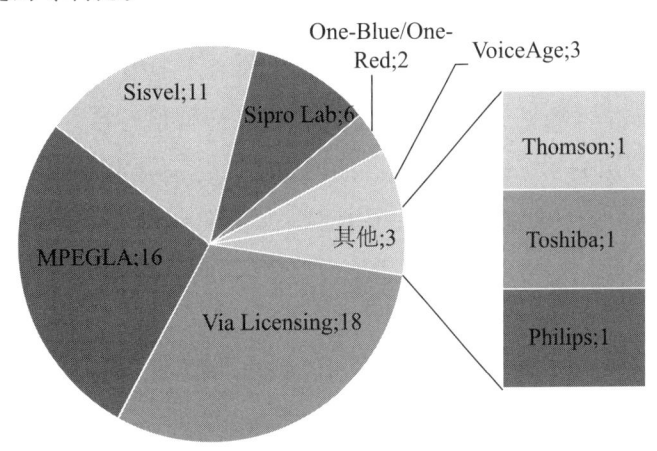

图 5.1 许可管理员所管理的专利池数目

就许可人和被许可人而言,现有专利池的规模差别很大。图 5.2 提供了专利池相关的许可人和已知[213]被许可人数量的详细信息。各技术领域被许可人的平均数目差异很大(在 250 至 700 之间不等),[214]并且在单个专利池之间被许可人的数目相差更大,只有 7 个专利池披露了 500 多个被许可人,而若干专利池仅有相当少量的被许可人。尽管没有

---

[213] 大多数专利池都提供良好信誉的被许可人名单。然而,这些名单并不适用于所有专利池,并且可能不一定是完整的。信誉良好的被许可人有可能要求不披露许可合同的存在。

[214] 由于若干专利池已处于大幅衰退阶段,所提供的所有数字均指所观察到的最高数值。

FRAND 公共政策

这么极端,许可人的数量也存在类似的情况:有 3 个专利池拥有超过 20 个的成员,但大多数池在其规模最大时也只拥有 4 到 10 个成员。

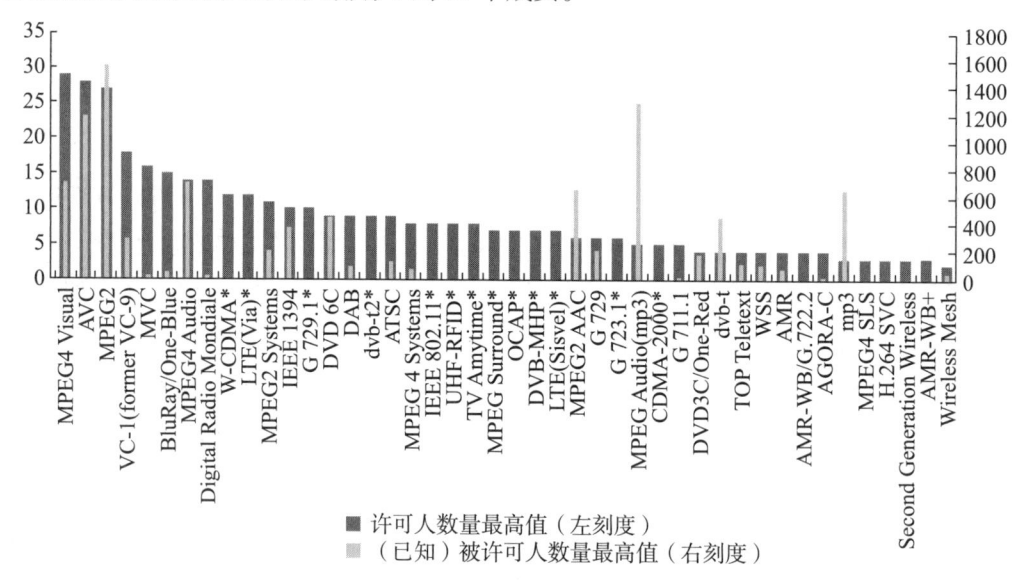

图 5.2 许可人和(已知)被许可人的数量

专利池的规模在不同的技术领域有很大差异(图 5.3)。编码或压缩技术等标准通常运用于许多不同的应用程序,而这些标准的专利池往往具有很高的覆盖率,且被许可人的数量众多,该情形常见于消费电子领域。相反,电信标准(如 LTE)、广播技术(DVB-T、ATSC)或家庭系统(Blu-Ray)等标准则是为某一特定技术目的纳入并合并了大量分类技术标准。这些标准的专利池往往对必要专利权利人的覆盖率较低,并且仅有数量有限的被许可人。

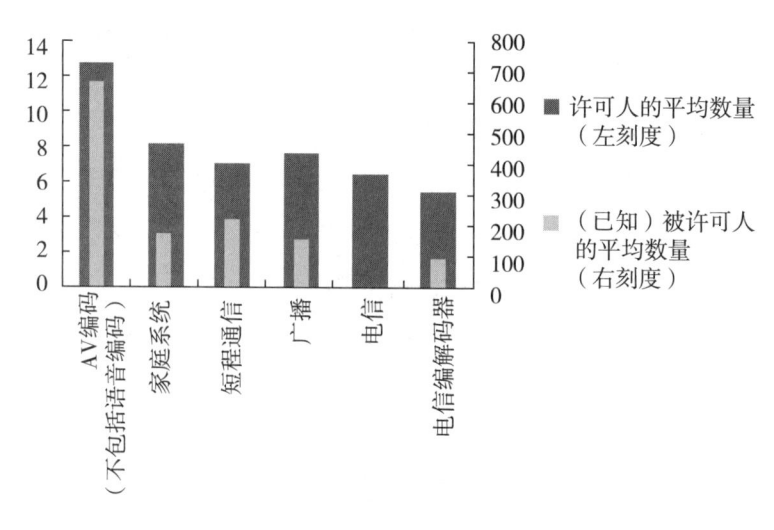

图 5.3 (已知)被许可人和许可人的平均数量

关于专利池的公开讨论话题主要涉及少数显著成功的专利池。然而,在过去15年中,不乏创建专利池最终却以失败告终的先例。通过调查51个专利池的形成过程(图5.4),我们认为其中6个是"有效的专利池",另有14个是"比较有效的专利池"(关于我们对此的定义,参见脚注)。虽然详细研究这51个尝试创建专利池的活动成功或失败的原因超出了本研究的范围,[217]但对于相关政策如何最有效地促成专利池的建立这一问题,这类研究可能会提出非常有用的见解。

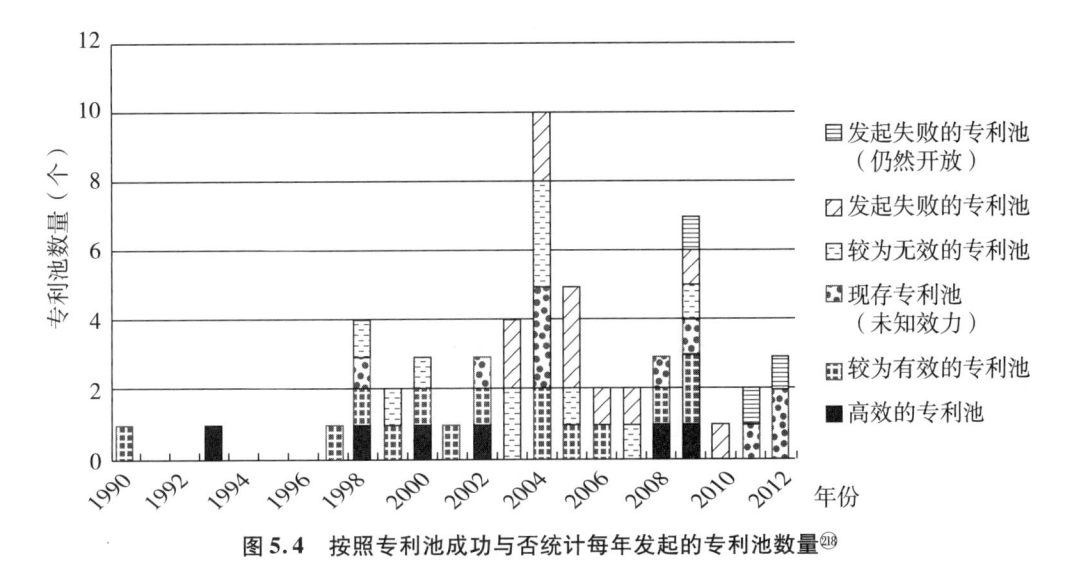

图5.4 按照专利池成功与否统计每年发起的专利池数量[218]

虽然专利池仍然相对较少(与根据标准可以建立的潜在专利池的数目相比),而且所尝试建立的专利池其成功程度参差不齐,但有理由相信,随着时间的推移,专利池的角色可能变得更为必要和重要。这些原因如下:

(1)市场动态性且趋同性在快速增强。在技术生命周期的早期,标准化技术(移动电话,Wi-Fi卡)通常是实施该技术设备的唯一核心。但在标准生命周期的后期,实施该技术的设备通常会支持许多同等或更重要的其他标准,智能手机就是典型的例子。考虑到现代蓝光播放器、电视、游戏机或相机中包含的标准数量,生产商发现应对设备所包含

---

[217] 在这方面的一些初步尝试可以参见 Bekkers, R., Iversen, E., & Blind, K. (2012). Emerging ways to address the reemerging conflict between patenting and technological standardization. Industrial and Corporate Change, 21(4), 901-931.

[218] 如果有证据表明在创建一个专利池时付出了巨大的努力(例如请求专利加入),但没有成功,那么我们就可以将其定义为"发起失败"。我们将其称为"有效"的条件是:①在标准发布后3年内创建的专利池;②只有一个专利池存在,且达到了良好的状态或拥有较大的覆盖范围;③专利池保持稳定或通过吸纳其他成员而逐渐壮大。"比较有效"的专利池创建指的是这样一种情形:要么存在多个专利池(未能实现一个标准一个专利池,比如DVD或LTE),要么该专利池无法实现较大的覆盖范围,或者是在严重拖延之后创建的。如果一个专利池在短时间内被放弃,或者只包含相关边缘的专利,我们称其为"较为无效"的专利池创建。对于其中10个专利池,我们无法确定其成功的程度(这些没有显示在图中)。

的每项标准中所有不同、复杂的双边许可制度愈发困难。因此,他们倾向于使必要专利捆绑在专利池中。

(2)越来越多的电信和信息技术标准被其他技术领域用作"使能性技术(enabling technologies)"。这些领域非常多样化,包括智能电网、电子医疗、公共交通、道路安全和智能交通系统。事实上,几乎每个引入"智能"系统的部门都严重依赖 ICT 标准。因此,通常由少数实施者促成的标准中,所有的实施者本身都是专利权人(且往往倾向于双边许可/交叉许可),现在却转向了另一种情况,即有更多来自其他技术领域且不拥有任何相关专利的潜在被许可人。在这一发展过程中,专利池开始变得越来越重要。

(3)在许多产品领域,消费者期望新一代设备也能支持早期的标准。例如,人们希望 4G 手机能够与 2G 和 3G 标准兼容;一款具有 802.11ac Wi-Fi 功能的设备可以支持早期的"N""G"和"B"标准;蓝光播放器也能播放 DVD 和光盘。因此,生产者往往需要获得所有早期技术许可,即使专利池存在,专利池中也会出现分散化的情形。最近一项名为"池中池(pool of pools)"的新发展可以妥善解决这个问题,[219]它同时为多个专利池创建了一站式解决方案,且价格通常会低于各个专利池的总和(一方面也是因为专利池间存在重叠[220])。这其中,最著名的池中池是 One-Blue 专利池。[221]

虽然专利池是一种自愿机制,但从公众的角度来看,如果要进一步促进专利池的创建和参与,仍有许多事情要做。我们认为,促进专利池和 SSO 之间的合作是较为可行的方案(也请参见下文"实施"部分)。

在本节的其余部分,该想法将被表述为:"有关推进专利池创建、促进专利池参与度的深入研究,主要措施包括加强 SSO 与专利池之间的合作关系、提供参与专利池的激励措施、向大学和 SME 积极宣传成为专利池许可人的众多优势。"

优势与成本

由于本节的核心思想是促进专利池,我们现在将考量与专利池相关的优势和成本。这一分析将不关注如何促进专利池的具体建议。

---

[219] 参见 Uijl, S. d., Bekkers, R., & de Vries, H. J. d. (2013). Managing Intellectual Property Using Patent Pools: Lessons from Three Generations of Pools in the Optical Disc Industry. California Management Review, 55(4), 31-50。

[220] 一项专利可能对于较老一代和新一代的标准(即使设备只采用较新的标准)来说都具有必要性。然而,如果该专利是专利池的一部分,则该专利通常只许可给该专利池所针对的特定标准,而不包括新一代标准在内的任何其他标准。

[221] 详见 Peters, R. (2011). One-Blue: a blueprint for patent pools in high-tech. Intellectual Asset Management, September/October 2011, 38-41。

专利池拥有诸多好处,如下所述:

(1)降低被许可人和许可人的交易成本(对后者而言,专利池一旦建立,成本就会被收回);

(2)引入一种有助于防止许可费堆叠的协调机制;

(3)对被许可人而言,降低了搜索成本;

(4)降低了专利总体布局、专利可得性和定价方面的不确定性,从而减少新晋者实施标准的障碍;

(5)减少或缓和过度声明必要专利的现象(借助专利池中良好的必要性测试机制);

(6)对于同一批专利,与双边谈判获得的许可价格相比,专利池可能会降低被许可人的总计许可费;

(7)提供一种协调机制,使专利权人能够集体决定如何根据不断变化的市场情况改变(降低)他们的收费;[22]

(8)对于同一批专利,与双边谈判进行许可的价格相比,专利池可能会增加许可人的总计许可费;

(9)在实施者之间建立更公平的竞争环境(更多的实施者以相同的价格为已实施的专利支付费用);

(10)使相对较小的SEP专利权人也能有效地从其专利中获得收益;

(11)专利池能够更有效地解决故意侵犯池中SEP的问题;

(12)实施者向专利权人支付的许可费率更为统一、差别更小。

综上所述,对实施者而言,其交易、检索成本得以降低,专利授权许可的确定性增加,并且实施者之间的歧视也会相对减少。

此外,专利池的构建也同样会降低专利权人的交易成本,为故意侵犯SEP专利权的情形提供更为妥善的解决方案,从而促成一个健康运作的技术市场。

公众往往容易忽视第(8)项,认为它可能与第(7)项相冲突。然而,这两点其实真实存在且相互兼容,其原因在于专利池所能授权的潜在被许可人数量比单个公司授权量更为可观。例如,AVC/H.264专利池中有其他29家公司集合了它们的必要专利,吸引了1100多家被许可人。[23] AT&T公司也拥有同一标准的必要专利,但它并未选择加入该专利池,在该公司只有不超过13个被许可人基于该标准的许可计划被记录在册。[24] 上述例

---

[22] 这种许可费的降低可以在许多专利池中反复观察到。
[23] 这一数字来自AVC专利池许可管理员网站,www.mpegla.com/main/programs/AVC/Pages/Licensees.aspx。
[24] 这一数字来自AT&T官网,www.att.com/gen/sites/ipsales?pid=19116。

子能够表明,专利池不仅拥有更多资源,还有更大的规模来跟踪和登记实施者。在一个大型专利池中,登记一个相对较小的实施者是有意义的,而对单个公司来说,这样做的成本要大于它所能带来的收入。因此,就通常假定的创收而言,专利池模式可能会更具创收实力,这可能也解释了相当多专利池吸引的专利权人其主要商业模式就是从许可费中获得收入(如 Dolby)。

另外,专利池还可能为实施者创造更公平的竞争环境:有了专利池,几乎每个人都需支付金额相同的许可费。而在双边许可中,许可费率大相径庭,一些实施者需支付费用,而另一些则不,这无疑产生了价格歧视。

然而,专利池也具有以下缺点:

(1)专利池设立需要投入大量的成本(通常由考虑加入专利池的 SEP 专利权人、专利池的发起人和/或专利池管理员承担);

(2)如果必要专利的价值存在显著差异[23],或者专利权人希望获得的许可费存在差异(取决于他们的战略和商业模式等),那么专利池很难就收入分配规则达成一致;

(3)大型专利池可能会成为吸引单个公司的抢夺点,使它们处于专利池之外,但却能借助于专利池的优势(比起在没有专利池存在的情况下,这些公司可能会获得更多的许可费收入)。

人们经常听到一个担忧——专利池将不允许公司通过双边谈判的方式从许可其 SEP 中获利。我们对该情形不予否认,但现实却更加微妙。许多现代专利池都包含回授条款,事实上,这些条款约束被许可人应以与专利池费率相当的费率,回授自己的 SEP (如果持有 SEP)。最近,摩托罗拉和微软在美国的案例证明了这些条款的有效性。该案例的一部分是有关 H.264 必要专利,谷歌是 H.264 专利池的一名被许可人,在其收购摩托罗拉之后,法官认为,谷歌应该遵循该专利池中的回授规则,要求谷歌/摩托罗拉为该标准回授他们自己的 SEP,且这一费率应当与专利池的费率相当,而不是他们一直要求的更高的费率。

实施

鉴于有不少专利池早已存在,本节将不会特别关注专利池的实施,而重点关注如何进一步促进专利池的创建和参与。我们将简要讨论所提议的三种观点的实施情况。

---

[23] 价值更高的专利的权利人将希望每项专利在收入中占有更高的份额,而其他人则可能坚持每项专利的统一付费基础。One-Blue 专利池采用的一个较好的解决方案是将其中的光盘专利(被认为是更基本和更有价值的专利类别)获得的费用定为其他专利的两倍。

加强 SSO 与专利池之间的联系。通过 DVB 论坛推行的 DVB 标准化,可以说是最早将专利池的形成与标准化工作结合起来的标准化过程之一。在这方面,SSO 内部开展了若干具体活动,以刺激和促进专利池的建立和参与。这些措施具体包括以下几点。㉖

(1)SEP 专利权人创建/加入专利池的具体激励措施:如果给定标准,超过 70% 的已知 SEP 所有者在标准实施两年后加入专利池,则标准实施人就无法行使诸如 DVB 论坛专利政策中规定的仲裁的权利。

(2)提供一种使专利权人能够秘密地向独立专家(由 SSO 指定)提交一项或多项专利的机制,这位专家将试图找出(至少)一项标准所覆盖的专利权利要求(是必要的)。如果能够确认该专利是必要的,那么该专利权人就会知道他可能会加入相应的专利池。

该过程仍然是保密的;专家的结论不会公布。这种方法被认为是一种低成本的发起专利池的方法,特别是对于在这一领域缺乏经验和/或资源有限的当事方而言。(当然,为了满足竞争法的要求,该专利池之后将需要进行一项全面的必要性测试。)

(3)设立一个"专利池条款审查论坛"。与许多其他 SSO 尽可能避免讨论商业许可条款不同,这类 SSO 设立了一个特定机构,通常在专利池形成阶段、许可条件尚未确定的情况下,利害关系方(专利权人、实施者、专利池管理员)可以会见并讨论所提议的专利池许可条件/结构。据有关各方称,这一论坛对包括 AVC/H.264 专利池在内的几个重要专利池产生了重大的积极影响。㉗ 为了防止这被视为一种反竞争行为,需要强调的是,这显然不是权利人与被许可群体之间的谈判会议,而是意见交换。

此外,IEEE 一直在认真考虑使标准化和专利池进行链接的想法。在 2008 年,该 SSO 与专利池管理员 Via Licensing 签订了一份为期两年的合作协议。公共消息来源报告说,其目的是"在发布标准后不久"便建立专利池,并且是否参加专利池将以自愿形式进行。㉘ 但是听说过这种合作的人寥寥无几。在 2012 年 8 月,IEEE 802.11 专利池探索性论坛成立,旨在简化专利池的形成过程。㉙ 然而,从那时起,我们获悉有两个商业许可管理员(Via Licensing 和 Sisvel)最终也为(某些)802.11 标准创建了一个专利池,使

㉖ 详见 Eltzroth, C. (2008). IPR Policy of the DVB Project: Negative Disclosure, FR&ND arbitration Unless Pool rules OK Part 1. J. of IT Standards & Standardization Research, 6(2), 18–39,以及 Eltzroth, C. (2009). IPR Policy of the DVB Project: Negative Disclosure, FR&ND arbitration Unless Pool rules OK Part 2. J. of IT Standards & Standardization Research, 7(2), 1–22。

㉗ Eltzroth, C. (2008),同上。在这篇文章中,AVC/H.264/ 专利池被认为是 MPEG 4 Part 10 许可计划。

㉘ www.eetimes.com/electronics-news/4080218/IEEE-joins-move-to-patent-pools.

㉙ IEEE Press Release, 6 August 2012. IEEE 802.11 Patent pool exploratory forum launched: IEEE 802.11 Patent Holders Encouraged to Discuss Licensing Issues and Consider Ways of Streamlining Pool Formation. 来源:http://standards.ieee.org/news/2012/802pat.html。

FRAND 公共政策

IEEE 的专利池探索性论坛索性没有了用武之地,因此 IEEE 的这项工作现在已经停止。

提供参与专利池的激励措施。有趣的是,上面提到的 DVB 的工作也结合了我们中心思想的第二个要素:在这一工作中,SEP 专利权人必然会受到仲裁的约束,除非他们加入该专利池(从而鼓励参与专利池)。[20] 这确实表明了激励措施可以以这样的方式产生:使参与专利池作为"逃避"即将引入的新措施的手段(如本章讨论的许多措施)。事实上,如果这样的协议能让公司加入到专利池中,那么大部分预期的好处(如果不会更多的话)就已经得以实现。

使大学和 SME(中小型企业)更好地认识到成为专利池许可人的好处。大学、研究机构、国家和个体专利权人均是所有已知必要专利权利人的重要组成部分。在较大的 SEP 专利权人中,他们至少占 5%;在所有 SEP 专利权人中,他们所占份额更高,可能高达 25%—50%。[21] 因此,这一类别造成了专利权的严重分散。

并不是所有这些参与方都会主动要求实施者接受许可(事实上,其中大多数并不会这样做),但他们的专利权确实存在着不确定性和某些风险。专利池可以减少这些不确定性和风险,同时,相比起当事方自己运营其专利,建立专利池效益更高。因为专利池提供的机制,能够使其发明获得更多收入。鼓励大学和 SME 加入专利池(并从中获益)也能够阻止它们将其专利出售给那些以恶意的方式利用这些专利的相关方(其中专利流氓就是极端情形)。除了提供积极的激励措施(意识层面、提供直接支持,比如经费上的资助)外,公共实体也可以利用其作为公共研究(在国际、国家或其他方面)的重要(共同)资助者地位。其中较为可行的方案是通过合同条款,在条款中明确规定,如果存在任何由共同资助研究产生的、最终被认为标准必要的专利都必须纳入专利池。更进一步的规则将是强制要求大学(或公共资助的研究机构)的任何 SEP 都必须满足这一条件。

总结

表 5.12 总结了上述观点。

---

[20] Eltzroth, C. (2008),同上注 226,主要在 36/37 页。
[21] 我们调查了 ANSI、ATIS、BBF、CEN、CENELEC、ETSI、IEC(包括 JTC 1)、IEEE、IETF、ISO(包括 JTC 1)、ITU、OMA 和 TIA 的所有专利披露,并清理/统一了作出这些披露的组织的名称,发现了 1315 个不同的组织(或个体专利权人)。我们进一步检查了其中最大的前 25%(就披露的数量而言),以确定组织的类型。该群体中约有 5% 的声明来自大学、公共研究机构、国家或个人发明者。预计其余 75% 的"较小"专利权人中,这类权利人的比例要大得多,但我们无法证实这一点,进一步研究不仅需要更多资源,而且变得越来越困难:专利权人越"小",就越难确定他们的身份。例如,许多大学使用由其技术转让办公室出于法律原因创建的权利人名称,这些名称通常没有暗示这与一所大学有关。然而,仅仅从名字来看,无数的名字看起来像个人发明者,因此我们估计,上述类别的 SEP 专利权人大约在 25%—50%。

表5.12 "促进专利池的建立"方案的总结

方　面	评　价
潜在优势	• 降低被许可人和许可人的交易成本（对后者而言,专利池一旦建立,成本将能够被收回）； • 引入一种有助于防止许可费堆叠的协调机制； • 对被许可人而言,降低了检索成本； • 降低了专利总体布局、专利可得性和定价方面的不确定性,从而排除新晋者实施标准的障碍； • 减少或缓和过度声明必要专利的现象（借助专利池中良好的必要性测试机制）； • 对于同一批专利,与通过双边谈判获得的许可价格相比,专利池可能会降低被许可人的总计专利许可费； • 提供一种协调机制,使专利权人能够集体决定如何根据不断变化的市场情况改变（降低）其许可费率；[22] • 对于同一批专利,与通过双边谈判进行许可的价格相比,专利池可能会增加许可人的总计许可费； • 在实施者之间建立更公平的竞争环境（更多的实施者以相同的价格为已实施的专利支付费用）； • 可能使相对较小的SEP专利权人有效地从其专利中获得收益； • 专利池可能会更有效地解决故意侵权的问题； • 有效防止实施者之间的价格歧视。 从主要利益相关者的角度： • 对实施者而言,其交易、检索成本得以降低,专利授权许可的确定性增加,并且实施者之间的歧视也会相对减少； • 专利池的构建也同样会降低专利权人的交易成本,为故意侵犯SEP专利权的情形提供更为妥善的解决方案,从而促成一个健康运作的技术市场
潜在成本	• 专利池设立需要大量的成本（通常由考虑加入专利池的SEP专利权人、专利池的发起人和/或专利池管理员承担）； • 如果必要专利的价值存在显著（被视为）差异[23],或者专利权人希望获得的许可费存在差异（取决于他们的战略和商业模式等）,那么专利池很难就收入分配规则达成一致； • 大型专利池可能会为单个公司创造有吸引力的位置,使让它们处于专利池之外,但却能借助于专利池的成功（比起没有专利池存在的情况下,这些公司可能会获得更多的许可费收入）
实施措施直接产生的支出	•〔取决于上文讨论的具体措施〕

---

[22] 这种许可费的降低可以在许多专利池中反复观察到。

[23] 价值更高的专利的权利人将希望每项专利在收入中占有更高的份额,而其他人则可能坚持每项专利的统一付费基础。One-Blue专利池所采用的一个有趣的解决方案是,其中的光盘专利（被认为是更基本和更有价值的专利类别）获得的费用是其他专利的两倍。

续表

方面	评价
不利之处、可能的风险或后果	没有
必要或理想的条件/与其他提议的关系	正如上面所解释的那样,市场状况正在发展,我们期望专利池对于SEP专利权人来说会变得更有吸引力

利益相关者对所建议的政策解决方案的反馈突出了一个问题,即倡导更多地关注超级专利池(super-pool)。以下是我们对回应的总结:

对于包含许多不同标准的产品,实施者最好采用双边(和交叉)许可的方式。否则,专利池会产生更多的许可费堆叠。因此,专利池的推广对产业是有好处的,不仅对潜在的被许可人有利,对潜在的许可人也有利。

5.4 引入争端解决机制

建议解决方案的介绍和概要

在众多随处可见的诉讼案件推动之下,内部人士一直在思考是否存在比常规、全面的法庭审理成本更低、效率更高、处理更为集中的纠纷解决机制,可以用来解决标准必要专利的各种争端。在被许可方不支付应付的许可费的情况下,SEP专利权人通常会以提起高额赔偿诉讼或申请强制令乃至禁止进口令为威胁,迫使被许可人不得不接受较为不利的许可条件进行和解。[24]

由于其中大量的案件基本上是关于许可费水平的问题,所以替代性争端解决机制将是一种可行的选择。欧洲和美国竞争监管机构的三位关键人物曾提出相关建议,即SSO自身应建立一个替代性争端解决机制。[25] 更具体地说,F/RAND承诺应设置一个比诉讼更快、成本更低的有关确定F/RAND费率或裁决F/RAND争议的程序。高支出的诉讼程序造成了知识市场上的摩擦,对被许可人而言,这将意味着高额的交易支出,也会使得规模较小的公司更加难以进入这个市场。因此,每个SSO都可以为其成员以及其专利技术考虑有效的替代方案(即使将诉讼作为选择之一)。

我们在本节提出了在SSO中进行仲裁以及替代性争议解决机制在内的一系列方案,但这并不意味上述解决方案在任何特定情况下都具有可行性。SSO可以通过准确的

---

[24] Kühn, K.-U., Scott Morton, F., & Shelanski, H. (2013). Standard Setting Organizations Can Help Solve the Standard Essential Patents Licensing Problem. CPI Antitrust Chronicle, March 2013 (Special Issue).

[25] 同上引文Kühn等作者。

定义来提高这些程序的效率,例如,确定许可费应该适用的基础规范,或者确定其他可以简化评估特定的许可报价是否为 F/RAND 的因素等。一言蔽之,我们希望诸如法官或仲裁员等第三方,能够通过迅速而经济的解决方案确定报价是否符合 F/RAND 承诺。

此外,"F/RAND 争端解决过程应要求许可方提供 SEP 的现金许可价格,作为其他许可条件的替代方案,以帮助第三方评估拟议的许可条款。对于第三方而言,确定一个复杂的交叉许可组合是否满足 F/RAND 承诺存在困难。如果被许可方在可以选择 F/RAND 现金价格的情况下,却选择通过交叉许可进行许可交易,那么显然后者对其更为有利"[236]。此观点与在第 5.1 节中已讨论的建议方案编号 S7("仅现金")存在相关性。

本节余下部分,我们将上述观点概括为:"为利益相关方提供一个可避免法庭审判的 SSO 替代争端解决(ADR)机制(SSO 争端解决机制)。"并在后文中深入探讨仲裁、调解、微型审判等现存解决方案。这些解决方案中,部分方案具有强制约束力。

优势与成本

SSO 争端解决机制与法院案件审理相比具有多方面的潜在优势:①更快地解决冲突;②更低的成本(见下文);③在双边谈判失败时,各方寻求解决方案的门槛较低;[237]④更加一致的结果,因为当事人再也不能择地诉讼;⑤仲裁员可以发挥其专业能力、专业累积知识,从而获得更高质量的结果;⑥在许可条件的讨论不受禁令威胁的情况下,获得更公平的结果;⑦与基于对抗性模式的诉讼相比,更有创意,更专注于解决问题;⑧一旦争端结束后,双方不再面临上诉、拖延、持续开支,或其他未知的风险。实施者和专利权人都将受益于此。

此外,该机制或许具有一定的预防效果,能够从一开始就降低专利权人收取违反 FRAND 费率的风险(因为知道存在对实施者开放的低门槛的解决机制)。这不仅会对选择诉讼的大型主体产生影响,还会有利于许多未选择诉讼途径的较小实施者,从而带来良好效益。

最后,如果争端解决的结果也能如实公开(在实际情况下可能会有不同程度的保密性要求),则该机制还可能产生有价值的公共基准数据,使整个行业和实施者普遍受益,并减少 FRAND 定义的模糊性。但请注意,上文使用的是"can""might"和"may"等表示不确定的阐述。专家们指出,不能理所当然地认为上述良好的效益一定得以实现。这在很大程度上还需取决于具体实施情况以及其他包括行业支持在内的关键因素。我们约谈了一些富有经验的仲裁员就该机制的设立成本进行探讨,他们表示,该争端解

---

[236] 同上引文 Kühn 等作者。
[237] 如果证明这一机制非常成功,那么这也可能增加成本。

决机制的成本并不总是低于法院诉讼的成本。因为该争议解决机构需要招贤纳士,寻找能够胜任该工作的办事人员。假设 3 名员工每天需要 6000—8000 欧元是较为合理的预算,那该场所的建设费用也将会是一笔不可小觑的投入。此外,机构还需任命合适的仲裁员,且仲裁很可能历时 6 个月之久。(不仅如此)采用此类 SSO 争议解决方案,当事方自行寻求救济的法律费用,以及意见的水平可能远低于法院处理的结果,尤其是与成熟的美国法律诉讼程序相比。因此,这一切都很大程度上取决于该解决机制的实施情况。但该争端解决机制实施的最大困境和风险来自行业本身的阻力,许多行业内人士并不支持这一想法,或难以就基本的指导原则达成广泛的一致意见。那么,在对 SSO 的知识产权政策进行投票/决定的机构中将无法达成共识。

同时,过多运用替代争端解决机制可能会导致成本再次增加,并且(我们意识到)不平衡的冲突解决程序可能会将 SEP 专利权人(以及其中真正的发明人)置于不利的境地,并对标准和 SSO 产生负面影响,甚至消磨参与者为标准做出贡献的意愿。

实施

首先,需要指出的是替代性争议解决机制具有多种形式。在本研究的背景下,其中最重要的形式如下:[23]

- 仲裁。指作为中立的一方听取各争议方的辩论,并作出一个可由法院强制执行的有约束力的终局裁决。与法院裁判一个重要的区别点是仲裁通常不提供有效的上诉程序。一般而言,争议方在实际冲突发生之前达成选择仲裁程序的合意,但这在目前的 SSO 环境下可能会有所不同(双方在发生争端后,自愿选择适用;请参见下文)。

- 调解。此程序取决于争议方解决问题的意愿,而调解员(也称为协调人)从不对当事方作出强制性决定。它通常是一个多阶段过程,包括组织会议和穿梭外交(shuttle diplomacy);调解员试图让各方提供报价和还价直至达成协议。证据表明,比起由法官或第三方对其作出的裁决,各当事方更愿意遵守调解结果。

- 调解 – 仲裁(先调解后仲裁,med-arb)。是指调解员试图使双方达成一致。但是,当该尝试失败后,该程序则转变为一个仲裁程序。

- 微型审判。该方法用来解决涉及混合法律和事实复杂问题的大规模争端,比如产品责任和反垄断案件。争议方将其案件提交常规审判程序,但显著不同的是,案件是由当事人自己"审理",并且极大地简化了当事人陈述。律师和专家也向双方的高层管理者就案件情况进行概括梳理。通常情况下,中立的顾问(有时是某领域的专家)将与管理层沟通并举行听证。在陈述之后,高层管理代表在更为了解各方的优势和劣势后,再

---

[23] 解释基于《美国法律百科全书》第 2 版的内容。

进行谈判。如果谈判失败，则通常要求中立顾问对案件的可能结果作出最佳推测，之后，再恢复谈判程序。

现在我们转而谈谈在专利和标准方面适用 ADR 的可行性问题。目前，SSO 中解决许可条款分歧的争端解决机制较为少见。然而，也存在一些先例：VITA 的专利政策中就包括了旨在解决成员是否遵守专利政策所引起争议的仲裁程序。[239]

这其中也涉及了一些 FRAND 类型的纠纷。同样，作为相当成功的 DVB 标准，其标准化活动也有内置的仲裁程序。根据 DVB 的政策规定，"每个成员特此同意……所有与其他成员的争议……仅涉及许可条款和许可条件的……应任命三名仲裁员根据国际商会的《调解和仲裁规则》作出最终解决。仲裁应在德国法兰克福进行"[240]。

"应当"（shall）一词表示仲裁是解决成员之间争端的唯一手段（具有"强制性"），并排除了诉诸司法的程序。部分当事人认为："仲裁是 DVB 成员的专属权利。"因为仲裁只能由 DVB 成员提起，所以成员资格对实施者团体更具吸引力。最后，鲜为人知的是早在 20 世纪 90 年代初，在 SSO 内部进行仲裁的想法是 ETSI 的知识产权政策草案的一部分，但草案的这部分最终未获通过。[241]

目前，自 2012 年 3 月召开了一系列会议以来，知识产权特别委员会（SC）[242]再次讨论了在 ETSI 的知识产权政策中有望引入替代性争议解决（ADR）规则。根据 ETSI 的消息，最近 WIPO 在 ETSI 和有关成员的帮助下，正为与 SEP 许可争议相关的仲裁专门拟定一份提议，预计将在 2013 年年底前后有所结果。据获悉，预计 ETSI 不会专断地建议由唯一的机构进行 ADR。另一个重要因素在于，当事双方对于是否强制适用替代性争端解决机制存在争议。因此，具体来说可能存在以下情形：

（1）替代性争端解决机制对于所有 SSO 成员/参与者都具有强制性和溯及力，所以无论何时专利权人都可以作出许可承诺（例如，如果引入 ADR 作为对现有政策的澄清说明）；

---

[239] 参见同上引文 Bekkers & Updegrove，第 20 页。Scott Morton, F. (2012). The Role of Standards in the Current Patent Wars. Talk at the Charles River Associates Annual Brussels Conference: Economic Developments in European Competition Policy, December 5, 2012. Department of Justice (DoJ)。

[240] 参见同上引文 Eltzroth, C. (2008).、Eltzroth, C. (2009)。

[241] 该政策草案又称 ETSI/GA12(92)3 文件。参见 Iversen, E. (1999). Standardisation and Intellectual Property Rights: ETSI's controversial search for new IPR-procedures. In K. K. Jakobs & R. R. Williams (Eds.), SIIT'99 - IEEE. Conference on Standardisation and Innovation (pp. 15-17). Aachen, Germany: IEEE., and also Brooks, R. G., & Geradin, D. (2011). Interpreting and Enforcing the Voluntary FRAND Commitment. International Journal of IT Standards and Standardization Research, 9(1), 1-22。具体见第 8 页。

[242] 该部门是 ETSI 内部的顾问委员会，并且没有决策权。但是，它可以就知识产权事宜向 ETSI 的全体成员大会（General Assembly，简称 GA）提出咨询意见，并建议修改知识产权政策和《指南》。而 GA 拥有决策权，通常需要获得 71% 以上多数成员的支持票。

(2)所有 SSO 成员/参与者作出的新许可承诺都强制适用替代性争端解决机制(如 ADR 是策略变更的一部分时);

(3)在作出许可承诺时,专利权人自愿选择如果将来发生冲突,是否愿意受到 ADR 的约束;

(4)在冲突发生时,专利权人自愿选择是否愿意参与 ADR。

(请注意,上述情形与 ADR 是否对当事方具有约束力以及是否能对该决定上诉无关。)

据悉,ETSI 内部目前讨论的重点在于是否自愿适用 ADR 机制,因此我们预计 ETSI 可能不会要求强制适用替代性争端解决机制。从富有仲裁和争端解决经验的受访者那里我们了解到,建立这样的机制任务艰巨。

首先,该机构应当具备处理各种事务的专业能力(结合了律师、法务、会计师和行业专家等业务能力),开展工作不仅要讲究得当,还要赢得行业的尊重。

其次,实施 SSO 争端解决机制需要诸多考虑,包括但不限于以下几点:①待仲裁事项的说明;②甄选仲裁员的程序;③仲裁员将遵循的规则或程序,包括是否可以进行证据开示;④仲裁员可采取的补救办法;⑤可上诉仲裁裁决的上诉机制(如果有的话);⑥适用于此类上诉的标准。[243] 此外,还有关于如何为创立成本和运营成本筹集资金的问题。

而在实施过程中,争端机制应当作为 SSO"内部"事项进行,还是作为"外部"活动开展也同样值得关注。这不仅涉及组织和费用问题,而且还可能涉及责任和信任问题。如果 ADR 服务提供者将 ADR 作为外部活动引入,则必须明确界定 SSO 和此服务提供者之间的任务分工。(如上所述,ETSI 目前正在寻找外部的 ADR 服务提供者。)

同时,还需考虑仲裁员的可仲裁范围。仲裁事项是仅包括 FRAND 费用标准问题(假设专利权人的专利确实是必要的和有效的,并受到特定产品[244]的侵犯)还是包括审查专利的有效性和必要性(和/或某一特定产品是否侵犯上述专利)。如果包括审查有效性和必要性,将使解决机制复杂化,导致成本更高,耗时更长,那么与完整的法院诉讼程序相比,其优势可能会减弱。判断有效性和侵权需要非常专业的知识和技能,(仲裁事项若涉及专利有效性和侵权判断)可能会影响到专利局和法官的重要角色。

---

[243] 10Teece, D. J., Egan, E., Grindley, P., & Sherry, E. (Undated). Reasoning about Reasonable royalties: Evaluating Patent Licensing in Platform Based Industries. 来源:http://businessinnovation.berkeley.edu/WilliamsonSeminar/teece012413.pdf。

[244] 如果一项专利是必要和有效的,则某一特定产品可能不一定需要实施本标准的所有部分,因此可能不会侵犯一项必要和有效的专利。某些功能可能是可选的,并且标准的某些部分仅与特定的产品类型相关。

最后,在通常情况下,(潜在的)争议往往涉及两家公司的总体必要专利的地位和主张的总体许可费用,而不仅仅是涉案专利的相关费用。解决涉及的所有专利的有效性和必要性/是否侵权,比具体侵权案例认定要困难得多,因为后者通常只针对特定的必要专利。

此外,任何争议解决机制作用的发挥都受限于其所掌握的信息程度。[245][300] SEP的权属问题作为争议点,争议方是否有准确的认识,目前所涉标准的所有 SEP 权属问题是否有足够的认识,以及在许可费或许可价值方面是否有可参照的基准? 从这个意义上说, SSO 争端解决机制离不开信息透明度的提高(在 5.2 节中讨论)。而更多的原则性问题,是关于是否能就以下观点达成一致意见:①"合理性"和价值决定的基本原则;②这些原则是否可以应用于现实世界的案例中。该原则是否应该基于过去的研发投资和相关风险?还是应该基于相对下一个可供选择的可行技术方案所拥有的附加价值?又或者假设在技术被纳入标准之前,进行公平谈判所能达成的价格?为达成一致意见, SSO 争议解决机制离不开明确的 FRAND 含义(在 5.5 节中讨论)。从某种意义上来说,这些问题在 FRAND 相关的各种法庭案件中也亟待解决,尽管一些法院选择采用某些原则,但并不意味着每个人都同意或会同意争议解决机制使用相同的原则。从积极的方面来看,过去已经通过确定其他行业中的合理许可费率获得了很多经验,包括制药领域(其中英国的案例中存在强制许可,随后在一些当然许可*案件中,许可费率必须确定),以及版权领域。一些受访者强调,可以从 SSO 争议解决程序的建立者那里了解很多有用信息。

再次, SSO 争议解决机制是否仅用于未来披露的专利(这构成"政策变更"),还是会对已经披露的专利产生追溯效应(这构成"政策解释")[246],在没有进行彻底分析的情况下,我们认为只有第一种形式具有可行性,即 SSO 政策可修改为 SEP 专利权人新作出的许可承诺才会受争议解决机制的强制约束。我们建议将专利池制度设计与仲裁机制联系起来。更具体地说, DVB 项目可以规定其强制性仲裁机制将不适用于专利池的情况。这样一来,专利权人为了避免仲裁程序的"负担"(至少从专利权人的角度来看)更倾向于加入专利池。在这个具体案例中,仲裁与专利池的"耦合"促进并"激发"了专利池的创建。[247]

最后, Lemley 和 Shapiro 最近提出了一项有关进一步实施 SSO 争议解决机制的切实

---

[245] 尽管这对棒球式方案来说可能不那么重要;见下文。
* 原文为 right-of-license,应为 license-of-right。——译者注
[246] 有关政策变更与政策澄清的更广泛讨论,参见同上引文 Bekkers & Updegrove,第 110—112 页。
[247] 参见同上引文 Eltzroth, C. (2008),特别是第 37 页。

可行的议案。[248] 简而言之,他们建议 SSO 政策保护实施者免受禁令或排除令的影响,但前提是他们同意支付合理的许可费率,且在必要时通过有约束力的仲裁来确定费率。对于此次仲裁,作者表达了他们对棒球式(或"最终报价")仲裁的偏好。根据该仲裁,各方将其最终报价提交给仲裁员,然后仲裁员必须从这两个报价中选择一个。由于该提案程序上非常简易,容易获得认可,能够促使许可人和被许可人提交一份较为"理想"的 FRAND 费率提案,否则,仲裁员将采纳另一方的替代提案。该提案旨在引导双方在事后谈判中达成的许可费率,能反映事前技术的竞争结果。正如作者所言:SSO 不需要实质性参与来决定许可费率的合理性,即只要当事方参与了仲裁,SSO 不需要决定一方或另一方是否违反合同,也不需要决定专利权人的报价是否实际上符合 FRAND 承诺,更无须担心该问题在哪个法域进入了诉讼程序,只要各方遵守其 FRAND 承诺就不需要反垄断法进行干预。尽管许多受访者反映该"棒球式仲裁"是一个非常粗略的解决方案,并认为仲裁者至少应该进行分析以便了解提交的解决方案是否符合 FRAND 承诺,但是我们仍然认为该提案具有某些益处。

总结

上述观点通过表 5.13 予以总结。

表 5.13 "引入争端解决机制"方案的总结

方 面	评 价
潜在优势 (同诉讼比较而言)	• 冲突解决效率更高; • 成本更为低廉; • 门槛更低; • 裁判结果更为一致(没有择地诉讼问题); • 裁判结果质量更佳(裁判者的能力和专业性更强); • 裁判结果更为公平(许可条件的谈判不再受禁令威胁); • 比起诉讼,裁判更富创造性,更加专注于问题解决; • 争议一旦解决,双方将可避免上诉、延误、持续的费用或其他未知的风险。 还有以下间接好处: • 具有一定的预防效果,能够从一开始就降低专利权人收取违反 FRAND 费率的风险(因为知道存在对实施者开放的低门槛的解决机制); • 无论在何种情况下,都可以不断积累有关许可费/合理费率的经验; • (可能获得)公开的基准数据。 上述优点使实施者和专利权人都同样受益

---

[248] Lemley, M. A., & Shapiro, C. (2013). A Simple Approach to Setting Reasonable Royalties for Standard-Essential Patents. Stanford Public Law Working Paper No. 2243026. (forthcoming Berkeley Technology Law Journal). SSRN: http://ssrn.com/abstract=2243026.

续表

方　面	评　价
实施成本（直接财务成本）	• 机构场所的创设成本（6个月的工作量）； • 运行成本（每个工作日大约20000欧元）
不利之处、可能的风险或后果	• 行业内部可能不支持这一想法，或者不能就基本指导原则达成广泛一致，这使得投票/决定SSO的知识产权政策的机构之间可能无法达成共识； • 不平衡的冲突解决过程会使SEP专利权人（以及其中的创新者）处于劣势，并对标准、SSO以及为标准贡献技术的意愿产生负面影响
必要或理想的条件/与其他提案的关系	• 为了强制约束SSO中的SEP专利权人和实施者，需要修改SSO的知识产权政策

通过利益相关方的反馈，我们对"上述不利之处、可能的风险或后果"作出了相应的确认和补充。对此，做出以下总结：

• 替代性争议解决方案在某些情况下是有意义的，但对于解决公司之间的商业纠纷并非万能良药。

• 替代性争议解决机制在许多情况下比正常的法院程序更为昂贵。另外，替代性纠纷解决并不总是比司法程序更快，仲裁裁决的质量并不总是像公认的司法管辖区的法院判决一样高。

• 因此，界定争议并确定哪些案件可提交至仲裁员仲裁，这一任务是当前案件中有效应用替代性争议解决方法的主要障碍。在过去18个月中，SSO进行了充满争议的讨论，经验显示各方难以就此问题达成一致。

• 无论如何，必须明确的是任何争议解决机制始终只能在自愿的基础上进行，SSO不能剥夺个人向法院申诉的权利。诉诸司法是公认的权利，是欧盟的支柱之一。

ADR面临的最大挑战是明确界定争议的范围。在双方没有现有的合同关系的情况下，确定哪些案件应提交给仲裁员比较困难。[249]

5.5 FRAND原则/许可费原则

建议解决方案的介绍及概要

FRAND原则包括诸多方面，具体可罗列为：①被允许的许可费率和计费基础；②许

---

[249] 尽管ADR通常适合处理合同纠纷（例如，在许可证范围内的许可证双方之间的争议），但在双方没有现有关系的情况下，情况会变得更加复杂，并且那些当事方之间的争端恰恰是关于建立这种关系的。虽然一方可能希望将ADR流程限制为针对单个标准基本专利的FRAND使用费裁定，另一方可能希望裁定组合许可证或交叉许可证安排的货币和非货币条款和条件，这涉及许多标准和非必要专利必不可少的专利许可。确定仲裁范围的任务由于以下事实而变得更加复杂：一方可能希望在裁决过程中包括任何相关的抗辩，如非侵权、有效性、可执行性等，而另一方认为这会过度地影响裁决，并坚持在ADR之外提出这些争论。

FRAND 公共政策

可能否在互惠条件下进行,以及具体的互惠条件有哪些;③许可能否在捆绑其他 SEP 或非 SEP 的互惠条件下进行;④专利权人在侵权发生时是否有权请求禁令;⑤SEP 专利权人的初始报价是否必须符合 FRAND 原则,或者 FRAND 原则是否仅适用于谈判的最终结果等问题。其中的部分问题已经在第 5.2 节进行了说明。

在本节中,我们只关注于前两个方面:许可费水平和计费基础的相关原则。

本节介绍了确定 FRAND 许可条件——尤其是关于许可费本身和计费基础的基本原则的发展历程。虽然绝大多数的 SSO 均在其 IPR 政策中将 FRAND 原则作为核心构成要件,但是几乎没有几个对以 SSO 为原则的解释给出明确定义。实践证明,无论是 IPR 政策中规定的原则,还是(基于这些 IPR 政策)SEP 专利权人所作的许可承诺,由于都缺乏明晰的解释,所以在特定情形下当事方对于 FRAND 原则的理解存在着较大的分歧。摩托罗拉(以及之后的谷歌)与微软案就是最能体现这些分歧的案例之一,在该案中双方主张的 FRAND 费率相差了将近 2000 倍。[29]

在 IPR 政策未对这些原则做解释的情况下,FTC 和欧盟委员会开始阐述政策性文件中的部分原则。长久以来法院在诸如专利损害赔偿等案件的审理过程中一直在思考合理许可费的问题,所以竞争/反垄断监管机构以专利法上的"合理许可费"这一概念为阐述的出发点。在此处,合理许可费基于一种假设,即假设在侵权发生之时,有交易意愿的买方和卖方之间进行了独立公平的谈判*。在此情形下,我们将认为,双方如果对成交条件不够满意,则双方不会达成协议,那么潜在的被许可人也就不会采用待考虑的技术,因为他要么会选择替代技术,要么会放弃特定技术特征。但是,标准制定的环境存在一些特殊性。这其中最重要的是在谈到 SEP 时,潜在的被许可人难以放弃实施该技术。SEP 本身的定义就说明,该专利对标准服务市场中任何希望参与产品竞争的主体而言都是不可或缺的。因此合适恰当的定义将会是以上假设的结论,即在专利技术被纳入标准之时,买方和卖方之间进行了独立公平的谈判。一旦某项专利技术被纳入标准,就排除了可替代技术的采用。或者引述 Shapiro 和 Varian 的定义:"合理,应当理解为当技术之间存在公开、直接的竞争时专利权人能够收取的许可费,而不是当其他市场参与者已经被锁定使用专利技术时专利权人能够收取的许可费。"[30]

---

[29] 该案中,Motorola/Google 许可协议要求微软为(ITU)H.264 视频解码标准以及 IEEE 802.11 "Wi-Fi"标准专利每年支付许可费 40 亿美元,而微软主张的符合 FRAND 原则的许可费远远低于这个数目。最终法官判定 Motorola/Google 依据上述专利所能主张的年许可费不得超过 180 万美元(www.reuters.com/article/2013/04/26/us-microsoft-google-trial-idUSBRE93P0BA20130426)。

* 独立公平的谈判(arms-length negotiation),是指交易双方的谈判是独立的、平等的。——译者注

[30] Shapiro, C., & Varian, H. R. (1999). Information rules: A strategic guide to the network economy. Harvard Business Press.

诸如此类的争议促使 FTC 采纳了相关建议,"即在 SEP 案件中,法院应当将许可费限于不超过该专利技术相较于标准确立之时的可替代技术的增量价值"。[52]

类似地,欧盟委员会在其关于横向合作协议的《指南》中也写道:"发生争议的情况下,评估标准制定过程中收取的 IPR 费用是否公平合理,应当基于该费用是否与 IPR 的经济价值相匹配。[……一种可行的评价方法是……]比较涉案公司在产业被锁定使用特定标准之前(事前)处于竞争状态下所能收取的许可费,与标准锁定之后(事后)所能收取的许可费"。[54] 但是有观点认为,在不确定某个产品或产品类别会使用到哪一专利技术的情况下,这种所谓的"事前价值"并不存在,而且对于搭载了该技术的不同设备而言,专利技术的价值可能不同[55](无论是以单位计费还是以百分比计费都不适合)。

尽管竞争/反垄断监管机构采纳的观点颇具价值,但其应用价值在某些层面却较为有限。首先,它"仅仅"是反垄断监管机构的一种解释,SSO 政策或者许可承诺本身缺乏对 FRAND 的具体含义的明确阐述,而且尚未知晓 SSO 成员是否同意 FRAND 许可费应体现增量价值(如下)或者其他有关公平合理定价的观点。基于个案具体情况,美国或欧洲法院的法官未必会接受竞争监管机构所赞同的上述观点。正如 Lemley 及 Shapiro 提到:"近年来 FRAND 承诺愈发重要,法院被要求对 FRAND 的含义作出明确解释,联邦贸易委员会(FTC)也采取反垄断措施强制执行这些承诺。在很大程度上,诉讼是由于大多数 SSO 所采用的 FRAND 体系存在歧义和遗漏而造成的。"[56]

此外,计费基础问题也受到诸多的关注。一般而言,专利权人可通过多种方式确定许可费的支付(一次性付款、年固定费用、根据达到的销售量级计费、依单位计费、依价值计费,等等)。在专利和标准领域,主要有两种收费结构。在编码技术领域,单位计费方式是主要的计费方式:被许可人为每件实施该技术的产品支付双方商定的固定[57]费用。而在电信领域,绝大多数的当事方选择根据价值计费:被许可人对实施了该技术的产品,

---

[52] 参见 FTC. (2011). The Evolving IP Marketplace: Aligning Patent Notice And Remedies With Competition. Federal Trade Commission。具体详见第 194 页。

[53] 适用该"增量价值法"的难点在于,当涉及多个累积发明时,正如在许多 SEP 密集型领域内,要决定某一个或者某一组专利的增量价值可能非常困难,不过,也存在其他方法,比如分析类似专利或许可协议的许可费,或者参考相同专利在不涉及相关标准的其他情形下的许可费。

[54] 参见 European Commission (2011). Communication from the Commission (2011/C 11/01) on Guidelines on the Applicability of Article 101 of the Treaty on the Functioning of the EU to Horizontal Co-operation Agreements。具体参见第 289 段内容。

[55] 比如:当激光器于 1960 年被发明之时,因为最初并不确定它能应用于哪些产品类别,更不知道这些产品类别的"价值",所以很难去为该发明的任何专利设定许可费。

[56] Lemley, M. A., & Shapiro, C. (2013). A Simple Approach to Setting Reasonable Royalties for Standard-Essential Patents. Stanford Public Law Working Paper No. 2243026. (forthcoming Berkeley Technology Law Journal). SSRN: http://ssrn.com/abstract=2243026.

[57] 虽然也会适用比如阈值、总量折扣等具体规则。

按照双方商定的产品价值的一定比例支付费用,比如按出厂销售价或者批发价的固定比例支付。正是在后一种定价结构中,人们注意到,随着时间推移产品会采用多种不同的标准(标准汇集)。在标准汇集的产品中,单个标准对产品的整体价值可能不再像当整个产品完全围绕单一技术构建的情况下那样至关重要。譬如,在 USB Wi-Fi 密钥中,无线通信功能体现了该设备的全部功能。但是,如果涉及平板电脑、笔记本电脑、游戏控制台、照相机甚至具有 WiFi 功能的汽车,情况就截然不同。

这就使得价值计费("百分比")方式的可取性受到挑战。就单一功能的设备而言,如果该标准的专利许可费占营业额的 3%,被许可人或许能够接受该许可费率。㉘ 但如果该设备同时实施多个功能(有时涉及多个标准),那么对每个标准都收取 3% 的专利许可费也许就不再具有可行性。在较为极端情况的情况之下,如果某个 Wi-Fi SEP 专利权人要求按一整辆汽车售价的 3% 收取许可费,则其获得的利益将远高于其发明对产品的实际贡献。由此可见,标准实施在涉及多个专利*以及产品包括多项技术时,许可费与产品价值的比例可能出现失衡的情形,所以当事方一直呼吁有关部门就专利许可费要求提供更多的指导。

部分利益相关者提议,应当以实施专利的"最小可识别元件"或者说"最小可识别单元"为基础收取一定比例的许可费。相反,其他利益相关者则批判这种提议,认为这会架空许可费结构,迫使 SEP 专利权人通过显著提高许可费比率来获得合理报酬。而且,这种做法会促使实施者为降低许可费而极尽所能地不断划分"最小可识别单元"。因此,(在尚未得到可行的办法之前)有关合理计费基础的讨论还会持续下去。(另一个相关的讨论是:在许多标准相关的市场中,价值链的不同环节均有许可行为的发生,则许可协议应当在价值链的哪一环节签订?)同时,当专利技术集成到某一零部件或次级产品中时,还存在部分专利用尽的情形,此时如果处于价值链上游的主体已经为该专利付费,那么就会出现"双重收费"现象。另一方面,对部分专利而言,零部件本身并不会构成侵权,侵权仅发生在零部件或次级模块相组合或者设备组装完成之后。㉙ 对于许可人与被许可人而言,他们通常能够在价值链中找到达成协议的恰当节点。譬如,一些标准实施者可能倾向于购买已经支付过许可费的零部件。但在某些情况,零部件制造商和专利权人的倾向存在差异。正如前面所说,并不是所有的专利侵权都发生在零部件层面。

㉘ 这仅仅是为陈述观点而假设的数字。
* 此处,原文为"专利必须符合标准"。——译者注
㉙ 例子之一是当设备制造商仅采用通用组件,比如晶体管之类进行生产制造。当以某种特定方式组装这些组件时可能构成专利侵权。

本节内容的核心目标是在 SSO 内对 FRAND 原则作进一步阐释。对本节余下的内容,上述目标表述如下:"SSO 的 IPR 政策和/或相关的许可承诺中,对如何解释 FRAND 概念的一般原则作了进一步的说明,比如其中包括了许可费水平的概念、许可费的合理计费基础、同一标准中其他必要专利的对价以及互惠性等具体条款。"

优势与成本

为了减少解释分歧、降低不确定性,FRAND 原则的定义应当:

(1)让市场主体(实施者以及专利权人)能够在较短的时间内,以较低的成本提出并评估许可提议;

(2)让法官、陪审员和竞争监管机构评估许可提案或许可协议是否符合 FRAND 原则;

(3)避免许可定价(严重)过高,这对缺乏足够信息或资源来评估许可费要约的中小型主体而言尤其存在风险;

(4)避免许可定价(严重)过低,特别是较于大型实施者而言,中小型专利权人拥有较低的议价能力和/或谈判技术;

(5)减少后续纠纷的发生,包括法院诉讼、竞争法/反垄断等案件,如此一来建立了更加公平的竞争环境,同时降低了交易成本(许可谈判更加简短公平,许可过程更加流畅,同时,降低昂贵、冗长的诉讼风险)。

虽然最终结果取决于对 FRAND 原则阐释的具体程度,但仍需要通过大量的具体案件进行全面权衡,因为在此类案件中,这样的阐释可能并不适宜,甚至导致不公平的情况发生。此外,还需要权衡不同市场及领域的处理方式,并应对未来意料之外的发展的方式。

实施

实施成本方面,最显著的部分就是利益相关者和 SSO 工作人员为达成合意并修改 SSO 的 IPR 政策所作的努力。这一点引发了许多 SSO 的深入探讨,自 2012 年 3 月以来,ETSI 对 FRAND 原则的阐释是该 IPR 特殊委员会(SC)[20]一系列会议中所讨论的四项主要议题之一。包括其他事项在内,这些会议中提出 ETSI 应该针对 FRAND 承诺中的补偿问题提供一定指引/原则。2013 年 8 月,ETSI 告知我们,虽然时至今日共识仍未达成,但是相关的讨论仍在继续。

总结

表 5.14 总结了本节的观点。

---

[20] 该部门是 ETSI 内的顾问委员会,并无决策权。但是,它可以就知识产权事宜向 ETSI 的全体成员大会(General Assembly,简称 GA)提出咨询意见,并建议修改知识产权政策和《指南》。若 GA 拥有决策权,则其通常需要获得 71% 以上多数成员的支持票。

表 5.14 "制定 FRAND 定义/许可费原则"方案的总结

方　面	评　价
潜在优势	• 帮助市场主体(许可人及被许可人)提出和评估许可提议; • 帮助法官、陪审员(如适用)和竞争监管机构评估某一许可提议或许可协议是否符合 FRAND 原则; • 避免许可定价(严重)过高,这对缺乏足够信息或资源来评估许可费要约的中小型主体而言尤其存在风险; • 避免许可定价(严重)过低,特别相较于大型实施者而言,这些中小型专利权人拥有较低的议价能力和/或谈判技巧; • 减少后续纠纷的数量,包括法院诉讼、竞争法/反垄断案件; • 如此一来建立了更加公平的竞争环境,降低了交易成本(许可谈判更加简短公平,许可过程更加流畅,同时,降低昂贵、冗长的诉讼风险)
潜在成本	• 专利权人可能被限制实施他们认为符合 FRAND 承诺的许可方案
实施措施直接产生的支出	• 最主要的直接成本是利益相关者和 SSO 工作人员为达成合意并修改 SSO 的 IPR 政策所作的努力
不利之处、可能的风险或后果	• 引发较为复杂的讨论,比如哪些基本原则具有可行性,以及在实践活动中该原则该如何适用(所需数据是否可用)。 • 虽然最终结果取决于对 FRAND 原则阐释的具体程度,但仍需要通过大量的具体案件进行全面权衡,因为在此类案件中,这样的阐释可能并不适宜,甚至导致不公平的情况发生。此外,还需要权衡不同市场及领域的处理方式,并应对未来意料之外的发展的方式
必要或理想的条件/和其他方案的关系	未发现具体成本

通过利益相关方的反馈,我们对"上述不利之处、可能的风险或后果"作出了相应的确认和补充。对此,做出以下总结:

虽然能够明确基本原则,但同时需要回避任何具体细节以避免对具体案件产生负面影响。"一刀切(one-size-fits-all)"的方案并不具有可行性,而过于严格的定义则会忽视不可预知的潜在市场、产品结构、产品链、产品价格以及竞争技术的风险。

本质上,FRAND 原则的确定因个案事实而异。[261] 必要专利的权利人和潜在被许可人(之间的谈判)才是确定符合 FRAND 承诺的条款的首要机制。一旦谈判破裂,法院则可以强制执行 FRAND 承诺。对于 SSO 而言,它既没有必要,也不适合去制定任何"一刀切"式的原则或者直接确定公平、合理、无歧视的许可条款。

---

[261] FRAND 并不限于某一具体类型的许可范式。因此,SSO 专利政策故意对 FRAND 承诺的执行问题保持灵活处理态度。类似于其他合理性标准,FRAND 原则不会明确具体许可条款,而是对各种情形进行灵活处理,从而使市场参与者在谈判中根据其特殊商业需求达成定制化的解决方案。

5.6 有关 SEP 转让的问题

建议解决方案的介绍及概要

本节主要关注 SEP 转让后有关专利劫持风险增加的解决措施。这个问题来源于原 SEP 专利权人作出的 FRAND 承诺通常语意含糊,以至于在专利售出后不能有效地约束新专利权人,使得新专利权人并不认可原先的 FRAND 承诺。解决该问题的关键在于确保所有后续的 SEP 专利权人均受到最初 FRAND 承诺的约束,并且能够保证是类似且有效的承诺。

更广泛地说,SEP 转让会加剧 SEP 权属信息不透明的情况,因为转让的发生以及新专利权人的信息并未公开。因此,较为可行的解决途径是通过备案来告知 SEP 的转让情况。鉴于在第 5.2.7 节(前述)中,我们已经就 SEP 的转让备案进行了深入讨论,本节将不再赘述。

虽然有关 SEP 转让的问题最近才进入我们的视野,但该问题正发展为一个普遍现象。如图 5.5[202]所示,ETSI、ISO、ITUT、IEEE 以及 JTC1[203]声明中提及的欧洲 SEP 转让数量,从 2005 年之后开始增长,并在 2009 年达到峰值。这些转让交易中涉及的专利数量为 2—10 件不等,少数转让交易则涉及大型 SEP 组合(这些交易均促成了 2009 年峰值的产生)。其中,大部分的转让(83.5%)发生在标准发布之后。虽然在 ETSI 中有超过 50% 的转让符合 SEP 的声明,但在其他 SSO 中,该比例少于 10%。

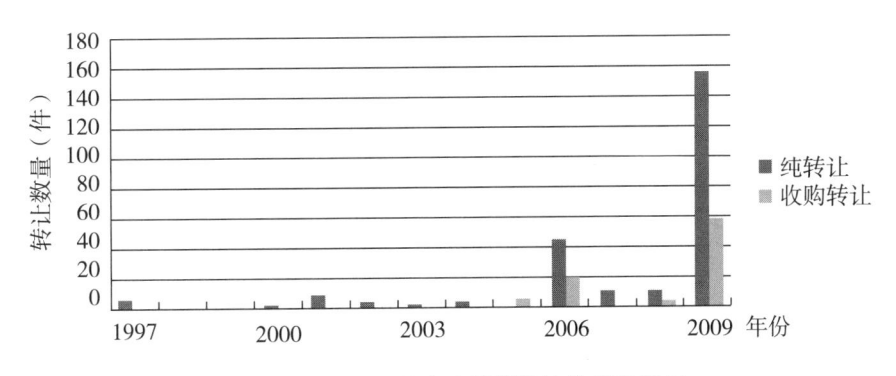

图 5.5　1997—2009 年在欧洲转让的 SEP 数量

坊间证据表明,SEP 转让数量的陡增在 2009 年后仍在持续。对涉及大型 SEP 转让交易的审查(表 5.15)显示,这些交易绝大多数发生在 2010 年以后,其中包括一些大规

---

[202]　这些统计数据依据的是 1997—2009 年间作出声明的欧洲 SEP 专利的转授权情况,以及在同一时间段内 ETSI、ISO、ITUT、IEEE 和 JTC1 的 SEP 声明情况的吻合度。SEP 转让,即那些出于"纯粹的"专利销售或者出于专利权人被另一主体收购而发生的转授权。

[203]　虽然大约 75% 的专利转让是在 ETSI 作的声明,但这是由于在同时期向 ETSI 作出的声明数量本身就非常高,而不是因为转让频繁。发生转让的 SEP 比例在各个 SSO 之间相对比较一致,该比例从 IEEE 的 1%,到 ETSI 的 3%,再到 JTC1 的 7%。

模的商业交易,如 Nortel 将其组合转让给一个由其他公司成立的联盟,再如 Google 在 2011 年收购 Motorola Mobility。

表 5.15 坊间针对近期技术标准领域中发生的极有可能涉及 SEP 专利转让的统计概要

- 2013 年:Ericsson 出售 2185 件美国及国际专利和正在申请的专利给 Unwired Planet(原 Openwave);[264]
- 2012 年:Eastman Kodak 以 5.25 亿美元将其影像专利组合出售给一个以 Intellectual Ventures 和 RPX 公司为首的联盟;[265]
- 2012 年:Adaptix 被 Acacia 收购,与之一并转让的是其认为"必要"的 LTE 专利组合;[266]
- 2012 年:Interdigital 以 3.75 亿美元将 1700 件具体涉及 3G、LTE 以及 802.11 技术的专利出售给 Intel;[267]
- 2012 年:IPWireless 将"包括 LTE、LTE-Advanced 以及 3G/4G 核心技术的 500 件专利"出售给 Intellectual Ventures 以及 NVIDIA;[268]
- 2012 年:Nokia 向 Sisvel 出售 450 项专利,其中包括 300 个 SEP;[269]
- 2012 年:Nokia 将"500 件专利"出售给 Vringo;[270]
- 2011 年:Nokia 将"2000 件以上专利"出售给 MOSAID;[271]
- 2011 年:Nortel Networks 以 45 亿美元将"6000 件专利及专利申请"出售由 Apple、EMC、Ericsson、Microsoft、Research In Motion 和 Sony 公司成立的联盟;
- 2011 年:Google 出售其部分专利给 HTC;[272]
- 2011 年:Motorola 将其 Motorola Mobility 分支出售给 Google,其中包括价值近 55 亿美元的大型的专利组合;[273]
- 2010 年:"之前由 Novell 所有的一组共 882 件专利"被出售给一个包含 Apple 公司在内的联盟;[274]
- 2011 年:Hewlett Packard 出售专利给 HTC;
- 2011 年:Hewlett Packard 出售其部分专利给 HTC;[275]

---

[264] http://www.techdirt.com/blog/wireless/articles/20130114/18214821670/ericsson-sells-2185-mobile-tech-patents-to-newlyminted-troll-unwired-planet.shtml.

[265] http://www.reuters.com/article/2012/12/19/us-kodak-patent-sale-idUSBRE8BI0R520121219.

[266] http://gametimeip.com/2012/01/17/return-of-the-bubble-patent-sellers-put-acacia-back-on-their-christmas-card-list/.

[267] http://www.theverge.com/2012/6/18/3095233/intel-purchase-1700-mobile-patents-interdigital.

[268] http://pressroom.nvidia.com/easyir/customrel.do?easyirid=A0D622CE9F579F09&version=live&prid=886630&releasejsp=release_157&xhtml=true.

[269] http://www.sisvel.com/index.php/sisvel-news/257-sisvel-acquires-over-450-nokia-patents-including-over-350-patentsessential-to-wireless-standards2.

[270] http://thenextweb.com/insider/2012/08/09/mobile-tech-firm-vringo-to-sell-31-2m-worth-of-stock-to-buy-ip-from-nokia-andmore/.

[271] http://techcrunch.com/2011/09/01/mosaid-acquires-2000-nokia-patents-will-handle-licensing-litigation-for-a-cut/.

[272] http://www.fosspatents.com/2011/09/these-are-patents-google-gave-to-htc-to.html.

[273] http://news.cnet.com/8301-1023_3-57479646-93/google-motorolas-patents-tech-are-worth-$5.5-billion/.

[274] http://appleinsider.com/articles/12/02/13/justice_department_approves_apple_patent_purchases_from_nortel_novell.

[275] http://www.fosspatents.com/2012/07/htc-countersues-apple-over-two-us.html.

续表

- 2008 年:Avaya 出售其(从 AT&T 获得的)SEP 给 High Point;[276]
- 2008 年:Ericsson 以大约 1.72 亿美元出售 66 件专利给 Research in Motion(现在的 Blackberry);[277]
- 2007 年:Robert Bosch 向 IPcom 出售了"超过 100 件专利、160 个专利族,其中包括 SEP"[278]

SEP 转让的动机各不相同,由此产生的含义也就截然不同。一方面,数据显示大型 SEP 专利权人可能从较小的专利权人处收购 SEP,以降低某一标准内 SEP 权属的分散化程度,从而减少交易成本以及许可费堆叠。特别是在权属初始集中领域,由于权属本身集中,因此在一些小型标准交易发生后,SEP 的集中化程度会急剧增长。另一方面,坊间证据[279]一致显示,大型公司通过向 NPE 或者希望提升其 IP 实力(比如为了交叉许可)的市场新晋者出售专利,使其部分专利组合实现货币化。由于缺乏对 FRAND 原则的明确定义,这些新专利权人主张的许可费可能比在先专利权人主张的高出许多,然而他们仍然声称其主张的许可费符合 FRAND 原则。

正如在访谈中指出的:"假设一家拥有 400 件专利的大公司,分批次分别向 4 个新专利权人各转让 50 件专利。当新专利权人主张许可费时,被许可人将面临怎样的境地?如果这 5 个权利人共同向被许可人主张远高于原始权利人所要求的许可费,又应当如何应对?"这类 SEP 买受人可能会试图否认 FRAND 承诺,以便更轻松地利用禁令或排除令作为威胁,从而将新资产赋予的权利最大化。

到目前为止,竞争法一直是对抗 SEP 转让滥用的主要保障措施。在个别案件中(包括 Robert Bosch 向 IPcom 的转让,或者最近发生的 Motorola 以及 Nortel 的 SEP 转让),美国和/或欧洲的竞争监管机构都要求后继的 SEP 专利权人明确认可原先的 FRAND 承诺。但是,竞争监管机构对该领域并不完全了解,且在经历漫长且昂贵的程序后,仅能在少数标志性案件中采取事后救济措施。鉴于潜在案件的现实多样性,竞争监管机构针对 FRAND 原则采取有效、准确行动的能力有限。

优势与成本

规定 FRAND 承诺对后续的 SEP 专利权人产生有效约束的主要优势在于:它能降低技术采纳者所面临的劫持威胁,从而使得许可过程更加顺畅,也降低了诉讼风险。考虑到最近的发展趋势,我们有必要采取相应措施避免新专利权人逃脱 FRAND 约束,因为

---

[276] http://www.gpo.gov/fdsys/pkg/USCOURTS-ksd-2_09-cv-02269/pdf/USCOURTS-ksd-2_09-cv-02269-13.pdf.

[277] Stasik(2010),同上引文。

[278] http://www.ipcom-munich.com/IPCom_Frand_Declaration.pdf.

[279] 参见上文的表 5.15 以及访谈报告。

FRAND 公共政策

该情形的孳生可能对整个标准化系统的平衡带来不利影响。比如,为了规范 NPE 对标准的影响,必须防止 NPE 过度攫取高于 FRAND 承诺的许可费。强化 FRAND 承诺主要依靠 SEP 转让中各方的共同努力,因为新专利权人不得否认原始的 FRAND 承诺,可能会在转让时降低原专利权人的 SEP 定价。然而,有关定价的影响与政策制定本身并无直接关系。部分与标准无关的专利权人通过迟延作出声明或者不参与标准制定活动来避免承诺,却会是一个潜在的间接影响。

实施

我们考虑采用两种替代措施将 FRAND 承诺有效地传递给新 SEP 专利权人:

● 在 SSO 规则中明确或强调"原始的 FRAND 承诺对新 SEP 专利权人具有约束力"之规定;

● 实施当然许可(License-of-Right)制度,以确保无论专利权最终归于何处,都能够将 FRAND 承诺与 SEP 权利捆绑在一起。

这两个方案只在首任专利权人接受其 SEP 声明义务,并且一开始就作出 FRAND 承诺的前提下,才能发挥作用。

几个月前,欧洲以及美国竞争监管机构中三位重要人物共同呼吁对 SSO 的知识产权政策进行修改[20]。他们认为:"SSO 的知识产权政策应当尽可能创设一个强有力的承诺来约束未来的知识产权持有人,使其能够受到 F/RAND 承诺的约束。显然,相比起专利转让前,原专利权人受到全部 F/RAND 承诺约束的情形,专利出售后的约束力变得更弱或者更模糊(或弱化了承诺对于争议解决的影响力),该 F/RAND 承诺无法有效地保护消费者。"

目前,诸如 ISO、IEC、ITU 和 ETSI 等 SSO 正在采用新的修订,并考虑若干补充规定,以便加强 FRAND 承诺对新专利权人的约束力:

(1)消除继受 FRAND 承诺的不明确性。比如,ETSI 修改后的知识产权政策第 6.1bis 条款[21]明确规定,向 ETSI 作出的 FRAND 承诺"应当解释为对全部权益继承人(successors-in-interest)具有约束力的债权";

(2)要求 SEP 专利权人在作出 FRAND 承诺时,同时承诺"在相关的转让文件中包含适当条款,确保(FRAND 承诺)将约束受让人",并且新专利权人也将以相同的方式约束其后的专利权人[22];

---

[20] Kuhn et al,同上引文。
[21] 在 2013 年 3 月由全体大会通过。
[22] ETSI IPR 政策,第 6.1bis 条。

(3)条款(2)并不作为条款(1)中 FRAND 承诺对新权利人具有约束力解释的前提条件;

(4)邀请非 SSO 成员,包括法院,根据第(1)项对 FRAND 承诺进行解释;

(5)邀请潜在的 SEP 收购者核实现有的声明。

采用当然许可制度

当然许可制度下,专利权人或者专利申请人可以主动向专利局提交声明,在该声明中,其表示愿意将专利以合理的费率许可给任意相关方,以此换取专利续展费的减少。无论发生权属变更还是专利权人破产,这一承诺将在相关专利有效期内一直有效。正是当然许可条款的这一特点,引起了那些寻求切实方法保证(FRAND)承诺附随 SEP 的人们的关注。

在当然许可(LOR)模式下,专利权人可以选择是否为了获得更低的专利申请及维持费用,而承诺向所有相关方提供该许可。目前,该选项已被若干国家的专利系统所采用(包括德国、英国和法国),并构成了新欧共体专利制度的一部分:1257/2012 的第 8 条规定了如何针对具有统一效力的欧洲专利申请进行当然许可。但是,当然许可并不存在于所有专利制度中,它仅限于 SEP 的适用。进一步说,由于许可条款的纠纷解决往往依赖于国家司法权的行使,使得国际争端的解决复杂化,同时造成了法律上的不确定性。最后,当然许可制度下的承诺没有一般的 FRAND 条款那么灵活。一般而言,专利权人在专利授权时就要决定是否作出当然许可承诺,但此时专利权人可能并不确定该专利最终是否能够被纳入一个或多个标准。不过,专利权人*也可以在之后,比如当其清楚该专利权对标准构成必要专利时,再选择当然许可。当然许可承诺将覆盖专利的全部实施,包括与标准无关的部分,因此,没有人能保证所有 SEP 专利权人是自愿(尤其是那些可能从销售未受承诺约束的专利中获利的)使用这一制度。但如果专利权人使用这一制度,续展费的减少或许会引起标准相关的专利申请量增加。

总结

表 5.16 总结了本节的观点。

表 5.16 "解决转让问题"方案的总结

方　面	评　价
潜在优势	● 降低标准实施者因 SEP 转让产生的专利劫持威胁; ● 降低诉讼风险; ● 让许可过程更加顺畅; ● 上述优势将有利于实施者乃至专利权人

---

* 此处原文为许可或权利。——译者注

续表

方　面	评　价
潜在成本	• 仅会对 SEP 转让中过度寻租的当事方产生私人成本
实施措施产生的直接支出	• 与 SSO 的知识产权政策相关的成本:修改 SSO 知识产权政策的成本和延迟成本; • 修订后的政策将为其他希望实施同样政策的 SSO 提供一个模板
不利之处、可能风险或结果	• 该方案可能会引发 SSO 的非核心参与者延迟作出承诺或不参与标准制定过程的隐患(有限风险); • 当然许可存在地理覆盖不完全、争议解决分散化的不足
必要或理想的条件/和其他方案的关系	• SSO 的知识产权政策:需要相关 SSO 成员达成共识; • 当然许可:在更多专利制度中实施当然许可,以及改善争议解决机制

从利益相关者处得到的反馈也证实了该方案的优势。反馈内容总结如下:

- 清晰的 SSO 规则将大有益处;
- 非常赞同,强烈支持确保 FRAND 承诺能附随专利权转让的变革;
- 另见第 5.2.7 节关于通过备案告知 SEP 权属转让的评论。

5.7　标准化进程中的技术纳入

建议解决方案的介绍及概要

以上部分的研究从目前许多标准涵盖有大量 SEP 的现实出发,详见表 5.17。

表 5.17　100 多个专利声明中的 24 个标准

标　准	说　明	披露总数	声明总数	唯一认可的数据库（DOCDB）家族
ETSI 3G 分组	3G 移动电信标准,又名 UMTS、W-CDMA 和 3GPP[23]	343	16007	2784
ETSI 2G 分组	2G 移动电信标准,又名 GSM 和 DCS – 1800[24]	170	7458	1114

---

[23]　该组包括以下 ETSI 项目:DCS 1800,GPRS,GSM,GSM/ AMR-NB,GSM/ TDMA,GSM 版本 6,GSM 版本 7,GSM 版本 98,GSM 版本 99,GERAN,GERAN 版本 6,GERAN 版本 7,GERAN 版本 8,GERAN 版本 98,GERAN 版本 99。

[24]　该组包括以下 ETSI 项目:3GPP,3GPP/ AMR-WB,3GPP/ AMR-WB +,3GPP/ EMS,3GPP 版本 7,3GPP 版本 99,HSPA +,HSUPA,UMTS,UMTS/ CDMA,UMTS FDD,UMTS 版本 4,UMTS 版本 5,UMTS 版本 6,UMTS 版本 7,UMTS 版本 8,UMTS 版本 9,UMTS 版本 99,WCDMA,SAE。

续表

标　准	说　明	披露总数	声明总数	唯一认可的数据库（DOCDB）家族
ETSI LTE 项目	4G 移动电信标准	125	3876	1588
JTC1 ISO/IEC 14496,包括ITU H.264	视频压缩标准,又名MPEG-4 第10部分,高级视频编码。是ISO/IEC JTC1 和 ITU 之间合作开发的,用于许多设备,包括蓝光播放器、游戏控制器、计算机软件等	265	1682（*）	146（*）
JTC1 ISO/IEC 18000	RFID 技术标准	104	1107（*）	161（*）
IEEE 802.11	无线局域网标准,俗称"Wi-Fi"	167	449（*）	136（*）
JTC1 ISO/IEC 13818,H.222 和 H.626	视频压缩标准,又名MPEG-2。MPEG-2 的第1部分和第2部分是与ITU-T合作开发的,用于许多设备,包括DVD播放器、计算机软件等	121	381（*）	46（*）
IEEE 802.16	无线城域网（MAN）标准,俗称"WiMax"	90	335（*）	196（*）
ETSI DVB 分组	数字电视广播标准㉘	40	270	106
ITU G.992	ADSL 标准,通过电话线为住宅家庭提供互联网服务	65	229（*）	38（*）
ITU M.1225	虽然它本身并不是一个产品标准,但却是各种3G移动技术的参考,将由ITU进行评估（所谓的IMT-2000过程）	43	204（*）	64（*）
ISO 25239	摩擦搅拌焊接标准,适用于造船、航空航天、汽车和铁路等行业	35	191（*）	0（*）

㉘　该组包括以下 ETSI 项目：DVB,DVB-C2,DVB-H,DVB-S2,DVB-SH,DVB-T2。

续表

标　准	说　明	披露总数	声明总数	唯一认可的数据库（DOCDB）家族
ETSI BRAN HIPERLAN/2, HIPERMAN 分组	ETSI 针对宽带无线接入网络（BRAN）的活动，包括 HiperLan/2、HiperAccess、HiperMan	17	169	74
JTC1 ISO/IEC 15938	多媒体内容描述的标准，也被称为 MPEG-7	42	167（*）	1（*）
IEEE 802.3	有线 LAN 标准，称为以太网	99	149（*）	53（*）
ETSI TETRA 项目	应用于政策、救护车和消防队以及商用的专业移动无线电应用标准	21	144	42
ITU G.729	在互联网语音协议（VoIP）应用中使用的语音压缩技术	57	132（*）	37（*）
TIA 136	美国开发的第二代（2G）移动电信标准，称为 D-AMPS，现在被视为生命终结，取而代之的是 GSM 或 3G 技术	31	124（*）	0（*）
ITU G.993	VDSL 标准，通过电话线为住宅家庭提供互联网服务，比 ADSL 更快	43	117（*）	35（*）
OMA WAP	无线应用协议（WAP），用于手机上的交互式数据服务，现在被视为生命终结	17	117	34
ITU M.1457	本身不是产品标准，但却是国际移动通信-2000（IMT-2000）的地面无线电接口的具体规格	14	113（*）	22（*）
JTC1 ISO/IEC 14888	数字签名技术	8	111（*）	7（*）

续表

标　准	说　明	披露总数	声明总数	唯一认可的数据库（DOCDB）家族
IEEE 802.1	标准的架构、互通、整体网络管理以及 LAN（局域网）、MAN（城域网）网络的其他一些常规元素	9	105（*）	36（*）
JTC1 ISO/IEC 11172	MPEG-1 是视频和音频压缩标准，用于数字广播和视频 CD，但以其引入的 MP3 音频格式而闻名（正式名称为 MPEG-1 第 3 部分）	41	100（*）	0（*）

（*）这些机构允许概括披露，结果，唯一认可的 DOCDB 数据库族的数量可能是实际 SEP 所有权的总数。

鉴于 SSO 允许上述表中的大部分标准都使用概括披露，SEP 的实际数量可能远高于该表反映的数量。例如，尽管 IEEE 802.11 标准族（"Wi-Fi"）的具体披露让我们总共能确定 136 个专利族，但最近美国法院采纳的一份证词却声称，可能有数以千计的专利对于该标准族的实施确有必要。[286]

虽然本报告其他章节（见第 5.2 节）已经讨论了与概括披露有关的问题，但我们仍想在此指出，那些非常成功的标准（以及在社会中发挥着重要作用的标准），其实纳入了数量惊人的必要专利。

不少人已经意识到在那些复杂的标准进程中，若要实现设计要求或成为一个具有公信力的标准，将会涉及不少关键的专利技术，但可能让人难以想象的是，实现这一点事实上需要纳入成千上百种专利技术。[287]

在本节中，我们首先考虑，标准是否确有必要包含如此多的专利技术。将专利技术包含在标准中当然不是一件坏事，在起草标准时，技术委员会或其他负责此项工作的实体通常会有一套设计要求。[288] 这些要求之间经常会有一些权衡，在权衡过程中可能会发

[286] Microsoft Corp. v. Motorola, Inc., Findings of Fact and Conclusions of Law, 2013 U.S. Dist. LEXIS 60233 at paragraph 335 (W. D. Wash., Apr. 25, 2013).

[287] 在这方面，也可以采用标准定义的最低共同标准原则，该最低共同标准使互操作性成为可能。在激烈的竞争环境中，可以根据该标准构建其他功能和性能。

[288] 举一个有关移动电信标准的例子。其设计要求通常旨在实现：①数据服务的高数据速率（"速度"）；②连续覆盖大型区域；③允许用户高速移动；④为了优化电池寿命而消耗很少的功率；⑤需要最少数量的蜂窝站或天线塔；⑥对噪声和其他类型干扰的强大隔绝力；⑦基站和终端的成本较低。

现某些技术比其他技术更优。

鉴于许多"高科技"领域的专利倾向性很高,许多具有吸引力的技术解决方案很可能已经获得专利(或者为了解决标准中的某些挑战,公司很可能立即开发这些专利)。因此,可以选择将这些专利技术纳入标准。在某些情况下,专利技术甚至可能是实现标准功能要求的唯一可行方法。而在其他情况下,专利技术可能不是唯一的解决方案,但其仍然是达到标准要求的最佳方法,例如,通过提供更高的性能,使实施更具成本效益或改善其环境友好性。在这种情况下,必要专利的成本(不仅包括许可成本,还包括许可协商过程中的资源消耗)可能抵得上标准的附加价值。

但是,如果包含(众多)专利技术而没有对标准价值做出实质性贡献,那么从公众角度来看,这样的标准欠佳(但也许从单独的专利权人的角度来看是最优的)。对于这样的专利,我们将在本报告中称其为"琐碎"专利,它们可能会不必要地增加标准实施的成本(存在将成本转嫁给消费者的可能),并对竞争、市场准入等产生影响。它可能对"真正"的创新主体造成一定的打击,因为相较于研发投资并致力于为技术发展做出重大贡献而言,从标准中利用琐碎专利这种机会主义战略更容易获益,成本也更低。由于获得必要专利的所有权对企业来说是最有利的,所以企业有很大的动力参与到机会主义战略中,以便将琐碎专利所涵盖的技术纳入标准。[29] 在电信以及其他一些 SEP 强度较高的领域,标准由工作组制定,其参与者也是专利权人。在这样的背景下,企业为了在标准中大量纳入琐碎专利,可能会讨价还价并相互支持同意将琐碎专利纳入标准的企业,例如也将支持其他公司的琐碎专利纳入该标准。因此,就算标准参与者人数较少,也可以促进每个参与者整合产生大型的 SEP 组合,却尽可能避免"局外人"的专利技术。

近年来,知识产权的过度纳入已经引起了标准制定领域领导者的广泛关注。例如,在欧洲委员会最近召开的超过 100 名专利和标准领域专家出席的会议上,ETSI 知识产权特别委员会主席(现任 ETSI 大会主席)谈到了"边际专利数量的增加""为了获得专利而将解决方案复杂化的风险"以及"技术进入标准而不是提高标准"这些观点。

他还指出,"目前没有机制来确定专利权利要求是否带来了标准的革新和进步(真正的创新),或者只是为了赚钱而试图将专利纳入标准"。最近,一位大型跨国公司研究实验室的前负责人在一次会议上概述了一种策略,其详细解释了他们如何派员参加标准化会议,并且在会议结束后集体讨论如何将其他参与者提到的元素进行组合,然后立即准备专利申请的具体过程。

最近,学者们转向研究技术包容性,并且研究分析了影响必要专利获得可能性的问

---

[29] 拥有 SEP 的公司拥有一系列优势,请参阅原文第 156 页。

题和策略。该研究具体如下：

- 在一项关于 3G W-CDMA 标准的标准化研究中，Leiponen（2008）[200]重点关注私营联盟的作用，尤其强调了行业联盟的作用。通过加入这种联盟，企业增加了其（专利）技术贡献被纳入标准的机会。
- Bekkers 等人（2011）[201]研究了专利必要性的决定因素。他们发现高价值（"技术价值"）的专利具有增加其成为（声称）必要专利的可能性，但是专利权人成为积极的参与者是更好的决定因素。
- 正如 Omachi（2004）[202]所提及的一种可行的策略——企业使用延续专利来获得对技术标准至关重要的专利。
- 沿着同样的思路，Berger 等人（2012）[203]发现，最终被披露为对标准至关重要的专利申请比其他类似专利更加频繁地被修改。可以说，公司修改这些专利不仅是为了增加专利权利要求，并最终产生这种必要性，同时能够保留专利的原始优先权日期。

我们专注于标准创建过程，并试图更好地了解公司如何在会议上对技术纳入问题进行磋商议价，对此，我们参考了 Kang 和 Bekkers（2013）[204]的研究。他们调查了涉及 3GPP 的 W-CDMA 和 LTE 标准在 12 年间所举办的 77 次会议的技术包容性，并确定了参加这些会议的 939 名个人参与者的每一个专利行为以及专利非参与者的行为，这些参与者为这项技术总共产生了 14000 多项专利。该研究观察到这些会议前几天以及这些会议期间，（初步）专利申请量存在相当大的峰值。并且，许多列在这些专利上的发明人也是这些会议的参与者，并且这些专利很有可能对于标准是必要的（可能是因为他们的发明人在场，所以他们可以针对技术纳入问题进行协商议价）。

尽管上述内容本身不应该被看作是一个问题，但其中值得关注的点在于，从技术角度看，争议专利——"准时制专利"——比其他"正常"的必要专利价值更低（在这些会议之前或期间不适用）。所观察到的战略尤其见于纵向整合的企业、前技术标准的现任支

---

[200] Leiponen, A. E. (2008). Competing Through Cooperation: The Organization of Standard Setting in Wireless Telecommunications. Manage Science, 54(11), 1904 – 1919.

[201] Bekkers, R., Bongard, R., & Nuvolari, A. (2011). An empirical study on the determinants of essential patent claims incompatibility standards. Research Policy, 40, 1001 – 1015.

[202] Omachi, M. (2004). Emergence of Essential Patents in Technical Standards: Implications of the Continuation and Divisional Application Systems and the Written Description Requirement. IIR Working Paper WP#05 – 02. http://hermes-ir. lib. hit-u. ac. jp/rs/bitstream/10086/15993/1/070iirWP05 – 02. pdf.

[203] Berger, F., Blind, K., & Thumm, N. (2012). Filing behaviour regarding essential patents in industry standards. Research Policy, 41, 216 – 225.

[204] Kang, B., & Bekkers, R. (2013). Just-in-time inventions and the development of standards: How firms use opportunistic strategies to obtain standard-essential patents (SEPs). ECIS working paper 13.1. 电子版参见 http://papers. ssrn. com/sol3/papers. cfm? abstract_id = 2284024。

持者,以及规模较小但针对该标准仍具有较大 SEP 组合的公司。

实质上,以上所有内容都表明,就专利而言,SSO 可能已经创建了一个开放的流程,并且对其中的专利技术未进行任何反馈或评估。再加上激励参与者将其知识产权纳入标准的强烈动机,这导致了前所未有的必要专利数量激增。目前,尚不清楚该流程对于绩效或标准其他方面贡献的程度。

本节的核心观点如下:"为了使专利技术纳入程序更加自发、有序,SSO 应考虑引入指南并推广新的规定。同时,更多地考虑这样做的适当性。"该观点实际上是解决当前许多问题的根源。但是,诚然上述提议仍然比较粗糙,留下了一些未解决的问题,例如,如果理想对价是以成本/收益为基础的,那么成本和收益将如何估算? 它是否需要事先披露许可费用(或与之相互影响)? 还是说没有必要进行严格的成本/效益分析,而是遵从 IETF 那样的流程,就能够断言纳入标准具有适当性? 即只有该专利技术明显提供超过所有其他可用替代方案的实质性收益时,才可以在没有评估成本的情况下,将该专利技术纳入标准。从这个意义上说,这个观点主要是为了开启上述讨论。

优势与成本

根据以上分析,即使该观点仍处于概念阶段,但仍可以确定与实施该概念相关的一些优势和成本。优势如下:

- SEP 数量较少,剩余 SEP 质量较高,SEP 专利人较少,专利分化程度降低;
- 为真正的创新主体参与研发并为标准化进程做出贡献/参与提供更强大的激励机制;
- 减少与过度纳入技术相关的不必要成本(包括专利费和其他费用),否则这些成本可能转嫁给买受人或以其他方式影响市场和竞争;
- 降低由于过度纳入而导致的上游市场寡头垄断竞争的相关成本,包括减少竞争和市场准入问题;
- 由于 SEP 和 SEP 专利权人的数量减少,促进了对标准的采纳/采用;
- 将仅仅是为了获得专利而不是为了提高标准的专利技术纳入标准,避免标准复杂性的增加。

该提议的潜在成本包括不愿意披露有价值技术的各方,由于缺乏参与标准的积极性而产生的相关费用。这可能包括标准实施者或中间用户。另一方面,参与标准制定有(而且应该有)很多其他益处(制定"正确"标准,减少实施成本,从早期受益,学习知识等),足以确保各方参与到标准制定进程。

如果各方仅仅因为"不能将其专利纳入标准"而决定不再参与标准构建,人们则会怀疑其是否真正愿意参与标准的制定。

实施

虽然大多数 SSO 的知识产权(IPR)政策都讨论了当技术纳入标准时应当遵循的规则,但很少有政策讨论何时将专利技术纳入标准。事实上,对于专利技术何时纳入标准,几乎没有任何相关的指导。只有 SDO 白皮书(http://www.baike.com/wiki/SDO&prd=button_doc_entry)提供了一些少量的信息。例如,OASIS(绿洲)明确鼓励[29]提交现有的专利技术文本,而 ANSI(美国国家标准学会,American National Standards Institute)则指出,如果"技术原因证明这种方法合理",那么专利技术纳入可能是合理的。而在 IETF(互联网工程任务组,Internet Engineering Task Force)中,存在避免将专利技术纳入的原则。[30]

IETF 的做法值得被肯定,但它也向我们表明,这一变化不仅仅与采用 SSO 知识产权政策中的规则有关。同时,此类实践的做法还改变了多年来约定俗成的规则,并在参与者之间达成共识和共同责任,以便创建仅包含专利技术的标准,使其获益超过纳入成本。虽然具体责任和具体规则可能有助于实现这个想法,但如果没有共同责任和文化变革将不会成功。

我们现在简要考虑一些具体实施的方案。第一种实施方案是,在作出是否包含专利技术的决定之前,引入联合(工作)小组来进行有意识的评估。然后,该小组将承担评估责任,而小组负责人则确保该小组作出适当的评估并在其考虑中遵循正确的程序。另一种实施方案是,让任一技术贡献者证明其技术纳入提议的合理性,并且让该贡献者提供证据证明,其提议的技术相对其他所有替代方案的优势之处。在提供证据证明之后,工作组会仔细考虑这些观点,并且如果该技术确实发挥了重要的作用,那么工作组就只纳入被建议技术,而避免纳入那些小而琐碎的技术。第三种实施方案是,引入"反对"程序,在该程序中,任何参与者都可以提出质疑:与其替代品相比,纳入(专利)技术是否具有显著的优势。(如果相关 SSO 的行业参与程度有限,那么可以考虑将此类反对意见向所有相关方开放。)

竞争监管机构还需要考虑实施方案,并探究特定的解决方案,将其促进竞争效果与反竞争效果相比较(包括提供甚至讨论商业信息的一些解决方案)。假设任何这样的活动都被划归为反竞争的情况,则该做法可能存在问题。

总结

表 5.18 总结了该观点。

---

[29] 然而,值得注意的是,在 OASIS 知识产权政策下可用的许多许可模式中,任何包含的技术都需要以 FRAND-RF 条款进行许可,而根据 ANSI 政策,以往的假设是纳入技术会导致实施者需要支付使用费或其他许可费。

[30] 例子参见前文,尤其参见 Bekkers & Updegrove (2012),第 104—105 页。

表 5.18 "标准化过程中技术纳入的严格审查"方案摘要

方　面	评　价
潜在优势	• SEP 数量较少,剩余 SEP 质量较高,SEP 专利人较少,专利分化程度降低; • 为真正的创新主体参与研发提供激励机制; • 减少与过度纳入技术相关的不必要成本(包括专利费和其他费用); • 降低上游市场寡头垄断竞争所需的技术成本; • 促进标准的采用; • 将仅仅是为了获得专利而不是为了提高标准的专利技术纳入标准,避免标准复杂性的增加。 上述优势使实施者和专利权人都受益
潜在成本	• 可能会阻止"非真实创新主体"参与标准化流程
实施措施直接产生的支出	[取决于确切的建议,但实施不是关于金钱而是关于文化和态度的变化]
不利之处、可能的风险或后果	[取决于确切的建议]
必要或理想条件/与其他提议的关系	• 这个建议是对本章讨论的大多数早期想法的补充

通过利益相关方的反馈,我们对上述"不利之处、可能的风险或后果"作出了相应的确认和补充。对此,作出以下总结:

• 此类指导/规则必须确保将最佳技术解决方案纳入标准,否则标准将不会在商业上获得成功,即不会被广泛采用;

• 这项调查成立的前提在于标准中包含的专利技术一直能够推动创新。

专利与标准

——关于知识产权标准化的现代框架公众咨询总结报告*

摘　要

　　欧盟委员会(以下简称委员会)希望确保知识产权制度的顺利运作,以保证发明人和创新主体获得公平回报,并促进新技术和产品在整个内部市场的快速传播。在这一背景下,委员会一直在分析该目标是否将在标准必要专利(SEP)领域实现。为此,委员会在2013年委托编写了一份报告①,以确定SEP有效许可中的障碍,并在对其进行评估后提出了补救建议。该报告发现了一些潜在的问题。随后,委员会发起了一次公众咨询,就此类问题对利益相关者的重要性征求意见,并提出解决方案。

　　受访者表示,专利在信息和通信技术(ICT)标准化的许多领域中发挥着日益重要的作用,这些领域是欧洲数字化单一市场和能源联盟等政策举措的核心。受访者的答复还表明,专利许可问题与专利权人以及标准实施者都极为相关。同时,答复揭示了公司在获取信息、许可谈判,以及小公司全面了解知识产权侵权行为等方面面临的具体挑战。这些意见分歧也体现了一种充满活力,有时甚至是对抗的环境。

　　如果纠正当前专利信息不透明的相关措施的成本不超过提高专利信息透明度的收益,提高相关标准涵盖的专利信息透明度则是利益相关者认为需要改进的地方。利益相关者还认为,专利池和替代性纠纷解决机制的作用日益增强,对SEP许可做出了积极贡献。他们还认为FRAND概念至关重要,但是,对于这个一般概念是否可以进一步完善仍有疑问。专利转让问题引人担忧,某些标准制定组织最近改变其规则以说明该问题。禁令已被认为是引起分歧的原因,而该问题的利益相关方则主要是法院,他们希望禁令能进一步明确。

　　总体而言,各方意见分歧较大。因此,在进一步分析的基础上,委员会应运用从公众

---

* 本文为欧盟委员会内部市场、行业、企业和中小企业总局2015年10月27日发布的专项报告。
① http://ec.europa.eu/growth/tools-databases/newsroom/cf/itemdetail.cfm?item_id=7833&lang=en&title.

咨询中获得的意见,据此确定使标准必要专利(SEP)许可框架均衡的最佳方式,正如《欧洲数字化单一市场战略》(Digital Single Market Strategy for Europe)中所宣布的那样。

1 咨询主题和参与度

本文报告了欧盟委员会于 2014 年 10 月 14 日至 2015 年 2 月 15 日就专利和标准专题举行的公众咨询。

本次咨询的目的是收集与标准化直接相关的专利市场效率(标准必要专利)的信息和意见。咨询活动根据委员会 2013 年委托编写的背景报告,特别邀请感兴趣的利益相关者就下列事项提出意见:①现行专利标准化框架如何执行;②是否应该改进现行专利标准化框架,以确保其有助于标准的制定与实施,这些标准已适用于数字化单一市场瞬息万变的经济与技术环境。

超过一百名受访者借此机会就这些问题发表意见。在这些答复中,有 87 个是非保密性的,已经公布。中小企业只有 12 份答复,其中 4 份来自中小型企业代表机构[例如 PIN-SME,它参与了欧洲电信标准化协会(ETSI),也是欧盟中小企业代表之一],而且只有 5 个研究机构作出回应,表明该问题是大型经济参与者所熟知并感兴趣的。只有 6 个代表成员国的公共机构以及 3 个专利局作出答复。相比之下,10 个标准制定组织[其中包括 3 个欧洲标准化组织(ETSI、CEN②,CENELEC③)]作出了回应,而且至少有 32 个通信技术或电信公司恰如其分地展示了标准必要专利问题目前是如何集中在电信领域的。在难以确切分类的情况下,相比于实施者(接近 20 位),有更多的专利权人(接近 30 位)做出了回应。值得注意的是,有超过三分之一的受访者是在欧洲经济区(EEA)之外的。最后,此次咨询引起了法律、咨询和知识产权领域的专业组织的关注。

许多受访者的答复很详细,质量很高,为此次咨询提供了有用的事实信息和见解。本报告涵盖了 2014 年 10 月 14 日至 2015 年 2 月 15 日期间收到的非保密意见。这些意见可在咨询网站上查阅。④

大多数受访者表示,他们的回复是基于专利与标准之间相互作用的第一手经验。在公众咨询的所有 8 个关键问题中,许多受访者选择给出具体问题的答复。其他人则利用明确允许的可能性,将他们的回答集中在问卷的各个部分。

---

② 欧洲标准委员会。
③ 欧洲电工技术标准化委员会。
④ http://ec.europa.eu/growth/tools-databases/newsroom/cf/itemdetail.cfm?item_id=7833&lang=en&title=Patents-and-Standards%3A-A-modern-framework-for-standardization-involving-intellectual-propertyrights.

2 对于实质和问题的总体见解

第一组问题涉及问题的重要性,以及受访者对于涉及专利标准化的标准制定组织(SSO)的知识产权规则执行情况的整体评估。

考虑到受访者的样本,几乎所有参与者都指出,标准必要专利问题在电信行业中最为普遍,这并不令人感到惊讶。然而,许多利益相关者指出,越来越多的标准包含许多其他领域的专利保护技术,如汽车、能源、智能电网、医疗保健、电气和电子工程、音频视频媒体、智能交通以及更广泛的物联网(IoT)等领域。一家电信网络运营商指出,互联网和电信技术日益趋同,互联网行业对电信行业的影响将会更大。

总的来说,在电信领域,所需标准数量正在不断增加,每项标准的专利数量也在增长,专利权人需要处理的数量也相应增加。同样,至少有 3 位受访者指出,目前标准制定举措、论坛以及开源措施的增加,完善了 SSO 的工作。一些实施者认为,专利和标准的增加会致使企业选择许可费低的技术。他们声称,许多标准化企业联盟正在沿着这一方向努力,而且,据一家工程公司所言,新技术正以更低的价格进入市场。

少数人认为,如果技术所有者察觉到标准化环境不够和谐,那么专利方案面临的风险就会有所增加。

互联互通的重要性日益显现,因为所有企业现在需要整合成一个"系统"来发展大众市场。这一想法出现在部分为产品或"系统"开发许可解决方案的答复中,该想法意在一次谈判中集中所有必要的技术。根据欧洲某标准化机构所言,标准本身需要与"系统"相关,这可能需要更多"自上而下"的方式实现标准化。

大多数受访者并未质疑将专利技术纳入标准,特别是当标准促进互联互通性时,一些受访者表示,这需要标准来涵盖非常先进的技术,使其具有实际意义。虽然少数受访者表示,应尽可能避免在标准中纳入专利,但大多数人似乎仍赞同纯粹基于技术原因而选择标准的制度。除了将专利纳入标准之外,令人担忧的问题似乎是这些专利的许可问题。

总的来说,答复表明,由于商业模式的较大差异以及价值链上的参与者急剧增长,许可环境正日益变得复杂。特别是,技术融合显然使更多的公司联合起来,共同制定解决方案。这些公司的商业模式并不相似。例如,对于那些专注于长期研发投入的公司而言,专利的金钱补偿是很重要的,但对于那些希望扩大当前技术市场公司而言,专利的金钱补偿就不那么重要了。

在这种情况下,少数答复者支持这样一种环境,即标准化项目能够灵活地为个别参与成员制定专门的知识产权和许可规则。一家芯片制造公司提到,如果现有的 SSO 不够灵活,那么将可能建立新的 SSO。

总体而言,利益相关者主张建立一个框架,该框架能使不同类型的标准化项目具有足够的灵活性,同时也为企业制定和实施标准提供必要的确定性和可预测性。大多数受访者不相信该系统已经"崩溃",但也只有少数人认为其毫无问题。大多数人认为它可以更好地发挥作用,并对许多关于解决当前框架中具体问题的建议给予了积极的评价。25 名受访者的确认为 SEP 许可的成本过高,手续冗长和烦琐。仅有 5 家公司认为,围绕 SEP 许可的法律框架缺乏明确性是争议的根源,而更多的公司则将过度声明和缺乏专利申请透明度等其他因素视为主要问题。做出答复的小企业和中小企业的代表抱怨说,许可费缺乏透明度,阻碍了他们进入新的产品市场。他们还认为,许可费用堆叠同样是很重要的问题。

与此相反,该部门的许多受访者指出,电信业在创新方面取得的巨大成功,得益于成功的标准化环境,因为它基于 SEP 的 FRAND 许可。尽管如此,不同标准化机构在许可方式上的多样性仍然得到了重视,一些机构甚至提请人们注意数量庞大的免许可费的技术方案。例如,在诸多互联网技术领域都存在普遍的技术方案,包括软件互联标准领域。一些公司表示,在可能的情况下,如果公司能够在产品市场增长时套现,那么他们会倾向于优先采用这种免许可费的模式。人们普遍认为,投资于创新的公司有权因其创新而获得公平的回报。

几乎所有的利益相关者都就标准必要专利的许可问题提出了意见。那些主要持有标准必要专利的受访者指出,他们已经对为标准化做出贡献的技术做了大量的投资,他们需要获得回报。同时,他们对一些实施者在许可协议谈判中遇到的制度性困难表示担忧。他们声称这一问题在一些新兴经济体中更加严重。一位代表提到,在艰难的许可谈判中达成协议所花费的时间和精力正在增加,而高昂的诉讼费用以及实施者不愿意支付许可费这些因素可能促使专利权人决定将专利转让给其他的非专利实施主体(NPE),以便及时收回投资。

相比之下,主要实施标准的受访者指出,他们对专利许可费的疑虑,是基于他们认为薄弱的、包含无效或非必要专利的专利组合,以及过分的许可条款。专利组合许可通常被认为是高效的,有些人认为它是实施许可的唯一现实途径,其优势是提供"专利和平(patent peace)"。然而,在一个公司的专利组合中,有些人对其中专利的质量和有效性表示担忧。

然而,在评估其影响或者其成本与效益之间的关系之前,大量的受访者告诫不要进行公共干预。参与标准化进程的成本很高,需要一定的商业模式加以支持。许多受访者明确支持基于 FRAND 的开放标准模式作为可行的解决方案。

许多答复指出,要改善包括专利技术在内的标准化环境,提高专利质量是主要途径。

3 每个关键问题的详细见解

问卷分为几个关键问题,这些问题是标准化环境中专利和标准争论的核心问题。本报告也将按照问卷的结构展开。

3.1 透明度

出于咨询和总结此报告的需要,专利信息透明度被定义为,利益相关方获取关于特定标准化领域专利的可靠信息的容易程度,尤其是关于专利的存在、所有权、有效性、可实施性及其对标准的重要性方面的信息。

这一组问题首先涉及专利信息透明度的相关性。其次涉及大多数标准制定组织中存在的专利声明义务。这些问题重点关注声明义务的内容、专利声明的质量以及标准制定组织的处理方式。最后,这些问题提出了提高专利声明制度的透明度的可能措施。

许多参与的利益相关者都指出了专利信息透明度在标准化工作组中的重要性。专利信息透明度有助于标准制定组织及其技术委员会作出广为人知的选择,尤其是避免出现因缺乏必要的许可而无法实施已采纳标准的情况。

在标准制定过程中,为了获得许可承诺,大家普遍支持早期的专利声明请求。然而,大多数人也认识到,就专利声明的性质而言,这种早期的事前披露制度并不能保证评估最终的知识产权索赔风险的信息的质量。

5名受访者特别提到的问题,以及其他19名受访者提到的一般性问题,都与标准化运行期间提交的专利申请信息透明度相关。有人表示,标准化组的代表可获得的知识产权信息很少。一家专利局证实了一家芯片制造公司和一个私人的声明,即随着围绕标准制定的讨论的进行,公司将就标准中新纳入的必要特征,申请"机会主义"专利。这样的申请在一段时间内不会公开,这使得标准化组织对技术的专有性一无所知。因此,有人提议将标准必要专利申请的内容公之于众。

对于能从声明清单中获得准确的、切实可行的信息这一点也存在争议。那些对此问题作出答复的人几乎一致认为,完美的声明清单是不切实际的,但也有很多人认为这种情况可以改善。广泛的一揽子声明有利于防止专利劫持,但在没有免费许可的情况下,这对于公开许可的目的并无助益。

同一利益相关者指出,声明清单中存在系统误差。21项答复中都指出了过度声明问题。利益相关者还指出了使最初精确的声明产生误差的因素(例如标准或专利范围的变化)。正因为如此,这些利益相关者认为,声明清单对个人许可谈判并无过多用处,其最多只能作为一个起点。然而，其他利益相关者指出，声明清单是评估其未来公开专利许可费要求潜在风险的主要手段，而更准确的清单将为其提供更好的保护，对于小公司来说更是如此。少数公司指出，许可费公开的不确定性对希望进入市场或开发产品的中小企业而言具有重大的威慑作用。而大公司则提到，他们可以在更高效的谈判过程中获得更有效的信息，部分原因在于他们更接近起始位置。

尽管对声明成本和声明清单可达到的准确性有所担忧，但仍有 21 名答复者表示支持采取措施改进声明清单。这其中有一个普遍的观点，即当公司面临高昂的内部搜索成本时，其难以获得完整的信息。大多数公司认为"专利检索（patent search）"不能够保证声明的质量。尽管如此，小部分公司还是建议对未声明的专利进行处罚，例如强制免费许可。一家电信运营商认为，最佳声明应提供专利族中每件专利的专利号、法律状态、标准必要专利的权利要求，以及对标准功能必要的权利要求。就该问题发表评论的受访者中，大多数受访者支持在标准化进程的关键时刻，特别是在采纳标准本身时，为更新初始声明所作的潜在努力。

专利局与 SSO 之间的信息交流被认为是一个可靠的改进方式。许多参与者还表示支持通过收集专利局提供的信息或为专利权人所知的、其在标准采纳时更新的信息来改进声明清单。

对于由第三方审查声明专利的必要性的想法，一些受访者进行了积极评价，同时还指出了一些需要克服的实际和成本问题。但也有人认为这不可行，而且成本太高。因此，为所有权信息进行登记的想法得以提出，而统一 SSO 和专利局信息的格式也被认为是一种改进。

最后，关于在声明清单之外提高专利信息透明度的措施，利益相关方对专利局可以发挥的作用，以及在与标准化有关的领域进行专利布局的形式进行了积极评价。但其他人认为，专利布局应该由私人主体之间通过缔约的方式进行。

3.2 转让

少数受访者表示，SEP 所有权的转让日益重要，且日益频繁。有人指出，在信息通信技术领域，SEP 的转让往往比非 SEP 的转让更加频繁。咨询小组向利益相关者询问了与转让的普遍性、因果以及现行规则的有效性相关的信息。

回复的利益相关者认为，对于那些没有经济实力将其发明投入生产或无法在全球市场上竞争的参与者而言，SEP 转让可能是关键的货币化工具，也可能是相关专利的标准化和后续销售的创新策略。一些受访者也认为，这是将其投资回报最大化的方式。

关于 SEP 转让的总体后果，尤其是关于这种转让是否会导致专利所有权或多或少的碎片化,以及是否会导致市场扭曲的问题,利益相关方的观点是比较一致的。

几乎所有涉及这一部分的答复者都指出,FRAND承诺约束了作出这一承诺的原专利权人。如果不明确这一承诺是否会随着所有权转移,问题可能就会出现。这些利益相关者似乎有着非常广泛的共识(但并非全体一致),即SEP转让不应该允许继受者规避FRAND承诺。一位网络运营商认为,在专利局登记时应表明该专利是否已声明为标准必要专利。

其中一些受访者提到,将SEP转让给某些形式的非专利实施主体,对他们来说是一个特别重要的问题。一些受访者称,将SEP转让给非专利实施实体往往导致专利许可费增加和诉讼增多的后果。而专注于研发及通过许可授权获得收入的受访者,则强调其商业模式的合法性及其对创新标准的重要性。

其中一些利益相关者对最近修改的关于SEP转让的ETSI知识产权政策作出了积极的评价,其他人则建议进一步改进这些规则,例如由专利权人直接向欧洲专利局(EPO)报告转让的情况。有些人则指出,如果新权利人不接受对其具有约束力的这一承诺,国内法院可能也不会承认。

权利许可制度得到了其中一些答复者的积极评价,但有人指出,考虑到某些成员国最近才开始采用这一制度,缺少有关修订后的ETSI规则的经验,其仍需国内法的支持。

3.3 专利池

出于咨询和本报告的需要,专利池是指两个或两个以上(标准必要)专利权人同意在联合许可的条件下向对方和/或第三方许可这些专利的协议。

10名受访者对这一问题表示感兴趣,这一问题在许多SSO的讨论中已非核心问题。一些在专利池创建方面具有直接经验的受访者将其答复集中于这一部分。

几乎所有受访者都表示,专利池许可具有效率优势。最经常被提及的优势包括:节约谈判成本、提高许可条件的信息透明度、为实施者创造公平的竞争环境、共享必要性审查的结果。此外受访者还强调了专利池的重要性,尤其是对中小企业的重要性。

尽管专利池提高了效率,但仍有几个因素被认为会阻碍权利人参与专利池。首先,商业条款需要达成一致,这使得不同商业模式的企业参与专利池变得更加困难。其次,出于防御目的,公司可能不愿意放弃单独主张其专利的权利。对于许多公司而言,一个良好的专利实施制度对于促使其参与专利池至关重要。尤其是有人提到,公司通常不会将其核心技术投入到专利池中。有人还指出,无线通信领域的专利池一直以来难以建立。

这些利益相关者提到的重要成功因素,包括专利池管理的中立性和外部专家的参与

（例如在必要性审查中外部专家的参与）。如果专利池范围狭窄且明确，那么专利池可以更好地发挥作用，但是它们也需要达到临界质量，并且只有在涵盖全部或至少大部分标准必要专利的情况下，它们才能提供一站式服务的全部好处。尤其是专利池允许只拥有少量专利的参与者获得许可收入，这对小型创新主体来说很重要。

关于公共当局的作用，参与者强调了适当的监管框架的重要作用，其中包括在主要地区，为支持全球标准活跃的全球专利池制定统一规则的需要。

这些利益相关者对SSO在专利池形成中的作用看法一致。大多数利益相关者指出，大部分主要专利池都是在标准化背景下创建的，但对于SSO的实际作用却存在意见分歧。有人认为，专利池的创建对标准的成功至关重要，特别是在标准存在竞争的情况下。在此情形下，专利池与标准制定密切相关。但是，许多利益相关者认为，标准制定组织并非创建或运营专利池的最佳之处，尽管有些人对此不予认同。这些利益相关者中的大多数都强烈反对强制标准贡献者参与专利池的形成。

至于专利池外部的许可活动，答复强调了专利池与个人作为专利权人之间的差异，并认为这种差异在标准必要专利的实施中需有所体现。

3.4 FRAND 原则

许多标准制定组织要求其标准中包含的专利技术，必须以"公平""合理"和"无歧视"的条款进行许可，但并未详细界定这些概念。这些问题涉及更详细界定这些概念的必要性，对这些概念的理解以及这些问题的实际解决方案可以促使利益相关者彼此进一步理解这些概念。

在如何处理FRAND条款方面存在着意见分歧。关于进一步阐明"公平""合理"和"无歧视"概念是否有利于对其理解，以及这是否可以按照一般原则加以实现的问题，利益相关者中有31人赞成，25人反对。一些答复者提出了可能的阐明方式，大多数答复者保持沉默，另一些答复者则认为阐明这些概念没有任何作用。

虽然少数受访者建议采用FRAND计算方法，但大多数受访者仍主张在确定FRAND费率方面要有一定的灵活性，并且认为在FRAND认定中，协商谈判具有重要作用。建议的方法包括使用基准或使用最小可销售单元确定许可费基数。为了对比的目的，有人主张至少向法院或者仲裁员披露实际许可的条款和条件，以推动基准的制定。一些人则进一步要求将仲裁结果公之于众。一些受访者认为，FRAND中的"无歧视"概念意味着在任何价值链层面都可以进行许可。然而，这些方法都受到了其他受访者的质疑。一些受访者认为事先阐明FRAND条款不切实际，甚至不可行。

一些受访者建议采用第三方的专利评估，以作为公平谈判的开始。

事实上,阐明 FRAND 概念有关的任何方面都存在着明显的分歧。

一家日本知识产权保护机构对不同地区发展的不同规则表示关切,并支持遵守 FRAND 的国际框架。

大多数受访者认为专利组合许可和交叉许可是有用且必要的。对于很多人来说,交叉许可大大简化了许可程序。多数受访者表示,专利组合许可应该是一个自愿解决方案,采用双方议定的评估方法。少数人则完全反对基于专利组合一揽子确定许可费率的方法。另有人提到,对于拥有大量专利组合的参与者来说,专利逐个判断并不可行,而且,在许可费率裁定后,专利的有效性或必要性将受到重大挑战。许多答复者认为,交叉许可不应强制以非 SEP 许可换取 SEP 许可。

受访者通常认为许可费用堆叠是一个问题,但对这一问题的相关性并没有达成共识。多数受访者认为应当证明许可费堆叠,而不能假设。少数受访者则认为许可费叠加仅仅是一个理论概念,因为交叉许可和不主张许可费的情形事实上减少了支付的许可费。4 位受访者表示,许可费堆叠是中小企业面临的一个关键问题,因为中小企业往往不能从交叉许可协议中受益。

大多数答复者表示,许可条款应通过谈判加以确定,尤其是在 SSO 被一再地(但不是一致地)强调不应干涉许可问题的情况下。但仍有人建议增强 FRAND 承诺的明确程度,其中包括明确需要在 FRAND 报价中指明的最低限度问题(例如许可费类型、地域或品牌限制、适用产品的种类)。还有人提议标准化参与者应同意提前公布其中一些参数。另一种备选方案是提交完整的许可条款的事前声明。有人反对最后一种方案。答复者提到的另一个问题是"防御性终止条款"强化 FRAND 的可能性。

最后,许多人指出,在任何试图阐明 FRAND 概念的过程中,我们都需要关注激励利益相关者参与标准化制定和实施的措施。这些激励措施不应该改变。一些受访者还表示,专利贬值可能会增加对商业秘密和所有权解决方案的依赖。

主要的 SSO 认为自己在认定 FRAND 条款时的作用有限。一些公司指出,一些非正式的标准制定机构更愿意解决这些问题并将吸引实施者。不过,其他人普遍质疑 SSO 作为变革载体在 FRAND 概念方面的作用。

3.5 专利争端解决

咨询中的第 7 个关键问题涉及 SEP 纠纷及其解决。替代性争端解决方案(ADR)受到特别关注,原因是该解决方案被理解为除法院诉讼之外,包含所有形式的争端解决方案。

咨询小组提出了有关 SEP 争端的普遍性、影响力及其效益与成本等方面的问题。

进一步的问题涉及将争议解决机制纳入标准化进程中,以及建立这样一种机制的可能性。

在 SEP 争端是否会进一步升级(包括移动电信行业在内)的问题上,利益相关者之间存在分歧。有 14 个人持肯定态度。其他人则认为,SEP 争端实际上源于一般商业竞争,不一定与 SEP 相关。但事实证明,尽管在绝对条件下,SEP 诉讼不那么频繁,但相比于其他专利,SEP 被起诉的可能性更大。他们也证实了这种纠纷的成本高昂,其解决方案通常具有不确定性或不完整性。由于双方同意诉诸仲裁为先决条件,因此采用了替代性纠纷解决机制,但方式有限。替代性纠纷解决机制的自愿性特点得到大多数受访者的支持,但并非全部受访者都支持。尽管大多数答复者认为仲裁是一种有用的方式,但也有人提出,调解有助于各方友好解决争议。

多数受访者(38 人)指出,在确定 FRAND 费率时,替代性争端解决方案对双方都有利。虽然有人指出情况并非总是如此,但它通常比法庭诉讼更快,成本更低。受访者提到的一个特别好处是,替代性争端解决方案可以在公司之间提供全球专利组合和自由经营安排,而诉讼几乎总是限于某一司法管辖区内和一小部分专利中。有人提到仲裁的保密性特点有助于高效解决纠纷。而其他人则认为应该公开结果以便制定基准。利益相关方注意到了熟悉 SEP 纠纷复杂性的专业仲裁员的好处。

不过,许多受访者认为,不应该限制诉诸法院的路径,他们认为,与侵权或有效性评估有关的争议不应由替代性争端解决方案来解决,而应由专利局和法院诉讼来解决。许多受访者认为,作为解决 SEP 纠纷的一种适当方式,替代性争端解决方案重点关注 FRAND 费率的确定,只有少数人明确表示反对其适用性。

利益相关者对是否以及如何将争端解决程序纳入 SSO 的知识产权政策存在分歧。有些人赞成强制性仲裁程序,而另一些人则表示反对。受访者支持替代性争端解决方案机构和 SSO 之间的合作。

受访者提到了该领域的两项现有举措。首先,在最近 ETSI 与世界知识产权组织(WIPO)之间的合作中,双方根据具体情况制定了提交协议,根据该协议,缔约方可以将关于 FRAND 条款裁决的争议提交 WIPO 仲裁。其次是自 1996 年以来在数字视频广播中使用的仲裁程序。第一个是自愿性的,第二个则是强制性的。

3.6 非自愿实施者和禁令

调查问卷的最后一部分要求受访者针对不愿意为这些专利请求许可的实施者,提出给予标准必要专利权人有效保护的意见,以及对侵犯标准必要专利行为使用禁令的意见。

在本次咨询和本报告中,"禁令"是指基于专利侵权行为,针对实施标准必要专利所涵盖技术的实施者提起诉讼,并禁止其涉嫌侵权的产品进入特定辖区的特定市场。

答复表明,各利益相关者对于在 SEP 领域适当使用禁令的看法存在分歧。尽管一些利益相关者强调,有必要为专利权人提供一种手段,以使不付费的实施者参与谈判,但另一些人则强调滥用禁令以获得高价的风险。在第一种情况下,对于欧洲经济区以外的地区,如中国和印度,受访者特别提到了不付费的问题。一家公司举例说明,专利纳入标准的唯一目的是获得对未授权实施者的禁令。然而,大多数利益相关者的立场有细微差别,并提供了如何平衡对立风险的途径。

一位大型技术的实施者建议,将自愿被许可人的概念与自愿许可人的概念相匹配,这种情况将通过为实施者提供足够的信息以评估 FRAND 报价来证明。

一些利益相关方引用了与这一问题相关的判例,尤其是在调查咨询时,欧洲法院在"华为案"中作出的预期裁决。

4 结论和展望

公众咨询是委员会工作的一部分,委员会密切关注目前正在进行的关于 SEP 市场能否顺利运作的讨论,以评估委员会是否以及如何介入该领域。⑤

欧盟委员会关于《欧洲数字化单一市场战略》的通讯主张,需要在标准必要专利权人和实施者之间建立一个平衡的谈判框架,以确保公平的许可条件。从提交的意见中获得对问题和解决方案的深刻见解,对于确定在这一领域还需要做些什么将有很大助益。⑥

---

⑤ 欧盟委员会通讯:欧洲工业复兴(2014)。
⑥ 欧盟委员会通讯:欧洲数字化单一市场战略[COM(2015)192]。

关于欧洲单一数字市场信息和通信技术标准化优先事项的通讯*

1 信息通信技术(ICT)标准是数字化单一市场发展的基石

全球经济向数字经济的转变正在影响着各行各业。欧洲的竞争力和生产力主要依赖于其生产、扩大和有效利用各个经济领域的数字化创新的能力,包括欧洲的传统优势,如汽车制造业、自动化、机械设备及金融服务等。为了维持欧洲在全球数字经济中的作用,欧盟委员会(以下简称委员会)就数字化单一市场战略制作了通讯,并将其作为关键的优先考虑事项之一。

统一标准使数字技术的互操作性得以实现,是数字化单一市场高效运行的基础。统一标准保证了技术顺利可靠地协同实施,有利于实现规模经济,促进研究和创新,并保持市场开放。有效的互操作性实现了设备之间的互联,无论是制造商、操作系统,抑或其他技术组件,汽车、电话、电器和工业设备之间都可以无缝对接。开放性标准确保了上述互操作性得以实现,同时促进创新,降低数字化单一市场的准入门槛,包括获得媒体、文化和教育等方面的内容。国家之间适用不同的标准①可能会大大拖缓创新,使欧洲与世界其他地区相比,处于劣势地位。

最近对欧盟标准化政策进行的修改,使得1025/2012号《欧洲标准化条例》②通过,为各个行业建立了一个更加透明、高效和有效的欧洲标准化体系框架。这一条例强调了ICT的快速发展以及新的产品和服务转变市场的方式,如"智能"或互联设备["物联网"(IoT)]、云技术。

为应对ICT标准化带来的挑战,委员会宣布,"将启动一项统一标准化计划,以明确标准化优先发展的事项,并重点关注对数字化单一市场至关重要的技术和领域"。在

---

* 本文为欧盟委员会2016年4月19日致欧洲议会、欧洲理事会、欧洲经济和社会委员会、欧洲地区委员会的通讯。
① 1025/2012号欧洲标准化条例对"标准"和"技术规范"等术语进行了界定。在本文件中,为了简洁,使用术语"标准"代表双重含义。
② Regulation (EU) 1025/2012 OJ L 316, 14.11.2012, p. 12.

2015年6月25日和26日的决议中,欧盟理事会"一致认为必须就委员会讨论中的重要内容采取行动,尤其是确定并迅速实现 ICT 标准化的关键优先事项"[3]。

本通讯以 1025/2012 号条例为基础,与已计划的标准化联合倡议有关,后者是更广泛的数字化单一市场战略的组成部分。[4]

> 本通讯为 ICT 技术的标准化事项制定了全面的战略和政治方针,这对于单一数字市场(DSM)的实现至关重要。其目标是确保 ICT 相关标准的制定更加符合政策需要,并且更加灵活、开放,与研究和创新的联系更为紧密,一体化更为完善,从而使其能够随着欧洲经济数字一体化范围的逐步扩大而推动经济的发展。

2 ICT 标准的制定:快速变化和富有挑战性的全球背景

ICT 标准的发展面临着一些新的挑战,欧洲需要集中和持续的对此进行应对。

第一,各个经济领域都越来越依赖于数字技术,数字技术的变化之快,远远超过了传统行业的变化速度。制定及时、统一的 ICT 标准将有利于欧洲创新者进行竞争,并将新产品推向全球市场。灵活、协调和快速的标准化过程是欧洲单一数字市场战略的基本要求。

第二,跨部门应用、数据和技术融合,数字系统的价值日益凸显。真实世界和数字世界的融合,反过来也模糊了传统部门和产业、产品和服务、消费和生产、线上和线下之间的界限,因此给标准制定过程带来了更大的挑战。在数字化单一市场中,基于开放性系统和界面的互操作性技术,有利于市场开放,能够促进创新,以及实现服务的便携性。

举例而言,移动健康应用程序目前依赖于 ICT 在广泛领域内的运用,包括安全保障、数据交换和隐私安全等。这些都是由不同的标准制定主体加以规范的,涉及不同的利益相关者[5],在资源和时间上都造成了较大压力。因此,有必要将不同的利益相关者联合在一起,并在制造业和服务业之间取得平衡。

第三,标准泛滥导致的日益增长的复杂性,以及标准制定过程中涉及的技术领域的多样性,都会延缓创新进程。例如,物联网领域已经有 600 多个密切相关的标准。在这种情况下,必须首先明确找出所有相关标准,以帮助研究人员、创新人员和标准制定者控制应对这种复杂性。通过实验平台或大规模的试点进行合作研究和创新,有利于改善复杂技术环境下的标准制定过程。类似的研究还可以帮助构建日益重要的参考体系,确定

---

[3] http://www.consilium.europa.eu/en/press/press-releases/2015/06/26-euco-conclusions/.
[4] COM(2015)550.
[5] 上述例子中,同时包含 CEN、CENELEC、ETSI、国际电信联盟电信标准化部门(ITU-T)、卫生信息交换标准组织(HL7)、医学装备协会医学信息交互与集成组织(IHE)、国际标准化组织(ISO)。

并解决标准化差异,同时降低准入门槛。

上述复杂性的增加也将影响标准的获取路径。技术的融合以及由此产生的复杂性可能产生与确定标准必要专利权人的相关领域、累积知识产权的成本,以及用于计算许可条款价值的方法等有关的不确定性风险。⑥

第四,世界各地有越来越多的机构和组织参与标准或技术规范的制定。欧洲的领导权需要通过加强合作、参与和关注巩固,以确保欧盟的标准化优先事项和数字化单一市场在全世界范围内具有足够的代表性。

第五,不能孤立欧洲的标准化工作。大多数欧盟的主要贸易伙伴,特别是一些大型新兴经济体,已经认识到标准对于市场准入以及提高其产业竞争力的重要性,因此他们在标准制定和基础设施认证方面进行了大量投资。然而,委员会认为标准化在欧盟并未得到必要的政治支持。

第六,考虑到应对上述挑战的举措需与基本权利相符,因此需要确保适当的平衡,因为标准化可能对这一领域产生影响。例如,这些举措需要充分尊重私人生活和个人数据⑦,还应考虑其他基本权利,包括商业自由和财产权⑧等。

上述挑战的潜在后果包括有限资源的分散、效率的缺乏以及更大范围内对欧洲创新的阻碍。

基于透明、开放、公平与共识,有效性、相关性与一致性原则,ICT 标准化将继续主要由行业主导,由自愿与共识驱动。一系列明确的 ICT 标准化优先事项以及高水平的政治支持,将有效促进竞争,并极有力地推动数字化单一市场目标的实现。

在数字化单一市场的背景下确定关键优先领域是激励 ICT 领域的标准化组织以新的方式开展工作的机会,通过建立更多跨部门的伙伴关系,加强与欧洲标准化组织(ESO)和其他标准起草组织(SDO)的合作,同时通过研发实验强化对标准的验证。

委员会认为,上述举措将从与标准化领域,特别是欧洲标准化组织的对话中受益,并且设想与所有参与者缔结预期的欧洲标准化联合倡议,以提高(欧盟)1025/2012 号条例建立的欧洲标准化体系的效率和效力。

3 欧洲的应对:为数字单一市场优先确定和实施 ICT 标准化的双重计划

在面对这些新挑战时,本通讯为数字经济的下一次技术标准化浪潮制订了一项优先

---

⑥ 见 http://is.jrc.ec.europa.eu/pages/ISG/EURIPIDIS/EURIPIDIS.index.html,就 ICT 领域的知识产权问题进行了更为细致的讨论。

⑦ 《欧盟基本权利宪章》第 7 条、第 8 条。

⑧ 《欧盟基本权利宪章》第 16 条、第 17 条。

行动计划[9]。

> 委员会提出下列方法：
>
> 首先，本通讯确定了数字化单一市场的优先组成列表，其中改进 ICT 标准化最为紧迫，并附有可交付成果和时间表。这一优先事项列表经过了广泛的社会调查。
>
> 其次，由于这一过程不是一次性的、孤立的、实验性的，因此委员会提出了一项高水平的政治方案，以检验、监督，并在必要时调整优先事项清单。
>
> 这一过程将利用欧洲标准化体系[10]，其中涉及欧盟和国际范围内广泛的利益相关者，以确保改良后的标准制定过程符合欧洲标准化联合倡议。这一优先计划的两个部分需要共同推进，以确保欧盟实现全球数字经济的领导者地位。

3.1　五个优先发展领域：ICT 标准制定的组成部分

> 委员会确定了以下优先领域：5G 通信、云计算、物联网（IoT）、（大）数据技术和网络安全。这些是数字化单一市场的关键技术组成部分。
>
> 欧洲在上述标准制定领域中更强的领导地位，将增强市场竞争力，并帮助欧洲更好地进入全球市场。

上述领域是根据欧洲多利益相关方 ICT 标准化平台[11]的建议选出的，该平台汇集了行业利益相关者、标准制定者、政府和民间组织代表。公众咨询过程[12]就此处提出的优先领域达成了广泛共识。

随着技术的融合，欧洲在上述优先领域的标准制定过程中的领导地位，也将对许多其他技术领域产生重大影响。因此，本通讯中概述的 ICT 标准化举措不限于单一领域。

上述拟定的标准化优先事项将极大推动诸如电子健康、智能能源、智能交通系统以及互联和自动化汽车，包括铁路、先进制造业、智能家居和城市以及智能农业等领域的发展，因为这些领域的发展依赖于已确定的基本组成部分。计划对优先事项进行定期审查，以应对技术和社会的变化。

下图展示了这一背景，包括不同层次的技术领域、启用程序、服务和应用程序。

---

[9]　根据欧盟委员会《改善监管指南》(Better Regulation Guidelines)，可能的立法提案将受其约束。
[10]　年度联盟工作计划须遵守 1025/2012 号条例第 8 条通过的年度工作计划和 ICT 标准化、标准委员会和欧洲多利益相关方平台滚动计划。
[11]　https://ec.europa.eu/digital-single-market/en/european-multi-stakeholder-platform-ict-standardisation.
[12]　https://ec.europa.eu/digital-single-market/news/contributions-and-preliminary-trends-public-consultation-standards-digital-single-market.

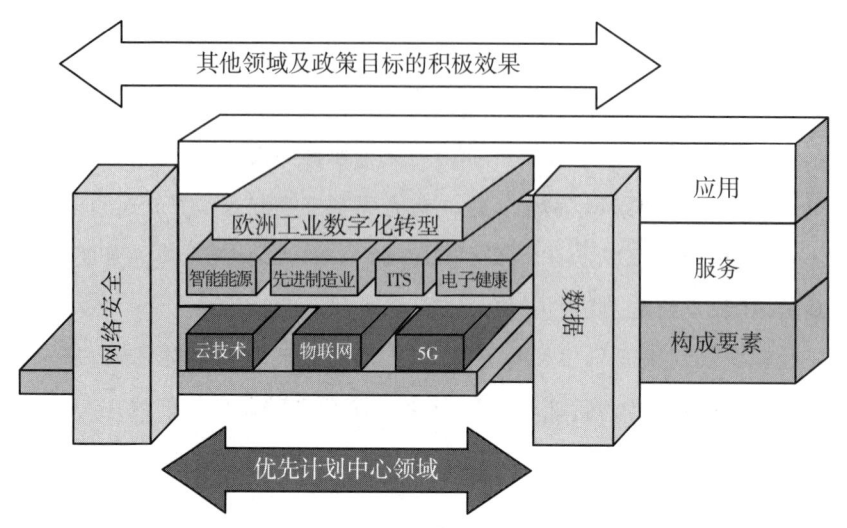

```
┌─────────────────────────────────────────┐
│   ←——— 其他领域及政策目标的积极效果 ———→   │
│                                         │
│  ┌──────────────────────────┐           │
│  │    欧洲工业数字化转型        │  应用    │
│  │  智能能源│先进制造业│ITS│电子健康│       │
│网│                          │数│ 服务    │
│络│                          │ │         │
│安│  云技术 │ 物联网 │  5G   │据│构成要素  │
│全│                          │ │         │
│  └──────────────────────────┘           │
│        ←—— 优先计划中心领域 ——→           │
└─────────────────────────────────────────┘
```

本通讯中确定的举措旨在提高 ICT 标准化作为数字化单一市场关键要素的政治重要性和战略重要性,以应对日益激烈的全球化竞争。举措希望明确 ICT 标准制定体系的重点,提高其灵活性和效率,同时鼓励在标准化方面采取新的方法,如加强联合建设、吸引新部门、在必要时推广开放标准和平台,加强研究与标准化之间的联系,包括标准的测试,推进标准的统一实施和市场应用,以及在必要时制订认证计划。

所选择的优先事项将补充用于实施欧洲标准化政策的其他标准化工具。除了计划中的欧洲标准化联合倡议外,还包括 ICT 标准化滚动计划以及年度联盟工作计划等。

这一优先计划的某些方面还补充和完善了《欧洲公共服务领域的互操作性框架》(European Interoperability Framework,EIF)修订版[13]中所确定的具体公共部门的要求,同时考虑了欧洲公共行政部门的标准化需求。

3.1.1 云计算

云计算为欧洲工业和科学数字化提供了所需的海量数据存储和强大的运算能力,从而支持新的数据服务。这在《关于欧洲云计算倡议的通讯》[14]中得到了认可,该倡议强调了扩大研究和教育网络用户群的价值。这些网络是设计、指定、测试和部署标准的理想选择。

专有性解决方案、纯粹的国家手段以及限制互操作性的标准,将会严重阻碍数字化单一市场的发展。企业、消费者、公共管理部门和科学界的云计算服务要求用户友好的无缝式对接,但也需要信任和信心,特别是对云提供商遵守适当层次的数据保护、安全和服务水平规定的信任和信心。《关于欧洲云计算倡议的通讯》强调,有必要使用现有的

---

[13] 现行的 EIF 版本请见 https://ec.europa.eu/isa2/sites/isa/files/eif_brochure_final.pdf。
[14] COM(2016)178。

相关认证和标准,并在适当的情况下建立欧洲层面的认证和标识。

通用开放标准将有助于用户获得新的创新服务,对中小企业、公共部门和科学界来说尤其如此。值得注意的是,不同提供商之间的应用程序和数据的可移植性是避免锁定的关键。这将需要为终端用户(尤其是中小企业和公共部门)构建云标准和指南。

> 为进一步改善云技术的互操作性和可移植性,委员会计划为 ICT 标准的制定和实施提供资金支持,包括在 2016 年年底之前将开源社区[15]更好地整合到 SDO 的标准制定流程中,从而更好地利用开源元素。
>
> 委员会将通过支持 2017 年年中之前完成的服务水平协议的国际标准,来促进云计算服务的应用,从而确保终端用户,特别是中小企业的透明度和质量。
>
> 委员会将要求 ESO 在 2017 年年中之前,与国际 SDO、云计算提供商和终端用户合作,以更新为终端用户(特别是中小型企业和公共部门)制定的云标准和准则。

3.1.2 物联网(IoT)

物联网[16]是一种将更多的对象连接到互联网上的新兴技术,包括家用设备、可穿戴电子设备、车辆和传感器。到 2020 年,这类互联设备的数量预计将超过 200 亿。除了在许多工业领域中具有创新潜力外,物联网也将帮助解决包括气候变化、资源和能源效率以及老龄化在内的诸多社会挑战。

然而,物联网领域目前是分散的,因为除了大量的现有标准外,还有许多专有或半封闭式的解决方案。这可能会限制跨越多个应用领域的创新。跨领域解决方案以及标准的大规模实施和检验现已成为欧盟和全球互操作性、可靠性和安全性的关键。

欧盟需要一个支持多应用领域和跨越"竖井(cuts across silos)"的开放式平台,以构建有竞争力的物联网生态系统。这需要开放的标准支持整个价值链、整合多项技术,同时需要知识产权框架下高效率的国际合作,从而使得各方能够容易且公平地获取标准必要专利(SEP)。

> 委员会将:
>
> 与 ESO 和国际 SDO 合作,为物联网营造可互操作的环境。这将在物联网创新联盟(AIOTI)[17]的框架下达成共识,其目标是参考架构、协议和接口,推广开放式应用

---

[15] 活跃在云领域的开源社区的例子是 OpenStack Foundation、Cloud Foundry 与 Eclipse Foundation。
[16] 关于推进欧洲物联网工作的文件为本节提供了进一步的证据。
[17] http://www.aioti.eu/.

程序编程接口(API),同时支持与参考实施和实验相关的创新活动,并开发之前缺乏互操作性[18]的标准。作为其进展审查的一部分,委员会将评估是否需要采取进一步的措施来解决已确定的互操作性故障,并在必要时,考虑采用法律手段来推荐适当的标准。

推广跨越地理限制的可互操作物的联网标编号空间,以及用于对象识别和身份认证开放系统。

探索选择和指导原则,包括制定标准、信任、隐私、端到端安全性等,例如通过"可信赖的物联网标签"。

促进公共采购领域中物联网标准的采用,以避免锁定,尤其是在智能城市服务、运输和公用事业领域,包括水和能源等领域。

3.1.3　5G 通信网络

5G 通信网络实现了连接不同类型的"节点"、数据、车辆和其他设备、智能传感器或语音之间的无缝式全球通信。5G 有望成为全球通信的重要基础设施。鉴于其全球性及其在 ICT 和非 ICT 行业之间建立的联系,5G 主要依赖标准来确保互操作性和安全性、隐私和数据保护。欧盟委员会计划制定一项 5G 行动计划,以利用 5G 标准帮助欧盟在 2020 年以后全面部署 5G 网络。

委员会的优先事项之一是确保行业驱动的 5G 标准化流程从一开始就支持纵向市场[19]的创新数字商业模式。这意味着标准化进程和优先事项将包括但不限于新的无线接入技术,正如一些非欧盟国家所倡导的那样。对于新的无线接入标准而言,首选的解决方案是确保与现有 xG[20] 生态系统的后向兼容性,同时根据欧盟频谱政策进而提高频谱的适用效率。通过与主要贸易伙伴的合作,促进全球共识和标准布局(standard roadmap)的协调。这将辅之以一种联合方法,以促进未来 5G 频段(包括新的高频范围)在全球范围的普及。

委员会将:

在欧盟领导下发展关键 5G 技术(无线电接入网络、核心网络)和网络架构,特别是在主要欧盟和国际标准化机构(3GPP、ITU、OPNFV)[21]层面,利用 5G 公私合营的结果。

确保 5G 标准与纵向行业的创新实例相兼容,特别是确保具有特定行业需求的产业更广泛地参与 5G 标准化组织。该项工作将从 2016 年开始。

---

[18]　特别是在语义互操作性的跨部门领域。
[19]　如汽车、健康、制造业。
[20]　2G、3G、4G 的后向兼容性。
[21]　3GPP 是第三代合作伙伴计划,见 http://www.3gpp.org/about‐3gpp;ITU 是国际电信联盟;OPNFV 是网络功能虚拟化开放平台,见 https://www.opnfv.org/。

3.1.4 网络安全

网络安全为数字化单一市场的建立提供了信任和可靠的基石。随着连接设备数量的增长和通信渠道的增加,欧洲公众和企业将期望各类新技术或服务中内置有高质量的安全标准。

网络安全的构建需要各方共同努力。随着供应链日益复杂,主要的市场运营商和数字服务提供商之间的联系与合作日益紧密。无论大小,公有抑或私有,各个组织都应适当地管控网络安全风险,并在必要时能够证明其风险管控获得了成功。

如果能够将创新的通信技术、广泛应用的智能设备、分布式计算设备和数据服务统一集中到数字化单一市场,将带来大量的业务与发展机会。为此,需要跨对象、设备、个人和实体进行无缝且可互操作的安全认证,以实现安全、透明的数据访问和数据交换。这或将需要新认证协议,以建立对无缝电子识别和认证的信任,并得到基于可比认证方案的全球跨域互操作性标准的支持。

在考虑将主流网络安全问题纳入所有新兴 ICT 标准和参考架构中时,引入安全设计原则至关重要。需要结合网络安全标签和身份验证的统一方法,进行真实的试验以测试和验证这些标准的性能。

> 委员会将在 2016 年年底前邀请 ESO、其他 SDO 及各利益相关方制定涵盖物联网、5G、云技术、大数据和智能工厂的实用指南。指南旨在确保在制定 ICT 标准时始终考虑安全性和无缝安全认证等问题。其中也应强调最佳解决方案和有待解决的问题。根据采用程度和进展情况,委员会将考虑在 2017 年年底前通过一项建议书,其内容是关于网络安全整合、隐私和个人数据保护要求的实际应用,其中包括设定数据保护和默认数据保护。
>
> 邀请 ESO、其他 SDO 和各利益相关方在 2018 年年底之前制定标准,以支持基于可比信任模型的跨对象、设备、自然人和法人的全球互操作性和无缝可信认证。该项工作应基于与 eIDAS 监管框架[22]相一致的技术标准。
>
> 在未来三年内,委员会将支持 ESO、SDO、欧洲监管机构以及公私合营倡议,包括支持欧盟网络和信息系统安全指令(NIS Directive)的实施,支持为组织制定基于标准的网络安全风险管理指南,以及为监管当局或监管机构制定相应的审查指南。

3.1.5 数据

数据是数字经济的燃料。在"数据价值链"内(例如汽车制造商和售后市场之间的

---

[22] 特别是关于互操作性和保证级别的实施行为[(EU)2015/1501 和(EU)2015/1502]。

备件数据交换、服务提供商获取车辆数据或确保跨界能源交易)进行高效的跨境以及跨行业(例如物流服务共享交通数据)数据共享、数据交换将成为数字化单一市场的关键。此外,科研数据更优的互操作性也同样重要,有利于确保研发数据生态系统充分促进未来经济增长。

开放标准以及诸如开放数据平台等举措,有助于克服技术、学科和国家之间数据共享的障碍。未来的数据基础设施——包括在《关于欧洲云计算倡议的通讯》中公布的欧洲数据基础设施——不仅对标准的安全性和隐私性有所要求,还对元数据、数据存储、语义、数据价值等方面提出要求。在科研数据的背景下,委员会支持研究数据联盟(RDA)[23]构建社会和技术手段的桥梁,实现研究数据的开放共享,从而有效地跨学科开展工作,确定可持续利用和再利用的数据存储选择。在公共部门信息和公开政府数据的背景下,委员会支持使用ISA计划下的数据标准[24]。

> 委员会将:
>
> 自2016年起,专门针对数据互操作性及标准增加研发投入。这将涵盖以下领域:①跨部门数据集成(如实体标识符、数据模型、多语言数据管理等);②更优的数据互操作性和相关的元数据[25]。这也将用于促进数据领域的全球标准化。
>
> 到2018年,将欧洲各数据领域联合在一起,包括通过H2020大数据工作计划建立的公私合作关系,同时考虑现有国际方法,确定大数据参考架构缺失的标准和设计方案。
>
> 自2016年起,支持利益相关方和相关的全球倡议[26],以及数据和软件基础设施服务,以获取和长期保存科学数据。此类数据基础设施将根据《关于欧洲云计算倡议的通讯》对数据基础设施和开放科学云的要求,解决元数据的可发现性、数据管理计划的最佳实践、数据存储库的质量、信任和透明度认证等问题。

3.1.6　数字化转型对产业和消费者的更广泛影响

使用ICT标准的优先技术领域已出现在部分工业部门,并构成欧洲工业未来数字化转型的支柱,包括制造业、农业和未来消费产品。对于数字化单一市场来说,未来的互联设备可以无缝、可靠地协同工作——这无论是在工业领域还是在消费品领域都是至关重要的。这应该与制造商、操作系统或其他技术细节无关,而是需要考虑平台间数据互操

---

[23]　研究数据联盟是由欧盟委员会、美国NSF/NIST和澳大利亚研究部门发起的一项战略举措,以满足研究机构和研究基础设施运营商的需求,以便使全球研究数据具有互操作性。

[24]　如DCAT-AP和Core Vocabularies。

[25]　这还将包括在各类欧盟政策领域内充分开发欧盟空间信息基础设施(INSPIRE)的地理空间元数据。

[26]　如RDA。

作和移植的可能性。

从以下的例子中可以看出某些优先技术在特定领域的预期影响。

(1)电子健康系统有助于满足患者的预期,提高安全性,并实现更快的卫生系统响应能力。同样,可互操作的电子健康系统将支持欧洲议会和欧盟委员会第2011/24/EU号指令规定的欧洲参考网络的实施,其中涉及患者在跨境医疗中的权利[27],这将需要大规模部署远程医疗,以更好地提供治疗服务。互操作性的增强将在避免分散市场小规模实施的同时,带来更有效的、更明智的健康信息使用并在医药领域获取更安全的保障。

根据个人数据要求,互操作性的提高可以从病人概要数据和电子处方开始,使电子健康记录交换成为可能。这将为数据规模的扩大提供新的契机,并促进电子健康技术方案的大规模部署和应用。成功的关键因素在于利益相关者的广泛参与、终端用户的深入参与和开放的国际合作。

委员会将继续鼓励欧盟成员国在电子健康网络和科研领域内开展密切合作,以应对卫生系统之间互操作性的挑战。这将使患者和医疗保健提供者能够从医疗领域的数字化单一市场中充分受益。此外,委员会将鼓励采取行动以提高移动医疗应用的安全性、保密性和互操作性,加快远程医疗和远程监测的部署和规模化建设,同时鼓励制定和采用国际标准和术语。

(2)通过支持和促进互联及自动化车辆在欧洲范围内的无缝部署,将有助于大大提高交通系统的性能、安全性和效率。车辆型数字服务的新商业模式也将兴起。汽车价值的重要组成部分已来自其内部的数字技术。互联汽车已经产生了大量且不断增长的数据,并通过无线网络与其他车辆及交通基础设施进行通信。

参加智能交通系统(ITS)联合平台、汽车电信圆桌会议和欧盟汽车产业未来发展高级别专家组(Gear 2030 High-Level Group)的利益相关者代表们承诺,共同努力制定和向前推动必要标准。其中包括:①联通性和安全标准;②先进和安全的界面,同时提供公平和非歧视性的车载数据访问,实现互联和自动驾驶服务;③制定测试标准和分析标准,以确保实施中的互操作性。此外,开展与ESO和在这些领域较为活跃的SDO之间的合作同样至关重要。

未来的自动驾驶车辆还需要高质量的、以互联车辆的标准为基础标准,并实现可靠和安全的自动化车辆功能。数字技术已经成为铁路运输的关键要素,欧盟公司也是主要的供应商之一。铁路部门也将从ICT标准化中受益,包括交叉运输模式。

委员会正在考虑建立一个大型跨境和联合部署项目,以检验互操作性,该操作性基

---

[27] http://eur-lex.europa.eu/LexUriServ/LexUriServ.do?uri=OJ:L:2011:088:0045:0065:EN:PDF.

于标准技术方案,以及对于互联自动驾驶车辆的部署而言必要的商业模式和数据问题。

此外,在货物运输部门,众多的参与者和数字化的方法导致了各类系统缺乏互操作性。这严重阻碍了数据跨运输模式和跨国界的重复利用,同时有损新型可靠的多模式数字应用和服务的发展。

有必要制定物流数据交换标准,包括标准的多模式协调统一、通用词汇的明确界定,以及各种运输方式下有关标准信息的协议和运输单据。

(3)在智能能源领域,超过 70% 的标准是 ICT 标准。通过提高零售市场的透明度和竞争力,同时支持新的服务和业务的发展,实施这些标准将在赋予消费者权利的同时,改善整个系统。智能电网技术方案将节约系统成本,并与智能家电相结合,使消费者可以控制和降低能耗。高质量的安全标准确保了能源系统的安全性。委员会的智能电网任务组[28]已在智能家电领域取得了重大成就,而与智能家居和建筑相关的新的标准化工作也正在进行中。

该领域需要展开进一步的工作,以解决成员国实施的技术方案之间缺乏互操作性的问题,商定功能规格,了解新型服务模式,并持续推动 SDO 之间的合作。

(4)欧洲产业(包括农业和农业食品部门在内)采用的先进的制造技术,将引入智能生产和智能流程处理与集成技术,其中包含优化解决方案,以提高生产力和灵活性,同时减少浪费和污染,以及/或降低整个制造生命周期的成本。

标准化是先进制造业成功所面临的重大挑战,对于跨学科、跨阶级和跨生命周期的系统一体化提出了前所未有的高要求。委员会将鼓励研究人员、行业和标准化组织之间的密切合作,为创新发展、系统的健全性和功能性、投资的稳定性和安全性、实用性和市场相关性提供必要条件。

> 委员会将与 ESO 和其他 ICT 领域的 SDO 合作,以确保其在制定战略和活动路线图时,考虑到汽车、能源和电子健康等行业数字化所产生的新要求。

在更大的数字化产业背景下,一些国家和地区已经制定了全面的标准化计划[如工业 4.0(德国)、智能工业(荷兰)、技术与创新中心(英国)和未来工业(法国)],并开始着手构建参考架构[29]。然而,市场和价值链是全球性的,因此需要将国家举措提升到欧洲和全球层面。

公私合作和其他大规模、行业驱动的研究举措使得欧洲公司能够将其研究与标准化

---

[28] https://ec.europa.eu/energy/en/topics/markets-and-consumers/smart-grids-and-meters/smart-grids-task-force.

[29] 例如 the German Standardisation Roadmap, https://www.dke.de/de/std/documents/rz_roadmap%20industrie%204-0_engl_web.pdf。

相联系。根据附随的通讯,"欧洲产业的数字化——获得单一数字市场的全部好处",需要包括欧洲工业、欧洲和国际 SDO,以及 AIOTI[30]和 IIC[31]等论坛在内的各利益相关方之间展开进一步的合作,以求形成全面的标准化布局。

> 委员会将:
> 推动互操作性标准、欧洲参考架构,以及开放的数字化欧洲工业跨部门平台的建立和发展,包括实验、检验、互操作性测试设备、可信标签和认证方案。
> 在欧洲领先的电子元件和系统联合承诺的框架内,启动灯塔试点项目,以验证未来市场的标准,包括大规模实验试验台。

3.2 通过标准作出实现并保持领先地位的高水平承诺

仅为数字化单一市场的 ICT 标准设定优先项是不够的。成功取决于广泛利益相关者,包括行业、标准制定组织、研究团体以及欧盟机构和国家行政机构对标准化的高水平承诺。具体的战略性举措可以应对全球性挑战。

因此,委员会提出了一项实现优先行动的高级程序。该过程将以欧洲多利益相关者平台、ICT 标准化滚动计划和欧洲标准化年度联盟工作计划为基础,同时作为标准与标准化可交付成果机制的补充,完善欧洲多利益相关者平台、ICT 标准化滚动计划和欧洲标准化年度联盟工作计划。该过程的新要素如下:

(1)确认优先事项并提高欧洲标准制定过程的效率。

委员会将与标准化组织,特别是 ESO 合作,根据拟定的标准化联合倡议,为本通讯中所列的每项可交付成果制定年度时间表和路线图。委员会还将与 ESO 及其成员合作,确定更灵活应对欧洲 ICT 标准化需求的方式,包括应对欧洲公共部门的需求。

为了解决技术融合问题,ESO 应在近期成功的基础上(诸如智能交通系统和家用电器等成功经验),在制定标准工作中更系统地考虑非 ICT 部门的要求。他们应该在数字化产业和传统制造产业之间进行利益平衡,并在制定、研究和创新相关的标准化活动的基础上进行工作。

(2)定期审查和监督进展情况。

根据欧盟 1025/2012 号条例第 24 条规定的欧洲标准化组织的报告义务,委员会将定期通知欧洲议会和欧洲理事会,特别强调 ICT 标准的优先性,以实现数字化单一市场。

---

[30] Alliance for Internet of Things Innovation, https://ec.europa.eu/digital-single-market/en/alliance-internet-things-innovation-aioti.

[31] Industrial Internet Consortium, http://www.iiconsortium.org/.

委员会将联合行业代表、其他利益相关方和欧洲标准化组织,在监督各优先领域的交付成果进度的过程中,充分考虑报告义务。委员会计划将此类定期对话纳入未来的标准化联合倡议中。

(3) 加强欧盟对 ICT 优先标准化的支持。

自 2016 年起,委员会计划利用"地平线 2020"和"连接欧洲设施"基金来巩固现有的标准化活动成果,并进行标准化活动的前瞻性部署。"地平线 2020"将把重点放在促进标准开放上。委员会将继续支持研发创新项目与标准化组织之间有效的知识转移。此外,委员会还将为已确定优先领域的大型试点项目提供资金,以检验标准的有效性,同时推进标准的采用。

在向 ESO 分拨资金时,委员会将考虑 ICT 标准化的优先次序。计划的标准化联合倡议也有望助力于这一优先计划中的实施行动。

(4) 确保公平和非歧视性的准入门槛。

ICT 标准化需要基于 FRAND 许可条款构建平衡的知识产权政策。目前欧洲和国际层面正在进行各类讨论,提出了多种解决方式。一项平衡的政策应该考虑到多样化需求:鼓励研发和创新的公平投资回报、可持续的标准化进程、开放竞争市场中技术的可用性以及中小企业参与的困难等。

实现完整的数据价值链涉及多项技术,特别是在物联网领域中,在以下方面存在不确定性:①标准必要专利权人的相关团体的确定;②实施标准所需的累积知识产权费用;③许可费用的计算方法;④争端解决机制。在这一背景下,快速、高效、可预测且全球可接受的许可方式将是有益的,因为它确保了标准必要专利(SEP)权人获得公平的投资回报,同时也保证了价值链中的各方参与者(特别是中小型企业)公平地使用 SEP。

(5) 加强欧盟在 ICT 领域的国际对话与合作。

考虑到数字技术发展的全球性,委员会将继续与主要国际伙伴(如美国、中国、日本及韩国)进行积极合作,以确保 ICT 领域的优先事项全球协调,以及标准制定方法的一致性。委员会计划在 2016 年年中之前确定建立和资助支持机制的可能性,以监督现行工作的进度,并鼓励欧洲专家参与有关的国际标准化工作和 ICT 优先领域的其他论坛。

欧盟机构、成员国和行业需要更好地了解应在哪些标准化工作中进行投资,加强并优化欧盟在国际标准化机构中的存在感和协调作用,并使成员国密切合作。

国际 SDO 和 ESO 就本通讯确定的优先领域进行定期对话,将避免重复活动,同时有助于推动国际统一标准的工作。

总之，委员会将：

在 2017 年之前就欧洲标准化问题开展机构间的定期对话，强调 ICT 领域的优先事项，以便对可交付成果的进展情况进行评估，并在必要时调整优先事项。委员会计划在预期的标准化联合倡议中纳入此类定期对话。

与包括 ESO、欧洲专利局、行业和研究机构在内的利益相关方合作，在 2017 年之前确定可能采取的措施，以提高专利范围信息的可得性和可靠性，包括采取措施提高标准必要专利声明的透明度和质量，以及围绕 FRAND 原则，阐明公平、有效和可执行的许可方法的核心要素，同时促进纠纷有效、和谐地解决。

自 2016 年年中起，通过监测 ICT 领域的全球标准化活动，研究建立和资助支持机制以加强欧洲参与全球标准制定的可能性，同时鼓励欧洲专家广泛参与此类活动。

标准必要专利的欧盟方案^{*}

引　言

专利和标准之间的相互作用在创新和发展中起重要作用。通过制定各种标准,可以确保向公司和消费者广泛传播互操作性和安全技术。专利可以激励开展研发,让创新型公司获得足够的投资回报。标准①经常提及受专利保护的技术。如果某项专利旨在保护某项标准不可或缺的技术,则该项专利就被称为标准必要专利(SEP)。因此,SEP 制度旨在保护遵守技术标准和销售基于此类标准的产品时必不可少的技术。

标准可以促进欧洲的创新和发展,尤其对于作为单一数字市场(DSM)基础的数字技术而言,标准可以让这些数字技术实现互操作性。例如,计算机、智能手机或平板电脑通过诸如长期演进(LTE)、Wi-Fi 或蓝牙等标准化技术连接到互联网或其他设备,而所有这些标准化技术都受到 SEP 保护。没有这种标准化技术的广泛使用,这样的互联是不可能实现的。②

在高度互联时代,互联互通显得日益重要。各种新产品需要互联互通,为消费者提供额外的产品和服务(如智能家电),为欧洲企业创造新商机。

经济的数字化转型为欧盟工业创造了巨大的机遇。随着物联网广泛应用于人类、家庭、办公室、工厂、工作场所、零售环境、城市、车辆和户外等设备,到 2025 年,物联网为发达国家带来的经济潜力预计将达到 9 万亿欧元。③ 未来五年,产品和服务的数字化转型将为欧洲经济每年带来超过 1100 亿欧元的收入。④ 设备和系统互联互通之后,能否让这

---

* 本文为欧盟委员会于 2017 年 11 月 29 日向欧洲议会、欧洲理事会以及欧洲经济和社会委员会发布的通讯。

① 欧洲标准化条例(EU)1025/2012 对"标准"和"技术规范"这两个术语进行了界定。出于简洁性考虑,该条例在使用"标准"一词时,包含了"标准"和"技术规范"两种含义。

② 例如,公司 X 经营住宅报警系统销售业务,这种报警系统需要通过 Wi-Fi 和 LTE 连接到互联网,以便断电时可以增强消费者的安全性,但该公司必须获得这些标准化技术的许可。

③ 麦肯锡公司的预测,2015 年。参见时任欧盟委员会主席 Juncker 2016 年 9 月 14 日发表的年度咨文所设定的 5G 和物联网目标。

④ 普华永道会计师事务所与波士顿咨询公司,2015 年。另见 https://ec.europa.eu/digital-single-market/en/digitising-european-industry#usefullinks。

些设备和系统协同工作,对最大化上述经济潜力至关重要。如果没有通过制定标准来确保互操作性,则会损失物联网系统 40% 的潜在收益。⑤ 如果没有正式的标准化和 SEP,那么就不会出现网联汽车等创新技术。此外,同样无法向远方医院寻求远程诊断、远程手术或交换患者信息。

专利权人为标准开发组织(SDO)的标准制定工作提供技术支持。标准一旦制定并且 SEP 持有者已承诺按照公平、合理和非歧视(FRAND)原则授予 SEP 许可,则该标准任何潜在用户均可使用标准所包含的技术。因此,顺利的许可实践对保证公平、合理和非歧视性地使用标准化技术至关重要,而且对奖励专利权人继续投资开展研发和标准化活动同样至关重要。这在发展互联社会方面起到重要作用,传统 ICT 行业以外的新兴市场参与者(家用电器、网联汽车等)需要使用标准化技术。

但是证据表明,SEP 的许可和实施并不能做到完美,可能会引起冲突。技术使用者指责 SEP 持有者利用薄弱的专利包和诉讼威胁来收取过多的许可费用。SEP 持有者声称,技术使用者"自由搭乘"他们的创新,有意识地侵犯知识产权(IPR),却不进行真诚的许可谈判⑥。如果来自不熟悉传统 ICT 业务的新兴行业领域参与者需要获得标准化技术,那么问题可能尤其突出。技术使用者与持有者之间的谈判争端和延误可能最终推迟关键标准化技术的广泛使用。这会影响欧洲互联产品的发展,最终影响到欧盟经济的竞争力。

在 2016 年 4 月《关于单一数字市场标准化优先事项的通讯》中⑦,欧盟委员会(以下简称委员会)确定,可以通过解决以下三个问题来改善 SEP 许可环境:SEP 风险信息不透明、标准涉及的专利技术的估值方法不明确和 FRAND 定义不明确,以及 SEP 专利权的行使时存在不确定性风险。此外,还应该评估开源社区在制定标准方面的作用。

因此,欧盟需要制定明确、平衡和合理的标准必要专利政策,以促进物联网发展,并在此过程中,充分利用欧洲的主导地位。

利益相关方在某些标准起草组织中存在利益冲突,这可能会使这些组织难以就如此复杂的法律和知识产权(IP)政策问题提供有效的指导。这方面的许可平台措施尚处于起步阶段,尚未被实施者采纳,鉴于目前 SEP 监管环境的不确定性,实施者并没有动力去达成交易,他们可能会犹豫不决。

另外,5G 和物联网标准化是一个全球性问题。欧洲工业在全球市场的许多领域都

---

⑤ 参见麦肯锡公司 2015 年的预测。
⑥ 经济风险非常高,例如 2G、3G 和 4G 标准使用费收入每年约为 180 亿欧元(Charles River Associates 咨询公司,2016 年的报告,以下简称为 CRA,2016)。
⑦ 欧盟委员会 2014 年组织的公众咨询表明,公众对 SEP 环境面临的挑战和解决方案存在巨大分歧。参见 http://ec.europa.eu/growth/tools-databases/newsroom/cf/itemdetail.cfm?item_id=7833。

保持领先地位。委员会注意到,欧洲标准化在全球范围内发挥了重要作用。[8]

因此,委员会认为,迫切需要制定一些关键原则,从而为 SEP 建立平衡、有条不紊和可预测的制度框架。这些关键原则应体现两个主要目标:激励标准制定,鼓励标准囊括顶尖技术,并保障这些贡献能够获得公平和充分回报,确保以公平的许可条件有条不紊地广泛传播标准化技术。

平衡和成功的 SEP 许可政策应该能够为欧洲初创企业带来好处,并且应该能够为所有欧盟公民提供服务,令他们可以享用采用最佳标准化技术的产品和服务。

本通讯关注 SEP 许可领域各个参与者的责任,并鼓励所有利益相关方共同努力,争取让该框架付诸实践。此框架并非旨在成为任何法律声明,而且并不妨碍欧盟法院(CJEU)对欧盟法律的解释。在欧盟竞争规则的适用性方面,特别是《欧盟运行条约》(TFEU)第 101 条和第 102 条的适用,此框架对委员会没有任何约束力。

1 提高 SEP 信息透明度

了解是否存在 SEP 及其范围和关联性等信息,不仅对开展公平的许可谈判至关重要,对于标准的潜在使用者而言,为了确定其对 SEP 的依赖程度和必要的许可合作伙伴,了解上述信息同样至关重要。但是,使用者目前能够获取的唯一关于 SEP 的信息是在 SDO 维护的声明数据库内的信息,且这些数据库可能缺少透明度。对初创企业和中小企业而言,这一情形使得许可谈判和 SEP 风险预测变得尤其困难。声明的主要目的是向 SDO 和所有第三方保证使用者可以使用相关技术,通常是按照 FRAND 原则承诺提供技术使用许可。

SDO 数据库中,某一项标准可能会有数以万计的 SEP 存档,并且这种趋势日益显著。[9] 声明基于专利权人的自我评估,所声明专利的必要性不受审查,在标准通过过程中,这些声明还可能会发生变化。此外,利益相关方报告称,即使在进行具体的许可谈判时,许可方也不能提供更准确的信息来证实其权利要求。在物联网领域,情况特别令人不满意,有许多新参与者不断涌入互联市场,他们几乎没有任何 SEP 许可经验。因此,委员会认为,需要采取下述措施来改善 SEP 的信息公开。

1.1 提高 SDO 数据库中的信息质量和可访问性

委员会认为,SDO 应在其数据库中提供详细信息,以支持 SEP 许可框架。虽然 SDO

---

[8] 向 ETSI 申报的专利占全球 SEP 的 70%(IPlytics 公司,2017 年,以下简称 IPlytics,2017)。

[9] 例如,欧洲电信标准协会(ETSI)制定的全球移动通信系统标准和 3G 或通用移动通信系统标准已经申报了 23500 多项必要专利。这些标准适用于所有具备移动联网功能的智能手机和设备。欲了解更多数据,请参阅"SEP 全景研究"(IPlytics,2017)和"专利与标准——基于 IPR 的标准化现代框架"(ECSIP 公司,2014 年,以下简称 ECSIP,2014)。

数据库收集了大量的申报数据,⑩但利害关系方往往难以访问,而且缺乏必不可少的质量特征。因此,委员会认为,应该改善数据库的质量和可访问性。⑪ 首先,无论是专利权人、实施者还是第三方,均应该可以通过用户友好界面,轻松访问数据。对于所声明的信息,应可以根据相关标准化项目进行搜索,这也可能要求将历史数据转换成现有格式。质量过程也应该消除重复和其他明显缺陷。其次,还应该链接到欧洲专利局数据库,包括专利状态、所有权和转让动态。在完善数据库时,应同时加强审查,确认是否遵守现行 SDO 政策中规定的声明义务,以避免出现声明不完整的情形。⑫

1.2 增进信息公开渠道来协助许可谈判

委员会注意到,目前 SDO 的申报制度有利于技术标准的制定过程,但并非面向未来的 SEP 许可。然而,如果能够对现行申报制度与数据库管理加以改进,增加信息公开的渠道,所带来的好处不言而喻。在不失主要作用的情况下,这些新的手段可以为许可谈判提供极大便利。在此背景下,有必要考虑比例原则。应当避免对利益相关方赋予过重的负担,应当记住一点,在具体的许可谈判中,专利权人必须向 SEP 使用者证实,为什么专利权人专利包中的专利对标准是必需的,或者这些专利是如何被侵犯的。⑬ 因此,委员会认为,在控制成本的前提下,开展渐进式改进,这一方案可以大幅降低许可谈判过程中的总体交易成本以及侵权风险,对谈判双方均有利。⑭

1.2.1 提高声明的时效性和精确性

声明一般都发生在标准化过程的初期,通常情况下标准发布之后也不会重新审核。然而,标准谈判中提出的技术解决方案也会发生改变,直到达成最终的标准。⑮ 虽然大部分声明都涉及专利申请,其内容在专利授权过程中会发生变化,在标准被采用后,最终授权的专利其专利权利要求会大有不同。⑯ 因此,权利人应在最终标准被纳入(及其后的重大修订)之时以及作出最终的专利授权决定时,再次审查其声明的相关性。

声明时,还应提供足够的信息,以评估专利风险。专利权人至少应该参考标准中与 SEP 有关的部分,以及与专利族之间的关系。声明时,还应明确标识所申报的 SEP 的所

---

⑩ 部分标准起草组织要求进行特定的专利披露,因为这些组织承认其利益,而其余组织则允许一揽子申报。本部分提及的 SDO 均指进行特定专利披露的 SDO。
⑪ 参见长期实施的"DARE"项目,以改进 ETSI 数据库。
⑫ 详情请参阅欧盟委员会内部市场、行业、企业和中小企业总局(DG GROW)2015 年组织的公众咨询总结报告,http://ec.europa.eu/DocsRoom/documents/14482/attachments/1/translations/en/renditions/native。
⑬ 请参阅 CRA,2016。
⑭ 有关有效实施,请参阅第 3 节。
⑮ 例如,公布的标准可能不会保留候选技术最初申报的潜在专利或专利申请,或者申请过程中可能会修改申报的专利申请。
⑯ 例如,在主要 SDO 申报的 SEP 中,只有 71%(ETSI 是 73%)是在标准发布后才被授予(IPlytics,2017)。

有者/许可人联系人。

最后,应该指出的是,大部分诉讼都是围绕关键技术的 SEP 进行的。[17] 相关信息对于所有利益相关的被许可人都是有用的,并且可以减少未来潜在的诉讼。因此,对于所申报的 SEP(包括必要性以及专利效力),SDO 应当向专利权人与技术使用者提供相关可能性与激励措施,以便后者可以通报参考案例和最终决定,无论是消极还是积极的。企业通常只对某个专利包中某些有价值的专利提起侵权诉讼,而且专利权人和专利使用者应该都乐于公开有利于他们的判决,因此这种通报义务产生的负担不会很大。

1.2.2 必要性审查

有证据表明,存在广泛且过度声明的风险,因此有关 SEP 必要性的相关信息的可靠性就非常关键。[18] 利益相关方认为,与被许可方谈判时,声明如若记录在案,则表示是假设专利确有必要。[19] 这种方案给有意向的被许可人造成了过高负担,尤其是中小企业和初创企业,在进行许可谈判时,它们需要审查大量 SEP 的必要性。

因此,需要加强对必要性主张的审查。这需要由具有技术能力和市场识别能力的独立第三方适时进行详细审查。尽管如此,将这种更高程度的审查引入 SEP 时,需要平衡成本。[20] 然而,如果采用渐进式方式,则可以确保上述措施的成本收益达到适当的平衡,在此方式中,待权利人或潜在专利使用者提出要求后,及时进行审查,适度对审查的深度进行调整,并将审查局限于某个专利族的某件专利以及样本。[21]

1.2.3 实施方式

虽然提高透明度有明显的好处,但相关负担仍需合乎比例。因此,措施可以逐渐扩展,可以只适用于新的关键标准,例如 5G。

第一步,可以激励利益相关方以提高 SEP 的透明度,例如通过对其宣布的 SEP 专利包是否符合透明度标准进行认证。这个认证可以晚于授权谈判和诉讼。此外,最近委员会进行的一项研究表明,SDO 可能会考虑投入(适当的)费用,来确定在标准发布和专利授权后的 SEP 声明,以便激励 SEP 持有者修改和维护相关声明。[22]

在审查 SEP 必要性时,欧洲专利局自然而然地成为利用协同效应和降低成本的最

---

[17] 参见 ECSIP,2014。
[18] 参见 IPlytics,2017 与 CRA,2016 以及 DG GROW 关于 SEP 的公众咨询摘要(2015 年)。
[19] 对不同关键技术进行的大量研究表明,当进行严格审查时,只有 10% 到 50% 的专利是必要的(CRA,2016 与 IPlytics,2017)。
[20] 与关键技术带来的许可收入相比,必要性检查的成本可以忽略不计(参见 CRA,2016)。
[21] 关于成本效益分析,请参见 IPlytics,2017。
[22] 请参阅 CRA,2016。

佳选择。[23] 委员会将进一步分析其可行性，以确保有效和适当的解决办法，这取决于这个项目的输出，可以由一个独立的欧洲机构来处理 SEP 必要性的评估工作。

> 委员会：
> 呼吁 SDO 紧急确保其数据库符合上述质量要求，并将与 SDO 合作以促进这一进程；
> 呼吁 SDO 将目前的声明系统转换为提供更多关于 SEP 的最新和准确信息的工具，并将与 SDO 合作，以促进这项工作；
> 考虑到声明的 SEP 应该接受其对标准的可靠性的审查，将在选定的技术中为 SEP 启动一个试点项目，以促进引入适当的审查机制。

2 SEP 的 FRAND 授权条款的一般性原则

委员会认为，双方最适合通过善意的谈判，对公平的许可条件和公平的费率达成共识。目前，由于 FRAND 的含义不清，存在不同的解释，授权受到阻碍。在估价原则上的争论尤其激烈。欧洲的标准化程序和物联网领域针对 FRAND 许可的不同观点和诉讼风险延迟了新技术的应用。因此，委员会认为，建立一套关于 FRAND 概念的框架是必要且有益的，以便提供更稳定的许可环境，在谈判中引导各方，减少诉讼。

下述指导要素基于公众咨询结果[24]、最佳实践分析[25]、研究[26]以及国家判例法[27]而确定。委员会鼓励各利益相关方与委员会进行沟通，以进一步澄清和解释实践的最佳方法。委员会将监督已取得的进展，并根据需要对 FRAND 许可开展辅助性工作。

2.1 许可原则

正如欧洲法院已经确认的那样，"鉴于 FRAND 条款授予许可的承诺，第三方（潜在的被许可人）能够合理预期 SEP 的所有者实际上将按照那样的条款授予许可"[28]。

双方必须愿意进行善意的谈判，以建立公平、合理和无歧视的许可条件。签署 SEP 许可协议的各方善意进行谈判，以确定最适合其具体情况的 FRAND 条款。

考虑的因素应当包括经济效益、双方合理的许可费预期以及实施者为促进标准的广泛传播而采取的措施。在这方面应该强调的是，对于 FRAND 来说，没有一个适合所有情形的解决方案：公平、合理的因素在不同领域之间以及随着时间的推移而有所不同。

---

[23] 参见 IPlytics,2017。
[24] 关于专利和标准的公开咨询：知识产权标准化的一种新型框架。
[25] 标准必要专利的许可条款：综合案例分析,JRC(2017)。
[26] 基于 SDO 的标准化与 SEP 许可的透明度、预测性与效率研究，发表时间：12/12/2016,CRA。
[27] 特别是，参见 Unwired Planet v. Huawei [2017] EWHC 711(Pat)。
[28] C-170/13 Huawei Technologies,EU：C：2015：477,第 53 段。

为此，委员会鼓励各利益相关方进行行业内的讨论，以根据此次交流所反映的结论，建立统一的许可做法。

委员会认为应考虑以下的知识产权价值评估原则：

- 许可条款必须与专利技术的经济价值有明确的关系。这个价值主要关注技术本身，原则上不应包括任何与将技术纳入标准的决定相关的因素。如果技术主要是为标准而开发，在标准之外没有市场价值，则应考虑替代的评估方法，比如说相比于其他技术贡献相关技术在标准中的重要性等。

- 根据 FRAND 原则进行估值时，应该考虑到专利技术赋予的现有价值[29]。该价值与产品中非由专利技术价值带来的市场成功无关。

- FRAND 的价值应该确保能够持续激励 SEP 持有者将他们最好的技术贡献给标准。

- 最后，为了避免许可费堆叠，在利用 FRAND 进行估值时，不应孤立地考虑单独的 SEP。各方需要考虑到标准的合理的总费率，评估技术的整体附加值[30]。实施改善 SEP 信息透明度的措施可以支持这一目标。另外可以合理地设想或预期在欧盟竞争法允许的范围内能够进一步采取的举措，比如建立行业许可平台和专利池，或要求标准制定参与者指明最高累积费率。

2.2 效率和非歧视

FRAND 的非歧视因素表明，权利人不应该区别对待"处于类似情形"的实施者[31]。

鉴于 FRAND 并非一成不变，解决方案可能因行业而异，并且取决于所讨论的商业模式。

如上所述，FRAND 谈判意味着双方善意谈判。效率方面的考虑也可以发挥作用。与许可谈判有关的交易费用应保持在最低限度。此外，在交叉许可做法普遍的领域，应考虑到与这种做法有关的效率收益。在个案中评估许可要约是否符合 FRAND，这些要点应当被考虑在内。

根据上述方法，委员会认为，同样的，对于全球流通的产品以 SEP 组合进行许可的做法符合效率原则。[32] 正如最近的一项裁决所指出的，逐个国家的许可效率不高，也可能不符合该领域内公认的商业惯例。[33]

㉙ 现值许可协议签订之时的折扣价值。在技术快速变化的商业环境中，许可协议会持续多年，考虑时间的推移就非常重要。

㉚ 关于许可费堆叠，请参见 CRA 的研究。

㉛ Unwired Planet v. Huawei ［2017］ EWHC 711(Pat) .

㉜ 然而，FRAND 许可需要以某种方式计算赔偿（报酬），实施者希望在某一特定（地域）开发一款产品，地理上的限制并不使其处于劣势地位。

㉝ Unwired Planet v. Huawei ［2017］ EWHC 711(Pat) .

2.3 鼓励 SEP 许可的专利池和许可平台

应鼓励在欧盟竞争法许可的范围内建立专利池或其他许可平台。它们可以通过提供关于必要性的审查,更清晰的许可费率以及一站式的解决方案,解决 SEP 许可面临的挑战。在物联网行业,尤其是中小企业,对于新出现的 SEP 许可纠纷,将使特定行业的 SEP 持有者的许可条件更加清晰。

应鼓励建立关键标准化技术的专利池,例如,使用 SDO 提供的专利池管理方法和技术援助。[34] 如果这些努力在物联网领域没有效果,委员会将进一步考虑采取其他措施。

2.4 开拓和深化 FRAND 相关的专业知识

有必要增加有关 FRAND 的经验、专业知识和专门技能。多年来,通过授权协议、调解、仲裁和法院判决,我们获得了宝贵的见解和方法。大量资源和努力致力于澄清、分析和评估专利和技术。由于没有这些专业知识的资料库,各主体的工作和研究花费会产生不必要的重复。更方便地获取 FRAND 相关信息可以提高诸如物联网等业务的可预测性,促进许可过程,并为争端解决提供支持和标杆。

因此,委员会将成立一个专家组,以收集关于 FRAND 许可的行业惯例和专业知识。此外,委员会将利用所有适当的工具获取进一步的信息,以充分的证据支持其政策制定。

> 鉴于目前的发展,委员会认为,SEP 许可应该基于下列原则:
>
> 没有一种万能的解决方案:公平合理的考量可能因不同行业和不同时期而有所不同。出于效益的考虑,合理的许可费用,促进实施、促进广泛传播标准的措施应该被考虑在内。
>
> 根据 FRAND 原则进行估值时,应该考虑到专利技术赋予的现有价值。该价值与产品中非由专利技术价值带来的市场成功无关;
>
> 定义 FRAND 价值时,各方需要考虑标准的合理的总费率;
>
> FRAND 的非歧视要素表明权利人不能歧视"相似情形的"实施者;
>
> 对于全球流通的产品,可以在全球范围内授予 SEP 许可,这有助于提高效率,并与 FRAND 条款相符。
>
> 委员会呼吁 SDO 和 SEP 的持有者通过专利池或其他许可平台,制定有效的解决方案,促进物联网领域(特别是中小企业)中的大量实施者的许可,同时提供足够的透明度和可预测性。
>
> 委员会将监督许可实践,特别是在物联网领域。还将成立一个专家小组,以深化对于行业实践的专业认知,监督知识产权价值评估和 FRAND 条款的判断。

---

[34] 例如,通过加强标准组织与专利池之间的关系可以促进专利池的构建,激励参与,使得大学和中小企业有更多的意愿成为专利池的许可人(ECSIP,2015)。

3 可预测的行使 SEP 权利的环境

在谈判失败的情况下,SEP 争议是许可制度的一个重要因素。在谈判中,一个平衡且可预见的执法环境会对双方的行为产生特别积极的影响,而这反过来又能加速标准化技术的传播。然而,物联网利益相关方认为,执法体系的不确定性和不平衡性会对市场准入产生严重影响。SEP 的诉讼率高于其他专利,[35] 这加强了在这个领域内需要明确争议框架的必要性。虽然本方案侧重于标准必要专利的具体指导,但欧洲议会和理事会关于知识产权执法的 2004/48/EC 指令的某些方面的指导意见更为一般地阐明了知识产权投资与管理体系。[36] 行使权利的可能性是知识产权的关键问题之一。[37] SEP 领域的争论主要集中在禁令救济的可用性上。此救济的目的是保护 SEP 持有者应对拒绝按 FRAND 条款获得许可的侵权者。与此同时,我们需要建立保护措施,以防止善意的技术使用者受到禁令的威胁,接受那些并不符合 FRAND 的许可条款,或者是最坏的情况,即无法销售他们的产品(专利劫持)。

3.1 "华为案"法律规则下禁令救济的可行性

在"华为案"的判决[38]中,欧盟法院(CJEU)在评估 SEP 的持有者是否可以在不违反《欧盟运行条约》(TFEU)第 102 条的情况下向潜在的被许可方申请禁令时,已经为 SEP 许可协议的双方确立了相应的义务。SEP 持有者对愿意进入 FRAND 条款的使用者未必能请求禁令,而 CJEU 建立了行为准则,以评估一个潜在的被许可方是否愿意接受这种授权许可。

委员会认为由"华为案"确立的下述因素[39],为利益相关方提供了有用的指导。

一些法院已经强调,潜在的 SEP 被许可方必须获得足够详细的相关信息,以确定 SEP 专利包的相关性以及其是否符合 FRAND[40]。具体的要求可能根据具体情况而有所

---

[35] ECSIP,2014.

[36] COM(2017)708.

[37] 2004 年 4 月 29 日关于知识产权执法的指令 2004/48/EC,公布于 2004 年 6 月 2 日。

[38] C-170/13 *Huawei Technologies*,EU:C:2015:477.

[39] CJEU 认为,TFEU 第 102 条应解释为,SEP 持有者已经对标准制定组织作出了不可撤销的保证,在符合公平、合理、非歧视性条款(FRAND)的基础上授予第三方专利,且不滥用市场支配地位。在该法条的意义上,权利人可以采取法律行动,如申请停止侵权的禁令、召回侵权产品等。在采取行动之前,标准必要专利权人必须首先警告被控侵权人告知侵权人侵犯的专利及侵权的具体方式;在被侵权人表明其基于 FRAND 条款请求获得专利许可的意愿时,权利人应当提供一份包含各项条款并特别说明专利许可费的计算方式的具体书面的许可要约。如果基于非客观因素,被控侵权人继续使用所涉标准必要专利,并未积极回复要约,依照行业内的商业惯例和信守诚实信用原则,如果侵权人的行为为策略性的、拖延的或不真诚的,那么专利权人寻求救济措施或申请禁令的行为不构成滥用支配地位。

[40] OLG Düsseldorf,Case I-15 U 66/15,order of 17 November 2016 and OLG Karlsruhe,Case 6 U 58/16,order of 8 Seplember 2016.

不同,但委员会认为,为了评估 FRAND 报价并给出适当的反要约,有必要对以下内容作出明确的解释:专利对于标准的必要性、SEP 使用者涉嫌侵权的产品、使用费的计算方法和 FRAND 报价的非歧视因素。

关于反要约,"华为案"的规则认为其应该是具体、明确的,也就是说,它不能仅局限于反对 SEP 持有者的报价以及笼统地参考第三方确定的许可使用费。它还应该包含有关具体产品中标准使用情况的信息。提交具有约束力的第三方来做决定的意愿——如果要约(反要约)被认为是不 FRAND 的——属于 FRAND 行为的一种表现。

就潜在被许可人给出反要约的及时性而言,无法确定一般的基准,因为具体情况有所不同。这些包括所声称的 SEP 的数量和侵权索赔中包含的具体信息。然而,要约的合理回应时间需要根据 SEP 持有者最初要约中提供的信息的细节和质量进行权衡。在这方面,提高 SEP[41] 公开透明度的措施将对执法体系产生非常积极的影响。

如上文第 1 节所强调的,如果可以通过申报系统预先提供有关 SEP 的更可靠的信息,则声明的 SEP 的数量将大大减少。在评估 SEP 使用者对 FRAND 要约的反馈时间时,应该考虑到这一点。

对于由 SEP 使用者为避免颁发禁令而提供的担保,金额应该固定在不鼓励专利反向劫持的水平上。在评估损失的严重程度时,也可以采用类似的方式。委员会将支持专家和利益相关方就 SEP 案例中损害赔偿的计算方法交换最佳做法。

3.2 比例原则的考量

在评估禁令救济的可用性时,法院受到《知识产权执法指令》[42]第 3(2) 条的约束,特别是要求确保禁令救济是有效的、符合比例原则的和劝阻性的。鉴于禁令可能对企业、消费者和公众利益产生广泛影响(尤其是在数字化经济的背景下),比例原则需要在个案基础上仔细进行(判定)。委员会认为,对于禁令请求的审查,需要考虑争议技术的相关性,以及禁令对第三方的潜在溢出效应。

3.3 基于专利组合的诉讼

与"华为案"的判决一致,在参考该领域所公认的商业惯例时[43],各国法院认为超出国家范围之外的专利包许可是符合 FRAND 的,前提是这些专利包仅限于与被许可方需要生产/销售其产品(参见 2.2)相关的所有 SEP。在这种情况下,SEP 持有者还可以提供更多其他的专利,包括非 SEP,但不能要求被许可方必须接受其他专利的许可。如果

---

[41] 见本文第 1 节。
[42] 2004 年 4 月 29 日关于知识产权执法的指令(2004/48/EC),2004 年 6 月 2 日 OJ L 195,第 16 页。
[43] 同前注 38,第 65 段。

被许可人对其所需的所有 SEP 没有许可意愿,或者不接受所有的 SEP,上述行为可能是非善意的表现。为了符合 FRAND,反要约应当包括所有需要被许可的 SEP,而不能仅针对单个的专利。但是,SEP 专利组合中不能包含竞争性的技术,并且仅在有必要的情况下,可以包含互补性的技术。㊹ 虽然普遍认为被许可人可能总会质疑个别专利的有效性/必要性,但打包许可被许可人需要的 SEP 仍然是非常经济的。因此,委员会将与利益相关方(包括合适的法院、仲裁员和调解人)合作,制定和使用一致的方法,例如抽样,使得 SEP 争议能够按照行业通行的专利组合许可的形式,高效并有效地得到解决。

3.4 替代性纠纷解决机制(ADR)

委员会认为,调解和仲裁等替代性纠纷解决机制可以提供更加快捷、成本更低的纠纷解决方案㊺。虽然各方没有义务使用 ADR,但委员会认为,该工具的潜在好处目前尚未得到充分开发。

先前的仲裁、调解决定缺乏透明度导致了很多的不确定性和批评,使得 ADR 的使用经常受阻。该机制的成功不仅取决于适当的程序,还取决于专家的质量。欧洲统一专利法院在投入使用时,应设立一个由专业法官组成的专门的仲裁与调解中心,以确保高质量、高效率的程序,一致的法律实践,以及限制"择地起诉"策略的使用。欧盟知识产权局(EPO)于 2016 年 12 月宣布了其对中小企业的知识产权战略,委员会将与 EPO 一道,筹划知识产权调解和仲裁工具,以期促进知识产权调解和仲裁服务的进一步推广,尤其是对中小企业㊻。

如第 1 章所述,委员会认为相关争议的结果也应该包含在 SDO 数据库中。㊼

3.5 专利主张实体和 SEP

越来越多的专利主张实体(PAE)㊽卷入 SEP 专利许可市场。研究㊾表明,欧洲诉讼制度(包括即将在统一专利法院设立的诉讼制度)有足够的保护措施,防止某些 PAE 在欧盟的潜在有害影响。㊿ PAE 应与其他 SEP 持有者遵循相同的规则,包括从专利权人那里转移给 PAE 的 SEP 相关规则。增加透明度和可预测性可以进一步减少滥用。比例原

㊹ 参见(经过适当修改)《欧盟委员会关于技术转让协议适用〈欧盟运行条约〉第 101 条的指南》,OJ C 89,2014 年 3 月 28 日,第 3 页,第 250—255 段。

㊺ 已经存在各种不同的替代性纠纷解决机制(ADR),譬如 WIPO 的仲裁与调解中心。

㊻ 欧盟委员会员工工作报告"让知识产权处于中小企业服务核心,促进创新与发展",2016 年 11 月 22 日,SWD(2016)373。

㊼ 见本文第 1.2.1 节。

㊽ 如欲了解定义,请参见欧盟委员会联合研究中心(Joint Research Centre,JRC)的研究《欧洲专利主张实体》第 3 章,http://publications.jrc.ec.europa.eu/repository/bitstream/JRC103321/lfna28145enn.pdf。

㊾ http://publications.jrc.ec.europa.eu/repository/bitstream/JRC103321/lfna28145enn.pdf。

㊿ 参见上述 JRC 的研究。

则在法庭上的适用还提供了另一种保障。一旦欧盟的统一专利制度开始运作,委员会将密切关注这些市场参与者在欧洲 SEP 许可市场中的后续影响。

3.6 提高认知

有必要让利益相关方,尤其是 SDO 和 SEP 持有者,主动提高对 FRAND 许可过程及其影响、特别是对于中小型企业(包括专利持有者和标准实施者)影响的认知。委员会支持在该问题上采取行动。

> 委员会认为,FRAND 进程需要双方本着善意进行谈判,包括及时作出反馈。对于禁令,对于非善意的主体(不愿接受 FRAND 许可条款的主体)可以请求禁令,但必须遵循比例原则。
>
> 委员会将:
>
> 与利益相关方合作开发和使用一些方法,例如抽样,促进高效且有实效的 SEP 诉讼,符合专利包许可的行业实践;
>
> 进一步促进调解和替代争端解决工具的推出;
>
> 监控 PAE 对欧洲的影响。

4 开源和标准

在当前技术进步的背景下,除了标准之外,开源软件(OSS)的实施也在推动创新,并且正变得日益广泛,包括 ICT 标准领域。开源项目与标准开发程序的集成是一个双赢的过程:一方面,开源和标准化的结合可以加快标准开发流程,并且提高 ICT 标准的吸纳量(特别是对于中小型企业),另一方面标准可以为开源软件提供互操作性的实现方案。[51] 此项活动正在不同的 SDO 组织内进行。[52]

开源和标准化流程有相同之处(如协同开放程序、对创新的贡献),也有不同之处(知识产权政策、敏捷性、维护、透明度、程序的平衡等)。因此,需要关注开源社区项目与 SDO 标准化进程之间的相互作用。委员会通过"地平线 2020"计划资助研究创新项目,以支持开源项目。标准化项目和开源项目之间灵活有效的互动将促进和加速新技术的开发。

委员会将继续与利益相关方、开源社区和 SDO 合作,以促进标准化和开源之间的有效关系。委员会还将资助研究,以分析两者之间的互补性、互动方式和差异,并为两者之间的顺利合作推荐解决方案。

---

[51] 关于云计算,请参见有关标准与开源的报告:填补空白。

[52] 如 OASIS、ECMA、ITU-T、ETSI 等。

> 委员会将通过研究和分析,与利益相关方、开源社区和 SDO 合作,以实现开源和标准化的成功互动。

5 结 论

为了使欧洲能够充分获取单一市场和单一数字市场带来的好处,需要建立一个平衡的知识产权框架以支持持续、有效的标准化生态系统和 SEP 许可环境。

这份通讯文件为 SEP 许可提供了整体方案和主要原则,考虑了各行业的实际情况以及经济效益。所有利益相关方的共同参与,尤其是在物联网的推广中促进初创企业的参与,对于原则的成功实施以及相关行动产生实际的效果来说是必要的。因此,委员会邀请所有相关利益主体都积极参与实施该方案。

委员会将密切监控标准必要专利的许可市场,特别关注物联网技术,如果有必要,将通过建立专家组创建和发起进一步的研究。委员会将评估取得的进展以及采取进一步措施的必要性,在此基础上确立一个平衡框架,以确保顺畅、高效、发挥作用的标准必要专利的许可。

SSO 标准化工作和 SEP 许可的透明度、可预测性和效率[*][**]

1 前 言

欧盟委员会内部市场、行业、企业和中小企业总局(DG Grow)委托我们开展一项研究,以评估与标准化过程有关的问题,并考虑一些可能有助于缓解这些问题的政策方案。针对已确定的问题,本次研究提出并评估了实际解决方案,并考虑到各项方案的成本和收益,以期促进有效的标准化进程。

本次研究过程中,我们向利益相关者进行了广泛咨询,同时开展各种学术和政策讨论,取得相关证据支撑,并结合我们在这一领域的工作经验,三者之间相辅相成,共同发挥作用。在与标准化过程有关的许多问题上,虽然利益相关者经常持相反观点,但是各方在参与标准化过程期间,提出了各种论据和证据。我们开展分析时,这些论据和证据成为重要的原材料,不仅帮助我们识别哪些领域存在问题,而且还有益于对具体的政策方案展开评估。除了传统的标准密集型行业,本报告还评估了物联网行业的标准化,物联网的出现使得确保标准制定和 SEP 许可过程的效率更为重要。

我们在前言首先强调了兼容性标准和标准化过程的重要性。然后,简要总结研究的方法,并概述研究的组织结构。

1.1 兼容性标准

标准可以分成两大类:一类旨在确保"系统"的不同部分能够一起良好运作,另一类旨在提及产品在安全运行情况下,部分独立属性可以影响人类健康或环境。这两类标准的主要区别在于:安全、健康或环境标准通常可以用最低性能来表示,例如,锅炉所用钢

---

[*] 本文为 Charles River Associates 咨询公司为欧盟委员会编制的报告,该报告是 MARKT/2011/022/B2/ST/FC 框架合同具体执行合同(编号:07/2015)的组成部分,本报告接收单位系欧盟中小企业执行机构。

[**] 本报告所含信息与观点仅代表作者个人观点,并非必然反映欧盟委员会或 Charles River Associates 咨询公司的官方观点。欧盟委员会并未就本报告的数据准确性作出任何保证。对于利用本报告所含信息之行为,无论欧盟委员会抑或代表欧盟委员会行事的任何人,对该等行为概不负责。

材的耐受性可能是多少,或者二氧化碳最大获准排放量是多少。然后企业可以自由使用任何技术,使其达到规定的性能要求。从这个意义上说,标准化并不会为实施者指定范围狭隘的技术,令其不得不从中选择。

相比之下,虽然兼容性标准当然也应该提供高性能,但是它们必须侧重于确保不同公司制造的不同产品能够一起顺利运行。通常情况下,这需要选择一种针对性较强的方法来解决许多技术问题,令标准的实施依赖于使用可能获得专利保护的特定技术。因此,在选择兼容性标准嵌入技术以及在向潜在实施者进行许可的条件方面,需要面临许多重要的政策问题。

兼容性标准可能以多种方式出现。一方面,占主导地位的公司所选择的技术规范成为事实上的标准,其余市场必须去适应这些规范。Microsoft 公司 20 世纪 90 年代末和 21 世纪初的电脑操作系统就是明证。在另一种极端情况下,可以通过行业范围的协作努力来制定一项标准。这种情况通常出现在标准制定组织(SSO)或同等机构。介乎上述两个极端之间,还存在诸如"协会"之类的各种混合体,它们代表着行业参与者封闭子集之间的协作。各个标准的市场覆盖率也不尽相同。尽管当所有的行业参与者都在协调某一项标准时,互通性是最好的,但同时需要协调多个标准的情况,并不罕见——或者至少会争吵一段时间。当几个标准持续存在时,通常会出现某种形式的"适配器"技术,这种技术至少可以衡量竞品标准之间的兼容性。

本报告的研究重点是行业参与者之间实质性合作,制定全行业标准的过程。此外,我们主要考虑这样的情况,即每个标准化进程均安排一个组织负责领导,但凡愿意遵守该组织内部规则的利益相关者,均可加入其中。因此,对于相互竞争的标准制定过程,我们将很大程度上忽略这种竞争所带来的利弊。[1] 之所以采用这种方法,其主要原因也很简单,尽管早期有大量文献描述了依赖于不同标准的公司之间相互竞争[2],但对于各个公司如何选择加入内部规则不同的竞争性标准化工作,基本上没有严格的经济分析,而且几乎没有系统性证据可以证明现实世界如何开展这种(潜在)标准竞争。

基于 SSO 的兼容性标准十分普遍,涉及相当多的资源,表 1 列出了各行业目前正在

---

[1] 虽然我们在选择研究方法时,重点以统一标准化为主,但我们在报告中同样提出了特别适合标准制定机构之间相互竞争的相关领域以供分析。例如,某个 SSO 为标准选择技术时,并不受经济因素影响,而是纯粹考虑工程标准,对于这种情况,我们作出了阐述,即如果标准制定机构之间的竞争至少是其中一种可能性的话,那么设置单独专利费上限便无效,专利费上限只能限制劫持风险(因为在这种情况下,如果其他标准制定机构提供的总专利费更有利,那么实施者可以可信地威胁支持由该机构负责制定相关标准)。

[2] 参见例如 Katz, M. L. and C. Shapiro, 1986, "Technology Adoption in the Presence of Network Externalities", *Journal of Political Economy*, 94:4, pp. 822 – 841; Katz, M. L. and C. Shapiro, 1985, "Network Externalities, Competition and Compatibility", *American Economic Review*, 75:3, pp. 424 – 440, 及 Katz, M. and C. Shapiro, 1994, "System Competition and Network Effects", *Journal of Economic Perspectives*, 8:2, pp. 93 – 115。

运行的标准制定组织(SSO)的数量。不出所料,电子和电信是 SSO 数量最高的两个领域。尽管如此,电子、电信以及消费类电子产品领域的 SSO 总数量还不到表中 SSO 数量的 40%。因此,在评审基于 SSO 的标准化时,我们必须记住,虽然最近有些行业标准化已经成为头条新闻,但其他行业的相关经济环境可能与这些行业大相径庭。

表1 各行业的 SSO

行 业	SSO 数量
航空	8
汽车	23
生物 IT 和生命科学	19
清洁技术和可再生能源	40
建筑	14
消费电子和内容	27
国防	10
数字和远程学习	22
电子	100
健康与医疗	52
制造	35
电力与智能电网	30
房地产	5
电信	89
多种经营	84

来源:Gandal, N. 和 P. Regibeau,"标准制定组织:当前的政策问题和经验证据",Delimatsis, P. 编辑,《标准化的法律、经济和政治》,剑桥大学出版社 2015 年版。

至于资源方面,Chiao、Lerner 和 Tirole(2007)[③]援引了一项估算,2005 年,IBM 投资了 5 亿美元开展与标准有关的活动,Farrell 与 Simcoe(2012)[④]报告称,如果一家大中型企业一年内参加一个 SSO,则每年需要花费 5 万美元左右。因此,如果以表 1 中的 SSO

[③] Chiao, B., J. Lerner and J. Tirole, 2007, "The rules of standard-setting organisations: An empirical analysis", *Rand Journal of Economics*, 38:4, pp. 905-930.

[④] Farrell and T. Simcoe, 2012, "Choosing the rules for consensus standardisation", *Rand Journal of Economics*, 43:2, pp. 235-252.

总数(548*)为准,那么所涉及的总费用等于 2740 万美元乘以这些 SSO 的平均参与者数量。即使 SSO 保守接纳 50 名成员⑤,那么每年也会带来超过 13 亿美元的收入。

该数字当然严重低估了标准化为全球经济创造的价值。例如,没有标准化,就没有互联网,没有手机或智能手机漫游、DVD 或蓝光,远程医院更不可能交换病人信息。

实际上,鉴于当前依赖于模块化(因此而依赖兼容性)的产品激增,以及鉴于各种设备最终应该无缝通信的"物联网"的兴起,实施高效、流畅的标准化过程,其重要性不可估量。

1.2 本报告的目标和方法

本次研究之前,欧盟委员会内部市场、行业、企业和中小企业总局曾委托进行了另一项研究(Ecorys 研究),通过这项研究,确定了与标准制定过程有关的若干问题:

- 缺乏专利技术入选标准的明确规则和程序;
- 与声明制度有关的问题;
- 与转让规则有关的问题;
- 与专利池相关的问题;
- 与 FRAND 定义有关的问题;
- 与争议解决有关的问题。

对于上述每一种问题,我们的研究旨在通过定性和/或定量的方式,识别对具有实际意义和实际影响的问题,从而考虑一些可能有助于缓解这些问题的政策选项,并评估实施这些政策可能的影响(正面和负面)和成本。重点评估易于实施的可行解决方案,特别强调提高基于 SSO 标准化过程整体透明度以及降低交易成本的措施。标准化、标准制定组织和标准必要专利已经成为学界和政策界广泛讨论的话题。因此,除了我们自己在这方面的经验和工作外,还有一个非常庞大的知识库。本次研究建立在这个知识体系的基础之上,这个知识体系不仅接纳利益相关者的各种观点,而且还充满争论。我们通过以下三个渠道收集这些观点。

首先,在委托开展本次研究之前,欧盟委员会内部市场、行业、企业和中小企业总局已经广泛征求意见,收到了来自不同方面的大量意见。这不仅为我们的分析提供了主要证据支撑,而且还有助于调整我们与利益相关者进一步接触时所讨论的问题。

其次,接触利益相关者时,我们采取了下列形式:访谈 SEP 所有者、使用者、SSO 官

---

* 此处疑为原文错误,表中 SSO 的总数应为 558。——编者注
⑤ 诸如 ETSI 这样的大型 SSO 拥有 800 多名成员。Calypso 是一个规模小得多的智能卡协会,拥有 58 个成员,"国际照明委员会"的成员数量超过 70 个。

员以及学者,时间为一小时,并选择相似种类的利益相关者,与其召开长达一天的研讨会。第 5 节讨论了准备和开展这些访谈的方法,其中还介绍了三次向利益相关者征求意见的主要经验教训。

最后,我们于 2015 年 11 月在布鲁塞尔办事处组织了一场研讨会。两次征求意见中,只要利益相关者参加过其中一次,该利益相关者即可参加此次研讨会。此次研讨会属于"总结会",其中一个主要目的是让每个利益相关者都能面对面交流各自的观点。

通过这次咨询,并在现有工作基础上,我们对相关政策选项可能的成本和收益进行了评估,特别是与承诺/披露规则以及各种许可实践相关的政策选项。我们的目标不是提出"一刀切"的建议,而是要评估在哪种特定情况下实施干预才可能是有益的,同时还应兼顾所考虑行业的具体情况。在此过程中,要特别注意政策选项之间如何相互作用,以便可以考虑连贯的一揽子政策。

1.3 报告大纲

本次研究的架构如下所述。

在第 2 节,我们首先确定了 SSO 及其成员面临的主要问题,并且第一次评估这些问题在实践中似乎比较重要。在此过程中,我们并未选择按照 Ecorys 报告中确定的问题类别进行分析。虽然 Ecorys 报告的分类实质上就是基于 SSO 标准化过程的不同"组成部分",但我们更愿意根据所涉及的经济问题的类型来组织分析,包括诸如劫持、要挟以及专利费堆叠。但是,应该清楚的是,尽管组织原则不同,但对于 Ecorys 报告中提到的所有问题,我们本次的报告同样也进行了讨论。

第 3 节介绍了不同系列的策略,这些策略可能证明有助于解决第 2 节确定的部分问题。我们不仅简要描述了每种类型的政策,而且还试图将各个政策类别"映射"到其可能有助于缓解的问题中。

在第 4 节,我们讨论了利益相关者在这些问题方面的利益。第 4 节首先简要评估各利益相关者可能持有哪些"自利"立场。换言之,我们试图找出受特定问题影响最大的各方,并试图广泛评估在某种类型的政策干预中,谁可能会失败,谁可能会获胜。然后描述了三种征求意见活动,我们从中获得了大量证据。此外,我们初步评估了最重要"问题"以及可能被安全忽视的"问题",我们还广泛总结了利益相关者的主要关注点,为上述初步评估相互补充。

第 5 节和第 6 节是我们的核心分析内容,提出了我们对特定政策选项的评估。第 5 节着重于承诺和披露规则,第 6 节涉及各种许可实践,包括 SEP 和非 SEP 捆绑以及专利费基础的选择。

第 5 节和第 6 节主要独立评估政策选项,也就是说,对于各种政策干预措施如何"结合在一起"形成一个统一的方案,第 5 节和第 6 节着墨不多。我们在第 7 节提出了此类方案,这就解释了为什么我们认为我们的方案将有助于解决本报告开篇识别的大部分问题。

2 主要问题

在本节,我们讨论在 SSO 组织的标准化过程中,为了获得高效且能以合理的许可条款广泛适用的标准所必须清除的主要障碍。本节有两个目的。首先,我们需要从一开始就清楚地界定大部分报告所依赖的经济概念。遗憾的是,尽管政策界对这些概念已经讨论多年,在广泛使用其中一些概念时仍欠缺必要的准确性。其次,由于本报告关注的是实际问题的实际解决方案,因此,我们需要评估每个问题的实证意义。为此,我们主要依赖于可用的学术文献,因为学术文献依赖的是系统性证据,而不仅仅是传闻或轶事。至于参与 SSO 标准化过程的代理人的观点,集中在第 6 节予以介绍。虽然我们强调严格定义概念和系统性实证研究,但不应将本节内容视为仅仅是关于 SSO 学术文献的综述。我们的目的只是提供必要的依据作为有意义地讨论 SSO 标准化过程中不可避免的非常具体的问题的基础。

2.1 劫持

在关于标准化和标准必要专利的讨论中,"劫持"是最富争议的术语之一。然而,辩论时,并不能始终都可以明确地指出作者所指的是什么。在经济学中,"劫持"拥有清晰明确的定义,这对于理解在标准化背景下导致过高定价的主要激励机制至关重要。在本节,我们首先给出了"劫持"的定义,然后讨论为什么标准必要专利可能会遭遇劫持问题,讨论可能有哪些可用的证据可以让我们了解劫持,并讨论基于这些证据,能够得出哪些有关决策的合理结论。

交易中"劫持"的发生具备两个条件。首先,交易一方必须作出某种承诺,而且承诺后,该方在交易谈判中的地位弱于其作出承诺前。其次,合同存在部分不完善的地方,使得当事人不能履行承诺作出前约定的交易条件,或者这些条件不能通过法院强制执行。因此,实际的交易条件是在作出承诺之后另行谈判的,这导致承诺方所面临的结果更加糟糕。

关于议价能力的这种改变,最著名的例子涉及关系专用性投资。在具体交易之外,此类投资没有什么价值。在上述例子中,只有其中一方进行投资的情况下,交易才有价值。如果可以在投资之前确定交易价格,并以投资作为交易条件,则投资方只有在价格足以支付投资成本(包括公平的回报)时才会参与投资。如果交易价值高于投资成本,则无论如何都会投资。

但是,如果价格只能在具体投资后才能确定,则投资就会"沉没",这意味着投资方是否进行交易的决定变得无关紧要。这时不管对方要价多高,只要足以覆盖仍在继续发生的成本,投资方都会接受。但是,这不能保证投资方初始投资成本得到了补偿。因此在某些情况下,尽管投资比较高效,但投资方仍不愿意投资。请注意,如果在投资之前,投资者有大量与不同当事方签约的选择机会,而在投资之后,投资者只能选择一个合同缔约方时,劫持会更加严重。在这种情况下,投资者本可以让潜在的合作伙伴相互竞争,并获得高投资回报。但在投资之后,投资者与合作伙伴处于双边谈判状态,合作伙伴可以拿走绝大部分的投资回报。

不管投资效果有多大,如果出现劫持,则始终意味着投资方不能获得在正常竞争条件下应该获得的、公平的投资收益份额。就这个意义而言,交易的最终价格是过高的。

2.1.1 SEP 与劫持

在某项技术获得 SEP 地位时,相关承诺不是必要的投资,而是将特定技术纳入标准的承诺。此时的"劫持"就是指一旦专利权人的技术或设计被锁定在已经完成的标准中,那么他的市场力量就会增加。在竞争之前,对于同样的问题,可能会有不同的技术解决方案,因此,事前专利费较低。但是,在对标准进行承诺之后,所选技术的 SEP 持有者拥有垄断权,并且有动力进行谈判,提高专利费。简单而言,劫持指的是专利权人事前(制定标准之前)定价预期与事后(在制定标准之后)定价预期之间的差异。

这种形式的"劫持"[⑥]的发生并不要求实施者在标准制定完成以及许可相应 SEP 之前已经投入标准专用性投资。这种形式的"劫持"所造成的损害便是相对于事前基准而言过高的专利费。这些上涨的价格中,可能有一部分会通过提高消费者购买设备的价格进行转移。这种基于 SEP 市场力量出现的事后价格增长,并不是"实质竞争"的直接结果。相反,事前竞争则属于"实质竞争",因此,竞争主管机构已经通过竞争分析,发现了这种扭曲是存在问题的。然而,要注意的是,在这种环境下,并不总是会出现劫持。假设在事前技术方案之间不存在竞争,那么即便作出在标准中使用该技术的承诺,该技术的市场地位也不会由于标准化而增加。在这种具体情况下,不存在过度定价问题,同样不

---

⑥ 由于此版本的论点并非依赖于用户进行投资,因此,严格意义来说,不能将任何相关的低效率归咎于"劫持"。

存在劫持。⑦

在部分行业,由于事先没有承诺专利费率而产生的问题可能会变得更糟,因为潜在实施者在实际选择标准之前或者在知道技术是否侵犯现有专利之前,就需要对产品进行大量投资。⑧ 这会远早于 SEP 许可的发生。在这种情况下,潜在实施者(早期)投资会导致额外的潜在福利损失。这一点我们在讨论基本劫持问题时已经进行了说明。显而易见,这种情形在设备制造商渴望产品率先上市的、快速发展的行业更有可能会出现。这种劫持产生的问题可能不是导致不进行投资,而是延迟投资。

2.1.2 劫持是普遍现象吗?

尽管我们迄今为止的讨论已经表明,劫持概念的理论基础牢固,问题在于这仅仅是一个理论的可能性,还是说,劫持是非常强大的经济机制。毕竟,如果一个公司发现其议价能力得到增强,那么这家公司为什么不加以利用呢? 然而,劫持的普遍性和损失福利的规模是两个有争议的问题。

在我们看来,虽然目前没有针对 SSO 标准化过程的可靠实证分析,但是在煤炭、铝以及或天然气等相当多的行业,针对劫持问题已有相当完备的研究。⑨ 所有这些研究依赖于类似的方法:检查在存在劫持基本要素的情况下,是否能够轻易找到帮助解决劫持问题的策略和组织形式。例如,Paul Joskow(1987)⑩研究了煤炭供应商和发电厂之间的合同,他发现在需要更多关系专用性投资的情况下,合同期限会更长。Hirschhausen 和 Neumann(2008)⑪也以类似的方式分析了天然气合同的期限,分析表明,要求进行关系专用性投资的合同,其合同期限会增加,而随着国际天然气市场变得更具竞争力,合同期限会缩短。通过研究资产所有权的变化情况,同样获得了劫持问题的间接证据。理论认为,如果某个代理人对某个资产进行针对性投资,那么此代理人应掌握该资产的所有权,

---

⑦ 为免疑义,请注意,这并不意味着由于这方面将不再有竞争,便不存在与传统技术相关的劫持。实际上,如果传统技术是初始标准的组成部分,而且该标准由于向上兼容性问题而变得根深蒂固,那么此传统技术便是相关的。考虑到为了制定初始标准而在事前开展竞争,劫持的可能性仍然是相关的——因此,FRAND 的承诺仍然是相关的——只要后续升级仍然需要技术。

⑧ 即使实施者还不知道标准,他们仍可能会开始投资,开发产品特性,其价值取决于标准是否取得成功。例如,仅仅知道目前正在制定一个更加完善的电信标准,将导致手机制造商进行投资,以将更好的相机等新功能纳入其设备之中。

⑨ P. G. Klein, 2005, "The Make or Buy Decisions: Lessons from Empirical Studies", in C. Ménard and M. M. Sirley (Eds.), *Handbook of New Institutional Economics*, Springer, Ch. 17, pp. 435–464.

⑩ P. L. Joskow, 1987, "Contract Duration and Relationship-Specific Investments. Empirical Evidence from Coal Markets", *American Economic Review*, 77:1, pp. 168–185.

⑪ C. von Hirshchhausen and A. Neumann, 2008, "Long Term Contracts and Asset-Specificity Revisited: An Empirical Analysis of Producer-Importer Relations in the natural Gas Industry". *Review of Industrial Organization*, 32, pp. 131–143.

以避免出现劫持问题。现代企业理论以此为中心主题(参见 Hart 和 Moore 19??)(原文如此。——编者注)。Baker 与 Hubbard(2004)已经表明,正如通过理论可以预测劫持问题何时变得重要,随着行车电脑的引入,卡车司机的行为变得可契约化,从而减少美国司机拥有卡车的比例。

这些证据全部是间接证据。上述合同及所有权选择,与在劫持是重要的交易动机的情形下所能预期的反应十分吻合。遗憾的是,我们无法通过这些研究了解到,在不存在救济措施的情况下劫持所带来的损失。但是这种估算几乎是不可能取得的。这需要将一个未采取劫持救济措施的市场与另一个已经采取劫持救济措施的市场进行比较。问题是,在进行了有效救济的市场就不存在没有采取救济措施的劫持,而在没有进行救济的市场,也不可能进行比较。

诚然,乍看上去所引用的间接证据可以得出下列结论——劫持没什么大不了:恰恰是因为劫持依赖于对劫持问题解决方案的观察,劫持问题能够通过一系列合同和组织解决方案予以解决,这一点相关文献可以说明。

但是,我们认为这不是对文献的正确结论。首先,(大量案例研究支持的)正式的实证文献显示,在没有合同或组织解决方案的情况下,劫持将是一个重大问题。

其次,对于技术创新,通常很难起草一份完整的合同,因为对于尚未找到的解决方案,很难写出事前合同。我们所能预想到的不存在解决措施的劫持,就会发生在对知识产权的投资和利用过程中。

再次,当前的 SSO 过程使得通常的劫持解决方案更加困难。基本上没有任何要求参与者在 SSO 过程开始之时签署合理的完整的合同协议的尝试。也很少有 SSO 要求参与者就知识产权的价格和条件向实施者作出承诺。因此,不可能采用传统的合同解决方案来解决潜在的劫持问题。基于 SSO 的标准化过程并未采用常见的"组织"解决方案,例如知识产权所有者与实施者之间组建合资企业或者进行垂直整合。正如我们下文所论述的,当我们谈论标准化过程的交易成本时,有充分的经济学理论证明,标准化过程的这些特征使得一些合同不完整性难以避免。

最后,在信息通信技术等一些行业,虽然有很多机制在以前可能会大大减少劫持问题,但最近的技术进步已经动摇了这些机制的基础。尤其是,计算机公司和非执业实体等新行为主体的出现,降低了 SEP 所有者和实施者之间的垂直整合程度,更传统的 SSO 参与者之间重复协作的文化也因此受到影响。

基于上述观察,我们自行开展评估。经过评估发现,如果不加限制的话,在所定义的意义上,劫持已经成为 SEP 的问题。此外,最近的变化削弱了一些过去能够限制 SEP 持有者的投机行为的机制,似乎有必要重新关注能够减少劫持的监管机制。因此,重要的是要考虑旨在减少劫持的政策措施以及劫持对价格和（可能的）投资产生的负面影响。但是，我们也应该认识到，劫持的实际情况因不同行业会有很大差异。一些因素，包括使用者之间为率先进入市场而进行的激烈竞争，相关技术的复杂性、不确定性及其快速发展以及出现新的非一体化参与者等，会加剧劫持产生的成本。

2.1.3 专利伏击

专利伏击属于特定形式的劫持。专利伏击是指企业作出标准或投资承诺，仅仅是因为专利所有者或专利申请使得企业相信，相关技术不被任何其他专利覆盖，亦不会按照有利条款提供相关技术。而专利持有者只有在制定了标准之后，或者按照某些规定条件对技术进行许可的承诺被随意撤销时，才会揭示未声明的标准必要专利或标准必要专利申请，从而出现专利伏击。[12]

专利伏击即欺骗 SSO 其他成员，声称技术不受专利保护，或者声称按照比专利持有者计划收费更好的条件提供技术，专利伏击可能导致 SSO 和潜在实施者进行技术选择和投资，从而增加伏击方的市场力量，而且如果没有进行欺骗的话，那么他们可能不会作出上述技术选择和投资。最著名的标准专利伏击形式是 SSO 成员所声明的专利也必须附带 FRAND 承诺。如果所要求的声明涉及明确确定的专利（"特定声明"），则故意从声明中省略一些标准相关专利，原则上可能导致出现下列后果：如果所选择的标准最终侵犯隐藏 SEP，则可能会要求实施者支付不受 FRAND 约束的专利费。

但是，伏击的形式也可能更加隐晦。例如，假设 SSO 成员持有的 SEP 均须受 FRAND 承诺约束，无论是否明确声明。如果 SSO 不知道专利的存在，则可以选择专利技术，而不是稍微逊色的非专利技术，在充分了解可用方案的情况下，经济高效的解决方案将会提供可以自由使用的技术。

应区分参与 SSO 标准化过程的专利持有者所进行的伏击和选择不参与此过程的专利持有者的伏击，这一点是非常重要的，后者不受包括 FRAND 许可条款在内的 SSO 规则限制。我们将第一种情况称为"内部"伏击，将第二种情况称为"外部"伏击。我们在第 6 节和第 7 节进行了更加详细的论述。标准化过程的参与者认为，在 SSO 内部，专利伏击并不是一个重要问题。与之相反的是，关于为什么 SSO 参与者倾向于过度声明潜在必要知识产权，主流观点认为，其中一个原因便是这些参与者存在"反托拉斯式"担忧，他们担心被指控为"专利伏击"。相比之下，"SSO 组织局外人"对伏击的担忧却是实

---

[12] 例如，参见 COMP/C – 3/38.636—Rambus, Common Decision (Dec. 9, 2009); Rambus, Inc. v. Infineon Techs. AG, 318 F.3d 1081 (Fed. Cir. 2003); Rambus, Inc., FTC Docket No. 9302, 2006 WL 2330117, at *53 (Aug. 2, 2006), rev'd, 522 F.3d 456 (D.C. Cir. 2008).

实在在的。如果 SSO 成员知道外人所拥有的专利,这将不是问题。在这种情况下,他们可以决定是否选择可能侵犯这些专利的技术解决方案,使实施者面临高昂的专利费,或者寻求另一种方法,这种方法要么是非专利的,要么依赖已经作出 FRAND 承诺的专利。然而,SSO 成员很难以合理的成本确定所选择的解决方案是否会侵犯特定专利。因此,他们相当担心所选择的标准可能在无意中侵犯了外人所持有的未知专利。

决策者担心任何改革方案都不会显著降低专利持有者参与标准制定的可能动机,其主要原因是外人对于专利伏击的担忧。成员减少参与,不仅会导致 SSO 内部专业知识减少,而且通过"外部"专利伏击实施劫持的可能性也会增加,这往往会导致专利费超过 FRAND 费率。

2.2 专利费堆叠

2.2.1 一般原则

专利费堆叠是指当被许可人需要使用的知识产权由不同的、独立的所有者拥有时,被许可人可能必须支付过高的专利费。专利费堆叠的根本原因在于互补性:当互补商品由独立的利润最大化实体出售时,所收取的总价将高于同一公司出售的所有产品,无论"产品"是商品和服务还是知识产权。

背后的道理很简单。假设有产品 A 和 B,它们是互补的。如果它们由两个独立的公司出售,那么每个公司都会忽视这样一个事实,即他们降低价格,会增加对另一个产品的需求。但是,如果两种产品都属于同一家公司所有,那么该公司就会利用 A 产品的降价以增加产品 B 的销售量,并从中获益。如果两种产品都是由同一家公司出售,那么涨价的动机就比较小,该企业的价格会比两个独立企业的价格更低。这就是所谓的"古诺效应(Cournot Effect)"。[13]

这种分析的直接结果是,当所有的互补产品全部由一个企业销售时,价格水平将最低。由于垄断可以最大化总利润,因此,如果市场不够集中,那么不仅会导致更高的价格,而且会导致整个行业利润下降。换而言之,从集体利益和顾客角度来看,如果产品由不同公司分散销售的话,那么最终收取的价格会过高。因此,专利持有者和专利实施者应该对"专利费堆叠"持有相同观点,并且应该乐于接受将"专利费堆叠"问题最小化的政策变更,只要它们不会产生过多其他交易成本。

---

[13] 请注意,替代品的情况恰恰相反。当企业降低其商品 A 的价格时,生产替代产品 B 的企业将面临销量下降,而且会受到降价冲击。如果两种产品都由同一家公司出售,那么这家公司会认识到,降价会在一定程度上产生影响——抢夺其他产品的销量。因此,对于销售两种替代产品的单个企业而言,其降价动机要低于两家独立出售这两个产品的企业。为此,通常仔细审查替代产品之间的合并,确认是否产生反竞争效果,而互补产品之间的合并被认为极可能对消费者有利。

古诺效应在技术复杂的行业中尤为重要。在这些行业中,为了生产最终产品,需要使用大量不同的技术。对于一家需要使用 10 种技术的公司而言,如果每种技术都是由不同的专利所有者控制的话,那么这家公司所支付的总专利费将高于这些技术属于一个参与者所有时所支付的专利费。因此,无论是否涉及标准化,复杂的产业都必然普遍存在"专利费堆叠"问题。

2.2.2 关于 SEP 专利费堆叠角色的其他考虑

虽然标准设置之外的技术许可能够提高对专利费堆叠的关注,但专利费堆叠的影响往往被标准化过程放大。在专利费堆叠问题和标准承诺产生的劫持问题的双重作用下,遂出现上述现象。如果没有标准,制造商的部分需求可以通过多种不同的技术得以实现,也就是说,在最终用户生产产品时所需要的各个不同的技术"类别"中,替代技术之间可能会存在竞争。产品使用特定专利时,专利之间的竞争越激烈,专利权人可以行使的市场支配权就更小。如果专利不能享有市场支配力,那么就不会产生专利费堆叠问题。因此,不同技术方案之间的竞争对专利权费率造成了下行压力——或者甚至消除——由于互补技术类别之间的互补产生了上行压力。但是一旦就某个标准达成一致意见,使用者的技术自由度就会减少,标准的几个方面可能只能通过使用没有替代品的非常具体的技术来实施。在这种情况下,专利费堆叠效应达到极致。这意味着,只要相关的行业涉及劫持问题,那么相比其他专利,对于 SEP 来说,专利费堆叠会是一个更显著的问题。

请注意,在 SEP 许可中,两类互补性可以产生专利费堆叠:一是某个特定标准中涉及不同方面的 SEP 之间的互补性,二是设备上必须实施的不同标准涉及的 SEP 之间的互补性。从这个意义上说,对于既定标准而言,SEP 所有权分散往往会使得人们低估实施者面临的潜在劫持问题的严重程度。重要的是,这些所有权被分散的 SEP,对于生产设备以及获得商业成功所必须遵循的标准而言都是必要的。

为了得到"专利费堆叠"问题的数量级,可以计算出市场结构更加分散时获得的整套互补技术的价格相对于由同一家公司拥有时的价格增长的百分比。就简单的零成本线性需求而言,如果有 5 个所有者,那么专利费增加 66.7%。如果有 20 个所有者,那么相对独占所有权而言,专利费将增加 90.5%。在线性需求的例子中,如果在最大程度上分散专利(任意数量的所有者),那么专利费最多可以增加 100%。[14] 有两个主要的结论。首先,价格堆叠会产生,哪怕只是从单一卖方变为几个卖方。实际上,由于线性需求的特殊情况,对于上游行业分散性的增加而引起的价格上涨,无论下游市场是否处

---

[14] 参见附件 1。

于完全竞争或垄断状态,价格上涨的比例均相同。其次,无论下游市场结构如何,专利费堆叠的数量级均类似。实际上,在我们线性需求的特殊例子中,价格增长比例均相同。

第一个结论特别重要,因为它意味着,试图通过减少专利局授予的专利数量或降低属于标准所必需的专利的比例以"解决"专利费堆叠问题,是不现实的。通过减少专利所有者的数量来将堆叠问题减少到足够低的做法似乎同样不现实。

2.2.3 问题的相关性

尽管我们已经表明,从理论角度来看,在SEP持有者市场力量没有限制机制的情况下,预计会存在大量专利费堆叠问题,但还是应该从实证的角度来考虑这种理论预测是否正确:"是否存在专利费堆叠"和"专利费堆叠对特定行业使用一揽子标准必要技术的总价格的影响有多大"。遗憾的是,由于专利堆叠的计算普遍存在方法上的困难,相关的基于市场数据得出的实证文献相当少。理想的情况是,可以在分散持有专利的所有权得到巩固之后,观察专利费率的变化。我们不知道有哪些研究能够用这个方法来研究有关专利费堆叠的理论预测。这是有理由的,因为专利丛林对下游开发商支付的总专利费的直接影响根本难以估算。[15] 因此,只能使用间接方法来评估这个问题在经验上有多重要:首先,可以研究其他市场互补资产合并对定价的影响;其次,根据当前对互补性专利所有权分散性、行业参与者和观察到的许可过程的研究,确定发生重要的专利费堆叠问题的可能性。

针对部分市场的经济学文献已经研究了互补资产所有权合并的影响,特别是 Slade (1998)[16]对啤酒行业的研究。她研究了英国监管的影响,该监管迫使一些酒吧的原所有者、酿酒商放弃酒吧。在纵向关联市场的文献中,专利费堆叠问题被称为双重边缘化问题:酒吧会提高从酿酒商购买啤酒的价格,而这样是否会减少酿酒商的销量,则不予考虑。因此,酿酒商被迫与酒吧剥离后,酒吧消费者的啤酒价格应该上涨。这正是 Slade 在英国数据中所观察到的结果。这意味着我们有一些有力的证据表明,在部分环境里,互补性问题对价格会有切实影响。

对于SEP所有权,鉴于并没有这样完善的政策实验可以评估专利费堆叠的重要性,我们不妨首先从理论上研究专利费堆叠产生的先决条件,然后再研究这些理论条件满足后,是否会导致其他可预见的决定,如果专利费堆叠确实是个问题的话。

---

[15] 关于这一点,参见 Gandal 与 Régibeau(2015)。
[16] Slade, M. E., 1998, "Beer and the Tie: Did Divestiture of Brewer-owned Public Houses Lead to Higher Beer Prices", *Economic Journal*, 108:448, pp. 565 – 602.

第一步,可以研究不同行业中互补性专利的普遍情况,有时这被称为"专利丛林"现象。Von Graevenitz(2013)[17]等人研究了30个技术领域,发现其中9个领域"专利丛林"盛行。他们衡量"专利丛林"的标准,是实施者所需的专利中由不同实体持有的专利数量,因此它已经捕捉到了与所有权分散关联性最强的因素,而且我们确定此因素对于专利费堆叠而言至关重要。然而,上述作者基于相关技术的专利所有权分散指数来扩大对"专利丛林"的分析,增加对"分散化"的衡量。总体而言,作者发现"专利丛林"最常见(并影响专利行为)的是视听技术、电信、信息技术、半导体和光学等领域。

然而,仅仅是所有权分散这一事实在分析SSO时并不会受到太多关注。因为从SSO性质上讲,以标准为中心存在的大量专利是不可避免的,而且由于制定标准时集中了各个成员的知识,因此,这些专利必然分散在SSO成员之中。绝大多数标准所涉及的知识产权都是由多个公司持有。因此,产生专利费堆叠的理论前提条件是既存的。我们想知道的是所有权分散产生的影响,即企业是否确实有相应的定价激励从而导致专利费堆叠。例如,Ziedonis(2004)[18]探讨了"专利丛林"的存在是否——以及如何——影响专利行为。她发现,对于资本密集型企业,专利所有权分散对专利申请的影响要高出5倍,而这些企业更有可能涉足技术复杂的市场,这就提供了有力证据证明,"专利丛林很重要"[19]。

最后,最近的诉讼经验似乎表明,没有直接的、严格的证据显示,"专利丛林"现象实际上导致总专利费增加。

除了学术文献外,近期的诉讼经验表明,似乎还有一些相互矛盾的证据。一方面,这种经验表明专利费堆叠原因在于,部分SEP所有者提出专利费之后,如果这些专利费是按照比例适用于所有声明的SEP,那么就意味着单个标准的总专利费非常多。[20] 另一方面,实际支付的信息表明,堆叠实际上相当有限,因为实际支付的金额要低得多。[21] 对于我们而言,这表明现在还无法可靠地估算可能的专利费堆叠程度:目前正在进行的诉讼

---

[17] Von Graevenitz, G., S. Wagner and D. Harhoff, 2013, "Incidence and Growth of Patent Thickets-The Impact of Technological Opportunities and Complexity", *Journal of Industrial Economics*, 61:3, pp. 521–563.

[18] Ziedonis, R. H., 2004, "Don't Fence Me In: Fragmented markets for Technology and the Patent Acquisition Strategies of Firms", *Management Science*, 50, pp. 804–820.

[19] 另见 Noel 和 Schankerman(2013),从另一角度了解专利丛林对专利申请和创新行为的影响。上述作者同样发现影响巨大。

[20] 我们自己也看到了要求——如果在所有SEP中按比例应用——那么仅仅就两项移动装置标准而言,专利费的叠加将超过一部智能机价格的30%。

[21] 例如参见 K. Mallisson, "On Cumulative Mobile SEP Royalties", 2015年8月19日, http://www.wiseharbor.com/pdfs/Mallinson% 20on% 20cumulative% 20mobile% 20SEP% 20royalties% 20for% 20IP% 20Finance% 202015Aug19. pdf. 该作者发现所有移动装置标准的总叠加不到5%。

仍非常多,而且可能还有大量的被许可人"劫持"(见下文),以致当前的实际支付额可能低估诉讼结束后有效的叠加总额。对于分析竞争扭曲以及吸引新参与者参加研究物联网解决方案而言,真正重要的是在诉讼得到解决之后,这些市场参与者预期面临的最终专利费堆叠。而即便根据现有的经验,这个数字也不会很小。

我们自行评估了专利所有权平衡式分散,在讨论 SEP 许可规则时,应该认真对待专利费堆叠。我们的意见主要集中在四个方面。第一,产生专利费堆叠的经济机制极其强大,正如我们所看到的,即使在相对较少的所有权分散的情况下也会产生实质性影响。我们没有理由奢望公司会背离完善的理论预测行事。第二,涉及标准时,"专利丛林"现象可能会产生更大的影响,因为许可人不再受替代知识产权潜在竞争的限制。换而言之,当涉及标准时,我们更有可能面对"真正的互补性问题"。第三,有周详的证据证明,"专利丛林"会对企业行为的其他方面产生很大的影响,那么凭什么认为"专利丛林"不会对专利费定价产生实质性影响?第四,虽然没有找到专利所有权分散对价格/专利费影响的直接证据,但这并不意味着不存在这种影响。特别是,如果专利从唯一专利持有者转到多个独立的专利持有者时影响最大,那么我们会预计,互补效应会几乎在每一个可能的行业中抬高专利费。因此,通过比较高度分散的行业和低分散性的行业,难以确定所有权分散的影响。

2.3 专利劫持的反转与专利反向劫持

2.3.1 专利劫持的反转

有时有人认为,竞争主管机构过分关注标准实施者所面临的潜在劫持,而对于 SEP 持有者发现自身所处的劫持情况却关注不够。毕竟,在许可合同谈判阶段,SEP 所有者已经投入了获得技术所需的投资,也花费了时间和精力共同设计一个统一的标准。而且,其中一些投资在实施标准之外并无多大价值。对于投入 SSO 过程的资源来说,显然属于这种情况,但在某些领域,初始研发投资(或至少是相当大的一部分)同样也属于这种情况,因为对标准制定有帮助的创新类型除了应用于标准制定过程之外,可能没有独立用途。例如,投资者从一开始就知道,如果相关标准无法通过,那么研究移动设备之间通信的某些方面就没有多大价值。正如 SEP 持有者通常在 SSO 过程开始之前不承诺特定的许可条款一样,潜在使用者在创新者投资研究之前,同样很少与创新者达成许可条款。从表面上看,似乎对于投资了标准技术的公司而言,其遭受到的劫持不亚于作为标准实施者的公司。

然而,这样的结论忽略了 SEP 持有者和潜在实施者之间的关键区别。在讨论许可协议时,SEP 持有者不再面临其他知识产权所有者的竞争,而实施者不得不担心下游设备市场的竞争。正因如此,议价能力总是向 SEP 持有者倾斜,从而减轻了 SEP 持有者面临的劫持问题,而实施者则面临更大的劫持问题。

为了理解这种情形,设想 SEP 持有者和实施者之间针对既定 SEP 专利组合进行专利费谈判。如果只有一个实施者,那么他可以直接拒绝接受虚高的专利费要求,因为如果没有他的实施,SEP 持有者将无法获得专利费。此时双方都有很强的议价能力,并将平分使用 SEP 的剩余利益。但现在假设同样虚高的专利费是向 10 个实施者收取,他们均必须使用 SEP 来生产一种设备,并且在下游设备市场中相互竞争。此时,潜在实施者当然也可以拒绝许可 SEP。如果所有其他实施者都以这种方式行事,那么 SEP 所有者将不得不放弃和降低专利费。但是,即使面对高昂的专利费,个别实施者也有强烈的动机偏离这种常见立场,转而接受最初条款。如此一来,实施者确保了他至少在一定时间内享有垄断收益。下游竞争越激烈,率先上市就越重要,那么这种偏离的动力就越强。这种机制的存在意味着 SEP 持有者基本上可以通过"标准实施方之间的互斗"来抵消所面临的专利劫持反转问题。

2.3.2 专利反向劫持

"专利反向劫持"是指标准的实施者在被法院强制要求之前拒绝向 SEP 所有者支付专利费的情况。在实践中,要挟很少赤裸裸地表现为完全拒绝。相反,专利反向劫持的形式是无休止的诉讼和上诉,要求每个 SEP 分别谈判以及类似做法。

关于专利反向劫持策略的影响,普遍有三点担忧。第一,专利反向劫持削弱了企业投资标准相关创新的动力。第二,增加诉讼成本。第三,可能使采取专利反向劫持策略的实施者获得相对于从 SEP 专利权人处获得许可的实施者不公平的竞争优势。我们分别讨论上述三种担忧的实际影响。

第一个担忧是认为专利反向劫持策略妨碍 SEP 持有者从其创新投资获得市场回报的担忧。企业如果预料到存在这样的困难,那么就不太可能投资于以标准为中心的创新。一般来说,这个观点从经济学角度看是不成立的。虽然没有达成谈判协议,只要最终结果是由法院确定专利费率并且命令支付欠付的专利费(包括欠息),创新者就能获得专利费。从这个意义上说,迟延本身并不会导致投资动机的减弱。延迟支付只有在金融市场不完善时才会对创新者产生影响,因为在专利费收入来源减少的情况下,延迟支付会增加投资的融资成本。对于财务能力有限的实体而言,未能及时收取专利费可能会阻碍其进一步的研究,因为融资成本随着现金流量的减少而增加。[22] 但请注意,一般只

---

[22] Himmelberg, C. P and B. Peterson, 1994, "R&D and Internal Finance: A Panel data Study of Small Firms in High-Tech Industries", *Review of Economics and Statistics*, 76:1, pp. 38 – 51.

会在少数情况下才会出现这种情况,因为至少在某些 ICT 领域等有争议的行业,大多数 SEP 都是由大公司持有的,它们掌握的现金不至于稀缺到阻止相关投资的程度。而且,专利是高流动性的资产(流动性越来越大),所以规模小的 SEP 持有者可以通过将权利出售给规模更大的 SEP 持有者或某种形式的专利中介机构,这样比较容易将有争议的 SEP 货币化。

进一步的问题可能是,如果迟延的时间太长,那么实施者可能变得无力支付以前的专利费和利息。在这种情况下,公司可以通过破产逃避欠付的专利费。美国法律对这种行为提出了应对之法,如果可能对许可人造成不可挽回的损害,则可以在早期申请禁令,如果发生破产的可能性很大,那么就属于此种情况。同样,如果司法机关要求被许可人将专利费支付到有息托管账户中,直到法院作出最终决定或达成和解,那么在此类司法机关中就不会出现最终不付款的问题。在法院就专利费率实质上作出决定之前,强制执行禁令的制度也是如此。在这些情况下,由于最终将作出适当的支付,所以不会对创新激励产生任何影响。[23]

第二个可能由专利反向劫持产生的问题是,如果预计诉讼成本随着延期达成协议而增加,则会增加所有各方的诉讼成本。作为获得研发回报所需的成本,诉讼成本充当"税收",减少了对标准创新的激励。2010 年,世界知识产权组织(WIPO)报告称,美国平均专利诉讼费用在 260 万欧元至 880 万欧元之间。[24] 然而,对于拥有大量专利组合的创新者和使用大量专利的实施者来说,这个问题似乎没那么重要。通常,实际发生诉讼的只是一小部分专利,所以诉讼成本可以分散到大量专利上,相对专利整体而言只是相对较小的成本。

对专利反向劫持的第三个担忧是,进行专利反向劫持的实施者和已经决定支付所需费用的其他实施者相比,形成了竞争优势。显然,只有在专利费支付取决于被许可人的产出之时,即专利费的支付可以影响可变成本之时,上述论点才能成立。如果专利费独立于产出,则不会影响实施者的产出或定价策略。但是,许多专利费方案是以价格的百分比来设定的,因此符合这个标准。不过,这个担忧一般是不成立的。决定采取专利反向劫持行为的被许可人应当考虑到,最终由法院强制执行专利费,那么每多销售一台下游设备,都会导致专利费提高。因此,采取专利反向劫持行为的实施者视同已经支付了最终到期的费用。

然而,上述结论也有不成立的情况,这密切反映了 SEP 持有者的情况。首先,如果

---

[23] 请注意,这个解决方案并没有解决 SEP 所有者方面的财务限制问题,因为银行很可能不接受托管账户作为贷款的抵押品。

[24] 参见 WIPO:《专利诉讼成本》,http://www.wipo.int/export/sites/www/wipo_magazine/en/pdf/2010/wipo_pub_121_2010_01.pdf。

实施者在财务上受到限制,那么延迟支付专利费将会降低筹集资金的成本,从而降低投资成本。在财务上受到限制的企业可能会因此而获得竞争优势。实际上,这个效果可能是提高福利。其次,如果实施者认为其破产的可能性很大,那么它将面临较低的可变成本,并且会出现竞争扭曲。但是,如果法院要求将专利费支付到托管账户,直到法院作出决定,就可以防止这种扭曲。最后,实施者可能会在经济上短视,这可能是出于行为上的原因,或者是因为公司内部的激励系统强调短期绩效。在这种情况下,可感知的可变成本将再次降低,并导致出现竞争扭曲。但是,要求必须将专利费支付到托管账户的制度可以对这种情况进行补救。(事实上,如果专利费率太高,甚至可能导致竞争劣势。)

总体而言,专利反向劫持的严重性仅限于专利包较小(因此诉讼费用不能分散在大量专利中)且资源有限(融资开展进一步创新时,面临财务约束)的 SEP 持有者,以及实施者在经济上十分薄弱、极可能破产的情形。即便如此,在这些问题中,大部分都是能够通过许多司法管辖区的法律规定来缓解的。

当然,另一个问题是,就实际情况而言,专利反向劫持是否是一个严重的问题。是否有相当数量的被许可人系统性地采取延迟策略?这个问题很难回答,因为一方认为是"延迟"的行为,另一方会解释为对超过 FRAND 费率的专利费的抵制。出于这个原因,我们并不知道关于这个问题的任何实证研究。但是,有一些传闻证据表明,有一些实施者可能会采取专利反向劫持策略。例如,像 Apple 这样的公司迄今为止在移动标准方面很少向 SEP 持有者支付专利费,这一事实表明专利反向劫持可能是一个真实的现象。然而,考虑到 Apple 和主要 SEP 持有者的财务状况,是否存在前述的严重影响是可置疑的。

2.4 标准的选择

虽然在涉及 SSO 情况下,知识产权费用的问题非常重要,但是需要记住的是,SSO 的主要任务仍然是采用最有效的方法,提出一个标准,以满足行业的需求。很少有人怀疑标准的技术质量。强调技术上获得最佳解决方案的目标,这一点使人们认为这不会成为问题。毫不奇怪,经济文献体现了这一点。Rysman 与 Simcoe(2008)[25]研究了 SEP 的被引用次数,通过将这些 SEP 与 SSO 中未被使用或被披露的类似技术类别专利对照组进行比较,Rysman 和 Simcoe 发现 SSO 专利的引用率大约是非 SSO 专利的两倍。这种差异当然可能缘于两种截然不同的影响。一方面,如果某种技术能够成为标准的一部分,那么该技术的知名度和重要性会自然提升,从而提高专利引用率。另一方面,由于可能花费了非常多的精力来为标准选择最好的技术,所以也可能出现选择效应,即涵盖了

---

[25] Rysman, M. and T. Simcoe, 2008, "Patents and the Performance of Voluntary Standard-Setting Organizations", *Management Science*, 54:11, pp. 1920 – 1934.

最终被包括在标准中的技术的专利已经被认为是卓越技术——因此在 SSO 过程开始之前,会有更多人引用。比较标准制定前后的 SEP 和对照组的引用情况,作者得出的结论是,四分之一的引用差异是选择效应造成的。这表明,SSO 所选择的技术明显优于平均水平。因此,我们将忽略技术效率的问题。

然而,最佳技术并不保证经济效率。从整个社会来看,最好的标准并不总是技术上最令人满意的标准。相反,最好的标准是在性能和成本之间取得最佳平衡的解决方案。为了考虑这种平衡,选择标准的各方必须有足够的信息来确定哪些技术能够获得专利,哪些不能。他们还需要非常了解标准的实施者可以获得专利技术的条款和条件。如下文所述,有关声明、FRAND 承诺和事前承诺最高专利费都对高效的技术选择产生了影响。然而,从事标准制定的人员必须获得关于现有专利以及可能的专利费率的信息,才会受到标准选择的"经济维度"的影响。目前,许多 SSO 要求,寻求技术解决方案的委员会内部不得讨论专利和许可费。

2.5 交易成本和不确定性

SEP 许可可能需要花费大量成本。这些成本可以分为四大类。第一类成本:确定哪些专利可能被希望实施相关标准的公司侵犯。此类成本通常由 SEP 持有者承担,因为他们有责任选择那些被宣布为 SEP 的专利。第二类成本:各方需要更精确地评估被许可人的设备中,有哪些专利实际上可能与标准的具体实施有关,以及评估这些专利可能的有效性。此类成本需要由 SEP 所有者和一位潜在被许可人进行特定的双边协商,因此此类成本往往由双方均摊。第三类成本:议价成本以及尽量制作明确协议的成本。第四类成本:如果未能达成协议,则通过仲裁或诉讼解决冲突的额外成本。

重要的是,最后三类成本适用于任何专利的许可,而不仅仅是 SEP。事实上,就 SEP 而言,第二类成本的重要性可能较低。原因在于,在 SEP 中,对于希望实施标准的公司而言,可供这些公司选择的技术方案范围非常小。因此,比较容易确认选择哪个方案,也比较容易确认它们是否确实侵犯了特定专利。普通专利的情况却截然相反,围绕受保护技术进行"规避发明",其方式可能有无限种,原则上难以确定专利是否受到侵害。本报告的重点是改善基于 SSO 的标准化过程,因此,我们不会考虑旨在提高所有技术许可效率的政策。但是,标准相关许可往往在两个重要方面是不同的:涉及的专利数量和希望获得同一组专利许可的当事方数量。虽然这并没有改变所涉及的交易成本的性质,但它创造了更多节省成本的机会。例如,当很多实施者需要使用同一组专利时,可以通过避免识别相关专利和评估其基本特征的重复工作大幅节约成本。此外,所有实施者使用 SEP 的原因都相同,即实施标准。这意味着,即使有一些个体差异,专利的本质特征也可以主要根据标准本身来判断,而不需要系统地参考每个实施者的技术选择。这样一来,在评估专利必要性时,可以实现规模经济。我们重点关注的,就是这类针对 SEP 许可的成本降低的机会。

正如我们在下文所看到的,很难准确地估计交易成本。但是,毫无疑问,这些交易成本非常大,所以任何可以大幅减少这些成本的政策都将具有实际意义。人们普遍认为,在世界任何地方,评估单个专利族的基本特征的成本在 1000 欧元(用于快速内部评估)和 10000 欧元(用于来自外部专家的全面评估)之间。

除了直接交易成本之外,许可过程还可能出现不确定性成本。例如,一家公司在确定获得所有相关知识产权之前,不愿意进行重大投资来开发和销售新产品和服务,这是可以理解的,因为只有获得所有相关知识产权之后,才可以恰当地评估整个项目的经济性。在此观点上,还应该考虑有助于减少 SEP 许可不确定性的政策,因为这些政策在规划和投资方面可能会带来巨大益处。

2.6 许可实践

许可协议可能会相当复杂。许可协议可能涉及一些专利或大型专利组合,可能是基于收费的交叉许可或涉及复杂的专利费方案。各方必须就专利费收费依据、许可合同条款以及许可适用范围达成一致意见,还可以考虑额外的条款,例如不起诉条款或者许可回授条款。

本报告的目的不是对专利许可的法律规定进行彻底的审查。我们只讨论与 SEP 许可具有某种特定相关性的许可实践。这包括 SEP 与非必要专利之间可能的捆绑、SEP 转让时 FRAND 义务转移规则以及处理 FRAND 专利时可能最适合的争议解决程序。我们还将简要讨论当前 SEP 许可争论中表现突出的两个问题:适当的专利费"计费基础"和适当的许可垂直"层级"。

2.7 物联网

概括地说,物联网是指大多数设备——从家用电器到汽车或机床——将连接到互联网,并能够通信和互动,而无须直接的人为干预。如此大规模的通信必然要依赖大量标准。因此,现在恰好是调查一些相对简单的政策是否有助于这一重要的标准化工作顺利进行、是否有助于避免最近在 ICT 行业某些领域标准制定过程中出现争论的最佳时机。

物联网的兴起也引起了人们的另一担忧。在信息通信技术等标准密集型行业,大多数专利持有者和标准实施者在标准制定过程和相关 SEP 许可方面有着丰富的经验。来自"计算机端"的公司甚至已经相当熟悉 SSO 的益处和缺陷了。然而,物联网将大大扩展参与标准确定的领域的数量,或者,至少是获得相关的许可权来实施所要求的标准的数量将大幅增加。在许多领域,这将是全新体验。因此,确保标准制定和 SEP 许可程序简单、透明、经济、公平,甚至变得比过去更为重要。

3 将问题映射到解决方案:政策干预在哪方面可能最有效?

现在已经确定了基于SSO标准化过程的主要问题,为了解决这些问题,我们转向决策者可能使用的工具类型。本节目标是开发一个广泛的"地图",将特定的工具与特定的问题匹配,并简要解释这种匹配背后的经济合理性。更详细的政策工具分析,包括利益相关者对具体政策建议的反应,将在下节予以阐述:

图1是一份示意图,旨在帮助读者记住如何根据利益相关者所处的不同时间点以及主要决定内容(参与、标准设计、许可等),选择不同类型的SSO规则。

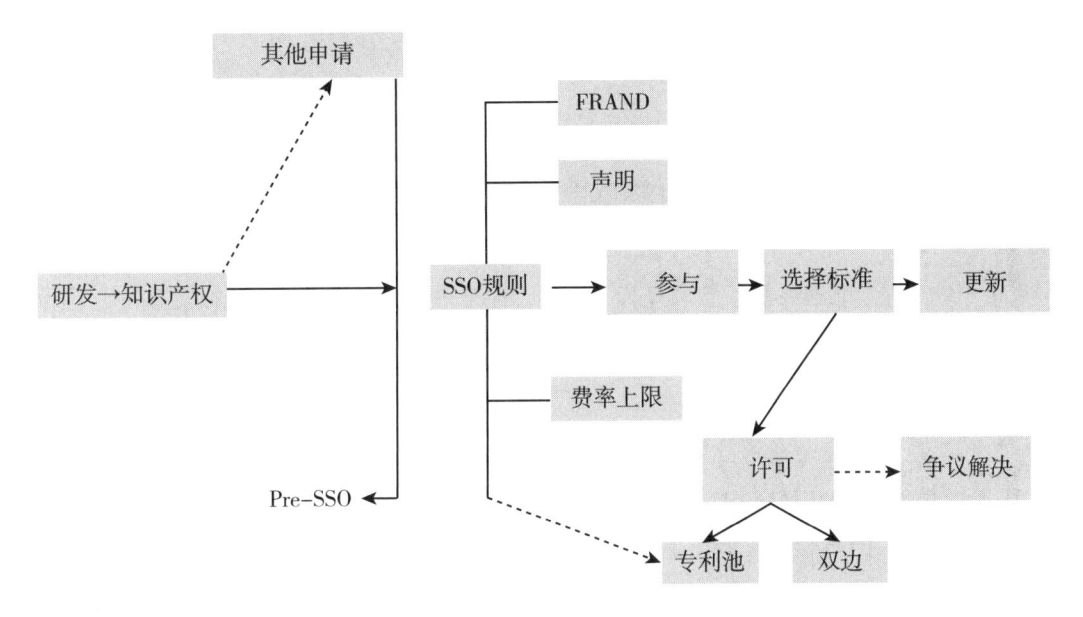

图1 SSO规则与决定时间线

表2描述了我们的总体"路线图"。

表2 政策"映射"到经济问题

	专利费叠加	劫持	要挟	专利伏击	最佳标准选择(经济因素)参与技术选择	交易成本
FRAND承诺		+		+ (内部) 0 (外部)	− +	
诉讼/仲裁规则	+	+			+/− +	+

续表

	专利费叠加	劫持	要挟	专利伏击	最佳标准选择(经济因素) 参与技术选择	交易成本
事前披露	+	+(事前)	+(事前)	+/−	+/−	+
事后披露			+		+	+/−
事后披露						+
SEP 验证(事后)		+				+
SEP 专利池	+	+				+
诉讼/仲裁规则		+/−	+/−			+/−

"+"表示正面影响;"**+**"表示以正面影响为主;"+/−"表示影响取决于政策类型

3.1 (F)rand 承诺

(F)RAND 中,"F"(公平)和"R"(合理)的目的仅仅是避免出现第 2 节所述的劫持。正如我们所看到的,由于标准制定之前以及相关专利确定之前,专利所有者通常不会(也可能不能)承诺许可条款和条件。此外,确定 FRAND 费率的正确概念基准是独立专利持有者事先能够收取的费率。所谓事先,是指在标准被选定之前,即在任何专利持有者或使用者均知晓某项专利是否被选定为标准之前。请注意,至少就 FRAND 承诺本身而言,不是为了解决专利费堆叠问题。

尽管我们的基准最适用于每个单独的 SEP 所有者的专利费,但是也可以针对实施者必须支付的总专利费而设计一种 FRAND 承诺。FRAND 承诺旨在处理劫持问题,叠加的正确上限仍然是专利所有者在选择标准之前独立设定的专利费总额。正如我们在下一节所阐述的,针对专利费堆叠总额设定 FRAND 承诺,也可能有助于缓解专利费堆叠问题。

原则上,FRAND 中,"ND"(无歧视)仅仅意味客观条件相似的被许可人应该被提供相同种类的交易。然而,在实践中,这种不歧视的要求几乎不可能适用。首先,除了规定应付专利费水平的条款之外,许可协议包括许多重要的条款。因此,任何一方很难因为需要支付更高专利费而声称受到歧视。在知识产权和竞争法悠久的传统里,许可方可以根据使用的领域而决定是否区别对待。例如,相比较生产数据读取设备的被许可人,LASER 专利持有者可以向在眼科手术设备中使用该技术的被许可人收取更高专利费。根据"使用领域"而进行的区别对待,其范围也相当模糊。比如,智能手机与平板电脑是否属于不同的使用领域? 更为复杂的是,SEP 许可协议是否可以包含一些保密条款,以防止他人了解协议条款？没有这些信息，被许可人几乎不可能知道自己是否面临非法的区别对待。

由于上述原因，似乎没有任何合理简单的政策措施来帮助执行无歧视要求。此外，我们并不知道有任何证据表明，是否存在系统性地违反这部分承诺的情形，并且对竞争和消费者产生不利影响。因此本报告只涉及 FRAND 承诺中的"R"（合理）。

3.2 事前专利费上限

原则上，SSO 可以要求，如果专利持有者所持有的专利碰巧成为被选择的标准，则应承诺其知识产权的最高适用费率或接受该 SSO 组织的知识产权条件。事实上，一些标准制定组织正是这样做的。

这种事前上限通常适用于声明的成员的整个专利组合：这是公司拥有的 SEP 进行许可的最高价格，无论这些 SEP 数量如何。当然，为了让价格承诺具有意义，在作出价格承诺的同时，还必须承诺许多"正常"许可条件，例如预期许可的范围。

事前专利费上限有几个潜在的好处。通过事前专利费上限，可以了解获取各种专利组合的相对成本信息，从而可以考虑技术优势与经济效益之间的平衡。即使专利费上限不是强制性的，情况也是如此：对于一些没有承诺或最高价格标签的技术，可以将其忽略，而采用其他更合理的定价方法。换而言之，最高事前专利费可以重新引入事前竞争，从而有助于缓解劫持问题。

从政策角度看，作为劫持与专利费堆叠解决方案，FRAND 承诺或专利费上限之间存在重要的相互作用。首先考虑标准制定过程开始时的情况，当时还没有将具体的知识产权纳入标准。然后，假设专利持有者之间存在价格竞争，以获取自身技术得到采用的特权。这种毫无节制的竞争所导致的专利费将是 FRAND，因为不会存在任何劫持。我们将因此而产生的整个标准专利费堆叠总额定义为 S_A。

事前并不清楚此叠加是高于还是低于拥有所有潜在相关专利的单个实体本该选择的叠加。一方面，唯一的专利所有者会内化标准不同方面的专利之间的互补性。这将形成较低的叠加。另一方面，唯一的专利持有者也将内化标准既定部分替代处理方式的各种专利之间的替代性。这种效应导致唯一的专利所有者的专利费堆叠高于一组，即多个独立专利持有者。因此，将事前垄断叠加定义为 S_{AM}，我们可以得出 $S_A \geq S_{AM}$ 或 $S_A < S_{AM}$。

现在，让我们假设专利费率是在确定标准之后设定的，以反映 SEP 持有者的专利被纳入标准之后，该持有者因此而增加的垄断力。我们将独立专利所有人本应选择的事后专利费堆叠总额定义为 S_p，将所有 SEP 的单一垄断所有者选择的叠加总额定义为 S_{PM}。事后，所有专利均为互补性专利。这意味着，存在垄断所有者的情况下，专利费堆叠总额将更低,即 $S_p > S_{PM}$。

现在,我们可以比较事前和事后专利费堆叠。如果所有专利都有一个垄断所有者,那么事前和事后叠加必定相同:专利持有者初始垄断地位不能因为该专利被纳入标准而得到加强。对于存在多个独立专利所有者的情况,事后叠加必定高于事前叠加,因为任何替代的可能性都已经不存在了。我们可以得出 $S_{AM} = S_{PM}$ 以及 $S_p > S_A$。总体而言,存在两种可能,如图 2a 和 2b 所示。

图2a 彻底解决叠加问题,同时解决劫持问题

图2b 彻底解决劫持问题,同时解决叠加问题

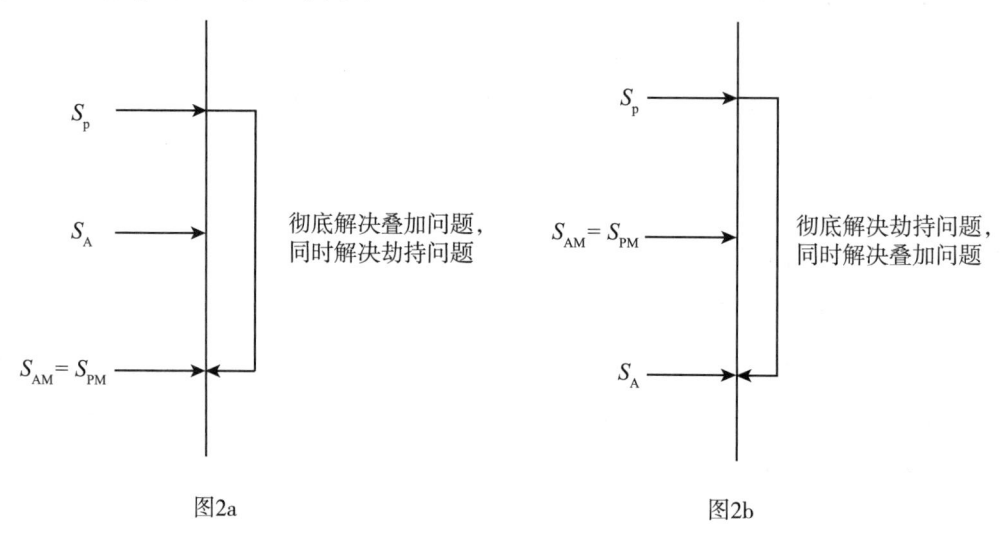

图 2 事前和事后专利费堆叠对比

如果没有任何事前上限或有效的 FRAND 承诺,则总叠加将等于 S_p。此叠加较高,反映出 SEP 持有者的事后垄断力得到加强,并且反映出 SEP 持有者未能协调其定价进而避免"古诺互补"效应。在图 2a 中,劫持问题以叠加问题为主,因此,垄断叠加小于一组独立专利所有者事先选择的叠加。在此情况下,有效的 FRAND 承诺或独立承诺的事前上限可将叠加降至 S_A,从而解决劫持问题,但不解决专利费堆叠问题。为了解决这两个问题,需要将专利费总额上限设定在较低级别的 S_{AM}。

在图 2b 中,劫持问题"占主导地位"。在这种情况下,有效的 FRAND 承诺或强制设定事前专利费上限可以解决劫持和专利费堆叠问题。[26] 如此一来,将不需要使用专利池等额外政策即可解决专利费堆叠问题。

最后,专利费上限也简化了 SEP 所有者和许可人之间的事后议价,从而降低了交易成本。即使公示的上限仅做参考,而非承诺,同样也可能如此。特别是,专利费堆叠总额

---

[26] 请注意,虽然在第一种场景下,要想解决这两个问题,就需要将总额上限设置在 S_{AM},但是在第二种场景下,需要将上限设置在 S_A。如 5.1.2 节所详述,考虑到与确定上限水平存在实际困难,我们建议使用两个工具(总额上限和 FRAND 承诺)来解决叠加和劫持问题。

参考"上限"可以提供谈判中侧重于许可方的有用参考点,并允许许可合法"共享"该总额。

3.3 事先披露

我们必须区分事先披露本身及其与 FRAND 承诺相结合时的潜在影响。主要存在两大类声明。在否定声明中,专利持有者只能识别未按照 FRAND 条款提供的专利(可能还有专利申请)。如果没有 FRAND 承诺,那么此类声明便无法服务于任何用途。相比之下,具体声明可以识别持有者认为与拟设计标准类型相关的所有专利。因此,即使此类声明与任何形式的价格承诺都毫无关系,也至少可以帮助识别潜在相关技术,并且帮助确定哪些方法被专利覆盖,因此可能无法免费提供。从这个意义来说,事前具体声明有助于选择经济有效的标准,并有助于降低"内部"专利伏击的可能性。

声明也是 FRAND 或专利费承诺的必要补充,因为需要识别这些承诺所适用的知识产权。在这种背景下,虽然现在是否定声明,但它提供了最好的内部专利伏击防范,因为对于专利承诺不适用的专利,必须全部清楚地识别出来。

3.4 事后披露

事后披露是指识别被实际选为标准的专利。只有事后具体披露才有意义,即事后披露定义了所涉及的专利组。事后披露的主要目的是降低影响许可流程的不确定性,降低许可谈判的交易成本。

3.5 专利池

专利池是管理由各种知识产权持有者贡献的专利组合的组织。通常,专利池中的专利仅可按照单一价格进行捆绑销售。专利持有者通常保留专利池之外自身专利的许可权利。专利持有者在专利池收入分配方式上存在差异。对于 SEP,一些专利池会独立评估成员专利的必要性,而另一些专利池则不会。

SEP 专利池的一个主要功能是确保所收取的单一价格可以反映专利池成员的共同利益。原则上,专利池可以解决专利费堆叠问题。另外,专利池并不直接处理劫持问题,因为专利池应该像开发一组独立的 SEP 所有者一样,易于利用 SEP 事后享有的额外市场力量。专利池的这个功能在标准化过程中当然是特别重要的,因为原则上,标准一旦被选定,那么 SEP 便是互补的。因此,不应该担心 SEP 成员之间可能的勾结。这一点早已得到竞争主管部门的认可。[27] 专利池还有助于降低确定与标准实施相关的专利成本,通过提供"一站式服务",专利池降低了与 SEP 许可流程相关的交易成本。

---

[27] 例如,参见欧盟委员会2011年的《关于横向合作协议适用〈欧盟运行条约〉第101条的指南》第7节。

3.6 必要性评估

标准必要专利名声并不好。SEP 实际上是其所有者声明为必不可少的专利,没有对这一主张进行任何独立的检查。如果标准很复杂,那么就会出现大量 SEP,潜在实施者必须对这些 SEP 分别评估。例如,到目前为止,已经有超过 6000 个专利族被申明是 LTE 标准的必要专利。每个被许可人都希望了解他所获得的权利的实际价值,评估 SEP 专利组合的成本几乎要按既定专利组合被许可给不同当事方的次数翻倍。开展更具组织性的公共评估,可以减少这种重复工作。

另外,如果仅仅是因为专利费随着许可专利组合大小的增加而增加,而没有对专利必要性进行客观验证,那么就会激励专利持有者宣布其大量知识产权是必不可少的。如果既定许可协商涉及的专利数量增加了达成合同协议的成本,那么对必要性进行更精确的评估可以抑制专利所有者过度声明,从而降低交易成本。

最后,如果提高必要性方面的明确度,那么对于不愿意提高明确度的被许可人而言,他们更加难以通过隐藏自行进行彻底评估的需要而进行劫持。

3.7 冲突解决规则

冲突解决规则是必需的,以实现专利所有者的事前承诺——如 FRAND,确定 SEP 有效性和必要性,使 SEP 持有者能够从不愿意支付专利费的被许可人那里获得款项。上述冲突的解决对于采用其他政策解决劫持、专利反向劫持甚至专利伏击问题至关重要。冲突的解决可能花费很长时间,具有不确定性,而且成本大。因此,如果能够实施改革,减少解决冲突所带来的不确定性和交易成本,那么便可提高整个基于 SSO 标准制定过程的效率,增强对潜在参与者的吸引力。同时,还有一点比较重要,即冲突解决程序应在 SEP 持有者和实施者双方的合法利益之间建立适当的平衡。

4 涉及主要问题的利益相关者利益

SSO 规则问题和标准必要专利许可规则问题在利益相关者中引起高度争议。在试图改善这些规则时,必须在标准化过程所涉及的当事方之间找到共同点。不同利益相关者(如 SEP 所有者和实施者)的经济激励将对他们希望的 SSO 规则发展方向产生影响,这一点很重要。特别是,在编制本报告的过程中,我们对欧盟委员会通过咨询、访谈以及研讨会等渠道收到的意见进行了评估,通过上述理解之后,即可轻松了解这些意见的答案模式。因此,对于所收到的答复和意见,我们在讨论其中主题之前,首先简要分析不同利益相关者的激励,并在此基础上识别潜在共同点范围,从而改善 SEP 规则。在第 4.2 节,我们将讨论咨询、访谈和研讨会中提出的主要主题。

4.1 理解主要利益相关者的激励措施

专利持有者和实施者之间的区别是利益相关者之间最重要的区别。当然,也有一些公司既是专利所有者又是实施者。我们预计他们的观点更多的是纯粹实施者和纯粹 SEP 持有者观点的混合体,因为他们会发现他们的兴趣有时与一个团体契合,有时与另一个团体契合。这样,这些公司就可能允许找出潜在的妥协方案,以改善 SSO 和 SEP 许可规则。

下表根据基本经济激励总结了对于我们在前面章节确定的主要问题和政策选择都持有哪些观点以及我们希望 SEP 持有者和实施者持有的观点。我们在表 3 对此分类进行了总结。请注意,表 3 仅针对"复杂"行业,即诸如智能手机之类的行业——在此类行业,存在大量潜在的必要专利,至少可以通过各种方式制定一个既定的、技术成熟的标准。[28] 下面将进一步论述复杂性较小的行业中,专利持有者和实施者可能持有的立场。

表 3 对 SEP 持有者和实施者的预期立场,基于各自利益

问题	复杂行业		协议?
	SEP 持有者	实施者	
劫持与伏击	淡化这些问题的实际重要性	强调这些问题造成的损害	否
专利反向劫持与专利劫持反转	坚持需要收回大量的研发投资。将被不愿缴费的被许可人视为普遍问题	不是重大问题。法院拥有完善的规章制度来应对劫持	否
专利费叠加	存在问题,但应该集体解决	同 SEP 所有者	原则上可以
标准的选择	只基于技术标准进行选择	支持引入经济考虑(即最佳性价比)	否
交易成本	支持减少	支持减少	赞成整体降低交易成本/不确定,但对成本和收益共享不感兴趣
一些具体的政策工具			

---

[28] 请参阅附件 3,了解从 Von Graevenitz 等人获得的"复杂"和"离散"行业表(2012)。

FRAND 公共政策

续表

问题	复杂行业 SEP 持有者	实施者	协议？
FRAND 承诺	做好工作	极其含糊不清,因此不能阻止劫持	否
单独专利费上限	反对	支持	否
专利费总额上限	如果劫持以叠加为主,则支持,否则反对	支持	或许
披露	原则上不反对,但担心 SEP 持有者的交易成本	倾向于降低实施者的交易成本	支持披露,反对分摊披露成本
必要性评估	原则上不反对,但担心 SEP 持有者的成本	支持,假设成本由 SEP 持有者承担	赞成(部分)评估,反对分摊成本
专利池	如果可以找到公平的收入分享规则则支持	支持	原则上支持

有两类问题和政策：

a) 专利持有者和实施者在其中有着截然相反利益的政策与问题;

b) 应当广泛达成一致意见的问题和政策,以及各方应同意可以实现共同利益,但双方在应该由谁承担创造这种共同利益可能涉及的成本方面存在截然相反利益的政策与问题。

利益完全相反的问题和政策。关于劫持、反向劫持和要挟问题,SEP 持有者和实施者的激励截然相反:对于专利持有者而言,没有理由承认劫持是一个问题,因为较高的专利费对于 SEP 持有者来说并不是问题。如果承认劫持问题,则只能导致需要开展进一步的工作来限制专利费规模,因此这将受到 SEP 持有者的质疑。[29] 按照同样的逻辑,实施者有动力驳回任何有关反向劫持或劫持反转是真实现象的建议,因为这自然会表明,解决争议时,某些方面可能需要调整方向,以支持专利持有者提出的更高专利费要求。

---

[29] 而且,如果实际上需要收紧劫持控制程序,那么部分 SEP 持有者显然更愿意在具体 SSO 范围内寻找非正式的解决方案,而不是让政策制定者介入。

这些关于基本问题的立场自然延伸到部分相关的政策工具。正如所论述的那样，FRAND（或更明确而言，为单独专利费上限）主要是解决劫持问题，其目的是限制 SEP 持有者可以获得的专利费。

关于选择标准时，是应该仅仅基于技术标准进行选择，还是应考虑质量改进的相对成本的经济因素，两方也存在截然相反的激励。如果不考虑技术是否获得专利权，结果是专利费可能会最大化：标准越好，对依据该标准生产的设备的需求就越高，从而可以设定更高的专利费，并且可以赚取许可收入。这只对 SEP 持有者有利。相比之下，实施者应该考虑具体技术选择的成本和质量改进之间可能的平衡。最好的工程解决方案往往比高性价比解决方案成本更高，而且实施者也有很强的动力去提高净收益，即使不能产生技术上最优的解决方案。

这些问题的主要特征是，它们纯粹涉及实施者与 SEP 持有者之间的收益重新分配。从这个意义上讲，在这些狭隘的问题上，几乎没有任何妥协的余地。

原则上，专利费堆叠是各方应该能够达成一致意见的主要问题。正如我们所看到的那样，SEP 之间的互补性往往会导致标准的专利费总额高于专利持有者和实施者角度的专利费。专利费的主要问题在于，分配与标准有关的所有专利的整体专利费时，不同的 SEP 持有者有着相反的利益。但是，专利持有者和实施者都支持建立这样的专利池，即预先确定收益分享规则，前提是建立此类专利池的成本不是太高。

因此，虽然原则上可能存在专利池协议，但 SEP 持有者和当事方在专利费上限方面的利益将再次出现局部冲突。尽管专利池缓解了专利费堆叠问题，但并没有完全解决劫持问题，因为专利池对在整个专利组合仍然存在事后垄断。如要究其原因，那么让我们再次参考图 2a 和 2b。显然，实施者希望尽可能减少专利费堆叠。另一方面，作为一个群体，专利持有者最好远离垄断叠加，即 $S_{AM} = S_{PM}$。因此，如图 2a 所示，当叠加问题"占主导地位"时，专利持有者和实施者可以同意将上限水平设定在垄断水平，同时解决叠加和劫持问题。在"劫持占主导地位"的情况下（图 2b），双方仍会同意将上限水平设定在垄断水平，这样可以解决叠加问题，但对于是否应当进一步收紧上限，以解决劫持问题，各方并未达成一致意见。

请注意，SEP 持有者始终想要争取专利池和总体专利费上限。在上述两种情况下，专利池都可以实现标准专利的垄断专利费，而在第一种情况下可以避免专利费堆叠。同时，拒绝专利费上限，实施专利池，可以确保实施者不能谈判争取垄断水平以下的专利费。因此，我们可能期望 SEP 持有者支持专利池，但实施者则会推动实施专利费上限。在这个意义上，各方在谈判规则类型时，仍然会出现持续性冲突。

就专利费上限而言,应期望 SEP 持有者对专利费总额上限的反对程度相对弱于其对单独专利费上限的反对程度。事实上,尽管原则上它们对劫持的效果相同,但是专利费总额上限还有另外的益处——有助于解决叠加问题。此外,确定叠加的合理价值应该比确定单个上限更加容易。因此,有人可能想知道为什么专利费总额目前还没有得到利益相关者更多的热烈支持。我们看到原因主要有两个。第一,需要决定由谁来声明专利费总额上限。SEP 持有者无法单独声明。但除了制定技术有效标准之外,SSO 显然不愿承担其他任何责任。第二,SSO 和专利持有者担心这种声明将被视为联合操纵价格。尽管竞争主管部门现在已经在鼓吹这样的观点,即在专利池内,SEP 事后联合操纵价格的行为不可能违反竞争规定,但是关于对于事前联合设定的总额上限,应该如何考虑,目前尚无明确说法。

最后,原则上,双方均应欢迎任何降低交易成本的尝试。但是,大部分旨在降低交易成本和不确定性的政策都会涉及自身成本。披露(特别是具体披露)时,应搜索可能相关的专利,并开展必要性评估。这些工作成本相当高,而由谁承担成本以及由谁获得最大利益,应由披露规则决定。除非披露规则规定公平均摊这些成本和利益,否则承担大部分费用的一方可能会反对这项政策,即使对成本和利益进行重新分配之后,这项政策可以使所有利益相关者获得更大的利益。

次复杂行业

诸如建筑、医药或食品加工业之类的次复杂行业[30],情况则完全不同。在这些行业,标准通常只采用数量有限的企业所拥有的数量有限的专利技术。这蕴含多层含义。如果标准主要依赖于不包含专利或可自由使用的技术,那么与标准制定过程相关的大多数问题就变得不那么重要了。实际上,如果所有的技术都是免费的,那么就不存在劫持、叠加、许可和冲突,SSO 便能够专注于提供最好的技术标准。

如果相关的专利技术很少呢?人们会认为我们已经确定的一些问题很快会再次出现。例如,我们知道,随着独立专利所有者数量的增加,叠加问题变得非常重要。同样,即使标准只有一个 SEP,也会存在一个非常重大的劫持问题:如果这个 SEP 是有效的和真正必要的,那么它的所有者可以凭借标准的技术锁定而提取全部的垄断收益。另一方面,与许可过程相关的披露成本和必要性认证以及其他交易成本仍然远低于复杂行业。

SSO

传统上,SSO 被赋予的使命是及时制定高效的标准。为了成功履行这一使命,SSO 需要吸收具有所需专业知识的成员,并确保标准最终被实施者采用。

从历史上看,SSO 一直反对参与标准制定过程的其他方面。特别是,SSO 没有被赋

---

[30] 附件 3 提供了复杂部门和不复杂(离散)部门参考列表。

予干预实际的事后许可过程的任务,包括核实必要性主张、组建专利池以及许可过程的其他方面,譬如专利费的选择、专利组合许可或争议解决机制,等等。(F)RAND规则属于例外情况,部分SSO采用(F)RAND规则。然而,这主要是为了应对监管压力,并且一直是针对具体情况来解释这项规则。

SSO之所以不愿意参与标准制定过程的其他方面,其部分原因似乎在于这是SSO的一致做法,另外一部分原因是,标准制定以前被视为一项工程任务,除了制定标准之外,SSO与经济活动几乎毫无关联性。如果所有类型的成员都需要同意,那么在SEP许可时,可能会很难实施影响许可费分割的规则。此外,SSO负责讨论的人员以前都是工程人员,并没有考虑到标准的经济成本和收益之间的平衡。由于过去的违约规则通常对专利持有者有利[31],因此,收紧程序和许可规则的最终效果可能主要被认为是从SEP持有者转走利益,这并不奇怪。根据一致性规则,这种收紧程序和许可规则一般会被阻止。

另一方面,人们会有这样的预期,即可能会降低各方交易成本的政策很自然地属于SSO的行动领域。因此,SSO在这方面缺乏作为仍然有些令人费解。我们最好的猜测是,其原因并非是未能就降低成本的原则达成一致意见,而是无法就如何确保SEP持有者和实施者公平共享降低成本的好处达成共识。

4.2 咨询、访谈和研讨会

各种利益相关者都向我们提供了各种意见和想法,这些意见和想法是本报告的重要组成部分。意见和想法通过三种渠道获得:

在本研究项目启动之前,增长总局曾组织征求意见,得到了40个利益相关者的回复;开展时长36小时的访谈;以及于2015年11月,在CRA布鲁塞尔办事处组织研讨会,与会人员代表17家公司参加。

访谈时,我们大约联系了80位利益相关者。其中包括在不同领域开展业务的公司、标准制定实体代表以及学者代表。这些利益相关者中,我们在联系部分利益相关者时,所采用的联系信息来自他们答复欧盟委员会公开征求意见时提供的联系信息。其他利益相关者则根据CRA的现有联系方式进行联系。此外,我们还请10多家知识产权和竞争律师事务所确定积极参与标准化工作的客户,以及可能有兴趣发表他们观点的客户。最后,我们还通过公开的联系方式,联系了大量利益相关者(在可能的情况下,向知识产权部门、内部律师或公共部发出请求)。至于研讨会,我们邀请了参加访谈的人员以及我们知晓其具有标准化过程重要经验的部分利益相关者。

---

[31] 这种"历史"规则包括排除经济因素、"以技术为重点"以及一开始便不作披露要求——时至今日,部分大型标准制定/认证组织仍然缺乏这些特征。

表 4 总结了征求意见的答卷者所在行业,以及接受我们访谈和参加我们 2015 年 11 月研讨会的实体(和个人)所在行业。绝大多数行业参与者来自 ICT 行业。ICT 行业参与的兴趣非常强烈,这可能反映出,在信息和通信技术部门的一些子领域,标准化过程以及后续 SEP 许可最近已成为激烈争论的主题。因此,应该认识到在这些特定技术领域之外,所表达的观点和所提供的信息可能关联性不大,这一点很重要。通过对比征求意见与访谈,我们注意到访谈参与者更多来自信息通信技术部门。相比之下,征求意见得到了没有参与访谈的行业协会和公共实体的反馈。

尽管我们接触了来自各行各业的专家,但我们注意到,中小企业参与访谈和征求意见活动的意愿极低。我们已经联系了大量参与标准化工作的不同产品领域的中小企业,只有少数负责领导标准制定机构的几个中小企业代表属于例外,他们表现出了参与的意愿。

在征求意见和访谈过程中,利益相关者表达了极其广泛的意见。无论是概念展望,还是实际实施,利益相关者之间存在着明显的巨大分歧。即使在不同的团体(例如实施者和专利持有者)中,也存在很大的分歧。虽然答卷者的样本显然无法代表标准化所涉及的所有人和行业,但我们认为,他们的答案仍然向我们提供了广泛的观点,似乎不大可能错过主要的关注点或论点。

表 4 参与征求意见、访谈以及研讨会

利益相关者类型	部门	征求意见**	访谈	研讨会
行业	ICT	15	18	10
	汽车	0	4	0
	车床	0	2	0
	其他	2	2	0
SSO		4	6	3
专利池		0	1	1
学术		1	3	2
贸易/游说协会		10	0	0
公共机构		3	0	1
专利局		2	0	0
其他		3	0	0
合计		40	36*	17*

* 指所涉及的公司数量。许多公司派出多名代表参加了研讨会。我们有时也会采访同一家公司具有不同资历(工程师、法务)的人。

** 仅包含登记过的答案。

表 5 简要概述了访谈的内容以及对征求意见的回复登记。表中第一部分显示了第 3 节讨论的一些问题被访问者或征求意见答卷者作为重要问题而提及的频率。表中第二部分记录了讨论特定政策选项的受访者和答卷者的人数。所报告的第一个数字表明有多少利益相关者认为该政策是有益的,第二个数字告诉我们有多少答卷者认为政策是无用的甚至是有害的。

为了评估这些数字的含义,必须了解如何进行访谈。采访是通过电话或 Skype(一种网络电话工具)进行的。采访采取的是半开放形式。首先请受访者告知他们认为标准制定过程面临的最重要挑战有哪些,并讨论可以解决哪些挑战。然后,采访人员会就这些陈述与受访者一一对话。如果时间允许的话,采访人员会提出上一次征求意见时提到的问题和政策选择。所以,虽然有些话题是在采访人员的主导下开展的,但是此表格仍然能够很好地描绘利益相关者心中所存在的问题和政策。

表 5　利益相关者提到的主要问题和政策

问　题	访谈时,作为重要问题而提到	在答复征求意见时,作为重要问题而提到
专利费堆叠	7	12
劫持	7	11
伏击	2	0
专利反向劫持	5	12
禁令	5	19
SEP 过多/过度声明	13	3
专利组合许可	5	6
专利费基础	6	7
SEP 许可等级	4	4
政策/规则	提到 (有帮助/毫无帮助)	
负面披露	12/3	10/2
具体披露	13/2	7/4
FRAND 承诺	9/2	27/4
专利费上限	8/2	4/4
独立必要性测试	9/2	7/2
专利池	12/0	19/5
更好的数据库(PTO)	11/0	9/0

续表

政策/规则	提到 （有帮助/毫无帮助）	
专利族到标准映射	7/1	4/0
（可选）仲裁	6/2	9/5
转让 SEP 时维持承诺	9/0	18/0
公开所收取的专利费	5/0	0

让我们首先考虑受访者对标准化过程面临的问题的评估。总体而言,已经确定主要问题是 SEP 的禁令、劫持、反向劫持、专利费堆叠和过度声明,受访者更加重视"过度宣告"SEP。我们注意到,尽管提到 SEP 许可方面的次数较少,但仍有相当一部分受访者担忧 SEP 许可方面(如专利费计算基础和专利组合许可)。

谈到对具体政策的评估,我们发现,各方一致支持要求当 SEP 易手时,须维持 FRAND 承诺,并要求通过 SSO、SEP 持有者与专利局之间的合作努力,提高 SEP 数据库质量。许多受访者认为,如果各族 SEP 都与可能被列为标准的章节相关,那么就会提高这个数据库的价值。

标准一旦制定,人们广泛支持鼓励建立标准专利池并将早期的"一揽子"披露与更具体的披露相结合。大多数受访者认为,虽然有时很难界定,但 FRAND 承诺仍然是基于 SSO 标准化流程的重要组成部分。另一方面,更多地依赖仲裁、早期承诺专利费上限以及推进独立的必要性测试,这些显然被视为属于更富有争议的政策。

在接下来的两节中,我们会更详细地描述我们所收到的反馈意见,我们会评估一些具体政策建议的优点。然而,在进行分析之前,我们必须强调,通过征求意见和访谈而获得的信息也显示了利益相关者与复杂的、专利密集型技术领域(例如电信、机床、信息技术)(这些领域最近的 SEP 许可很麻烦)与技术不太复杂或者不太受专利保护的部门(例如化工、制药、材料)的参与者之间存在巨大隔阂。前者显然渴望参与讨论组成本报告其余部分讨论的政策的类型,后者则强烈地感觉到,各自所在部门标准化进程的现状相当令人满意,而监管干预将适得其反。

5 可能的政策选择：承诺和披露

如第 4 节所述以及表 2 中所示,政策工具与其试图缓解的系列问题之间关系复杂。不仅大多数政策工具与许多问题相关,而且很多问题需要通过一系列政策组合得以更好的解决。在本节,我们将更仔细地研究可能有助于缓解报告第 1 节所确定的一些实际相关问题的政策。我们区分了对潜在 SEP 的信息披露和事前承诺政策,以及标准确定后影响 SEP 实际许可的政策。

在本节讨论中,我们独立地考虑每个政策工具的优缺点,即我们不考虑如何组合不同的工具。然后,第 7 节提出了统一政策的具体方案,我们认为,这将有助于解决 SSO 标准化过程中面临的大多数紧迫问题。

5.1 承诺

许多 SSO 要求成员作出某种形式的承诺,向愿意实施标准的公司提出知识产权许可的条款和条件。最常见的做法是承诺按照 FRAND 条款进行许可,并对某些形式的专利费上限作出承诺。正如第 2 节所论述,FRAND 承诺和单独专利费上限是为了解决劫持问题,而累积专利费上限则是针对专利费堆叠。然而,实际上,正如我们所看到的,有效的 FRAND 承诺也可能会消除专利费堆叠,同理,所设置的累积专利费上限如果能够解决堆叠问题,则也可能帮助避免劫持。

5.1.1 FRAND

在 SEP 领域中,最激烈的争论或许就是关于 FRAND 许可要约的内容,更确切地说,是关于 FRAND 的"合理"部分的含义。正如我们在第 2 节中所讨论,从概念上讲,FRAND 协议的定义是明确的:在标准技术制定之前,既定专利持有者和既定被许可人可能达成的许可交易。从这个意义上说,对于既定专利组合,并不一定有一套独特的 FRAND 条件:由于不同的被许可人有不同的需求,他们事前达成的协议可能涉及不同的专利费和许可条件组合。某些专利组合的 FRAND 费率完全可能相当高。如果所涵盖的一些技术很难设计,那么相应专利的所有者就具有相当强的议价能力,甚至事前便拥有强大的议价能力,而这种权力将体现在高昂的 FRAND 费率上。

主要困难在于,如何让 FRAND 的概念性理解能够被运用。当然,如果其他方式都失败了,将由法院的决定来赋予"FRAND"实际内容。遗憾的是,美国和欧洲的法院尚未就如何确定 FRAND 费率和条件达成任何广泛共识。因此,有人建议 SSO 在其知识产权政策中制定由 FRAND 原则衍生出来的方法,或者建立仲裁等替代性争议解决机制,从而比司法系统速度更快、成本更低地解决有关 FRAND 条款的冲突。第 7 节将讨论 SSO 政策的可取性以及对 FRAND"非歧视性"部分的担忧。在本节,我们简单地将 FRAND 视为广泛接受的(尽管定义不清)承诺,并论述了实施 FRAND 所需要的披露规则。

5.1.2 专利费上限

在单独专利费上限制度中,每个潜在 SEP 所有者均对其许可专利的最高专利费率作出承诺。上述构思的具体内容是,作出该等承诺之后,便会在技术之间重新引入事前价格竞争,从而可以解决或者至少能够限制潜在劫持问题。要使这种机制发挥作用,则技术之间必须进行事前竞争,因此选择标准所包括的技术时,必须对技术提供价格的差异。按照目前许多标准制定组织采取的做法,如果 SSO 规则将技术决策与法律和经济考虑(要求寻找最佳的性价比专利费率)严格隔离,那么单独专利费上限完全无效。

单独上限也遇到实际困难。困难之一便是成本。为了有效地引导技术选择(如果允许),从而触发专利持有者之间的事前竞争,每个专利族最好都设置一个上限。成本将非常高。正如我们在下文进一步讨论,专利持有者对于标准出台后必须提供的有限的 SEP 信息所产生的成本都持反对态度。由于潜在标准相关专利的数量远远大于标准出台后所声明的 SEP 数量,为各个专利设定价格的成本必将增加几个数量级。

与单独上限相比,累积专利费上限似乎更有前景,哪怕是仅考虑到累积专利费上限可以帮助缓解劫持和专利费堆叠这一点。

累积上限可能解决劫持问题的方式十分不同于单独上限机制。正如我们刚刚看到的那样,单独上限通过引发竞争对手之间的事前竞争而发挥作用。这就是为什么单独上限只有在标准制定会考虑相对价格因素的时候才能发挥作用。专利费上限可以通过触发不同(潜在的)标准之间的竞争来限制劫持。因此,即使 SSO 选择标准的技术不受经济因素的影响,累积上限也能限制劫持。但它要发挥作用也存在前提,那就是标准制定机构之间的竞争至少是可能的。在这种情况下,实施者如果能够可信地威胁,声称如果其他标准制定组织能够提供更具优势的专利费总额,那么他们将转而支持这个标准制定组织制定标准。㉜

累积上限也直接解决了专利费堆叠问题。克服潜在的专利费堆叠问题不仅符合消费者和实施者的利益,也符合专利持有者的利益。具体地说,通过协调严格互补专利的定价,可限制单独许可人要求过度专利费,最终降低消费者价格,从而让终端产品的商业化更成功。㉝ 这种互利性得到了各方的广泛认可。尽管有这个共识,但上限会遇到两个潜在的严重困难。

第一个困难是,从现实的角度来看,我们不应该对标准制定组织之间的"潜在"竞争期望过多。虽然我们希望当标准制定组织设置的专利费过高时,就会出现其他标准试图以更低的价格与其竞争,但这个想法仅在原则上有吸引力,并未在实践中得到检验。

㉜ 在这个意义上,专利费上限可以促使开展事前竞争,以争取获得标准。虽然累积上限旨在处理叠加,而且可以像单独上限那样能够事后设置,但为了处理劫持问题,事前设置累积上限也是必要的。

㉝ 然而,我们应该再次强调,在"古诺互补"应用到专利方面,不能因为 SEP 是互补性专利,而简单地假定存在专利费堆叠。例如,如果标准制定中引入了足够强烈的事前竞争,然后再配以真正的 FRAND 上限,那么就没有理由认为累积专利费过度。

第二个困难是共同的专利费上限需要由某人选择。而这只能是SSO本身。随之而来的问题就是SSO确定上限水平的规则。如果假设专利费上限将由SSO成员共同确定,SSO倾向于通过达成共识的方式工作,SSO成员包括所有者和实施者。为了理解这个决策过程是如何运作的,有必要回顾第4节。在该章节,我们论述了累积上限的双重角色:既是反堆叠的政策工具,又是反劫持的政策工具。我们认为,SSO可以发现其自身属于图2a和图2b所代表的两种情况之一。在图2a情况中,上限的选择可以交由专利持有者:他们同意设定足够低的专利费,以消除堆叠,并为整个专利持有者群体实现垄断利润。在消除专利费堆叠的过程中,专利持有者也要压低专利费从而消除劫持问题。这样一来,实施者会对专利持有者的决定感到满意,应该不会反对授权专利持有者来选择累积上限。然而,如果SSO处于图2b所述情况,交由专利所有者选择上限的结果则是,专利费水平可以消除堆叠,但是仍然没有完全解决劫持问题。如果实施者和专利持有者都参与决定,则可能会开展进一步议价,结果是专利费出现一定程度的减少,而部分劫持问题仍然没有得到解决。

当然,在实践中,SSO成员很可能不清楚自己是属于"情况2a"还是"情况2b"。鉴于专利持有者似乎比实施者更害怕事前累积上限这一做法,建议由可能拥有大量与标准相关的专利的SSO成员制定事前累积专利费上限。这将确保专利费问题得到处理,并至少在某种程度上解决劫持问题。然后,采用经典的FRAND承诺对此类上限进行补充,以帮助解决可能遗留的劫持问题。

虽然我们认为,可以充分研究是否采用累积专利费上限,但不是每个人都同意这个观点。此处引用一个深入的回复(调查对象的回复——编者注):

"(累积上限)不能在SDO层面完成。参见我之前的评论:问题1是反垄断法。问题2是财产权:企业有权设定自己的价格。人们可以自愿决定加入专利池。问题3:许可是通过反复谈判作出的。开始要加高,然后再通过谈判降低。采用累积上限后,人人都会给出最高价格。"

在反垄断法领域,有一部分人几乎本能地反对竞争对手联合定价的想法。但是,现在应该明白,在标准制定过程中,共同定价是解决方案,而不是问题。如果我们不推动走向正确的道路,那么就毫无进展。另一方面,我们不同意另外两个反对意见。让我们首先考虑第二个论点。专利持有者可以自愿地决定加入SDO,就像他们可以自愿决定加入专利池一样。因此,基本的法定权利没有受到威胁。同时,接受专利费上限仍然为双方留有足够的空间,以便双方就具体专利组合持有者的专利费进行谈判。最后,正如我们上面已经指出的,即使上限不具约束力,它也可能有助于事后的双边谈判。关于尽量设定高水平单独上限或累积上限的动机,我们认为,上文已经全面论述了价格设定激励机制。一般来说,对于单独上限,上限的有效水平取决于 SSO 是否愿意兼顾标准制定的技术和经济因素(考虑到质量和价格组合最好的技术),而对于累积上限,取决于"标准市场"潜在竞争程度。[34] 因此,在有些环境里,上限会起作用,但在其他环境里,则可能无法起作用。

然而,就累积上限而言,SSO 成员的共同利益是避免专利费堆叠,这意味着累积上限应该有一定的用处。即使不同替代标准制定举措之间缺乏竞争,或者 SSO 未能兼顾技术和经济因素,适当确定累积上限仍可能解决专利费堆叠问题。

有两种具体且相互替代的机制能确定这种累积上限。第一种机制是将专利费总额上限作为所有成员必须遵守的 SSO 承诺。第二种机制是要求 SSO 声明,但不要求将其作为 SEP 持有者的正式承诺。在第二种机制中(较弱),事前声明可以作为法院等主体的参考。

当然,专利费总额上限只有在以下情况下才具有使用意义:有机制可以确保该上限在事后得到尊重。例如,可以考虑一项规则,规定只要所要求的单独专利费超过承诺的上限,那么所有的专利费都应托管。事实上,SEP 持有者甚至可以集中考虑与上限相容的一些分摊规则,比如规定 SSO 将按月向上述托管账户征收款项,以覆盖制定其他标准(或改进当前的标准)的成本。

但是,我们认为这样的机制不一定要非常正式。如果单独专利费合计超过承诺的上限,那么 SEP 持有者将更容易遭受诉讼,因为法院必须把这个上限作为参考点。诚然,如果引入专利费上限,可以在正式引入执行机制之前确认司法执行是否足以产生威慑力。[35]

5.2 披露

"披露"是指 SSO 参与者提供关于可能与标准相关的 IPR 信息。所涉及的 IPR 主要是专利、专利申请和版权(版权可能与技术选择有关的领域,譬如软件)。正在进行的研究通常不声明,因为这样做可能会危及公司获得专利保护的能力。设计专利或设计权通常也被排除在外,因为根据其定义,设计专利或设计权不能涵盖任何可能影响产品功能的产品特性。披露可能发生在"事前",也可能发生在"事后"。披露包括具体披露和非具体披露。

---

[34] 请注意,如要设定有效的累积上限,只需要评估满足行业需求的标准的价值,不需要详细了解如何满足这些需求。因此,如果标准之间仍存在潜在竞争,则可以在早期设置上限。

[35] 有必要开展进一步的研究,以评估标准制定竞争对手之间的竞争、SSO 参与情况以及所提议的累积专利费上限(以及其他承诺)。例如,在标准制定组织之间的竞争中,人们可能会质疑是否会有一些组织利用累积上限来搭 SSO 的顺风车。

5.2.1 事前披露

"事前披露"是指 SSO 参与者在制定标准的工作开始前真诚提供信息。在标准制定过程早期,提供有关知识产权的信息,主要有三个目的:提供关于现有技术解决方案的信息、识别可能无法免费获得的技术(因为它们受到知识产权的保护)以及服务于价格上限或 FRAND 事前承诺制度。

事前披露政策分为两大类:负面披露和具体披露。

负面披露

负面披露是对潜在必要专利的一揽子声明的形式之一。在负面披露制度下,SSO 成员只需要声明自己不准备按照承诺条款进行许可的知识产权。由于负面披露没有识别具体专利,因此并不能满足上文所提及的前两个功能:不能加强 SSO 成员对现有技术的了解,并且几乎没有说明哪些技术解决方案受知识产权保护,哪些不受保护。显然,负面披露只有结合某种对事后许可条款的事前承诺才有意义。因此,负面披露意味着,专利持有者提供一揽子声明,以向潜在被许可人保证:(i)将向其授予许可;(ii)专利费将受限于 SSO 所使用的定价规则(例如 FRAND 条款、免专利费或专利费上限)。因此,具体披露仅仅揭示关于不受 SSO 许可条款制约的 SEP 信息。

具体披露

(事前)具体披露是指专利持有者识别其拥有,并且可能与拟制定的标准有关的专利和其他知识产权。原则上,声明将包括专利号和/或专利族的列表。这些声明不需要接受外部检查。大多数 SSO 中,知识产权持有者只需要声明"他们知道"的相关专利和版权。因此,至少在 SSO 层面,如果事前没有列出那些后来被证明与标准相关的专利,这种行为本身并不构成违规。实际上,即使是反垄断法管理机构也认为,非故意的未予透露行为并没有问题。但在实践中,由于很难区分这种行为是疏忽大意还是有意为之,因此,人们普遍认为,尽可能广泛地声明才是更安全的避免以后被指责进行专利伏击的办法。

利益相关者的观点

在阅读来自利益相关者的反馈时,重要的是区分关于一揽子披露本身是否可取的观点及采用负面披露而非具体披露的优点。

似乎人们达成了这样的共识,即负面披露有助于保护标准化过程免受 SSO 参与者的专利伏击。甚至那些认为故意伏击也不是重大问题的受访者认为,负面声明可以有效地防范出现这样的可能:部分参与者一开始可能根本不知道那些后来被证明是标准必需的专利。采用负面披露之后,这些"迟到的披露"需要遵守专利持有者的最初承诺,而在具体披露下则不需要遵守。实施一揽子披露政策时,成本并不高,这一点同样有助于达成准共识:拥有大量专利组合的专利持有者不需要进行彻底的检索,因为他们已经大概了解了他们准备不予承诺的"顶尖专利"。而且,在负面披露方面经验丰富的标准制定组织的经验是,在实践中,参与者几乎都没有豁免。因此,为了跟踪承诺而必须维持的"数据库",其规模非常小而且容易管理。

尽管达成了广泛的一致意见,但一些专利持有者提到,在实践中,负面披露识别期限可能非常紧张,因此,在规定的期限内确定潜在候选专利非常困难,而且成本高昂。对拥有庞大专利组合的大公司而言,这是一个特殊问题。然而,这个异议主要集中在要求免费许可的 SSO 中,而不会出现在 FRAND 框架内的 SSO。关于一揽子披露,我们只收到两种其他类型的否定评论。

两者似乎都存在一定的混淆。这两类评论可以通过下面的引语很好地说明:"负面披露是一种过于宽松的制度:你不知道你将得到什么";"一揽子披露真的只有在'免专利费'的情况下才有效,因为谁都不知道人们如何在事后解释 FRAND";"即使你有一个方法来计算 FRAND,具体披露也更好,因为工程师也可以设计专利,最终成本将非常高"。

前两位受访者的担忧似乎是,在一揽子披露的方式下,将不会提供进一步的信息来说明哪些实施者需要获得许可。这样还会导致很难评估 SEP 持有者事后有权获得的专利费。然而,尽管下文会展开进一步评估,但由于以下两个原因,上述担忧可能错位了。首先,事前负面披露和事前具体披露并不相互排斥。其次,即使事前披露只是负面的,它仍然可以与一个更具体的"事后"披露相结合,以确定知识产权持有者认为的、SSO 选定的标准实际可能采用的知识产权。第三个受访者还假定选择负面披露而不是具体披露。另一方面,该意见确实指出了该方法的一个明显弱点:虽然此方法可以防止伏击,但没有向工程师提供其所需要的信息,导致既无法高效选择技术,也无法选择高性价比的技术。我们将在下文再次阐述这个主题。

具体披露更具争议性,特别是强制性具体披露。毫无意外,专利持有者和实施者之间对此存在明显的分歧。分歧的主要来源似乎是成本和具体声明的有用性。实施者倾向于赞成具体披露,尽管有少数人认识到可能隐含过高的交易成本。持这一立场的主要原因是,具体声明有助于通过澄清 FRAND(和其他)承诺的适用范围来避免劫持。正如我们刚刚看到的,一些受访者还提到具体声明可以帮助工程师避免成本太高的技术解决方案。在成本问题上,大多数实施者相当强烈地声明,确定相关知识产权的成本是试图商业化的重要组成部分,因此,即使许可发生在标准制定过程之外,也必然在某个阶段实现商业化。此外,一些受访者指出,确定事前具体披露专利所涉及的成本——如果不需要分析专利如何与标准相关——实际上应该是相当低,而且无论如何也只占专利获取以及货币化成本的很小比例。[36]

专利持有者一致认为,除"目前所知"潜在相关知识产权的非系统性清单之外,其余的具体披露均过于烦琐。实际上,他们认为如果强制执行此类披露,而且通过具体形式的制裁机制执行的话,可能会导致专利所有人重新考虑是否参与 SSO。一些专利持有者也质疑这种声明的用处,声称在实践中没有证据表明存在任何系统性劫持问题。专利持有者因此质疑为什么要花费大量的交易成本来寻找解决问题的方法。最后,专利持有者还指出,SSO 讨论由技术人员(工程师)领导,但技术人员有时对公司的专利组合全貌了解有限,而且不具备专利律师的技能。他们认为,提供专利信息只会对标准的选择产生微不足道的影响。

专利持有者和实施者均认同的一点是,当专利声明的数量变得非常大时,具体声明变得不太可取。这种观点的逻辑似乎是这样:大量声明就意味着更高的声明成本,工程师也因此而淹没在他们无法真正有效利用的海量信息之中。受访者确定,事前声明的专利数量之所以会过多,主要有两个原因。

第一个原因与行业密切相关。有些行业"专利密度高"[37],在这些行业,被合理预期且被确定与拟制定标准相关的专利数量非常之多。其结果是,一些利益相关者认为,如果潜在 SEP 数量实际相当有限,那么事前具体声明会更有用。实际上,移动技术以外的行业的利益相关者经常指出,自愿具体披露制度在他们所处行业运作良好,强迫机制或惩罚并没有带来任何利益。在他们看来,除了 ETSI 之外,在其余 SSO,涉及的专利数量越来越有限,声誉机制足以确保 SSO 成员的身份应尽最大努力作出具体声明。

声明专利急增的第二个原因是"过度声明",即专利持有者除了声明显然与标准有关的专利之外,还趋向于声明其他专利。受访者表示,过度声明的原因是专利持有者希望保护自己,以免后期被指控实施专利伏击。因此,如果某种制度尝试通过某种形式的事后惩罚(如反垄断法干预)来遏制专利伏击,那么它会导致更多的过度声明。参与者提到的另外一个原因是,对于最终由实施者支付的专利费,专利持有者希望从中"主张"一定份额的专利费。这可能是因为(一些)SEP 最终可能加入专利池,而专利池中,声明专利往往可以提高 SEP 持有者向被许可人收取的单一专利费中的份额,或者是因为(即使在双边许可中)某家公司在声明 SEP 总数中的份额被用作参考点。显然,造成过度声明的第二个原因只有在标准出台后没有更精确的具体声明的情况下,才与事前具体声明有关。

---

[36] 引用其中一次采访的受访者话语,"无论披露成本如何,它都只是专利获取成本的一小部分"。
[37] 正如前面一节所述,专利密度高的行业就是经济学家称为"复杂"的行业——要想制造商业上成功的设备,就需要许多要素参与——这些行业均高度倾向于专利。

5.2.2 事后披露

"事后"披露是指标准被确定后,SSO 成员披露有关专利和知识产权的信息。事后披露是具体的,并且可能包括比"事前披露"重要很多的信息,包括专利号、根据公开标准对 SEP 进行分组(例如专利族、连续专利等)、将专利对应到标准的具体部分、解释专利对某一方面的技术的必要性等。

显然,事后披露在限制劫持方面不起作用。一旦选择了标准,相较于标准前的情况,该标准实际采用的(有效)专利的所有者享有更高的议价能力,事后声明对此并不起什么作用。因此,事后声明的主要目的是增加 SEP 许可程序透明度,从而减少不确定性,限制要挟的借口,并希望同时可以减少交易成本。

利益相关者的观点

当前 SSO 标准化过程中,这一方面是实施者最不满意的。他们不仅抱怨必须获得许可的 SEP 数量太大,而且还持有一个普遍观点,即被许可方"不知道他们为了什么而付费",在签署许可协议之前,也没有合理的机会去评估标准必要专利的实际相关性。对于中小企业来说以及对于标准化程序的新手来说,无论企业规模如何,这个问题也非常重要:"重要的一点是,小型实施者无法选择购买对象和费用金额"。

实际上,一些实施者还认为,如果关于 SEP 的信息更加完善,那么专利费会更低,因为了解越详细,被许可人就越可以议价。实施者还认为,由于专利持有者是"出售"自身知识产权的人,因此他们有义务对实际上出售的东西提供令人满意的描述。

SEP 所有者回应,鉴于涉及大量专利,如果提供更多有关所申报的标准必要专利以及与标准实际相关的信息和/或如果独立评估申报专利的基本特征,那么成本肯定过高。他们认为,如果额外要求提供这种信息,那么专利持有者会远离 SSO 标准化流程。更具体地说,SEP 所有者提到,每个专利内部控制必不可少的成本至少为 2000 欧元,而外部评估将花费约 9000 欧元。

许可方和被许可方之间观点相反,可以通过以下引用的内容来概括:

"我们正在谈论许多专利,所以额外需求所涉及的成本可能非常大""虽然专利持有者声称提供专利细节的成本非常高,但是我们认为他们无论如何都会收集这些信息""如果一家公司认为值得去获取某项专利,那么增加 10% ~ 20% 的成本去获得公认的 SEP 是物有所值的"。

正如预期的那样,对于明显旨在降低 SEP 许可过程的成本的措施,能够达成更多共识。特别是,许多受访者支持更加广泛地参与欧洲专利局(EPO)的活动,帮助其设计并管理关于标准专用性 SEP 的数据库。

5.2.3 我们对披露政策的评估

在评估各种披露政策(组合)时,值得回顾这些政策有可能缓解的各种问题。

劫持与伏击

第一个问题便是劫持与伏击。如果FRAND承诺或者专利费上限(单独或累积)得到保证,那么需要提供这些承诺适用的知识产权清单。为了让这些承诺以及支持这些承诺的清单能够生效,必须在标准制定过程真正开始之前提供清单,即在做出一些技术选择之前。

负面披露和事前具体披露在这方面都是有效的。尤其要注意的是,负面披露能够兼容FRAND承诺和某些形式的专利费上限。在FRAND承诺中,一揽子披露就是,对于未申报的专利,如果结果证明该专利是必要专利,那么应当以不超过专利在设定标准之前可能要求的费率进行许可。当然,这就出现了一个问题——如何计算FRAND费率,以及如果缺乏所声明的SEP"数量",是否会导致这种计算变得更困难。但我们将会看到,这些事后问题可以通过其他政策得到更好地处理。就专利费上限而言,负面披露同样适用于公司专利组合层面和/或由所有SEP所有者收取的专利费上限。

虽然具体披露和负面披露都可以适用于事前承诺,但似乎可以肯定的是,负面披露实施成本要低于有意义的具体披露。要想确保具体披露完全可靠,可能需要专利持有者做大量的工作,识别其专利组合中大量与标准可能有关的专利。专利所有者不想承诺去做的识别"专利堆的珠宝"似乎是这个任务的一部分,因此实施成本应该低很多。而且,依赖负面披露的标准制定组织的经验是,所要求的例外数量实际上非常少。如果这一情况属实,那么负面披露会产生一个更小的数据集,从而降低管理和查阅成本。因此,从减轻"劫持/伏击"的角度来看,事前负面披露优于事前具体披露。

在结束本节之前,我们需要指出,人们对寻找需要被豁免的专利的成本,以及在截止日期前提供豁免清单的压力方面的担忧似乎是难以理解的。这些担忧似乎是基于不正确的比较。事实上,绝大多数SSO需要某种形式的事前披露。那么问题的关键不应该在于讨论负面披露的成本是否高昂、是否可能导致公司面临时间压力。关键应注意比较负面披露与最可能的替代方案,有可能就是在标准尚未制定前声明所有可能被侵权的专利。通过上述比较可见,相比要求提供具体专利清单的政策而言,看不出负面披露的成本会高很多。企业"不知道"专利组合包含哪些专利的观点可能有夸大的成分。相比较成千上万的其他专利,专利持有者自然更加了解他们拥有的较少的"绝佳"专利,而前者是否与标准具有关联性则并不明确。因此,选择要豁免的专利应该是直截了当的事情。至于截止期限,没有理由认为负面披露的期限会比具体披露的期限更紧张。

事实上，我们认为，总体而言，特别是鉴于很少有专利在实践中被"豁免"的事实，相比较于要求披露所有相关专利的规则，事前负面披露交易成本要低很多。即使是对于免费许可的规则，情况同样如此。当然，我们理解，一家公司希望确保它不会将宝贵的专利进行免费许可，而且在负面披露的情况下，发生免费许可的风险可能会更高。然而，只要将免费许可规则与 FRAND 框架区分对待，即可很容易地解决这一担忧。在 FRAND 框架中，事前负面披露似乎具有优势地位，而在免费许可的制度下，允许许可者在否定声明和具体声明之间进行选择。

富有经济效益的标准

披露可能有助于解决的另一个问题是选择经济高效的标准。虽然似乎没有任何理由质疑 SSO 制定的标准的技术质量，但有理由担心可能没有周详考虑技术价值和相关专利费之间的平衡。事实上，许多标准组织对工程师之间的技术讨论（讨论的目的是提出一个标准）与专利许可因素的讨论严格地区分开来。这种区分是否可取并不是我们目前所关心的。我们要指出的是，工程师是否能同时考虑专利和成本，与事前具体披露的评估相关联。

事前披露可能有两个好处：它可能有助于参与设计标准的工程师了解到他可能不知道的技术解决方案，并且事前披露可能使工程师能够"规避"因为以下原因而可能造成成本高昂的技术解决方案：这些技术解决方案受到专利保护（即使在 FRAND 项下，专利技术也会比免专利费的解决方案更昂贵），或者这些技术解决方案侵犯了没有作出承诺的专利。第一个好处只有在具体披露情况下才会出现，因为通常在负面披露的情况下，声明非常少。就第二个好处而言，具体披露和负面披露具有相对优势和劣势。通过负面披露，可以清楚需要尽量避免哪些专利技术（若可能），但关于哪些可以获取专利，哪些不可以获取专利，负面披露提供的信息较少。相比之下，通过具体披露，可以更好地了解专利整体态势，但是具体披露却没有标出无法按照承诺条款提供的重要专利。然而，如果 SSO 仍严格区分工程活动与专利/专利费问题，那么这些好处是无法实现的。因此，我们得出这样的结论——考虑到目前 SSO 讨论的严格区分，以及可用于处理事后许可问题的其他工具——负面披露似乎是优越的政策选择。

现在，让我们假设 SSO 实际上允许工程师同时考虑专利和许可费问题。我们从利益相关者得到的反馈强烈表明，在专利高度密集的行业部门，事前具体声明涉及的专利和其他知识产权的数量是如此之大，以致声明的信息内容接近于零："具体声明造成的负担过重，因为声明太多，所以没有帮助"。

相比之下，在规模较小、专利密集程度较低的行业的 SSO 的利益相关者，对具体声明的态度则更为积极："必须申报具体专利，工程师也会查看这些专利"。

这就提出了以下的总体性建议。在涉及很少专利的领域/标准中,即使工程师在制定标准时不考虑经济因素,事前负面声明仍可以发挥作用——这个建议只有在技术和经济因素可以互相抵消的情况下才能得到巩固。然而,对于专利密集型行业/SSO 来说,事前具体声明的成本并不能产生利益。在这种情况下,事前负面声明便足够。这一制度使得专利声明的事前交易成本保持在最低限度,同时向被许可人提供广泛的保证,保证遵守 FRAND 或上限承诺。

SEP 许可中的透明度和交易成本

在上一节,我们解释了为什么我们认为负面披露可能是事前声明更优的形式,无论是单独存在还是——对于 SEP 较少的部门——配以更具体的声明。然而,事前披露,无论是负面披露还是具体披露,显然都不足以向实施者提供必要的信息,令其可以确定标准制定后应该获得哪些许可。这些信息只能通过具体披露来提供,即提供每个 SEP 所有者认为实施者应用标准时已经侵犯的专利清单。另外,无法在事前披露中详细说明可能的标准必要专利,主要原因有两个。首先,在具体专利与不存在的标准之间构建紧密联系,似乎是一种浪费。例如,专利持有者不可能在确定标准的结构之前,提供有关专利可能引用的标准所在领域的详细信息。其次,正是因为在这样的早期阶段,标准必要专利的潜在数量可能是巨大的,与此相关的交易成本相当大。为了解决这个问题,即使利用 1000 英镑的最低内部成本来快速获得内部收益,部分 ETSI 标准申报的专利数量审核成本都将超过 1 亿美元。*

同时,请注意,即使事后具体披露也会对专利持有者产生巨大交易成本。这些交易成本随着需要审查的专利数量、被声明为 SEP 的专利比例和需要提供的信息数量的增加而增加。另外,如果具体披露是强制性的,那么就需要设计一个强制执行机制,这会增加政策总费用中的实施成本。因此,进行任何政策建议之前,应仔细评估 SEP 声明事后成本和收益,这是必不可少的。

被许可方的需求和成本

我们尝试利用数据来支持利益权衡的分析,并提出可以改进这种利益平衡的政策,但在此之前,重要的是识别问题的数量以及这些问题可能的关联方式。被许可方对于 SEP 事后披露感兴趣,主要原因有四个:被许可方想知道"专利在哪里"并想知道应该向谁获取这些专利;被许可方还需要知道"哪些专利归哪些人所有",以便能够预测可能的专利费总额,并在双边许可协商中考虑到这一点;对于被提议进行许可的专利,被许可方想要了解这些专利如何与标准相关(如果专利只采用标准的可选部分,这一点尤为重

---

* 原文中的货币单位即如此,未能统一,此处疑为原文错误。——编者注

要);他们想知道所声明的专利是否是真正必要的。

另一方面,SEP 所有者担心满足被许可人的要求所涉及的成本。这些成本包括:识别标准可能使用到的专利的成本、将专利或专利族与标准具体要素进行关联的成本和对其专利基本特征进行独立评估的成本。

第一类成本随着既定许可方潜在标准相关专利数量的增加而增加,因此这种成本在高专利密度环境下可能会很高。相反,另外两种成本只是随着事后声明的标准必要专利数量的增加而增加。因此,可以通过目标政策限制声明专利的数量,减少此类成本。

许可人的传统职责

总体而言,对于更详细的事后披露,分析其成本和收益时,需要比较收集和传播所需信息的附加成本与可能减少的诉讼而产生的成本降低,以及信息准确性带来的谈判成本的减少。这种分析与对成本的总体影响有关。然而,这些成本的分配也很重要。在这方面,应评估针对纠正与事实相反的情形的新政策。针对 SEP 许可的政策措施并不是要解决所有专利许可中所面临的困难。此类政策的目的是确保与标准相关的许可问题不会超过任何标准化背景之外的许可。因此,评估 SEP 政策的额外负担时,正确的基准是被许可人与许可人在传统许可范畴内承担的成本(与利益)。记住这个参考点,我们现在可以继续讨论被许可人倡导的增加"透明度"所带来的成本和收益,并考察标准化"阴影"下的 SEP 许可是否对他们整体产生影响。

相关专利的识别

除了标准制定之外,公司应该审查其产品和生产过程是否侵犯现有知识产权,但人们广泛接受的一点是,在拥有大量专利的行业,专利持有者更适合负责了解知识产权是否已经遭受侵犯。因此,除非使用者从一开始就意识到正在使用受保护的技术,否则应由专利持有者"查找相关专利",然后启动许可谈判。为此,专利所有者必须承担"在其专利组合中查找相关专利"的费用,并负责承担向潜在被许可人解释为什么他认为专利受到侵犯的成本。总体而言,我们认为,与更传统的许可环境相比,要求 SEP 持有者有义务(及时)向实施者宣传其持有标准相关专利,并有义务向实施者提供特定信息,阐述 SEP 持有者为何实际认为实施者对标准的使用会侵犯这些专利,并不会令 SEP 持有者处于不利地位。

另外,可以认为在 SEP 环境下的这两种成本将低于传统许可。第一个原因是 SEP 所有者和实施者都非常清楚他们需要许可:标准已经制定,SEP 已被声明,因此实施者应该知道,他们必须支付费用才能使用特定知识产权,并且许可人知道任何声称生产标准兼容设备的公司至少都是潜在被许可人。因此,"找到专利在哪里"和"找到侵权者"的成本应该是最小的。另外,至少对于预计将被广泛采用的标准,通过创建公众可用的、已声明的 SEP 的数据库,能够进一步降低上述成本。此类数据库可以精确降低成本,原因在于专利许可是在标准化环境下进行的:至少对于流行的标准来说,会突然出现大量潜在被许可人要求提供有关同一组专利的信息。这样就形成了"规模经济",从而使得投资建设数据库变得有价值。

我们也注意到,根据最近的"华为案"*判决,法院已经正式要求由 SEP 所有者开启 SEP 许可谈判。特别是,法院明确指出,SEP 所有者有义务让实施者意识到实施者可能会侵犯他们的知识产权。那么从整体考虑,创建和更新一个已声明的 SEP 的数据库的工作,只要符合经济性原则,应该由 SEP 所有者承担(对于适用广泛的标准),此等义务与 SEP 所有者目前的法律义务兼容,并将事实上降低履行其法定义务的成本。

专利关联标准

我们认为,被许可人要求 SEP 持有者解释为什么他们的专利与标准实际相关时,上述逻辑同样适用。"我的专利是 SEP,你正在实施标准,因此你侵犯了我的专利",这种格式主张根本不够。即使在非标准专利的情况下,专利持有者也需要向潜在的被许可人提供初步证据证明其确实侵犯了所有者的专利权。即使没有对专利"必要性"特征进行评估,专利持有者似乎至少有义务证明具体专利族与所选标准之间的某种联系,因为在传统许可时,专利持有者需要采取同样步骤。实际上,针对 SEP 提供信息的成本应该较低。

我们以及一些实施者所考虑的信息披露只是为了确定每个被申报专利族可能被标准引用的部分/段落。这不需要任何真正的"必要性"评估。事实上,此类要求并没有谈及双边许可谈判中经常使用的"权利要求比对"。这种比对阐述了每个专利中涉及潜在被许可人产品或过程的具体权利要求。对于标准必要专利就相当于具体专利的权利要求和标准中具体段落之间的比对。鉴于单独专利可以包含一百个或更多权利要求,这种"权利要求比对"的要求远远超过我们正在考虑的声明类型。对于适用广泛的标准——收集并公开这些信息的成本可以分散在大量许可交易中,因此很难看出在标准必要专利许可中,这种类型的要求是过分繁重的。

我们应该补充一点,许多标准既包含"强制性"特征,也包含"可选"特征,我们提出的简易比对也将帮助潜在被许可人解释为什么他们可能不需要使用到全部声明的 SEP。

因此,总结我们截至目前的讨论,提供是否存在潜在被侵犯专利的信息以及提供侵权初步证据的成本通常由专利持有者承担。事实上,在标准制定环境中,可以更加清楚是否需要许可,并且可能有大量被许可人有兴趣获得类似专利组合,因此,在标准制定过

---

* "华为案"判决请参考马一德主编:《FRAND 案例精选》,科学出版社 2018 年版,第 24—35 页;有关"华为案"的相关分析,请参考马一德主编:《FRAND 文献精选》,知识产权出版社 2019 年版,第 414—431 页。——编者注

程中,有机会采用比非标准制定环境更低的成本履行这些义务。总体而言,SEP 持有者对事后声明的担忧似乎出现了错位。

成本有多高?

然而,比起将 SEP 持有者视为单纯的利己主义者,去理解他们为什么担忧才是有用的。这方面的主要问题在于实施以上建议可能需要的总成本。需要关注的是要将专利族与标准具体部分对应起来的要求。

关于上述要求可能的总成本,我们了解的信息有哪些呢?

至少在美国,专利族评估成本范围似乎是 1500 美元(快速内部估值)到 40000 美元左右(银行或风险投资所要求的充分估值)。[38] 当然,这种评估不仅仅是建立专利和标准之间的联系。它包括了评估专利的有效性、专利保护范围(这就是必要性起作用的地方)以及对专利可能的商业重要性。我们所提出的建议只针对第二项评估任务的简化版,因此应该可以用比上述数字少得多的成本即可实现。

如果我们看一下判断专利实际是否被竞争对手侵权的成本估算——似乎更加评估在实施标准时专利是否被"侵权"——我们发现,估算成本范围从 1800 欧元(快速审核)到 2600 欧元、4400 欧元(中级审核)(对有效性进行初步评估,我们不需要)到 8800 欧元或以上(全面审核)。[39] 因此,对于我们所收集的信息类型而言,2600 欧元似乎是一个合适的上限。另外,由于一个专利族中的大多数专利都会引用标准的相同部分,所以上述成本应该被视为每个专利族的成本。因此,即使认为专利族审核成本更高,以下估算也适用于判断成本将会是多少。

采用一个简单的方法计算所涉及的总成本,其方式是 2600 欧元乘以当前被声明属于 SEP 的专利族数量。例如,网络创新研究所 2013 年的一项研究表明,LTE 标准所申报的必要专利族的数量大约是 6000 项。[40] 所涉及的总成本将最多为 1560 万欧元。

其他一些数字有助于认识上述总成本的量级。我们首先从专利申请成本开始。在美国,申请单一专利的成本取决于相关技术的复杂程度。电信和软件领域属于较为复杂的领域,在这些领域,律师费和检索费较高。在这些领域,提交专利申请的总成本估计在 14500~6300 欧元。[41] 在欧洲,人们不仅要计算获得专利的成本,还要计算收取专利费期间更新专利的成本。由于专利有效期为 20 年,所以我们简单地假定 SEP 专利续展期间

---

[38] http://ipfinance.blogspotco.uk/2013/03/patent-valuation-how-much-does-it-cost.html.
[39] http://olivergrimsley.com/patent-services-patent infringement-assessment/.
[40] https://www.cybersoken.com/file/ite03EN.pdf.
[41] http://www.ipwatchdog.com/2015/04/04/the-cost-of-obtaining-a-patent-in-the-US/id = 56485/.

为上述法定有效期的一半,即 10 年。加上所有相关费用,[42]对于权利要求不足 16 项的专利,成本范围是 15380～15570 欧元,而对于权利要求达到 30 项的专利,成本范围是 22430～23020 欧元。专利续展 10 年的成本是 15600 欧元。所以,如果增加的律师费与美国大致相同(比如 12000 欧元),那么获得 EPO 专利的成本大约在 25000 欧元到 35000 欧元,如果续展 10 年,那么成本更高。这些都是按照单个专利进行估算的,所以每个专利族的成本会更高。这意味着至少在欧洲,将每个专利族与标准的相关部分对应起来的成本至多是专利获权成本的 10%。

关于 SEP 持有者的专利费收入,同样也有估算。近期估算表明[43],SEP 持有者实际获得的 2G、3G 和 4G 标准的专利费每年略少于 180 亿欧元。此估算尽量基于向专利持有者实际支付的金额,此金额往往更高。实际上,此收入数字仅仅低于这些标准相关设备销售收入的 5%。我们知道,ETSI 已经收到了有关 GSM + 3G 标准的约 23500 项 SEP 声明,4G-LTE 另外还有 6000 个专利族。我们不知道这意味着有多少单独专利,但是让我们假设每个专利族平均有 4 项专利,这样 LTE 的 SEP 总数与 GSM + 3G 的 SEP 数量基本相同。我们总共获得了 47500 项专利,每项专利的年收入大约是 38 万欧元。我们保守地假设,上述款项的收取期限只有 5 年时间,每项专利约 2 欧元,因此专利与标准相关部分关联的成本,最多等于许可预期回报的 0.15%。

总体而言,我们不认同将所声明的每个 SEP 族对应到标准的适当部分的工作,且公开这些信息的做法会导致问题。这不仅是专利许可中相当正常的支出,而且所导致的成本(虽然所有专利的成本累计起来可能很大),与其他专利费用和专利所有者收取的报酬相比,其量级是适中的。[44]

确定专利的必要性

现在我们考虑潜在 SEP 被许可人的最后一项要求:在约定许可合同之前,对所声明的专利的必要性进行评估。与之前讨论的两个事后披露政策相反,此要求将远远超出许可人的常规职责。在普通的双边许可谈判中,一般由被许可人决定是否有侵犯专利的可能性。这并不意味着许可人不一定会提供信息来帮助进行评估——因为这样做可能是为了他自己的利益——提供这些信息时,侵权信息通常会采取"权利要求比对"的形式,它可以说明被许可人的产品和生产过程如何可能侵犯具体的专利权利要求。如同前

---

[42] https://www.epo.org/law-practice/legal-texts/official-journal/2014/etc/se.3/2014-se3.pdf.
[43] http://www.ip.finance/2015/08/cumulative-mobile-sep-royalty-payment-html.
[44] 然而,我们并不声称这些回报必然足够或者甚至足以妥善补偿创新者在投资研发时所承担的费用和风险。这是一个完全不同的问题。我们的观点是,所提出的政策成本太小,不可能对创新激励或专利激励产生严重的负面影响。

一节所论述,专利族与标准关联时,权利要求比对是其中步骤之一。无论是否有权利要求比对,潜在被许可者可以利用自身资源来支持自身观点。因此,总而言之,双方均承担部分获取侵权信息的费用。

被许可人所支持的政策中,需要由独立第三方评估专利必要性。这种评估不需要像诉讼评估那样彻底,甚至不需要提供我们刚刚讨论过的"权利要求比对"。[45] 需要的是对于既定专利或专利族是否是实施标准所必需的二元观点。基于上文提供的估算范围,似乎这种评估的实际成本范围在4500欧元到9000欧元,其中,4500欧元涵盖了"中等"必要性评估以及初步有效性评估(这对于我们是不需要的),而9000欧元是"全面"必要性评估成本。[46] 将此上限乘以2G、3G和4G的SEP申报总数(47500个),总成本为4.275亿欧元,此金额相当大。

由于此费用是对许可人的常规职责额外增加的负担,因此,我们不能再沿用我们以前的说法,认为许可的这一部分成本确实可能比许可发生在标准化之外的成本要低。原则上,我们需要提供合理估计此类额外要求所带来的益处。对比成本和收益之后,我们便可做出明智的政策建议。这不是一件容易的事情。

为了确定独立必要性评估的益处,我们需要弄清楚,如果没有进行上述声明会相应出现哪些情形。正如我们所阐述的,在这种情形中,双方的职责均出现一定的扩充,需要提供拟许可专利组合SEP的相关信息,评估该SEP的必要性。我们将双方在既定双边谈判中所花费的总费用定义为E。一般而言,双方主要讨论的是许可方专利组合中的"珠宝"(顶尖专利。——译者注),因为这些专利对整个专利组合的必要性和有效性的影响最大。在专利组合j中,我们把此成本分解成每个专利成本θ和顶尖专利数量j,因此$E=\theta \times j$。我们进一步区分许可人发生的成本和被许可人发生的费用,分别定义为θ_1和θ_2。如果谈判失败,则双方将提起诉讼。让我们将双方的诉讼费用定义为L。因此,如果在这种制度下,诉讼概率为p,那么对于许可人参与的每一次谈判,总的预期成本为$(\theta_1+\theta_2)j+pL$。如果有N个被许可人,那么许可人可以重新使用旨在供被许可人后续谈判使用的信息(例如权利要求图),因此所涉及的总成本仅上升到$(\theta_1+N\theta_2)j+NpL$。

现在让我们转向所提出的政策替代方案(独立必要性评估)。在此方案中,SEP持有者的部分专利交由独立必要性评估,而且此独立评估被公开(至少对向所有被许可人提供)。将每个专利评估的成本定义为f,将被评估的专利数量定义为S。如果还是无法

---

[45] 事实上,有几个受访者(特别是研讨会的参与者)对权利要求图有一个比较粗暴的看法,认为这是劳动密集型工作,但该工作对于评估必要性并不是非常有用。

[46] 其中一些受访公司提到:"对于(我们)而言,律师花费1000英镑左右的费用来检查必要性。在专利池中,每个专利可能花费10000英镑",这与我们估计的数值基本一致。

达成一致意见,则双方提起诉讼。现在将诉讼的概率定义为 q。因此,该制度的总成本——针对许可一个 SEP 专利组合——等于 $Sf+NqL$。因此,如果 $(\theta_1+N\theta_2)j-Sf>NL(q-p)$,则现行制度应让步给所提出的政策。

首先考虑一种情况,即要求外部评估者评估双边谈判中通常讨论的"顶尖专利"。这些"顶尖专利"将由专利持有者选择。假设提交的专利数量与双边谈判进行评估的专利数量相同,即 $j=S$,则条件变成 $(\theta_1-f+N\theta_2)j>NL(q-p)$。

此条件提供了很多有用的信息。让我们先看看左侧。可以合理地认为,提供常用"权利要求比对"的成本比获得体面的外部评估的成本低很多,因此 $\theta_1<f$。这就导致新政策的吸引力比不上现行政策。但是,基于我们依据的数据,似乎可以合理地假设 $\theta_1=4500$ 欧元和 $f=9000$ 欧元。这意味着只要 $N\theta_2>4500$ 欧元,那么左侧就是正数。只要有至少 5 个潜在被许可人,那么在时间和资源上,被许可人在每份许可协议上至少需要花费 900 欧元,以评估每个许可人的"顶尖专利"的必要性。如果有 10 个被许可人,那么这个数字将下降到 450 欧元。因此,似乎有理由得出这样的结论:对于适用广泛的标准,条件的左侧是正数。现在考虑右侧。通过独立评估获得的信息比部分从专利持有者获得的信息更值得信赖,因此,似乎外部评估应该减少诉讼的可能性,从而 $q<p$,右侧为负数。左侧正数,右侧负数,即可满足所提议的主导政策条件。因此,我们得出结论,对于适用广泛的标准,相比较当前制度,要求专利持有者对"顶尖专利"进行外部必要性评估的政策可以降低许可总成本。

减少诉讼可以带来巨大益处。在美国,专利诉讼费用在 90 万欧元到 540 万欧元,具体取决于所涉及的金额。与重要标准有关的 SEP 诉讼数量并不少。从这个意义上讲,全美专利诉讼费用为 333 亿欧元(100 万到 2500 万件)。因此,如果我们假设上述政策可以将诉讼概率从 0.1 降低到 0.05,并且有 40 个潜在被许可人,那么节省的诉讼成本将达到 666 万欧元,这足以承担 740 个已申报专利(专利族)的充分必要性评估或者 1480 个专利(专利族)的"中间"评估。我们应该补充说明,我们用于诉讼成本的数字只是指诉讼的私人成本。如果我们把这些成本加到司法系统上,那么节约的总成本更高。

关于应该由谁支付外部评估费用,我们没有讨论。然而,之前的分析对这个问题有一定的启示。提出的政策可以比目前的安排更有效率,原因有两个。首先,此政策可能会减少诉讼。鉴于没有前提条件假设当事人其中一方的诉讼成本高于另一方,我们认为由此产生的利益可由许可人与被许可人均摊。其次,外部评估制度可以防止被许可人重复工作:一旦专利得到评估,所有潜在被许可人都可以获得相关信息,而不需要其他工作。但另一方面,许可人节省的只是传统"权利要求比对"信息所需的一次性投资。因此,似乎有理由提出,对于适用广泛的标准,被许可人整体应该承担一半以上的费用,并且标准适用的范围越大,被许可人承担的份额应该越大,因为潜在被许可人的数量更多。

我们现在讨论一个改进版的政策,改进后的政策可能会更好地与其他建议吻合,比如承诺专利费上限。在此制度中,外部评估人员将从持有者声明的 SEP 资产组合中,随机抽样进行专利必要性评估。然后确定样品中被认定为真正的标准必要专利的比例,之后将该比例应用到整个专利组合中,以了解该组合中真正必要专利的数量。这种方法在各种背景下都非常有吸引力。最明显的是,对于专利池来说,评估他们收取的各项专利费在不同的成员之间应该如何进行分配,具有一定的作用。基于真正必要专利的估算份额进行分配,这似乎比基于专利数量进行分配更公平。事实上,这种方法将有助于说服专利所有者将更强的 SEP 专利组合加入专利池。㊼

如果 SSO 成员一开始便承诺一个专利费上限,或者如果 SSO 只是提出参考性专利费堆叠的上限,则上述随机评估可以提供非常有用的基准。这一点对于可以实施上文提到的分配机制的专利池而言最为明显。即使 SEP 持有者没有按照真正持有的 SEP 数量来正式分配上述许可费上限——如在专利池可能发生的情况——基于随机测试得到的分配比例仍可以向被许可人提供有用的基准。被许可人最初的议价地位自然是这样的:既定许可人获得的最多份额等于其持有的真正 SEP 估算份额。然后,许可人的工作就是说服被许可人,使其相信,随机评估获得的结果低估了其专利强度。在此过程中,许可人的行为将受到诉讼威胁的制约,我们相信法院和仲裁员对于根据专利组合独立估算的结果进行分配的方法应该会十分支持。

事实上,即使没有承诺/参考性上限或者专利池,这种抽样的必要性评估仍然是可取的。基于我们自身经验、利益相关者的反馈以及同参与 SEP 许可的经济学家和律师之间的讨论,我们认为,被许可人普遍试图评估"专利费总额"可能会达到多少,以双方谈判为参考点,使用他们对上述专利费堆叠的估算,然后将许可方的 SEP"份额"再次应用于"专利费堆叠",以至少确定进一步谈判的出发点。

总体而言,鉴于我们认为专利池有重要的作用,我们也支持专利费堆叠上限承诺,而且正如我们下面将要看到的,对 SEP 进行随机评估同样有助于限制被声明为必要专利的专利数量,我们强烈建议将随机测试应用于由专利持有者选择待评估专利的制度中。

但是,在随机测试环境中,还需要考虑另外一个问题:询问专利组合抽样需要达到何种程度才可以向我们提供可靠的估计。这个问题有一个严格的统计学答案。专利要么是必要的,要么不是。假定提供 K 个专利的专利组合中必要专利的比例为 α。在 K 个专

㊼ 一些作者提出了类似方案,其中一些方案中,一些"评估抽样"的结果被用于确定既定专利持有者应获得的"专利费份额"(Jorge L. Contreras, "Fixing FRAND: A Pseudo-Pool Approach to Standards-Based Patent Licensing", 79 Antitrust L. J. 47 2013)。

利中,我们需要测试多少个专利,必要专利比例(定义为 β)才可能足够接近 α? 例如,假设我们测试了 30 个专利,并发现其中 30% 的专利是必要专利。使用"正态近似"法分配二项样本均值,我们可以得出,在整个专利组合中,真正必要专利的实际比例在 27% 到 33% 的可能性达到 95%。此比例十分精确,因此,"正态近似"法不会导致专利持有者面临任何较大的错误风险。当然,精度会随着专利测试数量的增加而下降。例如,如果有 15 个专利接受测试,那么基本专利实际比例在 25% 到 34.5% 的概率为 95%,区间更大。但总体来说,这些数字表明,只要专利组合比较大,只有相当小比例的组合需要接受测试,如此一来,我们可以精确了解专利组合的整体质量。

必要性评估的质量和客观性当然很重要。这就是为什么讨论随机评估时,许多利益相关者表示,EPO 进行这样的评估可能是有意义的。正如 5.5 节所讨论的那样,鉴于利益相关者也支持让 EPO 参与 SEP 数据库的创建和维护,这似乎是天作之合。

5.3 过度声明的棘手问题

实施者们一致认为,过多的专利被声明为标准必要专利。实际上,许多专利持有者也同意这一观点,他们解释说,这种行为有两个原因支配:避免被指控专利伏击,以及需要从被许可人最终支付的专利费总额中"划分"足够的份额。利益相关方的观点得到了大量证据的支持,这些证据表明,经过严格测试,申报标准中,只有 10% 到 50% 被证明是实际必要的专利。[48] 但为什么过度声明会成为问题呢?

第一种可能性是,毫无根据地增加 SEP 声明数量,直接提高了达成许可协议的成本。然而,目前并不清楚 SEP 数量对谈判成本的直接影响。例如,如果谈判主要涉及各种 SEP 专利组合中专利的"计数"以确定这些组合的所有者有权获得的总专利费份额,则 SEP 声明数量的增加,几乎不会导致许可成本增加。同样,如果谈判主要涉及许可人的"顶尖专利",那么专利组合中包含的非必要专利不会对这些"顶尖专利"产生任何影响,因此,SEP 声明数量的增加应该不会显著影响谈判成本。事实上,在咨询了大西洋两岸的从业人士后,我们未能取得任何可靠的证据证明 SEP 所有者过度声明会导致许可费大幅增加。据此我们得出结论,本质上,过度声明的负面影响可能是微小的。

但另一方面,对于我们已经认可的若干政策,过度声明会大幅增加这些政策的实施成本。这无疑增加了将专利族与标准相关部分进行对应的成本,并且增加了相应的数据库管理成本。这也在一定程度上增加为了在合理误差范围内确定出专利组合中必要专利的比例,所需要评估的专利数量。因此,出于这些原因,值得考虑对声明为标准必要专

---

[48] http://frlicense.com/GSM_FINAL.pdf; http://www.cybersoken.com/file/lte02EN.pdf; http://www.frlicense.com/WCDMA%202009%20Report%20for%20Web.pdf; http://www.frlicense.com/LTE%20Final%20Report.pdf.

利的数量进行限制的政策。但这应该怎么做?

一种方法是提高 SEP 声明的成本。当然,要求专利权人提供专利族和标准适当部分的对应关系,已经提高了 SEP 声明的成本:每个专利族花费 3000 元就可能导致专利持有者减少声明的 SEP。请注意,如果上述专利声明数量减少,意味着我们之前对实施这种"比对"政策的成本估计过高了。因为该估计是以假设不包括这种声明成本制度下的专利声明数量为出发点的。当然,可以再往前走一步,规定每项必要专利声明均必须支付费用。由于此想法是阻止专利所有者过度声明,因此,应该明确,该费用应由 SEP 持有者支付。但是,我们是否知道此类费用为多少,才能大幅度减少标准必要专利声明数量?

能够减少声明的 SEP 专利族总数的一种可能的方法将是,当专利续费改变时,观察 EPO 和其他专利局反映的专利行为的变化。目前续约费用在 465 欧元到 1560 欧元。因此,最近这种费用的增加只是其中的一小部分,所以我们正在考虑"增加费用",这个数额远小于我们想要的数额(从关联政策的 3000 元开始)。所以,如果专利持有者对大额附加费的反应要比相对适中的费用大得多,那么专利局续展费改变后观察到的变化可能低估了因声明费用所导致的声明专利数的减少。

如果依赖公开的、对专利续展弹性的估计,如 Ariel Pakes 和 Mark Schankerman[49] 所获得的续展费用,则续展费用翻倍会导致约 20% 至 30% 的专利减少续展。[50] 如果我们假设平均专利延续了大约 10 年,那么续展费用(从更低的变化前的水平)翻倍会增加约 4500 欧元的费用。这意味着 9000 欧元的申报费可能会使已申报的基本专利数量减少 50%。这些费用的收益可以有效地资助 SSO 的活动。这不仅意味着 SEP 持有者将收回部分费用,而且还可能有助于确保他们更广泛地参与 SSO,因为参与的成本可能会得到补贴。[51]

然而,费用并不是诱导显著减少所声明的 SEP 组合的大小的唯一方式。被认为"过度申报"的一个主要原因是,无论在专利池内还是在双边谈判中,专利持有者申报 SEP 的比例都是重要的。换句话说,如果其他专利持有者也这样做,专利持有者可能会很乐意申报较少的专利。当时的挑战是要设计一种机制,使每个专利持有者有单方面的激励措施,减少其专利组合的规模,同时确保他的竞争对手在相应的情况下也能减少他们的

---

[49] Schankerman, M., Pakes, A., 1986. Estimates of the value of patent rights in European countries during the post-1950 period. The Economic Journal, 96(384), 1052 – 1076.

[50] 更确切地说,在专利申请相对早的时候就应该使用续展的弹性,至少在电信领域,实际上很大一部分 SEP 是最近获得的。

[51] 根据参与工作的程度,费用收益最好重新分配给 SSO 参与者。为使该计划有效,费用收益绝不应该根据申报的专利数量来划分。

申报。

　　附件 1 更正式地研究了这种方案的特定形式。在这个体系中,专利持有者单方面决定他们宣称的专利组合的比例是必不可少的。修整其专利组合时,专利持有者当然保留先验的专利,这些专利更可能是必不可少的(并且是有效的)。每个申报的组合将被抽样,以确定实际上必不可少的专利比例。这个估计的比例就是我们所说的声明组合的"质量"。然后,将所有申报的 SEP 组合的官方"权重"估计为该质量的权重几何平均数以及申报的专利数量。通过选择权重,可以引导专利持有者申报更少的专利(质量更重)或更多的专利(数字上更多)。事实上,可以在不需要征收费用的情况下,任意减少已申报专利组合的规模。程序的成本就是取样成本和专利权人选择专利、实际申报的成本。有人可能会说,无论如何,在某个阶段将发生第二笔费用,采样成本将是主要项目。在这种方法中,归因于每个 SEP 持有者的特定使用费的份额是基于被宣布为必要的专利数量的加权平均数和对已申报 SEP 产品组合的样品的外部评估所揭示的必要专利比例。我们的研究表明,通过改变这两个组成部分的相对权重,可以激励专利持有者减少被宣称为必要专利的专利数量,这个比例是多少都可以通过忽略较弱的专利减少申报的 SEP 数量。而且,在均衡状态下,在不改变拥有类似质量投资组合的专利持有者的相对份额的情况下,都可以实现所声明专利数量的任意减少。

　　虽然这样的方案最好在一个共同的范围内,或者在专利使用费总额的限制范围内,但它也将成为许可证持有者评估各种 SEP 组合的依据。如果法院在被要求确定 FRAND 条款的时候也考虑到这个规则的话,那么这个方法的可信度会更高。这个方法的优点是不依赖于申报费用,也不涉及任何额外的成本,因此应该更有利于 SEP 所有者。

5.4　声明的时间安排

　　随着时间的推移,对声明的维护工作变得非常重要,因此,维护数据库对于确保许可组合得到合理评估非常重要。

　　事前具体披露不可能精确识别目前未知标准的真正必要专利。正因如此,如上所述,我们认为需要某种形式的事后具体声明。为了方便进行 SEP 许可,此类披露必须在标准公布后的合理时间内进行。在这方面,ICT 行业部分实施者抱怨说,一些 SEP 所有者(特别是 NPE)倾向于推迟声明,并且达成其他双边许可协议之后,便要求高昂的专利费。

　　安排标准制定之后的 SEP 声明时间时,不可避免地需要达成一种平衡。一方面,专利持有者需要足够的时间来识别与实际标准相关的专利。如果声明的时间太短,那么专利持有者会担心他们可能会忽略一项有价值的专利,从而可能会过度声明。而且,专利持有者也可能需要时间,在 SEP 与标准的子部分之间建立上文所述的联系。另一方面,准备将符合标准的设备引入市场时,制造商也渴望尽快签署许可协议。

我们认为,在存在 FRAND 承诺的情况下,应该给予专利持有者足够的时间。这是因为 FRAND 包含了一个承诺,即实际上向实施者提供受保护的技术。拒绝提供许可并不是一种选择。实施者因此可以十分确定。由于潜在被许可人知道最终会获得准入,因此,为了确保 SEP 声明的准确性,推迟许可谈判的成本似乎相对有限。[52]

然而,还需要考虑相反效果。只要尚未声明 SEP,就很难开始许可谈判。如果事前承诺完全支付专利费,那么情况更是如此。这也适用于更宽松的 FRAND 环境。实践中,大多数双边谈判都接受下列概念的指导:可能产生什么样的叠加以及在许可人之间应该如何分配叠加。所以,推迟声明也意味着迟迟不会开始有意义的许可谈判。但是,一旦标准制定完毕,企业就会立即开始认真制造标准兼容设备。然后,如果 SEP 持有者的声明延迟了相当久,那么会导致潜在被许可人陷入这样的境地:潜在被许可人已经投入了大量精力来实施标准,议价时,潜在被许可人所投入的费用较大,那么意味着他议价力越低,SEP 持有者抽取较高专利费的能力越强。如果事前承诺完全支付专利费,这将不是什么大问题,但如果 FRAND 是 SEP 所有者提供的唯一保证,则很可能导致支付总额提高。

利益相关者在反馈时,提出了第二个问题——故意延迟声明 SEP 有问题吗？延迟声明 SEP 者可能会提高议价力,从而造成潜在危害。这种增加的"垄断力量"可能来自两种截然不同的经济机制:互补和劫持。考虑一种环境,在其中,SEP 持有者受到某种 FRAND 承诺限制,这种承诺非常模糊,为有关费率留下了相当大的谈判空间。假设几乎所有 SEP 持有者(一个 SEP 持有者除外)同时与各个实施者进行谈判。从经济角度而言,这意味着,无论出于何种意图和目的,所有这些许可谈判都是"同时"进行的。一旦这些谈判结束,最后一个 SEP 持有者便开始双边谈判。这种组织安排与非常传统的经济问题非常相似。一家天然气公司想要建造一条从 A 到 B 的管道。这条管道将经过 10 块地。这 10 块地共有 10 个所有者,因此,公司需要与每个所有者达成协议,然后才能够开工。假设公司已经收购了 10 块土地中的 9 块,这家公司与最后一个所有者谈判时,它并不处于强势地位。前 9 块土地的获取成本现在已经投入,与谈判无关,因此,天然气公司面临的最后障碍是,公司预计来自管道建设的总利润中,第 10 个土地所有者可以获得

---

[52] 标准制定机构相互竞争时会存在潜在预告:标准制定活动之间的竞争可能会给许可人和实施者造成时间上的压力,因为延迟可能会影响标准获得成功的机会(当然,没有许可协议并不等同于没有实施)。

其中的大部分利润。正是为了避免陷入这样的困境,作为一家明智的天然气公司,它会与前9位所有者达成协议时附加条件,公司与所有的土地所有者达成协议后许诺才能实现。上述逻辑同样适用于推迟申报的许可人。如果与其他 SEP 所有者的许可合同是"无条件的",即如果许可合同暗示,无论被许可人是否与最后一位 SEP 所有者达成协议,被许可人均应支付费用,那么许可协议谈判只对 SEP 所有者有利。但是,如果至少存在与产出关联的专利费,那么所有 SEP 都是实施标准的严格补充,这意味着,较早达成的许可协议生效条件是,必须与最后一位 SEP 所有者达成协议:如果无法与最后一位 SEP 所有者达成协议,那么实施者便无法实践标准,从而无法向其他 SEP 所有者支付费用。因此,最后一位 SEP 所有者发现,自己的议价地位与之前达成许可协议的 SEP 所有者完全一样,作为最后一个并未令其拥有任何战略优势。

然而,如果有事前承诺,或者至少强烈提及专利费堆叠总额,那么,SEP 所有者申报推迟就会产生实际问题。比较以下两种场景即可清楚。第一种场景,A 公司申报 SEP 的时间比其他专利持有者晚很多,但是其他 SEP 持有者与实施者均知道,A 公司持有相关专利组合,而且合理了解了该组合的可能价值。在这种情况下,实施者可以与其他 SEP 持有者正常进行双边谈判,因为各方认识到必须为最终由企业 A 收取的专利使用费创造一定"空间"。然后,被许可人也可以继续他们的产品开发计划,了解他们的可变许可成本。现在,考虑其他市场参与者不知道 A 公司拥有 SEP 的情况。如果 A 公司很早就披露了 SEP,那么就不存在任何问题,因为所有的双边谈判都能根据这条最新信息作出改变。然而,如果公司 A 在所有其他谈判结束之后才公布其持有 SEP,则可能不再有任何"上限下的空间"来容纳这个新出现的 SEP 所有者,而且如果重新开始所有其他谈判来创建这样的空间,那么成本就会过高。

对所有这些考虑因素进行加权,我们会建议向 SEP 所有者给予大量的时间(几个月)进行申报。这个时间越长,要求就越广泛(专利与标准之间的联系、必要性测试等)。如果存在专利费总额上限承诺,那么应该设定时间限制,以确保上限之下还存在一定空间。即使没有这样的上限,也应该执行更宽松的时间限制,以确保实施者能够尽快准确地了解成本。

5.5　标准更新以及与专利局的合作

即使及时作出声明,声明也难以变更。为什么披露为必要专利的专利或专利申请后来被认为是非必要专利,其原因有多种:①专利申请被驳回,被成功提出异议或被放弃;②有关专利过期;③具有必要权利要求的专利成功向法院提出异议,或者被有关专利局复审撤销;④已发布专利的范围被缩小或修改,不再包含标准必需的权利要求;⑤已经出现了新的技术替代方案,可以在不侵犯以前申报的专利的情况下实施标准;⑥标准本身已经发展到新的版本,以前的一些 SEP 失去了 SEP 地位。相反,一些标准必要专利可能迟迟不会出现,因为专利持有者最初并不了解这些专利,或者因为标准的后续版本可以采用这些专利。

专利持有者和实施者都认识到需要特定的机制,以更新 SEP 声明。然而,他们所表达的关切涉及诸如更新 SEP 数据库等相当机械的问题,而不是由 SEP 持有者或实施者的不当行为引起的重大风险。

首次达成许可协议时,要求列出截至许可协议之时已经授予的相关专利,这似乎是合理要求。关于现有标准对新专利的采用,可以通过以下方式进行处理:在授权协议中包含在特定时间范围内获得的"所有相关的未来专利"或者按照 FRAND 条款提供额外的许可。特别是,许可人仍然有权享有专利费——根据与被许可人签订的各种协议计算,且与 FRAND 条款兼容。

在 SSO 中涉及创新的专利出现了特殊情况。这些创新都是一些 SSO 成员提出的,用来"修补"标准中不能用现有技术处理的漏洞。鉴于获得专利时出现了延误,只有在最初的许可浪潮结束之后,才可能取得相关知识产权保护。然而,可能有一个相当简单的解决方案。根据定义,其他 SSO 成员知道这些发明,并且被标准采用的概率较高(尽管有效性当然尚有疑问)。因此,让相关创新者揭示其专利申请或意图就标准的某一方面寻求专利,这是有意义的。没有理由不能及时作出此类声明,按照权利获授以及有效的可能性,及时将知识产权纳入许可协议。[53]

更棘手的问题涉及标准的更新,特别是在几乎不断更新的环境中。虽然原则上,更新会导致 SEP 所有者就采用"旧"和"新"版本标准的问题而产生冲突,但利益相关者似乎认为,采用易于管理和访问的数据库之后,更新过程已经得到妥善管理:"随着时间的推移,对声明的持续维持真的很重要。因此,维护数据库对于确保合理评估许可组合非常重要。"

"……数据库运行的方式非常混乱。这并不是简单的声明方式和声明内容。例如,如果您申报专利族,那么您可以选择哪个项目。数据库并没有相关组织结构。这个标准可能有 50 个项目,但是很难将专利分配给项目。这使得申报很困难,更难以获得有关数据。我不相信我能从数据库中得到什么。数据库没有进行真正的主动管理。"

"另一件可以做的事就是自动更新。应自动更新交易、失活等。这将有助于在数据

---

[53] 然而,如果创新者还没有提交申请的话,还有另外一个困难,因为披露可能被认为是现有技术,并且使未来的专利保护申请失效。这是 EPO 目前正在考虑的问题。

库拥有更好的地位。"

在这方面,大多数利益相关者对于 EPO 参与运行标准专用专利数据库的前景感到非常兴奋,因为 EPO 能够立即使用所需要的大部分信息,并且他们广泛认为,在建立和管理这种数据库方面,EPO 具有丰富的专业知识。如果 EPO 专家也参与了可能要进行的必要性测试,那么当然会产生进一步的协同效应。

6 许可实践

6.1 再次探讨 FRAND

关于在 SSO 知识产权规则中确立共同的 FRAND 政策,利益相关者之间存在意见分歧。许可人一致反对这样的规则,因为他们认为这些规则会限制他们在法律范围内制定商业政策的私权。尤其是,他们认为,在 SSO 层面定义的任何规则都可能导致实际专利费低于原本可以有权获得的专利费。此外,他们经常指出,在不同的情况下,FRAND 可能合法地表示完全不同的含义。因此,一些专利持有人认为,硬性的一般规则会削弱 FRAND 制度适应特定情况的灵活性,而这种灵活性是可以事后在法庭上根据对个案的评估来获得的(如果必要)。

实施者更倾向于支持基于 SSO 的 FRAND 政策,因为基于 SSO 的 FRAND 政策被视为能够防止其遭受不合理的专利费请求。但是,并非所有实施者都持这种观点,部分实施者承认,定义总体原则存在难度,需要考虑特定许可背景下可能出现的具体意外情况。

实施者和专利持有者似乎也有些担心,多数 SSO 可能受到另一方成员的驱使,从而对他们施加"错误的"FRAND 规则。

6.1.1 FRAND、合同条件与"华为案"判决

正如我们在上文所阐述,FRAND 中,"R"应该是负责解决劫持问题,即利用事后议价能力提升价格。从概念上讲,FRAND 许可协议是指在标准化过程开始之前已经达成的协议。

我们假设,FRAND 承诺适用于盐类供应,而并非诸如电信半导体或光学之类的复杂技术。贩盐是简单的交易,价格、盐的类型和交付数量可以明确规定。即使在这样一个简单的事例中,事后定价都可能是一个棘手的工作,因为无法精确定价。因此,仍然需要某种形式的争议解决机制,如仲裁、司法程序等。第 7 节讨论了这种争议解决机制可能采取的形式。

然而,许可合同具有相当多的维度。许可合同不仅需要描述被许可的技术和所涉及的成本,还要规定使用领域、可能的回授或不起诉条款,以及将新技术纳入许可协议等条

款。由于这些条款对许可人和被许可人都有很大的影响，所以也可以作为反对狭义 FRAND 承诺的理由。例如，如果 FRAND 被看作承诺支付合理专利费即可提供技术，那么许可人或被许可人可能通过胁迫对方接受一些难以接受的其他条款破坏这一承诺。因此不可避免的是，FRAND 的概念需要延伸到其他条款和条件。

在"华为案"中，法院朝这个方向迈出了一步，明确了许可人不能要求被许可人签署某种形式的不起诉条款，放弃其后来对许可组合中包含的专利的有效性或必要性提出质疑的权利。但是，这个判决仍然未触及合同中许多各方可能产生分歧的空间。在"华为案"框架下，这些争议最终将通过法庭或仲裁来解决：被许可人将提交一份不包括不起诉条款的完整要约，被许可人可以选择同意要约，也可以选择同意通过司法程序解决争议，或者——如果双方均同意——通过仲裁解决。

现在的问题是，SSO 是否希望制定更精确的规则来处理许可合同的其他方面，以减少当事方对争议解决机制的依赖。例如，IEEE 最近表示，强烈希望合同使用"最小可销售单元"来计算专利费。其他 SSO 也建立（或考虑建立）对其成员具有约束力的仲裁机制。换而言之，SSO 正在考虑限制合约各方所倾向的、能够最大限度满足个体需求的自由。这是一个好主意吗？这个问题根本无法回答。保留灵活性以提高合同事后安排的效率和制定一些规则以确保"其他条件"不能被用来破坏事前的 FRAND 承诺，二者之间应达成适当平衡。因此，第 7 节的其余部分将专注于审查许可合同的具体方面，试图确定平衡二者后，确保灵活性是否仍应当被 SSO 优先考虑。

6.1.2 "N"和"D"

尽管在政策圈子中关于"N""D"的讨论要少得多，但是仍有一些实施者抱怨说，鉴于目前缺乏有关许可条款的信息，"FRAND"承诺的"无歧视"部分不可能被强制执行。利益相关方认为，鉴于每份许可合同的具体条款可能各不相同，"无歧视"并不意味着所有使用者都应该支付完全相同的专利费。然而，也有几位实施者相信，他们不是总能获得他们在下游市场的竞争对手所获得的"理想交易条件"，或者至少由于不知道竞争对手支付的金额，令其更难以开展自己的许可谈判，也难以对自己的产品定价做出准确判断。

这里的主要问题在于许可协议通常包含保密条款，以防止任何一方泄露合同的内容。保密条款很普遍。保密条款不是 FRAND 许可所特有的条款。条款的保密性本身无可厚非。事实上，公共机构对所谓的"最惠国待遇"条款的潜在反竞争效应很担忧，这似乎很奇怪，在"最惠国待遇"条款中，供应商承诺销售价格不会高于向其他任何 input buyer 收取的最低价格，然后承诺反对明确削弱这些条款的保密协议。

然而，如果政策制定者认为 FRAND 中的非歧视部分的承诺有用处，那么对保密协议加以限制是有意义的。正如几个利益相关者所提议的那样,这种限制可能会采取极端的形式,要求公布 SEP 许可条款,并将其纳入我们已经讨论过的可公开访问的 SEP 数据库。或者,也可以规定,SEP 持有者不能坚持要求列入保密条款,就像"华为案"一样,他们已经不能坚持列入不起诉条款。后一种方法似乎成本较低,破坏性较小,因此总的来说更为合理。

6.2 专利转让规则

近年来,越来越多的专利持有者将其全部或部分 SEP 专利组合出售给第三方,例如 NPE。其中一个原因是,移动通信市场部分以前的市场领导者已经在手持设备市场上失去了商业地位,被 Apple 和 Samsung 等新的参与者所取代。如今,这些以前的市场领导者通过许可上游创新来获得巨额收入,而不是继续投资下游生产。在这种背景下,这种纯粹的许可人有时可能将其全部或部分专利组合出售给 NPE,或出售给那些为了防御性交叉许可而寻求获得强大的上游专利的下游运营商。

如果专利组合的购买者无须受前任所有者给予的 FRAND 承诺所束缚,转而选择收取明显高很多的专利费时,这种专利出售可能存在潜在问题。

包括专利持有者在内的所有利益相关者普遍认为,先前的承诺应该约束新的专利所有者。然而,由于不同国家的法律有所不同,一些利益相关者对被转让的承诺的责任和可执行性表示担忧。其他利益相关者对此提出了异议,他们认为通过适当的合同条款可以轻易处理这些问题。

除 FRAND 承诺之外,新所有者是否也应该受到先前所有者 FRAND 特定解释方式的约束,双方在此问题上同样存在分歧。一些实施者还建议,对于相同的专利,新所有者收取的专利费永远不能超过先前所有者,或应该宣布他们会这样做。

初步评估

我们认为,如果在不转移承诺的情况下销售 SEP,则 FRAND 承诺的价值不大。出于这个原因,我们认为,在专利转让之后,FRAND 承诺通常也应该对新的所有者进行约束。我们也注意到,在其他情况下(例如房地产销售),也经常存在转让承诺的情形,这表明对于一些当事人提到的法律困难,必定有切实的解决办法。总体而言,为什么 SSO 不应该制定强制成员转移承诺的规则,我们不知道其中的原因。

这样的规则当然不能解决所有可能的冲突。特别是,一些获得 FRAND 承诺 SEP 的人认为,"由于 FRAND 是一个范围",他们可能比 SEP 的原始所有者收取更高专利费,这并不一定意味着他们不提供 FRAND 条款。虽然我们认为,利益相关者的反馈意见、现有的证据以及有关这个问题的现有文献均无法为我们提供足够强大的依据,无法就

FRAND 转让提出建议,但我们仍然觉得应该提到两个因素,对获得者宣称"这是 FRAND"的能力加以限制。第一个因素是,为什么 FRAND 应该是一个"范围",实际上并不十分清楚。据推测,如果事前确实进行了谈判,那么就会为任何许可条款组合选择单一费率。换而言之,虽然可能有一组对应于不同许可条件组合的 FRAND 费率,但对于既定条件,FRAND 费率应该是唯一的,因此在转让之前和之后,FRAND 费率都应该相同。第二个因素是,事前 FRAND 承诺也是为了让实施者能够对标准可能的实施总成本形成合理预期。即使不同的 SEP 所有者都有充分的理由来收取不同的费率,即使我们怀疑这种情况,仍有充分的理由将这些费率视为 FRAND 条款,实施者的期望可能部分基于作出最初 FRAND 承诺的公司的身份,以及该公司就此承诺所作的其他非正式声明。与这些合理形成的预期背道而驰并导致更高费率的转让可能会被视为影响其自身的微型劫持。

6.3 专利组合许可

6.3.1 利益相关者的反馈

在实践中,专利持有者通常不向被许可人许可个别专利,而是许可整个专利组合。一方面,这样的组合许可显然是高效的,因为它们大大降低了许可人和被许可人的交易成本。另一方面,有人担心专利持有者可能将 SEP 和非 SEP 混同在这样的专利组合中,这有可能使其规避 FRAND 义务,并利用标准中包含的 SEP 产生的事后市场力量。

在复杂的交叉许可谈判中,一组专利获得的市场力量转移另一组专利时,可能会出现类似担忧,在这种交叉许可谈判中,互惠性特征使得难以核实既定许可要约是否仍然与 FRAND 义务兼容。

最近的反垄断案,特别是在中国和韩国,反垄断当局已经抱怨将 SEP 和非必要专利进行"搭售"产生了潜在的反竞争作用。但与之相反的是,根据我们从利益相关者那里得到的反馈,他们并未表示这是一个重大问题。没有一个 SEP 持有者声称他们不可以独立于非 SEP 而单独提供 SEP 许可。不仅如此,实施者本身似乎也很认可组合许可的效率,只要他们认为他们获得了关于专利组合内容的足够信息。引用其中一个观点:"(我们公司)已经有 73 起涉嫌侵权的案件。在 72 个案件中,有效性已被法院部分或全部驳回。所以,专利组合许可的一个特殊问题是,有垃圾被放在组合之中。但我们也看到组合许可具有实际的优势。专利组合许可是避免专利堆叠的好方法,但只有当我们对 SEP 专利组合有更大的信心的时候才可以。"

一些实施者还强调,组合许可提供的灵活性更大,因为协议不仅可以针对许可人当前 SEP 组合,而且还可以针对该组合未来新增项目。正如一名受访者所说:"专利组合不是专利的集合,它们是动态的,有新功能和专利。专利组合许可允许动态采用,然后实施者便可安心。人们不想知道他们必须第二天再来获得新的许可。"

6.3.2 我们的评估

尽管所收到的反馈清楚地表明,专利组合许可很受认可,并且通常不会被视为威胁,但是对于在许可协议中捆绑 SEP 和非 SEP,还是值得简要回顾担忧它们的理论基础。

从经济角度来看,搭售往往是没有问题的,并且对于其有危害的理论在实践中难以证实。尤其是 Harms(如 Whinston,1990[54] 或 Carlton 和 Waldman,2002[55])的排他性理论,在 Microsoft 等案例已成功使用此理论,但此理论似乎与 SEP 没有什么关联。Carlton 和 Waldman 描述了一种机制,在该机制中,市场主导地位被用来削弱其他市场的竞争对手,因为来自这个第二市场的竞争对手最终可能会挑战该公司在第一个市场的主导地位。从许可角度来说,SEP 持有者会捆绑 SEP 和非 SEP,以削弱非 SEP 持有者,因为这些非 SEP 专利对 SEP 的主导地位构成威胁。这没有什么意义。Whinston 所说的不同之处在于,捆绑产生的收益是在搭售公司并不占优势的市场获得:通过将其主导产品与另一种产品捆绑在一起,占支配地位的公司可信地承诺,其将制定低廉价格,提供更具竞争力的产品,迫使该市场的竞争对手退出或放弃进入该市场的计划。让我们再次从 SEP 和非 SEP 捆绑的角度来分析。通过捆绑 SEP 和非 SEP,专利所有者将可信地承诺,非 SEP 定价将非常低廉……诱使竞争的非 SEP 所有者竞争对手退出或不进入?如何诱导现有竞争专利"退出"?就阻止进入而言,竞争公司是否由于下列原因真的决定改变目前的研发计划:它认为与替代技术相关的专利的竞争对手可能拥有 SEP,并将其与非 SEP 专利捆绑在一起?这似乎难以置信。

直接适用于受 FRAND 约束的知识产权的唯一分析是 Layne-Farrar 和 Salinger(2015)的分析[56]。他们担心的是,将 SEP 和非 SEP 捆绑在一起可能会让专利持有者逃避他们对 SEP 的 FRAND 承诺。他们表明,只要专利持有者提出"混合捆绑"要约,即只要潜在被许可人可以同时获得 SEP、非 SEP 捆绑要约和仅限 SEP 的单独要约,就不会出现这个问题。如果许可人只提出 SEP、非 SEP 捆绑要约,事情就不那么简单了。虽然这种"纯捆绑"并不意味着对 SEP 的 FRAND 承诺必然受到侵犯,但是用于评估 FRAND 义务是否已经履行的 SEP 许可费,不能通过简单地从整个专利组合要求的专利费中扣除非 SEP 的独立价值来计算。因此,评估 FRAND 承诺是否已经实现,在实践中变得更加

---

[54] Whinston, M. D., 1990, "Tying, Foreclosure and Exclusion", *American Economic Review*, 80, 837–859.

[55] Carlton, D. W. And M. Waldman, 2002, "The Strategic Use of Tying to Preserve and Create Market power in Evolving Industries", *Rand Journal of Economics*, 33:2, pp. 194–220.

[56] Layne-Farrar, A. and M. A. Salinger, 2015, "Bundling and Rand-Committed Patents", SSRN 2585528.

困难。

总的来说,鉴于大多数利益相关者的宽松态度以及缺乏强有力的损害理论,我们得出结论:SSO 或其他任何人都不需要专门针对"捆绑" SEP 和非 SEP 的问题进行规制。但是,由于 SEP 持有者声称至少原则上总是可以提供非捆绑式报价,所以允许潜在被许可人要求提供这种非捆绑式报价,则几乎没有什么坏处。

类似的推理可以应用于专利组合交叉许可问题。这里所关心的是,如果 FRAND 资产组合"使用费"的一部分可以授权互惠使用另一个专利组合,那么确定了按照 FRAND 条款进行许可时,是否需要对通过"部分交换"提供的专利组合进行估值。虽然这个问题在早期关于 SEP、FRAND 和竞争法的辩论中已经引起人们的注意,但咨询和访谈的受访者中很少有人提到它。参加研讨会的与会者明确表示,他们认为交叉许可并不是问题。如果真有的话,那就是交叉许可可能够大大方便谈判。

显然,如果交叉许可只涉及 SEP 的组合,则无须担心交叉许可。为了在这些专利组合中实施 FRAND 承诺,必须了解合理的许可费"现金"应该是多少。如果知道了每个专利组合的现金价值,那么也很容易审查交叉许可协议本身条件是否合理:交叉许可协议应该包括一个净款项,其金额相当于两个 SEP 专利组合之间现金形式的 FRAND 费率的差额。因此,与搭售 SEP、非 SEP 一样,交叉许可只有在同时涉及必要专利和非必要专利时才会存在问题。㊄ 在这种情况下,建议或要求至少提出请求之后即可提供现金报价,相当于要求提供混合搭售的报价。

6.4 专利池

专利池通常向寻求使用专利池的被许可人收取单一的总专利费。然后,集中销售专利池中的专利,这减少了许可人的交易成本,许可人不需要重复寻找需要获得许可的公司以及从"一站式"购物受益的被许可人。㊅

人们广泛认为专利池在利益相关者之间运作良好。然而,许多利益相关者强调,迄今为止,只有少数技术通过专利池获得许可。他们还指出,专利池很少涉及所有的 SEP

㊄ 如果 SEP 所有者只要求非 SEP 组合许可,那么就可以保留 FRAND 承诺的透明度,因为可以评估这个非 SEP 专利组合的价值。

㊅ 请注意,即使考虑到专利所有者需要商定单一专利费,交易总数也会减少。假设有 M 个专利持有者和 N 个潜在被许可人。没有专利池,双方就需要进行 $M \times N$ 次双边谈判。有了专利池,专利池和被许可人之间就只需进行 N 次谈判,加上许可人之间的内部谈判达成协议,就费率达成一致,或者至少就专利池管理层为达成协议而遵守的规则达成一致。在最不利的情况下,许可人必须彼此进行双边谈判,这将增加 $M \times (M-1)$ 个双边谈判。那么交易总数为 $N + N \times (M-1) = M \times N + (N-M)(1-M)$,只要许可人数量至少与被许可人一样多,那么上述交易总数便低于没有专利池的情形。此外,通过妥善的专利池管理,$M \times (M-1)$ 个专利池成员之间完全可以避免双边谈判,以便在大多数现实情况下,专利池可以减少双边谈判总数。

持有者。这种不完全参与应归咎于两个主要因素。首先,潜在成员在其专利组合的质量或感知质量方面存在显著差异。除非专利池设计的分享规则考虑到这些差异,否则拥有更强大专利组合的 SEP 持有者更愿意分开进行许可。其次,即使就分享达成一致,专利池成员可能无法就专利池"正确"使用费所涵盖的内容达成一致。

这两点值得进行阐述。为了使设备共享规则能够充分奖励高质量的专利组合,需要对 SEP"质量"进行一些客观评估。我们在第 7 节中讨论了独立评估声明 SEP 基本特征的优势和成本。上述分析同样适用。特别是,有人会认为,最有效的方法是采用一种方案,在此方案中,对专利池每个成员的专利组合进行随机抽样测试。此外,为了避免处理申报的标准必要专利总数过多,专利池可以很容易地依靠附件 1 中讨论的共享规则类型,因为正如我们已经表明的那样,此类规则允许任意减少专利申报总数,而不影响申报组合的相对质量排名。然而,还另外有一个困难:已声明 SEP 的相对"质量"取决于其基本特征以及法院认定专利有效的可能性。为了应用充分反映质量差异的共享规则,不仅要测试专利样本的必要性,而且还要测试其有效性。这会大幅增加程序成本。因此,如果没有使用激励计划来限制已申报的 SEP 数量,那么可以确保最大限度地参与专利池的微调分享规则的成本可能会非常高。

专利池成员激励之间的分歧还可能导致本来可以达成一致的单一专利费总额出现问题。首先,假定 SEP 所有者不参与下游市场,即 SEP 所有者和实施者之间有严格的分离。然后,SEP 所有者将同意设置专利费总额水平时,应最大化其共同利润。正如我们通过第 3 节讨论而知道的那样,此水平也可以完全消除"专利费堆叠"问题。现在引入一个实施者加入专利池。假设它是唯一的实施者。如果专利费总额增加,这个实施者必须支付增加额,而 SEP 所有者只获得部分增加收益。因此,这个新成员会倾向于将专利费总额设置为零。同样地,应该清楚的是,专利池中,"实施者身份多于 SEP 拥有者"的成员将支持尽量降低专利费,而任何"SEP 拥有者身份多于实施者"的成员将宁愿拥有共同利润最大化的专利费。因此,同一专利池中,很难出现同时侧重于 SEP 和实施的 SEP 所有者。现在,介绍一些纯实施者。那些公司当然不属于专利池,但是他们的存在影响了专利池中的实施者的激励。这是因为相对于专利池实施者有效成本,专利费总额的增加,会导致这些外部实施者的成本增加(因为前者将部分成本作为许可收入而收回)。增加下游竞争对手的相对成本具有吸引力,因为它减轻了下游竞争强度。所以,随着专利池外部实施者数量的增加,专利池内的一些实施者转而倾向于设置较高的专利费。

总体而言,专利池成员就专利费总额水平达成一致的可能性主要取决于 NPE 和实施实体之间的 SEP 持有权分配,在不同类型的实施实体之间也是如此。这意味着,可以设计能够准确反映其成员专利组合相对质量的分享方案,我们一般不应该期望所有 SEP 成员都会同意加入同一个专利组合。

因此,我们得出这样的结论:尽管专利池是潜力巨大的安排,可以限制甚至解决叠加问题,并且可以节省交易成本,但它不是万能的。另外,由于专利池的建立成本巨大,所以它们只能成为充分预期获得成功的标准的现实解决方案。因此,我们并不建议让 SEP 拥有者参与专利池,即使对于利润非常可观的标准也是如此。然而,对于 SSO 来说,至少鼓励自愿建立专利池是有意义的,也许可以在流程初期,委托一家专利池管理公司,并授权其获取 SSO 参与者的兴趣。

6.5 专利费计算基础和许可的"纵向层级"

最近,IEEE 改变了其规则,强烈建议使用"最小可销售单元"作为计算 SEP 许可使用费的基础。此外,一些司法管辖区(部分美国法院、中国和韩国)正在就这一主题制定规则——或者至少是司法先例。由于近期发生的这一系列活动,一些利益相关者提到,专利费计算基础是应该讨论的一个许可维度。

大多数自发提出该问题的受访者认为,选择专利费计算基础是许可合同的一个方面,最好交由各方选择。尽管如此,一些实施者表示出强烈倾向于规制——至少指导——SEP 许可合同中使用的专利费计算基础。但是,不同的实施者在这方面持有不同的看法。一些大型 ICT 实施者,正如其在公开场合发表的观点,抱怨缴纳许可费相当于按照相关设备的总销售额缴纳"实施者创新税"。相比之下,来自 ICT 部门以外的一些实施者认为,考虑到产品的零售价格可能相差 5 倍以上,那么要求 SEP 持有者对这些产品收取相同的专利费总额是很奇怪的。

尽管非 ICT 的行业的标准迄今为止重要性较低,但这些行业中的部分实施者还是对 ICT 行业中 SEP 所有者的许可策略,即直接从面向消费者的终端生产商处收取许可费的行为感到惊讶。这些公司的经理们解释说,由于他们依靠数百甚至数千个供应商提供的数千个组件,他们习惯于依靠每个供应商来解决任何所需的知识产权许可,确保其供应"免于知识产权纠纷"。这似乎是很有效率的,因为大多数上游供应商都是专家,他们对所生产的组件可能采用的技术有深入的了解。而且,由于这些专家经常供应多个下游生产者,通过一次性拥有相关权利,即可将交易成本降至最低,而不是要求每个下游公司获得每个组件的许可。

6.5.1 专利许可费计算基础

我们对这个问题的评估依赖于简单的基本经济原则。第一个原则是实施者支付给 SEP 所有者的一个给定的许可费总额,既可以以更大的基础(乘以低利率)计算,也可以以较小的基础(乘以高利率)⁅⁹计算。

第二个原则是,从经济效率的角度来说,许可双方最好选择最终产品中与 SEP 技术最密切相关的那部分的价值作为计算基础。因此,如果有人认为电信标准"实现"了智能手机中绝大多数受到消费者重视的功能,就需要考虑更高的计算基础。相比之下,如果人们认为即使没有更好的电信标准,大部分手机的功能仍然具有价值,那么更低的计算基础会更合理。

如果将智能手机(其中电信技术似乎影响许多重要功能)与汽车制造等其他行业进行比较,特许权使用费的高效选择取决于涉案产品的特点的事实就更为清晰。虽然无线技术的重要性已经大大提高(如卫星导航、对多种功能进行远程控制),但很难说像 2G、3G 或 LTE 等标准的 SEP 对特定汽车贡献的价值占到消费者对汽车需求的绝大部分。那么基于任何类似于汽车"整体价值"为基础来支付专利许可费的做法是没有道理的。

因此,从经济角度来看,强制规定 SEP 许可中适用的专利许可费计算基础没有意义。特别是,很难证明"最小可销售单元"规则是绝对合理的。当然,欧盟委员会从来没有正式支持过这样的规则。不过,鉴于其他司法管辖区(和一些 SSO)似乎正朝着这个方向发展,欧盟委员会就这个问题作进一步的澄清和交流可能是有益的。

6.5.2　许可的纵向层级

专利权用尽原则下,知识产权权利人必须选择许可发生的纵向层级。标准必要专利权利人不得将其技术授权给芯片制造商,并同时要求使用该芯片的设备制造企业也获得许可。那么,选择许可层级的标准是什么?

对于这个问题,SEP 持有者和实施者之间产生了明显分歧,这并不奇怪。SEP 持有者特别希望能保留选择余地,并因此倾向于采取"互不相扰"的方式,以方便选择 SEP 许可的纵向层级。而相反,许多实施者似乎认为许可尽可能在上游进行(例如芯片制造商)是更为有利的体系。支持 SEP 持有者立场的一个更有力的观点是,知识产权持有人通常有权按照知识产权的"使用领域"进行区别收费。因此,SEP 持有者应当能够按照包含其 SEP 的芯片的设备的不同类型进行区别收费。虽然原则上,即使 SEP 许可在芯片制造层级上进行,也可以要求芯片制造商根据其下游客户的产品支付不同费率。但这种方案会被套利严重破坏:因为很难跟踪芯片和芯片的实际使用情况。第二种观点认为,特别在智能手机行业,主要 SEP 权利人同时拥有针对"芯片"的专利和针对最终产品

⁅⁹　不幸的是,共识似乎是这样的:在美国陪审制度下,这一原则显然失败了——陪审团根本不愿意支付高昂的特许权使用费,这样使得,如果在窄基数的基础上讨论,所付款项总额往往较小。因此,实施者支持窄基数,而 SEP 持有者主张宽基数。欧盟委员会当然没有理由考虑这种因素,因为欧洲司法系统不依靠陪审团决定专利案件。

其他方面的专利。在这种情况下，只授权给最终设备制造商才会获得"一站式许可"的显著利益。

实施者提供了两种主要观点，以证明上游层级的许可才是合理的。第一种观点与实施者在许可费计算基础问题上的立场基本没有区别：如果在芯片制造层级进行许可，那么许可费计算基础"自然而然"就是芯片本身的价值。由于实施者往往偏向更小的计算基础，其也希望尽可能在上游进行许可。第二种更加新颖的观点来自电信行业以外的实施者。如上所述，他们（如汽车制造商或工业机器人制造商）担忧，当电子技术越来越多地包含进其产品中时，就需要符合一定的标准。但是，这些"电子"组件仅占最终产品价值的一小部分。更重要的是，实施者在相关技术领域缺乏专业知识。实际上，正是由于他们的产品涉及大量组件的组装，而这些组件可能来自截然不同的技术领域，导致这些制造商长期以来一直依赖于"由组件供应商确保他们获得了所有相关的知识产权"的商业模式。这些企业发现突然要与电信 SEP 持有者打交道非常棘手，而且 SEP 持有者坚持要直接授权而不通过供应商。这些企业认为自己根本不具备所需的专业知识来确保交易的公平。

由于缺乏对"纵向"问题的权威经济分析，我们自己的评估在很大程度上是试验性的。在我们看来，SEP 持有者的"使用领域"观点，以及在一些非电信行业中授权给最终用户所导致的困难，都值得重视。在这一阶段，我们认为欧盟委员会在这个问题上表明立场还为时尚早。事实上，上述讨论的不同因素间的平衡很可能是具有产业和标准针对性的，但目前尚不清楚哪一种首要规则是有用的。然而，这里可以提供两个指导原则，以便法院确定许可方坚持在纵向链的某一层级进行授权是否违反非歧视性承诺。

第一个指导原则涉及由"使用领域"产生的歧视收费。具体而言，应考虑向上游行业许可，是否会实际上严重影响许可人按使用领域进行歧视收费的能力。例如，如果用于汽车的芯片与智能手机中使用的芯片相同，但向芯片制造商进行许可却难以针对手机或汽车实行不同的费率（对应于不同的附加价格），在这种情况下，可能会认为反映许可技术在各自使用中的贡献的专利费税率所带来的效率利益，将超过下游行业许可为某些制造商带来的实际困难。但是，如果不同行业使用的芯片不同，那么向上游行业许可所造成的效率损失就相对很小，此时坚持向最终制造商许可就说不通了。

第二个指导原则是：许可的层级也应该以交易成本最小化为目标。例如，如果使用 SEP 的汽车零部件主要是由两家零部件制造商生产，然后这些零部件被运往数十家汽车制造商，而他们需要处理数千个零部件；显然，通过许可零部件制造商（而不是最终制造商），能够最大限度地减少谈判和执法成本。结合上述两个原则，当上游供应商比下游用户更加集中，并且供应商没有将类似的部件售卖给生产不同产品类型的用户时，上游许可似乎是更合理的。

6.6 SSO 针对纠纷解决机制的政策

6.6.1 仲裁与法院

即使制定了额外的政策来增加标准制定过程的透明度并使 SEP 许可的过程更加顺利，也必然出现被许可人和许可人之间的分歧。这并不令人惊讶。只要 FRAND 承诺（隐含有义务提供与标准相关的技术）是 SEP 许可的重要组成部分并且仍然是不明确的，许可方和被许可方就会认为对方正试图施加不合理的许可条款。当一切都失败时，仅仅法院有权力去将"内容"放入 FRAND 概念并确定承诺是否得到履行。而且，即使没有 FRAND 承诺，在裁定专利是否被侵权和/或有效时，法院拥有最终的发言权。因此，法院将永远是解决纠纷的最终机制。

当然，其他机构可以补充。在某些 SSO 和财团（或专利池）中，成员试图通过使用调解和仲裁等私人机制来更快、更廉价、更有效地解决许可纠纷，并且他们希望这些"私人法庭"能以较低的交易成本、在较短的时间内达成合理的解决方案。

利益相关方对替代性纠纷解决机制的意见具有分歧。虽然大多数答复者似乎支持引入仲裁机制，但很少有人愿意其成为强制性机制。利益相关者也对依靠仲裁的想法持保留意见。考虑到反对与支持带来的危害，执行者和许可人都担心：在他们需要时，他们的合法权益是否会得到法律保护。在一些利益相关方中，有人认为强制性的内部纠纷解决机制可能剥夺其合法上诉的权利。还有人认为，虽然仲裁可能非常适合于解决关于特许权使用费水平的冲突，但它没有办法处理其他更复杂的合同条款，并且也绝对不应该篡夺法院在裁定侵权和/或有效性方面的权力。

6.6.2 我们的评估

值得记住的是，或好或坏，最近欧盟对 SEP 许可的调查和普通法院对"华为案"的裁决，通过限制许可方获得初步禁令的能力，在司法程序中打破了许可方和被许可方之间的权力平衡。同时，美国一些法官最近试图研发一个在特定情况下确定可能使用哪些 FRAND 专利费水平（和条件）的、更系统、因此更有可预测性的方法。具体来说，法官 Robart[60] 试图将基于 Georgia-Pacific 案[61] 的传统标准清单适用于 FRAND 的特例：负债 SEP 许可。因此，有理由相信，当这些裁决随时间被应用、阐明和扩大，法院处理与 FRAND 有关的争议可能会变得更有效率。我们认为，这项主张目前还没有显著调整争

---

[60] Microsoft v Motorola. W. D. Washington District Court.
[61] 见附件 4 记载的 Georgia-Pacific 要素及 Robart 法官对其的态度。

议解决机制。因此,我们不会支持引入强制性仲裁程序。

然而,我们相信调解至少对解决较简单的SEP许可争议具有作用,其中主要的问题是所要求专利费的水平。然而,在认可方面有两个注意事项。第一个是需要选择正确的仲裁方式。正确的仲裁方式是双方有捍卫合理立场而非极端立场的激励。稍微换个说法,好的仲裁程序应该鼓励人们揭示FRAND交易实际上包含的部分"私人"信息。

让我们以纯专利费争议为例。存在几种传统的仲裁形式。在"高或低"的仲裁中,各方提议一个专利费水平,仲裁者可以自由选择这两者范围内的任何水平。由于各方没有表现出任何约束激励,所以激励性质较差。例如,许可方最好是要求极高专利费,因为提供更低的价格只会降低仲裁员作出对许可方有利决定的机会。相应地,被许可方显然是想要提供极低利率。该方案也没有给予仲裁者强烈的、去努力处理这个案件的激励,因为强烈的导向是要"平均"地提出各方的提议。

所谓的"棒球"仲裁更具吸引性。在这种方法中,各方都提出提议,而仲裁员只能选择其中之一。因此,各方都有一种不鼓吹其情况的激励,因为在试图"逼人太甚"和高度的可能性之间有一个折中。而且,由于仲裁者必须证明为什么选择了一个报价而不选择另一个,所以有理由期望仲裁员认真考虑一下这个问题。在一个经常被称为"夜棒球"的修改版本中,双方提出的报价不会透露给仲裁者,然后仲裁者根据自己对案件的独立评估来选择专利费水平。然后,所选的专利费水平即双方的报价中最接近仲裁者选择的报价。最后这种办法有强迫仲裁者对案件进行完全独立评估的额外好处。

第二个注意事项是,许可仲裁的结果往往是保密的。与诉诸法院系统相比,这是一个缺点。法院的判决最终促成建立连贯的判例,可以指导以后的许可谈判。因此,我们建议,如果一个SSO邀请其成员使用仲裁程序,这个仲裁的结果应该公开,并且包括在我们已经讨论过的类型的数据库中。

7 整体的政策建议

在第5节和第6节研究了征求意见提出的个别政策干预措施的利弊之后,我们现在讨论如何阐明这些政策中的一部分,以形成连贯的改革方案。我们首先描述并简要地证明我们所考虑的系统类型,遵循第3节中使用的"时间顺序"方法。然后解释为什么我们认为提议的"系统"有可能很好地处理(如果不是完全解决)第3节中确定的一些问题。一旦我们的政策提议的内在逻辑清晰了,我们就会转向一个重要的实际问题,就是如何使这样的方案变得对各方来说都可接受。

7.1 提议

首先,重要的是要记住,在ICT的某些子领域中遇到的这些阻碍标准制定的争议,无论是在历史上还是在所涉及的领域都是非典型的。今天依然如此,绝大多数的标准制定工作运行得相当顺利,不需要公共决策者的进一步干预。另一方面,"物联网"的出现似乎很可能将引发当前争议和争论的条件传播到更多的领域。这使得干预更具吸引力:首先,一些相对简单的政策可能有助于这一重要的标准化工作顺利进行,避免最近 ICT 行业部分领域制定标准的争议和争论。其次,物联网也将大大扩展参与标准确定的领域的数量,或者至少获得相关的许可权来实施所要求的标准。因此,确保标准制定和 SEP 许可程序简单、透明、经济、公平,甚至变得比过去更为重要。

在此提议中,我们试图通过区分两种类型的活动领域和两种标准来平衡这两个方面的考虑。活动的领域以其复杂性和专利强度来区分。正如本报告开始时所解释的那样,复合行业是那些需要组装大量零部件才能生产可以出售给最终客户的产品的行业。它们包括电信和信息技术等领域。专利密集型行业是指那些实现标准化可能需要的重要技术绝大多数都受专利或其他知识产权保护的行业。这些行业包括一些像电信这样的复杂行业,也包括药品行业。在这些行业中,每种产品都被相对较少的专利所覆盖,但专利用于保护绝大多数的创新。我们将既是复合的又是专利密集型领域称为"问题集中的行业"。这些是应该考虑进行一些改革的领域。其他领域被贴上"无问题"的标签,因此不需要进一步的政策干预。然而,为了协调一致,我们仍然会确定"最低限度"的政策规则方案,这些政策规则也可能会对这些领域稍微有所帮助,而最坏的情况也是无害的。

我们将各个标准根据其潜在的"重要性"进行分类,其中重要性随采用的可能性以及将受标准影响的商业交易的总值而变化。所谓的"有价值的"标准是那些进一步的监管可能是有用的标准,因为它们影响到经济的重要部分,并且是负担得起的——来自更多法规的更高成本可以分摊给许可方的相当可观的专利费收入以及实施方显著提高的销售额。

从一开始就应该清楚,这一节只提出了整体性的建议。尽管我们认为这一组具体政策具有吸引力,但并不意味着我们要对公共政策制定者提供严格的、确定他们所选择的改革方案应该是什么样的指导。然而,我们要坚持的是,要把各项措施结合起来,解决本报告所讨论的主要问题,而不是过分增加 SEP 持有者和潜在的执行者的负担,因此就需要有一定的内在一致性。因此,任何政策改革建议都应被视为一个"整体",不能在不危及其效力的情况下进行部分修改。

7.1.1 针对问题集中行业的有益标准

在(潜在)有问题的行业中,标准涉及各种行为主体所拥有的诸多专利技术的组合。广义上说,这样的行业是指我们在本报告中提到的"复杂"和"专利密集型"行业。显然,在这样的行业中,当前最突出的例子是信息通信技术/智能手机行业,也是集中了最多公开争议的行业。然而,光学或医疗设备等行业也有可能使标准化工作和标准必要专利的二次许可变得更加困难。而且,"物联网"的逐渐兴起很可能会把当前的许多"无问题"行业划分为更加琐碎的领域。

我们的建议如图 3 所示。该图采用与第 3 节图 1 相同的时间顺序。

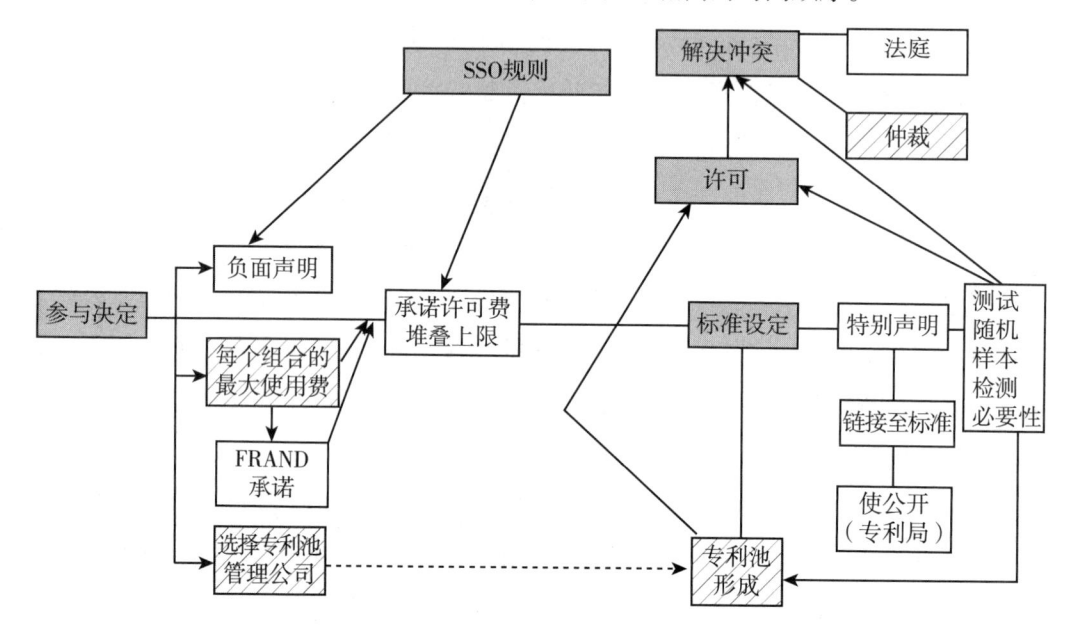

▨ 表示"也可以考虑",□ 表示"非常可取"

图 3 建议政策的说明

在确定给定标准之前,我们未提供有关该阶段具体的建议。但这并不意味着这个阶段不重要。如果没有充分的激励措施使企业投入足够的资金来研究生产一套 SSO 可以依靠的技术,标准过程便会中止。而且,一旦其他政策变化实施后,很有可能需要一些政策干预措施,以维持标准领域中的创新激励。例如,如果其他政策变化对标准必要专利持有者来说是一种负担,那么对于确实包含在标准中的技术,一些事前研发补贴或一些事后补贴可能会有所作用。我们将在第 7.3 节简要回顾这些想法。

因此,我们从对标准的需求已经得到广泛认可,并且 SSO 已经提出要将标准化贯穿到底这一点开始。在这个阶段,SSO 可以制定一些参与者必须遵守的规则。第一套规则涉及知识产权声明和 FRAND 承诺。正如我们前面讨论的那样,声明和承诺在原则上可以分开,但我们赞成将两者联系在一起。特别是,我们建议要求 SSO 参与者对其专利及专利申请作出负面预先声明,前提是所有没有被列为例外的知识产权都适用于专利费条款。

一个棘手的问题是,"FRAND 是什么"。尽管我们无意参与对这个问题的概念性辩论,但我们认为,FRAND 的含义可以基于实际目的进一步分类。我们将分两个阶段进行。首先,如果知识产权所有者认真阅读所选择的标准,那么可邀请其自愿申报许可其知识产权的最高使用费率。为了降低现阶段的交易成本,并与负面声明保持一致,这些最高税率将适用于每个 SSO 参与者所持有的专利组合,前提是所引用的使用费率仅适用于许可受限于执行标准的协议。而且,由于大多数知识产权持有者只能将其潜在的标准必要专利中的一小部分转化为实际的标准必要专利,因此,这些使用费率应该被视为最大限度,且在实践中不太可能适用。如果出于某种原因,没有达到这种基于专利组合的最高利率,那么就返回到当前要求,即以个别利率反映事先(某个特定的知识产权被纳入标准之前)可能收取的费用。

为了完成"使用费承诺"的愿景,我们建议,在早期工作的初始阶段之后,允许各方对未来任务的成本和标准可能依赖的知识产权类型有一个更好的了解,SSO 成员就许可费上限达成一致,该许可费包括未被列为例外的、实施标准所需的全部知识产权的许可。这种累积使用费的最高限额与传统的针对个体许可费率的 FRAND 承诺具有相同的性质:累积使用费应反映标准的事前价值,即在认定宣告的总费用过高的情况下,其他与之竞争的标准的价值。正如前面所讨论的,即使未被视为具有法律约束力,这样的累积费率声明也是有用的。正如我们所看到的,SSO 本身最好作出这样一个早期声明,但这需要竞争主管部门的明确保证,保证这种"共同的"定价行为不被认为是滥用。总的来说,FRAND 将是对个人专利组合承诺以及累积许可费总额承诺的组合。如果必须作出选择,我们认为,对累计许可费上限的承诺[62]比单个专利组合的许可费上限更加重要。

如果法院可以确信使用明确从合理的专利费堆叠总额开始的 FRAND 设定方法,这种方法将显著得到加强。建议采用这种堆叠限制并不会限制法院依赖其他方法。例如,它们仍然可以使用可靠的可比协议——当这些可比协议可用时——评估 FRAND 堆叠应该是什么以及它应该如何划分。我们也希望法院能够利用现有的关于"快速"随机的必要性评估的信息来通知他们有关个人专利组合所有者的专利费的决定,因为这样会进一步使这个方法合法化——这包含在本报告中——目前主要是为了促进许可谈判并降低交易成本。然而我们也明白,如果一方当事人提出对审判中专利的必要性特征进行深入的法律评估,法院就有义务这样做。从这个意义上说,法院可

---

[62] 请注意,即使在标准之间没有展开事前竞争且 SSO 不考虑经济因素,总的专利费上限也可以有效解决堆叠问题。然而这些上限的有效性取决于(潜在)标准制定组织的内部治理。如第 5.1.2 节所述,可行的方案可能是 SSO 成员制定的事先专利费上限,并提供相当数量的潜在相关专利(以补充典型的 FRAND 承诺)。

以通过随机评估获悉关于必要性的信息,但他们不可能依靠这种方法进行他们自己的随机试验。

使法院朝着这个方向进行可能是一个缓慢的过程,这部分地取决于在具体案件中向他们提出的论点,我们认为欧盟委员会本身可以通过鼓励知识产权和竞争法法官参加关于 FRAND 设置规则的研讨会,以及通过撰写针对更具体的规则的报告来完善这种方法。欧盟委员会也可以通过采取措施确保对与各种标准相关的专利费堆叠的可靠评估变得可行,从而使这种方法更为实用。这涉及目前对许可条款保密的做法。然而,这种实践本身似乎很难与 FRAND"非歧视"部分的强制执行需求相一致。此外,人们可以勉强接受一种中间制度,其中个人许可协议是在保密的情况下向 SSO(或欧盟委员会)报告的,但是这些个人报告可以合并起来提供所涉及专利费堆叠的范围。

一旦达到标准,声明一个最大专利费堆叠并不意味着 SSO 成员有义务加入一个标准专利池。虽然这种专利池可能确实是实现专利费堆叠这种事先承诺的最简单的方式。而且,即使 SEP 所有者坚持彼此独立地许可他们的专利组合,这种承诺也提供了有用的基准。然而,由于专利池制度更加明晰和便捷,我们也建议应该鼓励 SSO 至少选择一个或两个专利池管理公司。在这个过程的初始阶段就雇佣这些公司,它们就会有时间说服 SEP 所有者加入。

现在我们把目光转向选择标准之后的阶段。显然,这个阶段的行为已经受到我们刚才讨论的各种事前承诺和规则的影响。然而,我们会增加额外的声明和数据处理措施,以降低 SEP 许可的交易成本以及简化一些冲突解决的提案。

一旦标准达成一致,应该给予专利所有者足够的(但是有限的)时间来制作专利(和专利申请)的清单,他们认为这些专利(和专利申请)是从标准的某些方面阅读的。虽然不需要详细的"权利要求比对",但每个确定的 SEP 族也应指定与标准相关的方面。此外,我们建议将这些信息输入 EPO 管理的数据库。

我们也赞成对已声明 SEP 的每个专利组合中的一部分进行抽样评估,以确定标准必要专利的比例。然后应该将这样的测试结果公之于众。这提供了两个明显的优点。首先,对特定专利组合中包含的专利的必要性(和有效性)的评估是许可过程中不可避免的一部分。由于无论如何都要承担这些成本,所以我们不妨通过确保只做一次评估来避免重复工作。其次,所有声明 SEP 的公开信息提供了有关如何在 SEP 所有者之间分配专利费支付的有用信息。当该政策与一些有关累积费率的声明或承诺一起实施时,这一优势尤其引人注目——正如我们所建议的那样——一旦确定了累积费率,SEP 专利组合在必要性评估中的相对占比将成为知识产权所有者之间分配许可费总额的坚实基础。这不仅适用于基于正式共享规则而建立的专利池,在系统性程度较低的情况下(例如在双边谈判中),必要性信息与累积费率相结合也将提供强有力的参考基准。我们猜测,这种信息也是法院或仲裁员在处理纠纷时希望使用的。

SEP 许可也引发了关于适当的专利费计算基础和许可的纵向层级的问题。经济分析无法提供一种在所有情况下都最为有效的专利费计算基础(或大或小)。更准确地说,更大的计算基础适用于被许可技术是下游设备中绝大部分价值的决定性驱动因素的情况,而更小的计算基础则适用于被许可技术仅涉及下游产品中某些具体组分的情况。在我们看来,欧盟委员会应该重申,这个问题不存在统一答案,并且要指出,把 SEP 持有者和执行者绑定到具体的专利费计算基础的做法是误导性的。

最有效的"纵向"许可层级同样取决所涉及具体行业部门和标准。同样地,应遵守两个指导原则。一方面,如果下游对标准的使用存在明显不同(例如处于不同的使用领域),且向上游许可会阻止 SEP 所有者针对不同的用途收取不同的费用的话,那么出于效益原则,可以许可给最终实施者。相比而言,如果每个供应商为大量最终实施者提供服务,且最终实施者也需要与大量供应商进行交易时,向上游供应商许可会更有效率。

对于纠纷解决程序,我们有三条温和的建议。

首先,在司法方面,我们认为最近的裁决至少在原则上达成了在许可人和被许可人的关注点之间合理的平衡。特别是,我们怀疑这些决定所提出的框架仍然为潜在被许可人有害的"劫持"留下足够的空间。鉴于这一有利的先例,给予新的司法方式一些时间似乎是合理的,并且只有在这种做法存在持续的缺陷时才进行进一步修补。

其次,我们将鼓励法院进一步探讨 Robart 法官在 Microsoft 诉 Motorola 案的判决中试图采取的"基于标准"方法。的确,反向劫持和劫持只是司法程序的一个相关方面,整个标准化进程依赖于法院在需要时作出明智的专利费率判定的能力。在这方面,探索所依赖的"Georgia-Pacific"框架如何通过总体的附加信息以及我们提议的其他改革所提供的本质来丰富,似乎是一项潜在的富有成效的工作。

最后,我们认为仲裁程序是对司法路线的补充。特别是仲裁程序迫使仲裁员在各方提出的离散交易中进行选择具有良好的激励性,因为这迫使各方提出合理的建议,而不是放任极端的立场。在仲裁机制中,我们更倾向于一个制度,即当事各方必须提供一个有助于达成仲裁结果的提案。特别是仲裁员只能在双方当事人的提案之间进行选择的制度,或者最接近仲裁员自己评估的当事人提案的制度,都具有良好的激励特性,因为这促使双方首先提出合理的建议。不过,我们更希望仲裁程序是可选的:SSO 可以采取行动来鼓励仲裁,但是强制仲裁是不可取的,因为这会阻碍产生公开的判例。判例有助于进一步指导案件,从而减少不确定性,降低交易成本。

正如上文所解释的,减少申报的 SEP 的数量将有利于降低我们刚刚提到的几项政策的实施成本。正如我们之前讨论的那样,通过两种机制之一可以减少声明的 SEP 的数量。首先是征收高额的声明费。这不是我们推荐的方向。为了生效,这样的费用可能额度很大,并且必须由 SEP 所有者支付。这样做的风险在于,即使所声明的 SEP 的减少可能会增加 SEP 持有者和实施者共同的福利,但这种政策可能会使 SEP 所有者的处境变得更糟。在没有一些形式的再分配机制的情况下,很难让 SEP 持有者支持这一政策。事实上,随着禁令规则的近期变化,改变了讨价还价力量的平衡,更有利于实施者,这样的额外负担肯定会被认为是不公平的。因此,我们更倾向于采用替代方法(附录中给出了一个例子),这为 SEP 持有者提供了激励措施,可以减少声明的 SEP 数量,而不会增加任何额外费用。这种方法是明确一个具体规则,确定有关声明 SEP 数量的比重,或者是随机评估中确定的专利组合的必要性比例,作为确定 SEP 持有者在总权利金支付中的合法份额(无论份额是多少)的依据。

读者可能已经注意到,我们的提案并没有涉及许多"许可实践",例如选择专利费计算基础或专利组合许可等,这些都是最近的争议,甚至是法院的一些案例的核心。这反映了我们的理念,正如第 7 节所解释的那样,这些做法本身并不是有害的,根据所涉及的技术和产品,不同的许可实践是适当的。因此,我们建议 SEP 许可的这些方面由各方酌情决定。如果在这个领域有任何政策干预,这种干预应控制在非强制性的建议范围内,例如可以要求仅限于 SEP 的许可,或者以现金形式明确许可费。还可以参考"华为案"的做法,规定如果许可人坚持在"完全"合同中必须包含保密要求,而提出这个要求的目的在于让许可人规避"无歧视"义务的话,则被许可人对此要约的拒绝不能被认定为"不愿意"。这样的政策对于执行 FRAND 的"N"和"D"部分呈现出作用。

7.1.2 针对其他行业的有益标准

如上所述,即使涉及的标准足够有价值、能够吸收进一步的管理成本,我们也不认为其他行业部门有对标准制定过程进行重大改革的需求。然而,有两个建议仍可被有效地应用,因为它们仍具有一些积极的作用,且涉及很少的成本。第一项政策是 FRAND。即使某个标准中只有少量部分可能被专利覆盖,劫持仍然是一个潜在的问题。拥有标准某一方面的专利的公司仍然认为,如果选择了其技术而非事先也可以获得的一些可替代技术,其议价能力将大大提高。FRAND 提供了对抗投机行为的一些保护。而且,在涉及的专利不多的环境中,选择受 FRAND 限制或不受 FRAND 限制的专利的过程不能是烦琐的。最后,正如我们所理解的那样,如果由于重复的互动和信誉机制,许多部门只是解决了劫持问题,那么这些机制仍然可以运转,FRAND 承诺只是廉价的无关紧要的事物,而不是阻碍。

我们推荐给所有部门的有价值的标准的第二个政策是负面披露。如果再加上FRAND,就可以提供防止伏击和劫持的重要保护,在专利不密集的环境中不可能昂贵,最坏的情况也是和专利不相关的。

7.2 这些建议如何组合起来?

在本报告的开始,我们回顾了如今 SSO 标准化流程中面临的主要问题。我们的结论是,主要问题是劫持、反向劫持、专利费堆叠和 SEP 许可交易成本。

在我们的建议中,能够解决"劫持"的方案包括 FRAND 承诺、负面事前披露、对专利费上限总额的事前承诺、增加有效的仲裁机制,并就法院为确定 FRAND 条款可能制定的规则类型的提议(主要是类似 Robart 法官的方法,基于传统标准下主张的"专利费"分享规则)。至于"专利费堆叠",能够通过对专利费上限总额的事前承诺以及通过鼓励特定 SEP 的专利池予以最大限度的减轻。

透明度问题则可以通过事后具体的声明[这些声明将把已声明的专利族与标准的(多个)有关部分联系起来],并通过第三方独立的必要性评估得到改善。这些信息可以在公开的数据库获取,并且可以利用 EPO 在该领域的专业知识。另外,如果通过仲裁确定的专利费也是公开的,而且缔约方之一不能单方面强制执行保密条款,透明度就会进一步提高。

交易成本的最小化,可以通过必要性评估和评估结果的公开来实现。因为这将避免每个被许可人重复进行评估。SEP 相关信息的获取(包括 SEP 和标准之间的关联性),将进一步降低由实施者产生的"尽职调查"成本。最后,鼓励专利池的使用、为相当一部分 SEP 提供"一站式"购买,也可以节省交易成本。

虽然我们提出的具体政策建议没有直接解决反向劫持的问题,我们仍然相信我们的政策方案会在这方面有所帮助。这是因为当许可相关的大量信息得以公开的时候,被许可人难以继续"装傻"而不被贴上"无许可意愿"的标签。

7.3 使所有相关方参与其中

我们的提案旨在显著改善需要政策干预的部门的标准制定过程。我们也相信,作为一个整体,我们的建议为 SEP 持有者和实施者提供了一些东西。

7.3.1 SEP 持有者

就事前声明而言,负面声明显然不如某些 SSO 目前要求的具体声明那么烦琐,只要成员获得足够的时间,相比未声明的系统,似乎并不涉及专利持有者的高额费用。毕竟,为了获得许可,无论如何专利持有者都必须在一定程度上对其专利组合进行广泛的审视。

对于我们来说,具体的事后声明(对实际标准而言必要的专利),包括专利族(而非权利要求)与标准章节之间的简单关联性,与许可人一贯承担的义务似乎没有什么不同。唯一不同的是对样本专利进行独立的必要性测试的建议。但是,这种测试的成本不需要仅由专利持有者承担,或者说不需要主要由专利持有者承担。例如,实施者也可以被要求向 SSO 支付费用,以便被允许开始与 SEP 持有者进行谈判。或者,作为补充资金来源,公共部门可以提供一些补贴来帮助资助这些必要性审查。毕竟,标准制定创造了共同利益,其全部好处不太可能被实施者和专利所有者所占用。由于标准具有至少部分"公共利益"特征,因此一定数量的补贴实际上具有经济意义。特别是如果政策制定者认为确保"物联网"的顺利出现所能给欧洲经济带来巨大的利益,已经超越了 SEP 所有者可能获得的专利费以及实施者可能获得的额外利润,那么公共补贴会很有意义。在这方面请注意,如第 7 部分所示,即使对于涉及大量 SEP 的标准,一个有效的抽样随机评估所花费的成本仍然相当低。由于"物联网"良好发展所必需的标准数量可能有限,所涉及的补贴总规模将保持适度。例如,我们估计对所有的 2G、3G 和 4G 的 SEP 进行"中级"重要性测试将耗资 4.75 亿元。但是只需测试仅仅 2% 的 SEP,就可以为 SEP 的平均必要性进行相当精确的评估。即使假设需要评估 5%,也使总成本降到 2375 万元。所以,即使物联网的顺利出现需要补贴 20 个和 2G、4G 同样重要的标准,必要性评估的总成本也不过 5 亿元。

在标准化过程开始时选择累积许可费上限的想法可能会使得专利持有者首先面对更多昂贵和不切实际的要求。但是,这种政策的主要积极作用是尽量减少专利费堆叠问题。正如本文第 3 部分所述,专利费堆叠不仅会损害实施者,还会导致 SEP 持有者的总收入降低。一旦得到充分的理解,这个政策实际上是有利于专利所有者的。

上述建议措施对透明度的增加和交易成本的降低,也会给专利持有者带来好处。特别是,如上所述,可能更容易识别真正不愿意的被许可人,从而减少"挟持"。最后,专利持有者应该感到宽慰,就一些实施者一直抱怨的"许可实践"而言,我们并不推荐任何系统性的政策干预。

总体而言,我们认为,我们的政策提案平衡了各方的利益,值得专利所有者和实施者认真考虑。

7.3.2 实施者

我们的建议中有许多实施者喜欢的。通过负面声明,他们得到对劫持和伏击的良好保护;通过明确专利与标准相关性的事后具体声明,提高了信息透明度;通过必要性评估和甚至可能的累计许可费承诺,许可谈判将变得没那么棘手。他们也得到他们普遍青睐的专利池和仲裁机制的建议。因此,实施者自然也将承担改革成本中的一部分。例如,必要性评估主要是为实施者而不是 SEP 持有者减少交易成本,因此如果决策者认为完全采用公共补贴的理由不够充分的话,实施者承担其中一部分成本似乎是必然的。

此外,假定关于一些实施者一直在抱怨的许可实践的经济论证并不有力,并且考虑到上述政策已经能够带来的益处,决策者将这些许可实践问题的决定权留给双方通过谈判来决定,似乎也不会产生很大的损害。

7.3.3 SSO

SSO 同时代表专利持有人和实施者,因此原则上可以期望总体对双方有利的政策也应该获得 SSO 的支持,并被 SSO 采纳。

特别是那些有望降低各方交易成本的政策,将自然成为 SSO 的工作领域。尽管如此,由于欧洲现有的 SSO 运作方式和管理方式,加上标准制定在历史上被视为一个除了建立标准之外几乎没有经济关联的纯技术任务,这些降低交易成本的政策仍有可能或已经被部分 SSO 单独采纳。

因此,可以考虑各种水平的干预——从总体建议到更具体的监管指导和规则——尽管预期的总体收益较少,但干预主义方式不会取得成果。

然而,独立于所使用的具体手段,本报告中提供了一个政策选项列表,我们认为这将减少交易成本,提高透明度,并通常使标准化进程更有效率。

7.3.4 新原则

在本报告中,我们试图通过将众所周知的论据与现有证据相结合,同时增加一些创新的见解,或者至少提供一些不同的观点,来制定一个整体的政策提案。这些"创新"原则中最重要的是:

* 整个标准的重点从单个专利费转移到专利费堆叠。这种重点转移在三个层面上很重要:在最初的承诺层面上,帮助被许可人更好地了解具体 SEP 组合的合理费率可能是什么,并指导法院在争议时确定 FRAND 专利费。

* 改善相关信息的获取途径和集中管理。这包括专利部门更多地参与管理 SEP 数据库以及收集涉及"总专利费堆叠"范围的数据。

* 更多地依靠激励机制。例如,这一原则涉及将提升透明度措施的成本安排给最受益于它们的当事人,它也解释了我们提出的仲裁形式取决于当事人自己的建议将对实际结果产生影响。这也是我们建议在处理过度声明问题上采取"自我执行"机制的依据。

对于经济分析尚未确定,现有证据显示没有"一刀切"方案的问题应保留灵活性。

这包括"许可费计算基础"以及"合适"的许可纵向层级问题。

附件 1：堆叠

假设存在 N 个产品。从消费者只对包含相同比例的这些各种组件的组合感兴趣的意义上说，它们是完美的组成部分。每种产品都是通过单独利润最大化来销售的。这个组合的需求是线性的：

$$Q = 1 - bP$$

其中 P 是该组合的价格。这个价格当然等于每个公司收取的单个价格 p_1。如果没有成本，所以每个公司价格将最大化：

$$p_1 \left[1 - b \left(\sum_{j=1}^{N} p_j \right) \right]$$

求解一阶条件，并强加对称性，我们得到：

$$p_1^* = \frac{1}{b(N+1)}$$

$$p^* = \frac{N}{b(N+1)}$$

如果一家公司出售所有组件（$N=1$），我们得到：

$$p_M^* = \frac{1}{2b}$$

因此

$$\frac{p^*}{p_M^*} = \frac{2N}{N+1}$$

附件 2：随机 SEP 评价的效果

我们对可以部署的方案进行更正式的分析，以限制声明为 SEP 的专利数量，而不需要在不同的专利持有者之间分配 SEP。换句话说，目标是减少对专利持有者的激励，"声明很多，因为其他人会声明很多"。我们首先考虑一个不依靠 SEP 声明费用的方案，然后着手于需要使用这些费用的方案。

假定 n 个对称专利持有者，每个持有者的许多 SEP 都等于 z。为了不失一般性，将此单个专利组合的规模统一为 1。每家公司的专利组合都包含不同质量的专利。具体地说，这些专利是根据它们被侵犯和有效的概率来分配的。相应的密度函数为 $h(p)$，给出了与任何既定的有效和被侵犯的概率相关的专利的"数字"（密度）。

我们设想了一个系统，在这个系统中，SEP 持有者选择他们的专利组合声明为 SEP。这是通过选择一个关键的概率 x 来完成的，而这个概率之下的专利是没有声明为 SEP

的。一旦进行声明,就会对声明的专利组合进行抽样,并对样本中专利的质量进行评估。该评估是公正的,所以在预期中,评估的质量为真实的质量。在 SEP 专利池中,任何专利持有者的权重都由一个公式来决定,该公式对已声明的专利组合的质量和专利数量进行了衡量,并对声明的专利总数进行了一定的权重。

简单的系统似乎相当吸引人,与其以他们拥有的 SEP 的份额为基础来确定每个专利持有者的份额,倒不如将每个专利持有者的份额按其平均质量"调整"为每个专利持有者的声明 SEP 组合。例如,假设一家公司声明 1000 个 SEP,并且这些专利(或同族专利)的随机样本的评估显示,只有四分之一似乎是有效和必要的(或者,如果不想在这个阶段处理有效性的话,那就有必要了)。那么声明的 SEP 专利组合所承载的权重将通过将申请专利的数量除以 4 来缩减,即等于 250。

这样的方案似乎向专利持有者提出明确的权衡:声明太多的 SEP 专利,则评估的质量会降低,从而降低有效专利组合。但是声明(或者拥有)太少的专利也会适得其反。因此,人们期望有一个能够减少声明 SEP 专利数量,且减少的程度取决于专利所有者专利组合中专利质量的分布的方案。

不幸的是,这种直觉是错误的。事实上,在这个简单的方案下,专利持有人仍然会声明他们的全部专利组合。为了了解这一点,让我们首先将 $d(x)$ 定义为专利权人选择专利时声明的专利总数,即 $p > x$。我们将得到:

$$d(x) = \int_x^1 h(p)\,\mathrm{d}p$$

声明专利的平均质量等于随机样本中通过随机重要性/有效性测试的专利的比例,等于

$$E[p \mid x] = \frac{\int_x^1 ph(p)\,\mathrm{d}p}{d(x)}$$

因此如果我们只是根据这个预期的质量调整声明的专利组合,那么我们得到的权重等于

$$W = d(x)E[p \mid x] = \int_x^1 ph(p)\,\mathrm{d}p$$

但是,该权重通过设定 $x=0$,即通过声明整个专利组合来最大化。

因此,为了提供有效的激励来减少声明数量,我们需要另一个标准。我们所发现的这类标准的简单性在于,以下列方式设定给定的已声明专利组合的权重:

$$W = E[p|x]^\theta [d(x)]^{1-\theta}, \theta \in [0,1]$$

为了了解这种方案可能需要减少声明的程度,我们考虑以下具体的密度函数

$h(p) = Ap^{-\alpha}$。

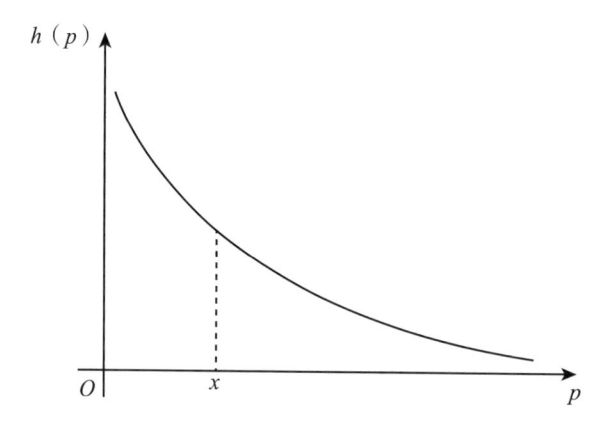

如果 $\alpha = 0$ 和 $A = 1$，这是均匀分布，即有许多"不好"的专利，同时也有很多好的专利。如果 $\alpha > 0$，密度函数在 p 中是渐减和凸起的：坏专利比好专利更多。为了确保密度在我们所需的时间间隔内总和为 $x \in [0, 1]$，我们需要：

$$\int_0^1 Ap^{-\alpha} dp = 1 \rightarrow A = 1 - \alpha \rightarrow h(p) = (1-\alpha)p^{-\alpha}$$

因此，我们的密度函数只有在 $\alpha < 1$ 的情况下才能很好地定义，这就得出：

$$d(x) = \int_x^1 Ap^{-\alpha} dp = (1 - x^{1-\alpha})$$

且

$$E[p \mid x] = \frac{\int_x^1 h(p) dp}{d(x)} = \frac{\int_x^1 Ap^{1-\alpha} dp}{1 - x^{1-\alpha}} = \frac{(1-\alpha)(1-x^{2-\alpha})}{(2-\alpha)(1-x^{1-\alpha})}$$

因此，归因于规模为 $1 - x$ 的专利组合的权重为

$$W = \left[\frac{1-\alpha}{2-\alpha}\right]\left[\frac{1-x^{2-\alpha}}{1-x^{1-\alpha}}\right]^\theta [1 - x^{1-\alpha}]^{1-\theta}$$

下图总结了当改变密度函数的不同形状的权重 θ（不同的 α 值）时，声明的专利组合比例如何变化。

表6 专利组合中声明的比例 $(1-x)$

α	$\theta = 1$	$\theta = 0.9$	$\theta = 0.75$	$\theta = 0.6$	$\theta = 0.5$
0	0	0.2	0.5	0.8	1
0.25	0	0.2	0.508	0.8	1
0.5	0	0.2	0.515	0.8	1
0.75	0	0.21	0.525	0.8	1
0.9	0	0.21	0.53	0.8	1

从表6可以看出,通过改变平均质量和专利数量的相对权重,可以实现在一项专利和整个初始专利组合之间任意规模的声明专利组合。我们也注意到,既定策略的结果很少取决于密度函数的实际形状(至少在这类凸函数内),这是令人欣慰的。我们还应指出,我们在这里所考虑的密度函数的类型很可能是专利号与质量之间的联系的一个可传递近似值。

在经济文献中,专利的引用通常视为专利质量的标志[63],因此也广泛研究引文的分布。总结论是,在"左尾"处有很多专利,即许多质量低劣的专利。这正是我们所选择的密度函数所采集的场景类型。

同样要注意,不足为奇的是,如果所有的权重取平均质量($\theta=1$),那么专利持有人只会声明他/她最好的专利,并且如我们所见,如果我们指定了相同的权重,都符合两个标准,则专利持有人可声明整个专利组合。

附件3:"复合"和"独立"产业

以下将部门划分为"复合"部门,其中产品需要许多受知识产权保护的组成部分和"独立"部门的组合,最终产品不涉及如此众多的组成部分(来自 Von Graevenitz, G., S. Wagner 和 D. Harhoff,2013年版,《专利灌丛的发生与增长——技术机遇与复合性的影响》,工业经济杂志,第61:3,第521—563页)。

根据 OST-INPI/FhG-ISI 对技术区域进行分类:

1. 电力机械、电力能源:复合

2. 声像技术:复合

3. 通讯:复合

4. 信息技术:复合

5. 半导体:复合

6. 光学:复合

7. 分析、测量、控制技术:复合

8. 医疗技术:复合

9. 核工程:复合

10. 有机精细化工:独立

11. 高分子化学、聚合物:独立

---

[63] Hall. B. H., A. B. Jaffe and M. Trajtenberg, 2005, "Market Value and Patent Citations", *Rand Journal of Economics*, 36:1, pp. 16–38; Hall, B. H., A. B. Jaffe and M. Trajtenberg, 2001, "The NBER Patent Citation data File: lessons, Insights and Methodological Tools", *NBER Working Paper* No 8498.

12. 医药、化妆品:独立

13. 生物科技:独立

14. 农业、食品化学:独立

15. 化工和汽油工业、基础材料化学:独立

16. 化学工程:独立

17. 表面技术、涂层:独立

18. 材料、冶金:独立

19. 材料加工、纺织品:独立

20. 处理、印刷:独立

21. 农业和食品加工、机械和设备:独立

22. 环境技术:复合

23. 机床:复合

24. 发动机、水泵和涡轮机:复合

25. 热处理和装置:复合

26. 机械零件:复合

27. 交通:复合

28. 空间技术、武器:复合

29. 消费品和设备:复合

30. 土建工程、建筑、采矿:复合

OST-INPI/FhG-ISI 技术术语中所包含的 30 个技术领域的描述(略)。

附件4:"Georgia-Pacific 因素"和最新的司法决定

"Georgia-Pacific 因素"是美国关于授予专利侵权赔偿的重大决定。Robart 法官尝试将案件的方法与 FRAND 承诺的情况相适应后,"Georgia-Pacific 因素"现在是关于 SEP 许可的司法确定的辩论的重要部分。

在 Georgia-Pacific Corp. 诉 United States Plywood Corp. 案[318 F. Supp 1116, (S. D. N. Y. 1970)]中,法院使用了这15个因素来确定将专利侵权的赔偿金额:[64]

1. 专利权人收取的涉案专利的许可费,证明或用以证明已建立的许可费。

2. 被许可人为使用与涉案专利相当的其他专利所支付的许可费率。

---

[64] BVR's Intellectual Property Management, http://www.ipvaluesite.com/index.php/2010/09/15/here-are-the-15-georgia-pacific-factors-considered-for-patentinfringement/.

3. 许可的性质和范围为独占还是非独占许可；或就地域而言是有限制的还是不受限制的，或者制造产品可供销往的人群。

4. 许可人通过不许可其他主体使用其发明创造或通过设计旨在维持许可人专利垄断地位的特殊条件的许可而建立的维持其专利垄断地位的政策和营销计划。

5. 许可人和被许可人间的商业关系，比如，他们是否为在同一地域范围内从事同一行业的竞争对手，或者，他们是否为发明者和推广者。

6. 销售专利特征对推广被许可人其他产品销售的影响；作为销售非专利产品的推动器，发明专利对许可人的现存价值和由此衍生或产生的销售的范围。

7. 专利有效期和许可的期限。

8. 由专利制造的产品的盈利能力；其商业的成功程度和目前受欢迎程度。

9. 相比用于产生相似结果的旧的模型和设备（如果有的话），专利财产的效用和优势。

10. 专利发明的性质；由许可人拥有和生产的专利商业产品的特性；使用过此发明产生的收益。

11. 侵权者利用此发明到何种程度；任何能证明该用途价值的证据。

12. 在特定或类似业务中通常的利润或销售价格的比例以允许此发明或类似发明的使用。

13. 区别于非专利要素、生产过程、商业风险或由侵权人添加的有意义的特征或改进，由发明创造产生的实际利润所占的比例。

14. 合格专家的意见证据。

15. 那么许可人（如专利权人）和被许可人（如侵权人）在合理和自愿地试图达成协议时（在侵权开始时）同意的数值；即作为一种商业主张，希望获得许可以生产或销售包含专利发明创造特定产品的产品被许可人本愿意支付的，且能够获取一个合理利润的许可费数额，同时，该许可费数额应为愿意授予许可的谨慎的专利权人所能接受的数额。

Robart 法官以"Georgia-Pacific 因素"为出发点，但他认为在 FRAND 下，许可人有义务进行许可，受让人别无选择，只能从所有 SEP 所有者处获得许可。根据这一具体情况，Robart 法官以下列方式修改了"Georgia-Pacific 因素"：

• 许可人有义务以符合 SSO 广泛传播技术目标的速度进行许可。这不仅涉及不采用标准中包含的"保留"的收费标准，而且也创造了考虑所有 SEP 所有者收取的专利税总额的义务。

• 专利费水平应反映技术对产品经济价值的贡献，而不考虑技术被纳入标准带来的附加价值。

- "事前审查专利技术对标准的增量贡献有助于确定[F] RAND 费率争端情况下的[R] RAND 费率"。从这个意义上说,正确的参考点并不是 Georgia-Pacific 公司的侵权行为的开始,而是标准制定前的情况。
- 由于 SEP 持有人必须考虑总的潜在专利费堆积,因此 Robart 法官认为专利池费率(堆积问题已消除或至少最小化)为有效的比较方法。

美国部分

SDO 与专利池行为的客观标准及反垄断分析[*]

今天我将谈到标准化、知识产权许可和反垄断法的相互作用——这对于在座的各位来说已经是老生常谈了。我相信你们已经了解"IP2 报告"[①]和司法部对于 VITA 和 IEEE[②] 的商业评论函等最新的重要动向,并且对我之前就这些问题的两次发言[③]也有所知晓。此外,联邦贸易委员会的 Kenneth Glaze 和该部门的知识产权特别顾问 Frances Marshall 将在今天晚些时候就这些事态发展的具体情况发表讲话。因此,我将要做的只是简要地谈谈这些进展,本次发言将主要解释这些进展如何与美国反垄断机构,以及其执法理念的发展相适应。

美国的反垄断分析侧重于事前的、客观的责任测试和补救措施,而并不太关注事后的、主观的分析。另外,美国法律在许多领域确立了被视作安全港的结构性阈值,以使企业作出每一项商业决策时,不必担心遭受反垄断的严重威胁。不仅在技术统筹和标准设定领域是这样,在其他任何领域都是如此。根据美国反垄断法的初步假设,如果市场无效率变得明显,基于市场的解决方案(如果有的话)通常优于政府施加的解决方案。据此,今天我的发言分成三部分:

第一,讨论反垄断法中客观性、结构性安全港,以及事前披露趋势;

第二,解释美国司法部的专利池与标准商业评论函件如何促进这一趋势;

---

[*] 本文为美国司法部反垄断局助理检察长 Gerald F. Masoudi 于 2007 年 10 月 11 日在美国弗吉尼亚州阿灵顿市召开的国际标准机构和专利池法律年度综合研讨会上的发言。

[①] 见美国司法部和联邦贸易委员会:《反垄断执法与知识产权:促进创新和竞争》(2007 年 4 月 21 日),http://www.usdoj.gov/atr/public/hearings/ip/222655.pdf(以下简称 IP2 报告),"IP2"是为了与美国联邦贸易委员会之前发布的报告相区分,见美国联邦贸易委员会:《促进创新:竞争与专利法律及政策之间的适当平衡》(2003 年),http://www.ftc.gov/os/2003/10/innovationrpt.pdf。

[②] 见美国司法部助理检察长 Thomas O. Barnett 致 Michael A. Lindsay, Esq. 的信函(2007 年 4 月 30 日),http://www.usdoj.gov/atr/public/busreview/222978.pdf(以下简称 IEEE 商业评论信函);美国司法部助理检察长 Thomas O. Barnett 致 Robert A. Skitol, Esq. 的信函(2006 年 10 月 30 日),http://www.usdoj.gov/atr/public/busreview/219380.pdf(以下简称 VITA 商业评论信函)。

[③] 参见美国司法部助理检察长 Gerald F. Masoudi 于 2007 年 1 月 18 日在布鲁塞尔"标准化、知识产权许可及反垄断高级别研讨会"上的演讲:《反垄断、标准制定和知识产权分析效率》,http://www.usdoj.gov/atr/public/speeches/220972.pdf,第 15、16 页;另见 Masoudi,《反垄断法执法及标准设定》,第 21 页之后。

第三,观察有关许可实践如何与这一趋势背道而驰,以及反垄断法可能并不适合解决未来许可实践中产生的问题。

1 客观性、结构性安全港、事前披露:反垄断责任认定与救济措施的发展趋势

首先,我们从被视为安全港口的结构性阈值的概念说起。以反垄断部门发布的两个典型指导原则为例。其中一个例子是美国司法部和联邦贸易委员会共同发布的《横向并购指南》④,该指南根据市场定义和兼并方的合并市场份额确定了某些阈值,以表明落入这些阈值的交易通常不会有垄断问题。高于这些阈值的交易将被仔细审查,以确定其对竞争造成的影响。另一个例子是这两个部门共同发布的《知识产权许可的反垄断指南》⑤。该许可指南指出,美国司法部和联邦贸易委员会以商业合并背景大致相同的方式对市场的结构进行审查,然后审查授权人与被许可人的关系横向或纵向的程度,并适用"反垄断安全区",要求对许可的限制至少表面上不具有反竞争性,且许可人和被许可人的共同市场份额不超过相关市场的20%。无论是在合并还是许可方面,这种结构方法提供了一种快速、可预测的分析模式,用于确定是否需要对竞争影响进一步质询。

在确定违反法律的救济措施时,美国也偏好采用结构式方法。美国司法部反垄断局的《并购救济指南》就是很好的例证。传统的结构补救措施是对财产权利的限制:对于实物资产是无条件销售,在无形资产的情况下则是不可撤销许可,这两者都无须对当事人的后续行动进行监管。在尽可能的情形下应当避免采取行为性的补救措施,有以下原因:监测相对人是否遵守法令带来的直接成本;可能会对相对人的有利竞争行为造成限制,或者阻止其及时应对不断变化的市场状况;以及可能将法院卷入市场纠纷,这对市场和法院都没有益处。诚然,在某些情况下,行为性救济方式是不可避免的,如技术知识的持续分享等,但总的来说这种强制合作和强制许可应该是所谓的"罕见的野兽"。⑥ 美国反垄断机构并不"管理"市场竞争——首选方法是创建一个竞争机制,然后退出,让市场制度发挥其功能。

接下来讨论客观性测试,美国联邦最高法院在2007年2月对 Weyerhaeuser Co. 诉

---

④ 美国司法部与联邦贸易委员会:《横向并购指南》(1992年发布,1997年修订),http://www.usdoj.gov/atr/public/guidelines/hmg.pdf。

⑤ 美国司法部与联邦贸易委员会:《知识产权许可的反垄断指南》(1995年),以下简称"反垄断 IP 指南",http://www.usdoj.gov/atr/public/guidelines/ipguide.pdf。

⑥ 美国司法部助理检察长 Makan Delrahim 2004年5月10日在英国国际法和竞争法学院的演讲:《强迫公司共享沙盒:知识产权和反垄断的强制许可》,http://www.usdoj.gov/atr/public/speeches/203627.pdf。

Ross-Simmons Hardwood Lumber Co., Inc.⑦这一典型案例作出判决。此案涉及"掠夺性出价"的指控:一家较小的木材厂宣称其较大的竞争对手以高价购买超过自身生产需求的木材,以防止其较小的木材厂以具有竞争力的价格获得木材,导致该厂停业。法院的陪审团指引侧重强调主观"公平",内容如下:本案中原告的论点之一是较大的工厂购买了超出其实际需要数量的原木,或者为原木支付了不必要高价,目的是阻止原告以合理价格得到其需要的原木。如果你认为这是事实,你可能会认为这是一种反竞争行为。⑧

(一审)陪审团根据《谢尔曼法案》(Sherman Act)第 2 条作出对原告有利的判决,第九巡回上诉法院维持原判。随后,该较大的工厂上诉至美国联邦最高法院寻求审查。最高法院在意见陈述中支持这家较大的工厂,并指出应当采用美国联邦最高法院 1993 年在 Brooke Group Ltd. 诉 Brown & Williamson Tobacco Corp⑨案的判决中提出的客观原则。在 Brooke Group 案这一掠夺性出价(买方立场)案件中,法院提出了一个客观的两步测试法:首先,原告必须证明被告的售价低于其成本;其次,原告必须证明,被告在致使受害者退出竞争后有可能"弥补上阶段低于成本销售的损失"。⑩ Weyerhaeuser 案的审理法院采用了同样的测试方法,并首先将第一步根据买方侧语境做了修改:掠夺性出价案中,原告必须证明被告在供给市场上的高出价,导致他们在最终产品市场上低于成本的定价;然后进行第二步测试。⑪ 可见,无论是在上游市场还是下游市场,对涉嫌掠夺行为的分析必须是客观的测试和分析。

美国联邦最高法院拒绝采用主观测试法,是因为主观测试法未能提供有用的指导:它们无助于解决被诉行为是否会危害整体竞争还是仅损害特定的竞争对手。提高投入价格或降低产出价格是核心竞争性活动——是"竞争的本质",审理本案的法院认为⑫,"过于宽松的责任标准"具有很高的"抑制有利竞争行为的风险",⑬这恰恰会损害那些寻求法律帮助的市场参与者。正如最高法院的意见陈述中所阐释的:

> 如果允许采用主观性标准,将对大型企业的有利竞争产生阻碍。反垄断规则"应当足够清楚、明确,使得律师能够向客户释明",而且"需要考虑到公司最终采取的行动不可能与复杂规则的字面释义完全一致,而是对其所预见到的法

---

⑦ 127 S. Ct. 1069 (2007);也可参见美国联邦政府作为"法庭之友"支持 Petitioners 的摘要(No. 05 - 381),http://www.usdoj.gov/atr/cases/f217900/217988.pdf。

⑧ Confederated Tribes of Siletz Indians v. Weyerhaeuser Co., 411 F.3d 1030, 1036 n.8 (9th Cir. 2005).

⑨ 509 U.S. 209 (1993).

⑩ 同上注,第 222、224 段。

⑪ 同上。

⑫ Weyerhaeuser, 127 S. Ct. at 1077 (citing Brooke Group, 509 U.S. at 226).

⑬ 同上注,第 1078 页。

律程序结果作出的反应"。如果合法的竞争出价与非法掠夺性招标之间的法律界限须交由陪审团事后评估,那么参与供给市场竞争的大型公司为保险起见,会谨慎行事,并且消极竞价。⑭

上述这段引用使我更好地以事前视角,而非事后视角审视美国反垄断法。

依照美国法律,反垄断责任调查的关键问题——"企业的行为是否有损于竞争?"——这是根据行为发生时的市场状况提出的。事前调查适用于结构分析:例如,在许可方面,授权人和被许可人是否是横向竞争者的判断,是以许可签订前的状态为准。⑮事前调查也适用于以下情形:例如,在竞争激烈的市场中,十家企业中的两家企业之间的合并不会仅因为其他八家企业在后独立作出的退出市场决定,而可被追溯认定为违反反垄断法的行为。总结美国反垄断法中注重事前的判例这方面,审理1945年Alcoa案的Learned Hand法官有一句至理名言:"一直被鼓励进行竞争的胜出者不应该在获胜的时候被秋后算账"⑯。

综上所述,美国反垄断法的发展趋势是客观、事前的分析。美国反垄断法摒弃任何依赖主观概念的规则,例如公平、公司雇员的主观意图、政府对市场的持续性"监管"或未来不确定事件的市场影响等。市场竞争往往有助于扩大投资、不断创新并最终造福消费者,而上述这类主观性规则可能会妨碍企业参与激烈的市场竞争。

2 反垄断法不禁止竞争性商业解决方案

现在,让我们来审视如何将这些原则应用于美国在专利池和标准制定组织领域的反垄断执法。

2.1 专利池

反垄断法对于专利池的分析一如既往地始于事前状态,即专利池尚不存在时的状态。一些行业在专利池未形成时面临着许多问题,其中包括:存在多个处于封锁状态的"专利丛林";多个专利权人相互间不颁发专利许可以阻止对手产品进入市场;被许可人被迫与多个专利权人分开谈判(或提起诉讼)带来的高额交易成本;以及缺乏共享有用的非专利信息的机制,如制造机密或制药剂量。这是一种非常低效的状态,而专利池恰恰能够解决这些问题——通过消除专利封锁,降低交易成本以及提供共享非专利信息的

---

⑭ 参见前注8,第29页[引用Town of Concord v. Boston Edison Co., 915 F.2d 17, 22 (1st Cir. 1990)]。
⑮ 参见前注5,§3.3。
⑯ United States v. Aluminum Co. of Am., 148 F.2d 416, 430 (2d Cir. 1945).

机制。专利池对于效率提升潜力无限,而效率的提高最终将转化为消费者福祉。当然,美国反垄断法基于具体调查得出的有关专利池的最终结论,其关注点在于某一特定专利池,而非抽象的一般性专利池,但这种事前分析仍然是支持专利池的有力论据。

专利池还存在反竞争效应的风险:如专利池可能会阻碍科技创新;阻止专利权人与被许可人相竞争而导致的抑制竞争;降低潜在的被许可人挑战无效专利的积极性;提供竞争者之间相互勾结的机会。针对这些担忧,美国司法部在20世纪90年代后期发布了多份专利池商业审查信函[17],声明它无意对具体的拟定专利池进行反垄断审查。综合来说,这些信函指出了专利池的哪些特征可用于抑制反竞争效果,其中最重要的五项是:厘清专利池有哪些专利;将专利池限定为补充专利并避免替代专利;要求双方的非独占性许可[18],且许可不具有歧视性;限制回授许可的范围以及严格、书面限制收集和获取专利池成员和被许可人竞争性的敏感专有信息,以防止下游协作。

需要注意的是,这些特征在专利池形成时就可以进行事先判断,而且每个特征都是客观的、结构化的,或者是行为上的,相对容易监管。专利是否在专利池中是客观的:专利要么在专利池内,要么没有。确定两项专利之间是替代还是补充关系可能需要专业知识,也是客观的。限定池中的专利于补充专利是结构性的。对信息共享的严格书面限制是行为性的,但相对容易监管:相比允许信息共享,然后试图监督成员的行为而言,专利池简单地禁止这种做法。最后,要求许可是非排他性、非歧视性,并且对回授的限制既客观又相对容易管理:它们是客观的,即观察者应该能就其定义达成一致——许可应当是非排他性许可,或排他许可?——它们可以进行管理,因为它们可以以最少的突发事件和设保人与被许可人之间的协调实现价值转移。

美国司法部关于专利池信函中提到的任何防御措施都非基于公正性审查,没有任何一方面依靠市场情况,因为其无法在专利池建立的初期被确定。也没有人试图监管纯粹的商业问题,如价格。随着专利池的实施和存续,可能会出现其他不易被这种纯粹的方案所解决的问题,但是这些信函中讨论的结构性可以显著地解决这些问题,所以即使产生分歧,也能够限制在极小范围内。因此,这样一个专利池的商业和反垄断风险应该是

---

[17] 见美国司法部助理检察长 Joel I. Klein 致 Carey R. Ramos, Esq. 的信函(1999 年 6 月 10 日), http://www.usdoj.gov/atr/public/busreview/2485.pdf;美国司法部助理检察长 Joel I. Klein 致 Garrard R. Beeney, Esq. 的信函(1998 年 12 月 16 日), http://www.usdoj.gov/atr/public/busreview/2121.pdf (3C DVD Business Review Letter);美国司法部助理检察长 Joel I. Klein 致 Garrard R. Beeney, Esq. 的信函(1997 年 6 月 26 日), http://www.usdoj.gov/atr/public/busreview/215742.pdf (MPEG-2 Business Review Letter);美国司法部助理检察长 Charles A. James 致 Ky P. Ewing, Esq. 的信函(2002 年 11 月 12 日), http://www.usdoj.gov/atr/public/busreview/200455.pdf。(所指专利平台,与专利池类似,指3G无线通信技术的专利池。)

[18] 在专利许可语境中,"进入"特用于被许可人接受许可,"出去"特用于许可人对外授权其专利。

2.2 标准制定组织

现在让我们以同样的视角来检视该部门关于 VITA 和 IEEE 标准制定组织（SDO）[19]的专利政策的商业审查函件。这些标准制定组织的核心任务是建立功能性和互操作性标准，以便不同企业的产品实现兼容。这对效率的提升作用是巨大的。然而，也存在专利劫持等潜在的商业问题。所谓专利劫持，是指在昂贵的标准选择过程之后，企业已经承诺遵守特定的标准，相比起之前存在替代技术、必须竞争的情形下，原本可被替代的专利成为必要标准，从而赋予专利权人一定的能力，专利权人可能会要求更高的许可费，对其专利寻求高于标准制定前与其他替代技术竞争时所能获得的合理费率。为了防止这种情况发生，VITA 和 IEEE 制定了专利政策，美国司法部也向这两个机构发出了赞成的商业评论信函。[20]

VITA 的专利政策有五项关键条款：对专利或专利申请的披露；披露最高许可费率和其他最具限制性的条款；限制性申请，即承诺仅适用于正在制定的 VITA 标准的实施，而不适用于其他技术用途；禁止通过横向谈判决定许可条款；以及仲裁条款和违反规定的责任条款——实质上，未披露其专利的 SDO 成员将承担免费许可其专利的风险。IEEE 提出了略为不同的设计，为潜在的标准专利权人提供了五种选择，以确定是否提供专利许可和最高许可费许可，并公布在 IEEE 官方网站上。如果专利权人承诺遵守最高价格和非价格条款，这些信息将被 IEEE 工作组用来评估替代技术的相对成本。IEEE 的专利政策禁止其成员以共谋的方式决定经济条款。其政策"禁止在标准制定会议上讨论特定的许可条款"，并且，根据 IEEE 的律师的声明，美国司法部的理解是这项禁止政策延伸适用到标准制定会议中关于许可条款的联合谈判。[21]

与专利池相同，美国司法部对 SDO 专利政策的反垄断分析也始于事前分析。类似 VITA 和 IEEE 这样有实际经验的标准制定组织，曾声称缺乏专利政策使得他们的标准制定工作效率低下，并且可能会导致一些标准永远不会颁布，或者颁布也不会得到实施。相反，也有潜在的反对意见认为这些 SDO 的专利政策可能会减少对专利权人的回报，从而降低创新激励措施，这确实是一个严肃的问题。然而，VITA 和 IEEE 的专利政策旨在确保价格只会通过竞争而降低（如果有的话），而不是被许可人的共谋行为而人为压低。

---

[19] 见前注 2。
[20] 更多讨论见作者在美国知识产权法协会春季会议上的讲话（2007 年 5 月 10 日于波士顿）：《反垄断执法与标准设定：VITA 和 IEEE 信函及 IP2 报告》，http://www.usdoj.gov/atr/public/speeches/223363.pdf。
[21] IEEE 商业评论信函，见前注 2，第 11 页。

美国司法部对此很难提出反驳,正如前助理检察长 Hewitt Pate 早在 2005 年所说的那样,"如果反垄断政策被用来阻碍价格竞争,将是一个荒唐的结果"[22]。鉴于此以及在评论信函和报告第 2 章[23]的说明,美国司法部谨慎发布了赞成的商业评论。

与我前面讨论过的专利池的特征一样,SDO 制定专利政策时,其政策的每个特征都可以做事前判断,每一个特征都是客观的、结构性的或者相对容易规范的行为规定。披露专利和最高许可费条款是客观的:当事后对专利或许可条款进行审查时,可以就"是否披露了专利或许可条款"进行判断。禁止在标准制定会议中对许可条款进行联合谈判也相对容易规范。虽然禁止条款确实需要持续进行一些行为监督,但它并不需要判断哪些谈判是合适的,哪些是不适宜的;相反,两个 SDO 都明令禁止联合谈判,这是一个更容易执行的规则。

经常有人要我解读美国司法部有关 VITA 和 IEEE 的信函等决定中所含的更深层次的信息,我的第一反应就是,美国司法部正在就具体的事实或特殊的事实进行评估,这就是我们一贯运作的方式。美国司法部并不为任何知识产权许可的特定方法背书,也不排除 SDO 采用其他的专利政策;这个问题上并不存在唯一的解决方式。从美国司法部的信函、报告中所能得出的信息是,美国司法部和联邦贸易委员会只在某一行为限制竞争,且可能损害效率时才会进行干预。企业界应该相信,反垄断执法以及 VITA 和 IEEE 的政策不会妨碍知识产权相关的公平竞争行为。

3 RAND/FRAND 条款

这让我想到了另一个与 SDO 的专利政策有共同特征的原则,即 RAND 或 FRAND 许可义务原则。接下来我将讨论 RAND/FRAND 方法的主观性,并解释为何这些主观因素与反垄断责任和补救措施中的客观测试的趋势相冲突。

3.1 RAND 以及 FRAND:主观、事前判断

让我们以客观、事前的视角审视合理、非歧视性(RAND)许可义务原则或者与其相近的 FRAND 原则。试想一个没有制定 VITA 或 IEEE 专利政策的标准组织,只要求其

---

[22] 参见美国司法部助理检察长 R. Hewitt Pate 在 2005 年欧洲竞争研讨会上的发言:《美国的竞争和知识产权:许可自由和对反垄断的限制》(2005 年 6 月 3 日,意大利佛罗伦萨),http://www.usdoj.gov/atr/public/speeches/209359.pdf。美国联邦贸易委员会主席有相似的见解,参见联邦贸易委员会主席 Deborah Platt Majoras 在斯坦福大学"标准化与法律:发展全球贸易的黄金法则"研讨会上的发言:《识别标准制定中许可费讨论的促进竞争潜力》(2005 年 9 月 23 日),http://www.ftc.gov/speeches/majoras/050923stanford.pdf,"价格的透明性能够鼓励各专利技术参与到纳入标准的竞争"。

[23] IP2 报告,见前注 1,第 33—56 页。

成员承诺按照 RAND 条款,向技术标准实施者许可他们的技术。这类似于一种事前承诺,但是也相当模糊。"非歧视性"一词指向可行的行为义务,但还有很多细节需要确定:非歧视是指所有被许可人都应当按照相同的每单元许可费率及其他条款获得许可,还是仅适用于某一类情况相似的公司? RAND 是否意味着禁止批量折扣,因为他们可能会对有效率的大批量生产者更有利? 什么样的许可费率是"合理的"、中立的观察者应当怎样回答"合理的价格是与什么比较得出"这一问题?

在 RAND 情境下,这些问题的答案可以是非结构化和主观的,并且可以进行各种事后评估。FRAND 也是如此,为了防止专利权人的掠夺性行为,FRAND 增加了"公平"的概念,但不禁使人想起美国联邦最高法院评述掠夺性出价时,对类似"公平价格"的解释闪烁其词:最高法院在 Weyerhaeuser 案中认为,在陪审团指引中包含的"公平价格"概念是撤销反垄断裁判的理由,因为"责任标准过于宽松"会有妨碍竞争的高风险。[24]

鉴于 RAND/FRAND 许可义务的模糊性,使得其在违反合同时难以被强制执行。出于同样的原因,将所谓违反 RAND/FRAND 许可义务的行为作为承担反垄断法责任的基础,也不符合 Weyerhaeuser 案中所释明的反垄断法的现代发展趋势。

3.2 反垄断法的作用

那么反垄断法在 RAND 义务方面的适当角色是什么?反垄断法保护的是竞争过程,而不是某一特定的竞争者。它不是限制专利权或限制任何参与者的定价权的工具。至少从 1911 年开始,美国的反垄断规则一向不禁止仅仅拥有垄断权力,而只禁止那些通过不正当手段来取得或维持垄断的行为。

曾经,专利权人和其他标准制定组织的参与者可能没有意识到 RAND 义务潜在的模糊性和商业问题。然而,我认为,随着对 RAND 义务的公开分歧越来越大,很难证明 SDO 及其成员仅通过 RAND 本身就能保证顺利实施专利许可。随着 RAND/FRAND 的潜在问题变得更加清晰,解决这些潜在问题的方案得以落实,我预计,随着时间的推移,反垄断投诉将渐趋减少。

一旦在标准制定中出现欺诈、掠夺或其他客观不合理的行为,反垄断法就有其用武之地。但是,如果仅是对可预见的价格产生分歧,那么利用反垄断法和"三倍赔偿金规则"*来解决这些分歧将会是不合理和低效的。

---

[24] Weyerhaeuser, 127 S. Ct. at 1078.

* "三倍赔偿金规则"即"三倍损害赔偿之诉",是美国反垄断法诉讼的一个重要制度。根据《克莱顿法》(*Clayton Act*) 第 4 条,任何因反垄断法所禁止的事由而致其营业或财产权遭受损害者,可以在任何地方法院提起诉讼;不论诉讼额为多少,受害人可获得三倍于其所受损害的赔偿及诉讼费用,包括合理的律师费用。——译者注

信息时代的反垄断政策:保护创新与竞争[*]

引　言

大家下午好,很高兴今天在福特汉姆竞争法研究所(Fordham Competition Law Institute)召开的第39届国际反垄断法和政策年会上与你们见面。今天,我想讨论一下美国和海外反垄断执法的前沿问题:信息时代,反垄断执法机构如何在专利权、竞争与创新之间找到平衡。反垄断机构需要确保标准制定以及专利所有权的转移能够促进创新和保护竞争,这一点在经济一体化形势日益明显的今天至关重要。

专利权、竞争机制和协作制定的标准作为保护和鼓励我们现代创新型经济的基本法律和政策框架——并不是新的事务。当然,一直以来,专利制度鼓励发明人应用他们的知识,承担相应风险并投资于研究和开发。然后通过公布专利以便其他人可以在此基础上进一步创新,这对于鼓励创新、促进经济增长具有重要作用。竞争也是激励发明、创新和风险承担的重要因素,因为改良现有产品以维持或获得更多市场份额的意愿推动市场竞争参与者不断完善功能、改进设计和生产流程。长期以来,共同标准的制定一直是互操作性和打造创新平台的关键因素。从1866年采用标准轨距导轨,消除了七种不同类型的轨道轨距之间的不兼容问题,到如今保护信息健康、在电力输送中运用智能电网、复杂通信网络和移动计算设备的产生——标准在现代生活中无处不在。

我们的创新型经济使得专利权、竞争、标准制定这三大支柱取得了平衡,这三者同等重要。因此,对于高度活跃的行业(如无线设备行业)来说,反垄断机构对于专利权和标准制定与竞争交集地带的主动监管,将会越来越重要。今天我要谈谈反垄断部门发挥积极作用的三种主要方式:确保标准制定所产生的市场支配力不会被用于限制竞争;仔细审查专利组合的收购;鼓励标准制定组织明确界定标准必要专利的许可承诺范围。

标准制定与竞争

标准的制定是无线设备行业等领域创新的基石,但它也可能损害竞争,因为标准可

---

[*] 本文为美国司法部反垄断局助理检察长Joseph F. Wayland在第39届国际反垄断法和政策年会(纽约,2012年9月21日)上的演讲。

以使标准必要专利权人获得市场支配地位。当标准制定过程的参与者拥有的专利技术被确定为标准时,转而采用其他的技术标准可能变得困难且价格昂贵,导致该特定技术获得市场支配力。专利权人可能会滥用这种市场支配力,表现为专利劫持、排除市场上的竞争对手或者寻求相较于标准制定前明显不合理的高价许可费等。如果在标准确立前该标准存在可以采用的替代技术,那么这种专利挟持问题就会更令人担忧。专利劫持也可能导致其他问题——它可能会迫使专利实施者推迟或避免将标准化技术纳入其产品中。当施行标准的公司将超额许可费以提高产品价格的形式转嫁给此类产品的消费者时,消费者的利益也将受到损害。①

为了减少这类机会主义行为的发生,大多数标准组织的专利政策寻求参与方承诺将以合理和非歧视性(RAND)或公平、合理、无歧视(FRAND)的条件许可其拥有的标准必要专利。② 在某些情况下,许可承诺是参与标准组织的前置性条件。在其他情况下,承诺可以是自愿的,或者组织提供一种机制使专利权人选择不承担许可标准必要专利的义务。通常,未能获得专利权人的许可承诺会导致标准机构考虑是否在标准最终确定之前修改该提议的标准,以避免将这些专利技术纳入标准。标准组织及其成员信赖 RAND 许可承诺来开展双边许可谈判,使标准得以顺利实行,也能确保有意愿使用专利技术的标准实施者可以被授权使用。

有人认为,通过参与标准制定活动并作出 RAND 许可承诺,专利权人放弃了排除侵权人使用其标准必要专利的权利。③ 其他人则认为,这种许可承诺绝不意味着"排除专利权人在适当情况下寻求禁令"。④ 尽管"专利权的本质是排他权",而不仅仅是弥补损失,⑤权利人有时会获得过度的议价能力,而这种能力并非来源于其发明的价值,或与之相称。⑥ 鉴于机会主义的专利权人会有利用禁令威胁来获得高于其专利价值的许可费的行为,有关禁令的规定必须保持灵活和敏感度。我认为,专利权人向标准组织作出许可承诺,即可视为其已经默示同意将纳入标准的专利许可给任何愿意并且能够接受许可条件的被

---

① 见美国司法部、联邦贸易委员会反垄断与知识产权执法局:《反垄断执法与知识产权:促进创新与竞争》(2007年),第35、36页,http://www.justice.gov/atr/public/hearings/ip/222655.htm。

② 在美国,标准组织的成员可以承诺以 RAND 条件许可标准必要专利,在其他司法管辖区,其成员可以以 FRAND 条件许可其专利。我将使用 RAND 指代这两种承诺形式,它们实质上是相同的。

③ Joesph Miller, *Standard Setting, Patents and Access Lock-in*: *RAND Licensing and the Theory of the Firm*, 40 IND. L. REV. 351,358(2007).

④ Alden Abbott, *RIM's Prescription for Patent Peace in the Smartphone Arena*, FTC WATCH No. 811 at 10(July 16,2012).

⑤ 参见美国司法部助理检察长 Christine A. Varney 在美国专利商标局、美国联邦贸易委员会和司法部专利政策和竞争政策研讨会上的发言(2010年5月26日):《通过专利和反垄断法律和政策促进创新》,第13—15页,http://www.justice.gov/atr/public/speeches/260101.pdf。

⑥ 同上。

许可人。美国联邦最高法院在 eBay, Inc. 诉 Mercexchange, L. L. C. 案裁决中提出的四要素,在衡量法院是否以及何时应当准许对受 RAND 承诺约束的专利颁布禁令时很有参考价值。

专利组合收购

2011 年开始,排斥竞争对手的专利劫持行为成为我们执法工作面临的最突出问题。我们对几个大型专利组合进行了调查,其中包括许多生产无线移动设备(包括智能手机和平板电脑)所需的标准必要专利。这些设备通常应用了大量的电信和计算机标准,包括蜂窝空中接口标准(诸如 3G 和 4G LTE 标准),诸如 Wi-Fi 和 WiMax 的无线宽带技术以及诸如 H. 264 的视频压缩技术。

移动设备行业正在经历技术转型。智能手机正在以闪电般的速度取代先前占主导地位的功能手机,而新型电脑产品(如平板电脑)已迅速进入市场。因此,新的技术发明者已经取代了一些原有的功能手机制造商,大量的专利组合正在被出售。在审查这些专利收购时,我们担心这些专利组合中受 RAND 承诺约束的标准必要专利会引发专利劫持,从而对本行业的其他成员产生不利影响。

2012 年 2 月,美国司法部反垄断局(以下简称反垄断局)结束了对两起重大专利组合收购的调查。第一起涉及 Rockstar Bidco(由 Apple、Microsoft、Research in Motion、Sony 和 Ericsson 共同出资)收购 Nortel 破产拍卖中的 6000 件专利。Nortel 曾就其中的部分无线专利作出 RAND 许可承诺。第二起是 Google 收购拥有 17000 件专利的智能手机和平板电脑制造商 Motorola Mobility 的 6800 件专利。Motorola 曾向若干标准组织承诺将以 RAND 条件授权其拥有的上百件专利,包括蜂窝空中接口和 Wi-Fi 标准专利。

在两起收购中,反垄断局的审查重点在于,收购专利的公司是否有倾向并且有能力,利用卖方 RAND 许可承诺不明确这一特征,来提高竞争对手的成本或阻止标准实施者,进而损害消费者利益。例如收购公司将向竞争对手要求高额许可费、强迫以高于 RAND 的许可费率达成交叉许可、就全部专利组合向专利实施人收取专利费,而实施人仅仅使用了专利组合中的一小部分、试图限制或排除这些侵权产品进入市场。在详尽调查之后,反垄断局得出结论,两起收购并不存在实质性削弱通信设备行业竞争的可能性。值得一提的是,我们认为 Research in Motion 或者 Microsoft 不存在利用从 Nortel 收购的那些受 RAND 承诺约束的专利去排除其竞争对手进入市场或独占性定价以损害竞争的可能性,因为他们将不能吸引足够多的消费者购买他们的智能手机从而弥补许可费收入的损失。另外,我们发现 Microsoft 此前与其大多数基于安卓操作系统的原始设备制造商(OEM)签署了交叉许可协议,并且其新获得的专利也包含在这些协议中。

在 Google 的收购案中,我们发现 Motorola Mobility 长期以来授权其获得 RAND 的标准必要专利,并且在 Google 试图收购该公司及其专利组合之前已经与 Apple、Microsoft 等公司产生过多起争端。我们认为专利所有权从 Motorola 转移至 Google 不会大幅改变授权项目或这些争端的范围。

在我们调查这些交易时,Apple 公开声明不会利用这些受 RAND 承诺约束的标准必要专利,以禁令的方式排除无线市场的竞争对手。同样,Microsoft 在其网站上发表公开声明,称其不会就作出过 RAND 许可承诺的标准必要专利寻求禁令或排除令。Google 还公开披露了其许可政策,声明未来发生许可费争议时,如果潜在被许可人满足以下条件,它将放弃寻求禁令救济:①放弃某些防御措施,例如质疑专利的有效性;②将全部许可费支付给托管机构;③同意关于禁令的互惠程序。

Apple 以及 Microsoft 的公开承诺大大减轻了反垄断局对于潜在的基于标准必要专利的反竞争行为的担忧。反垄断局还观察到,Google 在承诺中并未确认其就受 RAND 承诺约束的标准必要专利的许可政策。

尽管反垄断局认为收购这些专利组合并不可能大幅度抑制竞争,但我们也表达了对于不恰当地利用这些受 RAND 承诺约束的标准必要专利破坏竞争的担忧,因此我们最终的调查结论仅仅针对专利所有权的转移,而不包括所有权转移后的专利权行使。

自从我们结束这些调查以来,反垄断局一直在密切关注这些无线设备行业受 RAND 约束的标准必要专利的使用,特别是与智能手机和平板电脑有关的专利,以确保不会扼杀这一重要领域的竞争和创新。也有人担心那些收购专利后不开发专利技术或将专利技术纳入其产品的公司,会通过对在产品生产中使用相关专利技术的公司的授权许可或诉讼,使这些实施者被锁定在现有专利技术中。这些公司往往积累了数量庞大的专利,对专利的有效性以及被控侵权行为进行了评估,以期提高专利收购方在许可谈判中的议价能力。这些类型的公司参与的专利收购在无线设备行业并不少见。在尊重推动专利权转让的不同盈利模式的同时,我们也会继续监督这些活动及其对创新和竞争的影响。我们计划在今年晚些时候举办研讨会,深入探讨这些问题。

标准制定组织的角色

反垄断局在实践中发现,对于标准制定组织而言,确定所采用的知识产权政策,使得行业能够从中获益主要是其内部事务。但是,当局已经准备好依据反垄断法惩罚那些抑制竞争的标准制定活动。标准制定组织能够帮助其成员避免违反反垄断法的一种方式就是制定最明确、歧义最小的专利政策。在 2006 年、2007 年两年,我们向 IEEE 以及 VITA 两家标准制定组织发送了商业评论信函,建议其要求或允许专利权人在标准制定过程中披露其许可标准必要专利的使用时可以接受的最严格条款,这一举措可以鼓励竞争,避免影响标准的推广和应用。⑦ IEEE 以及 VITA 将这一条件纳入了他们的专利政策中。

标准制定组织还可以修改许多专利政策,以减少 RAND 许可的模糊性,促进竞争。反垄断局建议标准制定组织考虑以下提议:

- 事先确认技术提案所涉专利技术的权利人是否尚未作出 RAND 许可承诺;
- 明确许可承诺同时约束专利技术的当前权利人以及未来受让人;
- 允许标准必要专利权人的 RAND 许可承诺仅针对金钱条款,允许自愿达成双边许可协议;
- 限制专利权人排除有意愿且合格的被许可人的权利,如要求受 RAND 承诺约束的标准必要专利只有在经过相关诉讼和仲裁之后才能对许可人进行排除;
- 降低确定 RAND 许可条款的成本。当前,昂贵的诉讼是唯一的纠纷解决方式。标准制定组织可能希望就合理 RAND 费率的组成提供指引,或者制定仲裁条款以降低由于 RAND 承诺欠缺明确性而导致的成本。

标准制定组织若能采取上述措施,毫无疑问将有助于提高市场的运转效率,同时降低成本,增加透明度和确定性,进而促进创新,鼓励竞争。

我希望明确的是,反垄断局不会强制这些提案的实施,并且我们继续与标准组织及其成员进行对话,以进一步完善我们对哪些做法最有利于竞争的想法。我鼓励那些希望修改其专利政策的标准制定组织像 VITA 和 IEEE 所做的那样,当拟议修订具备损害竞争可能性时,能够通过我们的商务审查程序对其进行事前审查。

ITC 针对标准必要专利的排除令对竞争的影响

我们倡导竞争的工作还涉及国际贸易委员会(ITC),它在确保美国避免进口侵犯美国产品专利权的产品、进而保护美国工业方面发挥着重要作用。

最近,涉及移动设备的一些调查给 ITC 带来了一个新问题:如果 ITC 确定被告侵犯了专利权人合法有效的标准必要专利,而专利权人(或其前权利人)已自愿同意根据 RAND 条款许可其专利,则在什么情况下应当颁发排除令。ITC 认为,ITC 可以在保护专利权人个人权利的同时,考虑到对消费者和美国经济竞争环境的影响,调整其救济措施。已经作出 RAND 许可承诺的专利权人在某些情况下可能有理由寻求来自 ITC 的排

---

⑦ 见美国司法部助理检察官 Thomas O. Barnett 致 Michael A. Lindsey, Esq. 的信函(2007 年 4 月 30 日),www.justice.gov/atr/public/busreview/222978.pdf;美国司法部助理检察官 Thomas O. Barnett 致 Robert A. Skitol, Esq. 的信函(2006 年 10 月 30 日),www.justice.gov/atr/public/usreview/219380.pdf。

除令,包括"被许可人或专利技术的使用者拒绝参与合理谈判或可能不受美国法院的管辖"[8]。在某些情况下,根据标准组织的政策作出 RAND 承诺似乎与针对愿意接受 RAND 许可条件的被许可人申请 ITC 排除令相悖。因此,ITC 决定是否应当发布这种排除令须取决于每个具体案件的事实。

结　论

毫无疑问,目前全美各地法院以及全球许多司法管辖区正在进行的专利诉讼的结果将显著改变这一市场的格局。对于正在努力厘清或修正现有知识产权政策的某些标准制定组织来说,情况可能也是如此。这是一个有趣的时刻,反垄断局全力促进标准和专利交叉的行业的竞争,使所有人从科技创新中受益。

---

[8] 参见美国司法部助理检察长 Joseph F. Wayland 在第112届国会司法委员会上的证词(2012年):《排除令对实施标准必要专利的竞争影响》,http://www.judiciary.senate.gov/hearings/hearing.cfm? id = 45dca2a38e7309da19dce3a4 cc06b817。

标准在当前专利战争中的作用[*]

引 言

首先,我要感谢查尔斯·里弗顾问公司(Charles River Associates,CRA)的同人们邀请我参加每年一度的布鲁塞尔会议,今天很高兴来到这里。我特别要感谢 Cristina 和 Anne 为组织这次关于"专利战争、禁令和专利劫持"的会议和组建专家组所做的辛勤工作。

正如各位所知,在过去几年中,涉及标准制定的问题一直是美国司法部反垄断局(以下简称反垄断局)工作的重要组成部分,我们一直积极与公司和标准制定组织(SSO)合作,以鼓励有利于竞争的行为。[①] 重要的是,我们在审议这些问题时,一直与欧洲的有关部门密切合作。鼓励各位去阅读我们的公开声明,以及我们致电气和电子工程师协会(IEEE)和 VITA(VME International Trade Association,VME 国际贸易协会)的商业反垄断评论函,这能够让各位了解比我今天 10 分钟的发言内容更为深入的讨论内容。[②]

反垄断局在与知识产权(IP)相关的执法和倡导工作中的首要任务是关注那些由专

---

[*] 本文为美国司法部反垄断局助理检察长 Fiona M. Scott-Morton 于 2012 年 12 月 5 日在比利时布鲁塞尔举行的主题为"欧洲竞争政策的经济发展"的 CRA 年度会议上的发言。

[①] 例如,我们与欧盟委员会密切合作,审查 Google 收购 Motorola Mobility 的情况。2012 年 2 月,美国司法部进行了有关这一收购案件以及另一项同样涉及重要专利组合的收购案的调查,在认定这两项收购都未违反《克莱顿法案》(Clayton Act,美国一部重要的反垄断法。——译者注)第 7 条之后,美国司法部终止了这两项调查。这些专利组合中包括无线领域内受 RAND 原则约束的标准必要专利。美国司法部仔细审查了收购公司利用 RAND 承诺中的模糊条款以提高竞争对手成本或抑制竞争的动机和能力。参见美国司法部 2012 年 2 月 13 日新闻稿,详见 http://www.justice.gov/atr/public/press_releases/2012/280190.pdf。

[②] 例如美国司法部反垄断局副助理检察长 Renata B. Hesse:《SSO 的六个"小"建议》(2012 年 10 月 10 日),详见 http://www.justice.gov/atr/public/speeches/287855.pdf(建议对 SSO 的知识产权政策进行竞争性修改,包括限制受 F/RAND 承诺约束的专利申请禁令的权利,并降低确定 RAND 许可条款的交易成本);美国司法部反垄断局助理检察长 Joseph F. Wayland 2012 年在美国第 112 届国会司法委员会的证词:《排除令对实施标准必要专利的竞争影响》,详见 http://www.justice.gov/atr/public/testimony/284982.pdf(在参议院司法委员会作证时,说明国际贸易委员会在评估争议中对受 F/RAND 原则约束的标准必要专利发布排除令是否符合公共利益时应考虑的因素);美国司法部助理检察长 Thomas O. Barnett 给 Drinker,Biddle&Reath 律师事务所的 Robert A. Skitol,Esq. 的信(2006 年 10 月 30 日),见 http://www.usdoj.gov/atr/public/busreview/219380.pdf;以及美国司法部助理检察长 Thomas O. Barnett 致 Michael A. Lindsay 的信(2007 年 4 月 30 日),详见 http://www.usdoj.gov/atr/public/busreview/222978.pdf。

利权人声明为对标准必要的专利,且专利权人还承诺按照合理和无歧视(或 RAND)条款或公平、合理和无歧视(或 FRAND)条款许可标准实施者使用。我们称这类专利为受 F/RAND 原则约束的标准必要专利(SEP)。③ 一个令人担忧的问题是,专利权人(原文为专利持有人,但鉴于同义,统一使用专利权人。——译者注)可能会主张不符合 F/RAND 承诺的许可条款,同时以禁令或其他排除性救济手段相威胁。④ 最终产生的影响是阻碍了市场竞争以及标准制定对于竞争本可以起到的积极作用的实现。

今天,我将重点谈谈这些涉及受 F/RAND 原则约束的 SEP 所施加的威胁如何影响竞争,以及反垄断局重点关注这类专利的原因。

SEP 战争被运用于整个行业竞争?

一直以来,美国的专利制度因为质量差的专利授权太多以及专利权属和转让信息缺乏透明度而受到批评。存在的这些问题一定程度上通过运营公司间专利权属的纵向整合得以克服。

当许可协议的双方都进行部件的生产,且同时拥有以及许可其知识产权,那么自然的结果就是双方以较低的许可费用进行交叉许可。诉讼往往不是占据优势的有效方式,因为对方可以以相同方式进行报复。

然而如今我们看到的却是竞争对手之间以及没有竞争关系的公司之间诸多的诉讼纠纷。这不乏某些深层次的技术原因[例如软件专利和专利主张实体(PAEs)的兴起],但导致专利战争以及当前诸多低效诉讼的,有两个产品市场原因。首先是智能手机和平板电脑作为主流消费电子设备的兴起。这些设备结合了许多功能:电信、计算机通信(例如 Wi-Fi)、计算机硬件(例如显示器)、操作系统和应用软件等。在一个小型设备中融合如此多的功能,该设备制造最终可能需实施数百个标准和数千项专利。⑤

其次,我们当前所处的是一个平台竞争的时代,平台的拥有者或赞助商只拥有或创造了生态系统的一部分,而平台要想受到消费者的欢迎,则需要许多互补产品。我们看到了在 Microsoft Windows 和电脑(PC)行业的这种竞争,并在移动设备行业再次看到这

---

③ 一些 SSO 使用了 RAND 这个词,而另一些 SSO 使用了 FRAND 这个词。在此作者将使用 F/RAND 来引用这两种类型的许可承诺。评论家们经常交替使用上述术语来表示实质上相同的一类承诺。

④ 在美国,专利所有人可以向联邦法院起诉专利侵权行为,联邦法院可采取禁令和损害赔偿作为救济措施。专利权人也可以向国际贸易委员会(ITC)寻求救济,该委员会负责实施贸易救济法律。根据有关法规,ITC 有权对进口贸易中针对某些不公平做法的指控进行调查,包括侵犯法定知识产权的指控。如果 ITC 认定侵权行为存在,可发布排除令,但 ITC 无权裁决以损害赔偿作为救济。

⑤ 通过类比,一项研究发现了在现代笔记本电脑中实施了 250 多项标准,同时推测实际数字可能要高得多(可能超过 500 项)。参见 Brad Biddle, Andrew White & Sean Woods, *How Many Standards in a Laptop?* (*And Other Empirical Questions*)(9.10,2010),详见 http://standardslaw.org/How_Many_Standards.pdf。

种竞争。Apple、Google 和 Android 都处于移动生态系统中。Nokia 在欧洲实力很强,并试图在美国发展。Sony、Samsung 和 HTC 等原始设备制造商(OEM)正在制定战略,以求在这一充满活力和激烈竞争的领域内发展壮大。

平台的成功源自规模集成网络效应;一个平台的用户越多,产生的互补产品就越多,这反过来又吸引了更多的用户。此外,许多平台产生或简单地具有"锁定"效应,例如消费者在某一平台上购买的音乐收藏无法转移到另一个平台。平台还具有"一边倒"的特点。如果平台没有足够的规模来生成应用程序或其他有价值的内容,它可能不会吸引更多的消费者,这意味着开发人员为其编写的应用程序更少,购买设备的消费者便随之减少,平台规模也会因此缩小。

可以认为,智能移动设备的迅速普及不可争辩地创造了一个良好环境,使得"锁定"和"一边倒"效应可能发挥重要的作用。实力相当和长期合作在此并不像过去那样重要。因此,对于这个市场中的参与者而言至关重要的是,当他们有机会使平台向自己倾斜或阻止其向远离自己的方向倾斜时,应当使用他们所掌握的所有可能方式使其平台获得竞争优势。原始设备制造商之所以被卷入,是因为其作为硬件的实际制造商,往往是专利诉讼的被告。这场斗争中经常发生的是专利侵权指控,有时就包括 SEP。

SEP 与普通专利相比有何特别之处?

我被问到的一个问题是,"标准必要专利与其他专利相比有什么特别之处?",标准必要专利的重要地位是由 SSO 的集体决策确定的。当公司聚在一起,通过商定一项共同的技术而赋予彼此市场支配力时,就会造成损害。F/RAND 承诺旨在减少在实施标准过程中机会主义或剥削行为的发生。正是这些承诺,配合着其他措施,使得竞争监管机构得以稍微放松对集体决策的禁止。在审查这些合作时,我们会看联合行动形成的网络效应是否有利于消费者。如果 F/RAND 承诺含糊不清、定义不明,那就几乎没有任何意义,因为专利持有者通过行使市场支配力,可能使消费者无法享受诸如高效、产品和服务增加等标准带来的好处,同时可能导致价格上涨、产品选择减少以及对整个网络体系的投资减少。

对于一项成功的标准而言,真正必要的专利,其本质上都具有市场支配力。我们认为,SEP 声明能成为一种强有力的武器,并且可能通过过度主张而得到加强,还可能被用来通过劫持损害竞争。

需要注意的是,非 SEP 也可用于劫持被许可人。如果被许可人已经投资于某一产品,并且面临着围绕该专利而制定、产生的一系列成本费用,许可人可以从被许可人处获得的将不止限于其知识产权的价值,而是被许可人部分的投资(回报)。但这是一个由

FRAND 公共政策

专利在被授予时所获得的权力所决定的,从竞争法的意义上讲,这种权力可能是市场支配力,也可能不是市场支配力。但是,需要注意的是,非 SEP 专利权人的劫持能力并非来自竞争对手的集体决策。相反,其仅仅来自权利人单方面部署的一项创新。这一差别令受 F/RAND 承诺约束的 SEP 受到包括司法部在内的竞争监管机构的关注。

我们已经采取的行动之一是倡导在 SSO 一级进行改革,以解决当前 F/RAND 承诺无法保护被许可人免遭劫持的问题。具体而言,我们鼓励 SSO 采取以下措施:

- 建立程序,设法事先查明拟议技术中涉及的专利权人未同意以 F/RAND 条款许可的专利,并自主确定该技术是否应纳入标准。
- 明确要求向标准机构作出的许可承诺应约束现有专利权人和未来的专利受让人,并将这些承诺延伸至标准的所有实施者,无论其是否是标准机构的成员。
- 允许被许可人选择以现金方式支付受 F/RAND 承诺约束的标准必要专利的许可使用费,并禁止强制性交叉许可对标准或相关系列标准而言不重要的专利,同时允许基于自愿达成所有专利交叉许可。
- 当已作出 F/RAND 许可承诺的专利权人试图利用禁令将有许可意愿和有能力的被许可人排除在市场之外时,应对其权利加以限制。当标准实施者拒绝让中立的第三方确定适当的 F/RAND 条款或拒绝接受由该第三方认可的 F/RAND 条款时,限制专利持有人寻求禁令的权利似乎是适当的。
- 采取改进措施来降低确定 F/RAND 许可条款的交易成本。标准机构不妨尝试为 F/RAND 许可费率的构成制定准则,或制定仲裁要求,以减少 F/RAND 承诺不明确的代价。例如,VITA 的专利政策中建立了仲裁程序,以解决成员对专利政策遵守情况的争议。
- 考虑如何提高确定性,在标准制定后以使专利持有者相信所披露的专利确实对标准而言是必要的。某些标准机构中受 F/RAND 承诺约束的"必要"专利数量近年来呈指数增长。

为了最大限度地避免标准制定后出现专利劫持的可能性,在制定标准之前扩大披露范围,这将使各方受益。然而,美国近期的诉讼表明,一些宣称是对标准必不可少的专利实际上对该标准并不必要,因为符合标准的产品并没有侵犯其专利权。[⑥]

对于受 F/RAND 约束的标准必要专利而言,专利权人在大多数情况下自愿放弃排

---

⑥ 详见美国司法部反垄断局助理检察长 Joseph F. Wayland 在第 39 届国际反垄断法和政策年会上的演讲(2012 年 9 月 21 日):《信息时代的反垄断政策:保护创新与竞争》,http://www.justice.gov/atr/public/speeches/287215.pdf。(中文译文见该书第 165—170 页。——译者注)

他性权利,以此作为使自己的技术纳入标准的条件。⑦ 同样的议价条件一般不得适用于其他未作出类似承诺的专利。

只有 SEP 是"强大"的专利吗? 那么像 Apple 公司的那些已被多次提及的商业上必不可少的非 SEP 又如何呢?

这并非是说竞争问题与非标准必要专利无关。对于实施标准而言,不是必需的专利数量众多,且强度相差巨大。拥有市场支配力的企业可以以反竞争的方式使用,⑧而专利的收购行为则可能违反反垄断法。⑨

需要记住的一点是,合法拥有市场支配力是正当的。事实上,能够实现领先甚至垄断地位的潜力被视为竞争和创新的强大动力,有利于推动技术的飞跃式发展。此外,在可能存在替代性技术的情况下,由于被采纳为正式标准的一部分而变得"强大"的技术,不同于那些通过满足消费者期待而使产品具备独特性的技术。换言之,后者是一种更高级的"捕鼠器"。非标准化技术能够使商品差异化,创造竞争并推动市场创新。这两类专利在商业策略上也有一个关键区别:当 SEP 专利权人作出 F/RAND 承诺时,便表明其明确同意其 IP 的实施者可以以金钱为对价进行交换。相比之下,对于一项能够产生差异化的专利,公司的策略则可能是通过禁止其他生产商使用该 IP 以促进自身产品的销售。

有观点指出,反垄断局应像关注受 F/RAND 承诺约束的标准必要专利一样关注商业必要专利。首先,我个人并不清楚商业上必要是什么意思;行业中对此定义似乎也没有达成共识。⑩ 如果其对实施标准而言是必要的,那么它应当是 SEP。它是指那些对于标准实施中一项广受欢迎但却具有可替代性的技术而言必要的专利? 如果是这样,或许

---

⑦ 例如,如果假定的被许可人拒绝支付已被确定为 F/RAND 的许可使用费(无论是由法院、调解员或通过标准化进程中各方参与者商定的其他程序确定),或拒绝就 F/RAND 的具体确定进行协商,则可下达排除令或禁令。如果假定的被许可人不受法院的管辖,以致无法判决给付损害赔偿并征收已确定的 F/RAND 许可使用费作为救济,则排除令也将是适当的。

⑧ 详见美国司法部及联邦贸易委员会发布的《知识产权反垄断指南》(*Antitrust Guidelines for the Licensing of Intellectual Property*,1995 年 4 月 6 日)("各机构认识到,知识产权许可使得生产要素间以各种形式结合互补,而且通常是预先竞争的"),见 http://www.justice.gov/atr/public/guidelines/0558 htm(在某些情况下,强制被许可人在购买一项知识产权、产品或服务时同时购买另一项或多项知识产权的行为,构成非法搭售);Broadcom Corp. v. Qualcomm Inc., 501 F. 3d 297 (3d Cir. 2007)(否定了 Broadcom 的结论,后者提到,Qualcomm 对其必要 WCDMA 技术的被许可方存在歧视行为,即向那些没有使用其 UMTS 芯片集的用户收取更多费用,企图垄断 UMTS 芯片集市场)。

⑨ Kobe, Inc. v. Dempsey Pump Co. 198 F. 2d 416 (10th Cir. 1952),亦见于 Ciba-Geigy Ltd., 123 F. T. C. 842, 882, 893 (1997)(需要许可是由于并购会"因专利组合以及专利应用范围和效力的不确定性而提高准入门槛,故而需要潜在的参与者围绕相关专利进行发明或宣告更多专利无效")。

⑩ 例如 Jay Kesan, Carol Hayes, *Patent Transfers in the Information Age*:*FRAND Commitments and Transparency*,详见 http://sites.nationalacademies.org/xpedio/groups/pgasite/documents/webpage/pga_072485.pdf。

应该通过 SSO 的规则来处理这些情况?⑪ 该创新的采用是由于任何形式的联合决策,还是通过权利人的单方努力? 其权利人又是否就未来的许可费率或条款作出过公开承诺? 这些事实将在很大程度上影响许可方实施专利劫持的程度。如果说该创新只是因为受消费者欢迎而被认为是营销产品的关键,其独占性或许是创新的重要驱动力。如果强制规定那些在标准基础上产生的真正创新需要与竞争对手分享,创新的动力可能因此减弱。

结 论

反垄断局充分致力于推动标准和专利存在交叉的行业领域内的良性竞争,促使全社会都能够从创新中受益。最后,再次感谢各位的聆听。

---

⑪ 例如,IEEE 的专利政策第 6.1 节将"必要专利权利要求"定义为"在批准(拟议的)IEEE 标准时,在无商业上和技术上可行的非侵权性替代方案时,为使产品制造符合(拟议的)IEEE 标准的强制性或任意性规范条款,而必须使用的一切专利权利要求。必要专利权利要求不包括仅对授权技术是必要的专利权利要求,也不包括除上述以外的任何权利要求,即使其与必要专利权利要求包含在相同的专利中"。参见 IEEE 标准委员会章程,http://standards.ieee.org/develop/policies/bylaws/sect6 – 7. html。

美国司法部和专利商标局对自愿服从 F/RAND 承诺的标准必要专利的救济的政策声明

美国司法部(简称 DOJ)反垄断局以及美国商务部下属专利商标局(简称 USPTO),共同就专利和标准制定团体的重大利益的议题作出政策声明,该议题为:如果专利权人标准必要专利受到 RAND 或 FRAND 承诺的约束①,其在司法程序中寻求禁令救济,或在依据《1930 年关税法》(the Tariff Act of 1930)第 337 节②发起的调查中要求颁发排除令的行为,是否具有正当性。

专利制度通过激励发明人应用其知识,主动承担风险加大研发投入,公开专利以便其他人可以对披露的知识进行再创新,从而鼓励创新,促进经济增长。相应地,这些努力通过传播知识,提供新的、有价值的技术,降低成本,提高质量以及增加消费者的选择造福整个社会。③ 美国司法部和美国专利商标局意识到,专利权人拥有排除他人实施专利发明的权利是获得这些利益的根本。这在《1930 年关税法》第 337 节即有所体现,该条禁止非法"进口侵犯合法有效的美国专利的产品进入美国"。④ 正如《2010 年政府知识产权执法联合战略计划》(the Administration's 2010 Joint Strategic Plan on Intellectual Property Enforcement)所述,"通过加强知识产权执法力度,确保美国在创意、创新产业的

---

① 在本声明中,一个专利受到 RAND 或 FRAND 原则的约束是指,专利权人在参与标准制定组织(SDO)的标准制定活动时,自愿且主动同意将专利以公平、无歧视(RAND)或者公平、合理、无歧视(FRAND)的条款进行授权许可。在美国,标准制定组织成员可以承诺将其拥有的全部标准必要专利以 RAND 条款进行许可。在其他司法管辖区,标准制定组织成员可以就其此类专利承诺以 FRAND 条款进行许可。本声明所称 F/RAND 条款可以指代以上两种承诺。这两种术语经常被轮流使用来表示实质相同的承诺。

② 尽管本政策声明的重点是依据《1930 年关税法》(the Tariff Act of 1930)第 337 节(19 U.S.C. §1337)发布的排除令,但类似的原则也适用于美国联邦法院授予的禁令救济,即由美国联邦最高法院在 eBay Inc. 诉 MercExchange 案[eBay Inc. v. MercExchange, L.L.C., 547 U.S. 388 (2006)]中提出的标准。但本政策声明不会就该案标准下的禁令救济进行详尽的法律分析。

③ 参见美国知识产权协调委员会、政府管理预算局、总统办公室:《2010 年政府知识产权执法联合战略计划》(以下简称《2010 年联合战略计划》),http://www.whitehouse.gov/sites/default/files/omb/assets/intellectualproperty/intellectualproperty strategic plan.pdf(该计划指出,"作为一个政府,我们可以利用知识产权执法来加强经济、支持就业和促进出口。知识产权是一项关键和有效的工具。知识产权支持所有行业的就业机会,特别是在创造力、研究和创新高增长的行业")。

④ 19 U.S.C. §1337(a)(1)(B)(i) (2006).

全球领先地位,是政府工作的重要部分"⑤。因此一直以来,对于侵犯合法有效的美国专利的进口产品,排除令通常是适当的补救措施。标准,特别是由标准开发组织(SDO)制定的非强制性标准(voluntary consensus standards),已经在我们的经济中占据举足轻重的地位。⑥

非强制性标准,包含技术性规范或其他标准的协议,通常由参与标准制定的私营团体组织制定。⑦

非强制性标准以多种方式服务于公共利益,如帮助维护公共健康安全和促进互补产品之间的互通性以促进资源有效率的分配和生产。⑧ 互操作性标准为许多重要创新走向市场铺平了道路,其中包括复杂的通信网络以及成为现代标志的复杂移动计算设备。事实上,无论是机械、电气、计算机相关还是通信有关的非强制性标准,都包含了重要的技术革新,而这些技术的进步与革新对实现消费者所依赖的产品间互操作性至关重要。⑨

然而,共同参与的标准制定并非没有风险。例如,某个参与标准制定的主体的专利技术被纳入标准后,在既定标准范围内再去采用不同的技术或者直接采用不同的标准就变得十分困难,且转换成本高昂。此时,该专利技术的所有者有可能获得并因此滥用市场支配力。其所有者可通过专利劫持排除特定竞争对手,或要求高于专利技术被纳入标准前的许可费。这种类型的专利劫持也会导致其他问题。例如,它可能会刺激未来的标

---

⑤ 《2010年联合战略计划》,参见前注3,第4页。

⑥ 非强制性标准的作用得到美国国会和行政部门的认可。标准制定组织在这类标准的制定中发挥了重要作用。参见1995年《国家技术转让和促进法》[*National Technology Transfer and Advancement Act* of 1995, Pub. L. No. 104-113 § 12(d), 110 Stat. 775, 783 (1996), 15 U.S.C. § 272 note (2006)];美国政府管理预算局、总统办公室:《白官预算办公室行政通告A119号》(OMB Circular A-119):《联邦参与自愿一致标准的制定与使用及合规评估活动》, www.whitehouse.gov/omb/circularsa119。

⑦ 参与标准制定是可选择的,由此产生的标准通常供自愿使用。参见美国商务部:《标准与竞争:为效果合作》(2004年), http://www.ita.doc.gov/td/standards/pdf%20files/Standards%20and%20Competitiveness.pdf。仅仅在美国就大约有由超过600个组织制定的约50000个非官方性质的非强制性标准。见美国国家标准协会:《美国标准体系审查》, http://www.standardsportal.org/usa en/standards system.aspx(最后访问时间:2012年12月7日)。美国标准系统极具多样性,逐渐形成以产业部门为核心的格局。这符合一般规律,因为那些为制定适用的标准的SDO最可能了解各个领域,比如信息技术、电信技术、机动车、医疗设备以及建筑技术的需求,并知道如何制定服务于这些需求的最佳标准。很多产品的制造,包括在电信产业,依赖于多个非强制性标准,这些标准由不同SDO制定,有着不同的专利许可政策。

⑧ 鉴于知识产权的F/RAND许可在标准化过程中的重要性,我们了解到,由众多利益相关方代表组成的国家科学技术委员会标准小组(National Science and Technology Council Subcommittee on Standards)将进一步探索此议题以及相关政策的潜在深远影响。

⑨ 参见 SUBCOMM. ON STANDARDS, NAT'L SCI. & TECH. COUNCIL, OFFICE OF SCI. & TECH. POLICY, EXEC. OFFICE OF THE PRESIDENT, FED. ENGAGEMENT IN STANDARDS ACTIVITIES TO ADDRESS NAT'L PRIORITIES: BACKGROUND AND PROPOSED POLICY RECOMMENDATIONS 1 (Oct. 10, 2011), http://standards.gov/upload/FederalEngagementinStandardsActivitiesOctober12final.pdf。

准实施者推迟或避免对标准化技术作出承诺,或者降低在标准制定和实施中的投资参与度以保护自己。对于实施标准的产品的消费者而言,由于劫持附加的不合理的高额许可费最终也会转嫁给消费者,从而导致消费者的利益受损。[10]

为了减少在非强制性标准实施过程中机会主义行为的发生,同时鼓励参与者将最优的技术纳入标准,一些标准制定组织要求参与者自愿作出许可承诺,包括承诺以F/RAND 条件许可他们拥有的对于标准必要的专利技术。标准制定组织及其成员依靠这些自愿作出的 F/RAND 承诺来促进双边许可谈判,这对标准的成功推广至关重要,同时以此向标准实施者保证专利技术可供各方寻求许可。[11]

通过自愿作出的 F/RAND 许可承诺,那些同时提供符合标准的产品或服务的专利权人受益于增加的市场交易机会,而那些专注于专利授权的专利权人亦能获得更多的许可费收入,这激励专利权人在标准制定过程中更加积极地贡献其拥有的最先进的专利技术。F/RAND 承诺也可以促进后续创新,因为它为市场新晋参与者和现有参与者提供无歧视的入网条件,从而允许他们推出新一代入网产品。[12] 鉴于这些益处以及其他未提及的潜在利益,美国将一如既往地鼓励在国内和国外采用自愿 F/RAND 许可制度——而不会强制实施零许可费或低于市场价的许可,这将损害标准化进程的效率,同时降低创新的积极性。

专利权人的自愿 F/RAND 承诺的影响还体现在对侵犯合法有效专利权的救济方式的选择上。在某些情况下,禁令或排除令的救济措施可能违背公共利益,特别是根据受F/RAND 承诺约束的专利发布的排除令与专利持有人向标准制定组织作出的 F/RAND承诺相违背时。由此可以得出结论,受 F/RAND 承诺约束的标准必要专利的权利人试图利用排除令对标准的使用者施加压力,迫使其接受更为苛刻的许可条款。而这些条款条件与依照 F/RAND 许可持有人应当获得的利益并不相符。[13] 专利权人试图利用一部分扩大的市场支配力向其他企业施压,而这些企业已经认为,对于受 F/RAND 承诺约束的标准必要专利,他们可以根据 SDO 的政策以合理的条件获得许可。这种排除令会影

---

[10] 参见美国司法部、联邦贸易委员会:《反垄断执法与知识产权:促进创新与竞争》(2007 年),第 35、36 页,http://www.justice.gov/atr/public/hearings/ip/222655.htm。

[11] 通过参与标准制定组织的标准制定活动,以及在标准制定组织政策框架内自愿作出 F/RAND 许可承诺,专利持有人默示金钱赔偿,而非禁令或排除令救济,这是特定情形下侵权的合理救济方式,下文将详述。

[12] 参见美国司法部反垄断局助理检察长 Thomas O. Barnett 致 Robert A. Skitol 的信(2006 年 10 月 30 日),http://www.usdoj.gov/atr/public/busreview/219380.pdf。

[13] 另外,专利被卖出或转移时也会加剧此类专利劫持。如果 F/RAND 承诺的义务不随专利所有权的转移而转移,专利劫持的可能性将增加。因此我们认为,F/RAND 承诺应当约束专利的转授权人。参见美国司法部反垄断局副助理检察长 Renata B. Hesse 在 ITU – T 专利圆桌研讨会上的演讲:《SSO 的六个小"建议"》(2012 年 10 月 10日),http://www.justice.gov/atr/public/。

响 SDO 用来减轻受 F/RAND 承诺约束的标准必要专利权利人的机会主义行为影响的手段,进而损害竞争和消费者利益。

这并不意味着对于公共利益因素的考量总是与通过颁发排除令以保护受 F/RAND 承诺约束的标准必要专利的做法相冲突。在某些情形下,颁布排除令仍然是适当的救济方式,例如被许可人客观不能或拒绝接受 F/RAND 许可,并且其行为超出了标准专利持有人 F/RAND 承诺的保护范围。⑭ 当潜在被许可人拒绝支付符合 F/RAND 承诺的专利许可费,或拒绝参与 F/RAND 条款的谈判时,颁布排除令即具有合理性。拒绝可以表现为消极对待谈判,包括坚持明显不属于合理的 F/RAND 条件,逃避被许可人合理补偿专利持有人的义务。⑮ 另一种情形是,被许可人在能够支持损害赔偿的法院的管辖范围内。以上情形不是全部情况,只是阐述了在决定公共利益的考量是否应当阻止排除令的颁发,以保护受 F/RAND 承诺约束的标准必要专利时,应当考虑的因素。

制定非强制性标准的活动符合消费者以及公共利益。我们主张,尽管对受 F/RAND 承诺约束的标准必要专利作出准许禁令或排除令的决定时应持谨慎态度,但美国司法部和美国专利商标局强烈支持知识产权保护,也坚信作出 F/RAND 承诺的专利权人应当获得反映其专利技术对于标准的价值的合理补偿。让发明人继续保持积极参与标准制定活动的动力,以及确保标准化中科技的重大突破能够得到合理奖励是非常重要的。借由上述关于如何减少专利权人以及推定被许可人的投机行为的观点,美国司法部和专利商标局希望确保 F/RAND 承诺的含义具有更大的确定性,使参与非强制性标准制定活动的意愿保持强劲。

美国司法部是负责通过促进和保护竞争来保护美国消费者的行政机构。美国专利商标局是负责审查专利申请、颁发专利的行政机构,并通过商务部长,为总统在国内和某些国际知识产权政策问题上提供咨询意见。⑯ 美国司法部和专利商标局都对涉及 F/RAND 约束的标准必要专利的案件中的排除令、排除令对"美国的竞争环境"和"美国消

---

⑭ 有法院判决认定,当标准必要专利持有人向标准制定组织作出 F/RAND 许可的承诺时,标准制定组织的成员以及实施标准的第三方都将因此受益。这些潜在的被许可人有权就专利所有人违反承诺的行为提起诉讼。参见 Microsoft Corp. v. Motorola, Inc., 864F. Supp. 2d 1023, 1030 – 33 (W. D. Wash. 2012); Microsoft Corp. v. Motorola, Inc., 854F. Supp. 2d 993,999 – 1001(W. D. Wash. 2012); Microsoft Corp. v. Motorola, Inc., 696F. 3d 872,884(9th Cir. 2012)[支持了地方法院的决定,即"Motorola 向 ITU 作出的 RAND 声明形成了一份 Microsoft 可以作为第三方受益人执行的合同(Motorola 承认),并且该合同以某种方式规范了 Motorola 许可其被 ITU 认定为标准必要专利的专利可以提起的诉讼(包括在德国的诉讼中有争议的专利),在法律上没有错误"]; Apple, Inc. v. Motorola Mobility, Inc., - - -F. Supp. 2d - - -,No. 11 – cv – 178bbc,2012WL3289835, at ∗ 21 – 22(W. D. Wis. Aug. 10,2012); Apple, Inc. v. Motorola Mobility, Inc., No. 11 – cv – 178bbc,2011WL7324582, at ∗ 7 – 11(W. D. Wis. June10,2011)。

⑮ 我们认为,在被许可人意识到拖延的成本时,拒绝的风险将会降低;当被许可人认为诉讼的最坏结果是支付与原先应该支付的相同数额时,拒绝的风险将会增加。

⑯ 35U. S. C. §§1,2(2006).

费者"可能产生的影响以及哪些条件下排除令可能会被驳回的问题表示关心。[17] 尽管如上所述,在某些情况下,针对某项受 F/RAND 承诺约束的标准必要专利的排除令可能是适当的,但我们认为,根据个别案件的具体事实,当侵权人在专利持有人的 F/RAND 承诺保护范围内行事,能够并且未拒绝按照 FRAND 条件接受许可时,基于公共利益的考虑可能会阻止排除令的颁布。

美国国际贸易委员会(简称 USITC)在涉及自愿受 F/RAND 约束的标准必要专利时采用的方法,对于非强制性标准制定持续保持活力,以及美国国内竞争环境和消费者都有重要意义。当今时代是市场竞争和消费者福利在互联互通的网络平台上蓬勃发展的时代,美国司法部和专利商标局[18]敦促美国国际贸易委员会考虑,对于当专利权人自愿承诺以 F/RAND 条款许可其专利时,金钱赔偿是否是比禁令或排他性救济更为适当的侵权补救措施。

美国国际贸易委员会的任务是考虑"这种排除令对公共健康和福利、对国内经济的竞争环境、对美国境内近似或直接竞争性商品的生产以及对美国消费者的影响。"[19]正如美国国际贸易委员会所观察到的,这些公共利益因素"并非仅停留在口头层面。公共健康和福利以及确保美国的经济竞争环境,必须成为当局的首要考虑因素"[20]。

在考虑公共利益因素后,美国国际贸易委员会或许能够得出排除令并不适用于上文详细描述的情况的结论。另一种合适的方式是,美国国际贸易委员会可以在一段时间内推迟排除令的生效日期,以便为缔约方提供机会,达成 F/RAND 许可。美国国际贸易委员会过去基于其他理由曾采取过这一做法。

最后,在涉及受 F/RAND 承诺约束的标准必要专利的案件中应当采取何种适当的救济措施,应该在充分考虑促进对专利权人的适当补偿以及激励创新者参与标准制定活动的大背景下决定。

---

[17] 19U. S. C. §1337(d)(1)(2006).
[18] 参见19U. S. C. §1337(b)(2)(2006)(要求美国国际贸易委员会与司法部以及"其他其认为合适的部门和机构"进行咨询).
[19] U. S. C. §1337(d)(1).
[20] Certain Inclined Field Acceleration Tubes & Components Thereof, Inv. No. 337-TA-67, USITC Pub. 1119, Comm'n Op., at 22 (Dec. 1980) (emphasis in original) (quoting S. REP. 93-1298, at 197 (1974), 1974 U. S. C. C. A. N. 7186, 7330).

竞争机构在专利标准化中的作用之思考*

早上好,今天我来到这里是为了探讨知识产权法与反垄断法如何相互影响协作,从而共同推动和保护创新的。尽管这些概念已是老生常谈,但它们仍然非常重要。竞争推动科技发展,比如竞争对手和潜在竞争者会加快进度争先将产品投入市场,或者改进现有产品。我们现有的知识产权法律创造了激励机制,并且通过设立法定财产权完成权利的商业化过程。《谢尔曼法》(The Sherman Act)规定了法定的市场准入规则,且该法案没有规定仅通过敏锐观察力或超前技术而获得的垄断权力是非法行为。相反,我们承认那些甘冒风险并且敢于创新的公司有权获得因提供更好的产品或者服务所产生的利润。因此,我们不愿意就专利权人合法要求的许可费率产生争议。

近年来,人们已经充分认识到,竞争过程中通常会出现这样一种情况:当一个专利成为标准必要专利,其价值会得到相应提升,专利权人会试图不履行他们先前自愿作出如何授权这些专利的承诺,从而获得专利的这种附加价值。反垄断执法者和竞争倡导者需要在合适的环境下定义这些行为,竞争监管机构需要准备好给予标准制定组织(SSO)相关指导,比如何种事前规则可以在不违反反垄断法的情况下合法地运用于防止专利劫持。与此同时,我们应当谨慎考虑政府在何种境况下应当进行干预。因为,在专利权人和潜在被许可人仅仅就许可条款或寻求授权许可发生争议的情况下,旨在降低许可费率的强制措施并不当然使消费者和竞争者受益。

让我们从合作标准的制定说起吧。我们都认为,在许多行业中共同设立标准对创新具有关键作用。那些被广泛接受的标准可以及时并有效地解决技术问题。通过达成共同标准,公司不仅有能力避免市场中的"标准战"产生的成本和延误,加快采用创新产品和服务,还能为整个技术生态系统创建统一的规范,使得这些产品与服务蓬勃发展。

但是这会产生与统一标准设立相关的反垄断风险。SSO 中的竞争者们可能会共同合作操控该标准设立程序,从而排除竞争者、固定价格或者划分市场。我们的最高法院

---

* 本文为美国司法部反垄断局助理检察长 Bill Baer 在第 19 届国际律师协会竞争年会上的发言(意大利佛罗伦萨,2015 年 9 月 11 日)。

这些年来的判决清楚地阐明,在反垄断法中这种操纵行为不能被容忍。①

我们对纳入标准的某些专利存在不当主张的担忧,主要是因为竞争对手聚集在一起制定标准时可能会损害竞争。随着时间的推移,互用性标准(interoperability standards)——允许产品或系统共同工作的标准——已变得更为复杂,并且逐渐依赖于专利技术。技术领域的竞争者,包括专利技术和公有技术领域,在 SSO 设立标准之前就已经存在。一旦企业遵守该标准,就不能轻易接受其他的技术或标准。该标准的实施者别无选择,只能使用这些既定的技术。

标准必要专利权人可以通过要求额外费用从这种限制规则中获利。这种价值并非来源于发明本身,而是基于合作设立标准所获得的额外利益。这些费用会以超额许可费或者更为严格的许可条款来实现,比如通过要求被许可人给予 SEP 许可人使用被许可人专利技术的权利。如果专利权人在标准建立前就提出这些要求,并且仍然存在强有力的竞争环境,那么标准主体和潜在实施者会采取评估不同种类的可选择技术的成本和利润的方式来解决这个问题。为了避免损害,各主体会不择手段达成这一目的。但是在该标准被普遍采用后,标准实施者的议价地位被不断削弱,而专利权人的市场权力却已经增强。

SSO 向专利权人寻求自愿的 F/RAND 许可承诺旨在最大限度地减少专利劫持的风险。这样的承诺限制了专利技术固有价值和成为标准所简单获得的价值之间的差异。F/RAND 原则同样满足了其他的意图,专利权人可以得到他人使用其专利的合理补偿,也鼓励 SSO 的标准设立参与者提供自己最好的专利技术。通过这种方法,F/RAND 原则协定作为一种桥梁,可以使专利权人和标准制定者紧紧联系在一起,并在该方式奏效时,提供成功的标准化指导。

F/RAND 原则的自愿性有两个重要原因。首先,其排除那些制定标准的人强迫专利权人违背其意愿分享其专利技术,将其纳入标准之中;其次,在专利权人决定不作出这种承诺的情况发生时,那些致力于标准化的人能够选择寻找另一个技术解决方案,也可以放弃标准,否则就要承担标准化后定价过高的风险。

理所当然地,当专利权人寻求规避由 SSO 设计的、用来限制市场权力实施的自愿授权承诺时,我们不免会产生担忧。我们目前的工作重点在于研究为了获得超额的许可费而威胁排除标准实施者的情形(专利劫持),这会使得竞争性机制受到损害。而这造成的后果就是,不会再有其他可供选择的技术存在了。标准制定者们并不能从遵循标准的

---

① Allied Tube & Conduit Corp. v. Indian Head, Inc. , 486 U. S. 492 (1988); Am. Soc'y of Mech. Eng's v. Hydrolevel Corp. , 456 U. S. 556 (1982); Radiant Burners, Inc. v. Peoples Gas Light & Coke Co. , 364 U. S. 656 (1961).

技术使用者的竞争中获利。那些认为自身可以依赖 F/RAND 许可承诺原则的公司并不乐于施行现有的或未来可能制定的标准。这种行为可能导致阻碍或者拖延产品进入市场的情况,或使这些产品毫无预兆地进入市场。

对专利劫持的担忧是真实存在的。就在过去几年中,我们已经目睹了很多这种情况,如 SEP 持有者所要求的 F/RAND 许可费高于法院确定的比率。最近法院刚刚驳回了 Motorola 的诉求,Motorola 请求法院认定其所持有的一项 SEP 组合每单位价值 4.5 美元,法院认为其价值低于每单位 4 美分,这两者比例超过了 110∶1。② 在另一个案子中,Innovatio 声称其 SEP 组合的合理许可费应高于每单位 16 美元。如今,法院认定 RAND 许可费率应根据产品的组件,比如 Wi-Fi 芯片来适用,还判定其获得每单位低于 10 美分的许可费,两者比例高达 160∶1。③ 在第三个案子中,LSI 对其 SEP 组合所要求的许可费远高于其运用专利所生产的组成部分的市场售价。因此,法院判定 RAND 的许可费率为运用 LSI 专利所生产的 Wi-Fi 芯片价格的 0.19%,其比例高于 500∶1。④

在以上的例子中,标准实施者都在法庭中取胜。但并非每一个标准实施者都有财力进行诉讼。有时标准实施者会因为担忧被实施排除令和承担高额诉讼费,而同意专利权人的要求。在这些情况下,当标准实施者被 F/RAND 专利的许可费成功劫持,消费者们可能会因此受到损害,创新机制也会被扭曲。而振兴新型产品以期建立超越现有技术的机制的未来期望可能会被下游产品中的低效投资拖累。

如果这种排他手段可以在合理的 F/RAND 原则中被削减,这种专利劫持的可能性就可以被最大限度地限制。美国的专利权人可以寻求通过联邦法院的专利诉讼和美国国际贸易委员会(USITC)的行政措施来排除侵权者使用其发明。美国国际贸易委员会属于联邦机构,其主要职能是规制因进口侵害美国专利的产品而对美国国内产业造成损害的行为。最近,受 F/RAND 原则约束的专利权人在美国联邦法院获得禁令的能力受到了适当的限制。这是因为在最高法院的"eBay 案标准"下,当损害赔偿得到救济时,禁令这一救济形式则难以再被授予了。F/RAND 授权承诺的本质在于保证这些许可可以被那些实施标准必要专利的人所获得,并且在标准制定时,不会将其排除出使用者的范围,除非他们拒绝接受根据 F/RAND 所做的许可条款内容。⑤

---

② Microsoft Corp. v. Motorola, Inc., No. 14 - 35393, 2015 WL 4568613, at *4 (9th Cir. July 30, 2015).
③ In re Innovatio IP Ventures, LLC Patent Litig., No. 11 C 9308, 2013 WL 5593609, at *12, *43 (N.D. Ill. Oct. 3, 2013).
④ Realtek Semiconductor, Corp. v. LSI Corp., No. C - 12 - 3451 - RMW, 2014 WL 2738216, at *2 (N.D. Cal. June 16, 2014).
⑤ 见 eBay, Inc. v. MercExchange, LLC, 547 U.S. 388 (2006)。也可参见 Apple Inc. v. Motorola Inc., 757 F.3d 1286, 1332 (Fed. Cir. 2014); Apple Inc. v. Samsung Electronics Co., 678 F.3d 1314, 1324 (Fed. Cir 2012)。

然而,因为"eBay 案"判决对美国国际贸易委员会没有约束力,⑥在大部分情况下,美国国际贸易委员会可能会排除对受 F/RAND 约束的标准必要专利的侵权救济。因此,那些希望将标准实施者排除出美国市场的企业可能会运用美国国际贸易委员会排他措施规则作为专利劫持的谈判工具。

美国司法部和美国专利商标局于 2013 年 1 月联合发布《对自愿服从 F/RAND 承诺的标准必要专利的救济政策声明》,意识到 SEP 持有人运用美国国际贸易委员会规则以实现和禁令同等的效果。该联合声明解释说,在许可人希望对其专利被纳入标准采用金钱补偿的情况下,美国国际贸易委员会使用排他性措施补救被侵害的 F/RAND 专利,是不符合公共利益的。⑦

该联合声明同样确定了在某些情况下禁令仍然适用,这些例外确立了一个重要的平衡体系,即保证标准制定者为有效、被侵权的受 F/RAND 原则约束的 SEP 提供合适和及时的补偿。

2013 年 8 月,这项政策得到了很好的利用,当时,美国贸易代表(USTR)以奥巴马总统的名义在一封信函里,引用上述联合声明否决了一项由美国国际贸易委员会发出的、基于侵害自愿承诺 F/RAND 原则的标准必要专利的禁令。在这封信函里他列举了一个数据分析模型,旨在防止美国国际贸易委员会的禁令仅被用作便于专利权人在专利谈判过程中进行专利劫持的工具。美国贸易代表这种经过深思熟虑的行为,目的是保护竞争和防止美国国际贸易委员会程序的滥用,这似乎已经达到了预期的效果。目前,越来越少的 SEP 持有者向美国国际贸易委员会寻求适用禁令。

潜在的 F/RAND 被许可人拒绝采纳许可条款这一行为,是否旨在扰乱市场,需要进一步的判断。潜在的被许可人可能会对要约的有效性、可强制性,或者对允许授权的专利的侵权行为提出质疑。最近由欧盟法院作出的"华为案"的判决也许会有指导意义。在该案中,欧盟法院发现,当专利权人发出合适的通知时,标准实施者愿意根据 F/RAND 条款进行许可,并且标准实施者会频繁地用诚实的方式回应 F/RAND 的书面要约,可以被视为"善意"。比方说,通过作出与 F/RAND 一致的具体还盘以及符合行业惯例的付款财务担保,可以显示出善意。⑧

即使不考虑可适用的数据分析模型,寻求美国国际贸易委员会的救济或在法庭上就

---

⑥ Spansion, Inc. v. Int'l Trade Comm'n, 629 F.3d 1331, 1357-60 (Fed. Cir. 2010).

⑦ U. S. Dep't of Justice & U. S. Patent & Trademark Office Policy Statement On Remedies for Standards-Essential Patents Subject to Voluntary F/RAND Commitments (2013), http://www.justice.gov/atr/public/guidelines/290994.pdf.

⑧ C-170/13, Huawei Technologies Co. Ltd v. ZTE Corp., ZTE Deutschland GmbH, 2015, 63, 65-7, http://curia.europa.eu/ (July 16, 2015).

FRAND 公共政策

F/RAND 条款进行诉讼都是昂贵且低效的。有一个促进竞争结果并且缓和因共同制定标准而导致的竞争风险的方法,那就是首先让 SSO 来解决这个问题。SSO 会通过解释他们的专利许可政策来使标准的制定程序不再那么容易受影响。这是三年前,我的同事 Renata Hesse 经过深思熟虑发表的演讲的主题之一。⑨ 我们已经做好准备去帮助 SSO 解决和减少那些反垄断风险,这些风险与 F/RAND 原则含义的事后争议有关。

虽然我们没有规定 SSO 应该采用何种专利政策,但我们显然希望能在这些政策中提高辨别能力,这样不仅有利于竞争而且也有利于消费者。同样地,我们呼吁专利权人履行他们在 F/RAND 中对 SSO 的承诺,否则将面临竞争政策所规定的挑战反垄断法的风险。这些承诺不仅可以提高标准的可靠性,还能在设立标准时限制专利权人市场力量的行使,且因此避免有害的专利劫持。

2014 年,IEEE 要求美国司法部对其专利政策的更新提议进行反垄断审查。该更新提议旨在澄清由专利权人对 IEEE 所作的专利许可承诺的含义。我们根据理性规则分析了 IEEE 建议政策的竞争效应,并从中得出结论:该政策可促进许可谈判、减少诉讼,有利于市场竞争和消费者,⑩我们将这些竞争优势与反垄断法风险进行了平衡,认为如果 IEEE 采用该政策,我们不大可能去质疑该更新。首先,在提议的政策更新下,许可费率将最终通过个案基础上双方协商的方式决定;其次,具体条款的规定遵循了目前判例法中对 F/RAND 许可承诺意义的解释;再次,专利权人可以避免在更新的政策下作出许可承诺,并且可以继续参与 IEEE 的标准设立活动;最后,技术拥有者不会被强制性地要求将他们的专利提供给未来的 IEEE 标准,他们可以自主地选择运用技术,并可以自主地寻找愿意采用他们技术的标准设立者。

正如我们与美国专利商标局的联合声明以及我们对 IEEE 的信函所示,我们能够发现在上述情况下,实现指导和倡导竞争的作用。但是这里还有一些强制性竞争不能被保证的情形。根据我们之前发现的例子,一些公司只愿意付较低的许可费,或者只获得重要专利技术的使用权。这些公司寻求用反垄断法的强制执行方法实现对他们有利的目标,而不管那些方法是否必要。正如我在这次讨论开始所强调的,在基本商业争端中证明反垄断干预的合理性是非常困难的。如果专利权人没有不良行为,没有不当地增加市场权力的行为,而是主张合法的专利权,那么竞争执法者就不应该干预。否则我们就会作出对合法创新产生不利影响的行为。那些知道自己可以轻易获得专利使用权或者竞

---

⑨ 参见美国司法部反垄断局副助理检察长 Renata Hesse 在 ITU-T 专利圆桌研讨会上的演讲:《SSO 的六个小"建议"》(2012 年 10 月 10 日), http://www.justice.gov/atr/file/518951/download。

⑩ 参见美国司法部反垄断局代理助理检察长 Renata B. Hesse 致 Dorsey & Whitney 律师事务所合伙人 Michael A. Lindsay 的信(2015 年 2 月 2 日), http://www.justice.gov/atr/public/busreview/311470.htm。

争对手的知识产权的公司不会愿意去进行那些对创新者来说必要的高风险、高成本的研究开发。同样地,创新型公司也不会愿意继续努力创新。

因此,如果制造企业向我们抱怨为何在没有什么不良行为时许可费率还如此之高,我们就会持怀疑态度。但我们不会使用反垄断强制性措施去规范许可费。价格控制的概念干扰了自由市场竞争,削弱了创新动力。[11] 因为这个原因,美国反垄断法本身并不禁止"超额定价(excessive pricing)"。当然,合法专利权人可以自主选择控制专利价格。这个方法激励那些被巨额回报所诱惑的竞争参与者或市场新晋参与者进行创新。在这个问题上,我们和欧盟委员会达成了共识。即使《欧盟运行条约》(TFEU)第102条规定了应对超额定价的措施,欧盟委员会也认为"处理价格过高的问题属于反垄断的领域,在这一领域中,干预应当是有必要、有限且非常谨慎的"[12]。

此外,即便只是获得特定专利的使用权(特别是和竞争者所拥有的技术不同的专利),对那些希望在自己产品上使用专利技术的公司也具有商业吸引力。但专利权人并不想这么做。在我们看来,这仍有许多限定条件,比如必须考虑专利在某些场合中的"必要性"和"基本性",这些场合包括市场竞争。并且,仅在这个基础上,还包括可能造成违反反垄断法而被拒绝进行专利授权的情形。这对那些不会对竞争中的可见伤害进行补救的专利强制分享机制是一种权利滥用,这种滥用针对的是某些资产,还会阻碍创新和投资。

竞争监管部门所面临的挑战是如何正确地协调执法工作和保护市场竞争,使其保证专利权利的运用可以促进创新和保护消费者利益。当专利被纳入标准时,我们通过关注F/RAND原则的含义和自愿性来实现这一目的。正如我们所期待的,反垄断部门会继续通过反垄断执法者、行政机构和法院来完善竞争政策,使我们能够从专利、标准和竞争中获益。

---

[11] Submission of the United States, *Working Party No. 2 on Competition and Regulation*, *Excessive Prices*, DAF/COMP(2011)18 (Oct. 2011), 299–308, http://www.oecd.org/daf/competition/abuse/49604207.pdf.

[12] Submission of the European Union: Article 102 and Excessive Prices, *Working Party No. 2 on Competition and Regulation*, *Excessive Prices*, DAF/COMP(2011)18 (Oct. 2011), 321, http://www.oecd.org/daf/competition/abuse/49604207.pdf.

有关创新激励在反垄断法中的应用*

1 引 言

各位下午好,很感谢今天有机会来到这里。洛杉矶对我有特殊的意义,自我举家从伊朗搬至美国后,我们在洛杉矶定居,我一直把加州看作我的家,能回来真好。

虽然我们距离美国联邦政府很遥远,但我们仍应该花一点时间去想一想,如今我们设定退伍军人节这个联邦假日的目的究竟为何。高质量的武装力量,特别是那些在海外极度危险地区服役的军人们,并没有休假。他们每天都在为保护我们的安全、自由和幸福生活而奋斗,他们的奉献还常常伴随着惨痛的代价。事实上,我的朋友、美国司法部副助理检察长 Don Kempf 就是一名退役的海军陆战队员。我们应当感谢他和所有战士的辛勤奉献。这次会议是供我们反思创新并就有关政策进行热烈讨论的场所。与此同时,我们不应忘记是什么推动了诸多创新者用技术改善人类生活的希望和梦想。医疗技术的创新极大地帮助了受伤战士的康复。如果没有我们今天享有的强大的知识产权制度和自由市场,许多创新或许将无从谈起。

创新政策是我密切关注的领域,它推动我走向公共服务。我是一名注册专利律师,也是反垄断部门的第一任负责人。鉴于知识产权在现代经济中的重要性与日俱增,我认为这一领域的风险也是巨大的。长期以来,美国司法部反垄断局(以下简称反垄断局)一直认为知识产权法为创新和商业化提供了重要的激励机制,最终使消费者受益。相应地,反垄断局也早已认定专利许可一般是具有行业竞争性的。[①]

今天,我想重点谈谈关于反垄断执法和知识产权的一个重要争议问题,即反垄断法在标准制定组织(SSO)中的作用。标准制定组织最初建立是基于公共利益考量,其在行业竞争中发挥着重要作用。以往其最好的运作模式是由工程师主导,旨在寻找能

---

* 本文为美国司法部反垄断局助理检察长 Makan Delrahim 在南加州大学古尔德法学院"竞争政策在技术和知识产权许可中的应用研讨会"(美国洛杉矶,2017 年 11 月 10 日)上的演讲。

① ANTITRUST GUIDELINES FOR THE LICENSING OF INTELLECTUAL PROPERTY 5 – 7(2017), https://www.justice.gov/atr/IPguidelines/download.

够解决整个工业领域问题的最有效技术方案。多年来,当市场参与者们试图确定哪种技术或互补技术的组合应当构成标准时,SSO 流程具有最佳效果,其标准制定过程不以专利权人的身份为考量因素,对有关专利权人如何许可其知识产权亦无限制。

然而时代在改变。行业标准在过去几十年中呈爆炸式增长,如今其在经济发展过程中起着至关重要的作用。互操作性标准使得许多由不同公司设计和制造的产品得以共同运作,为消费者创造了巨大的价值,同时推动创新的生产及使用,从而造福消费者。随着信息技术和知识产权资产在全球经济发展中的作用日益显著,行业标准的制定变得更加关键和复杂。由于风险很高,标准制定结果不再仅是工程师们关注的问题,更成为公司董事会的重要议题。

SSO 的竞争政策和反垄断监管方式也有所发展。反垄断法的目的是保护自由市场的竞争秩序,以最终保护消费者。但如果运用失当,其亦将对创新、竞争秩序及消费者造成严重损害。[2] 正如我提到的那样,"反垄断执法机构应该……尽可能消除创新者和创造者利用其知识产权过程中不必要的不确定性,因为这些不确定性也将降低创新的积极性"[3]。我认为现在正是退一步思考 SSO 与反垄断执法作用的适当时机,以确保在保护竞争秩序的同时最大限度地激励创新。

2 反向专利劫持对于创新的威胁较专利劫持更甚

特别是,我担心作为执法者的我们,过于注重减轻参与标准制定机构的技术实施者的担忧,这或许有损知识产权创造者的积极性,而后者有权因开发出突破性技术而获得适当奖励。[4] 创新者和实施者的利益竞争总是处于紧张状态,这种紧张状态可以通过自由市场得以解决,通常以自由协商的许可协议或互惠许可协议的形式解决。尽管 SSO 自有其积极作用,但通过滥用反垄断法律来规范 SSO 内部的互动和许可行为将扰乱自由市场交易秩序,并破坏动态创新本身的过程。

感谢我的朋友 Carl Shapiro 教授,这位备受尊敬的经济学家和反垄断局前副助理检察

---

[2] 正如 Easterbrook 法官所解释的那样,"当我们知道很多有关这种做法的情况时,可能会遇到有用的法律干预条件,并且可以对此加以定罪或批准。但当我们知道失误的风险很小时,误报风险可能会很大……如果禁止是错误的,我们将无限期地承受后果"。Frank H. Easterbrook, *Does Antitrust Have a Comparative Advantage?*, 23 HARV. J. L. & PUB. POL'Y 5, 8 (1999); 亦见于 Verizon Commc'ns Inc. v. Law Offices of Curtis V. Trinko, LLP, 540 U. S. 398, 414 (2004) ["错误的推论和由此导致的错误定罪将承担高昂代价,因为其将有损反垄断法意在保护的一切行为的积极性。"引用 Matsushita Elec. Indus. Co. v. Zenith Radio Corp., 475 U. S. 574, 594 (1986)]。

[3] 《反垄断现代化委员会:报告与建议》(2007 年,以下简称反垄断现代化委员会报告),委员会主任 Delrahim 的单独陈述。

[4] 当然,许多创新者也是实施者,反之亦然,但通常创新者不是垂直整合的。我的发言主要讨论知识产权的买方和卖方之间的交易行为。

长提供了一个用于考虑技术创新与实施之间相互作用的框架。Carl 和其他经济学学者强调了在标准制定背景下可能出现的风险,即当一项新的标准实施了某一技术后,该技术的专利权人以延迟许可相威胁,直至获得其主张的许可费。[5] 这便是所谓的"劫持"问题。[6] 此前,研究和讨论主要集中在标准制定机构如何弥补这一风险的问题上,[7]近年来,讨论已经转向了反垄断法应该如何协助监管这类对 SSO 作出的个体承诺。[8]

在有关专利劫持问题的争论中,常常会忽视一个更严重的风险——反向专利劫持问题。[9] 标准的制定通常在创新者的谈判背景下发生,创新者通过私人投资开发新技术并获得知识产权,而实施者则希望通过获得许可及支付许可费的方式使用该技术,并出售相关产品。当实施者在实施标准时以减少投资或不取得许可证的方式相威胁,直到其主张的许可使用费要求得到满足,就会出现反向专利劫持问题。

我认为集体反向专利劫持问题是对创新更为严重的阻碍。[10] 最重要的原因在于,专利劫持和反向专利劫持问题是不对称的。[11] 我的意思是,重要的是要认识到创新者是在不确定投资是否能够获得回报之前进行投资。如果实施者进行反向专利劫持,那么即使创新成功,创新者也没有追索权。相比之下,实施者则有一定的缓冲机会来抵制专利劫持风险,因为至少有一部分投资是在新技术的专利使用费确定之后发生的。由于存在这种不对称性,创新者的投资不足将是比实施者的投入不足更为重要的问题。[12]

更重要的是,许多针对"专利劫持"问题提出的"解决办法"往往对前人所设想的知

---

[5] Carl Shapiro, *Injunctions, Hold-Up, and Patent Royalties*, 12 AM. L. & ECON. REV. 280 (2010); Mark A. Lemley & Carl Shapiro, *Patent Holdup and Royalty Stacking*, 85 TEX. L. REV. 1991 (2007); Joseph Farrell et al., *Standard Setting, Patents, and Hold-Up*, 74 ANTITRUST L. J. 603 (2007).

[6] 我将其称为"所谓"的专利劫持问题,这并非贬义,而是强调在标准制定过程中出现的单方劫持行为将引发过度竞争性的许可费的这一说法是无确切依据的。见 Gregory Sidak, *The Antitrust Division's Devaluation of Standard-Essential Patents*, 104 GEO. L. J. ONLINE 48, 61 (2015)(到 2015 年初,已有超过 20 位经济学家和律师对有关专利劫持和许可费叠加的许多假设和预测提出了反驳或异议)。

[7] Mark A. Lemley, *Ten Things to Do About Patent Holdup of Standards (And One Not To)*, 48 B. C. L. REV. 149 (2007); Richard J. Gilbert, *Deal or No Deal? Licensing Negotiations in Standard-Setting Organizations*, 77 ANTITRUST L. J. 855 (2011).

[8] George S. Cary et al., *The Case for Antitrust Law to Police the Patent Holdup Problem in Standard Setting*, 77 ANTITRUST L. J. 913 (2011); Herbert J. Hovenkamp, "*Patent Deception in Standard Setting: The Case for Antitrust Policy*" (U. Iowa Legal Studies Research Paper 2010), https://papers.ssrn.com/sol3/papers.cfm? abstract_id=1138002.

[9] Luke Froeb & Mikhael Shor, *Innovators, Implementers, and Two-Sided Hold-Up*, ANTITRUST SOURCE, August 2015, at 1; Bernhard Ganglmair, Luke M. Froeb & Gregory J. Werden, *Patent Hold-Up and Antitrust: How a Well-Intentioned Rule of Reason Could Retard Innovation*, 60 J. INDUS. ECON. 249 (2012).

[10] 应当注意到,实施专利劫持的创新者之间达成协议将会引发类似的反竞争问题。见美国司法部和联邦贸易委员会:《反垄断执法与知识产权:促进创新与竞争》(2007 年),第 51—52 页[两种类型的假许可谈判:下游产品的定价协议以及知识产权所有人向 SSOs 作出的许可条款(操纵投标)。然而,专利劫持问题引发的诉讼常常与创新者的单方面行动有关]。

[11] Froeb & Shor,前注 9,第 2—3 页; Ganglmair 等,前注 9,第 260—261 页。

[12] Froeb & Shor,前注 9,第 2—3 页。

识产权制度不利。《美国宪法》第1条第8款中有针对这些专利政策的规定,赋予了国会"通过确保作者和发明人就其各自的著作和发明在一定时间内享有独占性权利,以促进科学和实用艺术进步的力量"⑬。"专有权"中必不可少的一部分是排除他人使用的权利。⑭ 当反垄断法被滥用,要求专利权人牺牲这些合法权利并对其合法行使权利的行为加以惩处时,似乎是对这些专有权政策的破坏。

作为助理检察长,我的首要任务是推动谈判,以促使知识产权法与反垄断法之间看似对立的政策利益更为协调一致。遗憾的是,近年来竞争政策过于关注所谓的单方劫持问题⑮,往往忽视了促进动态创新和提高效率的因素。⑯ 新的发明并非偶然,过度使用反垄断法而不是其他补救措施可能会忽视和破坏投资的规模,并使投资者承担专利被纳入标准的不利风险。对新技术采取一致行动的实施者的议价能力的提高将可能削弱创新激励。因此,我对单方专利劫持问题的相关政策持怀疑态度,因为其将对创新过程构成严重威胁。

3 反垄断法不应规定对 SSO 的 FRAND 承诺

在此背景下,我谨主张执法机构和法院应关注反垄断法在标准制定中的正确适用。⑰ 我发现有越来越多滥用反垄断法和竞争法的现象,有人认为这是出于对所谓专利劫持问题的担忧,即强制要求想使自有专利纳入标准的 IP 持有人作出承诺。⑱ 这也将导致问题,倘若专利权人违反了其对 SSO 的承诺,第一道防线和最佳防线便是 SSO 自身及其成员。

---

⑬ U. S. CONST. art. 1, § 8.

⑭ 35 U. S. C. § 283("法院认为,有管辖权的法院可以根据公平原则授予禁令,以防止侵犯专利所保护的权利,这一行为是合理的"); eBay Inc. v. MercExchange, L. L. C. , 547 U. S. 388, 391-93 (2006)。

⑮ 见美国司法部和专利商标局:《对自愿服从 F/RAND 承诺的标准必要专利的救济的政策声明》(2013 年 1 月 8 日),https://www.justice.gov/sites/default/files/atr/legacy/2014/09/18/290994.pdf。(中文版见该书 177—181 页。——译者注)

⑯ 过去我写了许多关于动态效率的文章,见前注 3,第 405—406 页。正如我所解释的,"动态效率"产生于一种全新的技术被开发出来并向消费者提供时。动态效率对消费者福祉有更显著的影响,因此是政策制定者关注的焦点。标准制定应被视为一种有助于实现动态效率的潜在手段。同前注 3,第 461 页。

⑰ 我注意到,美国联邦贸易委员会委员和代理主席 Maureen Ohlhausen 对这一问题进行了广泛而深入的思考。Hon. Maureen K. Ohlhausen, *The Elusive Role of Competition in the Standard-Setting Antitrust Debate*, 20 STAN. TECH. L. REV. 93, 97 (2017)("代理机构的干预虽然是善意的,但无形中扩大了责任范围,损害了反垄断企业的完整性。它是通过运用反垄断法来规制那些不受市场影响的定价或其他形式竞争的行为。这种发展模式容易引发问题,不仅由于其背离了基本理论,还因为其模糊了反垄断执法和行业监管之间的界限。竞争法不应该作为重新调整产业动态以达到执法者所期望的市场前景的手段")。

⑱ Complaint, *In re* Negotiated Data Solutions LLC, No. C-4234, FTC File No. 051-0094 (F. T. C. Sept. 22, 2008), https://www.ftc.gov/sites/default/files/documents/cases/2008/09/080923ndscomplaint.pdf; Complaint, In re Robert Bosch GmbH, No. C-4377, FTC File No. 121-0081, 2012 WL 5944820 (F. T. C. Nov. 21, 2012); Complaint, *In re* Motorola Mobility LLC & Google Inc., No. C-4410, FTC File No. 121-0120 (F. T. C. July 23, 2013), https://www.ftc.gov/sites/default/files/documents/cases/2013/07/130724googlemotorolacmpt.pdf。

这些承诺通常是契约性的。更具体地说，SSO 通常会向知识产权权利人施加义务，即对其技术加以评估，如果该技术被纳入标准，则要求其作出公平、合理和非歧视性地许可他人使用的承诺——我们称为"FRAND"或"RAND"的承诺。[19] 与在自由市场环境下的许可协商一样，有关许可费用的确定及"合理的"和"非歧视性的"的概念界定将不可避免地引发争议。然而，我们最应当重视的是，当这种争端涉及执行者或创新者任何一方协调一致的行动时，问题应当如何解决。

如果专利权人被指控违反了其对标准制定组织作出的承诺，那么该行为可能会对竞争产生一定影响。但是，我认为这并不意味着反垄断的强力手段是对潜在被许可人或执法机构的适当救济措施。对于 SSO 或其成员来说，适用普通法和法定救济措施则是更为充分和适当的救济方式。[20]

专利权由法律规定，并受美国宪法保障。有效专利权的行使不应违反反垄断法。专利权人适当行使专利权的行为不应当被认定为违反反垄断法，如申请禁令或拒绝许可该专利。此处暂不谈上述行动可能违反普通法的问题。我认为，根据反垄断法，单方面拒绝许可一项有效的专利的行为本身应该是合法的。[21] 就在本周一，首席法官、前反垄断局助理检察长 Diane Wood 在发言中声称："垄断者几乎从未被要求帮助他们的竞争对手。"[22]

在现有的法律框架下，此种情况下对专利权人的单方行为的合法性并不属于反垄断法规制的范围。专利权人就如何行使其财产权作出决定，同时明确这些行为的后果可能是使自己承担合同或普通法上的其他责任。反垄断法对这种单方行为的模糊适用，使决策陷入混乱，对 IP 持有者施以繁重处罚，将阻碍其他创新者承担必要的研发风险以实现进一步的技术飞跃。

更重要的是，限制反垄断惩罚性措施，能够使得普通法上更为有效的救济措施得以适用，同时有利于 SSO 实现其目的。在违约行为中，当事人可以就"合理"或"非歧视"

---

[19] Daniel S. Sternberg, *A Brief History of RAND*, 20 B. U. J. SCI. & TECH. L. 211 (2014).

[20] Microsoft Corp. v. Motorola, Inc., 864 F. Supp. 2d 1023, 1030–33（W.D. Wash. 2012）（其认为该合同的成立是基于以合理和非歧视性条款许可专利的承诺）；Research in Motion Ltd. v. Motorola, Inc., 644 F. Supp. 2d 788, 797（N.D. Tex. 2008）（其中原告指控被告违反合同约定，因后者未遵守其向两个标准制定组织作出的 FRAND 承诺）；Interdigital Tech. Corp. v. Pegatron Corp., 2016 WL 234433, at *8–9（N.D. Cal. Jan. 20, 2016）（指控被告违反州相关法律并主张欺诈赔偿，是基于其未能遵守向 SSO 作出的 FRAND 承诺，并因此收取非 FRAND 许可费）；Bruce H. Kobayashi & Joshua D. Wright, *Federalism, Substantive Preemption, and Limits on Antitrust: An Application to Patent Holdup*, 5 J. COMPETITION L. & ECON. 469, 505–16 (2009).

[21] *Cf.* Verizon Commc'ns Inc. v. Law Offices of Curtis V. Trinko, LLP, 540 U. S. 398, 407 (2004)（"为了保护创新激励，拥有垄断权不会被认为是非法的，除非其伴随着反竞争行为"）。

[22] Authenticom v. CDK Global, LLC, – F. 3d –, 2017 WL 5112979, at *4 (7th Cir. Nov. 6, 2017)（Wood. J.）。

的许可使用费或承诺的有关事实提出诉讼。[23] 如果违反合理标准,法院可以作出裁决,就像在其他违约情况下一样。美国反垄断执法机构应该更为审慎地适用反垄断法,以便最大程度上促进动态竞争,从而造福消费者。

4 反垄断执法机构应仔细审查SSO成员之间的一致行动,这会对动态创新过程造成竞争性损害

为防止有人对上述内容产生误解,在此我想进一步明确一点,在标准制定的背景下反垄断审查有着重要的作用。就创新者而言,我十分认同哥伦比亚特区联邦巡回上诉法院判决中的观点,"享有知识产权并不会使其拥有侵犯反垄断法的特权"[24]。标准制定组织中的成员也不享有免受严格的反垄断审查的权利。面对巨大的利益,SSO成员之间可能达成协商一致的反竞争行为,以使利益的天平向己方倾斜。

长期以来,法院和反垄断执法机构清楚地知道,SSO"内部可能充斥着达成反竞争活动的机会"。[25] 当竞争者聚在一起时,将可能达成类似卡特尔的行为,比如操纵下游价格或抵制新的参与者。在Radiant Burners、Allied Tube和Hydrolevel等类似案件中,最高法院认定以SSO为手段排除特定竞争者或产品的行为非法,同时强调这种行为会对竞争造成损害。[26] 因此,反垄断执法机构应当仔细审查SSO成员形成价格同盟的风险,经济学家称之为垄断效应。

当标准制定组织中的实施者一致行动,以控制产品(包括新技术)销售的门槛时,他们既有动机也有能力实施反竞争许可条款。[27] 极端情况下,他们为争取眼前利益,甚至会停止研发新型技术,上述行为都会损害消费者利益。如果未能实施新技术,创新者和实施者所承担的风险是不同的。反向劫持是实施者重要的谈判筹码。不同于单方劫持问题,实施者可以在对新技术进行重大投资之前采取这一手段。

因此,反垄断局将对SSO实施的规则持怀疑态度,这些规则似乎专门用于使谈判利益偏向某一方。SSO的规则旨在澄清"合理和非歧视性"的含义,以使交易有利于实施

---

[23] Microsoft Corp. v. Motorola, Inc., No. C10-1823JLR, 2013 WL 2111217 (W. D. Wash. Apr. 25, 2013)(进行实施调查,并认定主张非RAND许可费率的行为违反合同约定,同时确定适当的许可费率)。

[24] United States v. Microsoft Corp., 253 F.3d 34, 63 (D. C. Cir. 2001) (en banc) (per curiam) [quoting In re Indep. Serv. Orgs. Antitrust Litig., 203 F.3d 1322, 1325 (Fed. Cir. 2000)].

[25] Am. Soc'y of Mech. Eng'rs, Inc. v. Hydrolevel Corp., 456 U. S. 556, 571 (1982)。

[26] Allied Tube & Conduit Corp. v. Indian Head, Inc., 486 U. S. 492, 500 (1988)("毫无疑问,这些标准制定协会的成员往往受到利益的驱使来阻碍竞争,而且这些协会制定的产品标准具有极具潜在的反竞争性损害……因此,私营标准制定协会一直以来都是反垄断审查的对象")。

[27] J. Gregory Sidak, *Patent Holdup and Oligopsonistic Collusion in Standard-Setting Organizations*, 5 J. COMPETITION L. & ECON. 123, 126 (2009)("简言之,在SSO内部私下进行的事前集体行动,以对抗潜在的专利劫持,可能会真正促使专利购买垄断者进行横向定价")。

者,因此我们应当密切关注这些规则是否是 SSO 内部共谋行为的产物。

如果 SSO 将其"合理的"许可费率认定为 Goiga-Pacific 要素㉘的构成因素之一(有利于实施者或创新者任意一方),那么有必要对这一规则的制定过程进行严格的反垄断审查。虽然所谓的"最小可售专利实施单元"规则㉙在确定多组件产品的专利侵权损害赔偿中有重大作用,但作为专利许可费的排他性决定因素,这一规则的适用需要经过实施者的一致同意,因此十分有必要对其进行反垄断审查。㉚

我们还需认识到,如果专利权人违反标准制定组织有关限制其寻求禁令救济权利的规定时,其行为应当被认定为是合同行为或欺诈行为,而非反垄断违规行为。专利是财产的一种形式,独占性权利是财产所有人最基本的议价权利之一。禁止专利权人行使这一权利的规定——无论是 SSO 的规定还是法院裁决,都损害了创新的积极性,同时加剧了专利反向劫持问题。毕竟,若无禁令威胁,实施者就可以不经许可继续侵犯专利权,因为唯一的约束在于"合理的许可使用费"。

在这一点上,我认为 Posner 法官在 Apple 诉 Motorola 案中所作的判决有失偏颇,他认为作出 FRAND 承诺的知识产权人在一定程度上牺牲了他们的权利,其中甚至包括寻求禁令的权利。㉛尽管联邦巡回法院纠正了这一错误判决,㉜但事态并未因此有较大改善。上诉法院认为,作出 FRAND 承诺并作出其他许可"充分表明"了侵权损害赔偿是充分的救济手段,㉝这意味着除极少数情况外,不应当适用禁令救济。在我看来,明确这一点并不会有多大差别。我们不应将承诺以 FRAND 条款作出许可转变为强制许可。事实上,我们已经制定了强制性政策以规制强制许可[包括大多数贸易协议,例如世界贸易组织(WTO)的 TRIPS 协定]㉞,强制许可严重损害了知识产权的价值。如果 SSO 要求创新者服从此类规定,并将其作为被列入标准的前提条件,我们便应当对 SSO 的规则及其制定过程持怀疑态度。如果修改合同是充分的救济手段,那么使用此类禁令救济则并

㉘ Georgia-Pacific Corp. v. U. S. Plywood Corp. , 318 F. Supp. 1116, 1120 (S. D. N. Y. 1970); Dow Chemical Co. v. Mee Indus. , Inc. , 341 F. 3d 1370, 1382 (Fed. Cir. 2003)(指示法院"详细考虑"所谓的"Georgia-Pacific 15 要素",并确定有实际证据支持的合理的许可使用费)。

㉙ 见 Commonwealth Scientific & Indus. Res. Org. v. Cisco Sys. , Inc. , 809 F. 3d 1295, 1302 (Fed. Cir. 2015) ("最小可售专利实施单元原则规定,当以合理许可费为基础确定损害赔偿时,应以最小可售专利实施单元为基本单位")。

㉚ 正如 Froeb 和 Shor 所解释的,"如果判决确定的 RAND 许可使用费仅依照最小可销售单元确定,那么实施者将可能不会接受根据市场价值确定的许可使用费,因为其总是能够(在司法程序之后)获得依最小可销售单元确定的许可使用费"。Froeb & Shor, 前注 9, 第 4 页。

㉛ Apple Inc. v. Motorola, Inc. , 869 F. Supp. 2d 901, 913–15 (N. D. Ill. 2012)。

㉜ Apple Inc. v. Motorola, Inc. , 757 F. 3d 1286 (Fed. Cir. 2014)。

㉝ 同前注, 第 1332 页。

㉞ 《马拉喀什建立世界贸易组织协定——附件 1C:与贸易有关的知识产权协定》(1994 年 4 月 15 日),1869 U. N. T. S. 183, 33 I. L. M. 1197。

非反垄断违规行为,亦不应受到规制。

反垄断部门将仔细审查 SSO 成员中类似卡特尔的反竞争行为,无论是创新者还是实施者。SSO 的发展不单单是客观技术层面的,因此过去那种仅保持"开放性"便足以防范 SSO 类似卡特尔行为的观念早已过时。因此,我敦促反垄断执法机构在针对单方违反向 SSO 作出的承诺时,采取更为谦抑的方式适用反垄断法,并重新审视 SSO 内部对动态创新过程造成竞争性损害的协调行动。同时,我主张 SSO 主动地评估其自身的规则,无论是在组织成立之初,还是此后的例行审查。事实上,SSO 内部应长期实施反垄断合规计划,并定期评估其规则及规则适用是否阻碍竞争。

5 结 论

我今天的发言应该不会令过去曾听过我发言的人感到惊讶。自我在二十世纪九十年代中期在美国贸易代表办公室任职时起,至随后我就职于美国参议院司法委员会、负责联邦知识产权专属管辖权和反垄断工作,直到二十一世纪初期到美国司法部反垄断局工作,我的观点从未改变。[35]

我们很早之前便已开始重新审视 SSO 的意义以及反垄断法的应有作用。有关新技术和创新技术的谈判是高风险的博弈,各方都意图采取一切必要手段来改善交易成果。在这场博弈中,有竞争力的市场过程应最终胜利。SSO 不应该成为知识产权许可人或被许可人获得比在自由市场中更有利条款的工具。

我们无法得知竞争性许可使用费的具体数额,毕竟我们不是价格监管机构。如果我们超越管辖范围适用反垄断法,将破坏竞争过程并严重损害美国消费者利益和技术创新。但我们也应防范传统形式的反竞争行为,以确保竞争性费率占据优势地位。这便是为什么尽管创新者专利劫持的问题频繁发生,我们仍需提防实施者的反向劫持。现在正是纠正此种不对称现象的适当时机,以最大程度激励创新并推动创新成果的应用和实施。

---

[35] 例如参见 Makan Delrahim:《知识产权与反垄断交叉的当代问题》(2004 年 11 月 10 日),https://www.justice.gov/atr/speech/contemporary-issues-intersectionintellectual-property-and-antitrust;Makan Delrahim:《漫长而曲折的道路:将反垄断应用于知识产权的融合》(2004 年 10 月 6 日),https://www.justice.gov/atr/speech/long-and-winding-road-convergence-application-antitrust-intellectual-property;Makan Delrahim:《强迫公司共享沙盒:知识产权和反垄断的强制许可》(2004 年 5 月 10 日),https://www.justice.gov/atr/speech/forcing-firms-share-sandbox-compulsory-licensing-intellectual-property-rights-and。

美国联邦贸易委员会就"标准必要专利相关排除令对市场竞争影响的监管"的事先声明*

美国参议院司法委员会 Leahy 主席、Grassley 副主席和所有委员,谢谢大家给我提供在这里进行陈述的机会!我是 Edith Ramirez,美国联邦贸易委员会(以下简称联邦贸易委员会)委员。今天,我很高兴能够代表联邦贸易委员会在这里作证,并与大家一起探讨标准必要专利相关禁令救济——包括美国国际贸易委员会(以下简称国际贸易委员会)的排除令——对市场竞争的影响问题。① 本证词的主要内容是标准必要专利,即专利持有人已承诺将按照合理、不歧视条款(RAND 条款)进行许可的专利。② 简而言之,联邦贸易委员会担心的是,专利持有人可能会利用国际贸易委员会排除令或地方法院签发的禁令这一威胁在标准实施后对被许可人进行"劫持",或索取与其知识产权被纳入标准之前相比更高的许可费或对被许可人而言代价更为高昂的许可条件。实际上,联邦地方法院已经拥有解决这一问题的手段,如对衡平法因素进行权衡、给予损害赔偿金等。③ 联邦贸易委员会认为,国际贸易委员会基于其公共利益义务同样拥有应对这一关切并限制劫持可能性的权力。④

---

* 本文为美国联邦贸易委员会于 2012 年 7 月 11 日在华盛顿特区向美国参议院司法委员会陈述的事先声明。

① 书面声明代表的是美国联邦贸易委员会的观点。口头陈述和回答仅代表本人观点,不一定代表联邦贸易委员会或其他任何委员的意见。Rosch 委员对于本证词的提交持赞同态度。但是,正如他此前表示的那样(参见后注 3),他的观点是,在专利持有人已就标准必要专利作出 RAND 承诺的情况下,即便专利人满足了 RAND 义务,禁令救济包括国际贸易委员会排除令的签发仍是不恰当的。在他看来,从性质上看,RAND 承诺似乎是就许可作出的承诺;如果真是这样,那寻求禁令救济就与该承诺不相符。因此,Rosch 主张,如果法院认定某一方或其前身曾就标准必要专利作出 RAND 承诺,则禁制令应拒发给该专利。他认为,美国联邦最高法院关于 eBay 的判决很有启发性。这份判决说,只有在"赔偿金……不足以弥补损害"的情况下,法院方可提供禁令救济。eBay v. MercExchange, L. L. C., 547 U. S. 388, 391 (2006)。他还认为,在有人寻求非标准必要专利相关交叉许可的情况下,禁令救济可以说是违反公众利益的,因为它似乎会妨碍这些情形下的创新。

② 本证词使用了 RAND 这一术语,但相关分析同样适用于专利持有人承诺以公平、合理和无歧视条款(FRAND 条款)进行许可的知识产权。

③ Apple, Inc. v. Motorola, Inc., 2012 WL 2376664, at *12-13 (N. D. Ill. June 22, 2012)(Posner——伊利诺伊州北区指定法官——之所以拒绝提供禁令救济,部分是因为 RAND 许可费可为承诺以 RAND 条款许可标准必要专利的专利持有人提供所有必要救济)。

④ 参见:《第三方美国联邦贸易委员会关于公共利益的声明》,2012 年 6 月 6 日提交,详见《关于某些无线通信设备、便携式音乐和数据处理设备、计算机及其组件的裁决》(Inv. No. 337-TA-745, www. ftc. gov/os/2012/06/1206ftcwirelesscom. pdf)和《关于某些游戏和娱乐主机、相关软件及其组件的裁决》(Inv. No. 337-TA-752, http://www. ftc. gov/os/2012/06/1206ftcgamingconsole. pdf)这两份文件。

如果国际贸易委员会认为其公共利益相关权力不够灵活,以致无法防止劫持现象发生的话,则美国国会应考虑是否有必要提供立法救济这一问题。

为说明联邦贸易委员会的立场,本声明:①概述了知识产权和竞争相关法律与联邦贸易委员会之前在知识产权领域开展的政策工作之间的共同点;②描述了联邦贸易委员会对标准制定背景下的"劫持现象"的定义;③说明了美国联邦、地方法院与国际贸易委员会诉讼出现不同结果的可能性;④凸显了联邦贸易委员会近期就这一问题向国际贸易委员会提出的关切。

1 知识产权和竞争相关法律共同致力于创新推动

知识产权法和竞争法都具有推动创新和消费者福利这一根本目标。专利可使其持有人防止其他人在未提供补偿的情况下擅用其技术价值,因而可鼓励创新方面的投资。由于专利体系要求公开披露,因此专利又可推动科技信息的传播——在没有这种要求的情况下,科技信息的传播是不会发生的。竞争可提高人们追求新型或更好产品或工序的积极性,从而激励创新。由于竞争,公司会争当首先使用某项新技术的市场领导者,或抢先发明成本较低,旨在满足现有需求的新型方式。如果专利法能够为创新者提供保护,使其不受创新抄袭者的侵害,那么,竞争将以最有效的方式推动这种创新。如果真的能够保护这种创新,而不是不经意成为创新障碍的话,那么,专利法将真正实现其预期目的。现代社会对这两类法律的理解表明,知识产权法和竞争法可共同为消费者带来新的、更好的产品、技术和服务,且效率更高,价格更加低廉。

在近二十年的时间里,联邦贸易委员会在其政策和执法努力中一直都认可了知识产权与竞争的这种协同角色。例如,1995 年,联邦贸易委员会与美国司法部联合发布了一份执法准则,承认知识产权的许可可在没有互补性生产要素的情况下推动被许可产权的集成(integration),而这种集成又有利于成本的降低和新产品的引进,从而为消费者带来福利。⑤ 2003 年,联邦贸易委员会发布了关于专利体系的首份重大报告,并将重点放在了专利质量对创新和竞争的影响方面。⑥ 2007 年,联邦贸易委员会又与美国司法部发布了一份联合报告,强调在反垄断分析和执法政策中对专利权有利于竞争的作用进行适当

---

⑤ 参见美国司法部和联邦贸易委员会:《知识产权许可反垄断准则》(1995 年), http://www.ftc.gov/bc/0558.pdf。

⑥ 美国联邦贸易委员会:《为了推动创新:竞争法律政策与专利法律政策之间的适当平衡》(2003 年)("2003 年报告"), http://www.ftc.gov/os/2003/10/innovationrpt.pdf。在 eBay 诉 MercExchange 案中[L. L. C., 547 U. S. 388, 396 (2006)], Kennedy 法官援引了"2003 年报告"。

认可的必要性。⑦ 2007年的这份报告对标准制定组织将某一技术选择为标准后可能出现的专利劫持现象作出了响应,并就标准制定组织通过政策避免或遏止这一结果出现的方法进行了探讨。⑧ 在2011年3月最新发布的一项研究成果,即《不断演变的知识产权市场:专利公告和救济与竞争之间的协调》⑨一文中,联邦贸易委员会考虑了专利公告和救济如何影响创新、竞争和消费者福利这一问题。我们还特别就专利公告和救济相关法律提出了许多改革建议,旨在对投入巨资发布新产品后却有人提出专利主张所导致的创新和竞争风险进行限制。此外,我们还就美国地方法院和国际贸易委员会在解决标准必要专利相关纠纷时可用于减少劫持现象的机制提出了建议。⑩ 在一定程度上,2011年的这份报告是以美国联邦贸易委员会、司法部和专利商标局共同发起的一次联合听证会为依据制作的。

联邦贸易委员会近期向国际贸易委员会提交的声明是建立在我们之前的政策和执法努力——特别是我们对受 RAND 条款约束的公司就其标准必要专利寻求禁令救济这一竞争问题的关注基础上的。这份声明凸显了知识产权和竞争在推动创新方面的重要角色。

2 标准制定组织与劫持的可能性

今天,信息技术和通信行业的企业经常面临着这样一个问题,即数百、数千甚至数十万有着不同权利主张的发明要在同一设备中共同运作,或在同一系统中的数个合作设备中共同运作。这些企业通过标准制定组织实施的自愿共识标准制定过程解决其中的"互操作性"问题。标准制定组织制定的标准能够确保同一系统中不同设备之间能够共同工作,并以标准化、可预测的方式进行相互交流。这种标准能够促进竞争、提升创新、提高产品质量并增加消费者选择,从而为消费者带来巨大价值。但是,将专利技术纳入标准还可能使标准必要专利所有人利用其因标准制定过程而获得的杠杆为其攫取高额许可费及在其技术被纳入标准之前可能无法获得的其他有利条款,进而扭曲市场竞争。

---

⑦ 美国司法部和联邦贸易委员会:《反垄断执法和知识产权共同推动创新和竞争》,第46—47页("2007年报告"),http://www.ftc.gov/reports/innovation/P040101PromotingInnovationandCompetitionrpt0704.pdf。
⑧ "2007年报告",第2章。
⑨ 美国联邦贸易委员会:《不断演变的知识产权市场:专利公告和救济与竞争之间的协调》("2011年报告"),http://www.ftc.gov/os/2011/03/110307patentreport.pdf。
⑩ "2011年报告",第191—193页,第239—244页。

专利劫持的可能性源于因标准制定过程而产生的技术相对成本的变化。⑪ 在标准通过之前,为被纳入标准,替代性技术之间会基于其特征、质量或价格等因素而展开竞争。通常情况下,市场中会有若干具有相似特征的技术可供标准制定组织选择;在标准通过之前,标准制定组织成员可就标准必要专利的许可条件谈判,但对于可能执行所通过标准的众多企业而言,这种谈判并非现实选择。相反,在更多情况下,标准制定组织的成员会选择推迟这一决策,并要求技术所有人同意以 RAND 条款许可其标准必要专利,作为标准制定组织将其技术纳入标准的"补偿(quid pro quo)"。这样的做法使得标准的通过变得更加容易,但也造成了劫持的可能性,因为它将价格谈判过程推迟到了标准通过之后。标准一旦通过,整个行业都将开始围绕着标准进行投资。由于偏离标准可能并不可行——除非所有或其他大多数行业参与者都同意以兼容方式这样做,且由于所有这样做的参与者都可能面临着因放弃初始设计并用不同技术替代所带来的巨大转换成本,整个行业都可能被锁定到某一标准上。这就赋予了标准必要专利所有人要求并获得远高于标准通过之前的许可费的能力,因为这时的许可费不再是以其专利的真实市场价值为基础的,而是以偏离标准化技术的成本和延误代价为基础的。换句话说,正如 Posner 法官指出的那样,"一旦成为标准必要专利,专利权人的议价能力就飙升了,因为潜在被许可人并没有获得这一专利许可的替代方式,因而只能任由专利权人处置了"⑫。这是一种形式的"劫持"。

劫持和劫持威胁可提高其他行业参与者包括其他专利持有人的成本和不确定性,从而阻遏创新。⑬ 此外,劫持威胁还可降低标准制定的价值,导致企业对标准制定程序信任度的降低,并剥夺了消费者本可从标准化技术中获得的有利于竞争的巨大利益。

RAND 承诺旨在降低专利劫持风险,并鼓励对标准的投资。⑭ RAND 承诺一旦作出,专利持有人和希望实施技术的公司通常会就许可费进行谈判;在谈判无法达成一致的情况下,他们可能会就合理费率寻求司法裁决。此外,专利持有人还可向地方法院寻求禁令或向国际贸易委员会寻求排除令。在禁令或排除令威胁下开展的许可费谈判可能会以背离 RAND 承诺的方式严重倾向于专利持有人。尽管已有 RAND 承诺,高昂的转换成本及排除令的威胁仍可能使专利持有人获得不合理的许可条款(无论其发明本身是否具有较高价值),因为标准执行人不得不实施已通过的标准。在劫持使整个产品不

---

⑪ Joseph Farrell et al., *Standard Setting, Patents and Hold-Up*, 74 ANTITRUST L. J. 603, 607 – 08 (2007).
⑫ Apple, Inc. v. Motorola, Inc., 2012 WL 2376664, at *11 (N.D. Ill. June 22, 2012).
⑬ 一般参见"2011 年报告"和"2007 年报告"。
⑭ "2007 年报告",第 46—47 页。

得不因为一个非常小的组件而付出高昂成本的情况下,这个问题更加严重。因此,禁令救济包括排斥令的威胁可能会使受 RAND 承诺约束的标准必要专利持有人实现反映专利劫持而非专利相对于其替代物价值的许可费率。⑮ 这将提高消费价格,扭曲创新激励机制,并破坏标准制定程序。

3 美国联邦地方法院禁令与国际贸易委员会排除令之间的差异

在 2006 年之前,由于美国地方法院的一项侵权裁决,永久禁令救济几乎都是自动适用的。美国法院遵循的是联邦巡回上诉法院确立的、一项以"损害不可修复"这一假定为依据签发禁令的通用规则。⑯ 在 2006 年 eBay 诉 MercExchange, L. L. C. 案中,最高法院一致拒绝接受"损害不可修复"这一假定及其他绝对做法,转而支持逐案适用"传统衡平法原则",⑰ 包括要求专利持有人证明其损害不可修复及赔偿金不足以补偿其损害的做法。根据"eBay 案"的衡平分析方法,受 RAND 承诺约束的标准必要专利持有人可能难以证明赔偿金不足以弥补其损害,因为他们已经承诺以 RAND 条款许可其知识产权。

在最近作出的一项判决中,伊利诺伊州北区指定的法官 Posner 运用"eBay 案"衡平分析方法作出裁决称,专利持有人无权因受 FRAND 承诺约束的标准必要专利相关侵权行为而获颁禁令。"鉴于 FRAND 条款的存在,我看不出要求(被指控侵权人)停止侵害(涉案专利)有何合理性,除非是 Apple 拒绝支付满足 FRAND 要求的许可费。"⑱他继续表示,"通过承诺以 FRAND 条款许可其专利,(专利持有人)已承诺向愿意支付 FRAND 许可费的任何人许可其(涉案专利),也就含蓄承认了许可费旨在利用相关专利的许可获得充分补偿这一观点"⑲。因此,专利持有人无法满足 eBay 提出的必须证明损害赔偿

---

⑮ Apple, Inc. ,2012 WL 2376664,at * 12(引用了美国联邦贸易委员会就标准必要专利纠纷相关禁令救济潜在经济和竞争影响而作的说明)。

⑯ Richardson v. Suzuki Motor Co. , 868 F.2d 1226, 1246 – 47 (Fed. Cir. 1989) (citations omitted).

⑰ eBay v. MercExchange, L. L. C. , 547 U. S. 388, 391 (2006)。法院列出了专利持有人获发禁令必须满足的四个要素:"原告必须证明:①原告已遭受不可修复的损害;②法律提供的救济,如损害赔偿金,不足以弥补其损害;③鉴于原告与被告双方困境的权衡,衡平法下的救济有其必要性;④公共利益不会因永久禁令而受损"。

⑱ Apple, Inc. , 2012 WL 2376664, at * 12;eBay, 547 U. S. at 400(Kennedy 法官的支持意见)(指出在"禁令及违反禁令可能产生的严重制裁可被用作讨价还价并从希望购买许可实施相关专利的公司那里收取巨额费用的工具"这种情况下,劫持就会发生); Broadcom Corp. v. Qualcomm Inc. , 501 F. 3d 297, 313 – 14 (3d Cir. 2007)[援引 Daniel G. Swanson & William J. Baumol, *Reasonable and Nondiscriminatory* (*RAND*) *Royalties*, *Standards Selection*, *and Control of Market Power*, 73 ANTITRUST L. J. 1, 5, 10 – 11 (2005)](该文评论说,锁定导致了出现反竞争这一后果的可能性,且"就是在这种情况下,诸如 FRAND 承诺之类的措施才成了对抗垄断力量的重要保障")。

⑲ Apple, Inc. ,2012 WL 2376664,at * 12.

金无法为其提供足够救济的要求。[20] 由于 FRAND 许可费可为专利持有人提供充分补偿，因此 Posner 法官作出了禁令在该案中没有正当依据的裁决。[21]

尽管所有美国联邦地方法院都必须遵循"eBay 案"中那样的根据衡平法进行的禁令分析方法，但国际贸易委员会——专利权人可能提起诉讼的另一渠道——却不必这么做。[22] 这一差异已经导致了一种担忧，即国际贸易委员会目前正成为那些无法满足上述要求而无法在法院获颁禁令的专利持有人的首选，因而可能会导致劫持问题及损害消费者利益的情况出现。[23]

国际贸易委员会是国会成立的一个准司法性质的独立联邦机构，其贸易相关职责范围广泛，而知识产权相关进口调查就是其中之一。如认为进口产品侵害了自身专利，则专利持有人可根据1930年《美国关税法》第337节的规定向国际贸易委员会提出申诉。该法案禁止涉及不公平竞争包括专利侵权行为的产品出口至美国。[24] 国际贸易委员会对进口产品拥有对物诉讼管辖权，从而使专利持有人可对不受美国地方法院管辖的外国被告提起诉讼。认定专利侵权后，国际贸易委员会可发布制止令和排除令。制止令可禁止被告销售不在美国清单上的侵权进口产品。[25] 排除令可要求美国海关禁止侵权货物进入美国。[26] 国际贸易委员会的制止令和排除令都应接受总统或其指定人员即美国贸易代表的审查，且可被上诉至联邦巡回上诉法院。国际贸易委员会不能就既往侵权行为裁定损害赔偿金。

第337节规定了一个国际贸易委员会可用来对因排除令产生的劫持发生率及上述命令对消费者造成的损害进行限制的机制。它使得国际贸易委员会在决定是否签发排除令时可考虑"公众健康和利益、美国经济的竞争状况、美国国内类似产品或与其直接竞

---

[20] 同上。（援引 eBay, 574 U. S. at 391 – 92）。

[21] 同上。

[22] Spansion, Inc. v. Int'l Trade Comm'n, 629 F. 3d. 1331, 1359 (Fed. Cir. 2010) （"鉴于337条相关诉讼在美国国际贸易委员会获得救济的法律依据与专利侵权诉讼在地区法院获得救济的法律依据不同，因此该法院认为，eBay 案判决方式不适用于337条规定的美国国际贸易委员会的救济裁决"）。

[23] 过去10年中，将美国国际贸易委员会作为专利主张渠道的案例已经增加了两倍。参见 Colleen V. Chien, *Patently Protectionist? An Empirical Analysis of Patent Cases at the International Trade Commission*, 50 WM. & MARY L. REV. 63, 68 (2008)。在这些案件中，65% 的案件同时在美国联邦地区法院进行诉讼。同上，第64页。此外，还可参见"2011年报告"，第239—240页（"美国国际贸易委员会这一渠道使用的增加和在地方法院同步进行的诉讼引发了一些评论家对个案结果不一致和专利政策制定不连贯这些问题的担忧"）。

[24] 19 U. S. C. § 1337(a)(1)(A)–(B)。

[25] 19 U. S. C. § 1337(f)。

[26] 有限排斥令仅禁止"美国国际贸易委员会认定的违反了第1337条规定的人"进口侵权货物，而普遍排斥令则禁止所有侵权货物的进口，但这类禁令仅在有限情形下可获得。参见 19 U. S. C. § 1337(d)(1),(2)；Kyocera Wireless Corp. v. Int'l Trade Comm'n, 545 F. 3d 1340, 1356–58 (Fed. Cir. 2008)。

争的产品的生产情况及美国消费者"[27]。但是,国际贸易委员会极少适用这一规定拒发排除令。[28] 但是,在作出了 RAND 承诺的情况下针对某一标准提出的专利主张却创设了一个必须考虑公众利益的、极其重要的情境,而 1930 年《美国关税法》第 337 节的规定应该允许人们对排除令可能导致劫持现象、可能通过转换成本这一威胁迫使被许可人进行谈判的方式扭曲"竞争状况"、破坏创新并损害"美国消费者"这些问题进行考量。通过将这些经济概念纳入其救济分析,国际贸易委员会可使其分析接近地方法院在"eBay 案"中要求进行的那种分析,从而推动知识产权法和竞争法的有益、高效运作。[29]

4 因受 RAND 承诺约束的标准必要专利相关侵权行为而签发的排除令可能对竞争造成的损害

与美国国会要求的联邦贸易委员会与国际贸易委员会在"337 调查"中应相互磋商这一要求[30]一致的是,2012 年 6 月 6 日,联邦贸易委员会对国际贸易委员会的要求作出了回应,对两项"337 调查"涉及的公共利益作出声明。[31] 在声明中,联邦贸易委员会解释了对 RAND 承诺下标准必要专利相关侵权行为提供禁令救济可能带来的经济和竞争后果。尽管联邦贸易委员会极少涉入国际贸易委员会的事务,但其仍然发表了上述声明,因为这些调查对国际贸易委员会而言似乎提出了一个前所未有的问题,即就专利持有人已经承诺按 RAND 条款进行许可的标准必要专利相关侵权问题签发排除令会对市场竞

---

[27] 19 U.S.C. § 1337(d)(1).

[28] 我们的研究发现,过去 35 年中,美国国际贸易委员会以公众利益为由拒发排除令的案例只有 3 个。这些案例都涉及公众健康或广泛公众利益方面的问题。参见关于某些流化辅助设备的裁决,Inv. No. 337 – TA – 182/188 (1984)(认为在国内生产商于合理期限内无法提供替代产品的情况下排除烧伤病人使用的专业病床的做法不符合公众利益);关于某些斜场加速管的裁决,Inv. No. 337 – TA – 67 (1980)(指出在基本原子研究中使用质量优于国内替代品的进口加速管具有压倒性公众利益);关于自动曲柄磨床的裁决,Inv. No. 337 – TA – 60 (1979)(认为在 20 世纪 70 年代末发生的能源危机期间,国内产业无法满足国内需求的情况下排斥能够改善燃料经济性的汽车引擎组件的做法不符合公众利益);Sapna Kumar, *The Other Patent Agency*: *Congressional Regulation of the ITC*, 61 FLA. L. REV. 529, 567 – 568 (2009). 就在最近,美国国际贸易委员会对在签发排除令下降应急人员应对突发事件效果的情况下发布排除令实施了限制。关于某些基带处理器芯片和芯片组、发射器和接收器(无线)芯片、动力控制芯片和包含上述芯片的产品(包括蜂窝手机)的裁决,Inv. No. 337 – TA – 543 (2007)。

[29] 评论家们强调了对这两大渠道的救济标准进行统一的必要性。Robert W. Hahn & Hal J. Singer, *Assessing Bias in Patent Infringement Cases*: *A Review of International Trade Commission Decisions*, 21 HARV. J. L. & TECH. 457, 486 – 90 (2008); Kumar, 前注 28 (此处原文为 19, 疑原文错误——编辑注), 第 574—578 页。

[30] 19 U.S.C. § 1337(b)(2).

[31] 美国联邦贸易委员会并没有就调查事实或美国国际贸易委员会是否应提供救济持任何立场。此外,美国联邦贸易委员会没有就有关方面为其受 RAND 条款约束的标准必要专利寻求禁制令或排斥令的做法是否违反《联邦贸易委员会法案》第 5 节之规定(15 U.S.C. § 45)或《谢尔曼法案》第 1 节或第 2 节规定(15 U.S.C. §§ 1 – 2)表态。

争造成影响。㉜

联邦贸易委员会认同以下观点,即以适当方式签发的排除令维护了构成专利体系创新激励机制基础的排他性,而排除令的威胁又能对侵权行为构成强大的威慑力。㉝ 受 RAND 条款约束的标准必要专利——因为包含了许可承诺——则要求我们在评估排除令是否适当之前做出更多考量,因为与那些不受许可承诺约束的专利相比,这类专利提出的问题差别相当大。RAND 承诺表明,标准必要专利持有人已经计划通过基于合理条款的广泛许可——而不是通过排他性使用——的方式实现其知识产权的货币化,因此不可能因损害赔偿金而遭受不可修复的损害。㉞ 与专利体系的适当角色类似,旨在降低专利劫持可能性的救济也能为投资于标准化产品及互补技术的企业提供更高的确定性,从而鼓励创新。而且,减少劫持现象可在创新带来的回报与其给消费者带来的真实价值之间实现更好的平衡。旨在减少劫持现象的救济还可改善标准制定程序的运作,并防止专利劫持相关涨价现象,而不必削弱创新激励。

在侵权行为系因执行标准化技术而产生的情况下,国际贸易委员会在 RAND 承诺相关标准必要专利事件中签发排除令或禁令的做法可能会使美国的竞争力、消费者和创新遭受重大损害。联邦贸易委员会曾向国际贸易委员会表达以下关切,即专利持有人可能会在标准制定程序中假装作出 RAND 承诺,然后就 RAND 承诺相关标准必要专利的侵权行为寻求排除令,从而以这种方式获得与其 RAND 承诺不一致的许可费。

根据法律,联邦贸易委员会有义务考虑"美国经济的竞争状况……和美国消费者"㉟,并慎重执行与公共利益相冲突的"337 条款"救济。联邦贸易委员会曾提出一系列与这一义务相一致的救济方式。例如,如 RAND 承诺相关标准必要专利持有人未遵守其 RAND 义务,包括与潜在被许可人进行善意谈判的义务,则国际贸易委员会可作出"337 条款所述公共利益因素不支持排除令的签发"这一裁决。㊱ 在第 337 - TA - 752 号调查的初步裁决中,国际贸易委员会的行政法法官裁决说,"Motorola 2.25% 的许可费

㉜ 在近期向美国国际贸易委员会提交的声明中,美国联邦贸易委员会指出,"国际贸易委员会一直认为,较低价格给消费者带来的好处并不比就 337 节所述知识产权违约行为为申诉人提供有效救济来得更重要"。关于某些数字电视产品和某些包含上述产品的产品及使用上述产品的方法的裁决,见 Inv. No. 337 - TA - 617, Comm'n Op., 第 16 页(2009 年 4 月)。同时参见 19 U.S.C. § 1337(d)(1),(f)(1)。

㉝ 参见"2003 年报告",第 223—228 页。

㉞ 转引自"2011 年报告",第 234—235 页("在先 RAND 承诺强烈表明,拒颁禁令的做法和持续性许可费不会给专利权人造成不可修复的损害")。

㉟ 19 U.S.C. § 1337(d)(1),(f)(1)。

㊱ 参见"2011 年报告",第 243 页("针对某一标准提出的专利主张,特别是受 RAND 承诺约束的专利主张,为国际贸易委员会在决定是否颁发排除令时创设了一个考虑公众利益的极其重要的情境")。

率——就其额度和覆盖的产品而言——都是 Microsoft 不可能接受的"[37]。尽管这一方式可能会使专利持有人无法获得国际贸易委员会的救济,但地方法院的救济仍然是可以获得的。作为一种替代方式,国际贸易委员会可推迟其"337 条款"救济的生效时间,以便各方就以往侵权行为的赔偿金和/或未来许可的持续许可费进行善意调解,并使各方都面临一定的风险压力:①就标准执行者而言,如其拒绝合理要约,则排除令最终将生效;②就专利持有人而言,如其拒绝合理要约,则排除令可能会被撤销。[38] 因此,联邦贸易委员会敦促国际贸易委员会遵守 1930 年《美国关税法》第 1337 条(d)(1)款和 1337 条(f)(1)款的要求,在 RAND 承诺相关标准必要专利案件中考虑专利劫持对竞争状况和美国消费者的影响。

联邦贸易委员会发表声明后,国际贸易委员会表示其对 RAND 承诺和排除令相关公共利益问题特别感兴趣。2012 年 6 月末,国际贸易委员会在一项调查[39]中发布了一份《审查通知》,以便就 8 个 RAND 相关问题收集各方意见。这些问题包括:①RAND 义务的存在本身是否足以排除签发排除令的可能性?②拒绝以 RAND 条款提供许可或进行谈判的专利所有人是否能够获得排除令?③在已经提供 RAND 许可但许可被侵权人拒绝的情况下,专利所有人是否能够获得排除令?[40]

联邦贸易委员会认为,国际贸易委员会因其公共利益相关义务而拥有解决上述所有问题并在 RAND 相关标准必要专利持有人未遵守其 RAND 义务的情况下拒发排除令的权力。但是,如果国际贸易委员会觉得自己的公共利益相关权力不够灵活,以致使其无法得出上述结论,则国会应考虑是否对《美国关税法》第 337 节规定进行修订,以赋予国际贸易委员会更加灵活的、旨在避免劫持现象发生的权力。

谢谢大家给联邦贸易委员会提供这次分享观点的机会。我们期待着在这一重大问题上与大家进行合作!

---

[37] 关于某些游戏和娱乐主机、相关软件及其组件的裁决,初步裁决,见第 300 页(2012 年 5 月);第 303 页("该证据支持 Microsoft 的结论,即 Motorola 对善意谈判和提供 RAND 许可不感兴趣")。

[38] 这种处理方法在美国国际贸易委员会已有先例。2011 年 12 月,美国国际贸易委员会作出了 HTC 侵犯了 Apple 合法专利的裁决。但是,"基于美国经济竞争状况方面的考量",美国国际贸易委员会推迟了排除令的生效时间,使其 4 个月以后才生效,以便"为美国运营商提供一个过渡期"。关于某些个人数据和移动通信设备及相关软件的裁决,见美国国际贸易委员会关于违反了第 337 条规定这一最终裁决的通知,第 3 页(2011 年 12 月)。

[39] 关于某些无线通信设备、便携式音乐和数据处理设备、计算机及其组件的裁决,见美国国际贸易委员会关于审查决定的通知,A 部分关于违反了第 337 节规定的最终初步裁决,第 4—5 页(2012 年 6 月)。各方就这些问题提出的意见应于 2012 年 7 月 9 日之前提交。

[40] 同上。

标准制定组织、FRAND 原则和反垄断：
从不完全合约经济学中得到的教训[*][**]

下午好！很高兴今天能在这里跟大家一起进行探讨。为此,我要感谢乔治·梅森大学法学院知识产权保护中心,特别是 Adam Mossoff、Mark Schultz 和 Matthew Barblan 的邀请。

今天,我想就标准制定组织(SSO)及其缔约实践和反垄断法在标准制定组织监管方面的适当角色跟大家分享一些想法。在分享过程中,我将把重点放在标准制定组织知识产权政策产生的、关于标准必要专利的许可问题上。缔约经济学的专门术语,如"劫持""反向劫持"和"事后机会主义"等,在关于标准必要专利许可的当前辩论中经常被提及。事实上,这些术语中有些在适用于标准制定组织的缔约和知识产权问题时似乎已经有了自己独特的含义。尽管我也研究专利许可,特别是标准制定组织的缔约问题,但是,从经济学角度看,我现在担心的是,一些重要的经济学观点已经被人们误解、误用或全部忽视了。

长期以来,经济学家们早已承认,当前专利劫持问题赖以成立的那些文献告诉我们,私人秩序和缔约在事后机会主义的管理过程中发挥着重要作用。实际上,劫持这一经济术语并不是为了解释合约失灵这一问题而出现的,而是为了解释现实世界合约条款、合约履约和强制执行等问题而出现的,其出发点是合约必然是不完全的这一基本假设。合约的不完全性并不意味着低效;相反,鉴于识别整个合约关系存续期间可能发生的所有不确定性的高昂成本,不完全合约是一个可预测且高效的结果。

理解缔约过程及标准制定组织合约不完全性和模糊性所扮演的角色是理解不同法律和法规制度在多大程度上推动了这一过程这一问题的第一步,也是必要的一步。不首先理解背后的缔约过程,而只是谈论一套规则对另一套规则的相对效率不仅是不可能

---

[*] 本文为美国联邦贸易委员会委员 Joshua D. Wright 在"知识产权保护中心成立学术会议:专利在今天创新经济中的商业功能"(弗吉尼亚州阿灵顿乔治·梅森大学法学院,2013 年 9 月 12 日)上的发言。

[**] 本文仅代表作者自己的观点,不一定反映了美国联邦贸易委员会或其他委员的意见。对于作者顾问 Joanna Tsai 以及实习生 Tim Geverd 和 Julia Rubicam 在作者演讲准备过程中提供的宝贵帮助,作者表示非常感谢。

的,而且可能会事与愿违,适得其反。只有对这一过程了然于胸,人们才能开始就标准制定组织背景下标准必要专利这一问题分析不同法律框架在管理事后机会主义方面的可取性。当前围绕标准制定组织标准必要专利相关合约进行的大部分政策辩论完全是以这类问题为基础的。例如,在公平、合理、无歧视(F/RAND)承诺的背景下,对标准必要专利的侵权施以禁令救济而不是损害赔偿金救济的做法是否可取？又如,对于构成违反标准制定组织合约中 F/RAND 相关承诺的行为,实施反垄断救济将产生何种影响？许多政策制定者和学者都形成了强烈的成见,即由于不完全性,特别是 F/RAND 承诺的模糊性和禁令何时可以适用的相关精确规定的缺失,标准制定组织的合约天生就是低效的。基于这些成见,某些政策制定者和学者经常声称,标准制定组织的缔约过程是支离破碎的,因而需要额外的法律机制为潜在被许可人和消费者提供更多保护。我认为,这一结论——或者说这一结论提示已经采取的许多政策措施——并未遵循相关经济原则,或者说,在经济理论提供的预测出现冲突的情况下,并未遵循现有的经验式证据。

1 标准制定组织及其在推动创新、商业化和竞争方面扮演的角色

长期以来,标准制定组织在我们创新驱动型经济的发展过程中一直扮演了一种重大角色,但是,这一根本性角色的强化是在过去几十年中才发生的。标准制定组织开发、支持并制定了有助于推动新技术采用的互操作和性能标准[1]。到 21 世纪初,世界各地已有数百个协作式标准制定组织[2]。这些组织由大大小小的企业组成,其中既有技术的贡献者,也有技术的采用和实施者。此外,标准制定组织涉及各种行业和技术类型,包括航空航天、生命科学、电信和电子等行业[3]。

标准可提高产品对消费者的价值,并降低企业的产品生产成本。[4] 例如,互操作标准可确保不同公司生产的产品相互兼容,通过降低公司获取技术信息的成本降低公司的生产成本,同时简化产品设计。对消费者而言,标准的广泛采用可提高产品的互操作性,而互操作性的提高又可为消费者提供保护,使其在使用产品的过程中不至于卡壳,从而

---

[1] 参见如美国司法部和联邦贸易委员会,《反垄断法的执行与知识产权:推动创新和竞争(2007)》第 33 页注 1,http://www.ftc.gov/reports/innovation/P040101PromotingInnovationandCompetitionrpt0704.pdf。
[2] 同上,第 33 页注 5。
[3] 关于标准制定组织清单及各领域标准,可参见:《标准制定组织和标准清单》,http://www.consortiuminfo.org/links/(2013 年 9 月 12 日最后访问)。
[4] 参见如美国司法部和联邦贸易委员会,前注 1,第 33 页;Bruce H. Kobayashi & Joshua D. Wright, *Intellectual Property and Standard Setting* 95, in ABA SECTION OF ANTITRUST LAW, HANDBOOK ON ANTITRUST ASPECTS OF STANDARD SETTING (2d ed. 2011)。

实现更大的网络效应。⑤ 在网络行业,产品兼容给消费者带来巨大的福利。在这一行业,产品或服务对个体消费者的价值是随着采用可兼容产品的消费者数量的增加而增加的。

标准制定组织与专利池并不属于同类缔约机构,认识到这一点很重要——尽管许多评论家甚至是法官都没有把这个问题搞清楚。实际上,上述两个机构代表的是私人领域对不同问题做出的不同秩序安排。其中,专利池是对法律导致的失灵——因为要协调大量专利所有人这一原因和许多专利持有人对同一商业产品(如 MPEG 技术⑥)享有重叠合法财产权而产生的劫持成本这两项因素而被推高的交易成本问题——作出的响应。标准制定组织则是对技术导致的失灵——标准化生产平台的缺乏和技术产品的使用(如电灯及其他电力系统使用标准化术语和设备的必要性⑦)而推高的交易成本——作出的响应。由于它们的出现是为了解决不同的问题,因此,标准制定组织合约条款的谈判是在非常不同于专利池的法律和商业背景下进行的——这一点都不让人感到惊讶。

开发和制定标准时,标准制定组织通常会要求成员披露其拥有的知识产权,并要求成员就其贡献出来并成为组织制定所必需的任何知识产权的许可费率作出 F/RAND 承诺。⑧ 之后,标准制定组织内部的工作组将通过工程师和技术专家的多次讨论对成员贡献的各项技术进行审查和评估,以确定标准制定所需的最佳技术或技术集。被工作组认定为标准制定所必需的知识产权就被称为标准必要专利。⑨ 在评估阶段,为将自己的知识产权纳入标准,标准制定组织的成员企业通常会展开激烈竞争。这其中部分原因是,某项知识产权一旦成为标准必要专利,其所有人就可向利用该标准生产产品的企业许可其知识产权,从而获得一项持续且有保障的收入。

尽管如此,标准制定组织并非标准得以确立的唯一方式。标准的制定还可通过市场竞争这一方式进行。在"标准争夺战"中,相关企业将展开激烈竞争,但市场最终将倾向

---

⑤ 参见如 Kobayashi & Wright, 前注 4; Carl Shapiro, *Navigating the Patent Thicket: Cross Licenses, Patent Pools, and Standard Setting*, in INNOVATION POLICY AND THE ECONOMY 119 – 150 (Adam B. Jaffe, Josh Lerner & Scott Stern eds., 2001)。

⑥ 参见如 http://www.mpegla.com/main/Pages/AboutHistory.aspx(关于 MPEG 专利池的历史及当代首个专利池 MPEGLA 诞生的论述)。

⑦ 参见如 http://www.ieee.org/about/ieee_history.html(关于 IEEE 上溯至 1884 年的历史及"通过出版物、标准和会议将成员联系起来"的后续努力的探讨)。

⑧ 参见如 James Ratliff & Daniel L. Rubinfeld, *The Use and Threat of Injunctions in the RAND Context*, 1 J. COMPETITION L. & ECON. 1, 4, 10 (2013)。

⑨ Joseph Scott Miller, *Standard Setting, Patents, and Access Lock-In: RAND Licensing and the Theory of the Firm*, 40 IND. L. REV. 351, 364 (2007)["工作组是召开协作会议以起草作为标准的书面规范的基本单位。工作组由相关企业(有时为政府机构和学术部门)中属于技术而非法律或业务专家的志愿者组成"]。

于某一种产品,而这一产品就会成为相关行业事实上的标准。⑩ 在这方面,一个典型的例子是20世纪80年代VHS与Beta之间的竞争。无论在哪种方式下,企业都会就其技术展开竞争,以促使其技术成为行业标准。这里的差异在于竞争是在哪里发生的——是通过标准制定组织的标准制定程序还是通过市场,而不是竞争是否会发生。当然,通过各种机制形成的标准可能会不一样,而其对效率和消费者福利产生的影响可能也是不一样的。

大多数人都承认,初步行业标准的确立可能会带来显著效益,包括提高在市场中发起新网络和引进重要技术时的成功率、实现更大的网络效应、增加提供给卡壳消费者的保护、推动开放标准下的竞争等。⑪ 此外,标准制定组织制定的标准还可避免企业之间的标准争夺战,否则企业可能不得不为了建立既有用户基础而花费重大成本,而消费者也可能因标准尚未确立而推迟购买产品,直到事实上的标准真正确立,以避免选择失败标准所产生的成本。⑫ 尽管如此,一些人仍然声称,通过标准制定组织以"协作"方式确立的标准可能会减少事前竞争和消费选择,并强化企业对封闭式标准的专有控制,从而将成本强加于消费者。⑬

特别是,许多人都强调,标准必要专利相关专利劫持现象可能会增加标准制定组织相关程序的成本,导致面向被许可人的专利许可使用费的升高,进而转嫁给消费者,导致消费价格的升高。众所周知,F/RAND承诺有助于将专利劫持的风险降至最低。但是,F/RAND承诺的确切含义到底是什么目前仍不是那么明确,或者说,就这一问题而言,人们到底该如何确定其含义仍不得而知。此外,反垄断法在标准制定组织相关合约的监管方面可以且应该扮演何种角色也是一个尚待回答的问题。世界各地许多竞争执法机构的官员都表示,标准制定组织的政策要么不够有力,要么不够明确,而无论是哪种情形,都可能会使人们认为有必要采取监管应对措施以解决缔约过程导致的低效问题。⑭

---

⑩ 参见如美国司法部和联邦贸易委员会,前注1,第34页;Shapiro,前注5,第137—138页;Michael L. Katz & Carl Shapiro, *Systems Competition and Network Effects*, J. ECON. PERSP. , Spring 1994, at 93, 第107—08页;Mark A. Lemley, *Intellectual Property Rights and Standard-Setting Organizations*, 90 CALIF. L. REV. 1889, 1899 (2002)。但是,市场同时倾向于多种产品而非一种产品的情况也是可能发生的;在这种情况下,不兼容产品就会同时出现在市场中。

⑪ 参见如Shapiro,前注5,第138页;Marc Rysman & Timothy Simcoe, *Patents and the Performance of Voluntary Standard-Setting Organizations*, 54 MGMT. SCI. 1920 (2008)。

⑫ Jeffrey Church & Roger Ware, *Network Industries*, *Intellectual Property Rights and Competition Policy*, in COMPETITION POLICY AND INTELLECTUAL PROPERTY RIGHTS IN THE KNOWLEDGE-BASED ECONOMY 230 – 39 (Robert D. Anderson & Nancy T. Gallini eds. , 1998)。

⑬ 参见如Shapiro,前注5,第138页。

⑭ 参见如Kai-Uwe Kuhn, Fiona Scott Morton & Howard Shelanski, *Standard Setting Organizations Can Help Solve the Standard Essential Patents Licensing Problem*, CPI ANTITRUST CHRONICLE, 2013年3月,第4—5页;美国司法部反垄断局副助理检察长Renata Hesse在ITU-T专利圆桌研讨会上的演讲:《SSO的六个小"建议"》(2012年10月10日);美国司法部反垄断局副助理检察长Renata B. Hesse,《反垄断局与标准制定组织:继续对话》,在美国国家标准学会知识产权政策委员会会议上的报告,第3页(2012年11月8日)。

一些人已经就此提出对标准制定组织当前的知识产权政策进行具体改进。其他人则指出,反垄断法可在遏止专利劫持、推动标准制定组织缔约过程的高效,以解决标准必要专利的许可问题方面发挥作用。[15]

2 标准制定组织的不完全合约真的低效吗?

劫持威胁是一个众所周知的经济现象。在标准制定组织背景下,某一标准一旦被采纳,采用替代标准将需要大量额外投资。因此,成为标准组成部分的知识产权的持有人在 F/RAND 条款不够清晰的情况下可利用其地位攫取较高的知识产权使用许可费。

大体而言,所谓标准制定组织合约的不完美之处通常涉及合约在经济技术意义上的不完整性。就是说,合约省略了管辖未来可能出现的某些临时状态的相关条款。其他所谓不完美之处还包括合约的模糊性,如采用了需要事后解释的灵活条款[16]。

现在,我们来看看故意采取模糊策略的 F/RAND 承诺吧——这种现象在许多标准制定组织知识产权政策中都普遍存在。实际上,F/RAND 术语的准确程度是精明的缔约方经过众多权衡之后做出的选择。其中最重要的考量是,技术被采用为标准后的最终价值——特别是在不断变化的动态市场中的价值——具有相当大的不确定性。合约事后的灵活性可能是经济价值的一个重要来源。此外,缔约方倾向于降低精确性的做法还有其他原因。例如,对反垄断责任的担忧也造成了精确性方面的一些额外代价,因为价格、营销和分销条款方面的明确性可能会被解读为非法定价。[17] 此外,明确定义的许可

---

[15] 参见如 George S. Cary et al., *The Case for Antitrust Law to Police the Patent Holdup Problem in Standard Setting*, 77 ANTITRUST L. J. 913 (2011)(认为"其他法律领域也许能够解决标准制定过程中的某些滥用问题,但它们都是不完整的解决方案,因为只有反垄断法才可确保私人和政府执法当局在相关滥用行为损害竞争的情况下能够寻求救济"); George S. Cary et al., *Antitrust Implications of Abuse of Standard-Setting*, 15 GEO. MASON L. REV. 1241, 1262 (2008)(认为"反垄断法在标准制定过程中合谋行为和单边行为的治理方面可扮演重要角色"); Thomas F. Cotter, *Patent Holdup, Patent Remedies, and Antitrust Responses*, 34 J. CORP. L. 1151, 1205 (2009)(建议旨在控制专利技术价格的标准制定组织协议应与竞争对手间其他任何横向协议一样接受反垄断审查)。

[16] 合约中的"最大努力"条款就是一个典型例子。参见如 Charles J. Goetz & Robert E. Scott, *Principles of Relational Contracts*, 67 VA L. REV. 1089, 1114-17 (1981)。关于合约事后灵活处理效率的一般性问题,可参见 Keith J. Crocker & Scott E. Masten, *Pretia ex Machina? Prices and Process in Long-Term Contracts*, 34 J. L. & ECON. 69 (1991); Victor P. Goldberg, *Price Adjustment in Long-Term Contracts*, 1985 WIS. L. REV. 527; Benjamin Klein, *Contract Costs and Administered Prices: An Economic Theory of Rigid Wages*, 74 AM. ECON. REV. 332 (1984); Ian R. Macneil, *Contracts: Adjustment of Long-Term Economic Relations under Classical, Neoclassical, and Relational Contract Law*, 72 NW. U. L. REV. 854 (1978); Scott E. Masten & Keith J. Crocker, *Efficient Adaptation in Long Term Contracts: Take or Pay Provisions for Natural Gas*, 75 AM. ECON. REV. 1083 (1985); Scott E. Masten, *Long-Term Contracts and Short-Term Commitment: Price Determination for Heterogeneous Freight Transactions*, 11 AM. L. ECON. REV. 79 (2009)。

[17] 参见如美国司法部与联邦贸易委员会,前注 1,第 49 页;Shapiro,前注 5,第 128 页和第 140 页。

承诺所带来的精确性可能也会推高参与标准制定组织的成本。[18]

合约的不完全性本身并不足以得出个体合约低效这一结论,更不能说明标准制定组织相关程序的市场失灵这一问题——认识到这一点很重要。同样,合约为了实现更大的事后灵活性而牺牲了合约的准确性及更准确文本必然产生的刚性这一经验式观点也不能说明这一问题。事实上,为了灵活性而牺牲准确性是现代缔约过程中一个特别独特的经济现象。由于发现、明确并就未来所有潜在事项进行谈判的高昂成本,现代经济学中的合约分析方法通常都是从"所有合约都是不完全的"这一论点出发的,之后才会在不同法律制度下对缔约方的动机及其相对于现状下经济效率的影响进行分析。遗憾的是,关于标准制定组织缔约问题的大多数政策讨论似乎都对标准制定组织采用了不同的分析方法,都先入为主地做出了"标准制定组织合约中的不完全性足以证明其低效、因而需要法律制度的变革或其他解决方案"这样的假设。这种逻辑可能会让我们天真地认为,对标准制定组织缔结的合约进行评估的相关基准是经济学意义上完美无缺的合约。这显然是一个有问题的假设,因为完美无缺或充分全面的合约只有在经济学系研究生的黑板上和临时教材中才能看到。[19]

专利持有人或被许可人事后可利用合约的不完全性或模糊性"劫持"其交易伙伴这一事实并不能说明,合约在事前就是低效的或合约是因有瑕疵的缔约过程而产生的。在不完全排除这种可能性——将这种概率降低至零——的情况下,书面F/RAND条款仍可将未来劫持事件发生的概率大大降低。就这一选择的效率得出结论之前,我们需要就现状及其他可行替代安排和对合约进行细化这两种情形下的成本和效益进行分析。一些批评家坚定地认为,要求知识产权持有人在技术成为标准组成部分之前就承诺更加具体的许可条件将进一步降低劫持风险。[20] 很明显,尽管美国联邦贸易委员会和司法部至今都没有呼吁要求标准制定组织采用更加具体的披露或许可政策,[21]但这两大机构的前任和现任官员都曾建议对标准制定组织的知识产权政策进行改革,包括做出更有力、更

---

[18] 美国司法部与联邦贸易委员会,前注1,第49页。

[19] 即便是研究生经济学教材也承认,在实践中,合约其实是相当不完全的。参见如 JEAN TIROLE, THE THEORY OF INDUSTRIAL ORGANIZATION 29, N.48 (1997) ["'完全合约'指将相关决策(转让、贸易等)建立在所有可核实变量包括缔约方可能做出的宣告上的合约","但是,在实践中,由于'交易成本'的存在,合约是相当不完全的,……大多数现有合约并没有就许多相关或有事项作出规定"]; OLIVER HART, FIRMS, CONTRACTS AND FINANCIAL STRUCTURE 21-23 (1995) (将全面合约定义为"在充分、可能的限度内就缔约方在未来世界所有状态下的全部义务作出规定,因此缔约方在未来世界逐步展开的过程中没有任何就合约进行修订或再谈判的必要性"的合约。此外,"在现实中,合约并不是全面的,是一直都在修订和反复谈判的……由于……缔约成本,缔约方愿意签署不完全的合约")。

[20] 参见如美国司法部和联邦贸易委员会,前注1,第36页和第46—47页(引用了Vishny、Peterson、Shapiro等人关于2002年11月听证会的文本);Lemley,前注10,第1906页和第1954页。

[21] 美国司法部和联邦贸易委员会,前注1,第48页。

精确的 F/RAND 承诺、既规定许可费适用的依据又规定缔约方在解决 F/RAND 费率纠纷过程中必须遵守的程序的做法。[22] 他们提出的改革建议还包括，标准制定组织应明确涉及标准必要专利的哪些许可和交叉许可安排是被允许的，哪些又是被禁止的。[23]

  这种通过建议甚至是要求制定某些合约条款的方式来"解决"合约不完全性这一问题的方法可能是说得过去的，如果确实有可靠证据显示这种不完全性导致了低效的话。但是，正如我已经指出的那样，既没有经济理论，也没有现存的经验式证据可以为下列一般假设提供支持，即与可行的替代性缔约安排相比，标准制定组织合约的不完全性确实导致了低效。相反，不完全合约的潜在效率在经济学文献中得到了广泛认同。[24] 如果要完全避免机会主义，那就要付出高昂的代价对所有可能事项进行预见，就这些事项进行谈判并制定出高度灵敏的条款。实际上，在某些情况下，制定完全覆盖合约履行所有方面的可执行条款是不可能完成的任务。此外，交易人的声誉资本也可有效降低制定由法院强制执行的书面条款的必要性。不完全合约的效率原理体现了人们在提高合约完全性，以降低预期劫持成本和提高合约精确性带来的额外成本（如进行更多谈判、法院执行和自我执行）之间作出的一种直觉性妥协[25]。在存在标准制定组织背景下，这些成本可能是巨大的。例如，更多谈判还可能放缓标准制定进程，在技术入市、知识产权的商业化、为发明家提供回报以激励其继续创新等方面进一步导致低效和延误。[26]

  当然，预测未来可能事项（其中最重要的是时间进程中的技术变化和商业化情况）方面内在的不确定性使得合约必然是不完美、不完全的。这一观点的意义在于，旨在提高明确性的努力可能是徒劳无功的——因为劫持概率并不会因此而降为零。这就突显了一个问题，即为什么聚焦于不完全性和个别条款，而不是缔约过程本身的做法是有问题的。真正的问题并不在于人们是否能够指出合约的不完全性，而在于是否有理由相信——基于经济理论和证据——替代合约与现实世界所看到的那些情况相比是否真的能够提高效率。这个问题的另一种问法是，人们是否有理由相信知识产权持有人与标准制定组织在就前面已经谈到的、增加成本以提高合约的准确性与提高合约的灵活性进行

---

[22] 参见如 Kuhn、Scott Morton & Shelanski，前注 14，第 4—5 页；Hesse（2012 年 10 月），前注 14，第 9—10 页。

[23] 参见如 Hesse（2012 年 11 月），前注 14，第 3 页。

[24] 参见如 Benjamin Klein, *Why Hold-Ups Occur: The Self-Enforcing Range of Contractual Relationships*, 34 ECON. INQUIRY 444, 447 (1996); Benjamin Klein, Robert G. Crawford & Armen A. Alchian, *Vertical Integration, Appropriable Rents, and Competitive Contracting Process*, 21 J. L. & ECON. 297 (1978)。

[25] 试图涵盖所有突发事件的额外谈判既消耗成本又低效，因为它们仅涉及缔约方之间的财富转移，且在相关信息得到披露的情况下，大多数未来事件都是可以以较低成本应对的。参见如 Klein，前注 24。同时参见 Benjamin Klein & Keith B. Leffler, *The Role of Market Forces in Assuring Contractual Performance*, 89 J. POL. ECON. 615, 616 (1981)。

[26] 美国司法部和联邦贸易委员会，前注 1，第 49 页。

妥协时犯了系统性的错误。

3 标准必要专利许可中的事后机会主义是否代表着标准制定组织缔约方面的市场失灵?

正如我已经指出的那样,关键问题在于标准制定组织的合约条款与那些似是而非的替代机制相比是否低效。在这里,我要再次强调,区分标准制定组织与专利池是至关重要的,因为这些独特组织的商业功能是不一样的。在这里,我们要比较的对象是替代性制度安排在定义标准化技术及实现其商业化方面的作用,而不是在解决因不同专利所有人对同一技术创新的重叠主张而可能导致市场扭曲这一问题方面的作用。但是,为明确标准制定组织不完全合约是否代表着需要修补的市场失灵问题,很明显,我们需要了解竞争性缔约过程及不同合约条款或法律制度带来的激励效果。

这类分析的一个出发点无疑是标准制定组织自己的合约。标准制定组织的合约表现出了丰富的差异性。这种差异性表明,标准制定组织的合约对发挥作用的竞争性因素和每一标准制定组织的特定需求都作出了响应,以设计、涵盖并吸引能够为标准制定组织生成最佳标准的知识产权。尽管一些标准制定组织根本就没有政策,另一些则有高度发达的知识产权政策。[27] 对于制定了知识产权政策的标准制定组织而言,这些政策的要求也存在着巨大差异。此外,标准制定组织在披露范围、许可安排、成员在标准内是否能拥有知识产权所有权等方面的规则也存在着丰富的多样性。一些标准制定组织要求,在知识产权被纳入标准之前,其所有人必须同意以免许可费方式进行许可这一条件,而其他标准制定组织则要求进行"合理且无歧视的许可"[28]。一些标准制定组织明确要求成员必须向世界上利用其标准的所有人进行许可,而不仅仅是面向组织内部其他成员进行许可。某些标准制定组织就"合理"的含义提供了指导,并规定了纠纷解决机制,而其他一些则没有。F/RAND 承诺的形式也可能是多种多样的:这种承诺可能是含蓄的,专利持有人参加标准制定过程这一行为本身可能就是一种暗示(根据标准制定组织的规章制度),而以书面形式向标准制定组织承诺上述义务也是形式之一。[29] 标准制定组织可能会要求其成员按照其规定作出统一的 F/RAND 保证,也可能会允许知识产权持有人拥有根据自己的条款表达许可意愿的自由。例如,电气和电子工程师协会(IEEE)在制定

---

[27] Benjamin Chiao, Josh Lerner & Jean Tirole, *The Rules of Standard-Setting Organizations: an Empirical Analysis*, 38 RAND J. ECON. 905, 916-18 (2007); Lemley,前注10,第1904—1906页,第1973—1980页;美国司法部和联邦贸易委员会,前注1,第47页。

[28] 参见如美国司法部和联邦贸易委员会,前注1,第47页;Chiao、Lerner & Tirole,前注27;Lemley,前注10,第1904—1906页和第1973—1980页。

[29] Ratliff & Rubinfeld,前注8,第10—11页。

Wi-Fi 标准时就考虑了四名标准必要专利持有人的保证书。其中,一名专利持有人承诺"将以名义成本将该技术提供给寻求使用该技术并遵循被纳入标准的所有人"。而另一专利持有人则同意适用"无歧视方式和合理条款,包括其当时生效的许可费率"[30]。第三名专利持有人则根本就没有提供任何基准,只是大概估算了其将收取的许可费。简而言之,标准制定组织的合约条款体现出了相当大的异质性,与其各色成员和相关技术面临的市场力量的多样性高度相似。

实际上,我们在标准制定组织知识产权政策方面看到的显著性差异正是人们在多元化技术和标准制定组织生态系统下具有竞争性的缔约过程中希望看到的现象。[31] 合约条款的多样性还反映了标准制定组织致力于吸引宝贵技术贡献者及其标准使用者的许多不同方式。尽管一些技术公司同时加入了多个标准制定组织,但遵守不同标准制定组织不同的披露规则及其他政策对知识产权持有人而言代价可能是非常高昂的,特别是对那些专利存量非常大的公司而言。[32] 经济学家 Josh Lerner 和 Jean Tirole 曾对标准制定组织的竞争现象进行过考察,以更加深入地了解知识产权合约条款是如何被用于吸引技术贡献者的。他们的研究表明,选择法院解决纠纷的技术贡献者对"保荐人友好型(sponsor friendly)"、较为灵活的知识产权政策的响应度更高,并因此提高获得的标准的质量。[33]

旨在吸引技术贡献者的竞争并不意味着标准制定组织总是倾向于制定有利于那些技术贡献者,因而可能导致劫持概率升高的知识产权政策。实际上,标准制定组织还要制定对技术采用者也有吸引力的政策。在其他条件完全相同的情况下,技术采用者基数更大的标准制定组织对技术贡献者的吸引力更大。因此,标准制定组织具有双边市场的特征:他们要充当将技术贡献者和采用者结合起来的平台。作为这样的平台,成功的标准制定组织在规则和政策的制定方面必须在平台两边的成员之间达成平衡,以吸引两边成员的加入。我想再次强调的是,这里的问题并不在于标准制定组织、技术贡献者和技术采用者在知识产权政策完全性和精确性的平衡方面是否要进行妥协——他们当然要妥协,而在于是否有理由相信这些精明的缔约方在妥协平衡的过程中因为某些市场失灵

---

[30] 同上[援引加利福尼亚大学,Davis,专利适用性通知(1994 年 7 月 1 日修订),http://goo.gl/F0djs;IBM 许可项目主管 Walter Willigan 致 IEEE 主席 Vic Hayes 的信件(P802.11,1995 年 10 月 10 日),http://goo.gl/ioCp4]。

[31] Michael J. Schallop, *The IPR Paradox: Leveraging Intellectual Property Rights to Encourage Interoperability in the Network Computing Age*, 28 AIPLA Q. J. 195, 234 (2000)(该文表示,知识产权政策的差异导致了某种形式的竞争,而最高效的知识产权规则才可能最终胜出)。

[32] 美国司法部和联邦贸易委员会,前注 1,第 43 页;Lemley,前注 10,第 1907 页。

[33] 参见如 Josh Lerner & Jean Tirole, *A Model of Forum Shopping*, 96 AM. ECON. REV. 1091 (2006)。同时参见 Kobayashi & Wright,前注 4,第 13 页。

问题而出现了系统性错误。

标准制定组织的成员之所以选择加入不完全合约,可能是因为他们相信,尽管合约并不完美,但仍在更精确条款的成本与劫持发生的概率和成本之间实现了最佳平衡。经济学家们早就承认,专利劫持是在未预测到的事件使合约关系超出了合约自我执行范围的情况下发生的,且在这种情况下,交易方最好是将由法院强制执行的书面条款与由私人自己执行的非书面条款结合起来。㉞ 这种基于概率的框架对于理解标准制定组织及其成员所采用合约的结构具有重要影响,因为交易方明知劫持事件可能发生,却仍然选择达成了合约关系。通过达成具有不完全条款的合约关系,交易方自然就表明了他们的信念,即交易的预期收益要大于劫持风险相关预期成本。这表明,标准制定组织知识产权政策相关合约的不完全性和模糊性是标准制定组织故意造成的一个主要设计特征。事实上,尽管标准制定组织对其某些知识产权政策作出了变更,但F/RAND及其他条款方面的关键模糊性在时间的进程中仍然保持了下来。这些条款在竞争性市场中的持续存在强烈表明,这种不精确性是标准制定组织缔约程序的一个特征,而不是漏洞——至少在我看来是如此。

到目前为止,作为一个简单化的假设,我在标准制定组织合约效率的评估中基本上忽视了声誉资本和自我执行机制所扮演的角色。尽管专利劫持吸引了政策制定者和学者们的大量关注,但在目前已经采用的数千项标准中,真正进入专利劫持诉讼阶段的例子却相对较少。㉟ 这就产生了一个问题,如果标准制定组织不完全合约真如某些人所指出的那样具有内在的、系统性的缺陷,那么,专利劫持的经验式证据为什么如此之少,以至于不值一提呢? 实际上,声誉成本提供了一个可能的答案,即实施劫持的决定确实可能会带来短期收益,但在"重复博弈"的背景下却很容易被推翻。㊱ 事实上,大多数企业和知识产权持有人都是既希望许可其标准必要专利,又希望将其技术纳入后续标准的职业参与者。如果落下了实施专利劫持的坏名声,那他们未来说服标准制定组织及其成员采用其技术的努力将会更加艰难,而这可能会降低其未来赚取许可费收入的能力。此外,对于将专利贡献给标准制定组织并在其产品中实施标准的企业而言,作为许可人落

㉞ 参见如 Klein,前注 24,第 444 页和第 447 页。

㉟ 参见如 Kobayashi & Wright,前注 4。

㊱ 参见如 Kobayashi & Wright,前注 4;Damien Geradin, Anne Layne-Farrar & A. Jorge Padilla, *The Complements Problem Within Standard Setting*: *Assessing the Evidence on Royalty Stacking*, 14 B. U. J. SCI. & TECH. L. 144, 163 – 68 (2008)。目前记录在案的少数专利劫持案件涉及的都是在行业内没有长期利益或前景的企业。参见 Bronwyn H. Hall & Rosemarie Ham Ziedonis, *An Empirical Analysis of Patent Litigation in the Semiconductor Industry* (2007 American Economic Association Annual Meeting, Chicago, IL, 4 – 7 January, Working Paper, 2007), http://citeseerx. ist. psu. edu/viewdoc/download? doi = 10. 1. 1. 69. 5271&rep = rep1 &type = pdf。

下的劫持名声可能会影响其坐在谈判桌另一头,即作为被许可人时的处境。

所以,标准制定组织的缔约过程最终是否真的存在需要监管类解决方案而非私人安排性质的解决方案的市场失灵问题呢?根据循证式方法,我们可以借助于经济理论和经验式证据回答这一问题。

经济理论告诉我们,市场失灵的一个潜在原因是外部效应的存在。在存在外部效应的市场中,经济主体无法就其施加于他人的行为或特定规则所产生的成本充分实现内在化。那么,标准制定组织的缔约过程产生了这种外部效应吗?这似乎是不可能的,因为大多数标准制定组织——如果说不是全部的话——都包含了作为技术贡献者和技术采用者(被许可人)的两类成员;且如前所述,标准制定组织具有在这两类成员之间达成平衡,以吸引这两个群体、提高其作为平台的价值的积极性。

一些人表示,被许可人不一定会关心许可费的提高,因为——比方说——他们可简单地将增加的许可费转嫁到终端消费者头上去。[37] 这种说法是不可能成立的。围绕着许可费进行的讨价还价及被许可人要求标准制定组织严格执行其合约条款的诉讼都已表明,他们确实是关心许可费的。此外,被许可人不可能将许可费增加所导致的增量成本全部转嫁给消费者。这在经济学上是完全讲得通的。实际上,需求曲线没有任何弹性,因此制造商能够将增量许可费完全转嫁给消费者的终端产品——特别是采用了标准化技术的产品——非常少。而且,我还没发现任何能够说明标准化技术的许可费和终端价格更高的可靠证据。

其他人则辩称,标准制定组织最好应被理解为是与反垄断当局建立了"事实上的补偿关系"的竞争者之间的一种协作;在这种关系下,反垄断当局允许上述竞争者进行标准化形式的合谋,以避免更加严格的反垄断审查。[38] 在我看来,这一论断不过是一种华而不实的修辞手段,并没有怎么揭示标准制定组织的相关经济学因素及其在现代经济中的作用。它既不是一种这类"补偿"事实上存在的严肃主张,也不是旨在准确描述标准制定组织经济功能的一项努力。它怎么可能是呢?目前,没有任何经验式证据支持以下观点,即违反标准制定组织合约的行为——哪怕是导致许可费升高的行为——不知怎的,竟然跟反垄断法通常谴责的、竞争对手之间的合谋行为类似,或者说产生了类似的经济影响。此外,在解读和适用《谢尔曼法》(*Sherman Act*)时,法院都驳斥了这一观点。到目前为止,就违反了标准制定组织协议但没有证据显示违约者以欺骗手段攫取了市场力量

---

[37] 参见如美国司法部和联邦贸易委员会,前注1,第40页[引用31,11月6日,Tr,第26—27页(Farrell)]("我认为,这样看问题也是中肯的,即在支付许可费的人进行相互竞争且所有人——或认为所有人——支付的许可费都大致相同的情况下,那转嫁的空间就会很大,所以最终付钱的是终端消费者,而不是这些竞争者")。

[38] 参见如 Cotter,前注15。

的情形而言,似乎还没有一个案例作出了违反标准制定组织协议的行为构成了《谢尔曼法》下的违法行为的判决。[39]

反垄断法允许进行富有成果的合作。正如我之前探讨的那样,通过标准制定组织标准制定程序实现的初步行业标准具有相对于其替代物——通过市场中的标准争夺战实现的标准——的潜在效率收益。但是,尽管一些人将标准制定组织的程序视为竞争对手之间的协作,但标准制定组织的标准化是受严格评估程序约束的;在程序中,作为技术贡献者的成员要展开竞争才能将其技术纳入标准。这种协作和标准制定组织本身实际上就是竞争对手们的一个竞争场所。

这并不意味着反垄断法不能或不应该在标准制定组织的程序中发挥作用。反垄断法能够且应该介入的情形,是参与者滥用和操纵标准制定程序将竞争对手排除在市场外的情形,如 Allied Tube & Conduit Corp. 诉 Indian Head, Inc 案[40]和美国机械工程师学会诉 Hydrolevel Corp. 案[41]。现有的反垄断法已经对这类合谋操纵标准制定程序的行为进行了处置。目前,我们还没有证据表明标准制定组织的缔约程序与特定反竞争合谋或一般的市场失灵问题类似。相反,我们看到的是标准制定组织中市场参与者的异质化、参与者及其技术在标准制定过程中及标准制定组织争夺支持者过程中表现出来的、明显活跃的竞争现象,以及对市场状况高度灵活和灵敏应对的一整套多元化合约条款。

4 标准制定组织知识产权政策相关改革建议会加剧或缓解劫持问题吗?

要了解标准制定组织合约条款——包括最近建议的更精确因而也更僵硬的条款——的潜在影响,我们必须对标准制定组织缔约过程本身了解透彻。例如,标准制定组织是如何形成我们今天所看到的条款的?它存在疏忽吗?它是历史事故与路径依赖相结合的产物吗?或者说,有没有导致其必须采用这些条款的特定原因呢?此外,了解各种建议的成本——包括预期成本和其他成本——也是有必要的。一些改革建议可能

---

[39] 参见 Rambus Inc. v. FTC, 522 F.3d 456, 466 – 67（D. C. Cir. 2008）, cert. denied, 129 S. Ct. 1318 (2009); Broadcom Corp. v. Qualcomm Inc., 501 F.3d 297, 311 (3d Cir. 2007)。在上述两个案例中,法院都要求原告必须出示证据证明被告实施欺诈并因此攫取了市场力量才可提出《谢尔曼法案》下的违法主张。在 N-Data 案中,在没有证据证明被告以欺骗行为将其技术纳入了标准的情况下,美国联邦贸易委员会声称,偏离以合约形式向标准制定组织承诺的金额的行为违反了《美国联邦贸易委员会法案》第5条的规定。美国联邦贸易委员会声明, Negotiated Data Solutions LLC, FTC File No. 051-0094 (Jan. 23, 2008), http://www.ftc.gov/os/caselist/0510094/ 080122 statement.pdf。

[40] 486 U. S. 492 (1988).

[41] 456 U. S. 556 (1982).

对专利劫持并没有什么效果,反而可能会导致新的低效问题。[42] 例如,行业参与者已经指出,他们支持允许专利持有人以自愿、单边形式就特定许可条款进行事前披露的政策,但同时又表示,建议美国联邦政府推动强制性事前披露的知识产权政策的行为可能会代价高昂、难以操作且收效甚微。同样,如前所述,过度狭隘地盯着专利劫持现象不放可能会高估其社会成本。例如,经济学家们已经发现,允许就过高许可费处以赔偿金的法律机制可能确实能够解决专利劫持问题,但其代价却是创新的迟滞和标准制定组织参与的减少。[43]

关于标准制定组织合约改革的大多数呼吁——无论是以可能挥来的反垄断大棒为借口,还是就合约起草提出的友善建议——都是基于标准制定组织在约束标准必要专利持有人市场力量方面负有特殊责任这一观念上的。事实上,标准制定组织约束标准必要专利持有人运用其市场力量的可能性确实被认为是弥补标准制定组织合约相关漏洞的一个主要利益。但是,标准制定组织合约相关改革不可能承担起其倡导者赋予它的责任。标准制定组织的成员是一个异质化群体,既包括技术贡献者,也包括非贡献性技术使用者,其动机存在着相当大的差异。标准制定组织不一定能够随意对标准必要专利的许可条件进行约束——认识到这一点是非常重要的。由于要相互竞争,以吸引关键市场主体加入并贡献其技术,因此标准制定组织可能不得不看某些拥有必要技术的成员的脸色行事。但是,即便假设标准制定组织合约条款确实能够对标准创造出来的新晋市场力量实施约束,很明显,这种情况并不一定总是成立的。对于某些标准必要专利而言,相关市场力量是相关技术和专利所固有的,而不是在标准制定过程中由标准制定组织赋予标准必要专利持有人的。[44] 施加更具约束性的条款可能会破坏关键市场主体加入标准制定组织和贡献技术的积极性,而这可能会导致社会福利的减少。

---

[42] 参见 Microsoft 致美国联邦贸易委员会的信件:《关于专利标准工作坊的评论》,项目编号 P11 - 1204,第 3—5 页(2011 年 6 月 14 日),http://www.ftc.gov//os/comments/patentstandardsworkshop/00009 - 60523.pdf[该信件指出,"大多数标准制定组织都有相应的知识产权(或专利)政策,以寻求利益相关方权利和利益之间的平衡,而其实现方式,则是要求参与其组织的专利持有人作出承诺,以合理且非歧视(RAND)的条款和条件就其主张的必要专利作出专利许可",且"如果标准实施的政策会阻碍创新者贡献其专利技术或进一步投资于标准化技术方面的创新,则标准将无法实现其有益目的"]。

[43] Bernhard Ganglmair, Luke M. Froeb & Gregory J. Werden, *Patent Hold-Up and Antitrust: How a Well-Intentioned Rule Could Retard Innovation*, 60 J. INDUS. ECON. 249 (2012).

[44] 参见如美国司法部和联邦贸易委员会,前注 1,第 39 页;Mark R. Patterson, *Inventions, Industry Standards, and Intellectual Property*, 17 BERKELEY TECH. L. J. 1043, 1044 (2002)。关于反垄断对标准制定过程中在先市场力量的影响,参见 Joshua D. Wright, *Why the Supreme Court Was Correct to Deny Certiorari in* FTC v. Rambus, ANTITRUST CHRONICLE (March 26, 2009), SSRN: http://ssrn.com/abstract = 1349969。

FRAND 公共政策

要求标准制定组织制定更加严格的条款可能会降低其对知识产权持有人的吸引力,使后者不愿意加入标准制定组织的进程。阻碍知识产权持有人加入标准制定组织的社会成本可能会大于降低专利劫持概率可能带来的任何利益。在短期内,这将导致标准制定组织不得不经常选择较差的技术作为标准,而且还可能导致竞争技术之间的对立,而这将违背标准制定组织的目的,并剥夺消费者从标准化中获得的、得到了充分认可的利益。从长期看,这些改革可能会破坏标准制定组织的预期目的,即推动兼容和互操作性、降低消费成本并推动创新等。

现在,我要回到今天演讲的一个主题。合约条款的精确度较低还有一个好处,即在迅速变化的市场中,它赋予了我们一定的灵活性。例如,正如许多人承认的那样,标准制定组织通常很少就"公平"或"合理"之类术语的含义作出明确规定——这至少部分是因为特定标准组织内的企业、技术和产品存在着显著的异质性。㊺ 知识产权政策中的其他术语肯定也会因为特定标准制定组织中技术(事前价值、激烈竞争技术的数量)和成员的特征等因素而存在差异。

最近,许多评论家感兴趣的一个问题是受 F/RAND 承诺约束的标准必要专利是否可以获得禁令救济。在某些标准制定组织中,针对违约者的禁令救济的存在很可能是标准制定组织及其成员间已经达成的谅解的一部分。正因为如此,在某些情况下寻求禁令的权利可能是解释得通的,而且是专利所有人决定加入标准制定组织并根据 F/RAND 条款贡献其技术的前提条件。㊻

一些评论家和一些法院辩称,作为合约,F/RAND 承诺本身就是缔约方就赔偿金已经构成了违约行为的充分补偿,因此不应根据美国联邦最高法院在 eBay Inc. 等诉 MercExchange, L. L. C. 一案中适用的标准而签发禁令这一问题达成的共识。㊼ 任何合约准

㊺ 参见如 Kuhn、Scott Morton & Shelanski,前注 14。

㊻ 是否有任何标准制定组织不允许禁令仍不得而知。实际上,行业主体已经提出,作为一个例子,"欧洲电信标准化协会(ETSI)的政策就没有任何禁止成员在违规者及潜在被许可人拒绝接受专利持有人基于 FRAND 条款提供许可的情况下寻求禁令救济的规定"。参见 Ratliff & Rubinfeld,前注 8,第 7 页。此外,"这些年来对这些建议进行过考察的大多数标准制定组织及其利益相关方都得出了以下判断,即在标准制定背景下发生专利劫持的情形只是少数。行业已经认定,一般而言,这些情形最好通过双边谈判(在极少数情况下,通过诉讼)而不是修改标准制定组织标准的方式进行解决,因为这些标准已经在市场中得到了广泛执行,且没有明显的知识产权相关挑战"。请参见 Microsoft,前注 42,第 13—17 页。

㊼ 547 U. S. 388 (2006)。在 Apple, Inc. 案中,Posner 法官认为,受 F/RAND 条款约束的标准必要专利的持有人无法证明 eBay Inc. 等诉 MercExchange, L. L. C.案要求证明的金钱救济不充分这一主张[Apple, Inc. v. Motorola, Inc. , 869 F. Supp. 2d 901, 914 (N. D. Ill. 2012)]["通过坚持以 FRAND 条款许可其专利这一行为,(专利持有人)实际上就坚持了向愿意支付 FRAND 许可费的任何人许可(诉讼相关专利)的做法,因此也就以含蓄的方式承认了许可费是该专利使用许可的充分补偿这一点"]。

则的解读都不需要这样的结果。实际上,鉴于似乎没有任何标准制定组织一律禁止禁令这一事实,这种解读竟然能够站得住脚是难以想象的。相反,一些标准制定组织似乎正在明确考虑并拒绝这样的规则。㊽ 事后才对 F/RAND 承诺进行解读并禁止禁令救济的做法可能会剥夺缔约方讨价还价的利益,使专利持有人获得相对于事前预期而言较少的补偿,降低创新的积极性并削弱创新的商业化。㊾

此外,众所周知,削弱违约——包括受 F/RAND 约束的标准必要专利的违约——情形下禁令救济的可获性可能会提高“反向劫持”的概率,并削弱专利持有人的所有积极性——这种积极性是执行者在善意谈判中不得不考虑的一个问题。㊿ 一些人声称,禁令救济的主要目的就是允许专利持有人可威胁将某一产品逐出市场,从而使其从有意愿使用其专利的被许可人那里榨取高于 F/RAND 许可费率的许可费及其他重大许可条件。(51) 这种推理作出了在禁令威胁下谈判获得的许可费必须高于 F/RAND 许可费这一假设。但是,这一假设是可疑的。尽管在禁令威胁下谈判得到的费率确实可能会高于在没有禁令威胁的情况下得到的费率,但这不一定就可以得出前者高于 F/RAND 费率的结论。况且,财产权的主要作用就是允许财产所有人排斥其他人的权利主张——因为这有利于财产权的明确归属并促进经济交换。(52)

因此,改革的净影响很可能就是加剧反向劫持的可能性。就是说,通过剥夺标准必要专利持有人寻求禁令救济的权利,潜在被许可人可推迟关于 F/RAND 许可的善意谈判,而专利持有人则可能被迫接受低于公平市场价值的价格。(53) 禁令威胁可能是讨价还价过程中一个非常重要的组成部分,而且可能是作为技术贡献者的标准制定组织成员在加入相关标准时认为的约定利益(benefit of the bargain)的一部分。威胁的存在不一定会像某

㊽ 参见如 Microsoft,前注 42,第 13—17 页[“这些年来对这些建议进行过考察的大多数标准制定组织及其利益相关方都得出了以下判断,即在标准制定背景下发生专利劫持的情形只是少数。行业已经认定,一般而言,这些情形最好是通过双边谈判(在极少数情况下,通过诉讼)而不是修改标准制定组织标准(排除禁令、要求特定谈判程序等)的方式进行解决”]。

㊾ F. Scott Kieff, *Coordination, Property, And Intellectual Property: An Unconventional Approach to Anticompetitive Effects And Downstream Access*, 56 EMORY L. J. 327 (2006).

㊿ 参见 Microsoft,前注 42。

(51) 参见 Kuhn、Scott Morton & Shelanski,前注 14。

(52) Armen A. Alchian & Harold Demsetz, *Property Rights Paradigm*, 33 J. ECON. HISTORY 16, 22 (1973)(该文评论说,有了明确定义的财产权,包括排斥权,“那些能够将资源投入其最有价值用途的人就能够轻松地联系那些目前拥有这些资源权利的人并与其进行谈判”); ROBERT COOTER & THOMAS ULEN, LAW AND ECONOMICS 72 (2ND ED. 1997)。

(53) 美国联邦贸易委员会就“标准必要专利纠纷和反垄断法”向美国参议院司法委员会反垄断、竞争政策和消费者权利二级委员会提交的预制作声明,2013 年 7 月 30 日,注 16,http://www.ftc.gov/os/testimony/113hearings/130730standardessentialpatents.pdf;就某些无线通信设备、便携式音乐和数据处理设备、计算机及其组件对不公平进口调查办公室关于救济和公众利益的答复报告,(美国国际贸易委员会,2012 年 7 月 18 日)(涉及“反向劫持即专利持有人被迫以低于市场价值的价格许可专利的可能性”)。

些人担心的那样必然导致专利劫持,反而可能会鼓励违约标准执行者回到谈判桌前。[54] 破坏这一谈判成果的改革建议或悍然这样做的反垄断法律规则将造成弊大于利的重大风险。

我们都可以赞同"鼓励标准制定组织制定有利于竞争和创新的知识产权政策非常重要,而阻碍竞争的劫持现象可能会迟滞竞争和创新"这样的观点。但是,通过提出具体条款建议或威胁采取反垄断执法行动的方式堵塞合约漏洞可能实现这些目标的主张既没有经济理论的支持,也没有现存的经验式证据支持。实际上,对于旨在"完美化"标准制定组织合约的改革和执法行动对竞争和消费者而言弊大于利的这一主张,人们的支持如果说不是较多的话,至少也是一样多。鉴于知识产权政策本身似乎能够适应市场状况的变化和动态环境中的各种事件,强制性或政府"建议的"合约变革可能是没有必要的——这一事实进一步强化了上述弊大于利的风险。

5 标准制定组织缔约过程的监管领域有反垄断法的一席之地吗?

在我看来,反垄断法并不是很适合管理私人缔约方之间的合约纠纷,因为合同法或专利法已经为这类纠纷提供了救济,这一观点同样适用于反垄断机构致力于影响标准制定组织知识产权政策的企图。在这两种情形下,我们都要小心谨慎。实际上,经济学家们长期以来一直都将劫持问题和事后机会主义更多地视为合同法下已有实体性违约规则和救济的问题,而不是反垄断法下的问题。[55] 将反垄断法下的救济强加于纯粹的合约纠纷可能会带来有害影响,如削弱人们参与标准制定过程和进行创新商业化的积极性。对于旨在改善竞争过程的政策改革和执法行动而言,这些可能都是很不幸的后果。而且,这些也是可以避免的后果。其他法律制度下已有

---

[54] 参见如 Ratliff & Rubinfeld,前注8,第9页["这一威胁的存在并不会导致劫持,就像那些提出 RAND 承诺本来就暗示(或应该包含了)放弃寻求禁令救济的权利这一观点的人所担心的那样。如果 RAND 条款是通过谈判达成的,那么,这种谈判并不是在禁令威胁下进行的,而是在知道如果缔约方自己不达成协议,法院将强加一套条款的情况下进行的"]。Ratliff 和 Rubinfeld 解释了削弱"禁令救济的存在只会加剧劫持威胁"这一典型主张的经济学逻辑("这一模式的关键要素,即大幅降低禁令威胁对愿意以 RAND 条款进行许可的执行人产生真正影响的可能性的要素,是以下假设,即标准必要专利持有人应保持其提供 RAND 许可的义务,即便其初步要约受到了执行人的质疑或法院赞同标准必要专利持有人的意见,认为其初步要约实际上已经符合 RAND 条款也一样。因此,愿意以法院认可的 RAND 条款进行许可的任何执行人均可通过接受这些 RAND 条款的方式避开禁令,同时又可就标准必要专利持有人之前要约的 RAND 性质提出质疑")。

[55] 参见如 Benjamin Klein, *Market Power in Antitrust*: *Economic Analysis After* Kodak, 3 S. CT. ECON. REV. 43, 62 – 63(1993)("反垄断法不应被用于阻止交易人自愿进行特定投资并达成其明知将使其未来面临'劫持'问题的合约……合同法天生就承认了交易人特定投资的普遍性,且通常是以一种微妙的方式——而不是企图消除可能出现的所有'劫持'事件的方式——处置'劫持'问题"); OLIVER E. WILLIAMSON, MARKETS AND HIERARCHIES: ANALYSIS AND ANTITRUST IMPLICATIONS 26 – 30(1975)[……为预防机会主义,"必须努力预测或有事项并以超出本来必要限度多得多的方式对条款作出规定……(此外),还要对协议进行监控"];同时参见 Timothy J. Muris, *Opportunistic Behavior and the Law of Contracts*, 65 MINN. L. REV. 521(1981)。

的,旨在应对专利劫持及相关关切的制裁措施已经足够了,能够对专利劫持形成最佳遏制。[56] 但是,在真正的反竞争定价或欺骗性标准操作方面,反垄断执法措施仍是一种可用的手段。在并没有明确经验证据表明标准制定组织在时间进程中调整其知识产权政策的努力不足以最大限度地降低劫持概率的情况下,我们是没什么理由以改善标准制定组织合约为名,将反垄断规则和救济的武器搬出来,以便对竞争过程实施微观管理的。

谢谢大家!

---

[56] Bruce H. Kobayashi & Joshua D. Wright, *The Limits of Antitrust and Patent Holdup: A Reply to Cary et al.*, 78 ANTITRUST L. J. 505, 510 – 11 (2012) ("由于多重赔偿金对于最佳遏制的形成并不是必需的,因此,如果实施近似单一赔偿金的话,违约救济或通过禁止反言、弃权或其他衡平法原则防止专利的强制执行,即可以最佳方式阻止不希望看到的专利劫持现象")。

标准必要专利和许可:反垄断执法的视角*

很高兴参加乔治城大学法律中心全球反垄断执法研讨会。首先,我要感谢主办方邀请我在这次午餐会上发言。

今天中午,我想重点谈谈同时涉及反垄断与知识产权的执法活动,这个正在给世界各地监管机构提出各种新颖而有挑战问题的话题。我们已经看到,世界各国仍在疲于应付标准必要专利或 SEP 许可相关的单边行动问题。

国际社会对这一问题的关注并不令人惊讶。目前,采用了专利技术的标准已经成为信息通信技术行业全球市场迅速扩张的支柱。以全球智能手机市场为例,自 2009 年以来,这一市场的规模几乎已经增加了两倍①。

这些市场是建立在全球许可协议上的。在 FRAND 相关标准必要专利的许可中,许多是以国际、组团方式进行谈判的。企业在这些谈判中采用的策略可对世界各国的竞争和创新产生影响。通过寻求针对某一国家某一标准执行人的禁令,FRAND 相关标准必要专利所有人甚至可改变全球谈判的态势,并对全球范围内的标准实施动机产生影响。

与此同时,如果一个国家在执法活动中剥夺了专利所有人的合理回报,那么,人们开发惠及全球消费者的下一代技术的积极性就会受到打击。因此,这种执法活动对竞争和创新都是有害的。换句话说,由于推动这些市场发展的积极性是建立在全球视角上的,因此区域性的扭曲可能会产生全球性的影响。

通过保护标准制定过程中关键市场主体的积极性,反垄断执法活动可推动这些关键信息通信技术市场中的竞争和确保消费者福利。在这里,所谓的关键市场主体既包括为标准贡献专利技术的人,也包括将符合标准的产品投入市场的投资者。

这次,我想跟大家谈谈美国联邦贸易委员会在这一领域是如何开展反垄断执法活动的,以及我们在执法活动中适用的原则是如何促进全球竞争和创新的。此外,我还想谈

---

* 本文为美国联邦贸易委员会主席 Edith Ramirez 在乔治城大学(Georgetown University)法律中心第八届全球反垄断执法年度研讨会(华盛顿特区,2014 年 9 月 10 日)上的发言。

① MarketsandMarkets,全球智能手机市场价值 2014 年已达 1503 亿美元,http://www.marketsandmarkets.com/PressReleases/smartphones-market.asp。

谈美国目前正在进行的、旨在明确 FRAND 相关专利合理许可费的确定方法的努力,以及美国联邦贸易委员会在这一领域开展的相关竞争政策工作。

1 框 架

在美国联邦贸易委员会,反垄断与知识产权的执法方式建立在美国联邦贸易委员会和司法部 1995 年联合发布的《知识产权许可反垄断准则》和 2007 年联合发布的《反垄断执法与知识产权:推动创新和竞争》[②]的核心原则之上。更重要的是,我们认识到,反垄断与知识产权是两个互补性质的法律领域,它们都可以推动创新和消费者福利。反垄断可以保护竞争过程,从而推动创新。竞争可以推动企业开发更好的产品和更高效的生产方法,从而在市场中获胜。强有力的知识产权可阻止企业滥用专利技术的价值,从而强化竞争过程。没有强有力的知识产权保护,投入资金创造新技术的企业可能会发现,自己的发明很快就被竞争对手及其他技术实施者复制,而自己却没有任何办法。这样,企业进行创新以促进竞争市场活力的积极性就会受到打击。

与此同时,我们也认识到,仅仅因为拒绝分享知识产权或拒绝以特定费率许可知识产权就被追责,会削弱强大的知识产权体系的竞争促进作用。为推动新技术开发领域的高效投资,企业应该有根据替代产品情况自行确定最佳方法,以实现其知识产权价值最大化的自由。

在某些情况下,企业可能会认为,保持以排他性方式使用其专利技术、降低自身生产成本并削弱竞争对手价格优势的做法是一种有效的制胜策略。有时,企业可能又会得出"排他性使用可使其为消费者提供一种独特的、具有改进特征的产品,从而使其能够从竞争对手那里抢走业务"的结论。有时,专业研发企业可能会认定,通过将其专利技术以排他方式许可给下游那些善于产品开发或商业化的企业能够提高其产品组合的价值;而有时,企业可能又会认为,将其技术贡献给某一标准以换取公平、合理且非歧视(FRAND)回报的做法能够实现其知识产权价值的最大化。

从反垄断执法的角度看,这些都是知识产权货币化过程中能够促进竞争的策略,而且都是美国反垄断法预留给知识产权所有人、被许可人、私人谈判和市场力量的基本选项。

但是,和其他形式的产权一样,知识产权同样适用反垄断原则;知识产权的许可并不能免于反垄断审查。比如,在许可协议会消除产品或技术市场中竞争对手之间的激烈竞

[②] 美国司法部和联邦贸易委员会,《知识产权许可反垄断准则》(1995 年)("知识产权准则"),http://www.ftc.gov/bc/0558.pdf;美国司法部和联邦贸易委员会,《反垄断执法与知识产权:推动创新和竞争》(2007 年)("反垄断/知识产权报告"),http://www.ftc.gov/reports/innovation/P040101PromotingInnovationandCompetitionrpt0704.pdf。

争,从而对竞争造成损害的情况下,或者,在许可协议伤害被许可人开发互补技术的积极性且没有合法理由的情况下,美国联邦贸易委员会就会采取行动。③ 但是,由于许可具有促进竞争的广泛潜力,因此大多数许可安排都是在推理原则框架下接受评估的。而且,这个框架评估的主要是许可安排是否会带来反竞争后果这个问题。

2　专利和互操作性标准

在专利被纳入互操作性标准的情况下,强有力的知识产权同样重要。因此,在涉及标准必要专利的情况下,我们的反垄断评估同样适用上述关键执法原则。

当然,这些原则的适用要求我们对事实予以关注,而标准必要专利的许可又提出了一些独特的竞争问题。因此,请允许我花点时间描述一下标准制定过程中的一些竞争因素。

标准的制定有利于消费者,因为它使得产品和技术能够在系统和网络中一起可靠地工作。而且,标准还能使市场在没有标准争夺战相关成本和延误的情况下顺利发展。可预测性往往能够增加人们对标准化产品的需求,鼓励市场准入和竞争,从而使消费者获得更多的选择和更低廉的价格。

但是,共识标准又可对竞争构成限制。标准通常是由产品或技术市场中的竞争对手所组成的机构就产品设计的各个方面达成的协议。这些企业拥有使标准制定成为可能的专业技术,而且在标准制定结果方面往往存在着巨大的经济利益,因而有理由付出一定的代价参与标准的制定。由于私人利益和公共利益都很大,且不一定是一致的,因此从事反竞争行为的动机是明显存在的。④ 尽管如此,如果能够根据公平、开放且能够保护消费者利益的程序制定标准,那么标准带来的好处可能是巨大的。

采用专利技术的标准带来了一种被称为专利劫持的特殊竞争风险。支撑无线行业的标准就为这一问题提供了一个很好的例子。在标准通过之前,许多技术都会展开竞争,以图在标准中扮演一定的角色。复杂的技术标准可能会包含数千种技术,因此其制定可能需要数年时间才能完成。由于这些技术要在一起工作,因此事后对部分技术进行更换可能是非常困难和昂贵的,特别是在行业已开始进行标准相关投资的情况下。

因此,拥有必要专利的企业能够获得某种谈判优势,可要求被许可人接受反映标准实施相关投资而非相关专利在标准通过时的市场竞争价值的许可条件。专利劫持风险遏制了以实施标准为目的的投资,最终削弱了下游市场中标准合规产品之间的竞争,从

---

③ 《知识产权许可反垄断准则》,第5.1节和第5.6节。
④ Allied Tube & Conduit v. Indian Head, 486 U.S. 492, 500 (1988) ("毕竟,产品标准相关协议是一种要求缔约方不生产、不经销或不购买某类产品的含蓄协议")。

而给竞争带来了损害。

为降低专利劫持风险,许多标准制定组织要求其成员披露可能被纳入拟定标准的专利,并就其是否愿意以 FRAND 条款许可其专利作出声明。⑤ 如专利权人表示拒绝,则标准制定组织在转换成本产生之前可另行选择替代技术或变更标准制定方向。但是,在专利权人为了在标准中获得一席之地而主动同意以 FRAND 条款许可其技术的情况下,反垄断执法人员担心其违约是合理的,因为这种做法会使专利劫持风险再次出现。尤其是,如果违约可能会剥夺消费者在竞争促进方面的利益,反垄断机构会予以特别关注,因为这种利益正是标准制定组织在反垄断法下存在的合理性所在。

3 标准必要专利许可领域的反垄断执法

在 2013 年"Google/MMI 案"的执法行动中,美国联邦贸易委员会就碰到了这一问题。当时,美国联邦贸易委员会认为,在被 Google 收购之前,Motorola Mobility(MMI)就曾经针对那些愿意遵守 FRAND 许可的标准实施人寻求过禁令和排除令,因而违反了以 FRAND 条款许可对于实施各种蜂窝、视频和 Wi-Fi 标准而言属于必要的专利的承诺。⑥ 美国联邦贸易委员会认为,在 2012 年 6 月收购 MMI 之后,Google 继续实施了上述行为。

为纠正其指控的第 5 节违法行为,美国联邦贸易委员会签发了一份同意令,大体上要求 Google 在中立第三方寻求禁令之前解决其 FRAND 许可条款相关纠纷。具体而言,该命令禁止 Google 以寻求禁令的方式违背其 FRAND 承诺,并概述了 Google 必须遵循的谈判程序,以保护谈判双方的利益。

这份命令允许 Google 在有限情形下寻求禁令,如在潜在被许可人不受美国管辖或拒绝接受中立第三方设定的条款的情况下。尽管该命令仅适用于 Google,但其代表的广泛原则为那些在类似情形下希望规避美国联邦贸易委员会审查的人提供了一份可以遵循的路线图。

MMI 许可承诺的自愿性质对于我们分析 MMI 及后来的 Google 所实施行为的竞争后果至关重要。MMI 自愿作出了以 FRAND 条款许可其必要专利的承诺,以便将其技术纳入标准。通过作出这种承诺,MMI 即证明,它已自行作出了在 FRAND 条款下与标准实施者分享其技术、实现其专利价值最大化的决定,且已知其可能受 FRAND 协议约束。实际上,MMI 当时是在有替代技术进行竞争的背景下作出这一决定的,而美国联邦贸易委员会的行动仅仅是要求 MMI 和 Google 遵守其承诺。

---

⑤ 本人观点同样适用于以合理和非歧视即 RAND 条款许可必要专利的承诺。
⑥ In re Motorola Mobility LLC,No. C-4410(F. T. C. July 23, 2013)(complaint),http://www.ftc.gov/sites/default/files/documents/cases/2013/07/130724googlemotorolacmpt.pdf.

FRAND 公共政策

此外,美国联邦贸易委员会还对该行为是否可能损害竞争进行了仔细考察。在许可做法可能损害竞争的情况下,反垄断法就有其用武之地。在标准制定背景下,专利劫持风险造成的竞争损害正好属于反垄断执法的范围。禁令可能会使标准实施者的大量业务处于风险之中,并赋予标准必要专利所有人索取不当许可条件的议价能力。禁令威胁下达成的这种许可条件反映的是被许可人的潜在销售利润,而在没有可行规避设计方案的情况下,这种销售利润的损失对于被许可人而言可能是极其高昂的。此外,劫持风险甚至可遏制执行标准所需要的投资,从而降低标准制定程序的价值。在标准制定背景下,这种议价优势是竞争问题的一个根源。但是,在没有禁令威胁的情况下与自愿被许可人就许可费条款而发生的纠纷则不大可能形成这种不当谈判优势。

欧盟委员会最近采取的行动也反映了类似做法。2014 年 4 月,欧盟委员会作出了两项裁决,其中一项涉及 Samsung,另一项涉及 MMI。这两项裁决都涉及之前已经同意以 FRAND 条款许可其必要专利但后来又针对愿意以 FRAND 条款接受其许可的标准执行人寻求禁令的标准必要专利所有人。在裁决中,欧盟委员会接受了 Samsung 做出的、有约束力的承诺,即对于同意在纠纷情况下由第三方就许可条件作出裁决这一特定谈判框架的被许可人,Samsung 不会对其寻求禁令。[7] 在 MMI 一案中,欧盟委员会同样作出了一项实际上为标准执行人创设了禁令相关安全港湾的裁决,即在私人谈判失败的情况下,只要标准执行人同意接受第三方就 FRAND 条款作出的裁决,则标准必要专利持有人不得针对其寻求禁令。[8]

与美国联邦贸易委员会在 Google/MMI 一案中的做法类似,欧盟委员会的行动也是因标准必要专利持有人寻求针对愿意接受 FRAND 许可条件的被许可人的禁令,因而违反了其自愿做出的许可承诺而采取的。这些行动并不是因为必要专利所有人要求特定许可费条款而作出的。和美国联邦贸易委员会一样,在被许可人不愿意或无法遵守 FRAND 许可条款的情况下,欧盟委员会并没有排除 FRAND 相关标准必要专利所有人寻求禁令救济的可能性。

与美国联邦贸易委员会和欧盟委员会的做法相反的是,据媒体报道,中国的反垄断当局可能会仅以专利所有人就其受 FRAND 条款约束的标准必要专利提出的许可费条款或因专利所有人就其不受自愿 FRAND 承诺约束的其他专利提出的许可费要求就对专利所有人追责。

---

[7] 欧盟委员会新闻稿,"反垄断:委员会接受了 Samsung Electronics 就标准必要专利相关禁制令做出的、有法律约束力的承诺"(2014 年 4 月 29 日),http://europa.eu/rapid/press-release_IP – 14 – 490_en.htm。

[8] 案例 AT. 39985 – Motorola-GPRS 标准必要专利的执行(2014 年 4 月 29 日),http://ec.europa.eu/competition/antitrust/cases/dec_docs/39985/39985_928_16.pdf。

对于这些报道,我真的非常担心,因为它说明了一种以降低当地标准实施者支付的许可费为重点并以此作为其产业政策的执法政策,而不是以保护竞争和消费者的长期福利为重点的执法政策。

正如之前在这里和其他地方表示的那样,我坚定地认为,只有在对竞争后果进行正确的经济分析、然后再执行竞争相关法律法规的情况下,消费者才能够得到最好的服务。与此相反的做法可能会破坏投资积极性,而这种积极性对于当今世界许多技术市场、信息通信技术行业及其他行业的持续增长是至关重要的。我们希望就这些问题与世界各地的同行进行接触,以便就有利于全球竞争和消费者的政策达成共识。

4 竞争政策与 FRAND 许可费

最后,我想花几分钟时间谈谈许可费率这个问题,并以此作结。尽管许可费率不应在反垄断法责任的威胁下达成,但我仍然认为,对 FRAND 许可费的确定框架进行进一步的澄清对行业利益相关方和消费者而言都是有益的。

在美国,法院和陪审团通常会根据所谓的"Georgia-Pacific 因素"[⑨]计算侵权案件中的合理许可费率。这些因素包括其他被许可人支付的费率、标准实施者就类似专利支付的费率、许可人与被许可人之间的商业关系等。"Georgia-Pacific 案"的裁决还要求法院和陪审团考虑假想谈判情形,并确定许可人和有意愿的被许可人在公平谈判中可能会同意的金额。

在关于知识产权市场的"2011 年报告"中,美国联邦贸易委员会为法院计算侵权案件相关合理许可费赔偿金提供了基于竞争政策的指导。[⑩] 具体而言,美国联邦贸易委员会建议法院采用假想谈判这一概念作为确定合理许可费的适当框架,并建议法院将其他"Georgia-Pacific 因素"作为可能与假想谈判结果的预测有关的信息类型进行考量。[⑪] 美国联邦贸易委员会还强调,假想谈判应该设定在被许可人已经投入巨资实施技术之前进行。否则,假想谈判的结果反映的将是被许可人为实施技术已经进行的投资,而不是专利在竞争市场中的价值。

在竞争性市场中,例如,寻求实施新技术以降低成本或改善产品的被许可人会对各种现有选项进行比较。企业不会愿意为某一技术支付比该技术带来的额外价值即增量

---

⑨ Georgia – Pacific Corp. v. United States Plywood Corp., 318 F. Supp. 1116, 1120 (S.D.N.Y 1970), modified and aff'd, 446 F. 2d 295 (2d Cir. 1971).

⑩ 美国联邦贸易委员会,"不断演变的知识产权市场:专利公告和救济与竞争之间的协调"("2011 年报告"),第 184—185 页, http://www.ftc.gov/sites/default/files/documents/reports/evolving-ip-marketplace-aligning-patent-notice-and-remedies-competition-report-federal-trade/110307patentreport.pdf。

⑪ 同上,第 191 页。

价值更多的费用。如果某一专利技术与其竞争性技术相比能够使被许可人大幅降低成本或增加销售,则在该专利技术有许多可提供类似价值的近似替代物的情况下,被许可人可能会愿意支付比该专利技术带来的增量价值更多的费用。

美国联邦贸易委员会还认识到,增量价值基准通常必须反映许可费费率和许可费技术,且二者是密切相关的。[12] 与我们建议选择许可费率的指导一致,我们还建议法院明确"假想谈判中各方可能会选择的、最能够适当衡量相关技术价值"[13]的许可费基数。尽管"2011年报告"大体上以专利损害赔偿金为重点,我们在报告中仍建议法院在计算 FRAND 相关专利的许可费时适用相同的假想谈判框架。

自美国联邦贸易委员会发布其"2011年报告"以来,若干联邦地方法院都参与了 FRAND 相关标准必要专利合理许可费确定框架的制定。[14] 这些法院采用了各种方法,其中包括使用改良版的"Georgia-Pacific 因素"衡量标准必要专利贡献给标准的价值、考虑标准对于侵权产品的重要性、考量企业在实施由众多必要专利技术组成的复杂标准时需要支付的许可费总量,即通常所说的"许可费累加"等方法。

提高 FRAND 许可条款的透明度可促进私人谈判并限制寻求第三方就 FRAND 费率进行裁决的必要性。但是,许可费条款方面的合约纠纷——无论是涉及许可费费率还是许可费基数——本身并不一定会带来反垄断关切,认识到这点是非常重要的。在没有禁令威胁的情况下,标准必要专利所有人与推定的被许可人之间的许可费费率纠纷只会促使双方到法院去寻求中立第三方就 FRAND 费率作出裁决,而这正是美国联邦贸易委员会在 Google/MMI 一案中就私人谈判失败情形提出的要求。

最后,请允许我再次强调开头提到的观点,即在标准必要专利许可领域,特定国家反垄断监管机构作出的决策可能会产生全球性影响。尽管我也认识到,所有国家都有权决定自己国家的竞争政策,但在今天的全球信息通信技术市场中,旨在保护本国消费者的努力需要监管机构同时考虑推动这些市场的全球动机。我们都要明白,今天的国内决策可能会影响全球消费者明天拥有的选择。我期待着与全球同行继续进行接触,以推动我们的执法理念并保护这些选择!

谢谢大家!

---

[12] 另外,相关证据显示,缔约方可能会同意以总价形式支付费用。同前注 10,第 211 页。

[13] 同前注 10,第 212 页。

[14] 参见如 In re Innovatio IP Ventures, LLC Patent Litig., 2013 WL 5593609 at *5 – 6 (N. D. Ill. Oct. 03, 2013); Microsoft Corp. v. Motorola, Inc., 2013 WL 2111217 at *3, *12 (W. D. Wash. Apr. 25, 2013)。

标准必要专利的反垄断监管:禁令扮演的角色***

1 简 介

各位上午好！很荣幸能够来这里参会,首先,我要对黄勇教授、对外经济贸易大学、中国知识产权法学研究会、中国工业和信息化部电子知识产权中心和中国人民大学知识产权学院表示感谢。

与以往任何时候相比,创新政策都极其重要,今天尤其如此。我们生活在一个以不断变化的宏观经济状况、迅猛的技术变革和颠覆为特征的动荡年代。这种环境要求我们再次就创新发明的推动做出承诺。挑战是真实存在的,但回报也是巨大的。事实上,技术进步可能是经济长期增长唯一且最大的决定性因素。

今天,我们在这里探讨知识产权和竞争政策——对任何有效创新平台而言,这两者都是最根本的支柱。要释放人类智慧的广泛潜力,各国政府都必须鼓励私营部门进行研发投资。诚然,实现知识产权与反垄断规则的最佳结合是成功的关键,但许多困难问题仍然有待于我们去解答。毫无疑问,其中许多问题都将在今天的会议上得到解答。我相信,通过协作和相互学习——正如我们今天所做的那样,我们一定能够加深对这些问题的理解,并在时间的进程中克服我们当前面临的经济挑战。

在思考如何定制创新政策的同时,重新回顾一下根本原则是有益的。首先,产权是推动研发的关键所在。企业确实愿意将资本投入到代价高昂的发明过程中,但这要以其在成功情形下能够得到回报为前提。如果竞争对手在不付费的情况下能够轻易利用其技术,那任何理性的公司都不会投资于很容易被剽窃的新产品和新方法。这一点似乎很明显,但往往被人们忽视了。实际上,人们往往会假设说,技术是当今社会发展的必然结果,因此稀释知识产权能够轻而易举地推动竞争并降低价格。这种观点实

---

* 本文为美国联邦贸易委员会专员 Maureen K. Ohlhausen 在 2015 年知识产权与反垄断论坛(北京,2015 年 9 月 12 日)上的演讲。

** 本文仅代表本人观点,不一定反映美国联邦贸易委员会或其他任何专员的意见。对于作者法律顾问 Alan Devlin 为本演讲所做的贡献,作者在此表示感谢。

在是太狭隘了。事实上,科技进步代价高昂,它并不是天赐的。在最重要的技术领域,产权能够促进竞争,而绝不是抑制竞争。无法轻易攫取他人技术的企业必须靠自己去发明。果真如此的话,那结果必定是来源不一、丰富且多样化的创新,并最终给产品市场带来激烈竞争。

2 标准制定技术相关专利所有人权利面临的限制

我之所以以上述评论作为演讲的开头,是因为它为我今天上午希望探讨的一个话题提供了背景。这个话题备受争议,即反垄断法对标准必要专利使用实施的限制。在当今的新经济中,标准扮演着重大角色。它提高了互操作性,规避了对立体系之间代价高昂的斗争并推动了产品市场中的竞争。因此,我们——公共利益的守护者——有义务确保标准制定过程能够从竞争中受益,同时又反过来促进竞争。但是,产权方面的旧问题正在重新浮出水面。其中最明显的是,法律应于何时对产权进行限制,以促进价格竞争——如果说它曾经这样做过的话,为了使竞争和消费者能够得到正确的结果,我们必须非常审慎地考虑这些问题。如果政策制定者们在限制标准必要技术所有人的权利方面走得太远的话,我担心结果将是创新被削弱。

劫持是大家最为关注的一个问题。传统话语认为,在企业承诺接受标准的情况下,它们无法继续寻求之前可以寻求的替代技术。因此,当产业使用了一项侵权标准时,专利权人的议价能力可能会"飙升",使得标准必要专利持有人可能会榨取超额许可费。[①]在禁令的武装下——这种话语继续表示——标准必要专利所有人可对相关标准产生的所有收入构成威胁。因此,与标准制定当时可获得替代技术相比,标准必要技术的专利权人可榨取高于竞争价格的许可费——这种许可费反映的是专利权人的技术对于标准的边际价值。

因此,一些政策制定者并不赞成标准必要专利持有人旨在组织企业实施强制性行业标准的努力,这并不令人感到奇怪。实际上,世界各地的竞争监管当局已经在考虑是否要禁止标准必要专利所有人旨在禁止有意愿被许可人相关行为的做法,因为他们已经向标准制定组织做出承诺,同意以合理和非歧视的条款(RAND)许可其标准必要技术。

在美国,联邦贸易委员会利用其第 5 节相关权力对企图阻止有意愿被许可人的

---

① Apple, Inc. v. Motorola, Inc., 869 F. Supp. 2d. 901, 913 (N.D. Ill. 2012), *rev'd in part*, 757 F.3d 1286 (Fed. Cir. 2014).

RAND 相关标准必要专利所有人提出了质疑。② 去年,欧盟委员会通过了一项裁决,认定 Motorola 企图排斥某些使用了 RAND 相关标准必要专利的 Apple 产品的行为构成了支配性市场地位的滥用。③ 仅仅两个月前,欧盟法院认定,标准必要专利持有人拒绝以 RAND 条款进行许可的做法可能违反了《欧盟运行条约》第 102 条的规定,构成了支配性地位的滥用。④ 2014 年 12 月,韩国公平贸易委员会认为,"以不公平的方式拒绝许可标准必要专利"可能会阻碍公平贸易,即便标准制定组织并没有制定相关标准。⑤ 2015 年 7 月,日本公平贸易委员会发布了知识产权许可准则修订建议,并拟规定,主张对有意愿被许可人实施禁制令的 FRAND 相关标准必要专利持有人"可能属于排斥其他企业家商业行为者之列"⑥。

在中国,2013 年,深圳市中级人民法院在 Huawei 诉 InterDigital 一案中认定,在许可磋商仍在进行的情况下,InterDigital 就向美国国际贸易委员会寻求针对 Huawei 的排除令的做法违反了中国的《反垄断法》。⑦ 2014 年 4 月,中国国家知识产权局就《中国专利法》第四次修订建议公开征求了公众意见。其中,第 82 条建议规定,"在参与国家标准制定期间不披露其标准必要专利的专利持有人将视同允许实施标准的用户使用其专利技术"⑧。就在上个月,中国国家工商行政管理总局发布的竞争规则可能要求具有支配地位的知识产权所有人根据必要设施原则许可其专利。⑨

---

② *In re* Motorola Mobility LLC and Google Inc., File No. 121-0120, Complaint (Jan. 3, 2013); *In re* Robert Bosch GmbH, File No. 121-0081, Complaint (Nov. 26, 2012)。我不同意寻求禁令这一行为本身构成了违反第 5 节规定的行为这一说法。*In re* Motorola Mobility LLC and Google Inc., File No. 121-0120, Maureen K. Ohlhausen 专员的反对声明(2013 年 1 月 8 日); *In re* Robert Bosch GmbH, File No. 121-0081, Maureen K. Ohlhausen 专员的反对声明(2013 年 4 月 24 日)。

③ 案例 AT. 39985——Motorola——GPRS 标准必要专利的执行,欧盟委员会 2014 年 4 月 29 日的裁决。同日,欧盟委员会接受了 Samsung 不针对同意达成指定许可谈判框架的技术使用者寻求禁制令的承诺。AT. 39939——Samsung——UMTS 标准必要专利的执行,欧盟委员会 2014 年 4 月 29 日的裁决;同时,可参见:案例编号 COMP/M. 6381,欧盟委员会根据 Council Reg. No. 139/2004 第 6(1)(b) 条规定就"Google/Motorola Mobility 案"作出的裁决。

④ 案例 C-170/13,Huawei 诉 ZTE,2015 E. C. R. _[尚未发表],第 53 段。欧盟法院解释说,事先同意以 FRAND 条款进行许可的标准必要专利所有人如不首先就具体侵权细节提醒被控侵权人并就侵权人以特定 FRAND 要约接受许可的意愿做出响应并辅以说明的话,则其可能不能寻求禁令。此外,如果被控侵权人并没有继续使用专利技术或根据公认的商业惯例对专利权人的要约做出认真回应,则标准必要专利所有人也不能请求签发禁制令。同上,第 71 段。

⑤ 韩国公平贸易委员会,《知识产权不公平行使行为审查指南》,第 III 条,5. A. (4) (2014 年)。

⑥ 日本公平贸易委员会,《反垄断法案下的知识产权使用指南》(建议)(2015 年 7 月 8 日);同时参见:日本公平贸易委员会,《标准化和专利池安排指南》(2005 年)。

⑦ Huawei 诉 InterDigital,(2014 年 4 月),http://www.mlex.com/China/Attachments/2014-04-18_AXRC879FW8P38IO7/guangdonghpc_IDChuawei_SEP_18042014.pdf(中文)。

⑧ 中华人民共和国国家知识产权局,中华人民共和国专利法第四次修正案草案,第 82 条。

⑨ 中华人民共和国国家工商行政管理总局,《关于禁止滥用知识产权排除、限制竞争行为的规定》,第 7 条 (2015 年);同时,可参见第 13 条。

这些全球进展都表明,标准必要专利所有人在主张其权利的能力方面面临着越来越沉重的限制。这些进展还预示了一项绝对规则,即如果你同意以 RAND 条款进行许可,那你就不能试图阻止有意愿接受许可的被许可人使用你的标准必要专利。但是,绝对的,很少是正确的,在中国也一样。"无禁令规则"忽视了这种规则带来的、本应让我们三思而后行的"并发症"。这种禁止是过于宽泛的,它既误伤了不会损害竞争的行为,又具有抑制创新的风险。鉴于这些问题的复杂性,准规则可以说是瞄错了靶子。

美国最高法院解释说,"诉诸本身违法原则的做法仅限于'永远或几乎永远会导致竞争受限和产出降低的'……限制行为"[10]。只有"缺乏……任何补救性质"的限制行为才可适用本身违法原则这一禁令[11]。在美国,我们已经抛弃了针对纵向价格和市场限制的、被误用了的本身违法原则,[12]并抛弃了专利永远都会赋予市场力量这一错误假设[13]。因为同样的原因,欧盟也没有将协议斥责为《欧盟运行条约》第 101 条所述的按目的实施的竞争限制,除非"根据其本身性质",这些限制"对正常竞争的适当运作有害",且"导致了产量下降和价格上升,并导致了特别是损害消费者利益的、糟糕的资源配置"[14]。

因此,我的主张是,RAND 相关标准必要专利所有人的禁令救济请求——即便是针对所谓的"有意愿被许可人"的——也不能被仓促打压。这并不是否认反竞争劫持现象存在的可能性——尽管现实当中这方面的证据很少,[15]而是要说明,非竞争相关合理因素可能是存在的。我自己所在机构的经验就表明,我们要顺从灵活性,而不是顺从僵硬的规则。例如,在调查 Robert Bosch GmbH 收购 SPX Service Solutions(SPX)一案的过程中,美国联邦贸易委员会了解到,SPX 此前曾有过试图利用专利排斥有意愿被许可人的行为。[16] 2013 年,在处理该案件时,美国联邦贸易委员会要求 Bosch 以免许可费的方式许可其某些可能是(或可能不是)标准必要专利的专利,同时要求 Bosch 同意不寻求针对标准实施者的禁令救济。[17] 但是,仅仅三个月后,在 Google/MMI 一案中,美国联邦贸易

---

[10]　Leegin Creative Leather Prods, Inc. v. PSKS, Inc., 551 U. S. 877, 886 (2007)[quoting Bus. Elecs. Corp. v. Sharp Elecs. Corp., 485 U. S. 717, 723 (1988)]。

[11]　同上[援引 Nw. Wholesale Stationers, Inc. v. Pac. Stationery & Printing Co., 472 U. S. 284, 289 (1985)]。

[12]　同上,第 899 页; State Oil Co. v. Kahn, 522 U. S. 3 (1997); Cont'l TV, Inc. v. GTE Sylvania, Inc., 433 U. S. 36 (1977);同时参见 Texaco Inc. v. Dagher, 547 U. S. 1 (2006); Broadcast Music, Inc. v. CBS, Inc., 441 U. S. 1 (1979)。

[13]　Ill. Tool Works, Inc. v. Indep. Ink, Inc., 547 U. S. 28, 31 (2006)。

[14]　C-67/13 P, Groupement de cartes bancaires v. Comm'n, E. C. R.【尚未发表】,【2014】5 C. M. L. R. 22,第 50—51 段。

[15]　参见关于某些 3G 移动手机及其组件,Inv. No. 337-TA-613,美国联邦贸易委员会专员 Maureen K. Ohlhausen 和 Joshua D. Wright 关于公共利益的答复报告(2015 年 7 月 20 日)。

[16]　关于 Bosch GmbH,文档编号:121-0081。我强烈反对双方同意的判决部分。同上,Maureen K. Ohlhausen 专员的反对声明(2013 年 4 月 24 日)。

[17]　同上。文档编号:C-4377,判决和命令(2013 年 4 月 24 日)。

委员会放弃了这一做法。[18] 它并没有要求 Google 免费许可 Motorola Mobility 之前主张的标准必要专利,也没有排除 Google 寻求禁令救济的可能性。相反,对于那些不按仲裁或地方法院诉讼确定的 RAND 条款进行许可的标准实施者,Google 可对其采取行动并寻求禁令救济。[19]

美国及本身违法原则或目的型禁令相关案例法的教训告诉我们,我们应该遵循灵活的标准,而不是僵硬的规则。事实上,制定一项能够适当解决未来案例的规则并不容易,更不用说在标准制定这种复杂和活跃的领域。鉴于这些原则,我担心标准必要专利所有人相关反垄断分析正在被降格为一项简单化的原则。说这些话的同时,我对美国反垄断当局旨在应对其认知的劫持现象的努力仍是充满敬意的。尽管我也知道,到目前为止,美国反垄断当局已经实施了许多干预,对旨在排斥那些所谓"有意愿的被许可人"的努力进行了质疑,但"有意愿的被许可人"这一标签的应用往往太宽泛了,以至于包含了那些似乎并不愿意支付 FRAND 许可费的人。[20] 在任何情况下,政策制定者都不应推定旨在寻求禁令的努力都是有问题的,即便是针对那些同意接受第三方确定的许可费的企业也如此。在得出结论之前,竞争监管机构应该对每一案例的事实进行考察。

后面,我将对极少引起我们关注的"并发症"现象进行探讨,并证明禁令救济请求——即便是针对所谓的"有意愿的被许可人"的——在某些情形下也可能是促进竞争或就竞争而言是中立的这一观点。这种可能性使我们必须在不受先入为主的有害看法影响的前提下对所谓的劫持现象进行充分考察。

3 禁令和有意愿的被许可人:除眼见之外,这个问题还有更多看不到的内容

很明显,我支持反垄断机构对标准制定过程进行监督。参与标准制定的专利权人可能会损害竞争。例如,排除替代技术施加的价格限制可能会损害上游技术市场中的竞争。因此,在多项技术争相被纳入标准,但一家企业隐瞒其专利或作出以 RAND 条款许可其专利的虚假承诺的情况下,如果标准制定组织因为该企业的欺骗而选择了它的技术且该企业作为标准必要专利所有人之后又对实施该标准的企业实施了劫持,则反垄断主张可能是有道

---

[18] 关于 Motorola Mobility LLC 和 Google, Inc.,文档编号:121-0120。

[19] 同上。文档编号:C-4410,判决和命令(2013 年 7 月 24 日)。

[20] 例如,在 Google/MMI 一案中,美国联邦贸易委员会将 Apple 视为对 Samsung 技术有意愿的被许可人。关于 Motorola Mobility LLC 和 Google Inc.,文档编号:121-0120,申诉,第 25—27 段(2013 年 1 月 3 日)。然而,在与 Samsung 进行的侵权诉讼中,Apple 却向地方法院表示,"它并不想接受法院裁定的任何费率的约束"。Apple, Inc. v. Motorola Mobility, Inc.,No. 11-cv-178-bbc,slip op at 5.,(W. D. Wis. Nov. 8,2012)。

理的。[21] 如果标准必要专利所有人在产品市场中进行竞争,又利用其因垄断上游市场而获得的经济力量推高下游竞争对手的成本,则其对产品市场的损害可能也是存在的。

因此,竞争法确实有其用武之地。我的担心是,在某些情况下,政策制定者们正在将竞争政策用在超出其使命范畴的地方。反垄断法是保护竞争的,但它并不对价格实施监管。对禁令救济请求进行绝对谴责的现代趋势与这一根本性原则存在冲突。RAND相关标准必要专利所有人似乎越来越难以通过合法手段寻求禁令,以排斥那些拒绝支付其要求的价格并选择诉诸法院的标准执行者。但是,并非每一这类案例都是有害竞争的,禁止寻求禁令有时甚至会损害消费者。因此,我们最好是根据事实对每一所谓的劫持案例进行详细考察。[22]

3.1 核心发明与合法垄断

首先,我们考虑的是某一行业所有企业都希望在其下一代产品中使用某种开创性先驱技术。这种专利在标准制定之前可能就已经是必不可少的;也就是说,专利权人拥有这一技术的合法垄断权。相关标准制定组织如果不将专利权人的新技术纳入,就无法创设行业的预期标准。在这种情形下,我们希望技术使用者支付的是垄断价格,以便为专利权人的革命性发明提供适当补偿并培育发明创新的积极性。换句话说,对于这种突出技术,垄断价格就是其合理的许可费。

这种技术对上游市场竞争的损害是不存在的,因为市场中并没有替代品可供其排斥。劫持也是不可能的,因为标准必要专利持有人在标准制定之前的市场力量可能等同于其在标准制定之后的市场力量。由于革命性技术的发明者拥有合法的专利垄断权,因此可阻止他人在下游市场中使用其技术。

这种重大技术的所有人——没有替代者的技术所有人——可先行同意以RAND条款许可其技术,然后再寻求针对那些拒绝向其支付垄断价格的技术使用者的禁令。无论这样做是否构成违约,在我看来,这样的行为是不会产生反垄断问题的。[23] 如果标准制定组织希望在一开始就通过谈判约定一个具体的许可费率,或要求这样的技术所有人披露其大多数限制性许可条款,那么,它是可以这样做的。但是,如果行业选择将垄断价格的谈判推迟到标准通过之后进行,那么,这种选择将对竞争产生何种影响是不得而知的。

---

[21] Broadcom v. Qualcomm, 501 F.3d 297, 314 (3d Cir. 2007); *cf.* Rambus v. Fed. Trade Comm'n, 522 F.3d 456, 466 – 67 (D.C. Cir. 2008), *cert. denied*, 129 S. Ct. 1318 (2009).

[22] 参见如关于某些3G移动手机及其组件, Inv. No. 337 – TA – 613, 美国联邦贸易委员会专员Maureen K. Ohlhausen和Joshua D. Wright关于公共利益的答复报告(2015年7月20日)。

[23] 参见关于Robert Bosch GmbH, 文档编号:121 – 0081, Maureen K. Ohlhausen专员的反对声明(2013年4月24日)。

然而，目前的政策风向表明，这种必要专利技术所有人是不能在不违反竞争相关法律的情况下禁止所谓的有意愿被许可人使用其技术的。这样的反垄断责任是不讲原则的，因为反垄断执法本应专注于损害竞争的行为，但在这种情况下，它却起到了适得其反的作用：它会使最宝贵的技术——那些因为其发明的重要性而不得不被标准制定组织纳入相关标准的技术——的所有人得不到足够的回报。

人们也许会认为，损害赔偿金已经足够，因此并没有寻求禁令的必要。在已经同意以 RAND 条款许可其技术的情况下，必要技术的发明者可以理所当然地就合理许可费提起诉讼并避免不可修复的损害吗？也许可以，但不一定。除特异情形如被控侵权者无力履行判决的情形外，这个问题实际上取决于作为结果的技术使用者的动机。如果一开始就支付垄断价格，关键技术的潜在被许可人将一无所获。但是，如果能够利用反垄断执法者认可的"有意愿被许可人"这一框架且不用担心禁制令的话，在垄断价格面前，他们可能会理性地选择玩玩监管人的游戏。他们会假装进行反反复复的谈判，然后转而进入持久的纠纷解决程序，由法院或仲裁员为其确定合理价格。由于无法以禁令相威胁，法律将迫使标准必要专利所有人支付诉讼费并放弃现成的许可收入。

结果，法律可能会使最宝贵技术的所有人无法获得充分补偿，从而稀释创新发明的积极性。这种结果的危害特别大，因为核心创新最为重要，是应该予以鼓励的。面对这一前景，前沿技术的发明者可能会选择干脆不参加标准制定过程，以避免其重大技术受 RAND 承诺的羁绊。但是，他们放弃标准制定程序的做法对任何人特别是消费者而言很难说是一个理想的结果。

我并不是说这个例子是一个普遍案例，只是用它来说明绝对做法的危险性。但是，对于无禁令规则最终会带来什么这个问题，我们也应该非常清楚：它带来的，将是专有技术的强迫许可，而其触发条件，仅仅是专利权人曾经表示愿意以 RAND 条款进行许可的一个承诺。实际上，美国最高法院从未认可必要设施原则；其近期的法理分析很明智地给强迫分享这一做法泼了一盆冷水。[24] 在专利领域，美国联邦巡回上诉法院认为，"在没有任何非法捆绑、对专利和商标局进行欺骗或虚假诉讼迹象的情况下，专利持有人可……对他人进行排斥……而无须承担反垄断法下的责任"[25]。这一法理分析是非常合理的，当然在这里也同样适用。正如美国最高法院所述，"迫使这类企业分享其优势源泉与反垄断法的根本目的存在某种冲突，因为它削弱了垄断者、竞争对手或两者投资于具有经

---

[24] Verizon Comm'cns v. Law Offices of Curtis V. Trinko, 540 U. S. 398, 410 – 11（2004）；同时参见 Pacific Bell Tel. Co. v. Linkline Comm'cns, 555 U. S. 438, 440（2009）。

[25] *In re* Independent Serv. Org. Antitrust Litig., 203 F.3d 1322, 1327（Fed. Cir. 2000）, *cert. denied*, 531 U. S. 1143（2001）。

济利益的设施的积极性。而且,强制分享还要求反垄断法庭充当中央计划者的角色,要求其确定交易的适当价格、数量及其他条款等,而这是他们很不擅长的一种角色"[26]。

3.2 仅仅是寻求禁令这一行为本身并不会损害竞争

仅仅因为寻求禁令就谴责标准必要专利所有人的做法还存在其他问题。如果被指控的错误行为仅仅是请求这种救济本身,也就是说,标准必要专利所有人在标准制定组织面前并没有任何不端行为,则他们通常不会对竞争造成损害。即便在标准必要专利事前并没有替代物的情形下,事实也是如此。寻求禁令这一行为本身不会对被许可技术所属上游市场造成竞争损害。在没有导致标准制定组织采用某一企业而不是其他企业的专利技术的欺骗或其他不端行为的情况下,标准必要专利持有人在技术许可过程中地位的强化并不是其自身行为导致的,而是第三方的锁定导致的。

如果标准必要专利所有人因为提出禁令请求就对竞争造成了损害的话,那这种损害一定发生在下游产品市场中。一些政策制定者辩称,仅仅是以禁令进行威胁这一行为本身就足以赋予专利持有人在公平许可费相关谈判中的优势地位,因而是可以扭曲竞争的。[27] 这也许是对的,但并非总是这样。寻求禁止某一技术使用者确实可损害下游竞争,但仅以三个条件同时满足为前提:①法院确实批准了其请求的禁令或有较大概率会批准;②专利权人或其代理人也在产品市场中进行竞争;[28]③专利权人在该市场中拥有充分力量。但是,这些条件并不是在所有情形下都能够满足的。

首先,法院可能会作出所主张专利无效或未被侵权的裁决:在美国,这是一个相当常见的现象。[29] 即便专利权人能够证明其专利事实上具有标准必要性,法院仍可拒绝提供

---

[26] *Trinko*, 540 U. S. at 407 – 08.

[27] 请比较以下两份文献:关于某些3G移动手机及其组件,美国联邦贸易委员会主席 Edith Ramirez 就公共利益提交的书面陈述,Inv. No. 337 – TA – 613(美国国际贸易委员会,2015年7月10日);关于某些3G移动手机及其组件,美国联邦贸易委员会专员 Maureen K. Ohlhausen 和 Joshua D. Wright 关于公共利益的答复陈述,Inv. No. 337 – TA – 613(美国国际贸易委员会,2015年7月20日)。

[28] 注意,产品市场中的竞争者可利用名义上独立的非专利实施主体(NPE)推高竞争对手的成本,如果这样的话,那它对产品市场竞争的损害是可能存在的,即便是在提起诉讼的专利持有实体本身并没有参与该市场竞争的情况下。在判断对竞争产生的影响时,反垄断执法考察的是实际关系。一般参见 Am. Needle, Inc. v. Am. Football, League, 560 U. S. 183, 191 (2010)("我们已经放弃了……形式上的区别,转而专注于功能上的考量,即卷入被控反竞争行为的各方的实际运作方式")。

[29] 美国法院判决专利无效的比例很高。参见如 John Allison et al. , *Patent Quality and Settlement Among Repeat Patent Litigants*, 99 GEO. L. J. 677, 687 (2011); Kimberly A. Moore, *Judges, Juries, and Patent Cases – An Empirical Peek inside the Black Box*, 99 MICH. L. REV. 365, 385 (2000); John R. Allison & Mark A. Lemley, *Empirical Evidence on the Validity of Litigated Patents*, 26 AIPLA Q. J. 185, 205 (1998). 自从美国最高法院近期就可申请专利事项作出裁决以来,专利无效的判决已经特别普遍,参见 Alice Corp. v. CLS Bank Int'l, 134 S. Ct. 2347 (2014)。较高比例的专利无效和未侵权判决并不是美国独有的现象。参见如 Competition Directorate – General of the European Comm'n, *Standard – essential patents*, 8 COMPETITION POLICY BRIEF p. 4 (June 2014)("平均而言,欧洲超过30%的无效判决导致被挑战专利明确被判无效,而约50%的被挑战专利最终被认定未被侵权")。

禁令救济并作出仅需支付合理许可费的判决。实际上，当今的"反禁令规则"预先就做出了"仅仅是请求禁令这一行为本身就会排除竞争"的假定。但是，人们的威胁只有在其威胁确实可信的情况下才会有力量。在美国，法律并不会自动给具有支配地位的专利权人提供禁令救济。[30] 美国联邦巡回上诉法院认为，作出 RAND 许可保证并没有排除寻求禁令的权利，它只是适用传统的四因素测试时应予以考虑的因素之一。[31] 还是那句话，除非被控侵权人单方面拒绝 RAND 许可费或以不合理方式推迟谈判，那么，法院似乎不大可能赋予曾经作出了 RAND 许可保证的标准必要专利所有人以禁令救济。如果这样的话，产品市场中的竞争通常会得以继续，而不受任何影响——即便是在标准必要专利所有人寻求禁令的情况下。在大多数情况下，侵权人得到的仅仅是因为不得不支付赔偿金而被推高的成本。当然，这种追责反映的是合法专利授予的结果，而不是显著的竞争损害。

其次，如果标准必要专利所有人或其控股实体没有参与产品市场的竞争，则其不会在该市场形成《谢尔曼法》所规定的"垄断"。[32] 在其他情形下，标准必要专利持有人可能会参与产品市场的竞争，但会缺乏违反反垄断法所必需的市场力量。他们的专利也许是有效的，但他们侵害的只是标准的一个可选特征；基于这些事实，标准必要专利所有人并不具备充分的市场力量。个别地，专利权人在产品市场中拥有的可能只是边缘性地位，因此其申请的禁令可能会存在范围太窄，以致无法损害竞争的问题。此外，即便某一专利对于特定标准的实施是必要的，相关行业内可能还会有竞争性标准，从而使专利权人不具备垄断力量。再进一步，即便标准是强制性的，标准必要专利所有人可能也是寻求专有技术货币化的众多主体中的一个。标准形成的对收入的竞争性主张可限制标准必要专利所有人提高价格的能力——这一点应该在正确的反垄断分析中得到体现。当然，这些具体情况不会同时出现在每一案例中，但问题是，这些情况中的全部或任一情形都是可能出现的，而当前获青睐的"无禁令规则"似乎不会顾及其中任何一种。

最后，如果真要追究责任，美国法律要求的不仅仅是请求禁令这一行为。以禁令救济为目的的诉讼属于享有"诺尔－裴灵顿（Noeer-Pennington）"豁免权的政府请愿行为。[33] 要使反垄断主张成立，还必须有诉讼之外的、真正具有反竞争性质的其他行为。例如，对私营标准制定组织实施欺骗的行为足以使反垄断主张成立。[34] 但是，人们并没有作出标

---

[30] eBay Inc. v. MercExchange, L. L. C., 547 U. S. 388 (2006).
[31] Apple, Inc. v. Motorola, Inc., 757 F. 3d 1286, 1331 – 32 (Fed. Cir. 2014).
[32] Discon, Inc. v. Nynex Corp., 93 F. 3d 1055, 1062 (2d Cir. 1996) （"企业不会在其没有参与竞争的市场中形成垄断——这是一条公理"），因其他理由被撤销, 525 U. S. 128 (1998)）.
[33] 参见 Apple, Inc. v. Motorola Mobility, Inc., 886 F. Supp. 2d 1061, 1075 – 77 (W. D. Wis. 2012).
[34] 一般参见 Allied Tube & Conduit Corp. v. Indian Head, Inc., 486 U. S. 492, 500 – 01 (1988).

准必要专利所有人在标准制定机构面前实施欺骗或其他不端行为的指控,因此"诺尔－裴灵顿"豁免原则据推测是可以适用的。[35]

3.3 机构能够在劫持现象发生时对其进行识别

因此,在许多情形下,标准必要专利所有人寻求禁止有意愿被许可人的行为并不会损害竞争,因此也就不会违反反垄断法。更重要的是,在某些情况下,拒绝为标准必要专利持有人提供禁令救济还会损害动态效率,并挫伤专利权人参加标准制定过程的积极性。到目前为止,机构行动尚未对这些复杂问题做出充分应对。

最后,针对标准必要专利所有人旨在禁止有意愿被许可人使用其 RAND 相关标准必要专利的行为的反垄断理由可以很强,但也可以很弱,具体取决于相关情形的具体事实。既然如此,那么,我们为什么要拒绝根据事情本身的是非曲直对每一案例进行逐案审查这种灵活性呢?标准实施者利用"有意愿的被许可人"作为幌子的做法不应该成为排除禁令救济的一张王牌,将反向劫持或赋予禁令救济以合理性的其他情形存在的可能性全部抹杀掉。[36]

总之,即便所请求的禁令违反了 RAND 许可保证,它也不是在任何情况下都属于反垄断执法的问题。实际上,这些问题属于合同法的范围,正如诉讼人和法院都已承认的那样。[37] 因此,我主张,反垄断机构应该把重点放在真正伤害竞争过程的那些行为上,如专利权人首先以欺骗行为诱使标准制定组织采纳其专有技术而不是替代技术,然后又实施劫持的行为。违反合约承诺的禁令通常属于应该用常规违约原则予以解决的问题。

4 结 论

综上所述,标准制定领域禁令相关问题确实比大家通常想象的要复杂,我希望大家

---

[35] 人们也许会争论说,做出 RAND 许可承诺的行为是面向标准制定组织的非请愿行为,因此不在诺尔－裴灵顿原则的豁免范围之内。但是,在没有导致标准制定组织拒绝替代技术并选择专利权人技术的行为的情况下,就不存在对技术市场竞争的损害。因此,如果要使 RAND 许可承诺成为反竞争行为,则其必须是虚假的。参见 Broadcom, 501 F. 3d at 314(承认了一项部分建立在"专利持有人故意作出以 FRAND 条款许可其必要专有技术的虚假承诺"这一事实上的诉讼事由)。但是请比较 Microsoft Corp. v. Motorola, Inc., 2015 WL 4568613, at ∗19 (9th Cir. July 30, 2015)(诺尔－裴灵顿原则并不为违反 RAND 许可承诺的违约行为提供豁免)。

[36] 美国联邦贸易委员会无须面对所有这些问题,因为在根据是非曲直解决这些问题之前,美国联邦贸易委员会就利用其在《美国联邦贸易委员会法》第 5 节下的广泛权力对标准必要专利劫持行为提出了质疑并促成了和解。关于 Robert Bosch GmbH,文档编号:121 - 0081,申诉(2012 年 11 月 26 日);关于 N-Data Solutions LLC,文档编号:51 - 0094,申诉(2008 年 1 月 23 日)。在美国联邦贸易委员会将第 5 节适用范围等同于第 2 节适用范围的一个案例中,华盛顿特区联邦巡回上诉法院批准了一项复议请求,因为在这个案例中,美国联邦贸易委员会没有证明欺骗行为导致标准制定组织通过了被告的专利技术。Rambus, 522 F. 3d at 456。

[37] 参见如 Microsoft Corp. v. Motorola, Inc., 2015 WL 4568613 (9th Cir. July 30, 2015); *In re* Innovatio IP Ventures, LLC Patent Litig., No. 11 C 9308, 2013 WL 5593609 (N. D. Ill. Oct. 3, 2013); Realtek Semiconductor Corp. v. LSI Corp., 946 F. Supp. 2d 998 (N. D. Cal. 2013)。

能够同意这一点。今天的普遍智慧是,已经承诺以 RAND 条款许可其技术的标准必要专利所有人在任何情况下都不应试图阻止潜在的有意愿的被许可人使用其技术。这种立场是可以理解的,也是一种直觉反应。毕竟,专利权人确实可能利用禁令榨取超过其技术对标准的贡献程度的许可费。但是,尽管意图是好的,但严格的无禁令规则却忽视了许多重大细节。其中最重要的一项是,剥夺标准必要专利持有人针对所谓有意愿的被许可人的禁令救济可能会使那些发明了最宝贵技术的人得不到足够补偿。这是一个很严重的问题。如果区分亲竞争行为和反竞争行为的行政成本很高,那么,无禁令规则的实施仍是情有可原的。但事实是,竞争监管机构明显能够基于事实对每一案件进行调查,然后对劫持指控和反向劫持的可能性进行斟酌判断。过于宽泛的规则不可避免地会导致假阳性(假垄断)结果,而这是我们不应该容忍的。

所有这些都使我得出了一个最重要的结论,即稀释产权会损害创新。技术进步是经济长期增长的一项重大推动因素。如果国内创新要繁荣,那么,法律就必须赋予适当的积极性。如果无法保护自己的技术免遭盗用,那么,国内企业是不会大量投资于研发的。这一原则确实简单直白,但它却是对史无前例的技术进步实施监管的全球专利体系的基础。由于各国经济正在日益知识化,因此,最佳创新政策也必须跟着演变。对于今天会议的主办国,我也想简单提一下。在我看来,中国拥有近乎无限的潜力。这个曾经给世界贡献了四大发明(造纸术、火药、指南针和印刷术)的国家可能也能够成为未来创新的摇篮,更不用说它还拥有巨大的经济力量、丰富的历史和不屈不挠的进步愿望。我认为,强有力的专利权将在中国实现这一巨大潜力中发挥关键作用。

现在,请允许我回到产业标准这个问题上来。由于已经无处不在并且已覆盖了较大比例的技术,因此,标准领域必须要有量身定制的专利和反垄断政策。劫持当然是一个问题——对于这个问题,竞争相关执法者应该高度警惕。但是,劫持并非唯一危险;近期的执法行动和话语忽视了一个同样严重的问题,即反向劫持。在标准制定组织面前通过反竞争行为获得市场力量或利用禁令劫持技术使用者的标准必要专利持有人当然应该接受反垄断审查。但同样,法律不应允许任何侵权人利用"有意愿的被许可人"这一幌子通过反向劫持推迟补偿,从而使重大技术所有人得不到足够补偿。

最后,再次感谢大家的邀请。我期待着就本话题及反垄断与知识产权其他有挑战的话题进行进一步的探讨。